南米大陸
SUDAMÉRICA
首都
国境
主要道路
鉄道
N
0
500
1000
1500km
Temuco
Valdivia
San Carlos de Bariloche
Puerto Montt
チロエ島
Bahía Blanca
Viedma
Puerto Madryn
バルデス半島
Península Valdés
Trelew
パタゴニア
Puerto Aysén
Comodoro Rivadavia
Puerto Deseado
El Calafate
Río Gallegos
Puerto Natales
マゼラン海峡
フォークランド諸島
（マルビナス諸島）
Punta Arenas
Porvenir
フエゴ島
Río Grande
Ushuaia
ホーン岬
ドレーク海峡
サウス・ジョージア島
（イギリス）
S40°
40°
S50°
50°
W110°
100°
90°
80°
70°
60°
50°
40°
30°
20°

W80°
70°
ボゴタ
Bogotá
コロンビア
COLOMBIA
Cali
赤道
0°
キト
Quito
エクアドル
ECUADOR
Guayaquil
Cuenca
Tumbes
Iquitos
Piura
Chiclayo
Cajamarca
Trujillo
ワスカラン山
6768m
Chimbote
Huaraz
アクリ
ACRE
Rio Bran
S10°
ペルー
PERÚ
Callao
リマ
Lima
Machu Pichu
Ayacucho
Cuzco
Ica
Nasca
Arequipa
太平洋
PACIFIC OCEAN
Tacuna
Arica
Iquique
20°
Antofagasta
南回帰線
チリ
CHILE
La Serena
30°
サンティアゴ
Santiago
W80°

地球の歩き方 B21 ● 2018～2019年版

ブラジル

ベネズエラ

Brasil Venezuela

地球の歩き方 編集室

CONTENTS

13 特集1 ブラジル&ベネズエラ 大自然5大絶景でこれがしたい！

26 特集2 ブラジル 世界遺産の町巡り

32 特集3 ブラジルカルチャー

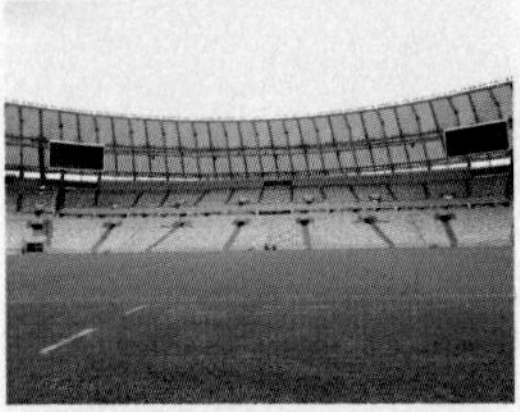

38 特集4 ブラジルグルメ

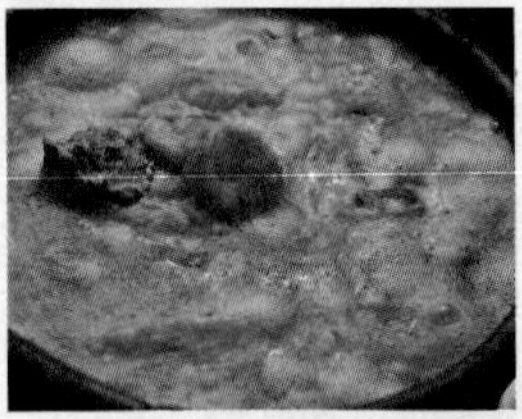

43 特集5 ブラジルみやげ研究所

基本情報

49

ブラジル

MAP ※50音順

地球の歩き方南米シリーズ

本書『ブラジル／ベネズエラ編』のほか、『アルゼンチン／チリ編』、『ペルー編』があります。GEMシリーズ『世界遺産 ガラパゴス諸島完全ガイド』、『世界遺産 マチュピチュ 完全ガイド』、『世界遺産 ナスカの地上絵 完全ガイド』、BOOKS『世界の絶景アルバム101』も必見です。

『ペルー編』ペルー／ボリビア／エクアドル／コロンビア収録

『アルゼンチン／チリ編』アルゼンチン／チリ／パラグアイ／ウルグアイ収録

『世界遺産 ガラパゴス諸島 完全ガイド』では貴重な動物を紹介

Column

歩き方の使い方

本書で用いられる記号・略号

本文中および地図中に出てくる記号で、❶はツーリストインフォメーション（観光案内所）を表します。その他のマークは、以下のとおりです。

★紹介している地区の場所を指します。

紹介している地区の市外局番。

2018年2月1日現在の為替レート。

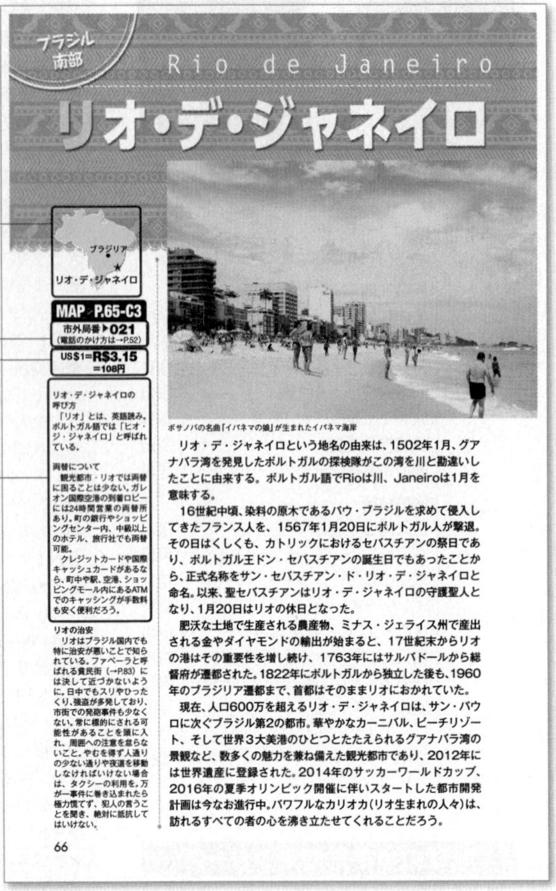

ブラジル南部

Rio de Janeiro

リオ・デ・ジャネイロ

ブラジリア

リオ・デ・ジャネイロ

MAP P.65-C3

市外局番▶021（電話のかけ方は→P.52）

US$1=R$3.15 =108円

リオ・デ・ジャネイロの呼び方
「リオ」とは、英語読み。ポルトガル語では「ヒオ・ジ・ジャネイロ」と呼ばれている。

両替について
観光都市・リオでは両替に困ることは少ない。ガレオン国際空港の到着ロビーには24時間営業の両替所あり。町の銀行やショッピングセンター内、中級以上のホテル、旅行社でも両替可能。
クレジットカードや国際キャッシュカードがあるなら、町中や駅、空港、ショッピングモール内にあるATMでのキャッシングが手数料も安く便利だろう。

リオの治安
リオはブラジル国内でも特に治安が悪いことで知られている。ファベーラと呼ばれる貧民街（→P.83）には決して近づかないように。日中でもスリやひったくり、強盗が多発しており、市街での発砲事件も少なくない。常に標的にされる可能性があることを頭に入れ、周囲への注意を怠らないこと。やむを得ず人通りの少ない通りや夜道を移動しなければいけない場合は、タクシーの利用を。万が一事件に巻き込まれたら極力慌てず、犯人の言うことを聞き、絶対に抵抗してはいけない。

ボサノバの名曲「イパネマの娘」が生まれたイパネマ海岸

リオ・デ・ジャネイロという地名の由来は、1502年1月、グアナバラ湾を発見したポルトガルの探検隊がこの湾を川と勘違いしたことに由来する。ポルトガル語でRioは川、Janeiroは1月を意味する。

16世紀中頃、染料の原木であるパウ・ブラジルを求めて侵入してきたフランス人を、1567年1月20日にポルトガル人が撃退。その日はくしくも、カトリックにおけるセバスチアンの祭日であり、ポルトガル王ドン・セバスチアンの誕生日でもあったことから、正式名称をサン・セバスチアン・ド・リオ・デ・ジャネイロと命名。以来、聖セバスチアンはリオ・デ・ジャネイロの守護聖人となり、1月20日はリオの休日となった。

肥沃な土地で生産される農産物、ミナス・ジェライス州で産出される金やダイヤモンドの輸出が始まると、17世紀末からリオの港はその重要性を増し続け、1763年にはサルバドールから総督府が遷都された。1822年にポルトガルから独立した後も、1960年のブラジリア遷都まで、首都はそのままリオにおかれていた。

現在、人口600万を超えるリオ・デ・ジャネイロは、サン・パウロに次ぐブラジル第2の都市。華やかなカーニバル、ビーチリゾート、そして世界3大美港のひとつとたたえられるグアナバラ湾の景観など、数多くの魅力を兼ね備えた観光都市であり、2012年には世界遺産に登録された。2014年のサッカーワールドカップ、2016年の夏季オリンピック開催に伴いスタートした都市開発計画は今なお進行中。パワフルなカリオカ（リオ生まれの人々）は、訪れるすべての者の心を沸き立たせてくれることだろう。

66

❶ **ツーリストインフォメーション（観光案内所）**

- MAP **地図位置**
- 住 **住所**
- ☎ **電話番号**（カッコ内は市外局番）
- Free **無料通話の電話番号**
- FAX **ファクス番号**
- URL **ウェブサイトのURL**（http:// は省略）
- 開 **開館時間**
- 営 **営業時間**
- 運 **運行時間**
- 催 **催行期間、時間**
- 休 **閉館日、休業日**
- 料 **入場・入館料金**

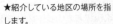

ショッピング

レストラン

ホテル

Clube Melissa
クラブ・メリッサ MAP P.75-C2

Confeitaria Manon
コンフェイタリア・マノン MAP P.75-C2

Hotel Ibis Rio de Janeiro Centro
イビス・リオ・デ・ジャネイロ・セントロ MAP P.75-C3
中級ホテル

近年増えているビジネス系バジェットホテル。朝食は追加料金。部屋は簡素だが冷房完備で防音対応もされている。セルフサービスのビジネスセンターやバリアフリールームなど充実。

住R. Silva Jardim 32, Torre I
☎(021)3511-8200
URL www.accorhotels.com
料ⓈR$129～ ⓌR$149～
カード A D M V 室数 200室

ホテルの設備

アイコンはほとんどの部屋にある場合に掲出しています。一部の部屋では使えないことがありますので事前にご確認ください。

- バスタブあり
- テレビあり
- 電話あり
- インターネット可
- 朝食付き

※ホテルの料金について
特に注記のない限り、Ⓢはひとりで利用、Ⓦはふたりで利用した場合の1泊分のスタンダードルーム1室の最低料金です。一般的にはこれに税金とサービス料が別途かかります。

地　図

- ツーリストインフォメーション（観光案内所）
- 郵便局
- 教会、大聖堂
- バスターミナル、バス停
- H ホテル
- R レストラン
- S ショップ
- N ナイトスポット

読者投稿

紹介している地区についての読者からの投稿です。

※閉館、休業日について
本書では、各国で定められた祝祭日、年末年始、クリスマス、イースター以外の閉館、休業日を記しています。祝日は例外的にクローズするケースが多々ありますので、事前にご確認ください。

※ R.（= Rua）や Av.（Avenida）など通り名や地名に関しては、一部を省略して表記している場合があります。

ホテル・レストランなど物件情報の統一記号

MAP 地図位置
住 住所
☎ 電話番号
FAX ファクス番号
URL ウェブサイトの URL（http:// は省略）
営 営業時間
休 定休日
料 料金
Ⓢ シングル　Ⓦ ダブルまたはツイン
カード 利用できるクレジットカード
A AMEX　D Diners　J JCB
M MasterCard　V VISA

■本書の特徴

本書は、ブラジル、ベネズエラを旅行される方を対象に個人旅行者が現地でいろいろな旅行を楽しめるように、各都市のアクセス、ホテル、レストランなどの情報を掲載しています。

■掲載情報のご利用にあたって

編集部では、できるだけ最新で正確な情報を掲載するよう努めていますが、現地の規則や手続きなどがしばしば変更されたり、またその解釈に見解の相違が生じることもあります。このような理由に基づく場合、または弊社に重大な過失がない場合は、本書を利用して生じた損失や不都合について、弊社は責任を負いかねますのでご了承ください。また、本書をお使いいただく際は、掲載されている情報やアドバイスがご自身の状況や立場に適しているか、すべてご自身の責任でご判断のうえご利用ください。

■現地取材および調査時期

本書は 2017 年 10 ～ 12 月の現地調査を基に編集されています。また、追跡調査を 2018 年 1 月まで行いました。しかしながら時間の経過とともにデータの変更が生じることがあります。特にホテルやレストランなどの料金は、旅行時点では変更・訂正されていることも多くあります。したがって、本書のデータはひとつの目安としてお考えいただき、現地では観光案内所などでできるだけ新しい情報を入手してご旅行ください。

■発行後の情報の更新と訂正について

本書に掲載している情報で、発行後に変更されたものや、訂正箇所が明らかになったものについては『地球の歩き方』ホームページの「ガイドブック更新・訂正情報」で可能な限り最新のデータに更新・訂正しています（ホテル、レストラン料金の変更などは除く）。出発前に、ぜひ最新情報をご確認ください。

URL book.arukikata.co.jp/support

■投稿記事について

投稿記事は、多少主観的になっても原文にできるだけ忠実に掲載してありますが、データに関しては編集部で追跡調査を行っています。投稿記事のあとに（東京都○○ '17）とあるのは、寄稿者と旅行年を表しています。ただし、ホテルなどの料金は追跡調査で新しいデータに変更している場合は、寄稿者のデータのあとに調査年度を入れ ['17] としています。
※みなさまの投稿を募集しています。詳しくは→ P.42。

Brasil ブラジル　Venezuela ベネズエラ

見どころ&早わかり

どちらの国も、スケールの大きな自然が最大の見どころ。
ポルトガル植民地時代の美しい町並みや青い海が広がるビーチリゾートも豊富。

ブラジル Brasil →P.49

世界第5位の広大な国土をもつ南米最大の国。世界3大美港のリオや南米最大の都市サン・パウロをはじめとする個性的な町が点在し、人種と異文化が混じり合う独自の雰囲気を放っている。北部アマゾンや中部パンタナール、南部のイグアスの滝など自然の魅力も満載。

2

3

1

南部

❶リオ・デ・ジャネイロ →P.28、66
華やかなビーチリゾート。サンバやボサノバなどブラジル音楽発祥の地。毎年2月頃に開催されるリオのカーニバルが有名。

❷サン・パウロ →P.105
人口1125万人の南米最大の都市。日本にもゆかりが深い。

❸イグアスの滝 →P.14、165
アルゼンチンとの国境にある世界3大瀑布のひとつ。ブラジルを代表する観光スポット。

中部

❹パンタナール
→P.22、215
日本の本州とほぼ同じ面積の大湿原。動物が多く生息する。

❺ブラジリア →P.26、205
オスカー・ニーマイヤー設計の近代都市。ブラジルの首都。

6

7

4

5

東部

❻サルバドール →P.30、242
最初の首都だった歴史的な町。華やかな民族衣装も有名。

❼レシフェ／オリンダ
→P.31、269
世界遺産のオリンダと、拠点となるレシフェのふたつの町。

Venezuela ベネズエラ →P.345

高層ビルが建ち並ぶ大都市カラカス。一方、世界遺産に登録されているギアナ高地など手つかずの自然が残る秘境の地もある。

⑬カラカス
近代的なビルが並ぶベネズエラの首都。近年治安が悪化している。

⑭ギアナ高地
→P.25、355
ギアナ高地のカナイマ国立公園は、密林にテーブルマウンテンが屹立する、南米きっての秘境。

北部

⑧サン・ルイス →P.31、293
フランス人により築かれたカラフルな町並み。

⑨レイソイス・マラニャンセス国立公園 →P.305
郊外に砂丘に水がたまる、拠点となる町はサン・ルイスやバヘイリーニャス（→P.303）。

⑩アマゾン河 →P.18、307
世界最大の流域面積を持つ川。拠点となるのは、中流のマナウスと河口のベレン。

⑪マナウス →P.312

⑫ベレン →P.327

全24カ所

ブラジルとベネズエラの
世界遺産

ブラジルに21ヵ所、ベネズエラに3ヵ所の世界遺産がある。自然・文化遺産ともにスケールが大きい。

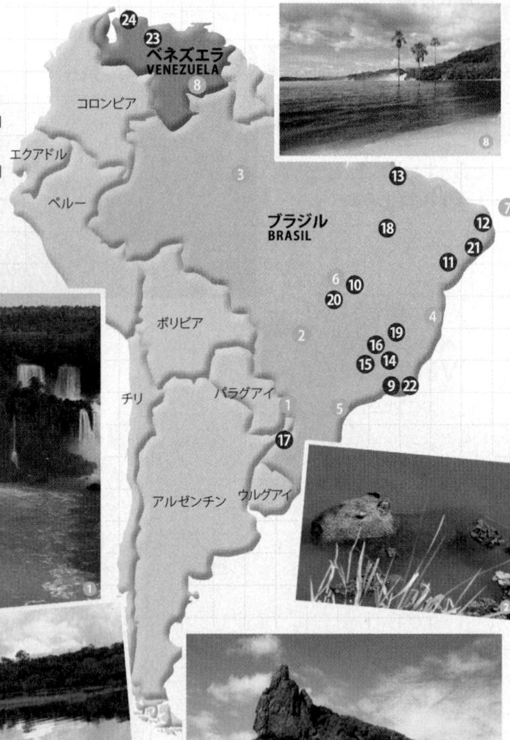

自然遺産

❶イグアス国立公園 Iguaçu National Park
1986年登録　→P.14、165
ブラジルとアルゼンチンにまたがる大瀑布。

❷パンタナール保全地域
Pantanal Conservation Area
2000年登録　→P.22、215
23万km²の面積を有する世界屈指の大湿原。

❸中央アマゾン保全地域群
Central Amazon Conservation Complex
2000年登録　→P.18、307
世界最大流域面積をもつアマゾン河の熱帯雨林。

❹ディスカヴァリー・コースト大西洋岸森林保護区群
Discovery Coast Atlantic Forest Reserves
1999年登録　MAP P.50-C3
バイーア州からエスピリート・サント州にわたる沿岸の森林。

❺サウス・イースト大西洋岸森林保護区群
Atlantic Forest South-East Reserves
1999年登録　MAP P.65-B3
パラナ州の大西洋岸の森林と希少な動物たち。

❻セラード保護地域群
Cerrado Protected Areas
2001年登録　MAP P.65-B1
2つの広大な自然地域からなる多彩な植物相と動物相。

❼ブラジルの大西洋諸島
Brazilian Atlantic Islands
2001年登録　→P.284
大西洋沖に浮かぶフェルナンド・ジ・ノローニャ諸島の自然。

❽カナイマ国立公園
Canaima National Park
1994年　→P.25（ギアナ高地）、355
テーブルマウンテンが形成する地形とユニークな植物相。

文化遺産

❾リオ・デ・ジャネイロ：山と海の間のカリオッカの景観
Rio de Janeiro : Carioca Landscapes between the Mountain and the Sea

2012年登録　→P.28、66
山と海の自然と都市建築の調和した美しい景観。

❿ブラジリア Brasilia
1987年登録　→P.26、205
ユートピア構想のもとに建築されたブラジルの首都。

⓫サルバドール・ジ・バイーア歴史地区
Historic Centre of Salvador de Bahia

1985年登録　→P.30、242
ブラジル最初の首都として栄えた歴史を今に残す。

⓬オリンダ歴史地区
Historic Centre of the Town of Olinda

1982年登録　→P.31、269
砂糖の生産で栄え、多くの立派な教会が建ち並ぶ。

⓭サン・ルイス歴史地区
Historic Centre of São Luís

1997年登録　→P.31、293
フランスやポルトガルの影響を受けた17世紀後半の町並み。

⓮古都オーロ・プレット
Historic Town of Ouro Preto

1980年登録　→P.31、151
ゴールドラッシュにより生まれた町並みが残る。

⓯ボン・ジェズス・ド・コンゴーニャスの聖所
Sanctuary of Bom Jesus do Congonhas

1985年登録　→P.149
ブラジルを代表するアレイジャジーニョの作品や宗教建築群。

⓰パンプーリャ近代建築群
Pampulha Modern Ensemble

2016年登録　→P.149
人口湖周辺にオスカー・ニーマイヤーの建築群が立つ。

©Rafal Cichawa/Shutterstock.com
24

9

⓱グアラニーのイエズス会伝道施設群
Jesuit Missions of the Guaranis

1983年登録　MAP P.65-A3
アルゼンチン国境に点在するイエズス会伝道施設跡。ブラジルにあるのは、サン・ミゲール遺跡。

⓲カピバラ山地国立公園
Serra da Capivara National Park

1991年登録　MAP P.65-C1
洞窟に残る2万5000年以上前の岩絵群。

⓳ディアマンティーナ歴史地区
Historic Centre of the Town of Diamantina

1999年登録　MAP P.65-C2
ダイヤモンド採掘で栄えたコロニアルな村。

⓴ゴイアス歴史地区
HIstoric Centre of the Town of Goiás

2001年登録　MAP P.65-B2
ブラジル中央公園に位置する鉱山で栄えた古い町。

㉑サンクリストヴォンの町のサンフランシスコ広場
São Francisco Square in the Town of São Cristóvão

2010年登録　MAP P.50-C2
広場周辺には18～19世紀の教会や住宅が建ち並ぶ。

㉒ヴァロンゴ埠頭の考古遺跡
Valongo Wharf Archaeological Site

2017年登録　→ MAP P.74-B1
1811年に建てられた埠頭で、アフリカから連れてこられた奴隷たちが上陸した場所。

㉓カラカスの大学都市
Ciudad Universitaria de Caracas

2000年登録　MAP P.346-B2
ベネズエラ中央大学を中心とした学園都市。

㉔コロとその港 Coro and its Port
1993年登録（危機遺産）　MAP P.346-A1
カリブ海に面したコロに残るスペインとオランダ様式の歴史的な町並み。

oneworld
LATAM AIRLINES
LATAM
ブラジルへは
南米のラタム航空で
日本からブラジルまでひとっ飛び
ラタム航空は、南米内最大140都市のネットワークを誇る航空会社
ブラジル国内は40都市に就航
お問い合わせ:
latam.com
詳しくは旅行会社まで
WORLD AIRLINE
WINNER
SKYTRAX
AWARDS 2016

ブラジル&ベネズエラ

Brasil & Venezuela

大自然5大絶景でこれがしたい！

世界最大の滝に、最長の大河。南米最大の国、ブラジルの大自然は、そのスケールも桁違い。せっかくの絶景、ただ見るだけなんてつまらない。目的を持って訪れれば、より旅の充実感が増すはず！

05 ギアナ高地 →P.25

密林の川をボートで下る気分はプチ探検家！

04 レンソイス・マラニャンセス国立公園 →P.24

昼と夕方、ふたつの時間で絶景フォトにチャレンジ！

02 アマゾン河 →P.18

アマゾンでヒーリング！ジャングルステイで癒やしの1日を

03 パンタナール →P.22

馬で、ジープで、歩きで…動物探して湿原を大冒険！

01 イグアスの滝 →P.14

空から、船から、橋から絶景写真を撮りまくる！

01

Cataratas do IGUAÇU

イグアスの滝

ブラジルとアルゼンチンにまたがる世界最大の滝。滝の名前は、
先住民族グアラニーの言葉、「Y Guazu（偉大な滝）」に由来する。
周囲はイグアス国立公園に指定され、約80種のほ乳類、約450種の野鳥が棲息する。

悪魔ののどぶえ Check!

275ある滝のなかでも最大の滝。ブラジル側には下、アルゼンチン側には上から眺める展望橋がある。

ブラジル側 Check!

国立公園の面積は18万5000ヘクタールで、アルゼンチン側の約3倍。遊歩道を歩いて、展望橋へ行こう。

連なる滝の数は約275で、[illegible]ている。地上からその全容を撮影することはできず、空撮のみ。

空から、船から、橋から絶景写真を撮りまくる！

アルゼンチン側 Check!

滝の約80%がアルゼンチン側にある。展望橋や遊歩道で、滝をさまざまな角度から見られる。

ブラジル側にある展望橋、滝のしぶきでびしょ濡れ必至！

アルゼンチン側で楽しめるスピードボート。
滝壺ぎりぎりまで接近する

トゥカーノなどジャングル
ならではの野鳥が見られる

晴れている限り、どこかで必ず虹が出ている

Travel MEMO

拠点の町
ブラジル側にはフォス・ド・イグアス、アルゼンチン側にはプエルト・イグアスという拠点の町がある。どちらも町から滝まではバスでアクセスできる。

ベストシーズン
雨季にあたる10～2月頃。この時期なら、水量も増えて迫力満点！ 乾季は水の量が減るものの、天気がいい日が多く、水も比較的きれい。

日程
ブラジル側、アルゼンチン側どちらも1日ずつは最低でもみておきたい。2日とも朝早くから動くため、2泊3日の旅程で訪れるのがベスト。

ブラジルとアルゼンチン間の移動について
ブラジル～アルゼンチンの国境越えは、一般的にはバスを利用。ただしかなり時間がかかるので、時間短縮のためタクシー利用がおすすめ。

ブラジル発 1泊2日モデルコース

DAY 1 ブラジル側

9:30 フォス・ド・イグアス出発
近距離バスターミナルからローカルバスで滝へ。所要約40分。

10:00 国立公園到着。バスで移動
ビジターセンター到着。バスに乗り、ホテル・ダス・カタラタス前で下車しよう。

10:45 遊歩道で悪魔ののどぶえへ
"悪魔ののどぶえ"へ。展望橋はもちろん、途中の展望台でも記念撮影☆

12:00 イグアス川を見ながらランチ
滝の横のエレベーターで川の上部へ。レストラン、ポルト・カノアスでランチ。

14:00 ヘリツアーで滝を一望！
国立公園を出て、ヘリコプターツアーに参加。上空から滝を眺めよう。

16:00 フォス・ド・イグアスに戻る
フォス・ド・イグアス行きのバスに乗車。プエルト・イグアスに行くのも◎。

DAY 2 アルゼンチン側

7:30 プエルト・イグアスへ移動
プエルト・イグアスでバスを乗り換え滝へ。約1時間30分だが、タクシーなら30分～。

9:00 国立公園到着。鉄道で移動
広大なアルゼンチン側は、鉄道で移動。混雑を避けるため早めに乗車。

9:30 展望橋から悪魔ののどぶえを見る
約1kmの展望橋で"悪魔ののどぶえ"の展望デッキへ。大迫力に感動！

10:30 遊歩道を歩く
鉄道で移動し遊歩道へ。滝の上と下、2ヵ所から滝を眺めよう。

15:00 ボートツアーに参加
滝壺ぎりぎりまで近づく、「アベントゥラ・ナウティカ」のボートツアーに参加。

17:00 プエルト・イグアスへ
バスでプエルト・イグアスへ。フォス・ド・イグアスまで戻るのも◎。

02

Rio AMAZONAS

アマゾン河

ペルー、コロンビア、ブラジルとじつに3ヵ国以上に渡って流れるアマゾン河は、全長約6500km。無数の支流が流れ込み、流域面積は世界最大といわれる。ジャングルのなかのロッジに泊まり、ツアーで大自然を満喫しよう。

アマゾンでヒーリング！ジャングルステイで癒やしの1日を

SUNRISE

やわらかな光が周囲を照らし、黄金に染まるアマゾンの朝日。森も動物たちも姿を現し、ジャングルの1日がはじまる。

DAY TIME

ジャングルに光が降り注ぐ、デイタイム。トレッキングに出かけて、アマゾンならではの植物や動物を探してみて。

アマゾンに住む先住民族の村や農村に行くツアーもある

運がよければナマケモノやサルなどの姿が見られることも

ピンクイルカとの触れ合いは、人気No.1のツアー！

ボートで細い支流へと出かけよう。ピラニア釣りはマスト！初心者でもびっくりするくらい釣れる

Tour INFO

アマゾンで楽しめるツアーはおもに以下。ロッジにより参加できるツアーが異なるので、予約時によく確認すること。なお、先住民族文化体験は右記のエボルーソン・エコロッジだと4泊以上の場合訪れる。ピンクイルカもロッジにより含まれないことも。

☆ジャングルトレッキング
☆ピンクイルカツアー
☆ワニ観察ツアー
☆サンライズ／サンセットツアー
☆先住民族文化体験
☆ピラニア釣り　など

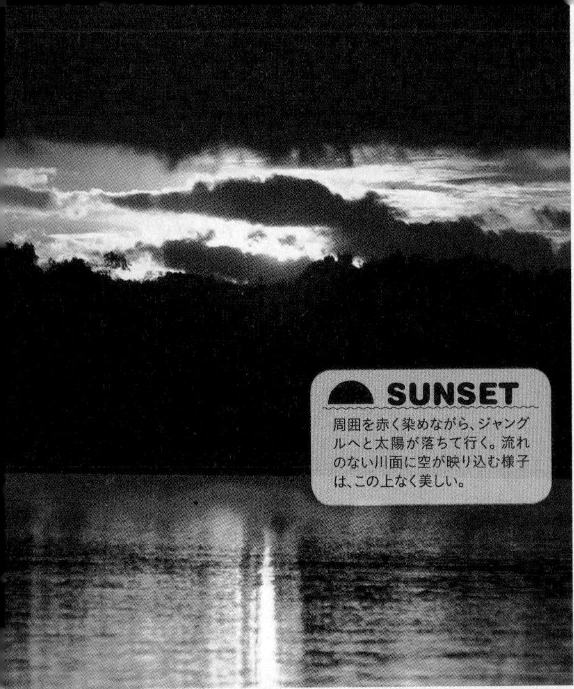

SUNSET

周囲を赤く染めながら、ジャングルへと太陽が落ちて行く。流れのない川面に空が映り込む様子は、この上なく美しい。

NIGHT TIME

夜の主役は、活発に動き出す動物たち。昼間は川の中で身を潜めていたワニ（ジャカーレ）観察は、この時のとっておき。

アマゾンには2種類のワニがいるよ。

Travel MEMO

☑ 拠点の町

中流にあるマナウスと、流域にあるベレンがメイン。特にマナウス周辺にはたくさんのジャングルロッジが点在しており、アマゾンのクルーズ船もここから発着する。

☑ 日程

ジャングルロッジで2泊3日滞在するのがおすすめ。クルーズの場合はもう少し長く、最低3泊4日〜。マナウスでの滞在をプラス1日して旅程を組もう。

☑ ベストシーズン

1年を通して高温多湿だが、12〜5月の雨季と6〜11月の乾季がある。雨季と乾季では水位がまったく異なり、3〜7月の高水位期がおすすめ。

☑ ジャングルロッジとは？

ジャングルのなかにある宿泊施設のこと。リゾートを思わせる高級ロッジからバックパッカー向けの簡易宿までさまざまなクラスがあるので、選ぶときは慎重に。

ロッジ滞在か、クルーズか

マナウスには、ジャングルロッジのほかクルーズでアマゾンを回るツアーも人気。どちらでも存分にジャングルを楽しめるが、ロッジは1ヵ所に滞在するのに対して、クルーズは常に川の上。毎日異なる風景を見られるのが魅力だ。

LODGE TIME

ひとつのツアーが終わったら、次のツアーまでロッジで羽を休めよう。ジャングルのど真ん中だけど、思った以上に快適！

1 エボルーソン・エコロッジの客室。ジャングルのなかとは思えないほど清潔。しかもWi-Fiが使える！
2 ブラジル料理のほか、タンバキやピラルクー、ピラニアなどアマゾンの川魚も並ぶ
3 24時間川を眺められる

馬で、ジープで、歩きで…動物探して湿原を大冒険！

カピバラ Check!
世界最大のげっ歯類。水辺を好み、群れで行動する。

パンタナールに棲むほ乳類の数は、約130種。カピバラなど南米の固有種も多い

03 PANTANAL

パンタナール

南米大陸のほぼ中央にあるパンタナールは、総面積約15km^{2}という大湿原。その広さはなんと、日本の本州から中国地方を除いた面積とほぼ同じ。雨季にはほとんどが水没する世界最大の氾湿原に生息するのは、なんともユニークな動物たち。

トゥユユー Check!
コウノトリの仲間。高い木に巣を作り、つがいで子育てする。

野鳥の数は約460種。トゥユユーはパンタナールのシンボル的存在

高低差がほとんどなく、流れ込む川もない

Tour INFO

パンタナールでは、ロッジに滞在しながらツアーに参加する。どのツアーも、動物が見られるチャンスだ。アマゾンと同様、ロッジによって参加できるツアーが異なる。予約時に確認しておこう。

☆サファリカーで自然観察
☆ナイトサファリ
☆乗馬ツアー
☆リバークルーズ
☆湿原ウオーク　　など

人気No.1の乗馬ツアー。雨季は水の中を進んで行く

体長1mを超える、世界最大のインコ、スミレコンゴウインコ。つがいで見られる

長い口と舌でアリ塚にいるアリを捕食するオオアリクイ。ほ乳類のなかでも比較的遭遇率が高い

Travel MEMO

拠点の町

玄関口はカンポ・グランジやクイアバ。日帰りで訪れるのは不可能なので、湿原そばのネイチャーロッジに滞在しツアーに参加する。カンポ・グランジからロッジへは車で3時間〜。

ベストシーズン

乾季の7〜10月。雨季が終わると、少なくなった水場に動物が集まる。なお、年間の平均気温は25℃程度だが、1日の寒暖差が激しいので注意すること。

日程

ネイチャーロッジに宿泊する2泊3日が一般的。ロッジによっては移動だけで1日かかってしまうようなところもあるので、その場合はさらにプラス1日と考えておこう。

パンタナールのネイチャーロッジ

ネイチャーロッジは、滞在中の食事やツアーが込みの料金設定となっている。高級からバックパッカー向けのホステル風までさまざま。予約時にロッジまでの移動手段を確認すること。

04

Parque Nacional dos LENÇÓIS MARANHENSES

レンソイス・マラニャンセス国立公園

ブラジル東北部の大砂漠地帯。乾季は砂漠と同じ光景が広がるが、雨季になると景観は一変する。波打つように広がる砂丘のくぼみに水がたまり、白とブルーのコントラストの世界が見渡す限りに広がる。

昼と夕方、ふたつの時間で絶景フォトにチャレンジ！

Check!
園内には無数の水たまりがある、なかには、なんと魚が棲んでいるところも。

上空から見たレンソイス・マラニャンセス国立公園

Travel MEMO

拠点の町
最寄りの町はバヘイリーニャス。ここから日帰りのツアーに参加するのが一般的。またサン・ルイスからも1泊2日のツアーが出ている。

日程
レンソイスだけなら1泊2日。ただし、拠点となるサン・ルイスも世界遺産の町なので、合わせて3泊4日ほどで旅程を組むのがおすすめ。

ベストシーズン
水がたまるのは雨季が始まってしばらくした5月から。6〜8月がベスト。乾季は水がなく、ただ砂漠が続くだけ。

砂丘を4WDジープで疾走する

サンセットタイムのレンソイス。
白い砂丘がオレンジ色に染まってゆく

05 Macizo GUAYANÉS ギアナ高地

「テプイ」というテーブル状の山々が連なるギアナ高地。雲に覆われたその頂からは無数の滝が流れ、そのひとつが、世界最長の滝エンジェル・フォールだ。全長は1kmにも達し、流れ落ちた水は密林を通りカナイマ湖へといたる。

密林の川をボートで下る 気分はプチ探検家！

小船に乗って川を遡り、さらに1時間ほどトレッキングすれば展望台に着く

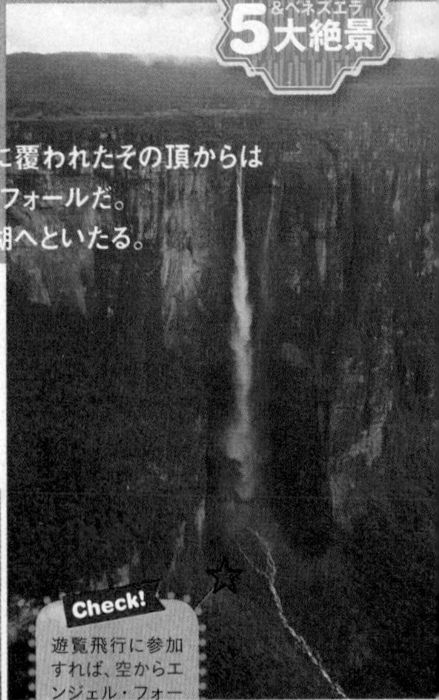

Check!
遊覧飛行に参加すれば、空からエンジェル・フォールが一望できる

カナイマ湖に注ぐ川を通って滝へ。水が赤黒くなっているのは、植物のもつタンニンを多く含んでいるため

Travel MEMO

拠点の町

ギアナ高地の拠点はカナイマ。近年ベネズエラの治安が悪化しているので、陸路ならブラジルのボア・ビスタからサンタ・エレナ・デ・ウアイレンへ行き、そこからセスナでカナイマへ。

日程

ツアーはサンタ・エレナ・デ・ウアイレン発着の2泊3日がメイン。カナイマへのセスナやボートでのエンジェル・フォールツアーなどがセットになっている。遊覧飛行でのエンジェル・フォール見学はオプションだが、同日程でOK。

ベストシーズン

年間降水量が4000mmを超える熱帯気候。12〜4月が乾季で、5〜11月が雨季。エンジェル・フォール見学は雨季まっただなかの8〜9月がベスト。

ブラジル
世界遺産の町巡り

2018年1月現在、ブラジルにある世界遺産の町は全部で6つ。
名建築家が造りあげた近代都市から自然の地形を活かした港湾都市、
植民地時代の町並みが残る古都と、実に個性的。
ブラジルの歴史に思いを馳せつつ、世界遺産の町を歩いた。

What's
オスカー・ニーマイヤー
リオ・デ・ジャネイロ生まれの世界的建築家。曲線を多用した自由なフォルムで知られ、ブラジリアは都市設計から建築までを担当した。

ブラジリア

Brasilia

現ブラジル連邦の首都。ブラジルを代表する建築家・オスカー・ニーマイヤーが手がけた建築物が並ぶ町は、さながら現代美術館のよう。

→P.205

リオ・デ・ジャネイロ

Rio de Janeiro

ブラジル独立後の最初の首都がリオ・デ・ジャネイロ。美しく湾曲する海岸線と波のように連なる稜線で、世界3大美港のひとつに数えられる。

→P.66

キリスト像の立つコルコバードの丘とリオ市街。中央右にそびえる山が、「砂糖パン」ことポン・ジ・アスーカル

What's

ブラジル独立

ブラジルが独立したのは、1822年。当時はポルトガル王室の流れを組んだ帝政だったが、1889年に無血クーデターにより共和制となった。

コルコバードの丘の反対側、ポン・ジ・アスーカルからの眺め。山の麓に輝く光は、すべてファベーラ(貧民街)

❶ブラジリアのカテドラル・メトロポリターナ
❷深海のようなドン・ボスコ聖堂。外に出ると、世界の色が違って見える
❸カテドラル・メトロポリターナの天井
❹リオのシンボル、コルコバードの丘のキリスト像。真贋貧富が入り乱れる町を包み込むかのよう
❺コパカバーナやイパネマなどのビーチに繰り出そう！
❻鮮やかなタイルが飾るエスカダリア・セラロン

“何もない”から誕生した首都

ブラジリアの空港を出たバスは、町の中心を弧を描くように回りながら各ホテルへと到着する。車窓の左右に次々と現れるのは、不思議な形をした白や銀色の建造物。いつか見たSF映画の世界のような、夢を誘う景観だ。

ブラジリアに首都が移されたのは、1960年。それまではリオ・デ・ジャネイロが首都だったが、人口が集中する沿岸部と地方の格差是正を目的に計画が始まり、第21代大統領、クビチェックの元実行に移された。首都となる場所に選ばれたのは、ブラジルの中央部に広がる高原地帯。それまでは建物の影も形もなく、ただ荒野だけが広がる場所であった。

都市計画を担当したのはブラジル人建築家のルシオ・コスタで、町全体を飛行機の形になるよう設計した。省庁のある中心部を胴体に見立て、広げた翼部分に住宅や商業地区が建造された。省庁を設計したのは、ブラジルの誇るモダニズム建築家、オスカー・ニーマイヤー。クビチェクの大統領任期（5年）のうちに完成させるよう急ピッチで建造が続き、着工からわずか41ヵ月後に首都としての共用を開始。ここに、世界でも類を見ない「歴史のない首都」が完成したのである。

ハートフルなリオは国の縮図

ブラジリアの前の首都は、沿岸部のリオ・デ・ジャネイロ。1763年に遷都され、1822年にブラジルが独立すると、そのままブラジル帝国初の首都となった。

現在のリオは、カーニバルをはじめ、2016年にはオリンピックも開催された国際都市。町は世界3大美港のひとつであるグアナバラ湾の南に広がり、歴史的なセントロ（旧市街）の南には美しいビーチが連続する。

コパカバーナやイパネマなどリオを代表するビーチは、いつでもカリオカ（リオっ子）たちで大にぎわい！ 朝はジョギングで汗を流し、昼はビーチバレーやフットサル、夕方はビーチバーでチルアウト。太陽がある間、ビーチは常に遊びの舞台となっている。

絶景、遊び、音楽、そしてファベーラ……。光と闇のエネルギーに満ちたリオは、まさにブラジルという国の縮図であるのだ。

サルバドール

Salvador

宗主国ポルトガルが首都に定めたのがサルバドール。奴隷として連れて来られた黒人たちがもたらしたアフロ・ブラジリアン文化が今も残る。→P.242

What's
アフロ・ブラジリアン
サルバドールを州都とするバイーア州で発展した独自の文化。サンバをはじめとする音楽や黒人密教のカンドンブレなどが代表。

黒人のための教会、ホザーリオ・ドス・プレートス教会のあるペロウリーニョ広場

文化のルーツはすべてここから

リオ・デ・ジャネイロへの遷都前、宗主国であるポルトガルが首都(総督府)としたのが、バイーア州のサルバドールだ。染料の原木であるパウ・ブラジルの輸出港として築かれ、やがて砂糖産業により大きく発展した。サトウキビ農園の労働力として、多くの黒人がアフリカから連れてこられた。

黒人たちがアフリカから持ち込んだ文化はやがてブラジル全土に広がり、サンバやカポエイラ、カンドンブレなどに代表される「アフロ・ブラジリアン文化」として根付いた。現在も住民の大部分をアフリカからの黒人系が占めるサルバドールは、リオをさらに凝縮し、濃厚にしたような空気感。見世物だけではない、生活の一部として息づくアフロ・ブラジリアン文化を体験するなら、この町はうってつけだ。

鮮やかなバイーア衣装に身を包んだ黒人女性

365日音楽が絶えない。特に2月のカーニバル前は町全体が盛り上がる!

オリンダ
Olinda

ブラジルのコロニアル都市としては珍しく、オランダに占領されていた町。ポルトガルとオランダ、双方の建築様式が見られる。 →P.269

カラフルな家々が並んでいる

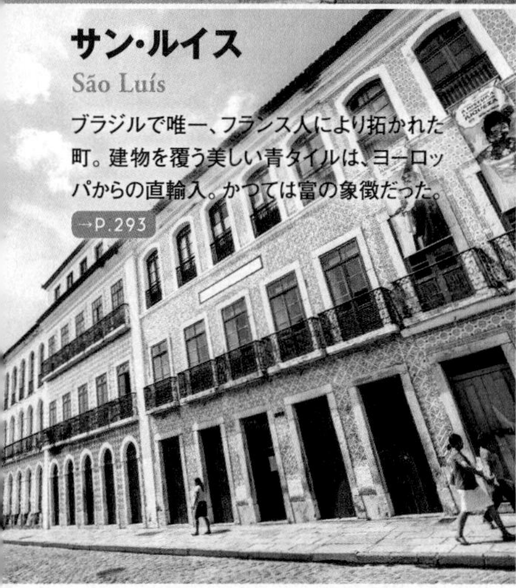

サン・ルイス
São Luís

ブラジルで唯一、フランス人により拓かれた町。建物を覆う美しい青タイルは、ヨーロッパからの直輸入。かつては富の象徴だった。 →P.293

フォトジェニックなタイルが町を彩る

山の斜面に、ひしめくように豪華な建物が密集している

オーロ・プレット
Ouro Preto

「黒い黄金」という名の通り、17世紀後半に起こったゴールドラッシュにより発展した。豪華な装飾などから、当時の繁栄がうかがえる。 →P.151

コロニアル都市とゴールドラッシュ

ポルトガルがブラジルを植民地としたのは16世紀半ば頃で、その後オランダやフランスと植民地戦争を繰り返した。争いが激しかったのは、ヨーロッパに近い東北部。オリンダはオランダ、サン・ルイスはフランスの手により発展した町で、両国とポルトガルの文化が入り交じるユニークな町並みが特徴だ。

17世紀後半になると、内陸部のミナス・ジェライス州で金鉱が発見され、ゴールドラッシュが起こる。一攫千金のため多くの人が移り住み、豪華な建物を建造した。しかし、一世を風靡したゴールドラッシュも長くは続かず、18世紀半ばには金鉱も枯渇、リオなど沿岸部へと、経済の中心は移っていった。

What's
植民地戦争

ブラジルに最初に入植したのはポルトガル人。16世紀半ばから本格的に移り住み、1549年にはサルバドールを首都とした総督府が誕生。フランスもほぼ同時期に入植を目指したものの、本国からの支援が受けられず撤退。サン・ルイスだけが唯一フランスにより築かれることとなった。ポルトガルに遅れること約100年後にオランダが入植を試みたが、オリンダなど東北部の一部の地域を除いて撃退された。

オランダ風の教会は鐘楼がひとつ、ポルトガル風のものはふたつ

BRASIL CULTURE
ブラジルカルチャー 01

サッカー王国ブラジルで楽しむ本場のフットボール観戦

FUTEBOL

サッカーW杯で最多となる5回の優勝を誇るブラジルは、サッカーの聖地！国内には数多くのサッカーチームがあり、日夜熱戦を繰り広げている。一見恐そうに思えるサッカー観戦だけど、気をつけるべき事を守れば、実は安全&簡単。なお、ブラジルではサッカーは「フチボルFutebol」と呼ばれる。

ブラジルの国内リーグについて

ブラジル国内では、ほぼ1年中サッカーの試合が行われているが、国内で行われているプロのクラブチームが参加する大会はブラジル全国選手権、州リーグ、ブラジル杯の3つ。さらにラテン・アメリカ全域のクラブチームが参加するコパ・リベルタドーレスがある。

ブラジル全国選手権　カンピオナート・ブラジレイロ ◆ Campeonato Brasileiro

文字通りブラジル王者を決定する、ブラジル最大のサッカー大会。国内での人気も高い。終盤の11月にはスタジアムは毎回満員になり、町中を飲み込んだ熱狂の渦もピークを迎える。

州リーグ　カンピオナート・エスタデュアイス ◆ Campeonatos Estaduais

ブラジルの27州ごとの王者を決する地域リーグ。サン・パウロのカンピオナート・パウリスタCampeonato Paulistaとリオ・デ・ジャネイロのカンピオナート・カリオカCampeonato Cariocaなど。

ブラジル杯　コパ・ド・ブラジル ◆ Copa do Brasil

前年度の州リーグ王者と準優勝チーム64チームが対戦するトーナメント。全国選手権と比べ盛り上がりはそれほどでもない。

南米選手権大会　コパ・リベルタドーレス ◆ Copa Libertadores

南米サッカー連盟が主催する、ラテン・アメリカのナンバーワンのクラブチームを決める国際大会。南米各国リーグの上位や国内カップ優勝など選ばれたが32チームが競い合う。優勝チームは毎年12月に行われるFIFAクラブワールドカップに参加できる。同じくコパ・スダメリカーナという大会もある。

チケット購入

チケットは試合が開催されるスタジアムの窓口のほか、インターネットでも購入できる。各チームのウェブサイトからチケットを選択できるが、言語がポルトガル語だけのため難易度は高め。フチボル・カードFutebol Cardのウェブサイト（URL www.futebolcard.com）では英語で購入できる。座席も選べるので、ウェブサイトで確認を。

最も手軽なのは、地元旅行会社の主催するツアーに入ってしまうこと。ツアーならバスでホテルへの送迎なども付いているので、安心して観戦することができる。ツアーは旅行会社のほかホテルのフロントでも申し込める。

人気のある試合のチケットの場合、当日券はほとんど売り切れてしまう。そのため、前日までに窓口へ買いに行くようにしたい。

席の選び方

熱狂的なサポーターが集まる一番安い席（立ち見席）やアウェー席は避けたほうが無難。メインスタンド側の後方にある指定席を選ぶのが◎。サン・パウロのモルンビーやリオのマラカナンには観光客用の席もある。

スタジアムへの移動

ツアーならバスでのホテル送迎が付いているので楽々。個人の場合は当然スタジアムへも自力で行く事になる。たいていのスタジアムへは公共の交通機関で行くことができるが、夜遅い場合はタクシーを利用しよう。

開催時期カレンダー

試合が行われるのは、おもに水・木曜や週末。12月上旬～1月下旬はオフシーズン。

1	2	3	4	5	6	7	8	9	10	11	12

- 5月～12月上旬（ブラジル全国選手権）
- 1月下旬～5月上旬（州リーグ）
- 2～9月（ブラジル杯）
- 3～11月（コパ・リベルタドーレス）
- 3月～12月上旬（コパ・スダメリカーナ）

1 サン・パウロのモルンビー・スタジアムで行われたサン・パウロFCの試合 2 2014年のブラジルW杯の決勝戦も行われたリオ・デ・ジャネイロのマラカナン・スタジアム 3 町にはサッカーグッズを扱う店もある 4 試合前後のスタジアム周辺はたいへんな人だかり

⚠観戦時の注意点

- クラブカラーの服装を避ける
- 缶やペットボトルは没収される
- スリにはくれぐれも注意
- 席により入場ゲートが違う
- 食事はハーフタイムに

サッカーの博物館へ行ってみよう！

サン・パウロやリオ・デ・ジャネイロには、サッカーをテーマにした博物館がある。ブラジルサッカーの歴史が分かる展示やシュミレーターなどインタラクティブな設備もあり、五感でサッカーの魅力に触れられる。

- リオ・デ・ジャネイロ セレソン博物館 →P.80
- サン・パウロ サッカー博物館 →P.118

サン・パウロのサッカー博物館

セレソン博物館にはW杯の優勝カップのレプリカがある

ブラジルのおもなサッカークラブ

ブラジル各州、連邦直轄区合わせて120を超えるクラブチームがある。なかでもサン・パウロ州には強豪として知られるチームが多い。人気クラブは以下の通り。

フラメンゴ Flamengo
創設 1895年 ホームタウン リオ・デ・ジャネイロ
ホームスタジアム マラカナン・スタジアム Estádio do Maracanã
クラブカラー 赤・黒
URL www.flamengo.com.br/site/

フルミネンセFC Fluminense Football Club
創設 1902年 ホームタウン リオ・デ・ジャネイロ
ホームスタジアム マラカナン・スタジアム Estádio do Maracanã
クラブカラー 赤・白・緑
URL www.fluminense.com.br

コリンチャンス Corinthians
創設 1910年 ホームタウン サン・パウロ
ホームスタジアム アレーナ・コリンチャンス Arena Corinthians
クラブカラー 黒・白
URL www.corinthians.com.br

サンパウロFC São Paulo Futebol Clube
創設 1935年 ホームタウン サン・パウロ
ホームスタジアム モルンビー・スタジアム Estádio do Morumbi
クラブカラー 赤・黒・白
URL www.saopaulofc.net

パルメイラス Palmeiras
創設 1914年 ホームタウン サン・パウロ
ホームスタジアム アリアンツ・パルケ Allianz Parque
クラブカラー 緑
URL www.palmeiras.com.br

サントスFC Santos Futebol Clube
創設 1912年 ホームタウン サントス
ホームスタジアム ヴィラ・ベルミーロ Vila Belmiro
クラブカラー 黒・白
URL www.santosfc.com.br

アトレチコ・ミネイロ Atlético Mineiro
創設 1908年 ホームタウン ベロ・オリゾンチ
ホームスタジアム インデペンデンシア・スタジアム Estádio do Independência
クラブカラー 白・黒
URL www.atletico.com.br

クルゼイロ Cruzeiro
創設 1921年 ホームタウン ベロ・オリゾンチ
ホームスタジアム ミネイロン Mineirão
クラブカラー 青・白
URL www.cruzeiro.com.br

インテルナシオナル Internacional
創設 1909年 ホームタウン ポルト・アレグレ
ホームスタジアム ベイラ・ヒオ Beira-Rio
クラブカラー 赤・白
URL www.internacional.com.br

グレミオ Grêmio
創設 1903年 ホームタウン ポルト・アレグレ
ホームスタジアム アレーナ・ド・グレミオ Arena do Grêmio
クラブカラー 水色・黒・白
URL www.gremio.net

BRASIL CULTURE
ブラジルカルチャー 02

1年で最も熱狂する日 リオのカーニバルで 盛り上がる！

毎年2月頃に行われるサンバの祭りが、リオのカーニバル！もともとはカトリックの四旬節に入る前に行われる謝肉祭イベントだったが、ブラジルでは現地の音楽やダンスと深く結びつき、独特の変化を遂げた。この時期の町は、まさに熱狂の渦と化す。リオのカーニバルは、一生に一度は見たい世紀のイベントだ。

CARNAVAL

2

4

3

カーニバル（謝肉祭）の歴史

謝肉祭とは、復活祭（イースター）の46日前の水曜（灰の水曜日）から復活祭前日までの四旬節に入る前に行われるカトリックの祭事のこと。ヨーロッパのほか世界各地でカーニバルが行われるが、中でも世界最大と言われるのがリオのカーニバルだ。

古くは18世紀後半から始まったとされるが、19世紀初頭にはリオの貧民街（ファベーラ）で産声をあげたサンバのパレードとなり、規模もだんだんと大きくなっていった。

最初はブロッコという小さなグループが謝肉祭の期間中に音楽と踊りを楽しむだけだったが、やがてブロッコ同士が音楽や衣装、踊りを競い合うようになった。参加者がさらに増えていくと、いくつものブロッコが統合、組織化されてエスコーラ・ジ・サンバ（サンバ学校）と呼ばれる大きなチームとなった。音楽的にもアフリカの太鼓のリズムや踊り、先住民族の文化などを取り入れ、ブラジル独自の大きな祭りとなり、世界最大の祭典として世界中に知られるようになったのだ。

コンテストとしてのカーニバル

現在でも、ブロッコ（エスコーラ）が音楽や衣装、踊りを競い合うスタイルは変わらない。ただし、政府観光客の主催するコンテスト形式となっているのだ。エスコーラはいくつかのランクに分かれており、なかでもGrupo Especialと呼ばれるスペシャルグループがその最高峰とされ、その下にA級、B級……といった下位ランクがある。コンテストはエスコーラごとのパレード形式で行われ、大きなエスコーラでは総勢4000人もの人々がパレードを行う。

華やかなパレードだが、出演者にとっては真剣勝負。気温は30℃以上、ときには40℃近くにもなる猛暑のなかで歌い、踊る。すべてのカーニバルが終わると、審査員によりその年のグランドチャンピオンや各賞が発表される。

カーニバルが終わったその週末には上位チームによるチャンピオンズ・パレードが行われる。期間中よりは空いているため、意外と狙い目なのだ。

カーニバルの会場

期間中はさまざまな場所でパレードが行われるが、コンテストのメイン会場はサンボドローモSambódromo（MAP P.74-A3）という特設会場。全長は約700mで、約8万人を収容できる。上層階の立ち見席のほかパレードをすぐ横から眺められる指定席など、さまざまなカテゴリーがある。日程によっても値段が異なり、最も高いのはスペシャルグループの開催日。

ブラジル3大カーニバル

リオ・デ・ジャネイロだけでなく、サン・パウロの盛り上がりも負けず劣らず凄い。また、サルバドールとレシフェ／オリンダのカーニバルは、リオと合わせブラジル3大カーニバルと呼ばれている（→P.36）。リオとは違う地方独特のダンスと音楽は、合わせて見るとさらにおもしろい。なお、カーニバルの時期は雨期。突然のスコールに注意しよう。

1

5

6

カーニバルを見るには？

期間中に個人で行くのは交通、宿泊ともにかなり困難。世界中から観光客がやってくるので、飛行機もホテルも旅行会社に予約を押さえられている状態だ。ベストな方法は、旅行会社のツアーに参加すること。個人で行く場合でも、できれば客席の前売り券をあらかじめ購入しておきたい。前売り券はカーニバルの公式サイトで予約・購入が可能。

スペシャルグループの席が取れなかったら、下位ランクのエスコーラのパレードを見に行ってみよう。こちらは予約がなくても早い時間に行って場所を確保しておけば近くで見ることが可能だ。

1カラフルな衣装に身を包んだダンサーさんたち2昼間もさまざまなところでイベントが行われる3山車のような巨大なステージがサンボドローモを通っていく4綺麗なお尻に瞳釘付け！5カラフルな衣装のダンサーは、まるでコレオグラフィのよう6思い思いに盛り上がっちゃおう！

リオのカーニバル
Carnaval do Rio de Janeiro
URL www.rio-carnival.net
催 2/9～13（2018）　3/1～5（2019）
パレードは土曜からで、スペシャルグループによるメインパレードは日・月曜。町は前日の金曜夜から盛り上がりを見せる。

リオ以外の ブラジル３大カーニバル

ブラジルの3大カーニバルの残りふたつは、バイーア州のサルバドールとペルナンブコ州のレシフェ／オリンダ。なお、開催日程はリオと同じ。

©Vinicius Tupinamba / Shutterstock.com

日本人の楽団も毎年参戦している

SALVADOR

サルバドールらしいパーカッショングループが多い

©Vinicius Tupinamba / Shutterstock.com

サルバドール

200万人もの参加者がいるというサルバドールのカーニバルは、たくさんの楽隊（ブロッコ）が町を練り歩くスタイル。Tシャツが参加料替わりとなっており、好きな楽隊のTシャツを買えば一緒にパレードができる。

URL carnavalsalvadorbahia.com.br

レシフェ／オリンダ

隣合うふたつの町で行われるカーニバルで、昼はオリンダ、夜はレシフェがメイン。フレヴォFrevoという独特の音楽とダンスで有名。最終日には、高さ3m以上もある人形が100体以上も町をパレードする。

©MesquitaFMS / Shutterstock.com

巨大な人形が町を練り歩くオリンダのカーニバル

URL www.programacaocarnavalrecife.com.br

RECIFE

©MesquitaFMS / Shutterstock.com

これがフレヴォのカーニバル楽団の正装さ

ギネスブックにも出ているレシフェのカーニバル

OLINDA

南米といったらコレ！ブラジルで肉を食らう

世界屈指の肉食国が揃う南米。ブラジルもご多分にもれず、メインは肉だ。煮込みや干し肉などさまざまな料理法で味わえるのが特徴。

CHURRASCO シュハスコ

肉の塊に岩塩をかけてじっくりと焼き上げたブラジル風バーベキュー。専門店をシュハスカリアといい、店内では串刺しにした肉を持ったスタッフが回っているので、食べたい肉が回ってきたら切り分けてもらう。牛のほか豚肉や鶏肉、羊肉などもある。

フラウジーニャ
牛の横隔膜の部分で、日本ではサガリやハラミと呼ばれる。やわらかくジューシー。

アンチョ
リブアイとも呼ばれるジューシーな赤身が特徴の部位。適度な脂がのっている。

ピッカーニャ
腰からお尻にかけての部位で、不動の一番人気。肉の味が濃く、とろけるおいしさ。

コステーラ
骨付きのバラ肉。脂が多く、うま味もたっぷり。

コルデイロ Cordeiro
羊肉。こちらはラムで、脂が少なくヘルシー。マトンもある。

シュラスコでよく食べられる牛肉の部位

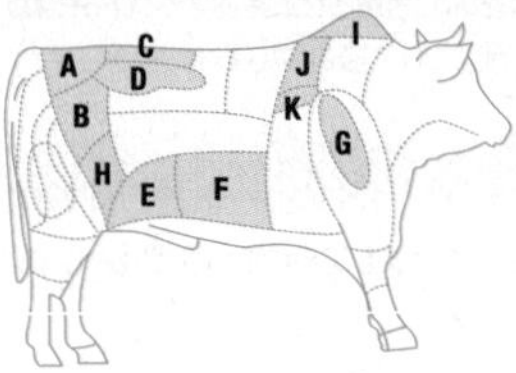

- **A** ピッカーニャ Picanha（イチボ）
- **B** アルカトラ Alcatra（ランプ肉）
- **C** アンチョ Ancho（リブロース）
- **D** フィレ File（ヒレ、テンダーロイン）
- **E** フラウジーニャ Fraldinha（ハラミ）
- **F** ポンタ・ジ・アグリャ Ponta de Agulha（バラ肉）
- **G** ショルダーステーキ Shoulder Steak
- **H** マミーニャ Maminha（肩ロース）
- **I** クッピン Cupim（コブ）
- **J** コステーラ Costela（スペアリブ）
- **K** アサード・ジ・ティラ Assado de Tira（ショートリブ）

MANNERS シュハスコのマナー

ビュッフェでサラダをとる
入店したら、ビュッフェへ。サラダのほかシーフード、寿司などもある。取りすぎないように注意。

ビュッフェももちろん値段に込み！

コースターで肉のON、OFF
席にあるコースターをひっくり返せばオーダー開始、次々と肉がやってくる。違う部位が欲しいときはオーダーも可。

赤がオーダーストップ、緑がオーダー開始

肉をもらう時は
欲しい部位が来たらウエイターを呼び止める。少し切ってくれたらトングで挟み、すべて切ってもらう。断って別の部位をもらうのも◎

ここで食べられる！（サン・パウロ）

フォーゴ・ジ・ション Fogo de Chão

MAP P.110-A2
住 R. Augusto 2077
☎ (011) 3062-2223
URL fogodechao.com
営 月～土12:00～24:00
　日12:00～22:30
休 無休　カード ADMV

サン・パウロを代表する老舗シュハスカリア。ブラジル産の最高級牛肉を1週間～10日熟成させ、炭火で焼いた肉はジューシー。料金はR$138。

マンジョーカ芋の粉、青菜、オレンジ、ライスが付いてくる

付け合せと一緒にお皿に盛り、混ぜてから豪快にいただく

FEIJOADA

フェイジョアーダ

アフリカ奴隷たちの作った肉料理がルーツのブラジルの国民食。塩漬けにした牛の干肉やアバラ肉、豚肉のおもに骨のついた部分や、耳や豚足などの部位を、黒豆と一緒に煮込んで作る。水曜と土曜の昼に食べる習慣がある。

フェイジョアーダの中身
元々奴隷のための料理だけに、保存食や端の肉などがメイン

ここで食べられる！（サン・パウロ）

グラサ・ミネイラ Graça Mineira

MAP P.107-B2 住 R. Machado Bitencourt 75
☎ (011) 5579-9686
URL www.gracamineira.com.br
営 火〜木11:30〜23:00
金・土11:30〜23:30 日11:30〜16:00
休 月 カード ADMV

ミナス料理を中心に、ブラジルの郷土料理を提供。名物は、毎日味わえるフェイジョアーダR$94.9（2人前）。イチゴやキウイなどのカイピリーニャも人気。

CARNE DE PORCO

豚肉料理

ブラジルでは、豚は肉から皮、豚足、耳まであますところなく食べる！ サン・パウロで最近人気を呼んでいるのが、豚肉料理の専門店。ブラジルの郷土料理はもちろん、寿司など各国料理のアレンジを施した創作豚肉料理が味わえる。

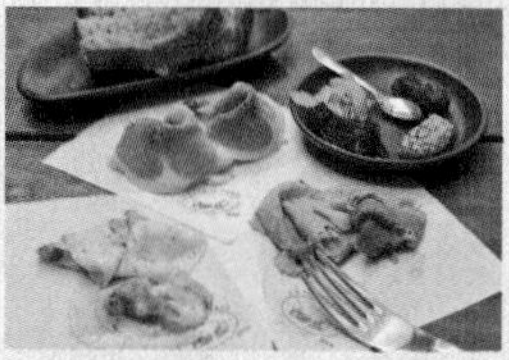

シャルキュトリ3種の盛り合わせR$23。じっくりと低温処理され、うまみあふれる

ホットドッグならぬホットポークR$24。スモークチップ入りの車に乗って出てくる

豚肉の丸焼きR$48。ぱりぱりの皮が香ばしく、ジューシーな肉と相性抜群

豚ほほ肉の寿司R$29。マンジョーカ芋から作るトゥクピーと醤油のソースが決め手

ここで食べられる！（サン・パウロ）

ア・カサ・ド・ポルコ・バー A Casa do Porco Bar

MAP P.115 住 R. Araújo 124,Centro
☎ (011) 3258-2578
営 火〜土12:00〜24:00
日12:00〜17:00
休 月 カード ADMV

行列必至の人気店。契約農家から仕入れるこだわりの豚肉を、さまざまな調理法でアレンジ。パティシエのサイコ（彩子）さんは、南米No.1にも輝いたことのある実力派。

豚リブ肉の素揚げR$31。グアバジャムとコチュジャンを混ぜたソースで食べる

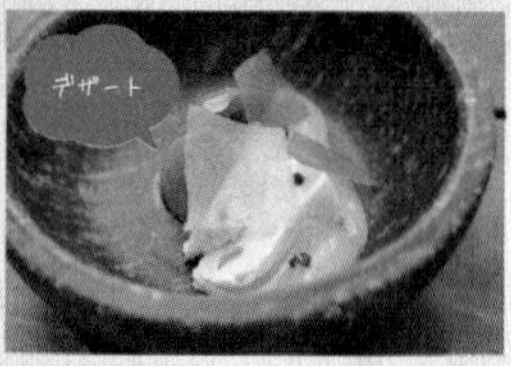

サイコさんの作ったスイーツは、どれも絶品。こちらはチーズと3種類のグアバを合わせたロミオ&ジュリエットR$28

肉に魚、スナックにデザートまで！ ブラジル郷土料理カタログ

肉がメインのブラジルだけれど、海岸部ではシーフードもポピュラー。
アマゾン地方ではアマゾン河で上がる淡水魚をよく食べる。ブラジル郷土料理の世界へようこそ！

CARNE 肉

ブラジルで最も一般的な料理。牛肉のほか豚肉、鶏肉、羊肉も食べる。

Bife de Carne ステーキ

シンプルなビーフステーキ。シュハスコにもあるピッカーニャが一番人気。

Galeto ガレット

若鶏を丸ごとオーブンで焼き上げたもの。外はカリカリ、中はジューシー。

Pato no Tucupi パト・ノ・トゥクピー

アマゾンの名物。アヒル肉を調味料で煮込み、ジャンプーの葉を加える。

Rabada ハバーダ

牛テールの煮込み。長時間じっくり煮込んであるため、トロトロの食感。

PEIXES シーフード

沿岸地域では魚介料理が食べられ、アマゾン河流域では川魚がメイン。

Moqueca ムケカ

バイーア州の名物。シーフードをデンデ油とココナッツで煮込んだスープ。

Bacalhau バカリャウ

干したタラをトマトや野菜と一緒に煮込んだ家庭料理。日本人の口に合う。

Tambaqui タンバキ

アマゾン河でとれる食用魚。白身の淡泊な味だが、大きくて食べ応え◎。

Oyster カキ

エビなど新鮮な魚介がとれるフォルタレーザ。日本人人気No.1は生ガキ！

ブラジル料理 基本のき

レストランの種類

高級から庶民的な食堂までさまざま。予算1万円を超える店は少なく、シュハスカリアなど食べ放題でも3000円～が目安。量り売りのポル・キロ・レストランはブラジルならでは。

主食はライス

肉を主食にライスを食べるのが一般的。ブロッコリーごはんや干肉ごはん、ピラフなどバリエーションもさまざま。マンジョーカ芋の粉や豆の煮込み（フェイジョン）と一緒に食べる。

バリエ豊富な付け合わせ

前述通り、ご飯にはマンジョーカ芋の粉や豆の煮込みが必ず付いてくる。ほか刻んだ葉野菜や蒸したマンジョーカ芋が出てくることも。味のアクセントにはチリソースが定番。

Pão de Queijo
ポン・ジ・ケージョ
チーズとマンジョーカ芋の粉で作るチーズパン。ミナス・ジェライス州発祥。

Bolinha de Bacalhau
ボリーニャ・ジ・バカリャウ
干ダラを使ったコロッケ。ビールにぴったりで、前菜としてよく食べられる。

SALGADO
スナック類

屋台やカフェで食べられるB級グルメもいろいろ。朝食やランチにぴったり!

Acarajé
アカラジェ
エンドウ豆をつぶして作る生地をデンデ油で揚げたもの。サルバドールが有名。

Pastel
パステウ
生地に具を入れて揚げた、ブラジル風揚げ餃子。具は肉やチーズなど。

Coxinha
コシーニャ
ブラジル版コロッケ。中身はチキンやジャガイモなど。生地はもっちり。

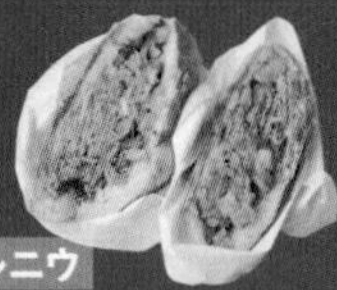

Pernil
ペルニウ
豚もも肉のサンドイッチ。屋台ではその場で豪快に肉をそぎ落としてくれる。

Tapioca
タピオカ
マンジョーカ芋の粉で作る生地を焼き、中に具材を入れる。ほんのり甘い。

SOBREMESA
デザート

ブラジルでも、甘いものは別腹! 日本よりもかなり甘く大きいので注意。

Açaí
アサイー
アマゾン原産の植物。ブルーベリーのような実をアイスやジュースで食べる。

Créme de Papaya
クレーミ・ジ・パパヤ
パパイヤとアイス、ミルクを混ぜ合わせ、上からカシスクリームをかけたもの。

BEBIDA
ドリンク

一般的なジュースやアルコール。レストランのほかスーパーでも買える。

Cachaça (Pinga)
カシャーサ(ピンガ)
サトウキビの蒸留酒。砂糖とライムを入れたカイピリーニャCaipirinhaが有名。

Guaraná
ガラナ
アマゾンでとれる植物、ガラノの炭酸飲料。滋養強壮効果がある。

Cerveja
ビール
最も一般的なビールはこの3種類。生ビールはショッピChoppという。

ポル・キロ・レストランとは?

ブラジル各地にあるレストラン方式で、ビュフェから好きな料理を皿にとり、重さによって料金が決まるスタイル。とる料理によりグラム単価が変わる店もある。利用方法は以下のとおり。

01. **ビュッフェのそばにある皿をとる**

02. **好きな料理を皿に盛る**

03. **重さを量ってもらい、料金を計算しレシートをもらう**

04. **食べ終わったらレジでレシートを提出し、会計**

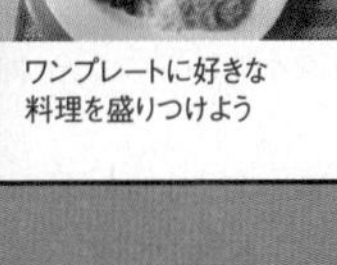

ワンプレートに好きな料理を盛りつけよう

重さによって料金が変わる

あなたの**旅の体験談**をお送りください

「地球の歩き方」は、たくさんの旅行者からご協力をいただいて、
改訂版や新刊を制作しています。
あなたの旅の体験や貴重な情報を、これから旅に出る人たちへ分けてあげてください。
なお、お送りいただいたご投稿がガイドブックに掲載された場合は、
初回掲載本を1冊プレゼントします！

ご投稿はインターネットから！

URL www.arukikata.co.jp/guidebook/toukou.html
画像も送れるカンタン「投稿フォーム」
※左記のQRコードをスマートフォンなどで読み取ってアクセス！

または「地球の歩き方　投稿」で検索してもすぐに見つかります

地球の歩き方　投稿　検索

▶投稿にあたってのお願い

★ご投稿は、次のような《テーマ》に分けてお書きください。

《新発見》―――ガイドブック未掲載のレストラン、ホテル、ショップなどの情報
《旅の提案》―――未掲載の町や見どころ、新しいルートや楽しみ方などの情報
《アドバイス》―――旅先で工夫したこと、注意したこと、トラブル体験など
《訂正・反論》―――掲載されている記事・データの追加修正や更新、異論、反論など

※記入例「〇〇編20XX年度版△△ページ掲載の□□ホテルが移転していました……」

★データはできるだけ正確に。
ホテルやレストランなどの情報は、名称、住所、電話番号、アクセスなどを正確にお書きください。
ウェブサイトのURLや地図などは画像でご投稿いただくのもおすすめです。

★ご自身の体験をお寄せください。
雑誌やインターネット上の情報などの丸写しはせず、実際の体験に基づいた具体的な情報をお待ちしています。

▶ご確認ください

※採用されたご投稿は、必ずしも該当タイトルに掲載されるわけではありません。関連他タイトルへの掲載もありえます。
※例えば「新しい市内交通パスが発売されている」など、すでに編集部で取材・調査を終えているものと同内容のご投稿をいただいた場合は、ご投稿を採用したとはみなされず掲載本をプレゼントできないケースがあります。
※当社は個人情報を第三者へ提供いたしません。また、ご記入いただきましたご自身の情報については、ご投稿内容の確認や掲載本の送付などの用途以外には使用いたしません。
※ご投稿の採用の可否についてのお問い合わせはご遠慮ください。
※原稿は原文を尊重しますが、スペースなどの関係で編集部でリライトする場合があります。

BRASIL SOUVENIR
ブラジルみやげ研究所 01

自然の恵みが生きてます
ナチュラルコスメ大集合

実はブラジルは、知る人ぞ知るナチュラルコスメブランド大国！ 国産の素材を使って作るコスメは、どれも華やかで明るい香り。値段も手頃なので、ばらまきにも◎。

GRANADO
グラナード

1870年に薬局として創業したコスメブランド。アサイーなどブラジルの植物を原料とした石鹸や各種クリームなどの基礎化粧品が中心で、ハンドメイドの石鹸は値段も安くバラマキみやげとしても人気がある。

リオのセントロにある本店

ここで買える！
リオ・デ・ジャネイロ →P.100

ハンドメイド石鹸。アサイー、ラベンダー、花、カスターニャなど全7種類

カスターニャ（ブラジルナッツ）のハンドクリームとマッサージオイル

昔のリオの香りをイメージしたというカリオカシリーズのデフューザー

お得なセット売りもある

定番のハンドクリームも、ブラジルならではの香り

オリンダラインのリキッドソープ

L'OCCITANE AU BRÉSIL
ロクシタン・オウ・ブラジル

世界的ブランド、ロクシタンのブラジルラインで、南国の花やフルーツを使ったアイテムがずらり。オリンダなど町の名前を付けたシリーズは、その町のカラーなどをイメージしたそう。サン・パウロの空港でも買える。

友達に自慢できそうなアイテムばかり

ここで買える！
サン・パウロ →P.134

まだある！ブラジルのコスメブランド

PHEBO
フェボ

ベレン発祥の自然派石鹸メーカーで、現在はグラナードに買収されたがブランド名はそのままでアイテムを展開している。グラナードの店舗に置いてあることが多い。

AVATIM
アヴァチン

バイーア州のコスメブランドで、基礎化粧品を中心にフレグランスにも定評がある。おすすめは、チェリーに似たフルーツのピタンガ。さわやかでとってもいい香りだ。

NATURA
ナチュラ

ローカル人気No.1の基礎化粧品ブランド。人気は、マクラジャ（パッションフルーツ）やアンディロバなどブラジルの植物を使ったシリーズ。空港の免税店などで扱っている。

O BOTICÁRIO
オ・ボチカリオ

1977年にサン・パウロで誕生。国内最大手のコスメブランドで、基礎からメーキャップまでさまざまなアイテムがある。たいていのショッピングセンターに店舗がある。

BRASIL SOUVENIR
ブラジルみやげ研究所 02

自分や大切な人用に ブラジルブランドを 買って帰ろう

リオやサン・パウロなどの都市部で買いたいのは、今や世界中で注目を集めるブラジリアンブランド。ビーチファッションからバッグ、シューズ、アクセまでよりどりみどり。

日本では手に入らないデザインも数多い

ビーチサンダル

HAVAIANAS

ハワイアナス

サン・パウロのオスカー・フレイレ通りにある

日本の草履をヒントに1962年に生まれたハワイアナスのビーチサンダルは、ハリウッドのセレブや女優、著名人に愛され世界的なブランドに。タオルや水着、バッグといったビーチ関連のグッズも多数揃っている。

エスパドリーユなどタウンユースにぴったりのシューズもある

サン・パウロの本店は圧倒的なカラバリ

ここで買える!

リオ・デ・ジャネイロ →P.101　サン・パウロ →P.134

フェミニンなデザインのサンダルが揃う

定番のラバーパンプス。日本で買うよりも割安

ラバーシューズ

MELISSA

メリッサ

メッシュのラバーシューズが世界的にヒット。カラフルな色合い、しゃれたデザイン、さらに伸縮性があり足になじみ、濡れてもいいのでビーチでも大活躍! ヴィヴィアンウエストウッドとのコラボシューズも人気がある。

ここで買える!

リオ・デ・ジャネイロ →P.100　サン・パウロ →P.136

IT BEACH

イット・ビーチ

今、最も注目されているシューズブランド。ビーズを全面にあしらったパンプスやサンダルは、ゴージャスなデザイン。ラバー製のためカジュアルにも使える。ソールにはエアが入っているので、履きやすいのも◎。

カジュアルでも、フォーマルでも履けそうなデザイン

ラバーシューズ

ラインストーンを散りばめたビーチサンダル

バッグ

GILSON MARTINS

ジウソン・マーチンス

リオ・デ・ジャネイロ生まれのバッグブランド。カラフルなバッグは、ビーチやタウンで映えそうなものばかり！ キリストやポン・ジ・アスーカルなどリオをモチーフとしたデザイン小物もあり、値段も手軽なのもうれしい。

イパネマ店ではワークショップも開催

リオの海を思わせるブルーのショルダーバッグ

コルコバードの丘がデザインされた小物入れ

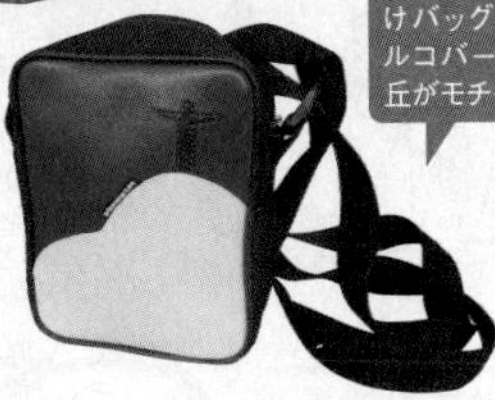

こちらの肩掛けバッグもコルコバードの丘がモチーフ

ここで買える！

リオ・デ・ジャネイロ →P.98

アクセサリー

SOBRAL

ソブラル

リオのストリートで生まれたアクセサリーブランド。パリやNYなど世界中にショップがある。カラフルで大胆なデザインのリングやネックレスは、身につけているだけで元気になってきそう。

マテリアルはポリエステル樹脂。

リオではセントロのほかイパネマにも店がある

不揃いのビーズを連ねたブレス。ふたつと同じ物はない

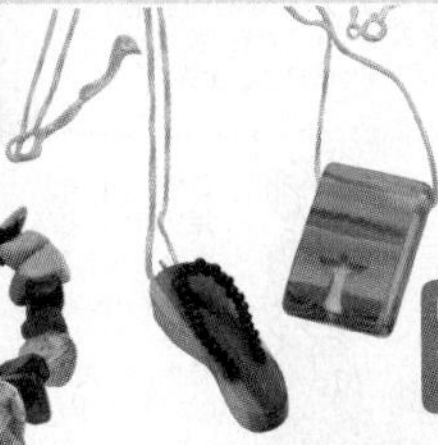

ビーチサンダルなどリオがモチーフのネックレス

ブランドのアイコン的存在のキリスト像の置き物

ここで買える！

リオ・デ・ジャネイロ →P.100

ビキニ

SALINAS

サリーナス

ブラジルのビキニブランドといえばここ。カラフル&ポップなデザインは、近年日本でも人気が高い。セクシーなカッティングのブラジルビキニはもちろん、ビーチショートパンツ、ワンピース、タンキニまで種類豊富。

ここで買える！

リオ・デ・ジャネイロ →P.99

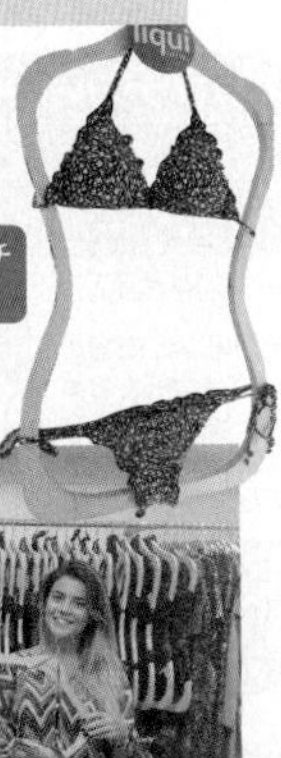

大胆なカッティングで、ビーチの視線を集めちゃおう！

ビキニはもちろん試着OK！

リオのイパネマ店

花やトライバル柄のアイテムが多い

ビーチファッション

FARM

ファーム

リオ・デ・ジャネイロ発祥の超人気ファッションブランド。ビビッドなオリジナルファブリックを使ったワンピースやTシャツ、水着は、リオのビーチファッションにぴったり！ 他ブランドとのコラボアイテムも話題。

ここで買える！

リオ・デ・ジャネイロ →P.99

BRASIL SOUVENIR
ブラジルみやげ研究所 03

ブラジル各地でGet!
おみやげカタログ

実際に旅して見つけたおみやげを一挙出し！
センスのよさが問われるおみやげは、
SNS映えを重視して選んでみるのもアリ。

アクセサリー ACCESSORIES

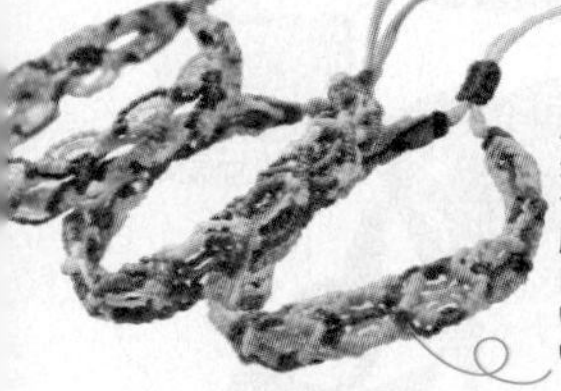

麻などの紐を編み込んで作ったマクラメ（ミサンガ）。腕や足首に巻き、自然に切れると願いが叶うという言い伝えがある。

トカンチンス州で採れる植物、カピン・ドラードは「金の草」という意味。金色のアクセサリーや小物入れが人気。

木の実や鳥の羽を使ったアクセサリーは、アマゾン定番おみやげ。軽いので、いくつか重ねて付けるのがおすすめ。

サッカー＆音楽 SOCCER&MUSIC

ボサノバやショーロ、サンバなどの音楽CDも人気。歌詞は分からなくても、聴くだけで気分はブラジルにひとっ飛び！

サッカー王国だけに、グッズも多数。各町をホームタウンとするチームのユニフォームは、デザインもいろいろ。

民芸品 FOLK ART

サルバドールで見つけた、バイーア女性の陶器。フィタをまとった人形はボンフィン教会 →P.251 にて。

こちらもアマゾン地方の民芸品。カラフルな鳥の羽をあしらった仮面は、インパクト特大。写真に撮るだけでもぜひ。

ファッション＆アート FASHION&ART

「大きな布」の意味のカンガは、サルバドールの特産。パレオのように水着の上から巻いたり、ビーチマットにしたりと自由。

サルバドールの旧市街には、絵画（クアドロ）を販売する店がたくさん、小さなものなら、R$5～と値段も手頃。

ブラジルスーパーでおみやげ探し

地元スーパーは、安くておいしいおみやげの宝庫！ ブラジルの味をお持ち帰りしよう。

ブラジル原産のフルーツ、アサイーフレーバーのお菓子もいろいろ。こちらはポップコーン

ローカロリー&ローシュガーのお菓子がブーム。ステビア使用、砂糖不使用のカカオ99%チョコレート

サトウキビから造る蒸留酒、カシャーサ（ピンガ）。小さな小瓶タイプなら、持ち帰るのも楽々。飲み比べてみて。

ブラジルには、南国のフルーツを使ったお菓子がたくさん！ こちらはパッションフルーツ味のウエハース。

ブラジル産のコーヒーもスーパーなら手頃価格で手に入る。パッケージのかわいいものを狙って！

SUPERMARKET

パンタナール
BRAZIL
サルバドール
レンソイス砂丘:サンルイス
イグアスの滝

ブラジル

Brasil

ドン・ボスコ聖堂（→P.211）

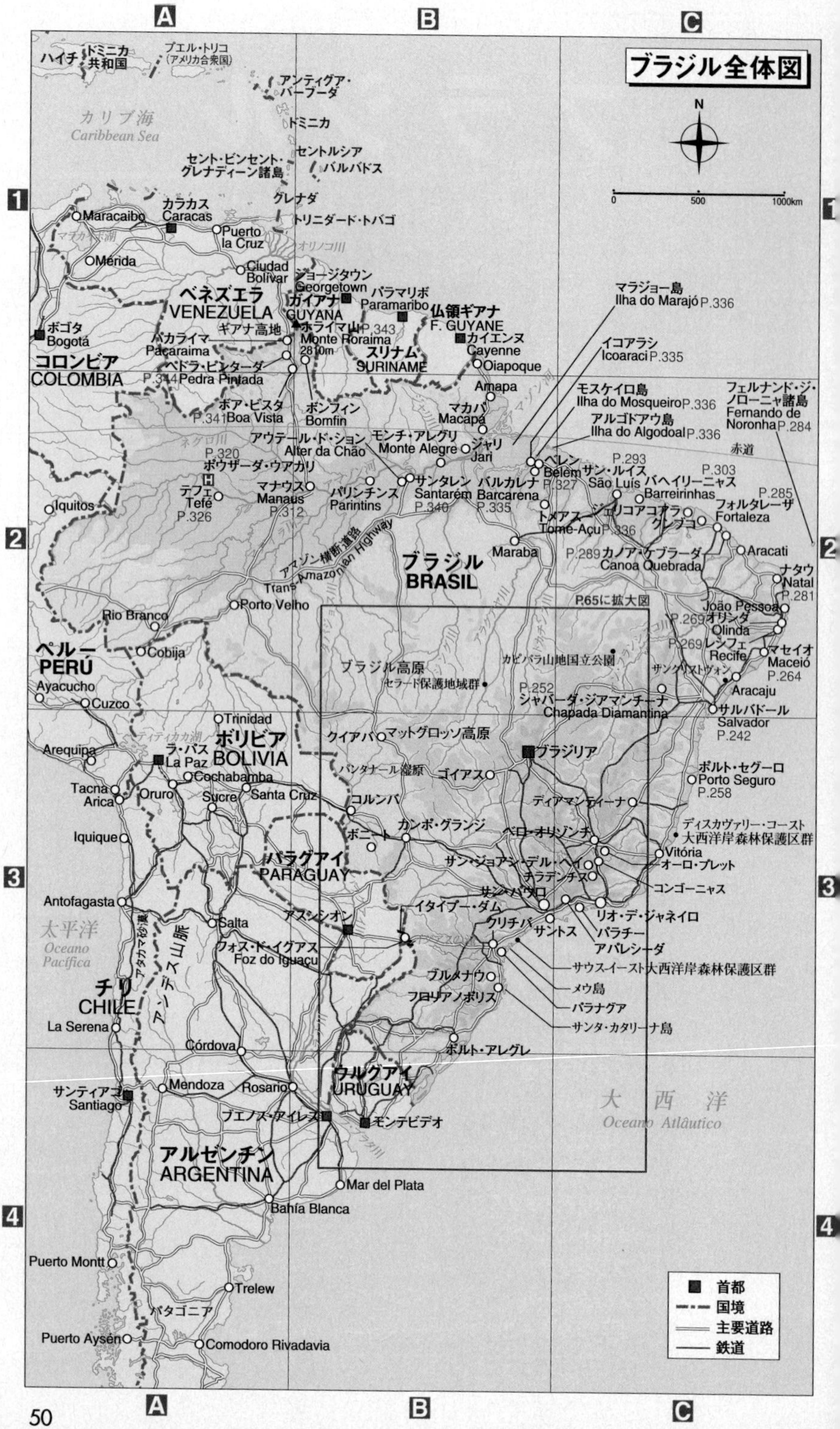
ブラジル全体図
N
0
500
1000km
A
B
C
1
2
3
4
ハイチ
ドミニカ共和国
プエルト・リコ（アメリカ合衆国）
アンティグア・バーブーダ
ドミニカ
セントルシア
バルバドス
セント・ビンセント・グレナディーン諸島
グレナダ
トリニダード・トバゴ
カリブ海
Caribbean Sea
Maracaibo
マラカイボ湖
カラカス
Caracas
Puerto la Cruz
オリノコ川
Mérida
Ciudad Bolívar
ジョージタウン
Georgetown
ベネズエラ
VENEZUELA
ガイアナ
GUYANA
パラマリボ
Paramaribo
仏領ギアナ
F. GUYANE
ボゴタ
Bogotá
ギアナ高地
ホライマ山
Monte Roraima
2810m
P.343
カイエンヌ
Cayenne
パカライマ
Pacaraima
スリナム
SURINAME
Oiapoque
コロンビア
COLOMBIA
ペドラ・ピンターダ
P.344 Pedra Pintada
Amapa
ボア・ビスタ
P.341 Boa Vista
ボンフィン
Bomfim
マカパ
Macapá
ネグロ川
アウテール・ド・ション
Alter da Chão
モンチ・アレグリ
Monte Alegre
ジャリ
Jari
P.320
ボウザーダ・ウアカリ
テフェ
Tefé
P.326
マナウス
Manaus
P.312
パリンチンス
Parintins
サンタレン
Santarém
P.340
バルカレナ
Barcarena
P.335
Iquitos
マラジョー島
Ilha do Marajó P.336
イコアラシ
Icoaraci P.335
モスケイロ島
Ilha do Mosqueiro P.336
アルゴドアウ島
Ilha do Algodoal P.336
ベレン
Belém
P.327
サン・ルイス
São Luís
P.293
バヘイリーニャス
Barreirinhas
P.303
フェルナンド・ジ・ノローニャ諸島
Fernando de Noronha P.284
赤道
トメアスー
Tomé-Açu
ジェリコアコアラ
P.336
P.285
フォルタレーザ
Fortaleza
クンブコ
アマゾン横断道路
Trans-Amazonian Highway
ブラジル
BRASIL
Maraba
P.289 カノア・ケブラーダ
Canoa Quebrada
Aracati
ナタウ
Natal
P.281
P.65に拡大図
Porto Velho
Rio Branco
Cobija
João Pessoa
オリンダ
Olinda
P.269
レシフェ
Recife
P.269
マセイオ
Maceió
P.264
ペルー
PERÚ
Ayacucho
Cuzco
ブラジル高原
セラード保護地域群
カピバラ山地国立公園
サンフランシスコ川
P.252
シャパーダ・ジアマンチーナ
Chapada Diamantina
Aracaju
サルバドール
Salvador
P.242
Trinidad
ボリビア
BOLIVIA
クイアバ
マットグロッソ高原
ティティカカ湖
Arequipa
ラ・パス
La Paz
ブラジリア
パンタナール湿原
ゴイアス
ポルト・セグーロ
Porto Seguro
P.258
Tacna
Arica
Oruro
Cochabamba
Sucre
Santa Cruz
コルンバ
ディアマンティーナ
ボニート
カンポ・グランジ
ベロ・オリゾンチ
ディスカヴァリー・コースト大西洋岸森林保護区群
Iquique
パラグアイ
PARAGUAY
Vitória
オーロ・プレット
サン・ジョアン・デル・ヘイ
チラデンチス
コンゴーニャス
Antofagasta
サン・パウロ
イタイプー・ダム
リオ・デ・ジャネイロ
太平洋
Oceano Pacífica
アタカマ砂漠
アンデス山脈
Salta
アスンシオン
クリチバ
サントス
パラチー
アパレシーダ
フォス・ド・イグアス
Foz do Iguaçu
サウス-イースト大西洋岸森林保護区群
ブルメナウ
メウ島
フロリアノポリス
パラナグア
チリ
CHILE
La Serena
サンタ・カタリーナ島
Córdova
ポルト・アレグレ
ウルグアイ
URUGUAY
サンティアゴ
Santiago
Mendoza
Rosario
大西洋
Oceano Atlântico
ブエノス・アイレス
モンテビデオ
ラプラタ川
アルゼンチン
ARGENTINA
Mar del Plata
Bahía Blanca
Puerto Montt
Trelew
パタゴニア
Puerto Aysén
Comodoro Rivadavia
首都
国境
主要道路
鉄道

ブラジル
イントロダクション

南米大陸の約半分を占めるブラジル。日本の約22.5倍、ロシア、カナダ、中国、アメリカに続き世界第5位という広大な国土は、赤道直下から南へ東西に大きく広がり、都市と都市との間には、今なお無人地帯が続いている。

地元客と観光客でにぎわうリオのビーチ

気候ひとつとっても、南部と北部ではまったく違う。中南部は平地が多く、パンタナールの湿原や大草原があり、南東部には山岳地帯がある。いっぽう北部は、アマゾン河流域とブラジル高原からなり、熱帯樹林に覆われた人跡未踏のエリアも多い。

人種構成も、白人系48%、混血43%、黒人系8%、黄色人系1%といわれているが、正確なところはわからない。古くから、先住民と白人、黒人が混血を重ねてきたうえ、ポルトガル人、イタリア人、ドイツ人、日本人、アラブ人など数多くの移民を受け入れてきたため、今では人種が入り乱れ、人種構成を調べることそのものが無意味となっている。

コルコバードの丘と
キリスト像を望む

それでも、個々の地域を見ると、人種のばらつきはある。おもしろいもので、それぞれの移民は、自分の本国と同緯度のところに暮らしている傾向がある。日系人はサン・パウロに住んでいるし、ドイツ人は南部、黒人は北部に多い。この人々の構成の違いと、気候、地形の違いとが、ブラジルの各地域の特徴をつくり、“楽天主義とダイナミズム”、“感情的で無頓着”などの新しい特徴をもった人種を生み出した。そしてこの多様性こそが、ブラジルの顔となっている。

ブラジルとはこんな国、とひとことでいうのは不可能だ。アマゾンの熱帯樹林の中でほとんど近代的な物を持たずに暮らす人々がいるかと思えば、近未来的なブラジリアの人工都市がある。そして、サルバドールの黒人文化、リオのカーニバル、コパカバーナ海岸の美女たち、サン・パウロの商業都市、イグアスの大瀑布、そして、ポルト・アレグレのガウーショまで。このすべてを自分の目で見て、ブラジルのいくつもの顔を、自分の肌で感じるしかない。

ジェネラルインフォメーション

ブラジルの基本情報

▶旅のポルトガル語 → P.407

国　旗
緑は森、黄色は鉱物、青い丸は空を表している。空の中の27個の星は、26州と首都ブラジリアを意味しており、1889年11月15日に無血革命で共和制になった際のリオ・デ・ジャネイロの星座となっている。中央の文字の意味は「秩序と進歩」。

正式国名
ブラジル連邦共和国
República Federativa do Brasil

国　歌
「Hino Nacional Brasileiro」
（ブラジル国歌）

面　積
約851.2万㎢（日本の約22.5倍）

人　口
約2億784万人（2015年）

首　都
ブラジリア Brasília

元　首
ミシェル・ミゲル・エリアス・テメル・ルリア大統領
Michel Miguel Elias Temer Lulia
（2016年8月就任。任期4年）

政　体
大統領を元首とする連邦共和制。ブラジルは26の州と1連邦区（首都ブラジリア）から構成され、全土をNorte（北）、Nordeste（北東）、Centro-Oeste（中西）、Sudeste（南東）、Sul（南）の5地域に分けられている。

民族構成
欧州系48%、混血43%、アフリカ系8%、アジア系ほか先住民など1%。

宗　教
国民の大部分がローマ・カトリック。ほかにプロテスタントやユダヤ教など。

言　語
公用語はポルトガル語。先住民の言語が使われている地域もある。

祝祭日（おもな祝祭日）

　リオに代表されるカーニバルの時期は復活祭（イースター）から40日ほどさかのぼった日を中心に開催。サン・パウロやサルバドール、レシフェ／オリンダでも開催され、それぞれ特徴がある。また、全国的な祝祭日のほか地方ごとに行われる祭りやイベントも多い。

年によって異なる移動祝祭日（※印）に注意

1月1日	元旦
2月9〜13日前後（'18） 3月1〜5日前後（'19）	※カーニバル（謝肉祭）
3/30（'18）4/19（'19）	※復活祭（聖金曜日）
4月21日	ブラジル独立運動の立役者チラデンチスの記念
5月1日	メーデー
5/31（'17）6/20（'19）	※聖体祭
9月7日	独立記念日
10月12日	ブラジルの守護聖人聖母アパレシーダの日
11月2日	諸聖人の日
11月15日	共和制宣言記念日
11月20日	黒人意識の日
12月25日	クリスマス

電話のかけ方

▶電話のかけ方 → P.401

ホテルの電話。直接日本に電話する場合は外線番号から

日本からブラジルへかける場合　例サン・パウロの（011）1234-5678にかける場合

国際電話会社の番号		国際電話識別番号		ブラジルの国番号		市外局番（頭の0は取る）		相手先の電話番号
001（KDDI）※1 0033（NTTコミュニケーションズ）※1 0061（ソフトバンク）※1 005345（au携帯）※2 009130（NTTドコモ携帯）※3 0046（ソフトバンク携帯）※4	＋	010	＋	55	＋	11	＋	1234-5678

※1「マイライン」「マイラインプラス」の国際区分に登録している場合は不要。詳細はURL www.myline.org
※2 auは、005345をダイヤルしなくてもかけられる。
※3 NTTドコモは事前にWORLD WINGに登録が必要。009130をダイヤルしなくてもかけられる。
※4 ソフトバンクは0046をダイヤルしなくてもかけられる。

〈ブラジルでの電話のかけ方〉
　ブラジルでは多くの電話会社があり、国際電話や長距離電話をかける際は必ず電話会社の番号をプッシュする必要がある。ホテルからの場合も同様だ。
　なお、一部のエリアしかカバーしていない電話会社もあるので、Embratel社など全土で通じる会社を使うとよい。

▶国際電話のかけ方
　国際電話識別番号の00、電話会社の番号（Telefónica社15、Embratel社21、Intelig社23など）、続けて国番号（日本なら81）、0を取った市外局番、相手の番号の順にプッシュする。

▶電話ショップや国際電話カード
　国際電話ショップなどからかける場

通貨と為替レート

$

▶持っていくお金
→ P.380

通貨単位はレアル Real（ポルトガル語読みはヘアウ。複数形だとヘアイス Reais）。略号は R$。レアルの補助単位としてセンターボ Centavo（複数形で Centavos）があり、記号は ¢。R$1 = 100¢。2018 年 2 月現在、US$1 = R$3.15 = 108 円。

紙幣および各コインは新旧2種類が流通。また、¢1、5コインはほぼ流通していないため、買い物の際の端数は切り上げもしくは切り捨ててお釣りを渡されることが多い。

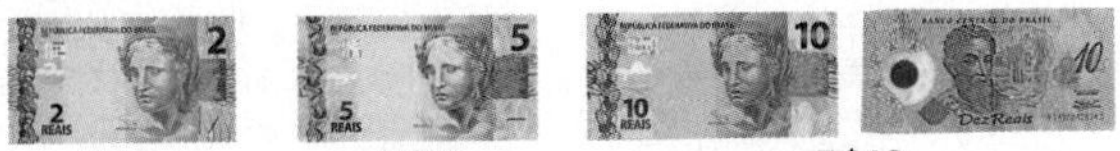

R$2　R$5　R$10

R$20　R$50　R$100

¢1　¢5　¢5　¢10　¢10

¢25　¢25　¢50　¢50　R$1

両　替

両替

両替は銀行 Banco や両替所 Casa de Câmbio、高級ホテル、一部の旅行会社で可能。日本円からレアルへの両替できるところもあるが、レートはかなり悪く地方都市では難しいので、あらかじめ US ドルを用意したほうがいい。

また、ATM が普及しており、町なかや空港などいたる所で見つけられる。国際キャッシュカードや主要なクレジットカードが利用可能。手数料や利子はかかるが、キャッシングで現地通貨をその都度引き出すこともできる。

空港内の ATM

ブラジルから日本へかける場合　例 (03) 1234-5678 または (090) 1234-5678 へかける場合

国際電話識別番号		電話会社の番号		日本の国番号		市外局番と携帯電話の最初の 0 を除いた番号		相手先の電話番号
00	+	15 21 23 など	+	81	+	3 または 90	+	1234-5678

ユニークな公衆電話

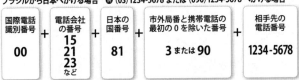

合は、国番号から後ろの番号をお店で書いて見せて、スタッフにかけてもらうのがいいだろう。

公衆電話などから国際電話カードを利用して電話する場合は、カードに書かれている暗証番号をプッシュし、その後国番号、0 を取った市外局番、相手の番号の順にかければつながる。

▶長距離電話のかけ方

国内長距離電話識別番号の 0、そのあと電話会社の番号、0 を取った市外局番（ブラジリアなら 61）、相手の番号の順にプッシュする。サン・パウロの (011) 1234-5678 に Telefónica 社を利用してかける場合、0-15-11-1234-5678 とプッシュすることとなる。

気　候

▶地理と風土
→ P.60

乾季は湿度が 10%以下になるブラジリア

南半球の国ブラジルの夏は 11 ～ 4 月、冬は 5 ～ 7 月だ。北部のベレンやマナウスなどの熱帯地域は年間気温が 25 ～ 35 度と高く、ほとんど 1 年中蒸し暑い。一方、南部のリオなどは亜熱帯地域で 1 ～ 2 月が最も暑く、雨も多い。サン・パウロから南は温帯に近い亜熱帯地域。気温はリオに比べて年間 3～5 度低く、冬には霜が降りたり、ひょうが降ったりもする。ブラジリアやパンタナールのある中部の内陸部は雨季と乾季があり、乾季には湿度数%というカラカラに乾いた日が続く。日中の気温は高いが、朝晩はかなり冷え込む。北は寒くて南は暑いという日本とは逆に、ブラジルは北へ行くほど暑く、南へ行くほど涼しい。観光のベストシーズンは北部では暑さの和らぐ冬、南部は温暖な春から秋がいいだろう。

ブラジルの冬にあたる 5 ～ 8 月以外は、どこでも日本の夏服で充分だ。ただし夏、冬関係なく、雨が 3 日続くと寒くなる。特に内陸地の夜や南部の冬はかなり冷える。サン・パウロから南は温帯に近くなるので、冬に行くなら少し厚手の洋服を持って行こう。

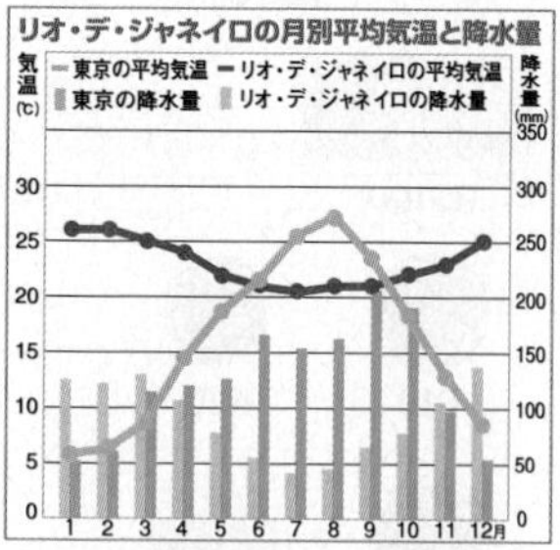

1 年を通して高温なリオ・デ・ジャネイロ

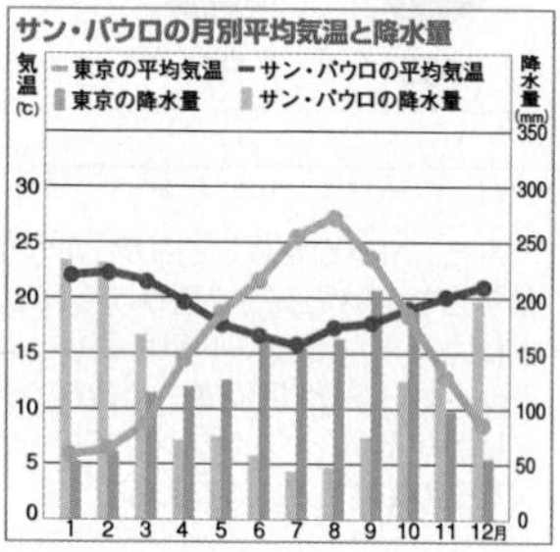

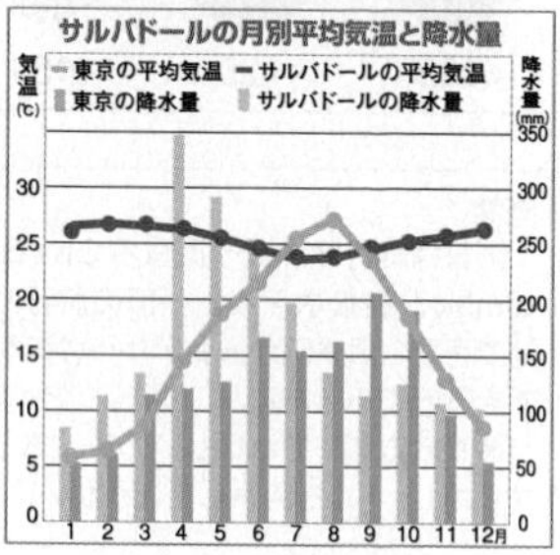

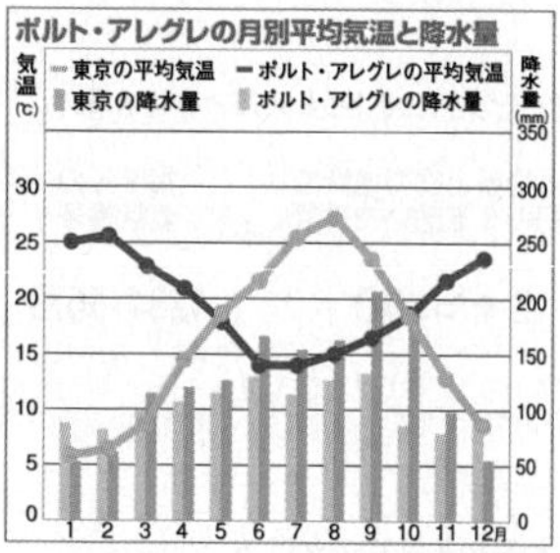

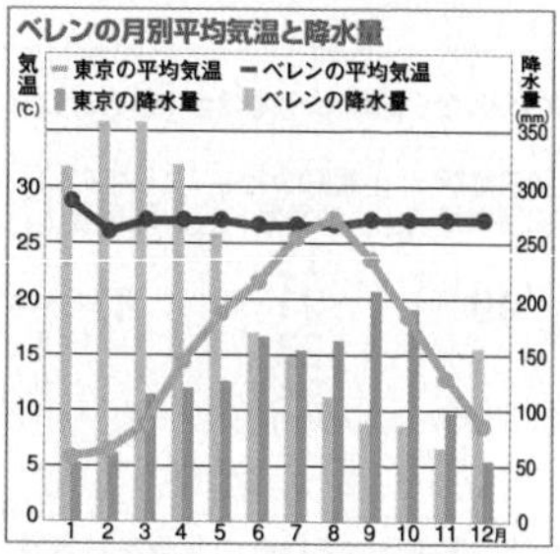

度量衡

日本と同じメートル法を利用。

罰金制度

自動車に乗る際に、前方座席はシートベルトの着用が義務づけられている。着用していない場合は運転者に罰金が課せられる。

日本からのフライト

日本からブラジルへの直行便はなく、アメリカやヨーロッパ、中東などの第3国を経由して入ることになる。ただし、アメリカ経由の場合、アメリカの入国手続きやESTAの取得が必要。ブラジルの空の玄関口はサン・パウロやリオ・デ・ジャネイロなど。

成田～サン・パウロの所要時間は、アメリカ経由で乗り継ぎ時間も含め往路約25時間～、復路約27時間～。ヨーロッパ経由は34時間前後、中東経由は28時間前後。

日本航空（JAL）はアメリカン航空とのコードシェア便を運航している。ロスアンゼルス経由なら往路は成田発17：25で、翌8：00サン・パウロ着。復路はサン・パウロ発22：30で、翌々日の16：50に成田着。

▶航空券の手配
→ P.389

チップ

ブラジルの場合、ほとんどの料金にサービス料が含まれているため、チップはそれほど厳格ではない。

レストラン

ファストフードやポル・キロ（量り売り）式など、セルフサービスの店ではチップは必要ない。通常、料金の10%程度がサービス料として加算されレシートに記載される。サービスに満足がいかなかった場合はこのサービス料の支払いを拒否することが可能。記載されていない場合は、料金の10%程度を上乗せして支払うか、釣り銭を残して帰る。

ホテル

ホテルのポーターにはR$1～2ぐらい。

タクシー

特に何かをしてもらった場合にのみ少額渡すのが一般的。

ビジネスアワー

以下は一般的な営業時間の目安。

銀　行

10:00～16:00（地方の小都市では11:00からのところも）。土・日曜は休業。

商店

月～土曜8:00～18:00。日曜は休業。

レストラン

月～金曜11:30～15:00、18:00～23:00、土・日曜11:30～23:00。

トイレ

使用済みトイレットペーパーは便器横に設置されたゴミ箱に捨てるのが一般的。トイレに備え付けられた小型シャワーは、シャワートイレのように使用する。公衆トイレは無料がほとんどだが、使用料（R$0.5程度）を徴収されることも。

飲料水

蛇口から出る水道水は、うがいをする程度は問題ないが、飲用には適していない。スーパーマーケットや雑貨店には飲料水が売られており、炭酸入り（com gas、または gasosa）と炭酸なし（sem gas）のミネラルウオーターがある。

緑のキャップが炭酸水、青のキャップは通常のミネラルウオーター

郵　便

日本への国際郵便はハガキ、および20gまでの封書がR$2.2～、封書は20～50gがR$4.55～、50～100gがR$7.6～。2～3週間ほどで着く。上記は書類、サイズが25×35.3cm以内の場合の料金。内容物、サイズ、所要日数などで金額が異なる。普通郵便のほかにセデックス（SEDEX）と呼ばれる書留もあるので、大切な物や急ぎの物は後者で送ったほうがいい。郵便局はコヘイオCorreioと呼ばれ、黄色い看板が目印。郵便ポストもあるが、数は少ない。

郵便局の営業時間は月～金曜9:00～17:00、土曜9:00～13:00、日曜は休み（土曜が休みのところもある）。

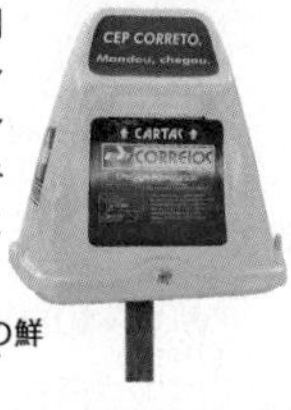

ポストは黄色と青の鮮やかなカラーリング

空港や駅、バスターミナル内にも郵便局がある

入出国

ブラジル連邦警察入出国カードダウンロードURL
URL www.pf.gov.br/servicos-pf/estrangeiro/cartao-de-entrada-e-saida/cartao-de-entrada-e-saida

※入出国カードは利用航空会社によってフォーマットが異なるが、記入する内容はほぼ同様。

ビザ

ブラジルは南米で唯一、ビザが必要な国。ブラジルへ入国する場合、目的に応じたビザを取得しなければならない(→P.382)。ビザの申請には写真や航空券などのほかに、残高証明書が必要となるので、それらの準備期間を考えて旅行日程を決めよう。観光目的で行く場合、最長滞在期間は90日間（最長有効期間は3年。電子ビザは最長2年)。この90日間なら、何回でもブラジルに再入国できる。ただし、ビザ取得日より90日以内に入国しなければ無効。ビザの申請は事前にオンライン申請を行い、ブラジル総領事館で申請する。または電子ビザを申請する。通常、申請から発給までは土・日曜・両国祝日を除く3業務日が必要。

パスポート

見開きで2ページ以上の余白があるもの。

入出国

ブラジル到着前に機内で配られるブラジルの入出国カードに必要事項を記入する。税関申告書はない。なお、入出国カードは事前にブラジル連邦警察のウェブサイトからダウンロードもできる。

ブラジルに到着したら、記入済みの入出国カードとパスポートを入国審査官に提出し、入国審査を受ける。終わると出国用の右半分を切り取って返してくれるので出国まで保管しよう。

出国は各航空会社のカウンターでチェックインし、荷物を預けて搭乗券を受け取る。ゲートを確認し、セキュリティチェックを受けてから出国審査へ。この際に入出国カードを提出する。チェックインから搭乗手続きまでにはかなりの時間を要するので、少なくとも出発の3時間前には空港に着くようにしたい。

ブラジル入出国カード

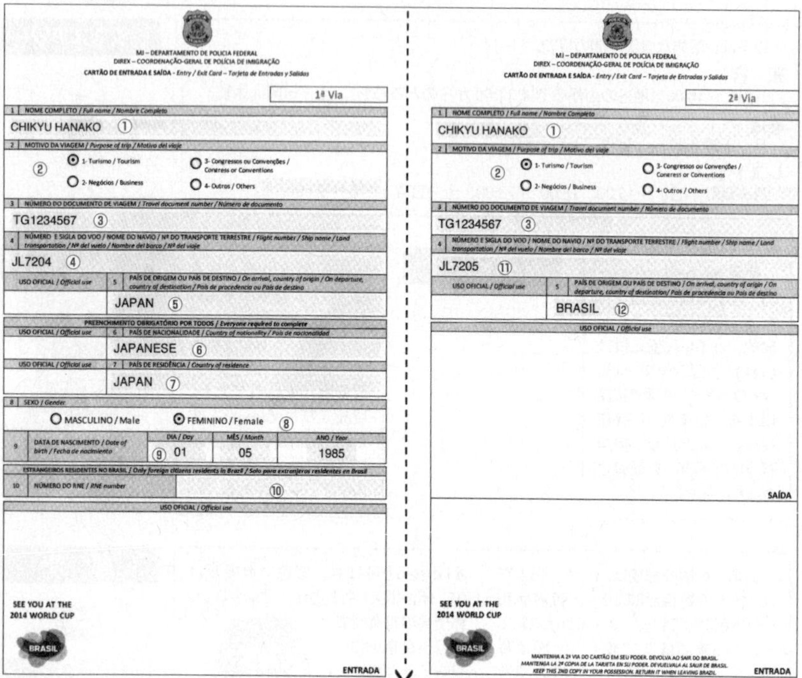

MJ – DEPARTAMENTO DE POLICIA FEDERAL
DIREX – COORDENAÇÃO-GERAL DE POLÍCIA DE IMIGRAÇÃO
CARTÃO DE ENTRADA E SAÍDA - *Entry / Exit Card – Tarjeta de Entradas y Salidas*

1ª Via

1 NOME COMPLETO / *Full name / Nombre Completo*
CHIKYU HANAKO ①

2 MOTIVO DA VIAGEM / *Purpose of trip / Motivo del viaje*
② ⦿ 1- Turismo / Tourism ○ 3- Congressos ou Convenções / Congress or Conventions
○ 2- Negócios / Business ○ 4- Outros / Others

3 NÚMERO DO DOCUMENTO DE VIAGEM / *Travel document number / Número de documento*
TG1234567 ③

4 NÚMERO E SIGLA DO VOO / NOME DO NAVIO / Nº DO TRANSPORTE TERRESTRE / *Flight number / Ship name / Land transportation / Nº del vuelo / Nombre del barco / Nº del viaje*
JL7204 ④

USO OFICIAL / *Official use* | 5 PAÍS DE ORIGEM OU PAÍS DE DESTINO / *On arrival, country of origin / On departure, country of destination / País de procedencia ou País de destino*
JAPAN ⑤

PREENCHIMENTO OBRIGATÓRIO POR TODOS / *Everyone required to complete*
USO OFICIAL / *Official use* | 6 PAÍS DE NACIONALIDADE / *Country of nationality / País de nacionalidad*
JAPANESE ⑥
USO OFICIAL / *Official use* | 7 PAÍS DE RESIDÊNCIA / *Country of residence*
JAPAN ⑦

8 SEXO / *Gender*
○ MASCULINO / Male ⦿ FEMININO / Female ⑧

9 DATA DE NASCIMENTO / *Date of birth / Fecha de nacimiento*	DIA / *Day*	MÊS / *Month*	ANO / *Year*
⑨	01	05	1985

ESTRANGEIROS RESIDENTES NO BRASIL / *Only foreign citizens residents in Brazil / Solo para extranjeros residentes en Brasil*
10 NÚMERO DO RNE / *RNE number* ⑩

USO OFICIAL / *Official use*

SEE YOU AT THE
2014 WORLD CUP
BRASIL
ENTRADA

MJ – DEPARTAMENTO DE POLICIA FEDERAL
DIREX – COORDENAÇÃO-GERAL DE POLÍCIA DE IMIGRAÇÃO
CARTÃO DE ENTRADA E SAÍDA - *Entry / Exit Card – Tarjeta de Entradas y Salidas*

2ª Via

1 NOME COMPLETO / *Full name / Nombre Completo*
CHIKYU HANAKO ①

2 MOTIVO DA VIAGEM / *Purpose of trip / Motivo del viaje*
② ⦿ 1- Turismo / Tourism ○ 3- Congressos ou Convenções / Conerest or Conventions
○ 2- Negócios / Business ○ 4- Outros / Others

3 NÚMERO DO DOCUMENTO DE VIAGEM / *Travel document number / Número de documento*
TG1234567 ③

4 NÚMERO E SIGLA DO VOO / NOME DO NAVIO / Nº DO TRANSPORTE TERRESTRE / *Flight number / Ship name / Land transportation / Nº del vuelo / Nombre del barco / Nº del viaje*
JL7205 ⑪

USO OFICIAL / *Official use* | 5 PAÍS DE ORIGEM OU PAÍS DE DESTINO / *On arrival, country of origin / On departure, country of destination/ País de procedencia ou País de destino*
BRASIL ⑫

USO OFICIAL / *Official use*

SAÍDA

SEE YOU AT THE
2014 WORLD CUP
BRASIL
MANTENHA A 2ª VIA DO CARTÃO EM SEU PODER. DEVOLVA AO SAIR DO BRASIL.
MANTENGA LA 2ª COPIA DE LA TARJETA EN SU PODER. DEVUELVALA AL SALIR DE BRASIL.
KEEP THIS 2ND COPY IN YOUR POSSESSION. RETURN IT WHEN LEAVING BRAZIL.
ENTRADA

ブラジル入出国カードの記入例

①姓名
②旅の目的
　1=旅行　2=仕事
　3=会議または学会
　4=その他
③パスポート番号
④到着便名
　(例は日本航空7204便の場合)
⑤出発地と到着地
　(到着した人は出発地)
⑥国籍
⑦居住国
⑧性別
　MASCULINO=男性
　FEMININO=女性
⑨生年月日
　(日／月／年の順)
⑩未記入
　(ブラジル在住者用の身分証明書番号)
⑪出発便名
⑫出発地と到着地
　(出発する人は出発地)

時差とサマータイム

国土面積の広いブラジルは、東と西とで2時間の時差があり、3つの時間帯に分けられている。国内の移動であっても、到着したらまず時刻を確認しよう。リオ・デ・ジャネイロ、サン・パウロ、ベレンなどは日本より12時間遅れ。北西部のマナウスでは13時間遅れ。リオ・ブランコは14時間遅れ。サマータイムは採用している州と、そうでない州がある。ブラジリア、サン・パウロ、リオ・デ・ジャネイロ州などは10月第2日曜から2月第3日曜まで夏時間を採用しており、時計を1時間進める（日本との時差-11時間となる）。マナウスのあるアマゾナス州、ベレンのあるパラ州は採用していない。州別の時差は下記の表とP.63を参照。

時差早見表

日本の時間	時差−12時間	時差−13時間	時差−14時間
7:00	19:00	18:00	17:00
8:00	20:00	19:00	18:00
9:00	21:00	20:00	19:00
10:00	22:00	21:00	20:00
11:00	23:00	22:00	21:00
12:00	0:00	23:00	22:00
13:00	1:00	0:00	23:00
14:00	2:00	1:00	0:00
15:00	3:00	2:00	1:00
16:00	4:00	3:00	2:00
17:00	5:00	4:00	3:00
18:00	6:00	5:00	4:00

日本と各州の時差

時差	州名	州都
時差−12時間	パラ	ベレン
	アマパ	マカパ
	マラニョン	サン・ルイス
	ピアウイ	テレジーナ
	トカンチンス	パルマス
	セアラ	フォルタレーザ
	リオ・グランジ・ド・ノルチ	ナタウ
	パライーバ	ジョアン・ペッソーア
	ペルナンブコ	レシフェ
	アラゴアス	マセイオ
	セルジッペ	アラカジュ
	バイーア	サルバドール
	ブラジリア連邦区	ブラジリア（首都）
	ゴイアス	ゴイアニア
	ミナス・ジェライス	ベロ・オリゾンチ
	エスピリート・サント	ヴィトーリア
	リオ・デ・ジャネイロ	リオ・デ・ジャネイロ
	サン・パウロ	サン・パウロ
	パラナ	クリチバ
	サンタ・カタリーナ	フロリアノポリス
	リオ・グランジ・ド・スウ	ポルト・アレグレ
時差−13時間	ホライマ	ボア・ビスタ
	アマゾナス	マナウス
	ホンドニア	ポルト・ベーリョ
	マット・グロッソ	クイアバ
	マット・グロッソ・ド・スウ	カンポ・グランジ
時差−14時間	アクリ	リオ・ブランコ

電気＆ビデオ

電圧とプラグ

電圧は地域によって違い、リオとサン・パウロは110ボルト（V）、サルバドールとマナウスは127V。レシフェやブラジリアなどは220V。周波数はいずれの地域も60ヘルツ（Hz）。スマートフォンやパソコンの充電器など、100～220Vに対応している電化製品であれば現地でそのまま使用できる（要確認）。ドライヤー、ヘアアイロンなどについては海外対応のものを用意するか、変圧器の持参を。

プラグはCタイプが主流なので変換プラグが必須。まれに日本と同じAタイプと両様式の差し込み口を設けているホテルもある。

DVD方式

日本とはタイプの違うPAL-M方式を採用。市販ビデオの中には、日本や米国と同じNTSC方式のものも売られているので購入の際に確認しよう。

ブラジルのリージョンコードはリージョン4。リージョン2である日本と異なるため、一般的な家庭用DVDデッキでは再生できない。

基本は丸ピンのCタイプ

安全とトラブル

日本と比べてスリ、ひったくり、強盗といった犯罪発生率が高く、旅行者や現地在住の邦人を狙った犯罪も各地で多発している。人通りの少ないところや夜は極力出歩かないようにし、日中も常に気を付けること。2018年1月現在、リオ・デ・ジャネイロ州大リオ圏、サン・パウロ州大サン・パウロ圏およびカンピーニャス市、ブラジリア連邦区、アマゾナス州大マナウス圏、パラ州大ベレン圏、ペルナンブコ州大レシフェ圏、バイーア州大サルバドール圏およびエスピリート・サント州大ビトリア圏、パラナ州大クリチバ圏、リオ・グランジ・ド・スウ州ポルト・アレグレ市が外務省より「十分注意」の危険情報が発出されている。

緊急時の電話番号

警察 **190**

救急車 **192**

消防 **193**

▶旅のトラブルと安全対策
→P.403

年齢制限

18歳で成人とみなされ、車の免許が取得できる。飲酒・喫煙も18歳以上から可能。それに満たない場合は購入不可。

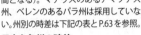

ブラジル国内バス A to Z

ブラジルでは長距離バスが非常に発達しており、各都市間を結んでいる。陸路ゆえに時間はかかるが、風景を眺めながらの旅もまた楽しい。エアコンが強い場合が多いため、上着や羽織るものがあるといい。

バスの予約方法

現地の長距離バスターミナルで購入

各都市の長距離バスターミナルの窓口で直接購入できる。販売は先着順のため、なるべく早めに購入しよう。チケットに氏名、パスポート番号などを記入する場合もある。

インターネットで予約する

事前に日程が決まっている場合は、インターネットから事前に予約することも可能。下記の検索サイトで出発地と目的地、日付を指定すると、予約可能な便が表示され、購入できるチケットセンターのウェブサイトに飛べる。出発時間、直通または乗り継ぎ便、乗車クラスなどにより値段が変わる。購入の流れは右記参照（URL www.buscaonibus.com.brの場合）。

長距離バスの乗車クラスについて

広さやリクライニング機能など、快適度に応じて乗車クラスが選べる。値段の高い順から、レイトLeito、エクセクティーヴォExecutivo、レギュラーRegular（コンヴェンシオナウConvencionalまたはノーマルNormal、セミ・レイトSemi-Leitoとも呼ばれる）などがある。

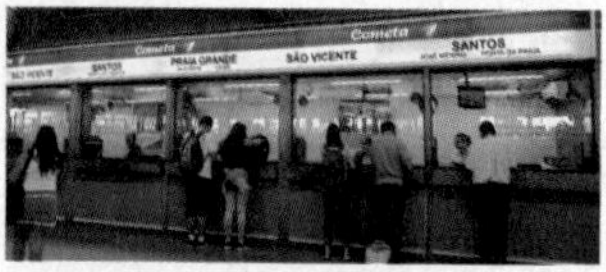

バス会社ごとの窓口が並ぶサン・パウロのジャバクアラ・バスターミナル

インターネットでの購入の流れ

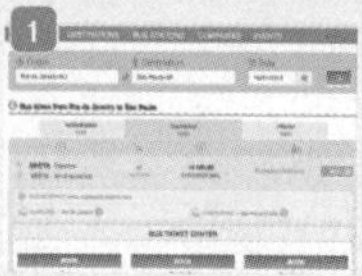

1 出発地・目的地・日付を入力し、検索。目的の便を選び、希望のチケットセンターを選択

2 各チケットセンターのサイトから、希望の便を選択

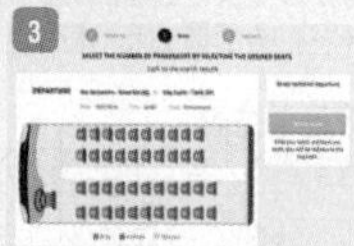

3 座席を選択する

4 氏名や連絡先、パスポート番号、クレジットカードなどの情報を入力し、決定する

おもな検索サイト　URL www.buscaonibus.com.br　｜　URL www.busbud.com

長距離バス情報

大都市間を結ぶ路線では、同じ路線でもいくつかのバス会社が運行している。座席が広くゆったりとしているのは、Cometa社やItapemirim社などの大会社のバス。

■ リオ・デ・ジャネイロ発　Rio de Janeiro

到着地	バス会社名	運行本数	所要時間(約)	料金
サン・パウロ	Kaissara / Expresso do Sul / Expresso Brasileiroほか	早朝から深夜まで、毎日15～30分おきに1便	6時間	R$100.65～
パラチー	Costa Verde	毎日8～12便	4時間30分	R$83.45～
ベロ・オリゾンチ	Cometa／Viação Util	毎日22～30便	7時間	R$52～
サン・ジョアン・デル・ヘイ	Paraibuna	毎日2～4便	5時間30分	R$79.51～
クリチバ	Kaissara／Penha	毎日3～4便	13～15時間	R$195.07～
フロリアノポリス	Kaissara	毎日1便	18時間30分	R$249.5～
オーロ・プレット	Viação Util	毎日2便	6時間30分	R$97.56～
ポルト・セグーロ	Gontijo	毎日2便	19時間30分	R$250.14～
ブラジリア	Kaissara／Viação Util	毎日2～5便	18時間	R$159.97～

■ サルバドール発　Salvador

到着地	バス会社名	運行本数	所要時間(約)	料金
ポルト・セグーロ	Águia Branca	毎日1便	11時間30分	R$144.05～
レシフェ	Kaissara／Expresso Guanabara	毎日2～4便	14時間	R$135～
マセイオ	Rota Transportes／Águia Branca	毎日4～6便	11時間30分	R$125.35～

■ サン・パウロ発　São Paulo

到着地	バス会社名	運行本数	所要時間(約)	料金
リオ・デ・ジャネイロ	Expresso do Sul／Kaissaraほか	早朝から深夜まで、毎日15～30分おきに1便	6時間	R$92.45～
クリチバ	Kaissara／Cometa	早朝から深夜まで、毎日15分～1時間おきに1便	6時間	R$88.28～
パラチー	Reunidas Paulista	毎日4～5便	6時間	R$78.62～
サントス(ジャバクアラ・ターミナル発)	Expresso Luxo／Viação Ultra／Cometaほか	早朝から深夜まで、毎日約15分おきに1便	1時間	R$26.65～
ベロ・オリゾンチ	Gontijo／Cometa	毎日25～33便	8時間40分	R$121.8～
オーロ・プレット	Viação Util	毎日1便	11時間30分	R$166.15～
サン・ジョアン・デル・ヘイ	Viação Util	毎日3～4便	8時間	R$98.37～
フロリアノポリス	Catarinense／Eucaturほか	毎日14便	11時間	R$118.48～
ポルト・アレグレ	Kaissara／Penha	毎日5便	17時間	R$226.65～
カンポ・グランジ(バハ・フンダ・ターミナル発)	Andorinha／Motta	毎日9便	13時間	R$214.94～

到着地	バス会社名	運行本数	所要時間(約)	料金
ブルメナウ	Catarinense	毎日1〜3便	10時間30分	R$130.44〜
ジョインヴィレ	Catarinense／Eucaturほか	毎日25〜29便	8時間	R$90〜
ブラジリア	Rápid Expresso／Real Expresso ほか	毎日6〜8便	15時間30分	R$202〜
フォス・ド・イグアス(バハ・フンダ・ターミナル発)	Catarinense／Pluma	毎日4〜5便	17時間	R$214.82〜

■ **レシフェ発　Recife**

到着地	バス会社名	運行本数	所要時間(約)	料金
サルバドール	Catedral Turismo／Kaissaraほか	毎日3〜4便	13時間	R$135.45〜
マセイオ	Catedral Turismo／Real Alagoas	毎日7〜9便	5時間	R$50.47〜
フォルタレーザ	Expresso Guanabara／Catedral Turismo	毎日7〜9便	13時間	R$171.51〜

■ **カンポ・グランジ発　Campo Grande**

到着地	バス会社名	運行本数	所要時間(約)	料金
サン・パウロ	Motta／Andorinha	毎日8便	13時間	R$228.09〜

■ **フォス・ド・イグアス発　Foz do Iguaçu**

到着地	バス会社名	運行本数	所要時間(約)	料金
サン・パウロ	Pluma／Catarinense	毎日6〜7便	18時間	R$214〜
クリチバ	Catarinense	毎日12〜13便	10時間	R$183.54〜
ブルメナウ	Catarinense	毎日1便	14時間30分	R$177.8〜
フロリアノポリス	Catarinense	毎日5〜6便	15時間30分	R$203.13〜
ジョインヴィレ	Catarinense	毎日5便	12時間20分	R$170.84〜

■ **サン・ルイス発　São Luís**

到着地	バス会社名	運行本数	所要時間(約)	料金
フォルタレーザ	Expresso Guanabara	毎日4便	19時間	R$195.26〜
ベレン	Boa Esperança／Rápido Marajóほか	毎日4便	13時間	R$138〜

■ **ブラジリア発　Brasilia**

到着地	バス会社名	運行本数	所要時間(約)	料金
リオ・デ・ジャネイロ	Viação Util／Kaissara	毎日4〜5便	18時間	R$201.14〜
サン・パウロ	Real Expresso／Rápido Federalほか	毎日7便	16時間	R$192.27〜
ベロ・オリゾンチ	Kaissara／Expresso União	毎日4〜7便	11時間	R$154.74〜
クイアバ	Expresso São Luiz／Eucaturほか	毎日5便	20時間	R$227.02〜

■ **クリチバ発　Curitiba**

到着地	バス会社名	運行本数	所要時間(約)	料金
リオ・デ・ジャネイロ	Penha／Kaissara	毎日2〜3便	14時間	R$172.71〜
サン・パウロ	Kaissara／Cometa	毎日36〜42便	6時間30分	R$87〜
フォス・ド・イグアス	Catarinense	毎日12〜13便	9時間	R$184.46〜
パラナグア	Viação Graciosa／Princesa dos Campos	毎日13〜15便	1時間30分	R$31.93〜
カンポ・グランジ	Eucatur	毎日3〜4便	15時間	R$214.82〜
サントス	Catarinense	毎日3〜7便	6時間	R$87.61〜
ジョインヴィレ	Catarinense／Eucatur	早朝から深夜まで、毎日10分〜2時間おきに1便	2時間	R$26.1〜
フロリアノポリス	Catarinense／Eucatur／Expresso do Sul ほか	早朝から深夜まで、毎日10分〜2時間おきに1便	5時間	R$52.87〜
ポルト・アレグレ	Penha／Catarinense	毎日7〜9便	12時間	R$145.02〜

■ **ベレン発　Belém**

到着地	バス会社名	運行本数	所要時間(約)	料金
サン・ルイス	Rápido Marajó／Boa Esperança	毎日4便	13時間	R$159.48〜

■ **フロリアノポリス発　Florianópolis**

到着地	バス会社名	運行本数	所要時間(約)	料金
サン・パウロ	Catarinense／Eucaturほか	毎日18〜32便	12時間	R$106.93〜
クリチバ	Catarinense／Eucaturほか	毎日38〜40便	5時間	R$50.89〜
フォス・ド・イグアス	Catarinense	毎日4〜6便	14時間30分	R$202.54〜
ジョインヴィレ	Catarinense	毎日11〜12便	3時間	R$60.48〜
ブルメナウ	Catarinense／Reunidas	毎日14〜22便	2時間30分	R$44.35〜
ポルト・アレグレ	Eucatur／Santo Anjo	毎日21〜29便	6時間	R$93.71〜

所要時間20時間以上の長距離バス路線

20時間以上の長距離バスも多数運行している。おもな路線と所要時間は下記の通り。

出発地	到着地	所要時間(約)
リオ・デ・ジャネイロ	レシフェ	37時間30分
	サルバドール	28時間
	ベレン	49時間
	フォス・ド・イグアス	22時間
サルバドール	リオ・デ・ジャネイロ	29時間
	サン・パウロ	44時間
	フォス・ド・イグアス	50時間
	ベレン	34時間
	ブラジリア	24時間
サン・パウロ	レシフェ	44時間
	ベレン	48時間
	サルバドール	42時間
レシフェ	リオ・デ・ジャネイロ	38時間
	サン・パウロ	45時間
	ベレン	37時間
	ブラジリア	39時間
	クリチバ	55時間
カンポ・グランジ	リオ・デ・ジャネイロ	24時間
フォス・ド・イグアス	リオ・デ・ジャネイロ	25時間
	サルバドール	51時間
サン・ルイス	リオ・デ・ジャネイロ	51時間
	サン・パウロ	50時間
サン・ルイス	レシフェ	27時間
	ブラジリア	36時間
ブラジリア	サルバドール	23時間
	レシフェ	37時間
	クリチバ	23時間30分
フロリアノポリス	ブラジリア	23時間
クリチバ	リオ・デ・ジャネイロ	52時間
	サン・パウロ	48時間
	レシフェ	36時間30分
ベレン	ブラジリア	29時間

▶ブラジルの基礎知識

Brasil

地理と風土

北部地方

ベレンやマナウスのある北部地方はアマゾン河流域とブラジル高原からなる。アマゾン河流域はブラジルの最高峰ネブリナ山Pico da Neblina (3014m)をもつギアナ高地を除けば、海抜200m以下の平野である。その中央を世界最大の流域面積 (650万Km²)をもつアマゾン河が、多くの支流をしたがえて流れている。この地域は年間1～2ヵ月 (8～9月)雨の少ない時期があるが、ほぼ年中多雨で高温の気候下にある。そのため、アマゾン河流域には常緑樹林が密生したセルバ(熱帯雨林)が広がっている。

ヤシがまばらに生えるパンタナール平原

目的別　旅のベストシーズン

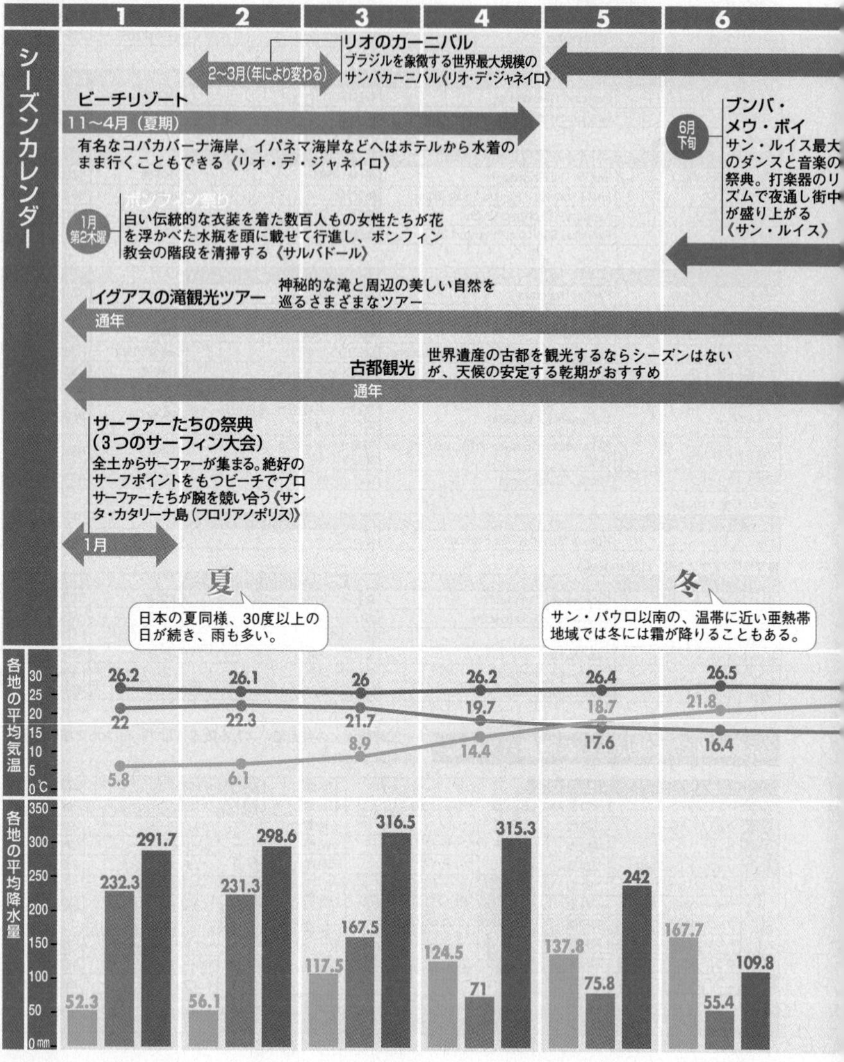

中部地方

ブラジル高原の中央部は年中高温で年降水量は少なく、5～9月までは乾期が続く熱帯サバンナ気候だ。草原には、低木がところどころに生えるカンポ・セラード（サバンナ原野）が展開している。さらにブラジル高原の北東部は乾期が長く、サボテンやトゲの多い低木が生えるカーチンガが広がっている。

パラグアイ、ボリビアと国境を接する内陸部にはパンタナール湿原がある。この平野は雨季になると、ほとんどが水に覆われ大湿原となる。そのため、“生命の楽園”と呼ばれるほど、野生動物の宝庫だ。

南部地方

南部地方はブラジル高原の南東部とラ・プラタ水系の河川流域の平野（内陸部）からなる。南東部はブラジル高原のなかで最も高度の高い地域で、バンデイラ山（2890m）をはじめとする険しい山岳が多く見られる。気候は、北が年中高温で乾期のはっきりした熱帯サバンナ気候、南は涼しく乾期のない湿潤温帯気候だ。

また、ブラジル南端部は高度が低く、なだらかな丘陵の続く平野になっている。温和で乾期のない気候のため、アルゼンチンのパンパと同様の草原が広がっている。

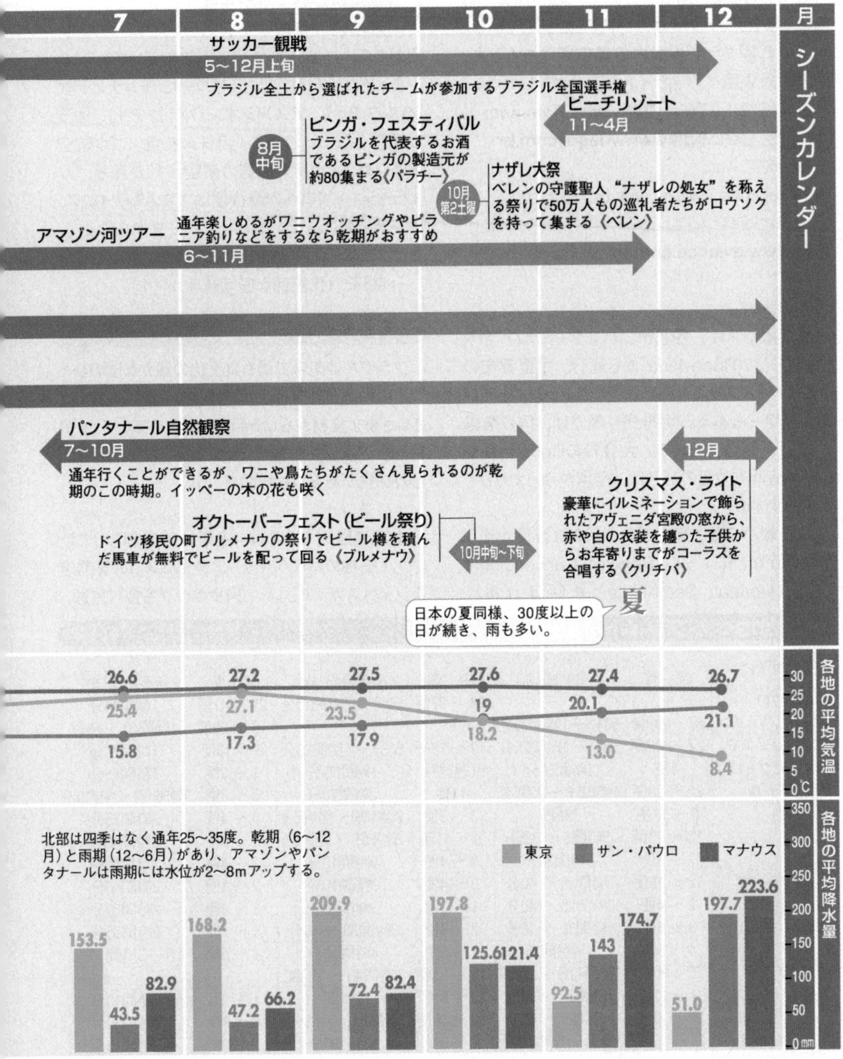

国内交通

飛行機

国土の広いブラジルで、効率よく快適に多くの都市を回りたいなら飛行機を利用することになる。国内各都市間をラタム航空（LA）、ゴウ航空（G3）、アズウ航空（AD）、アビアンカ航空（AV）などがフライトしている。サン・パウロ、リオ・デ・ジャネイロ、ブラジリアから国内各地への直行便のフライト本数と所要時間は下表の通り。

移動のたびに、各都市間それぞれ航空券を購入すると非常に高いものとなる。ラタム航空では、北米・ヨーロッパなどから南米（ブラジル含む）間の路線利用者を対象に、区間運賃がお得になる「サウスアメリカパス」を販売している。利用すればブラジル国内の都市間はもちろん、南米の対象国へのフライトも安上がりになる。

ラタム航空 LATAM URL www.latam.com
ゴウ航空 GOL URL www.voegol.com.br
アズウ航空 Azul
URL viajemais.voeazul.com.br
アビアンカ航空 Avianca
URL www.avianca.com.br

長距離バス

長距離バスは、各都市のバスターミナル"ホドヴィアーリアRodoviária"から運行。主要都市の長距離バスターミナルには、レストラン、トイレやシャワーもある。切符売り場では、同じ路線を数社が競合している。大会社のCometa社やItapemirim社などのバスは、座席がゆったりしていておすすめだ。

長距離バスは、席のグレードや直行便かそうでないかなどによって、Regular（Convencional またはNormal、Semi-Leitoとも呼ばれる）、Executivo、Leitoなどの種類がある。Leitoは高級バスで、席を水平に倒し、横になって寝ることができる。料金は通常のバスの約2倍だが快適さは抜群で、客層も中流以上。乗車中に物を盗まれるといった心配は少ない。

切符はターミナルの窓口、またはバスの予約サイトから購入できる。カーニバルやクリスマス前後は混み合い、また基本的に増便されることはないので、なるべく早めに購入しておきたい。

バスの予約サイト
Busca Pnibus URL www.buscaonibus.com.br

近隣諸国からブラジルへ

南米諸国の各首都からサン・パウロへの直行便がある。ブエノス・アイレス（アルゼンチン）、サンティアゴ（チリ）、リマ（ペルー）、モンテビデオ（ウルグアイ）、アスンシオン（パラグアイ）、カラカス（ベネズエラ）から、ラタム航空、ゴウ航空をはじめ、それぞれの国の航空会社が運航。リオ・デ・ジャネイロへの直行便はブエノス・アイレス、サンティアゴ、モンテビデオ、リマからのみで、あとはすべてサン・パウロなどを経由。

→P.393（代表的な国境越えルート）

食事事情

ブラジルは南米で最も食文化の豊かな国のひとつ。広い国土と多様な人種・民族に裏付けされた、さまざまな食材からなる料理を楽しめる。「バイーア料理」「アマゾン料理」「ミナス料理」など、地域ごとの味覚があるのも特徴だ。

シュハスコ

牛肉や鶏肉のかたまりを豪快に串刺しして焼いた、一種のバーベキュー。シュハスコの専門店をシュハスカリアといい、肉やサラダも食べ放題。

国内各地へのフライト（直行便）

※便数は1日あたりの本数

都市名	サン・パウロ		リオ・デ・ジャネイロ		ブラジリア	
	便数	所要時間（約）	便数	所要時間（約）	便数	所要時間（約）
サン・パウロ	―	―	68～97便	50分～1時間15分	21～41便	1時間45分
リオ・デ・ジャネイロ	67～98便	50分～1時間20分	―	―	16～25便	1時間40～55分
ベロ・オリゾンチ	27～42便	55分～1時間25分	12～18便	55分～1時間20分	6～13便	1時間25分
ポルト・セグーロ	4便	1時間50分	（週3便）	1時間35分	1～2便	1時間45分
サルバドール	22～28便	1時間35分～4時間5分	11便	2時間15分	5～8便	1時間50分～2時間10分
マセイオ	6～11便	3時間	2～3便	2時間40分～3時間15分	3～4便	2時間25分
レシフェ	18～23便	3時間5～30分	8～11便	2時間50分～3時間10分	5～7便	2時間40分
ナタウ	7～8便	3時間30分	3～4便	3時間10分	2～4便	2時間50分
フォルタレーザ	12～16便	3時間25～40分	3～4便	3時間10分	2～4便	2時間40分
サン・ルイス	2～4便	3時間25～40分	1～2便	3時間20分	3～4便	2時間30分
ベレン	3～6便	3時間30～45分	2～3便	3時間30～45分	4～7便	2時間35分
マナウス	4～5便	4時間	1～3便	4時間10分	3～5便	3時間
ブラジリア	26～41便	1時間40分～2時間	15～21便	1時間40～2時間	―	―
フォス・ド・イグアス	9～11便	1時間25～55分	5～6便	2時間	（週1便）	2時間10分
ポルト・アレグレ	29～45便	1時間25～45分	10～16便	1時間40～55分	4～7便	2時間30分
フロリアノポリス	21～23便	1時間～1時間20分	4～5便	1時間30分	1～2便	2時間15分

フェイジョアーダ

肉と黒豆の煮込み料理。ライスにかけ、マンジョーカの粉をふりかけて食べる。

ムケカ

代表的なバイーア料理。ココナッツミルクとヤシ油でシーフードを煮込んだ土鍋料理。

ポレンタ

とうもろこしの粉を練り上げたもの。メインディッシュに添えて食べる。

コシーニャ

円錐状のコロッケのようなもの。小麦粉にダシを混ぜた生地を揚げており、もちっとした食感。中には肉やチーズといった具が入っている。

ポン・ジ・ケージョ

ブラジルの国民的パン。キャッサバ粉を使用した生地にチーズを練り込んでおり、もちもちした食感。

産　業

世界の生産量の約3割を占めるコーヒーをはじめ農作物、鉄鉱石、砂糖、工業製品など。日本へは鉄鉱石、肉類、コーヒー、工業製品などが輸出され、日本からは機械類、自動車部品などが輸入されている。

特産品

ブラジルを代表するみやげのひとつがコーヒー。食べ物ではほかにチョコレート、ココナッツやキャッサバを使ったお菓子、地酒のカシャーサ（一部地域ではピンガと呼ばれる）などが一般的。宝石店が多く、豊富に産出される水晶などの鉱物を使ったアクセサリーや鳥や動物の置物も各地で売られている。また革製品、インディヘナの飾り物、サッカーのユニフォームなどもみやげになる。

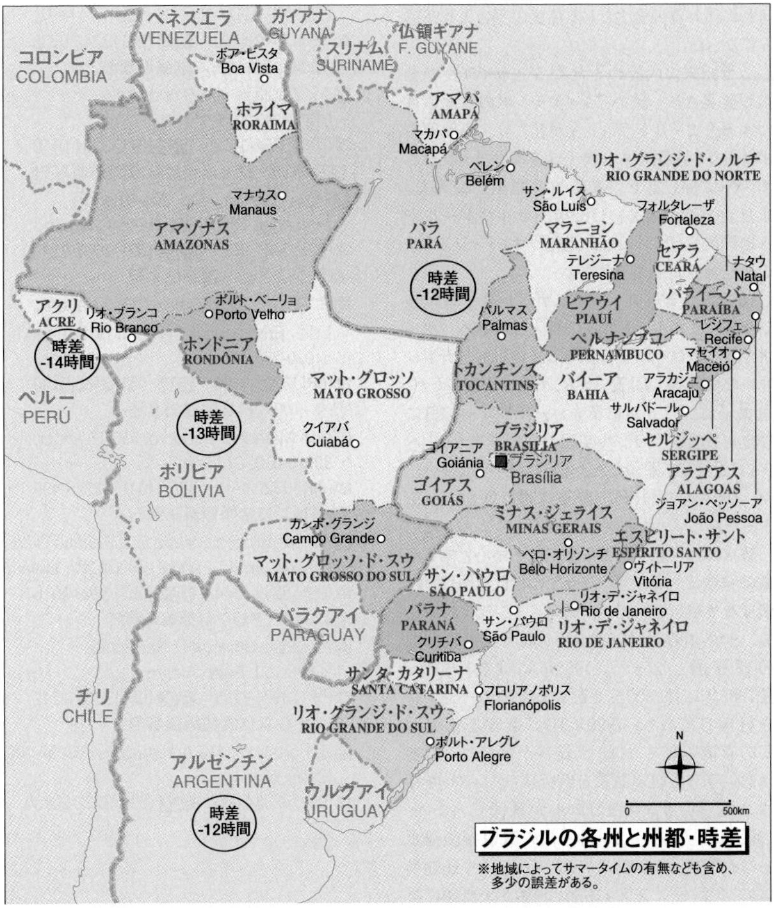

ブラジルの各州と州都・時差

※地域によってサマータイムの有無なども含め、多少の誤差がある。

ブラジルの歴史

ブラジル各地にはもともとインディヘナたちが暮らしていた。現在のブラジルへの歩みは1500年、ポルトガル人ペドロ・アルヴァレス・カブラールが現在のポルト・セグーロの近くに漂着し、ポルトガル領を宣言したときから始まる。当初、ブラジルには金が発見されず、国名のもとになったパウ・ブラジルという染料の原木だけが産物であったため、ポルトガル人の新領土への関心は薄かった。しかし、パウ・ブラジルを目当てに進出してきたフランスを牽制するため、1530年代から本格的な植民活動が始まり、多数のポルトガル人が移り住んだ。1549年、ポルトガル国王が直接統治のための総督府をサルバドールに設置。バイーア州とペルナンブコ州では大規模な砂糖栽培が行われ、その労働力としてアフリカから大量の黒人奴隷が連れてこられた。奴隷制度が1888年に廃止されて以降、それに代わる労働力として移民の受け入れが盛んになった。

17世紀末、内陸のミナス・ジェライス州で金鉱が発見され、続いてダイヤモンドの鉱脈も見つかる。ゴールドラッシュが起こり、東北部やポルトガル本国から一攫千金を夢見る人々がミナス州に押し寄せ、奥地への開拓が進んだ。また金を運ぶため、1763年、サルバドールから地理的にミナスに近い港町リオ・デ・ジャネイロに総督府が遷都された。

1807年、ヨーロッパではナポレオン率いるフランス軍がポルトガルに侵入したため、ポルトガル王室は一時ブラジルに避難した。ナポレオンの失脚後、国王ジョアン6世は帰国したが、皇太子はブラジルに留まり、1822年9月7日に独立を宣言、ブラジル帝国の初代皇帝ドン・ペドロ1世として即位した。帝政は約70年続いたが、1889年11月15日、陸軍による無血クーデターが起こり、共和制となった。

政府は20世紀半ばから重工業を中心とする産業の育成に力を注ぎ、ブラジルは目覚ましい経済成長を遂げる。だが、同時にインフレが激化し、対外債務は1128億ドルを超え、世界有数の債務国となった。1988年には約1000%、翌1989年には2800%を超える空前のインフレを経験したのち、1990年3月、事実上初の国民の直接選挙でコロル大統領が選ばれ、当初は思い切った経済政策を断行してインフレを押さえた。期待されたコロル大統領だったが、1992年、リオ・デ・ジャネイロの環境会議後まもなく発覚した金銭スキャンダルにより任期半ばにして辞任、フランコ副大統領が大統領に昇格した。1995年からはカルドーゾ大統領が政権を担当し、インフレ対策に腕を振るう。2003年1月1日、ルイス・イナシオ・ルーラ・ダ・シルバ大統領就任が就任し、第2期目の任期満了で退任。後継は官房長官のジルマ・ヴァナ・ルセーフが2011年1月からブラジル史上初の女性大統領となり、2014年の大統領選で再選されたものの、2015年に汚職疑惑が起こり、反政府デモが勃発。議会による弾劾採決が行われ、180日間の職務停止後期間中、ミシェル・テメル副大統領が代行を勤める。2016年8月にはブラジル上院による弾劾裁判が行われ、正式に罷免が議決された。以降ミシェル・テメルが第37代大統領を務めている。

ブラジルの日本大使館

在ブラジル日本国大使館

住 SES Av. das Nações, Quadra 811, Lote 39, 70425-900, Brasília

☎ (061) 3442-4200 FAX (061) 3242-0738

在サン・パウロ日本国総領事館

住 Av. Paulista 854, 3 andar, 01310-913, São Paulo

☎ (011) 3254-0100 FAX (011) 3254-0110

在リオ・デ・ジャネイロ日本国総領事館

住 Praia do Flamengo, 200-10 andar, Flamengo 22209-901, Rio de Janeiro

☎ (021) 3461-9595 FAX (021) 3235-2241

在レシフェ日本国総領事館

住 R. Padre Carapuceiro, 733, 14 andar, Edif., Empresarial Center I, Boa Viagem, 51020-280, Recife

☎ (081) 3207-0190 FAX (081) 3465-9140

在クリチバ日本国総領事館

住 Rua Marechal Deodoro, 630-18 ander, 80010-010, Curitiba

☎ (041) 3322-4919 FAX (041) 3222-0499

在ベレン日本国領事事務所

住 Av. Magalhães Barata, 651, Edifício Belém Office Center, 7 andar, 66060-281, Belém

☎ (091) 3249-3344 FAX (091) 3249-1016

在ポルト・アレグレ領事事務所

住 Av. João Obino, 467 Petrópolis, 90470-150, Porto Alegre

☎ (051) 3334-1299 FAX (051) 3334-1742

在マナウス日本国総領事館

住 R. Fortaleza, 416 Adrianópolis, 69057-080, Manaus

☎ (092) 3232-2000 FAX (092) 3232-6073

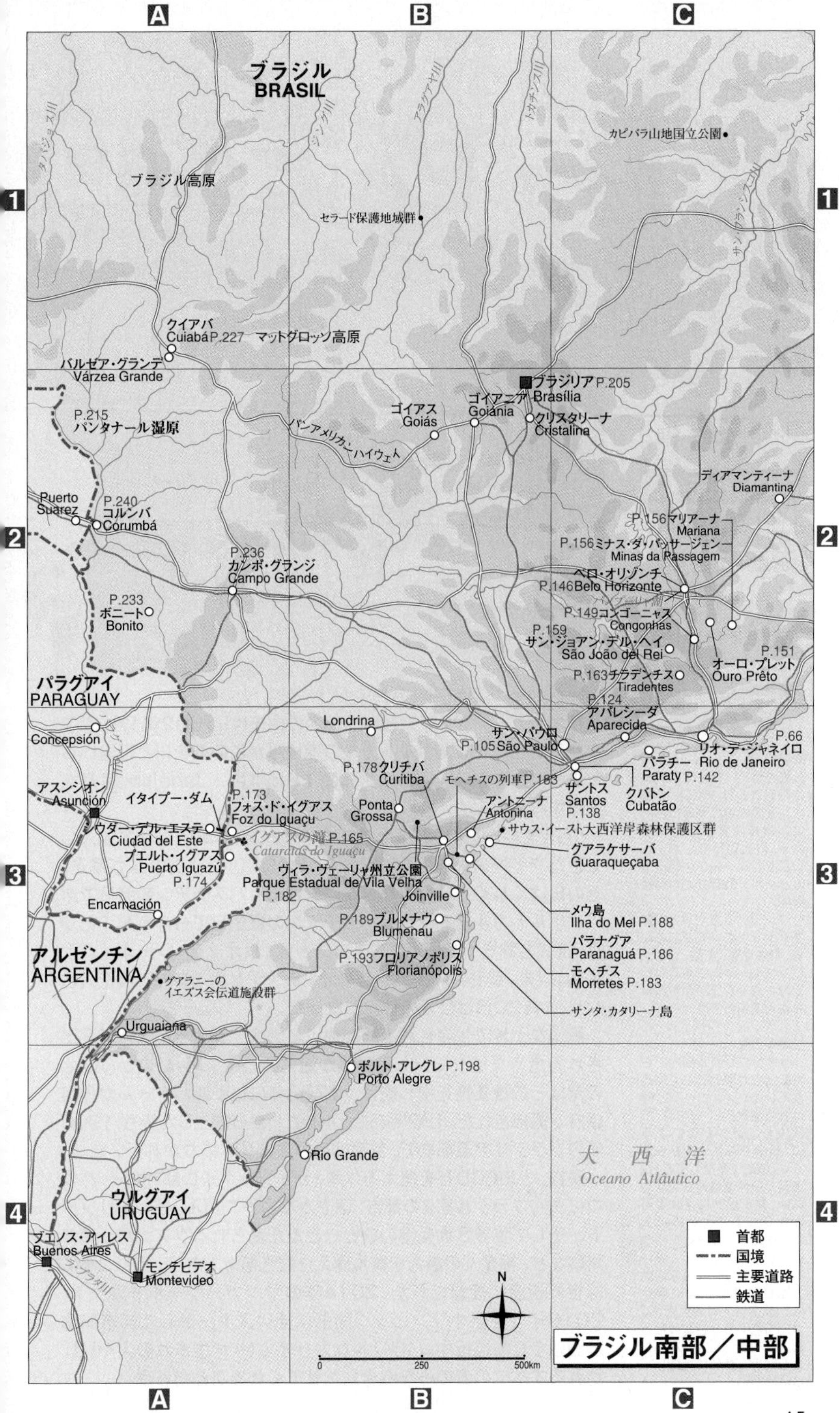
ブラジル
BRASIL
ブラジル高原
セラード保護地域群
カピバラ山地国立公園
クイアバ
Cuiabá P.227
マットグロッソ高原
バルゼア・グランデ
Várzea Grande
ブラジリア P.205
Brasília
ゴイアス
Goiás
ゴイアニア
Goiânia
クリスタリーナ
Cristalina
パンアメリカン・ハイウェイ
P.215
パンタナール湿原
Puerto Suarez
P.240
コルンバ
Corumbá
ディアマンティーナ
Diamantina
P.156 マリアーナ
Mariana
P.156 ミナス・ダ・パッサージェン
Minas da Passagem
P.236
カンポ・グランジ
Campo Grande
ベロ・オリゾンチ
P.146 Belo Horizonte
P.233
ボニート
Bonito
P.149 コンゴーニャス
Congonhas
P.159
サン・ジョアン・デル・ヘイ
São João del Rei
P.151
オーロ・プレット
Ouro Prêto
P.163 チラデンチス
Tiradentes
パラグアイ
PARAGUAY
P.124
アパレシーダ
Aparecida
Londrina
Concepción
サン・パウロ
P.105 São Paulo
P.66
リオ・デ・ジャネイロ
Rio de Janeiro
パラチー
Paraty P.142
P.178 クリチバ
Curitiba
モヘチスの列車 P.183
サントス
Santos
P.138
クバトン
Cubatão
アスンシオン
Asunción
イタイプー・ダム
P.173
フォス・ド・イグアス
Foz do Iguaçu
Ponta Grossa
アントニーナ
Antonina
サウス・イースト大西洋岸森林保護区群
シウダー・デル・エステ
Ciudad del Este
イグアスの滝 P.165
Cataratas do Iguaçu
グアラケサーバ
Guaraqueçaba
プエルト・イグアス
Puerto Iguazú
P.174
ヴィラ・ヴェーリャ州立公園
Parque Estadual de Vila Velha
P.182
Joinville
Encarnación
P.189 ブルメナウ
Blumenau
メウ島
Ilha do Mel P.188
パラナグア
Paranaguá P.186
アルゼンチン
ARGENTINA
P.193 フロリアノポリス
Florianópolis
モヘチス
Morretes P.183
グアラニーの
イエズス会伝道施設群
サンタ・カタリーナ島
Urguaiana
ポルト・アレグレ P.198
Porto Alegre
Rio Grande
大西洋
Oceano Atlâutico
ウルグアイ
URUGUAY
ブエノス・アイレス
Buenos Aires
ラ・プラタ川
モンテビデオ
Montevideo
N
0
250
500km
首都
国境
主要道路
鉄道
ブラジル南部／中部
A
B
C
1
2
3
4

Rio de Janeiro
リオ・デ・ジャネイロ

MAP▶P.65-C3
市外局番▶**021**
（電話のかけ方は→P.52）
US$1=**R$3.15**
=108円

リオ・デ・ジャネイロの呼び方
「リオ」とは、英語読み。ポルトガル語では「ヒオ・ジ・ジャネイロ」と呼ばれている。

両替について
観光都市・リオでは両替に困ることは少ない。ガレオン国際空港の到着ロビーには24時間営業の両替所あり。町の銀行やショッピングセンター内、中級以上のホテル、旅行社でも両替可能。

クレジットカードや国際キャッシュカードがあるなら、町中や駅、空港、ショッピングモール内にあるATMでのキャッシングが手数料も安く便利だろう。

リオの治安
リオはブラジル国内でも特に治安が悪いことで知られている。ファベーラと呼ばれる貧民街（→P.83）には決して近づかないように。日中でもスリやひったくり、強盗が多発しており、市街での発砲事件も少なくない。常に標的にされる可能性があることを頭に入れ、周囲への注意を怠らないこと。やむを得ず人通りの少ない通りや夜道を移動しなければいけない場合は、タクシーの利用を。万が一事件に巻き込まれたら極力慌てず、犯人の言うことを聞き、絶対に抵抗してはいけない。

ボサノバの名曲『イパネマの娘』が生まれたイパネマ海岸

リオ・デ・ジャネイロという地名の由来は、1502年1月、グアナバラ湾を発見したポルトガルの探検隊がこの湾を川と勘違いしたことに由来する。ポルトガル語でRioは川、Janeiroは1月を意味する。

16世紀中頃、染料の原木であるパウ・ブラジルを求めて侵入してきたフランス人を、1567年1月20日にポルトガル人が撃退。その日はくしくも、カトリックにおけるセバスチアンの祭日であり、ポルトガル王ドン・セバスチアンの誕生日でもあったことから、正式名称をサン・セバスチアン・ド・リオ・デ・ジャネイロと命名。以来、聖セバスチアンはリオ・デ・ジャネイロの守護聖人となり、1月20日はリオの休日となった。

肥沃な土地で生産される農産物、ミナス・ジェライス州で産出される金やダイヤモンドの輸出が始まると、17世紀末からリオの港はその重要性を増し続け、1763年にはサルバドールから総督府が遷都された。1822年にポルトガルから独立した後も、1960年のブラジリア遷都まで、首都はそのままリオにおかれていた。

現在、人口600万を超えるリオ・デ・ジャネイロは、サン・パウロに次ぐブラジル第2の都市。華やかなカーニバル、ビーチリゾート、そして世界3大美港のひとつとたたえられるグアナバラ湾の景観など、数多くの魅力を兼ね備えた観光都市であり、2012年には世界遺産に登録された。2014年のサッカーワールドカップ、2016年の夏季オリンピック開催に伴いスタートした都市開発計画は今なお進行中。パワフルなカリオカ（リオ生まれの人々）は、訪れるすべての者の心を沸き立たせてくれることだろう。

リオ・デ・ジャネイロへの行き方

飛行機

リオ・デ・ジャネイロには、リオ・デ・ジャネイロ国際空港（通称ガレオン国際空港）Aeroporto Internacional do Rio de Janeiro／Galeão-Antônio Carlos Jobin（GIG）と、国内線用のサントス・ドゥモン空港Aeroporto Santos Dumont（SDU）のふたつの空港がある。国内各地とリオ・デ・ジャネイロ間のフライトについては（→P.62）。

Let's Go! ガレオン国際空港から市内へ

国内線、国際線ともに、ほとんどがガレオン国際空港を利用。空港はリオ市街から北へ約15kmの所にある、三日月形をした近代的な建物。第1、2のふたつのターミナルがあり、第1ターミナルは4階建て、第2ターミナルは3階建て。それぞれ銀行やショップ、レストランなどが入っており、3階でつながっている。

それぞれのターミナルには観光案内所リオツールRioturが設置されているので、到着時に市街地図をもらっておくといい。

空港バス（フレスコン）

空港から市内への足で安くて安全なのが、フレスコンFrescãoと呼ばれるエアコン付きの空港バス。路線はいくつかあり、観光客がよく使うのはガレオン国際空港からセントロ、サントス・ドゥモン空港まで行く2145番と、グローリア、フラメンゴ、ボタフォゴ、コパカバーナ、イパネマ、レブロンのビーチエリアを回る2018番。車体前方に路線番号が表示されている。バスは各エリアの主要なホテルや通りで停車。支払いは現金のみ。乗車時に運転手に支払い、目的地を伝えれば近くで降ろしてくれる。セントロまでは所要約40分、コパカバーナ、イパネマ地区なら1時間～1時間30分。

エアポートシャトル

シャトル・リオShuttle Rioが、ガレオン国際空港とビーチエリアのホテルを結ぶシャトルバスを運行。指定ホテルまで送ってもらえるので便利だが、事前に電話かウェブサイトからの予約が必要。

タクシー

空港から市内へのタクシーは定額料金で、空港内のカウンターに行き先別の料金一覧が掲示されている。黄色いボディに青のラインの車が目印。

空港専用ハイヤー

Transcoopass社やCootramo社などのカウンターが到着ロビーにあるので、そこでチケットを買ってから乗車する。最も安全でトラブルも少ないとして、こちらをすすめるホテルや旅行会社が多い。セントロまでR$105、イパネマ海岸、コパカバーナ海岸までR$130。

ガレオン国際空港
MAP P.68-A1
☎(021)3004-6050
URL www.riogaleao.com

ガレオン国際空港の航空会社利用ターミナル
第1ターミナル
ゴウ航空／アズウ航空／アルゼンチン航空／エールフランス／KLMオランダ航空／など
第2ターミナル
ラタム航空／アメリカン航空／エミレーツ航空／ルフトハンザ ドイツ航空など

空港ビルは改装中！
ガレオン国際空港は2017年11月現在改装中。航空会社のカウンターや到着&出発フロア、ⓘリオツールの場所などがしばしば変更になる。

ガレオン国際空港の旅客ターミナル

サントス・ドゥモン空港
MAP P.68-B2
☎(021)3814-7070
セントロの東側の埋め立て地にある、国内線専用の空港。市内へはタクシーかエアコンバス、VLTと呼ばれる路面電車を利用。

空港バス（フレスコン）
2145番（セントロ行き）
運 5:30～21:30、20分間隔
料 R$14
2018番（ビーチエリア行き）
運 5:40～22:30、20～30分間隔
料 R$16

濃いブルーの車体の空港バス

シャトル・リオ
☎(021)2524-7730
URL shuttlerio.com.br
料 ガレオン国際空港発R$25～
サントス・ドゥモン空港発R$18～

空港からのタクシー料金
料 セントロR$56～65
コパカバーナR$74～88
イパネマR$68～81
時間帯により料金が変動。荷物がある場合、R$2.3の追加料金がかかる。

BRT
運7:00～24:00、20分間隔
料R$3.6
乗り場に自動券売機があり、プリペイドカードを購入して乗車する。セントロやビーチエリアまでは地下鉄またはローカルバスへの乗り継ぎが必要となるため、旅行者が使うのには少々不便。

ガレオン国際空港のBRT乗り場

BRT（幹線バス）

Bus Rapid Transport（通称BRT）と呼ばれる幹線バスで、オリンピック開催時に競技会場間を繋ぐ交通手段として整備された。専用レーンを走行するため、渋滞を回避して市内中心部まで早く移動することができる。路線は青、緑、オレンジの3色で分けられており、各駅停車と、主要駅にのみ停車する快速Expressoがある。ガレオン国際空港発の路線（オレンジ）は、途中地下鉄2号線ヴィセンテ・デ・カルバーリョ駅Vicente de Carvalhoを経由し、リオ市街の西に位置する、BRTのターミナル駅アウヴォラーダ駅Terminal Alvorada間を結ぶ。乗り場はターミナル2の到着フロア、ゲートDを出たところ。

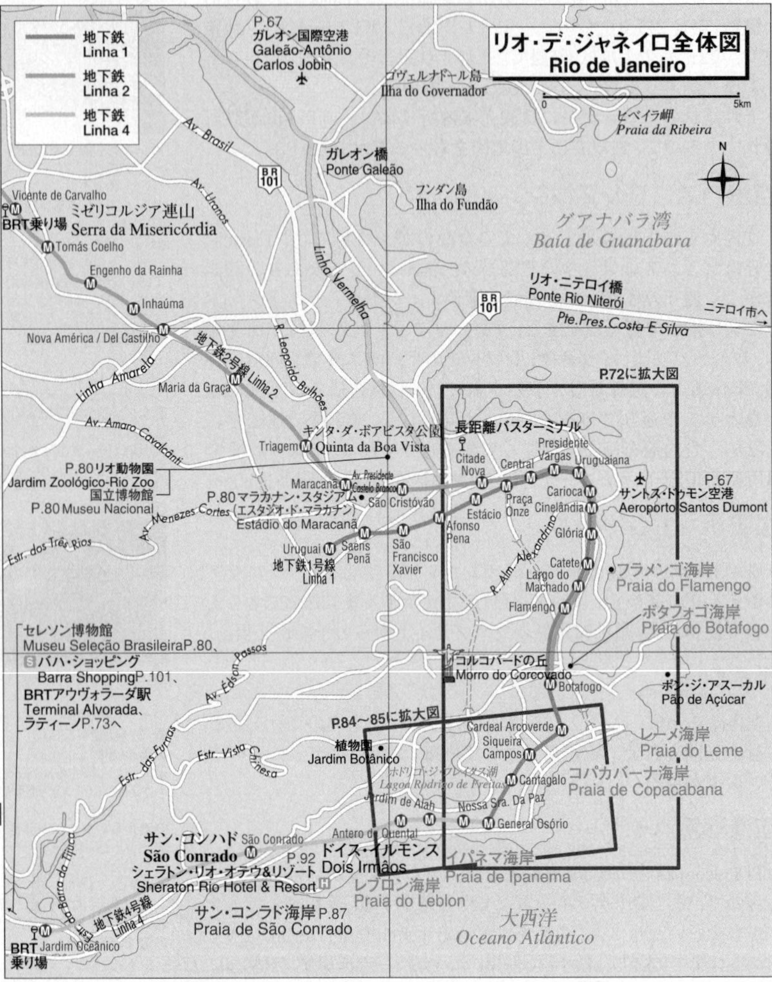

長距離バス

サン・パウロからは早朝から深夜にかけて、Kaissara社などのバスが毎日15〜30分おきに1便運行、所要約6時間。ブラジリアからはViação Util社などのバスが1日4〜5便、所要約18時間。フォス・ド・イグアスからは1日3〜4便、所要約25時間。

Let's Go! 長距離バスターミナルから市内へ

リオの長距離バスターミナルRodoviária Novo Rioは、セントロの北、約20分の所にある。市内中心部へは、隣接するVLT乗り場から、セントロ方面へのVLTに乗るのが便利。ガレオン国際空港からの空港バスも途中、長距離バスターミナルを経由する。市内を結ぶローカルバス乗り場は外の道路沿いにサインなく並んでいるため、ターミナル内の案内所で聞くのが早い。

長距離バスターミナル
MAP P.72-A1
住 Av. Francisco Bicalho 1
☎ (021)3213-1800
URL www.novorio.com.br

バスのホームに入場するには乗車券が必要

2階がチケット売場。長距離バス乗り場は中だが、ローカルバスは外

市内交通

地下鉄（メトロ） Metrô

地下鉄は1〜4の3路線（3号線を除く）あり、現在も延伸・増線工事が行われている。1号線Linha 1は、中心地の西にあるウルグアイ駅Uruguaiと、イパネマ海岸近くのジェネラル・オゾーリオ駅General Osórioを結ぶ。2号線Linha 2は、市の北西パヴーナ駅Pavunaからサン・クリストヴァン駅São Cristóvãoを通り、セントラル駅Centralから1号線と並走しボタフォゴ駅Botafogoが終点となる。セントラル〜ボタフォゴ間の各駅で、1号線に乗り換えができる。4号線Linha 4は、1号線終点のジェネラル・オゾーリオ駅からさらに西にあるジャルジン・オセアニコJardim Oceânico駅間を結ぶ路線で、2016年に開通した。なお、セントラル駅は近郊列車Super Viaの乗り換え駅にもなっている。チケットは駅構内の窓口または券売機で購入。プラスチック製のカード式で、自動改札にカードを入れるとバーが開く。通常の1回券カードUnitárioはその場で改札機に回収される。プリペイドカードPré-Pagoはチャージした料金分乗ることが可能で、改札機のパネルにタッチして使用。

地下鉄は各停のみで、ドアは自動開閉。1・2号線カリオカ駅Cariocaなど乗降者が多い駅では、乗車ドアと下車用のドアが異なる。乗車専用側から下車しても、出口はないので注意。深夜まで運行しているが、安全面などから夜間の利用は控えたほうがいい。

地下鉄
Free 0800-595-1111
URL www.metrorio.com.br
運 月〜土　5:00〜24:00
　日　7:00〜23:00
料 1回券R$4.3
　プリペイドカードR$5
　（初回チャージ時の最低料金）
　チケット売り場は、朝や夕方のラッシュ時には長蛇の列となる。何度か利用するなら、プリペイドカードを購入したほうがいい。

ラッシュ時は女性専用車となる車両もある

VLT（路面電車） VLT

Veículo Leve sobre Trilhos（通称VLT）と呼ばれる路面電車で、サントス・ドゥモン空港からセントロ、オリンピック・ブルーバード、長距離バスターミナル間を繋ぐ。1号線（青）、2号線（緑）があり、3号線（黄）を含む一部駅は2017年12月現在工事中。乗車にはプリペイドカードが必要で、乗り場にある自動券売機で購入する。改札はなく、乗車後、車内の黄色い読み取り機にカードをタッチする。

VLT
運 6:00〜24:00
料 R$3.8
　1時間以内の乗り継ぎであれば乗車料金は1回分のみ。券売機でのプリペイドカードの購入、リチャージは現金かデビットカードのみでの支払い。

オリンピックの開催に伴い開通した

ローカルバスの料金
料R$3.6～
料金は行き先、エアコンの有無などで異なる。

読者投稿
交通系のアプリを活用
Google Mapでバス停の場所や目的地までのバスの番号、出発時間や所要時間まで表示されるので便利。Wi-Fiが使える場所で調べてから動けば、ハードルが高かったオニブスも身近に。ただ、やはりバス停はわかりづらく、時間通りには来ないし、書かれているバスの番号と実際に停車するバスの番号が異なることもしばしば……。
Google Mapのほかにも、交通系のアプリがいくつかあるので事前にダウンロードしておくといいかも。
（東京都　鬼ブス　'15）['17]

空港バス（フレスコン）のおもな路線
ガレオン国際空港～セントロ～フラメンゴ～ボタフォゴ～コパカバーナ～イパネマ～レブロン（2018番）
運5:30～24:00、30～40分間隔
料R$16
ガレオン国際空港～セントロ～サントス・ドゥモン空港（2145番）
運5:30～21:30、25～35分間隔
料R$14

メーター制タクシーの料金
初乗りR$5.4、メーターは1kmごとにR$2.3ずつ上がっていく。深夜（21:00～翌6:00）と日曜、祝日は1kmごとにR$2.76ずつ増し。通常はバンデイラ1（メーター表示番号1）、深夜および日曜はバンデイラ2（メーター表示番号2）。
おもなタクシー会社
Central Taxi
☎(021)2195-1000
Cootramo(Radio Taxi)
☎(021)3976-9944

ローカルバス（オニブス）　Ônibus

リオ市内の移動手段として、慣れれば安くて便利なのがローカルバス（オニブス）だ。ただし、バス停が見つけにくい場合や、ときには路線の番号表示がないバス停さえあり、旅行者が利用するにはやや難易度が高い。行き先はバスの前部に番号と一緒に書いてある。バス停でひとさし指を挙げて合図すれば停まってくれる。

乗車口は前部、降車時は中央部のドア。乗るとすぐに車掌席があるので、車掌に現金で運賃を支払う。下車したいときは、天井に張ってあるひもを引くかボタンを押してドライバーに合図を。行きたい場所をメモして車掌に見せ、降りるべきバス停で教えてくれるよう頼んでおくといい。

バス停で待っていても乗る合図をしないと通り過ぎてしまうので注意

空港バス（フレスコン）　Frescão

空港バス（フレスコン）は、空港からの足だけでなく、市内移動にも活躍する。路線は全部で9路線あり、それぞれ番号が付いており料金も異なる。このバス路線にはバス停はなく、乗るときはルート内のバス停で待ち、手を挙げれば停まってくれる。海岸線や主要道路沿いには、屋根や案内図付きのバス停がある場合も。ローカルバスより割高だが、車内は比較的治安もよくエアコン付きなので旅行者にうれしい。

タクシー　Táxi

タクシーは黄色いボディに青いラインの配色。流しも多いのですぐに拾うことができる。料金はメーター制なので、走り出してメーター走行していなければ即指摘を。料金表示以外に“1”か“2”の番号が表示されているかもチェックしよう。バンデイラBandeira1は通常加算で、バンデイラ2は深夜と日曜・祝日の割増し加算。メーター制以外に、目的地によって料金が定められ、電話やメールで配車のオーダーをするラジオタクシーRadio Taxiも便利。

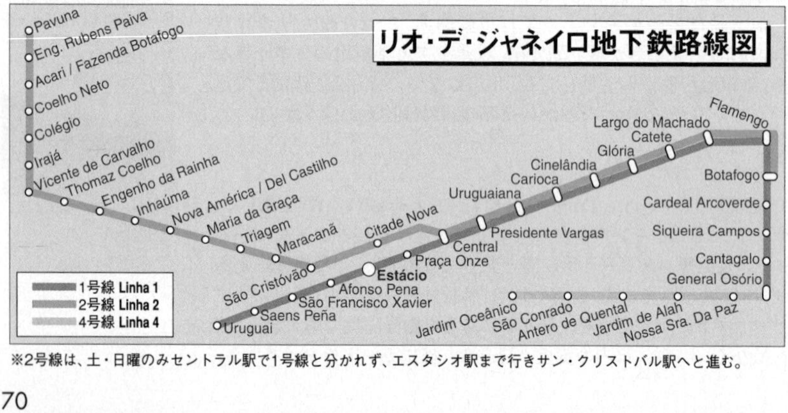

※2号線は、土・日曜のみセントラル駅で1号線と分かれず、エスタシオ駅まで行きサン・クリストバル駅へと進む。

歩き方

大都市リオ・デ・ジャネイロは、いくつかのエリアに分けられる。中心であるセントロはグアナバラ湾Baía de Guanabaraに面し、湾の南には太平洋が広がる。見どころは市内の広範囲に散らばっており、同じ地区内なら徒歩で十分だが、治安の面ではタクシーの利用が望ましい。地区間の移動は地下鉄やバス、タクシーなどを組み合わせて回ろう。

セントロ（旧市街）

リオ発祥の地であるセントロは、今でも経済と文化の中心地。歴史的な建物群と近代的な高層ビルが隣り合ってそびえる。特に古い建物が多いのは、グアナバラ湾に沿った東端。**国立歴史博物館**、**市立劇場**、**国立美術館**などの歴史的建造物が集まっている。町歩きのポイントとなる通りはいくつかある。マウア広場Praça Mauáからグローリア湾Enseada da Glóriaへ続く**リオ・ブランコ大通りAv. Rio Branco**は、中心部を南北に貫くメインストリート。町を東西に貫く自動車道**プレジデンチ・ヴァルガス大通りAv. Presidente Vargas**、地下鉄カリオカ駅から西に延びる**チリ通りAv. República do Chile**、東に延びる**アウミランチ・バホッソ通りAv. Almirante Barroso**を加えた4本の通りと地下鉄駅の場所を頭に入れておけば、ぐっと歩きやすくなる。また、セントロを中心にVLTと呼ばれる路面電車が敷かれ、見どころ間の移動も安易になった。

地下鉄カリオカ駅から北に延びる**ゴンサルヴィス・ディアス通りR. Gonçalves Dias**と、交差する**ブエノス・アイレス通りR. Bue-nos Aires**は、リオ最古の商業地区。道の両側にいろいろな店が立ち並ぶ。

リオ・ブランコ大通り沿い

海岸地区

南部の海岸地区は、セントロから最も近い**フラメンゴ地区Flamengo**、さらに**ボタフォゴ地区Botafogo**、そして**ウルカ地区Urca**、**コパカバーナ地区Copacabana**、**イパネマ地区Ipanema**、**レブロン地区Leblon**、**サン・コンハド地区São Conrado**と続く。海岸地区へは、フラメンゴ、ボタフォゴへは地下鉄1・2号線が、コパカバーナ、イパネマへは地下鉄1号線、レブロン、サン・コンハドへは地下鉄4号線でアクセスすることができ、それぞれ最寄りの地下鉄駅からビーチまでは徒歩で歩ける距離。

海岸地区にはホテルやレストランも多く、観光での滞在の拠点に向いている。

コパカバーナ海岸のアトランチカ大通り

オリンピック・ブルーバード
Boulevard Olímpico
セントロの北、グアナバラ湾に面した一帯は、かつては倉庫が建ち並ぶ閑散とした地区であった。2016年のオリンピック開催に合わせて再開発が行われ、現在は文化的施設が集まる新たな観光地区「オリンピック・ブルーバード」と呼ばれ注目を集めている。

周辺の倉庫街はイベントスペースとして利用されることも

その他の地区
セントロと海岸地区以外にある見どころは、セントロの西4kmキンタ・ダ・ボアビスタ公園Quinta da Boa Vista内にある国立博物館とリオ動物園、その南に位置するマラカナン・スタジアム（エスタジオ・ド・マラカナン）、ウルカ地区にあるポン・ジ・アスーカル、登山列車に乗って行く、コルコバードの丘など。

ガイドブックを手に入れよう
リオツールが発行するOfficial Guideは、観光に便利な情報が満載。主要な博物館や美術館の開館時間や入場料がまとめられており、英語も併記してあるのでわかりやすい。

リオ・カードを活用
リオ市内での公共交通機関の利用には、リオ・カードRioCardと呼ばれるプリペイドカードの利用が便利。カードにはいくつか種類があるが、旅行者が使いやすいのはビリェッチ・ウニコ・カリオカBilhete Único Carioca。リオ市内の公共交通機関共通で使えるカードで、リオカードの販売店やBRTの窓口、自動券売機で購入可能。購入時にデポジットとしてR$3がかかり、リオカードの販売店またはBRT窓口で返却すればデポジット代が返金される。システムは流動的に変更されるため、現地にて要確認を。

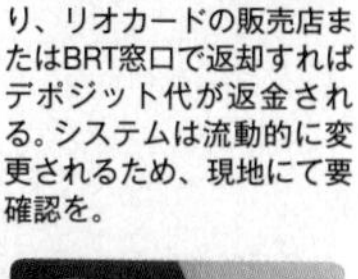

ビリェッチ・ウニコ・カリオカのカード

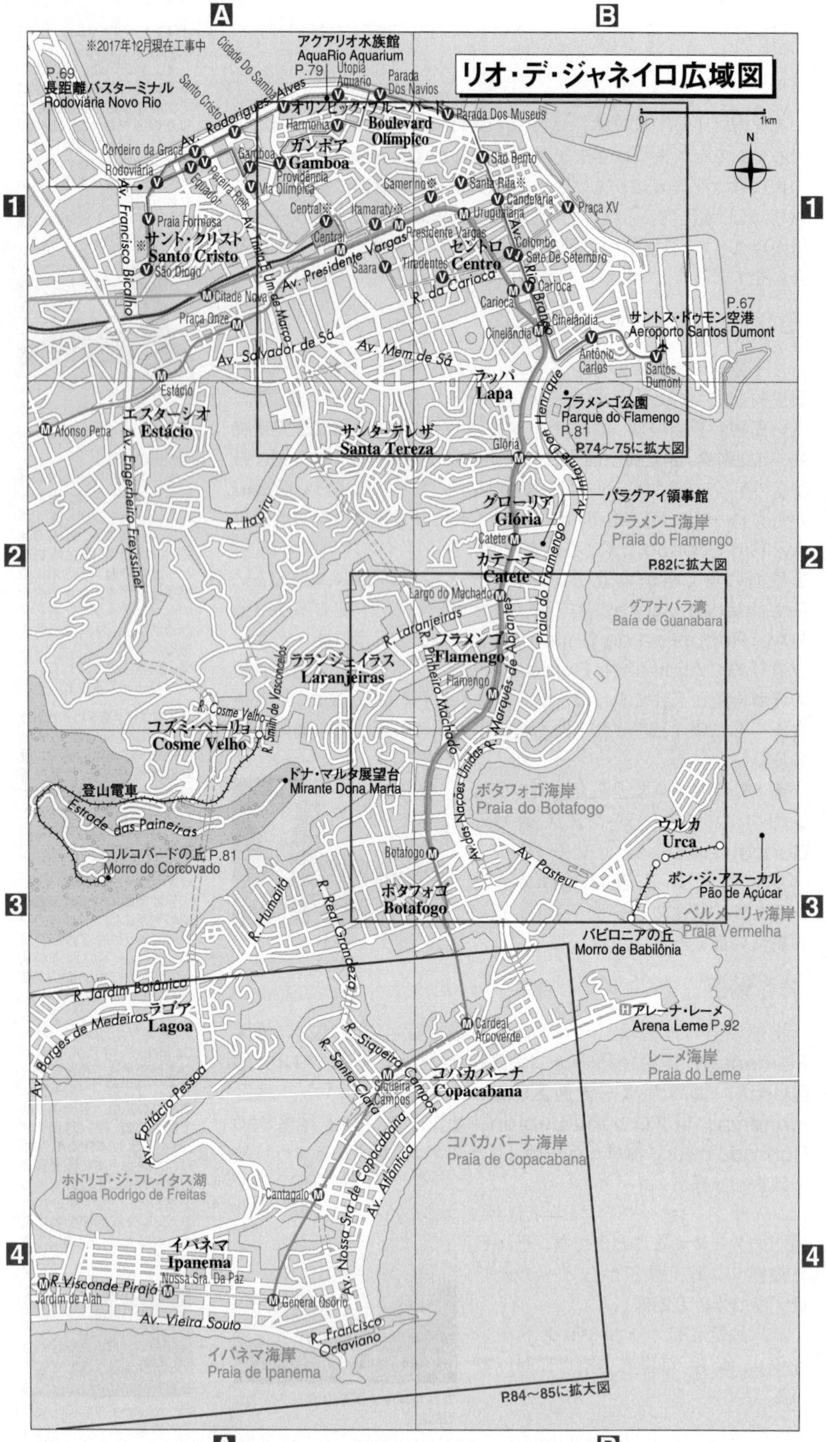

リオ・デ・ジャネイロ広域図
※2017年12月現在工事中
A
B
1
2
3
4
0
1km
N
P.69
長距離バスターミナル
Rodoviária Novo Rio
アクアリオ水族館
AquaRio Aquarium
P.79
Utopia Aquario
Parada Dos Navios
Parada Dos Museus
オリンピック・ブルーバード
Boulevard Olímpico
Harmonia
ガンボア
Gamboa
Providência
Via Olímpica
Cordeiro da Graça
Rodoviária
Equador
Pereira Reis
Cidade Do Samba
Santo Cristo
Av. Rodorigues Alves
São Bento
Santa Rita※
Camerino※
Candelária
Praça XV
Central※
Itamaraty※
Uruguaiana
Central
Presidente Vargas
セントロ
Centro
Colombo
Sete De Setembro
Praia Formosa
サント・クリスト
Santo Cristo
São Diogo
Av. Presidente Vargas
Saara
Tiradentes
R. da Carioca
Carioca
Av. Rio Branco
Citade Nova
Praça Onze
Av. Francisco Bicalho
Av. Trinta E Um de Marco
Cinelândia
P.67
サントス・ドゥモン空港
Aeroporto Santos Dumont
Antônio Carlos
Santos Dumont
Av. Salvador de Sá
Av. Mem de Sá
ラッパ
Lapa
フラメンゴ公園
Parque do Flamengo
P.81
Estácio
エスターシオ
Estácio
Afonso Pena
Av. Engeheiro Freyssinet
サンタ・テレザ
Santa Tereza
Glória
P.74～75に拡大図
Av. Infante Dom Henrique
パラグアイ領事館
グローリア
Glória
R. Itapiru
フラメンゴ海岸
Praia do Flamengo
Catete
カテーテ
Catete
P.82に拡大図
Largo do Machado
Praia do Flamengo
グアナバラ湾
Baía de Guanabara
R. Laranjeiras
フラメンゴ
Flamengo
ラランジェイラス
Laranjeiras
R. Pinheiro Machado
R. Marquês de Abrantes
Flamengo
R. Cosme Velho
R. Smith de Vasconcelos
コズミ・ベーリョ
Cosme Velho
ドナ・マルタ展望台
Mirante Dona Marta
登山電車
Estrade das Paineiras
ボタフォゴ海岸
Praia do Botafogo
Av. das Nações Unidas
ウルカ
Urca
コルコバードの丘 P.81
Morro do Corcovado
Botafogo
Av. Pasteur
ポン・ジ・アスーカル
Pão de Açúcar
R. Humaitá
R. Real Grandeza
ボタフォゴ
Botafogo
ベルメーリャ海岸
Praia Vermelha
バビロニアの丘
Morro de Babilônia
R. Jardim Botânico
Av. Borges de Medeiros
ラゴア
Lagoa
アレーナ・レーメ
Arena Leme P.92
Cardeal Arcoverde
R. Siqueira Campos
R. Santa Clara
レーメ海岸
Praia do Leme
Av. Epitácio Pessoa
Siqueira Campos
コパカバーナ
Copacabana
Av. Nossa Sra. de Copacabana
Av. Atlântica
コパカバーナ海岸
Praia de Copacabana
ホドリゴ・ジ・フレイタス湖
Lagoa Rodrigo de Freitas
Cantagalo
イパネマ
Ipanema
R. Visconde Pirajá
Nossa Sra. Da Paz
Jardim de Alah
General Osório
Av. Vieira Souto
R. Francisco Octaviano
イパネマ海岸
Praia de Ipanema
P.84～85に拡大図

INFORMATION

❶観光案内所

リオツール　Riotur
URL www.rio.rj.gov.br
URL visit.rio

　半官半民の観光公社。市内7ヵ所に窓口があり英語が通じる。旅行者専用24時間ダイヤル（☎1746）も設置。

コパカバーナ
MAP P.85-D1　住 Av. Princesa Isabel 183, Copacabana　☎(021) 2541-7522
開 月〜金9:00〜18:00　土9:00〜17:00　休 日

ガレオン国際空港内
☎(021) 3367-6213
開 6:00〜22:00　休 無休

観光案内

リオ・コンベンション＆ビジタース
Rio Convention & Visitors Bureau
☎(021) 2266-9750　URL www.rcvb.com.br

ブラジル観光局
Visit Brasil - Embratur
URL visitbrasil.com

連邦警察

Polícia Federal
住 ガレオン国際空港内
☎(201) 3398-3142　URL www.dpf.gov.br

　ターミナル2にある。S リオ・スウ（→P.101）などにもオフィスあり。

ツーリストポリス

Delegacia Especial de Apoio Ao Turismo (DEAT)
MAP P.84-A2　住 Av. Afrânio de Melo Franco 159, Leblon
☎(021) 2332-2924　開 24時間　休 無休

　盗難に遭った場合、保険請求に必要な盗難証明書はここで発行してくれる。英語も通じる。

Batalhão de Policia em Áreas Turísticas (BPTUR)
MAP P.85-C1
住 R. Figueiredo Magalhães 550, Copacabana
☎(021) 2332-7928　開 9:00〜17:00　休 土・日

日系の旅行会社

リオ観光　Rio Kanko
MAP P.75-C3
住 R. Senador Dantas 117, Sala1436 (14階) , Centro
☎(021) 2240-5939　FAX (021) 2524-6555
URL www.riokanko.com

　長年リオ在住の坪井さんが経営。個人客からグループまで対応。レストラン情報にはとても詳しい。

クイックリー・トラベル　QUICKLY TRAVEL
MAP P.82-A1
住 Praia de Botafogo 300, 5 andar cj 508 -Sala 8, Botafogo
☎(021) 2158-1137　URL www.quicklytravel.com.br
E-mail rio@quicklytravel.com.br

　リオとサン・パウロにオフィスがある日系の旅行会社。ブラジル国内のパッケージツアーを手掛けている。24時間年中無休で電話対応可能。

ツニブラ・トラベル　Tunibra Travel Turismo LTDA.
MAP P.75-C2
住 Av. Rio Branco 156 11o. Andar Sala 1115, Centro
☎(021) 2210-3263　FAX (021) 2220-9854
URL www.tunibra.com.br

ラティーノ　Latino (Havas Creative Tours内)
MAP P.68-A3外
住 Av. das Américas 3434 Bloco 5-grupo 520, Barra da Tijuca
☎(021) 2430-1101　URL www.t-latino.com

ブルマール　Blumar
MAP P.84-A2
住 Av. Borges de Medeiros 633 Sala 407-408, Leblon
☎(021) 2142-9300　FAX (021) 2511-3139
URL www.blumar.com.br

緊急時の連絡先

警察	救急車	消防
☎190	☎192	☎193

在リオ・デ・ジャネイロ日本国総領事館

Consulado Geral do Japão no Rio de Janeiro
MAP P.82-B1　住 Praia do Flamengo, 200-10 andar, Flamengo
☎(021) 3461-9595　FAX (021) 3235-2241
URL www.rio.br.emb-japan.go.jp
開 9:00〜12:30、14:00〜17:30　休 土・日、祝

各国の領事館

アルゼンチン　Argentina　MAP P.82-A2
住 Praia de Botafogo 228, Slg 201, Botafogo
☎(021) 3850-8150

パラグアイ　Paraguay　MAP P.72-B2
住 Praia do Flamengo 66-Bloco B 1009/1010-Botafogo　☎(021) 2553-2294

ベネズエラ　Venezuela　MAP P.75-C2
住 Av. Presidente Vargas 463/14°, andar, Centro
☎(021) 2554-6134

病院

Hospital Souza Aguiar　MAP P.74-B3
住 Praça da República 111, Centro
☎(021) 3111-2622

Hospital Miguel Couto　MAP P.84-A2
住 R. Mário Ribeiro 117, Gárea　☎(021) 3111-3746

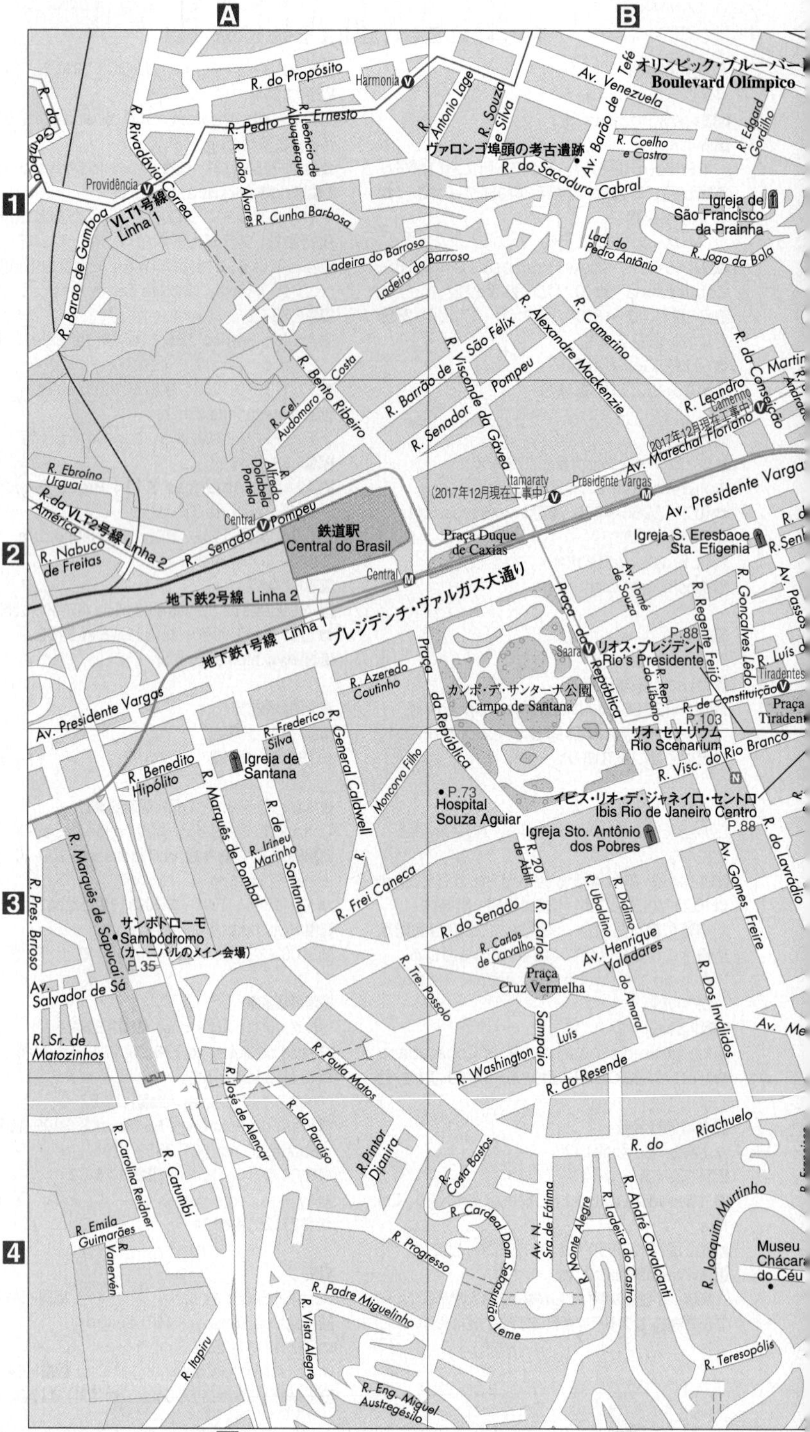

A
B
1
2
3
4
オリンピック・ブルーバード
Boulevard Olímpico
ヴァロンゴ埠頭の考古遺跡
Igreja de São Francisco da Prainha
Harmonia
Providência
VLT1号線 Linha 1
VLT2号線 Linha 2
鉄道駅 Central do Brasil
Central
Praça Duque de Caxias
Itamaraty (2017年12月現在工事中)
Presidente Vargas
Camerino (2017年12月現在工事中)
地下鉄2号線 Linha 2
地下鉄1号線 Linha 1
プレジデンチ・ヴァルガス大通り
Igreja S. Eresbaoe Sta. Efigenia
リオス・プレジデント Rio's Presidente
P.88
Saara
Tiradentes
Praça Tiradentes
カンポ・デ・サンターナ公園 Campo de Santana
リオ・セナリウム Rio Scenarium
P.103
イビス・リオ・デ・ジャネイロ・セントロ Ibis Rio de Janeiro Centro
P.88
Igreja de Santana
Hospital Souza Aguiar
P.73
Igreja Sto. Antônio dos Pobres
サンボドローモ Sambódromo (カーニバルのメイン会場)
P.35
Praça Cruz Vermelha
Museu Chácara do Céu
R. do Propósito
R. Pedro Ernesto
R. Rivadávia Correa
R. Barao de Gamboa
R. Cunha Barbosa
R. João Álvares
R. Leôncio de Albuquerque
R. Antonio Lage
R. Souza e Silva
Av. Venezuela
Av. Barão de Tefé
R. Coelho e Castro
R. Edgard Gordilho
R. do Sacadura Cabral
Lad. do Pedro Antônio
R. Jogo da Bola
Ladeira do Barroso
R. Barrão de São Félix
R. Alexandre Mackenzie
R. Camerino
R. da Conceição
R. Leandro Martins
Av. Marechal Floriano
R. Visconde da Gávea
R. Senador Pompeu
R. Bento Ribeiro
R. Cel. Audomaro Costa
R. Alfredo Dolabela Portela
R. Ebroíno Urguai
R. da América
R. Nabuco de Freitas
Av. Presidente Vargas
Av. Tomé de Souza
Praça da República
R. Regente Feijó
R. Gonçalves Lêdo
Av. Passos
R. Luís de Camões
R. Rep. do Líbano
R. de Constituição
R. Visc. do Rio Branco
R. Azeredo Coutinho
R. Frederico Silva
R. General Caldwell
R. Benedito Hipólito
R. Marquês de Pombal
R. de Santana
R. Irineu Marinho
Moncorvo Filho
R. do Lavrádio
Av. Gomes Freire
R. 20 de Abril
R. Frei Caneca
R. Marquês de Sapucaí
R. Pres. Brroso
R. do Senado
R. Carlos de Carvalho
R. Carlos Sampaio
R. Ubaldino do Amaral
R. Dídimo
Av. Henrique Valadares
R. Dos Inválidos
Av. Mem de Sá
R. Tre. Possolo
Av. Salvador de Sá
R. Sr. de Matozinhos
R. Paula Matos
R. Washington Luís
R. do Resende
R. do Riachuelo
R. José de Alencar
R. do Paraíso
R. Pintor Djanira
R. Carolina Reidner
R. Catumbi
R. Costa Bastos
R. Cardeal Dom Sebastião Leme
Av. N. Sra. de Fátima
R. Monte Alegre
R. Ladeira do Castro
R. André Cavalcanti
R. Joaquim Murtinho
R. Emila Guimarães
R. Vanervén
R. Progresso
R. Padre Miguelinho
R. Vista Alegre
R. Itapiru
R. Eng. Miguel Austregésilo
R. Teresopólis

リオ・デ・ジャネイロ・セントロ(旧市街)
C
D
1
2
3
4
0
250
500m
N
明日の博物館
Museu do Amanhã P.79
Parada Dos Museus
Av. Rodrigues Alves
マウア広場
Praça Mauá
マウアー
Mauá P.94
サン・ベント修道院
Mosteiro de São Bento P.76
R. Dom Gerardo
ドン・ジェラード通り
R. São Bento
São Bento
R. Cons. Saraiva
Beco Bragança
R. Acre
R. Beneditinos
R. Alcântara Machado
R. Mayrink Veiga
R. Visc de Inhaúma
R. Teófilo Otoni
R. Visconde de Itaboraí
R. Primeiro de Março
リオ・ブランコ大通り
コブラス島
Ilha das Cobras
オリンピック聖火台
Pira Olímpica
グアナバラ湾
Baía de Guanabara
Praça Pio X
カンデラリア教会
Igreja de Nossa Senhora da Candelária P.76
Santa Rita
(2017年12月
現在工事中)
Candelária
ブラジル銀行
Centro Cultural Banco do Brasil
タバカリア・ド・オウビドール
Tabacaria do Ouvidor P.100
ウインザー・グアナバラ P.88
Windsor Guanabara
カイス P.93
Cais
ノッサ・セニョーラ・ド・カルモ教会(旧大聖堂)
Igreja de Nossa Senhora do
Carmo da Antiga Sé P.78
ベネズエラ領事館
トカ・ド・バイアスー
P.93 Toca do Baiacú
Praça XV
R. do Mercado
パケタ島、ニテロイ行きフェリー乗り場
Estação das Barcas
Uruguaiana
R. do Rosário
R. do Ouvidor
グラナード
Granado
P.100
11月15日広場
Praça 15
de Novembro
R. Buenos Aires
チラデンチス宮殿 P.78
Palácio Tiradentes
P.93
コンフェイタリア・コロンボ
Confeitaria Colombo
R. do Carmo
R. Sete de Setembro
R. Dom Manuel
クラブ・メリッサ
Clube Melissa
Av. Uruguaiana
R. Gonçalves Dias
Colombo
R. da Assembléia
R. da Quitanda
R. Rodrigo Silva
R. São José
Av. Erasmo Braga
Praça
Mal. Âncora
R. da Misericórdia
国立歴史博物館
Museu Histórico
Nacional P.77
P.93
R. Ramalho Ortigão
Igreja
de Paula
Sete De Setembro
ブルー・エックス
blu-x P.100
Av. Nilo Peçanha
Av. Presidente Antônio Carlos
エシペジシオナリオ広場
Praça do Expedicionário
R. da Carioca
P.100 ソブラル
Sobral
ツニブラ・トラベル
P.73
Carioca
サント・アントニオ
修道院・教会
Igreja e Convento
de Santo Antônio
P.77
アウミランチ・バホッソ通り
Av. Almirante Barroso
Carioca
R. México
R. Debret
Av. General Justo
R. Santa Luzia
Av. Marechal Câmara
P.77 国立美術館
Museu Nacional
de Belas Artes
Praça
Floriano
R. Araújo de Port Alegre
Av. Graça Aranha
Av. Churchill
Av. Franklin Roosevelt
Av. República do Chile チリ通り
Av. República
Av. 13 de Maio
リオ観光
P.73
市立劇場 P.77
Teatro Municipal
R. Calógeras
国立図書館
Biblioteca
Nacional
R. Senador Dantas
R. Santa Luiza
Av. Presidente Wilson
P.76
カテドラル・
メトロポリターナ
Catedral
Metropolitana de
São Sebastião
R. do Paraguai
P.78
カリオカ水道橋
Aqueduto da Carioca
Cinelândia
Cinelândia
Antônio Carlos
P.67
サントス・ドゥモン空港
Aeroporto Santos Dumont
Santos Dumont
カリオカ・ダ・ジェマ
Carioca da Gema P.103
R. das Marrecas
R. do Passeio
レヴィアーノ・バー
Leviano Bar P.103
R. Teixeira
de Freitas
Igreja N. S. do
Carmo da Lapa
近代美術館
Museu de Arte Moderna
Av. Almirante Silvio de Noronha
Connento da
Santa Teresa
R. Silvio Romero
Lad de Santa Teresa
R. Joaquim Silva
R. da Lapa
Av. Augusto Severo
Av. Beira Mar
Av. Infante Dom Henrique
戦没者慰霊塔
Monumento aos da Segunda Cuerra Mundial
R. Conde de Lages
グローリア湾
Enseada da Glória
エスカダリア・
セラロン
(セラロンの階段)
Escadaria
Selarón
P.78
R. Dias de Barros
R. Hemenegildo de Barros
R. da Glória
P.81
フラメンゴ公園
Parque do Flamengo
R. Cândido Mendes
Glória

おもな見どころ

セントロ（旧市街） Centro

カンデラリア教会 Igreja de Nossa Senhora da Candelária MAP P.75-C1

南北に延びるリオ・ブランコ大通りとプレジデンチ・ヴァルガス大通りの交差点の前に位置。ローマの聖ペテロス教会を模したもので、リオにおける最初の教会として1630年に建造が始まり、1811年に完成した。ネオ・ルネッサンス様式の内部は1878年にバロック様式から改装されたもの。特に内部の装飾と天井を覆うテンペラ画は圧巻。1993年の警官によるストリートチルドレンの射殺事件「カンデラリア教会虐殺事件」が発生した場所でもある。

リオ最古の教会として親しまれている

サン・ベント修道院 Mosteiro de São Bento MAP P.75-C1

海を見下ろす丘の上に建てられたカトリックの修道院。ドン・ジェラード通りR. Dom Gerado沿いにある間から入り、少々緩やかな坂をのぼると現れる。教会は1633年に建築が始まり、1671年に完成。建造当時、ポルトガルの支配下にあったブラジルは、サトウキビの輸出による好景気による資金力をもって多くの教会が建てられた。なかでも、この教会は絢爛豪華な内装で有名。バロック様式の祭壇、壁などすべてが金箔で塗られ、天井からは巨大な銀の燈台が下がっている。ブックショップを併設している。

眩い黄金に植民地時代の繁栄を感じる

カテドラル・メトロポリターナ Catedral Metropolitana de São Sebastião MAP P.75-C3

1976年に建造された斬新なデザインの教会。先端部を切り取った円錐形の建物は、高さ80m、直径106mで、5000人を収容できる。内部に入ると、壁一面に施された巨大なステンドグラスに驚かされる。天井から祭壇へつり下げられている十字架は、まるで宙に浮いているように見える。入口は東西南北4ヵ所にあり、正面入口は北のチリ通り側。正面入口から入り、向かって右手、東の入口にはキリストの像が、西には聖フランシスコの像が置かれている。地下には小さな宗教美術館Museu de Arte Sacraもある。

天井から地面まである巨大なステンドグラス

カンデラリア教会
住 Praça Pio X, Centro
☎ (021)2233-2324
開 月～金 7:30～15:30
土 8:00～12:00
日 9:00～13:00
ミサの間は入場不可。
休 無休
料 無料
行き方
地下鉄1・2号線ウルグアイアナ駅Uruguaianaから徒歩5分、VLT1号線カンデラリア駅Candeláriaからすぐ。

カンデラリア教会前の広場にはオリンピックの聖火台がおかれている

サン・ベント修道院
住 R. Dom Gerardo 40, Centro
☎ (021)2206-8100
URL www.mosteirodesaobentorio.org.br
開 7:00～18:00
休 無休
料 無料
行き方
地下鉄1・2号線ウルグアイアナ駅から徒歩15分、VLT1号線サン・ベント駅São Bentoから徒歩10分。

カテドラル・メトロポリターナ
住 Av. República do Chile 245, Centro
☎ (021)2240-2669
URL www.catedral.com.br
開 7:00～17:00
休 無休
料 無料
行き方
地下鉄1・2号線カリオカ駅、地下鉄1・2号線・VLT1号線シネランジア駅Cinelândiaから徒歩5分。
宗教美術館
開 水 9:00～12:00、13:00～16:00
土・日 9:00～12:00
休 月・火・木・金
料 無料

コンクリート製のまるでピラミッドのような外観

市立劇場
Teatro Municipal MAP P.75-C3

リオ・ブランコ大通りのグローリア湾寄り、地下鉄のカリオカ駅とシネランジア駅のほぼ中間に位置している。1909年に開館され、オペラや古典劇を中心に上演している。また、ブラジル国内のほか海外からの公演も多い。オペラシーズンは3〜11月で、チケットは劇場の窓口で購入できる。内部は所要約45分のガイドツアーで見学も可能。

白亜の建物は夜のライトアップも豪華

市立劇場
住 Praça Floriano, Centro
☎ (021)2332-9191
URL www.theatromunicipal.rj.gov.br
ガイドツアー
開 火〜金
11:30、12:00、14:00、14:30、16:00、
土 11:00、12:00、13:00
休 日・月 料 R$20
行き方
地下鉄1・2号線カリオカ駅から徒歩5分、VLT1号線カリオカ駅Cariocaから徒歩2分。

国立美術館
Museu Nacional de Belas Artes MAP P.75-C3

市立劇場の真向かいに立つ。1908年にフランスのルーブル美術館を模して建造され、1937年に国立美術館となった。ポルトガル王室がリオ遷都当時に持参した絵画や、15〜18世紀のヨーロッパ画家、20世紀初頭のブラジル人画家の作品などを展示。

絵画のほか、彫像などの作品も

国立美術館
住 Av. Rio Blanco 199, Centro
☎ (021)3299-0600
URL mnba.gov.br
開 火〜金 10:00〜18:00
土・日 13:00〜18:00
休 月 料 R$8(日曜は無料)
行き方
地下鉄1・2号線カリオカ駅から徒歩5分、VLT1号線カリオカ駅から徒歩2分。

サント・アントニオ修道院・教会
Igreja e Convento de Santo Antônio MAP P.75-C3

地下鉄1・2号線カリオカ駅ヘプブリカ側出口の、目の前の丘の上に立つ修道院と教会。上の教会へはエレベーターに乗って行こう。1608年に建立され、現在の建物は17〜18世紀のもの。サント・アントニオは、ブラジルでは結婚を司る聖人であり、毎年6月の「サント・アントニオの日」には多くの人が訪れ、恋の願いをかける。同敷地内には、バロック様式のサン・フランシスコ・ダ・ペニテンシア教会Igreja São Francisco da Penitênciaもある。こちらは約400kgもの黄金を使ったという金一色の内装が圧巻。

土・日曜の10:00〜にはミサが行われる

サント・アントニオ修道院・教会
住 R. da Carioca, Centro
☎ (021)2262-0129
開 月・水・金 8:00〜19:00
火 6:30〜20:00
土 8:00〜11:00
日 9:00〜11:00
休 無休 料 無料
行き方
地下鉄1・2号線カリオカ駅から徒歩1分、VLT1号線カリオカ駅から徒歩6分。塀の部分がトンネルになっており、進んだ奥にエレベーターがある。

サン・フランシスコ・ダ・ペニテンシア教会
☎ (021)2262-0197
開 火〜金 9:00〜16:00
土 9:00〜12:00
休 日・月
料 R$10

国立歴史博物館
Museu Histórico Nacional MAP P.75-D2

サントス・ドゥモン空港から北へ徒歩約10分。ここはリオの町の起源ともいえる、サンチアゴ要塞があった場所で、1922年に博物館として開館。武器、貨幣、文書類などの資料を展示し、ブラジルの地を発見から共和国宣言までの約500年間にわたる歴史を年代順に考察できる。

白い外壁が目立つ

国立歴史博物館
住 Praça Mal. Âncora, Centro
☎ (021)3299-0324
URL mhn.museus.gov.br
開 火〜金 10:00〜17:30
土・日 13:00〜17:00
休 月
料 R$10(日曜は無料)
行き方
地下鉄1・2号線シネランジア駅から徒歩15分、VLT2号線プラッサ・キンゼ駅Praça XVから徒歩10分。

チラデンチス宮殿

Palácio Tiradentes MAP P.75-D2

11月15日広場Praça 15 de Novembroの通りを挟んだ南側。入口に円柱があしらわれ、ギリシア神殿を思わせる外観。ここは、ブラジルにおける議会の伝統を語り継ぐうえで重要な場所といえる。1826年の帝国の総合立法議会発足とともに、この地にあった古い牢獄に国民議会の下院がおかれ、1975年にリオ・デ・ジャネイロ州の立法議会が設置されるまで、数々の議会の歴史を刻んできた。現在の建物は1926年5月6日に完成したもの。議場を取り巻く回廊では、その歴史を写真やパネルで紹介している。宮殿の名前であるチラデンチスは、ブラジル独立運動のきっかけをつくり、殉死した英雄ホアキン・ジョゼ・ダ・シルバ・シャビエルJoaquim José da Silva Xavierの別名。宮殿の前には、彼の銅像が立っている。ここに投獄されていた彼の処刑日、4月21日はチラデンチス記念日というブラジルの祝日になっている。

ブラジル独立の英雄チラデンチスの名を冠した宮殿

ノッサ・セニョーラ・ド・カルモ教会(旧大聖堂)

Igreja de Nossa Senhora do Carmo da Antiga Sé MAP P.75-C2

1976年にカテドラル・メトロポリターナができるまで、リオの大聖堂だった教会。1770年に建造されたもので、1808年にはナポレオンの侵攻を恐れブラジルへと逃れたジョアン6世により、ポルトガルの王室礼拝堂に指定された。以来、ポルトガルおよびブラジル王室の結婚式や戴冠式などさまざまな行事が行われた。建物は堅牢なバロック様式で、内部には王室の歴史を解説する博物館がある。

ファサードは20世紀になって取り付けられた

エスカダリア・セラロン(セラロンの階段)

Escadaria Selarón MAP P.75-C4

カラフルなタイルがびっしりと覆う階段は、チリ人のアーティスト、セラロンさんが製作したパブリックアート。階段のすぐ横に住むセラロンさんは、20年以上もかけてひとつひとつタイルを貼り続け、今やセントロを代表する見どころ、記念撮影スポットのひとつとなっている。世界中から集められたというタイルのパッチワークは、見ていて思わずワクワクしてしまう。なかには日本のタイルもあるというから探してみては？ 階段の周辺は治安がよくないので、駅からはタクシーの利用を。

階段が黄色とグリーンのブラジルカラーになっている

チラデンチス宮殿
住R. Primeiro de Março, Centro
☎(021)2588-1000
URL www.palaciotiradentes.rj.gov.br
開月～土　10:00～17:00
　日　12:00～17:00
休無休　料無料
行き方
地下鉄1・2号線カリオカ駅から徒歩10分、VLT2号線プラッサ・キンゼ駅から徒歩2分。

英語による無料ガイドのサービスもある

ノッサ・セニョーラ・ド・カルモ教会(旧大聖堂)
住R. 7 de Setembro 14, Centro
☎(021)2242-7766
URL www.antigase.com.br
開月～金　7:30～16:00
　土　9:30～12:30
一般の見学は土曜のみ可能。月～金曜の訪問は要予約。
休日　料R$5
行き方
地下鉄1・2号線カリオカ駅から徒歩10分、VLT2号線プラッサ・キンゼ駅から徒歩2分。

エスカダリア・セラロンへの行き方
地下鉄1・2号線カリオカ駅、地下鉄1・2号線・VLT1号線シネランジア駅Cinelândiaから徒歩15分。

カリオカ水道橋
Aqueduto da Carioca
MAP P.75-C3
地下鉄1・2号線カリオカ駅からエスカダリア・セラロンへ向かう途中にある、巨大な水道橋。かつてはこの上を市電が走っており、セントロ名物のひとつだったが、現在は運休中。橋は1721年建造の歴史的なもので、砂と貝、クジラの脂で固めて造られたという。

アーチが連なる美しい橋

オリンピック・ブルーバード　Boulevard Olímpico

アクアリオ水族館　AquaRio Aquarium MAP P.72-A1

2016年11月にオープンした南米最大規模の水族館。展示水槽の総水量は450万リットル、飼育展示数は約350種、3000匹以上にのぼる。館内は5つのフロアと28の水槽からなり、なかでも一番の目玉は水深7mの巨大な水槽。水槽内にはトンネルのような通路が設けられており、魚が泳ぐ様子を間近で観察することができる。

頭上を無数の魚たちが泳ぎ回る水中トンネルが人気

また、水族館前のVLT線沿いを東へ進んでいくと、倉庫街の壁に描かれたグラフィティアートを見ることができる。これはサン・パウロ出身のグラフィティアーティスト、エドゥアルド・コブラEduardo Kobra氏によるもので、世界最大のウォールアートとしてギネスにも認定されている。描かれているのはオセアニア、アフリカ、アジア、ヨーロッパ、アメリカ大陸それぞれの先住民族の顔で、オリンピックの五輪のロゴからインスピレーションを受けたものだという。

アクアリオ水族館
住 Praça Muhammad Ali, Gambôa
☎ (021)3613-0700
URL www.aquariomarinhodorio.com.br
開 10:00～18:00
休 無休
料 R$100
時間ごとに入場できる人数が限られており、空きがあれば当日窓口での購入でもすぐに入場できるが、事前にウェブサイトからチケットを購入しておくと入場がスムーズ。
行き方
VLT1号線ユートピア・アクアリオ駅Utopia AquaRioから徒歩2分。

水族館近くにある高さ約15m、幅170mの巨大なウォールアート

明日の博物館　Museu do Amanhã MAP P.75-C1

マウア広場でもひときわ目立つ、港に面した白く細長い外観が特徴。スペイン人建築家、サンティアゴ・カラトラバSantiago Calatrava氏による設計で、オリンピック・ブルーバードの都市開発に合わせて建設された科学博物館だ。「宇宙」や「地球」など5つのカテゴリ別にブースが設けられており、科学技術の発展に伴うサステナビリティ（持続可能性）をテーマとしている。

パイナップル科の植物、アナナスをモチーフにした外観

明日の博物館
住 Praça Mauá 1, Centro
☎ (021)3812-1812
URL museudoamanha.org.br
開 10:00～18:00
休 月
料 R$20（火曜は無料）
リオ美術館との共通チケットR$32あり。
行き方
VLT1号線パラダ・ドス・ムゼウス駅Parada dos Museusから徒歩2分。

英語の解説もあり、映像や写真を多用しているため、ポルトガル語がわからなくても十分楽しむことができる

リオ美術館　Museu de Arte do Rio（MAR） MAP P.75-C1

異なるふたつの建物を波状の屋根で連結した、変わった造りの美術館。向かって右側の建物は、ナポレオンの侵攻によりポルトガルからリオ・デ・ジャネイロに逃れ、のちの1818年にポルトガル王となったジョアン6世の元宮殿。左側の建物からエレベーターで屋上まで上がり、通路を渡ってギャラリー棟となっている宮殿部分を下りながら見学する。ジョアン6世にまつわる常設展示のほか、随時企画展を開催。

屋上テラスからはマウア広場を一望できる

リオ美術館
住 Praça Mauá, 5, Centro
☎ (021)3031-2741
URL www.museudeartedorio.org.br
開 10:00～17:00
休 月
料 R$20（火曜は無料）
明日の博物館との共通チケットR$32あり。
行き方
VLT1号線パラダ・ドス・ムゼウス駅から徒歩2分。

その他の地域 Outro

国立博物館

Museu Nacional MAP P.68-A・B2

かつての王家の邸宅でもある重厚な建物

キンタ・ダ・ボアビスタ公園Quinta da Boa Vista内にあるブラジル最大の博物館。堂々としたコロニアル様式の建物で、19世紀にはロイヤルファミリーの邸宅として使われていた。内部は2つのフロアからなり、ブラジルおよび南米に関する動物学、民族学、考古学、植物学の貴重な資料を展示。数あるコレクションのなかでも、古代魚シーラカンスの完全標本や、入口に置かれた重さ5360kgもの世界最大級の隕石「ベンデゴ」(1888年、バイーア州のベンデゴ川で発見)などは必見。1300以上の動物がいるリオ動物園Jardim Zoológico-Rio Zooも隣接。

マラカナン・スタジアム(エスタジオ・ド・マラカナン)

Estádio do Maracanã MAP P.68-A2

1950年に開催されたブラジルW杯のために造られたサッカー専用のスタジアム。2014年のブラジルW杯では決勝戦の会場にもなった。1950年のW杯でも決勝戦が行われたが、ブラジルはウルグアイを相手に0-1で敗戦。「マラカナンの悲劇」として今も語り継がれる伝説のスタジアムだ。当時は立ち見席も含めて20万人以上も収容したというが、現在の収容人数は約7万9000人。2011年から大改装が行われ、スタンドやゲートなども新設された。

スタジアム内は自由に見学することが可能。所要約40分のガイド付きツアーもある。

スタンドはもちろん、ピッチサイドに下りることも

セレソン博物館

Museu Seleção Brasileira MAP P.68-A3外

イパネマ海岸から西に約20km、コンドミニアムや高層ホテルが建ち並ぶバハ地区Barra da Tijucaにある。ブラジルサッカー協会の建物の1階部分をサッカーブラジル代表(愛称はセレソン)の博物館として公開している。館内には歴代のユニフォームや受賞トロフィーが展示されており、過去5回のW杯優勝トロフィーのレプリカをショーケース越しに見ることができる。ほか、膨大な量の試合映像を記録、閲覧できるタッチパネルモニターや、ピッチでの臨場感を体感できるVRゴーグルなど、最先端技術を使用した展示内容で見ごたえがある。

試合映像とともに当時の実況中継を聞くことができる

国立博物館
住 Quinta da Boa Vista,São Cristóvão
☎(021)2562-6900
URL www.museunacional.ufrj.br
開 夏季
月　12:00～17:00
火～日　10:00～17:00
冬季
月　12:00～16:00
火～日　10:00～16:00
休 無休
料 R$6
行き方
地下鉄2号線サン・クリストヴァン駅から徒歩10分。

触ってOKな「ベンデゴ」

リオ動物園
住 Quinta da Boa Vista, São Cristóvão
☎(021)3878-4200
開 9:00～17:00
休 月
料 R$15
行き方
国立博物館から徒歩5分。

マラカナン・スタジアム
住 Av. Presidente Castelo Branco, Maracanã
☎(021)2334-1705
URL www.tourmaracana.com.br
開 9:00～18:00
ガイドツアーは9:00～17:00の1時間ごとに出発。所要約40分
休 試合開催日の見学は時間制限あり
料 入場R$50
ガイド付きツアー R$60
行き方
地下鉄2号線マラカナン駅Maracanãから徒歩3分。

駅からは近いが周辺の治安は悪いので移動の際は十分気をつけること

セレソン博物館
住 Av. Luis Carlos Prestes 130, Barra da Tijuca
☎(021)3572-1963
開 10:00～18:00
休 無休　料 R$22
行き方
S バハ・ショッピング(→P.101)前のBRT停留所から徒歩15分。周囲は日中でも人通りが少ないため、タクシーの利用を。

フラメンゴ公園

Parque do Flamengo MAP P.72-B1 P.75-D4

セントロの南、サントス・ドゥモン空港からフラメンゴ海岸に沿って広がる1200万m²の広大な公園。別名エドゥアルド・ゴメス公園。ダリやピカソの作品を収蔵する近代美術館Museu de Arte Modernaのほか、第2次世界大戦の戦没者慰霊塔、サッカー場、遊園地、レストランなどがあり、カリオカたちの憩いの場となっている。

モダンなデザインの戦没者慰霊塔

コルコバードの丘

Morro do Corcovado MAP P.72-A3

記念写真のポーズはやっぱりこれで決まり！

海抜709mの絶壁の頂に立つキリスト像は、リオ・デ・ジャネイロのシンボル。1931年に建造されたこの像の高さは30m（台座を含めると38m）、横一文字に広げた両手の幅は28m。全身はミナス・ジェライス州産のろう石張りで、重さ1145トンという巨体。海岸地区から望む姿は、白い十字架のようであり、日没後はライトアップされる。

このコルコバードの丘に登ると、リオ全体を箱庭のように見渡すことができる。特異な姿をした山々を結ぶように海岸線は白い弧を描き、入り組んだ空間に林立するビル群は、複雑なモザイク模様のよう。

丘の上へ登る登山電車、トレム・ド・コルコバードTrem do Corcovadoの駅は、コズミ・ベーリョ通りR. Cosme Velhoとスミス・バスコンセロス通りR. Smith de Vasconcelosの角に位置。駅まではバスかタクシーで行こう。観光客が集っているので、比較的見つけやすい。トレムは真っ赤なボディに白いラインの入った2両編成で、ゴトゴトと急斜面を行く。高度を上げていくにつれ、大きな窓からすばらしい景色が目に入ってくる。眼下に広がるホドリゴ・ジ・フレイタス湖Lagoa Rodrigo de Freitasとコパカバーナのホテル群は圧巻。特に進行方向の右側に座ると眺めがいい。所要時間は約20分。駅の近辺には、レストランやスタンドバー、みやげ店がある。キリスト像の足元へ行くには、そこからさらに126段の階段またはエスカレーターとエレベーターで。とにかく混雑するので、観光客の数も比較的少なく、逆行にならずに写真も撮れる平日の朝がおすすめ。

美しい海岸線をもつリオが一望できるビュースポット

フラメンゴ公園への行き方
地下鉄1・2号線カテーテ駅Catete、グローリア駅Glória、シネランジア駅下車。

近代美術館
住 Av. Infante Dom Henrique 85,Parque do Flamengo
☎ (021)3883-5611
URL mamrio.org.br
開 火～金　12:00～18:00
　土・日　11:00～18:00
休 月
料 R$14（日曜は無料）

コルコバードの丘の登山電車
住 R. Cosme Velho 513, Cosme Velho
☎ (021)2558-1329
URL www.corcovado.com.br
運 8:00～19:00、30分間隔
混雑するため、ハイシーズンは満席になってしまうことも。ウェブサイトからの事前予約、またはコパカバーナにあるチケットセンター（MAP P.85-D1）でチケットを購入しておくのが好ましい。
休 無休
料 往復R$62～75（シーズンにより異なる）
行き方
セントロから117番、コパカバーナ、イパネマから583番、レブロンから581、582、583、584番、長距離バスターミナルからは118番のバスを利用。

シャトルバスで丘へ直行
地下鉄1・2号線ラルゴ・ド・マシャード駅Largo do Machadoほか市内3ヵ所からキリスト像のある丘の上までを結ぶシャトルバスが運行。30分ごとに出発し、料金は乗り場やシーズンによって変動する。ウェブサイトで事前予約がベター。
URL www.paineirascorcovado.com.br
営 8:00～16:00（土・日曜は～17:00）
休 無休
料 往復R$61～74

ロープウエイで空中散策

ポン・ジ・アスーカル行きロープウエイ
住Av. Pasteur 520, Urca
☎(021)2546-8400
URL www.bondinho.com.br
運8:00～19:50(20分間隔)
休無休
料往復R$80
行き方
セントロ～フラメンゴやボタフォゴを通る107番、ボタフォゴ～コパカバーナ～イパネマを通る513番のバスを使用。ベルメーリャ海岸のプラサ・ジェネラル・チブリコPraça General Tibúrcioで降りる。パステウ通りAv. Pasteurで下車し、東へ歩くと宮殿の手前右に乗り場とチケット売場あり。

ポン・ジ・アスーカル

Pão de Açúcar MAP P.82-B2

ウルカ海岸Praia de Urcaとベルメーリャ海岸の間にある小さな半島に突き出した奇岩。"砂糖パン"という意味をもつこのポン・ジ・アスーカルは、その昔、ポルトガルのマデイラ島の砂糖を盛りつけた様子に似ていることからつけられたといわれる。また、先住民の言葉である"ポウンドアスカ"(尖った小島という意味)にも由来している。

半島の付け根あたりから頂上までは、ふたつのロープウエイを乗り継いで行く。それぞれ所要時間は3分。まずベルメーリャ海岸近くの第1ロープウエイ乗り場から海抜220mのウルカの丘Morro da Urcaへ。この展望台からは正面にボタフォゴ海岸が見え、背後にポン・ジ・アスーカルがそびえ立つ。さらに第2ロープウエイで、右側にコパカバーナ海岸を眺めつつ海抜396mのポン・ジ・アスーカルの頂上に向かう。こちらはグアナバラ湾に張り出しているため、海上からリオの町を見下ろしているような景観が楽しめる。

夕景の美しさでも有名

また、展望台周辺には簡単なトレイルコースも設けられており、遊歩道を歩きながら熱帯の植物を間近に眺めることができる。日暮

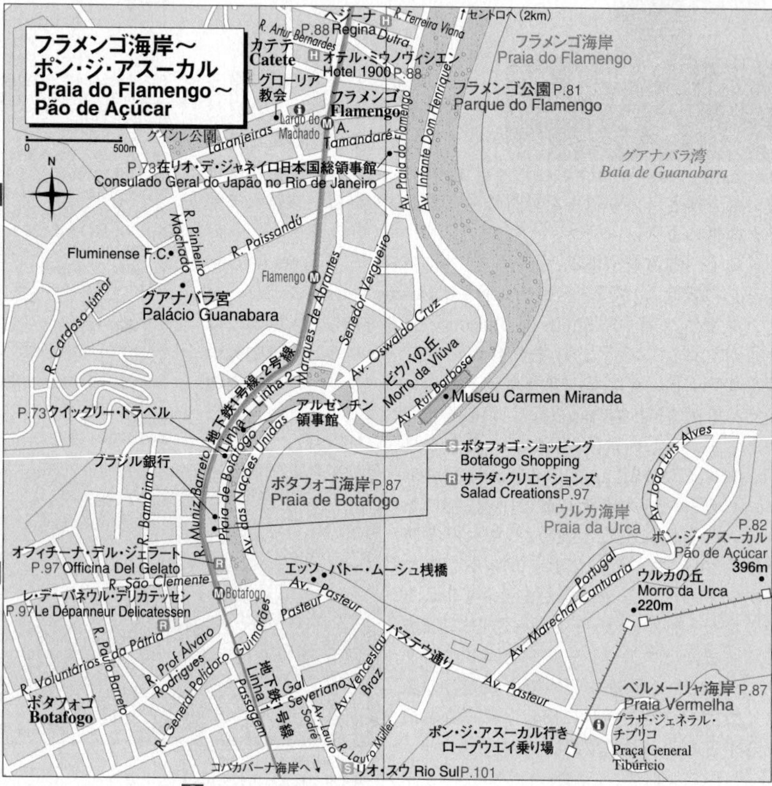

れ前にロープウエイで頂上まで向かい、夕焼けや夜景を眺めてから下るのがおすすめ。チケット売場前でタクシーを捕まえ、地下鉄駅または宿まで戻るのがいいだろう。

植物園

Jardim Botânico MAP P.84-A1

ポルトガルのジョアン6世が1808年から1821年にかけて、ブラジル各地を歩いて収集した植物を植えたのが始まり。約1.4km²に及ぶ敷地に、600種のラン、サボテン、アマゾンの植物群など約8000種の植物が生い茂る。ブラジル各地の植物があり、珍しい物も数多いが、堅くて水に浮かばないという鉄の木「ハフ・フェホ」、ブラジルの国名の由来となった赤い染料がとれる「パウ・ブラジル」、パンタナールに生える「イッペー」などの木を探してみよう。また、日本とブラジルの国交100年を記念して1995年に造られた日本庭園も見学したい。

日本庭園もある

植物園
住 R. Jardim Botânico 1008, Jardim Botânico
☎ (021)3874-1808
URL www.jbrj.gov.br
開 月　12:00～19:00
　火～日　8:00～19:00
休 無休　料 R$15
行き方
セントロから548、581番、コパカバーナ、イパネマからは584番、レブロンからは439、775D、1775D番、フラメンゴからは105、409番、ボタフォゴから109、410、583番のバスなどを利用。または地下鉄4号線アンテロ・ヂ・ケンタウ駅Antero de Quentalからタクシーで約5分。

COLUMN リオのファベーラ（貧民街）

貧富の差が生むファベーラ

貧富の差が激しいブラジルにはいたるところに、ポルトガル語でファベーラFavelaと呼ばれる貧民街（スラム）が存在する。リオにはファベーラが900以上もあり、人口の約20%がそこに暮らす。丘の斜面にびっしりと小さな屋根やパラボナアンテナがひしめく様は壮観だ。

そしてファベーラといえば麻薬や強盗、銃撃戦など犯罪の巣窟というイメージが強い。ファベーラを舞台に危険な日常を描いたフェルナンド・メイレレス監督による映画「City of god」も有名。

MJがPVを撮った場所。ファベーラは危いが人気のロケ地

今なお続く 麻薬密売組織と警察間での抗争

2014年のサッカーW杯、2016年のオリンピック開催にあたり、交番の増設や治安当局による掃討作戦が行われた。一時は治安改善の兆しを見せたものの、今なお銃撃戦がしばしば発生しており、依然として危険な地域であることには変わりない。ファベーラと知らずに迷い込んだ外国人旅行者が、ファベーラ内の麻薬密売組織に撃たれるという痛ましい事件も発生している。

観光名所として取り扱われることも多いファベーラだが、興味本位で絶対に近づかないよう、日本国領事館からも警告が発せられている。

どうしても観光を希望する場合は、現地ガイドによるファベーラツアー Favela Tourへの参加を。コースによって多少内容は異なるが、迷宮のようなファベーラの中を散策し、展望台や学校、商店などを訪問する内容が一般的。写真撮影はガイドがOKを出したポイントでのみ。むやみにカメラを出さず、貴重品はなるべく身につけずに参加すること。

Favela Tour
ファベーラ・ツアー
☎ (021)98221-5572　URL www.favelatour.org
見学コースは何種類かあり、所要2時間～、料金R$60～。コースによって最少催行人数や出発時間が設定されているため、事前にメールで問い合わせのうえ予約をしよう。

住民の足、テレフェリコ

また、リオ北部にはファベーラの上空を移動するロープウェイ、テレフェリコTelefericoがある。全長3.4kmの間に6つの駅があり、ファベーラで暮らす住民の足として使われている。一時期は、途中下車しなければ観光客の利用も可能と言われていたが、現在はファベーラへの立ち入り同様とても危険なので利用は控えて。ファベーラ内に交番があるとはいえ、銃を持っている相手には警察ですら抵抗できないし、誰も助けてはくれない。危険なエリアには極力近づかないことが、自分の身を守る一番の方法だということを常に頭に入れて行動するようにしたい。

ファベーラの上のロープウエイ、テレフェリコ

コパカバーナ海岸への行き方
エアコンバス（フレスコン）の2016番、2018番が便利。または地下鉄1号線シケイラ・カンポス駅Siqueira Campos、カンタガロ駅Cantagaloから各徒歩5分。

コパカバーナ海岸

Praia de Copacabana MAP P.85-D1

海岸沿いには露店も並びにぎやか

4.3kmの長さがあるリオのビーチの一部で、世界的にその名が知られているコパカバーナ海岸。海岸線は弧を描くように美しく延びており、南のコパカバーナ要塞付近からプリンセザ・イザベル大通りAv. Princesa

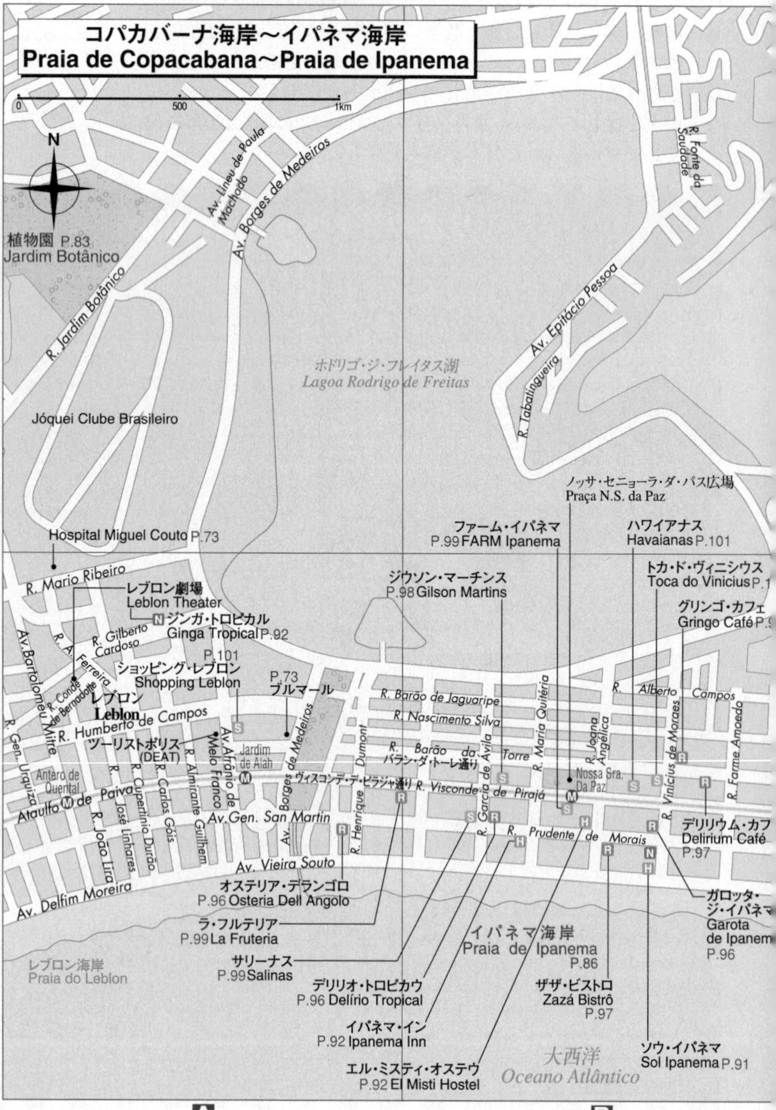

Isabelまでの約3kmがコパカバーナ海岸、その東側約1kmはレーメ海岸Praia do Lemeと呼ばれている。海岸沿いのアトランチカ大通りAv. Atlânticaに面してビーチフロントの高級ホテルや高層マンションが建ち並ぶ。1階部分にレストランを併設する建物も多く、歩道にはテラス席が張り出している。

ビーチは日光浴や海水浴、フットサルやビーチバレーを楽し

リオの代名詞的存在のビーチだ

コパカバーナ要塞
Forte de Copacabana
MAP P.85-C2
☎(021)2287-3781
URL www.fortedecopacabana.com
開10:00～18:30
休月　料R$6

コパカバーナ海岸の南に突き出した半島に位置する要塞。敷地内から見るコパカバーナ海岸の眺めはすばらしい。カフェも併設。

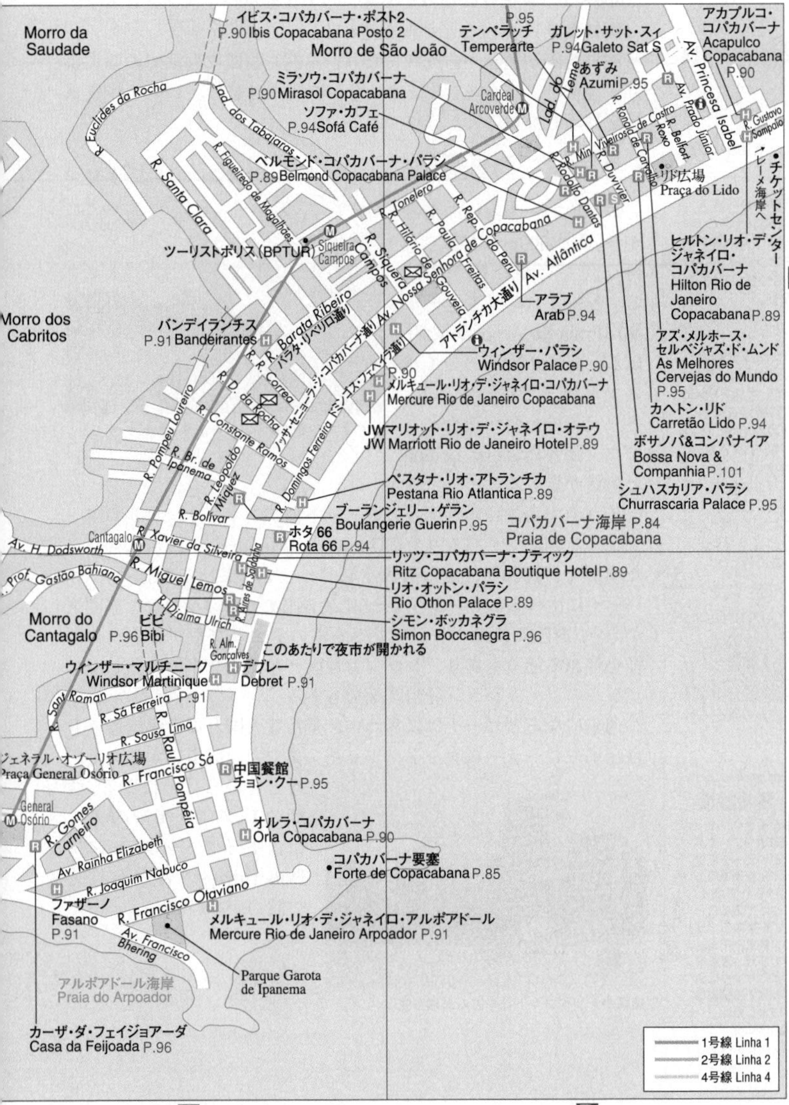

ビーチの治安
よくリオのビーチの治安の悪さがいわれるが、日中に貴重品を持たずに遊んでいるぶんには、犯罪に巻き込まれる危険は少ない。ひったくりなどの事件は、早朝の人の少ない時間にカメラやスマートフォンを持ってビーチをぶらぶらとしているときに起こりやすい。特にコパカバーナの東寄りは水が引くと100m以上もビーチが現れ、その水際で何が起きても気づかれない。

コパカバーナ海岸。ビーチへは小銭のみで身軽にがベスト

イパネマ海岸への行き方
地下鉄1号線ジェネラル・オゾーリオ駅下車。海岸線を通るエアコンバス（フレスコン）の2012番、2016番、2018番も便利。

海岸沿いのシャワー施設
レーメ海岸からレブロン海岸にかけて、ポストPostoと呼ばれる監視塔を兼ねたシャワー施設が点在。それぞれ番号が振られており、シャワーはR$1.5～、ロッカーR$5.8、トイレR$2.5となっている。利用の際は入口でスタッフに声をかけ、用途に応じた料金を支払う。支払いは現金のみ。

タオルや石けんの販売も行っている

読者投稿
海岸沿いをサイクリング
イパネマ海岸やコパカバーナ海岸などのビーチでは車道に沿って自転車専用のレーンが設けられており、レンタサイクルで走ることができます。利用するには現地通話が可能な携帯電話が必要なのですが、潮風を受けてのサイクリングは気持ちよく、利用する価値はあるなと思いました。
（東京都　shima　'17）

む人たちでにぎわい、タンガという小さなビキニを身に付けた美女たちが闊歩し、どこからともなくサンバやボサノバが聞こえてくるだろう。週末はカリオカや旅行者が押し寄せ、天気のよい日は砂浜が人で埋め尽くされる。また、夜になるとみやげ店が集まる一画があり（MAP P.85-C2）、水着からおみやげ、陶器、ミサンガに軽食といったさまざまな店が軒を連ねるマーケットとなる。

アトランチカ大通りはいつも活気があり、夜もみやげ物の露店が並び人通りが絶えない。アトランチカ大通りに並行して走るノッサ・セニョーラ・ジ・コパカバーナ大通りAv. Nossa Senhora de Copacabana、さらに内陸側のバラータ・ヒベイロ通りR. Barata Ribeiroはバス通りになっており、ホテルにバー、ランショネッチ（簡易食堂）、商店などが軒を連ねる。

波打ち際が道路から死角になり、早朝や夜間に砂浜での強盗事件が報告されている。人気の少ない時間帯は避け、ビーチへ貴重品を持参しないこと。

イパネマ海岸

Praia de Ipanema MAP P.84-B2

イパネマの娘の舞台となった美しいビーチ

コパカバーナ海岸の南端から、西へ500mほど行くと再び美しい海岸線が現れる。そこはアルポアドール海岸Praia do Arpoadorと呼ばれ、ビーチはその先イパネマ海岸まで続いており、さらに約2km西へ進むとレブロン海岸Praia do Leblonと名前が変わる。

イパネマ海岸はボサノバの大ヒット曲アントニオ・カルロス・ジョビン作曲『イパネマの娘Garota de Ipanema』の舞台にもなった場所で、1960年代から高級住宅街として繁栄してきた。コパカバーナに比べるとややこぢんまりした感じだが、オシャレな雰囲気が漂う。内陸側にはブラジルブランドのショップやブティックが軒を連ねる通りもあり、レブロン地区と並んでリオの、そしてブラジルのファッション発信基地でもある。

週末になるとビーチはにぎわい、歩行者天国となる海岸通りも自転車やローラースケート、ジョギングや犬の散歩をする人たちなどでいっぱいになる。西側のレブロン海岸の先には、ドイス・イルモンスDois Irmãosの岩山が見えて眺めがいい。

高級ホテルやコンドミニアムが建ち並ぶ

ボタフォゴ海岸

Praia de Botafogo MAP P.82-A2

グアナバラ湾からさらに入り組んだ、小さい湾になっている海岸。波がほとんどないことからヨットハーバーとして利用されており、背後にはポン・ジ・アスーカルが独特な景観を見せている。海水はきれいとはいえないが、観光客はあまりおらず、地元の人がジョギングやサッカー、日光浴に興じる庶民的な雰囲気。湾を挟んで東側には、ウルカ海岸の小さなビーチもある。

ポン・ジ・アスーカルを望むビーチ

ベルメーリャ海岸

Praia Vermelha MAP P.82-B2

ウルカ海岸の裏側に位置し、ポン・ジ・アスーカルへ上るロープウエイの発着所近くにある小さなビーチ。北側をポン・ジ・アスーカルとウルカの丘、南側をバビロニアの丘Morro de Babilôniaに囲まれている。ビーチの背景に迫る岩肌も印象的だ。

サン・コンラド海岸

Praia de São Conrado MAP P.68-A3

最近リオで脚光を浴びているサン・コンラド海岸は、セントロから南下すること14km、レブロンよりさらに先にある。大型のリゾートホテルも立ち、広々とした砂浜と透明度の高い海、空にはハンググライダーが多数飛ぶといったリゾート感あふれる海岸だ。レストラン、ブティック、みやげ店などはあまりなくのんびりとした雰囲気が漂う。グアナバラ湾を中心とした海水汚染や、コパカバーナ周辺の雑踏を避けたければ、この辺りまで足を延ばすといいだろう。

カラフルなパラグライダーが空を飛び交う

レンタサイクルを活用

約60ヵ所のステーションがあり、好きな場所で乗り降りできるバイク・リオBike Rio。オレンジの車体が目印。クレジットカードと携帯電話が使えれば利用可能。乗る時に☎(021) 4003-6054へ電話し、カードとステーションの番号を入力、ランプ点灯中に車体をホルダーから外す。デイリーパスR$5。1時間毎に自転車をいったん、どこかのステーションに要返却だが、1日何度でも乗れる。

URL bikerio.tembici.com.br

海岸地区のステーション

ボタフォゴ海岸への行き方

地下鉄1・2号線ボタフォゴ駅から徒歩10分。フレスコンも通っている。

ベルメーリャ海岸への行き方

ポン・ジ・アスーカル(→P.82)と同じ。

サン・コンラド海岸への行き方

地下鉄1・4号線ジェネラル・オゾーリオ駅付近の海岸線道路から、ローカルバスに乗る。551、553番など。所要約1時間。

COLUMN リオ・デ・ジャネイロ空中散歩

コルコバードの丘やポン・ジ・アスーカルに登れば、リオの美しさを自分の目で実感できるのはいうまでもない。しかし、もっと高く、もっと広大に、鳥になった気分でリオを観光する方法がある。ヘリコプターを使っての空中散歩だ。料金は少々高いが、十分その価値はある。リオ独特の入り組んだ海岸線や奇岩、コルコバードのキリスト像を真上から見下ろす迫力と爽快感は、ヘリならではのもの。間違いなく、一生の思い出になるだろう。

ヘリの発着所はポン・ジ・アスーカルとホドリゴ・ジ・フレイタス湖Lagoa Rodrigo de Freitasの2ヵ所あり、6～7分程度のフライトから、1時間のフライトまでプランもさまざま。

Helisight
ヘリサイト
☎(021)2511-2141／2542-7935／2259-6995
URL www.helisight.com.br
営9:00～18:00　休無休
料6～7分コースR$320／12～13分コースR$690／15～16分コースR$800／21～22分コースR$1000／30分コースR$1110／60分コースR$1860
※ポン・ジ・アスーカル発の料金

リオ・デ・ジャネイロの ホテル

国際観光都市のリオには、各エリアに数えきれないほどの宿泊施設がある。ただし、2月のカーニバル時はもちろん、ハイシーズンの週末には大規模な音楽フェスやイベントがあり、宿泊費は高騰。飛び込みで部屋を確保するのは困難なため、早期予約はマスト。ドミトリーから最高級ホテルまで選択肢は豊富。コパカバーナやイパネマの海岸に近づくほど室料は上がる。

セントロ（旧市街）

Windsor Guanabara Hotel

ウインザー・グアナバラ MAP P.75-C1

高級ホテル

セントロのメインストリート、プレジデンチ・ヴァルガス大通り沿いに立つ。外観はクラシックだが、内部はモダンに改装され、客室はスタイリッシュ。屋上にはプールがあり館内設備も充実。セントロの見どころも徒歩圏内。

住 Av. Presidente Vargas 392, Centro
☎ (021) 2195-6000
URL windsorhoteis.com 料 ⓈR$227〜 ⓌR$250〜 税金15%別 カード ADMV 室数 542室

Rio's Presidente Hotel

リオス・プレジデント MAP P.75-C3

中級ホテル

セントロの中心地にある13階建てのホテル。外観は古めかしいが内部は改装されており水回りもきれい。アメニティやミニバー、セーフティボックスと設備も充実。屋上にはプール、サウナやフィットネスセンターがある。

住 R. Pedro I 19, Centro ☎ (021) 2123-5900
FAX (021) 2240-5070 URL riospresidentehotel.com.br 料 ⓈⓌR$204〜 税金5%別
カード AMV 室数 210室

Hotel Ibis Rio de Janeiro Centro

イビス・リオ・デ・ジャネイロ・セントロ MAP P.75-C3

中級ホテル

近年増えているビジネス系バジェットホテル。朝食は追加料金。部屋は簡素だが冷房完備で防音対応もされている。セルフサービスのビジネスセンターやバリアフリールームなど充実。

住 R. Silva Jardim 32, Torre I
☎ (021) 3511-8200
URL www.accorhotels.com
料 ⓈR$129〜 ⓌR$149〜
カード ADMV 室数 200室

フラメンゴ地区

Regina

ヘジーナ MAP P.82-A・B1

中級ホテル

2つのメトロ駅の間にあり、どこに行くのにも便利。レストランやバーのほか、サウナやジムも付いており快適。部屋は白を基調にし、明るく落ち着いた雰囲気。部屋にはエアコン、ミニバー。ルームサービスやランドリーサービスもある。

住 R. Ferreira Viana 29, Flamengo
☎ (021) 3289-9999
URL www.hotelregina.com.br 料 ⓈR$154〜
ⓌR$176〜 税金5%別 カード ADJMV 室数 117室

Hotel 1900

オテル・ミウノヴィシエン MAP P.82-A1

中級ホテル

地下鉄1・2号線ラルゴ・ド・マシャード駅から徒歩5分ほど。施設は新しく清潔だ。部屋にはエアコン、ミニバー、セーフティボックス、ドライヤーあり。Wi-Fiの速度も早い。

住 R. Artur Bernardes 29, Catete
☎ (021) 2265-9599
料 ⓈR$120〜 ⓌR$135〜 税金5%別
カード AMV 室数 48室

ホテル客室設備：バスタブあり　テレビあり　電話あり　インターネット可　朝食付き

コパカバーナ海岸

Belmond Copacabana Palace
ベルモンド・コパカバーナ・パラシ MAP P.85-D1

最高級ホテル

1923年創業。チャールズ英皇太子と故ダイアナ妃、故ネルソン・マンデラ氏なども宿泊した、リオの最高級ホテル。ビーチフロントの白いコロニアル調の建物、客室の内装やバスルームもクラシカル。

住Av. Atlântica 1702, Copacabana
☎(021) 2548-7070 FAX(021) 2235-7330
URL www.belmomd.com
料ⓈⓌR$1085～ 税金15%別
カード A D M V 室数239室

Rio Othon Palace
リオ・オットン・パラシ MAP P.85-C2

高級ホテル

コパカバーナのやや南寄りに位置し、イパネマへも行きやすい。ベージュ基調の客室にはエアコン、テレビ、ミニバーなどが揃う。海岸に面しているのでビーチビューの部屋も多数。屋上のバー＆プールやレストランからは海岸全景が見渡せる。

住Av. Atlântica 3264, Copacabana
☎(021) 2106-1500 FAX(021) 2106-1581
URL www.othon.com.br 料ⓈⓌR$354～
税金12%別 カード A D M V 室数572室

Hilton Rio de Janeiro Copacabana
ヒルトン・リオ・デ・ジャネイロ・コパカバーナ MAP P.85-D1

高級ホテル

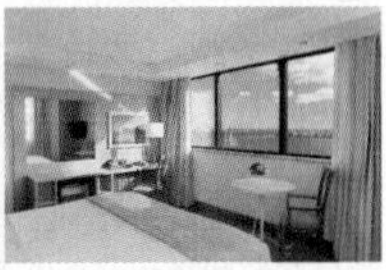

コパカバーナ海岸の北端に位置する5つ星ホテル。レストランエリアにも近く、滞在に便利な立地。ほとんどの客室がオーシャンビューで、インテリアは上品にまとめられており快適。スタッフのサービスも一流ホテルならではの質の良さ。朝食は別料金でR$75。Wi-Fiの利用は有料。

住Av. Atlântica 1020, Copacabana
☎(021) 3501-8000 FAX(021) 3501-8010
URL riodejaneirocopacabana.hilton.com
料ⓈⓌR$769～ 税金15%別 カード A D M V 室数545室

Ritz Copacabana Boutique Hotel
リッツ・コパカバーナ・ブティック MAP P.85-C2

高級ホテル

コパカバーナ海岸のほぼ中央に位置する18階建てのホテル。アトランチカ大通りから1ブロック内陸側にあるため、客室からの眺めはシティビューだが、屋上プールからはビーチの眺めが広がる。最寄りの地下鉄1号線カンタガーロ駅からは約350m、周辺には飲食店やスーパーも多い。

住R. Xavier da Silveira 13, Copacabana
☎(021) 2187-0900
URL www.ritzcopacabana.com.br
料ⓈⓌR$460～ 税金5%別 カード A D J M V 室数46室

Pestana Rio Atlantica Hotel
ペスタナ・リオ・アトランチカ MAP P.85-C1

最高級ホテル

コパカバーナ海岸沿いに立つ。ベージュのやわらかなカラーで統一された室内は広さもほどよく、設備も揃っている。ホテルにジャクージ、ビジネスセンター、フィットネスセンターあり。トップルーフのプールは昼も夜も絶景。

住Av. Atlântica 2964, Copacabana
☎(021) 3816-8500
URL www.pestana.com 料ⓈⓌUS$365～
税金15%別 カード A D M V 室数247室

JW Marriott Rio de Janeiro Hotel
JWマリオット・リオ・デ・ジャネイロ・オテウ MAP P.85-C1

高級ホテル

コパカバーナ海岸のほぼ中央に位置。最上階まで吹き抜けの斬新な造りで、3つのレストラン、フィットネス、眺望抜群の屋上プールなど施設がラグジュアリー。朝食はR$75で付けることが可能。

住Av. Atlântica 2600, Copacabana
☎(021) 2545-6500
URL www.marriott.com
料ⓈⓌUS$230～ 税金15%別
カード A D M V 室数245室

Mirasol Copacabana Hotel
ミラソウ・コパカバーナ MAP P.85-D1

高級ホテル

海岸から1ブロック奥にある19階建ての高層ホテル。それほど大きくないがプールやフィットネスセンター、ビジネスセンターなど施設は整っている。部屋はドライヤー、セーフティボックス付き。近くにはスーパーなどがあって便利。

住 R. Rodolfo Dantas 86, Copacabana
☎ (021) 2123-9292
URL www.mirasolhotel.com.br
料 ⓈⓌR$290 ～ カード ADJMV 室数 105室

Orla Copacabana Hotel
オルラ・コパカバーナ MAP P.85-C2

高級ホテル

コパカバーナ海岸の端にあり、イパネマ方面へのアクセスもいいモダンなホテル。海側の部屋やプールからの眺めが見事。客室はそれほど広くなく、オーシャンビュールームでも窓はやや小さめ。ミニバー、セーフティボックス完備。

住 Av. Atlântica 4122, Copacabana
☎ (021) 2525-2425 FAX (021) 2142-2425
URL www.orlahotel.com.br 料 Ⓢ ⓌR$378 ～
税金15%別 カード ADMV 室数 115室

Windsor Palace Hotel
ウィンザー・パラシ MAP P.85-D1

高級ホテル

コパカバーナ海岸から1ブロック入ったドミンゴス・フェヘイラ通りにある。鏡を効果的に使ったロビーがモダン。ジムもプールも眺めがいい。フロントは英語OK。カジュアルなインテリアの部屋にはミニバー、セーフティボックスなどが揃う。

住 R. Domingos Ferreira 6, Copacabana
☎ (021) 2195-6600 FAX (021) 2549-9373
URL windsorhoteis.com 料 ⓈⓌR$400～
税金15%別 カード ADMV 室数 85室

Mercure Rio de Janeiro Copacabana
メルキュール・リオ・デ・ジャネイロ・コパカバーナ MAP P.85-C1

中級ホテル

2018年に名称を変更。コパカバーナ海岸のほぼ中央に位置している中級ホテル。シンプルモダンな客室は広々しており設備も整っている。ビーチに面したホテルとしては料金はリーズナブル。

住 Av. Atllântica 2554, Copacabana
☎ FAX (021) 3545-5100
URL www.accorhotels.com
料 ⓈR$360 ～ ⓌR$410 ～
カード ADMV 室数 116室

Ibis Copacabana Posto 2
イビス・コパカバーナ・ポスト2 MAP P.85-D1

中級ホテル

ビーチから2ブロック奥にあり、アクセスに便利な立地。フロントでは英語も通じ、客室はシンプルながらもドライヤーやセーフティボックスといったひと通りの設備が揃っている。朝食は別料金でR$23。

住 R. Min. Viveiros De Castro 134, Copacabana
☎ (021) 3218-1150 FAX (021) 3218-1151
URL www.accorhotels.com 料 ⓈⓌR$194.25 ～
税金5%別 カード AMV 室数 150室

Acapulco Copacabana Hotel
アカプルコ・コパカバーナ MAP P.85-D1

中級ホテル

コパカバーナ海岸から2ブロックの所にある好立地のホテル。客室やロビーはシンプルだが最低限の設備は整っている。全室Wi-Fi接続可能だが、部屋によっては繋がりにくいことも。

住 R. Gustavo Sampaio 854, Copacabana
☎ (021) 3077-2000 FAX (021) 2275-3396
URL www.acapulcohotel.com.br
料 ⓈR$270～ ⓌR$300 ～
カード ADJMV 室数 120室

Hotel Bandeirantes

バンデイランチス　MAP P.85-C1

中級ホテル

セントロからイパネマ方面に向かうバス通りバラタ・リベリロ通りR. Barata Ribeiroに面し、海岸まで2ブロックだが、部屋は静か。周辺は庶民的な店が多い。客室にはエアコンやセーフティボックスなど大体の設備が揃う。館内のサウナも使える。

住R. Barata Ribeiro 548, Copacabana
☎(021) 2548-6252
URL www.hotelbandeirantes.com.br
料ⓈR$164～ ⓌR$220～　カード AMV　室数96室

Mercure Rio de Janeiro Arpoador Hotel

メルキュール・リオ・デ・ジャネイロ・アルポアドール　MAP P.85-C2

中級ホテル

コパカバーナ海岸とイパネマ海岸を繋ぐ沿道にある。どちらへも徒歩で行けるため非常に便利。全室キッチン付きのアパートメントタイプで、ダブルかツインの部屋のみ。追加料金でオーシャンビューの部屋にすることも。

住R. Francisco Otaviano 61, Copacabana
☎(021) 2113-8600　FAX (021) 2113-8605
URL www.accorhotels.com　料ⓌR$425～
税金5%別　カード AMV　室数52室

Hotel Debret

デブレー　MAP P.85-C2

中級ホテル

海岸に面した好立地で、入口はアトランチカ大通りを曲がったアウミランチ・ゴンサルヴェス通りR. Alm. Gonçalves沿い。朝食はコパカバーナ海岸一望の最上階レストランで。部屋にセーフティボックスあり。フロントは両替や荷物預かりOK。

住R. Alm. Gonçalves 5, Copacabana
☎(021) 3883-2030　FAX (021) 2521-0899
URL www.debret.com　料ⓈⓌR$489～
税金15%別　カード ADMV　室数111室

Windsor Martinique Hotel

ウィンザー・マルチニーク　MAP P.85-C2

中級ホテル

海岸まで半ブロックの好立地で、周囲には店が多い。外観はタイルとガラス張りでエレガント。フロントのスタッフは英語が通じ、応対も親切。

住R. Sá Ferreira 30, Copacabana　☎(021) 2195-5200　FAX (021) 2195-5222　URL windsorhoteis.com　料ⓈR$353～ ⓌR$388～　税金15%別　カード ADMV　室数116室

イパネマ海岸

Fasano

ファザーノ　MAP P.85-C2

最高級ホテル

イパネマ海岸のメインエリアに位置する5つ星ホテル。見事な眺望のインフィニティプールが自慢。部屋もベッドも広々しており、ラグジュアリーな滞在ができる。客室はコートヤードビューとシービューの部屋があるので予約時に確認を。

住Av. Vieira Souto 80, Ipanema
☎(021) 3202-4000　FAX (021) 3202-4010
URL www.fasano.com.br　料ⓈⓌR$1979～
カード ADMV　室数89室

Sol Ipanema Hotel

ソウ・イパネマ　MAP P.84-B2

高級ホテル

イパネマ海岸に面した17階建てのホテル。外観もインテリアもシンプルモダンで統一されている。フロントは英語OK。ビーチ用にパラソルとシーツを貸し出すサービスもあり。海に面していない部屋もあるので、予約の際に要確認。

住Av. Vieira Souto 320, Ipanema
☎(021) 2525-2020　URL www.solipanema.com.br
料ⓈR$519～ ⓌR$579～
税金15%別　カード ADJMV　室数90室

そのほかの地域

Hotel Ipanema Inn

イパネマ・イン MAP P.84-B2

中級ホテル

イパネマ海岸へもバス通りへも1ブロックの好立地にあるデザインホテル。部屋は小ぢんまりしているが、おしゃれで清潔。バスローブも備わる。朝食も充実で好評。

住 R. Maria Quitéria 27, Ipanema
☎ (021) 2523-6092 URL www.ipanemainn.com.br 料 ⓈⓌR$475～ 税金15%別
カード ADMV 室数 56室

El Misti Hostel

エル・ミスティ・オステウ MAP P.84-B2

エコノミー

イパネマ海岸まで徒歩2分ほど、リーズナブルながらも好立地のホステル。ドミトリー1部屋あたりのベッド数は4～12まで、割高にはなるが男女別の部屋も備えている。部屋は手入れが行き届いており清潔。フロントは24時間対応。自転車のレンタルサービスもある。

住 R. Joana Angélica 47, Ipanema
☎ (021) 2547-6419 URL www.elmistihostelipanema.com 料 ドミトリー R$33.16～ ⓈⓌR$320～
カード ADMV 室数 28室

Sheraton Rio Hotel & Resort

シェラトン・リオ・オテウ&リゾート MAP P.68-A3

最高級ホテル

岩肌に抱かれて立ち、リオでは数少ないプライベートビーチ付きのホテル。24時間警備のビーチへはプールとバーから。レストランとバーは計7つ、サウナ、カフェ、サロン、ベビーシッターとサービスは大充実。オールインクルーシブな完結系リゾート。

住 Av. Niemeyer 121, Leblon
☎ (021) 2274-1122
URL www.sheraton-rio.com 料 ⓈⓌUS$203～ 税金10%別 カード ADJMV 室数 538室

Arena Leme Hotel

アレーナ・レーメ MAP P.72-B3

高級ホテル

コパカバーナ海岸の北、レーメ海岸に面したホテル。ホテルの目の前には美しい砂浜が広がり、ビーチリゾートを楽しむにはうってつけ。レストランエリアからは少し離れるものの、各国料理を提供するレストランを備えている。

住 Av. Atlantica 324, Leme
☎ (021) 3034-1501 URL www.arenalemehotel.com.br 料 ⓈⓌR$317～ 税金15%別
カード ADMV 室数 164室

COLUMN 年中楽しめるサンバショー

リオ・デ・ジャネイロといえば、南米一の音楽と踊りの祭典「リオのカーニバル」だが、開催期間は4日間前後、またカーニバル期間中は多くの観光客が訪れるため、個人で旅行を手配するのはなかなか困難。そこでおすすめしたいのが、ビーチエリアからタクシーで10分ほどのレブロン劇場Teatro do Leblonで開催される、ジンガ・トロピカルGinga Tropicalだ。約1時間20分のショーで、ブラジリアンサンバほかカポエイラなどの民族舞踊を鑑賞することができる。ショー中は約30分間のサンバのステップや簡単な振り付けのミニレッスンも行われ、会場全体で盛り上がれる内容。夜遅いので、往復はタクシーを利用すること。

Ginga Tropical
ジンガ・トロピカル

MAP P.84-A2 住 R. Conde de Bernadotte 26, Leblon
☎ (021) 99282-7222
URL www.gingatropical.com
開 火・木～土の21：00～23：00
料 R$220

ハイシーズンは早めのチケット予約がベター。ウェブサイトまたは旅行代理店を通して購入するとスムーズ。提携レストランでのコースの夕食付きプランもある。

笑いあり迫力あり、盛りだくさんのサンバショー

リオ・デ・ジャネイロのレストラン

大衆食堂にシュハスカリア、カフェに各国料理など、飲食店の選択肢は豊富。安く済ませたいときはセントロ周辺や、コパカバーナの2ブロック陸側にあるノッサ・セニョーラ・ジ・コパカバーナ通り沿いを探せば見つかる。海岸沿いや、イパネマのヴィスコンテ・デ・ピラジャR. Visconde de Pirajá通りは新しくきれいな店が多いが価格は少し高め。

セントロ（旧市街）

Confeitaria Colombo

コンフェイタリア・コロンボ MAP P.75-C2

セントロでも特に古い建物が多く残る地区にある。19世紀ヨーロッパのコロニアルな建物をそのまま利用しており、1階はカフェ、2階はビュッフェ形式のレストランになっている。優雅なムードだが、カフェはさほど高くなく、気軽に利用できる。

住 R. Gonçalves Dias 32, Centro
☎ (021) 2505-1500
URL www.confeitariacolombo.com.br
営 月～金9:00～19:00　土9:00～17:00
休 日　カード ADMV

Minas

ミナス MAP P.75-C2

ピーク時は店の外まで行列ができる、リオでも人気のポル・キロ・レストラン。メニューはミナス料理が中心で、100gあたりR$6.34～7.17。名物は鶏肉の煮込みで、パンケーキのオーブン焼きやフェイジョンなど料理は日替わり。食後にはコーヒーと焼き菓子の無料サービスあり。

住 R. Teófilo Otoni 127, Centro
☎ (021) 2253-6141
営 11:30～15:30
休 土・日　カード AMV

Confeitaria Manon

コンフェイタリア・マノン MAP P.75-C2

ヨーロッパ調の古い建物にアンティークのインテリアが調和する1942年創業のカフェ。店の奥はレストランでメニューは肉料理、魚料理と各種揃いどれもボリューム十分。日替わりランチはR$16.5～。

住 R. do Ouvidor 187, Centro
☎ (021) 2221-0245
URL www.confeitariamanon.com.br
営 月～金7:00～20:00　土7:00～15:00
休 日　カード DMV

Cais

カイス MAP P.75-C2

セントロにある、19世紀の建物をリノベーションしたレストラン。石積みの壁は昔のまま残されているもので、雰囲気も抜群だ。店の奥には緑の豊かなパティオ席もある。料理は西洋料理にアジアやメキシカンのテイストを加えたフュージョン料理で、メインがR$50くらい。

住 R. Visconde de Itaboraí 8, Centro
☎ (021) 2253-5465
URL caisdooriente-rj.com.br
営 月～土11:00～22:00　日11:00～17:00
休 無休　カード ADJMV

Toca do Baiacú

トカ・ド・バイアスー MAP P.75-C2

リオ・ブランコ大通りから3ブロックほど、路地に飲食店が連なるにぎやかなエリアにあり、青いテントが目印。ランチプレートのメインは白身魚のフライや鶏肉のグリルなど7種類前後から選ぶことができ、フェイジョン付きでR$16.5。魚料理に定評があり、シーフードリゾットR$35.5～もおすすめ。

住 R. Ouvidor 41, Centro
☎ (021) 2509-6520
営 月～土12:00～22:00　日12:00～18:00
休 無休　カード AMV

Mauá

マウアー MAP P.75-C1

リオ美術館の屋上にある眺望自慢のレストラン。バナナやキャッサバ、タマリンドといったバイーア地方の食材を現代風にアレンジした料理が楽しめる。前菜はR$14～、メインはR$48～。ブラジルをはじめ、アルゼンチンやチリなど南米産のワインの品揃えが豊富。

住Museu de Arte do Rio 6° Piso, Praça Mauá 5, Centro
☎(021) 3031-2819 URL restaurantemaua.com.br
営12:00～18:00 休月 カード ADMV

コパカバーナ海岸

Galeto Sat S

ガレット・サット・スィ MAP P.85-D1

コパカバーナの北端で30年以上愛されるガレット（生後30日以内の若鶏の炭火焼き）の老舗。赤と青のタイル張りが目印。間口は小さいが、カウンター内で丸焼きする様子が見え、食欲がそそられる。シンプルなグリルやサンドイッチはR$18 ～。

住R. Barata Ribeiro 7-D, Copacabana
☎(021) 2543-8841
営12:00～翌5:00 休無休 カード不可

Arab

アラブ MAP P.85-D1

コパカバーナのビーチに面した、中東・アラブ料理のレストラン。ランチタイムはポル・キロ・スタイルで、ケバブやファラファル、フムスなどの料理が並ぶ。値段は曜日によって異なり100gあたりR$7.69～、テイクアウトも可能。ディナータイムはアラカルト。木曜の21:00～はベリーダンスのショーが行われる。

住Av. Atlântica 1936, Copacabana
☎(021) 2235-6698 URL www.restaurantearab.com.br 営火～日8:00～翌1:00 月17:00～翌1:00 休無休 カード AMV

Carretão Lido

カヘトン・リド MAP P.85-D1

リド広場Praça do Lido前にある、地元でも人気のシュハスカリア。鏡を配したモダンな内装。R$84で食べ放題と、リオのシュハスカリアでは安価。肉は20種類以上から選べ、肉を持ったスタッフがどんどん回ってくる。寿司、サラダなどのビュッフェは少なめだが、活気あるムードが楽しい。

住R. Ronald de Carvalho 55, Copacabana
☎(021) 2543-2666
URL www.carretaolido.com.br
営11:30～24:00 休無休 カード ADJMV

Sofá Café

ソファ・カフェ MAP P.85-D1

ブラジル国内で多くの受賞歴を持つコーヒーの専門店。自宅にいるようにくつろげる空間をコンセプトとしたインテリアで、Wi-Fiも利用可能。コーヒーはサイフォンやフレンチプレスなど6種類の淹れ方から選ぶことができR$9.9～。自家製ケーキR$8.5～も人気。サンパウロにも店舗がある。

住Av. Nossa Senhora de Copacabana 300, Copacabana
☎(021) 2543-9107
URL sofacafe.com.br
営8:00～21:00 休日 カード AJMV

Rota 66

ホタ66 MAP P.85-C1

アトランチカ大通りにあるオープンエアのメキシカンレストラン。明るい雰囲気で、海岸沿いのテラスのなかでもひときわ目を引く。ナチョスR$30など定番のメキシカンのほかピザやパスタもある。南国にぴったりなフローズンカクテルも人気。

住Av. Atlântica 3092, Copacabana
☎(021) 2506-2200
営11:30～24:00
休無休 カード ADMV

Churrascaria Palace

シュハスカリア・パラシ　MAP P.85-D1

リオ随一の高級ホテル[H]ベルモンド・コパカバーナ・パラシ（→P.89）の裏にあるシュハスカリア。普通の牛肉のほか、ミント風味のものや鶏のハツなど、肉の種類は豊富。ビュッフェにはシーフードのムケカやパエリア、寿司、生ガキなども並び、品数豊富。1人R$139（サービス料別）。内装も豪華で、優雅な雰囲気に浸れる。

住 R. Rodolfo Dantas 16-B, Copacabana
☎（021）2541-5898
営 12:00〜24:00　休 無休　カード A M V

As Melhores Cervejas do Mundo

アズ・メルホース・セルベジャズ・ド・ムンド　MAP P.85-D1

クラフトビールが約280種類も揃い、ラベルを眺めるのも楽しいバー。うち40〜50種がヨーロッパやアメリカ産で、あとはブラジル産。ペールエールからIPAまであらゆるタイプが揃うので、目移り必至。ボトルは持ち帰ってホテル飲みにも。

住 R. Ronald de Carvalho 154-LojaA, Copacabana　☎（021）3497-3808
営 15:00〜23:00
休 日　カード A M V

Boulangerie Guerin

ブーランジェリー・ゲラン　MAP P.85-C1

フランスの有名シェフ、ドミニク・ゲランによるパンとスイーツの店。カフェも併設し、パンのほか、ケーキR$13.5〜、エクレアR$12.5などを味わえる。もちろんテイクアウトOK。路面はガラス張りで工房内の様子が見え、斜め前には[R]オフィチーナ・デル・ジェラート（→P.97）の本店がある。

住 Av. Nossa Senhora de Copacabana 920, Copacabana
☎（021）2523-4140
営 7:00〜21:00
休 無休　カード A D M V

Temperarte

テンペラッチ　MAP P.85-D1

市内に3店舗ある庶民的なポル・キロ・レストラン。店内は広々としており、清潔。100gあたりR$5.99とコパカバーナエリアにしては比較的リーズナブル。サラダや温野菜、フェイジョンやコッシーニャなど30種類前後の料理が並ぶ。ワインはグラスR$8〜、カシャーサR$5などアルコールも扱っている。

住 Av. Nossa Senhora de Copacabana 266, Copacabana　☎（021）2543-1053
URL www.temperarte.com.br
営 11:00〜22:30　休 無休　カード D M V

中国餐館

チョン・クー　MAP P.85-C2

アトランチカ大通り沿いにある中華料理店。看板の漢字やドアや入口の赤い柱が目立つが、店内は意外に落ち着いた雰囲気。メニューも日本語で書いてあるのでわかりやすい。頼めば箸も出してくれる。スープR$18〜、チャーハンR$25〜、その他一品料理はR$50前後。

住 Av. Atlântica 3880, Copacabana
☎（021）2287-3956
営 12:00〜24:00
休 無休　カード A D M V

Azumi

あずみ　MAP P.85-D1

現地在住の日本人に人気がある日本食レストラン。寿司や天ぷらなど、どれも日本に近い味を提供。人気はカキ料理で生ガキ2個R$22、カキフライR$98、カキ鍋1人前R$100など。日替わりの和定食はR$50。

住 R. Min. Viveiros de Castro 127, Copacabana　☎（021）2541-4294
営 日〜木12:00〜15:00、19:00〜24:00　金・土12:00〜15:00、19:00〜翌1:00
休 無休　カード A D J M V

Simon Boccanegra
シモン・ボッカネグラ　MAP P.85-C2

3つのワインセラーに南米と欧州から約6000本のワインを揃える、イタリアンコンテンポラリーレストラン。カクテルカクテルは1杯R$24～、料理はアペタイザーがR$30前後～、メインがR$48～。シックな店内で大人の時間を過ごせる。

住R. Aires de Saldanha, 98b , Copacabana
☎(021)3269-4366
URL www.boccanegra.com.br
営17:00～翌1:00
休日・月　カード A D M V

Bibi
ビビ　MAP P.85-C2

市内に13店舗あるジュースバー。ブラジル原産の果物、アサイーのスムージーが人気で、4サイズありR$8.1～20.2。バナナやグラノーラといったトッピングはR$2.1～。ほかハンバーガー R$9.2～やサンドイッチR$13.8～など食事メニューも充実。

住R. Miguel Lemos 31. Copacabana
☎(021)2513-6000
URL bibisucos.com.br
営日～木8:30～24:00　金・土8:30～翌1:00
休無休　カード A D M V

イパネマ海岸

Osteria Dell Angolo
オステリア・デランゴロ　MAP P.84-A2

本格的なイタリア料理が味わえる店。料金は、前菜R$36～、パスタR$41～、リゾットR$48～など。自家製パンも好評。ワインはイタリアやブラジル、アルゼンチン産を中心に200種類以上が揃う。

住R. Prudente de Morais 1783, Ipanema
☎(021)2259-3148
営火～金12:00～16:00、18:00～24:00
　土・日12:00～24:00
休月　カード A D J V

Garota de Ipanema
ガロッタ・ジ・イパネマ　MAP P.84-B2

ボサノバの名曲『イパネマの娘』の作曲家トム・ジョビンが通ったことで知られる店。店内には彼がよく座っていた椅子があり、壁には『イパネマの娘』の楽譜とサインが飾られている。

住R. Vinísius de Moraes 49, Ipanema
☎(021)2523-3787
営11:30～翌1:00
休無休　カード A M V

Delírio Tropical
デリリオ・トロピカウ　MAP P.84-B2

セントロ、Sリオ・スウ(→P.101)、イパネマなど市内に数店舗を持つヘルシー志向の店。こちらの外壁はガラス張りで、明るい雰囲気。自社農園産の有機野菜を使ったサラダ2～4種類をワンプレートに盛ってもらってR$16.5～25。主菜やデザートも揃う。

住R. Garcia de Ávila 48, Ipanema
☎(021)3201-2977
営月～土11:00～21:00
　日12:00～20:00
休無休　カード A D J M V

Casa da Feijoada
カーザ・ダ・フェイジョアーダ　MAP P.85-C2

ブラジルに来たら1度は口にしたいフェイジョアーダの専門店。豆と肉を煮込んだ料理だが、地域によってそれぞれ異なる。ここではもちろん、リオ・スタイルのフェイジョアーダが味わえる。デザート付きのコースが1人R$92.9。英語メニューあり。

住R. Prudente de Morais 10B, Ipanema
☎(021)2247-2776
営月～土12:00～23:30
　日12:00～22:30
休無休　カード A D M V

Zazá Bistrô

ザザ・ビストロ MAP P.84-B2

イパネマ地区にある自然派のアジアンビストロ。オーナーのザザさんがアジアや中近東、アフリカで味わった料理をアレンジし、創作料理として提供している。看板メニューはオーガニック・チキン・カレー R$72。アルコール類も多く、カイピリーニャはR$32～。ノンアルコールカクテルも豊富。

住R. Joana Angélica 40, Ipanema
☎(021) 2247-9101
URL www.zazabistro.com.br
営月～木12:00～翌0:30　金12:00～翌1:30
土13:00～翌1:30　日13:00～翌0:30
休無休　カード A D M V

Delirium Café

デリリウム・カフェ MAP P.84-B2

ベルギーの有名ブルワリー、デリリウム・トレメンス直営のビアバー。青い壁にピンクの像のペイントが目印。自社製造のさまざまなタイプのクラフトビールはもちろん、11ヵ国、約400種類ものビールが勢揃い。料理はR$26～。

住R. Barão da Torre, 183, Ipanema
☎(021) 2502-0029　URL www.deliriumcafe.com.br
営月～水17:00～翌1:00　木17:00～翌2:00
金・土17:00～翌3:00　日16:00～24:00
休無休　カード A D M V

Gringo Café

グリンゴ・カフェ MAP P.84-B2

イパネマ海岸から3ブロック進んだ、バラン・ダ・トーレ通りに面するオープンカフェ。メインはハンバーガー R$33～だが、朝食メニューが充実しており、特製のバターミルクパンケーキ1枚R$16～やフレンチトーストR$18～が人気。英語メニューあり。ケーキもすべて自家製。

住R. Barão da Torre 240, Ipanema
☎(021) 3813-3972　URL www.gringocafe.com
営月～土8:30～22:00　日8:00～21:00
休無休　カード A D M V

ボタフォゴ地区

Salad Creations

サラダ・クリエイションズ MAP P.82-A2

Sボタフォゴ・ショッピングBotafogo Shopping3階にあるサラダ専門店。R$24.9で、約30種類の具材から好きなものを選んでサラダを作れる。ドレッシングやトッピングも充実。ラップサンドやクレープ、スープもベジタリアンOK。

住Praia de Botafogo 400 Loja 316- 3º nível, Botafogo　☎(021) 3171-9898
営月～土10:00～22:00　日12:00～21:00
休無休　カード M V

Officina Del Gelato

オフィチーナ・デル・ジェラート MAP P.82-A2

水色の看板が目印のイタリアンジェラートショップ。自社工場で毎日作られる、新鮮なジェラートが味わえる。カップはR$10～で、ココナッツやレモンなど、常時15種類ほどのフレーバーが揃う。気になるフレーバーがあったら試食させてもらおう。本店はノッサ・セノーラ・コパカバーナ通り。

住R. Muniz Barreto 805, Botafogo
☎(021) 3486-8734　URL www.officinagelato.com
営月～木10:30～23:30　金10:30～24:00
土・日10:30～翌1:30
休無休　カード A M V

Le Dépanneur Delicatessen

レ・デーパネウル・デリカテッセン MAP P.82-A2

地下鉄1・2号線ボタフォゴ駅を出てすぐのところにあるデリカッテッセン。パテやチーズ、サラダといった総菜の量り売りほか、パンや焼き菓子、ブラジル風のコロッケ、コッシーニャなど品揃え豊富。ランチはR$15.9～26.9。バゲットのサンドイッチR$25.9～ほか、パスタR$26.9～といった食事メニューも。

住R. Voluntários da Pátria 86, Loja A/B, Botafogo
☎(021) 2537-5250　URL www.ledep.com.br
営日～木8:00～22:00　金・土8:00～23:00
休無休　カード A D M V

IPANEMA

リオの最旬スポット

イパネマ地区おさんぽ ショップ&カフェめぐり

大型のショッピングセンターが並ぶイパネマ地区

イパネマ地区は、ビーチから少し入ったヴィスコンジ・ジ・ピラジャー通りR. Visconde de Pirajáを中心にブラジルを代表するブランドの路面店が軒を連ねる流行発信地。いち押しの注目アドレスはこちら!

ブラジルらしいカナリア色のハンドバッグR$118。モチーフはもちろんコルコバードの丘のキリスト像

ショッピングトートR$119〜。そのまま使っても、両端を折り込んで使ってもいい

バッグから小物までずらり揃う。中央はオーナー兼デザイナーのジウソン・マーチンスさん

カリオカ水道橋デザインの小物入れ。ひとつR$34

使い勝手のいいカードケースR$69

リオがモチーフのカラフルバッグが揃う

Gilson Martins★ジウソン・マーチンス

NYのMomaやパリのルーブル美術館で展覧会が開かれたこともある、リオを代表するバッグブランドの本店。入口は小さいが奥行きがあるため商品は充実。バッグから小物、アクセサリーまであらゆるアイテムが揃う。リオがテーマの小物入れは、おみやげにぴったり。

MAP P.84-B2
住 R. Visconde de Pirajá 462
☎ (021) 2227-6178
URL shop.gilsonmartins.com.br
営 月〜金9:00〜20:00 土9:00〜19:00
休 日　カード ADMV

ワークショップでオリジナルバッグ作り!

店舗の奥にはワークショップがあり、オリジナルバッグの制作体験ができる。最初にカバンの形を選び、そこにブランド独自のパッチを貼り付ける。カバン代はR$144〜、パッチはひとつR$10〜。3週間ほどで完成し、郵送してもらえる

子供でも作れるよ!

カラフルビキニで
ビーチへGo!

Salinas ★サリーナス

ブラジル全土に展開するリオ生まれのビキニブランド、サリーナスのフラッグシップ店。内部は3階建てになっており広々。試着室も余裕のあるスペース。オリジナルデザイン水着やタオル、サンダル、バッグなど、今すぐビーチに飛び出したくなるアイテムがいっぱい!

ビーチによく合う
帽子はR$200〜

MAP P.84-B2
住 R. Garcia de Ávila 69
☎ (021) 3201-3402
URL www.salinas-rio.com.br
営 月〜金10:00〜20:00
土10:00〜18:00
休 日　カード ADMV

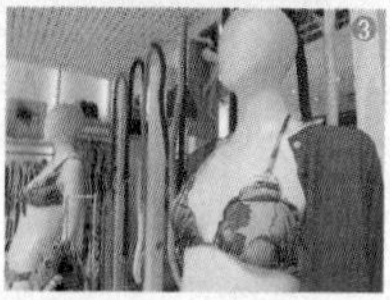

❶カラフルな外観はイパネマ地区でもよく目立つ ❷ビキニはR$165〜300程度。パターン、カラーともに豊富 ❸カーディガンやワンピースなどのビーチファッションも豊富

若者支持率No.1の
ビーチファッション

FARM Ipanema ★ファーム・イパネマ

ブラジルの若者の間で爆発的な人気を誇るファッションブランドの路面店。売り場は地下にあり、見ているだけで元気になるパターンを採用したワンピースやTシャツは、ビーチや町で目立つこと間違いなし! 日本人女性でも着られる、小さめのサイズ感がうれしい。

MAP P.84-B2　住 R. Visconde de Pirajá 365
☎ (021) 99834-4486　URL www.farmrio.com.br
営 月〜金9:00〜21:00　土9:00〜19:0　日12:00〜18:00
休 無休　カード ADMV

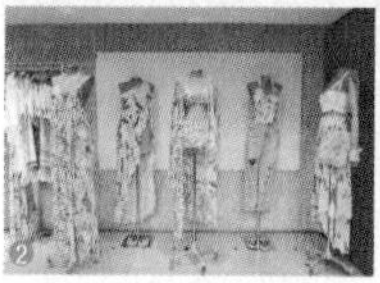

❶緑のジャングルを思わせる内観 ❷ナチュラルカラーのファッションが揃う ❸ショッピングセンターの1階にある ❹南国柄のキャンバス地スニーカー。R$280〜

ナチュラル志向の
フード&ドリンクを

La Fruteria ★ラ・フルテリア

「オーガニック&ナチュラル」がテーマのコンセプトショップ。ブラジルのほか世界から集めた食材やドリンクは、ほとんどがオーガニック。店の奥にあるカフェでは、グルテンフリーのケーキなどが味わえる。朝に立ち寄って、朝食代わりに果物だけ購入する地元女性多し。

グルテンフリー
だから、ダイエット
中でも安心!

MAP P.84-A・B2
住 R. Visconde de Pirajá 559
☎ (021) 3042-4609
URL www.alafruteria.com.br
営 月〜金7:30〜20:30　土9:00〜18:00
休 日　カード ADMV

❶フレーバーソルトやスパイスは1本R$21.5〜 ❷甘さ控えめのバナナケーキR$9 ❸かわいらしい外観はSNS映えもばっちり!

リオ・デ・ジャネイロの ショップ

ブラジルのファッション発信地、リオ。観光客向けのブラジルブランドのショップが多いのはイパネマ地区の、海岸から2ブロック陸側のヴィスコンデ・デ・ピラジャ通り。セントロは古い街並に調和したショッピングストリートと、庶民的な商店街がある。フードコートや両替所を併設するショッピングセンターも便利。セールはLiquidaçãoと呼ばれ、7～8月。

セントロ（旧市街）

Tabacaria do Ouvidor
タバカリア・ド・オウビドール MAP P.75-C2

レストランのテラス席が広げられた細いオウビドール通り沿いの葉巻店。1階がパイプなども扱うショップで、2階はコーヒーやお酒が楽しめるシガーバー。こぢんまりしているが、革張りのソファーがあってくつろげる。葉巻はキューバ産中心。

住R. do Ouvidor 39, Centro
☎(021) 2232-1345
営月～金11:00～22:00　土12:00～18:00
休日　カード ADMV

Granado
グラナード MAP P.75-C2

1870年に薬局として創業したコスメブランド。ブラジル全土に支店があり、一部商品はスーパーなどでも販売されているが、ここは当時の薬局を利用した本店。アサイーやアロエなどを配合したハンドメイド石鹸各R$4はおみやげにも手頃。入って左手側は香水や化粧品を扱うPheboとなっている。

住R. Primeiro de Março 16, Centro
☎(021) 3549-2265　URL www.granado.com.br
営月～金8:00～20:00　土・日10:00～14:00
休無休　カード ADJMV

Sobral
ソブラル MAP P.75-C2

ポリエステル樹脂を使ったオリジナルアクセサリーを扱う、ブラジル発の有名ブランド。ブラジルの自然や動物、鳥などをイメージしたカラーリングで、すべて手作業で製作するため、全く同じ色や形のものはない。ブレスレットR$26～、ポン・ジ・アスーカルのオブジェ R$60～など。

住R. Gonçalves Dias 5, Centro
☎(021) 2252-0162
URL sobraldesign.net
営月～金9:00～20:00　土9:00～14:00
休日　カード ADMV

Clube Melissa
クラブ・メリッサ MAP P.75-C2

カラフルな色合いや足なじみの良さ、デザインの豊富さから高い人気を誇る定番のラバーシューズブランド。店内はこぢんまりしているが、看板商品のメッシュシューズをはじめ、サンダルやローヒールのシューズがずらりと並ぶ。サンダルR$120～。

住R. Gonçalves Dias 19, Centro
☎(021) 2222-2269
URL www.melissa.com.br
営月～金9:00～19:30　土9:00～14:00
休日　カード ADMV

blu-x
ブルー・エックス MAP P.75-C2

リオ・ブランコ大通りに面したTシャツショップ。リオ・デ・ジャネイロ発のブランドで、リオのアイコンであるポン・ジ・アスーカルやコルコバードのキリスト像をモチーフにしたデザインが多い。TシャツはR$39程度～。リオ市内に全部で5店舗ある。

住Av. Rio Branco 159, Centro
☎(021) 2215-4675　URL www.blu-x.com.br
営9:00～19:00
休土・日　カード ADMV

ボタフォゴ地区

Rio Sul
リオ・スウ　MAP P.82-A2

ボタフォゴから海岸地区へ向かうトンネルの手前にあるショッピングモール。映画館、飲食店、人気ブティックなど約400店舗が入っている。両替所は1階にある。

住 R. Lauro Müller 116, Botafogo
☎ (021) 3723-9500
URL www.riosul.com.br
営 月～土10:00～22:00　日12:00～21:00（ショップは15:00～）
休 無休　カード 店舗により異なる

Toca do Vinicius
トカ・ド・ヴィニシウス　MAP P.84-B2

1993年から始まったボサノバの専門店。CDやレコードの販売はもちろん、店内には貴重な参考書籍や写真、アーティストの手形などもあり、興味深い。クラシカルな内装も雰囲気作りに一役買っている。

住 R. Vinicius de Moraes 129 C, Ipanema
☎ (021) 2247-5227
URL www.tocadovinicius.com.br
営 月・火・木・金11:00～19:00　土10:00～18:00　日15:00～18:00
休 水　カード ADMV

コパカバーナ海岸

Bossa Nova & Companhia
ボサノバ&コンパナイア　MAP P.85-D1

店内は3フロアからなり、ボサノバのCDやDVD、レコード、楽器などが並ぶ。店のロゴをデザインしたオリジナルのTシャツや小物なども販売している。入口の床はコパカバーナ海岸のタイル張りとお揃い。

住 R. Duvivier 37-A, Copacabana
☎ (021) 2295-8096
URL www.bossanovaecompanhia.com.br
営 月～金9:00～19:00　土9:30～17:00
休 日　カード ADJMV

レブロン地区

Shopping Leblon
ショッピング・レブロン　MAP P.84-A2

レブロンの新しい高級ショッピングセンター。ラグジュアリーブランドが揃い、もちろん映画館やレストラン、フードコートも。パスポートセンターの連邦警察Polícia Federalも入っている。

住 Av. Afrânio de Melo Franco 290, Leblon
☎ (021) 2430-5122
URL shoppingleblon.com.br
営 月～土10:00～22:00　日13:00～21:00
休 無休　カード 店舗により異なる

イパネマ海岸

Havaianas
ハワイアナス　MAP P.84-B2

言わずと知れた、ブラジルの有名ビーチサンダル・ブランドのオンリーショップ。定番デザインのほか、日本ではなかなか見かけないデザインも多く、種類は豊富。コパカバーナなど市内各地に支店あり。

住 R. Visconde de Pirajá 310, Ipanema
☎ (021) 2247-4713
URL www.havaianas.com.br
営 月～金9:00～20:00　土・日10:00～19:00
休 無休　カード ADMV

そのほかの地域

Barra Shopping
バハ・ショッピング　MAP P.68-A3外

セレソン博物館（→P.80）近くにある、ブラジル国内でも最大級の規模を誇る巨大ショッピングセンター。飲食店はもちろん、シネコンプレックスを併設し、総ショップ数は700以上にも及ぶ。

住 Av. das Américas 4.666, Barra da Tijuca
☎ (021) 4003-4131
URL www.barrashopping.com.br
営 月～土10:00～22:00　日13:00～21:00
休 無休　カード 店舗により異なる

Centro Lapa

リオの夜には音楽が欠かせない！

セントロ&ラッパ地区のライブハウスへ繰り出す

リオは、ボサノバやショーロが生まれた、ブラジル音楽の聖地。
昼間、ビーチで遊んだカリオカたちは、夜になると音楽を楽しむため、町へと繰り出す。
人気のライブハウスが集まるセントロのラッパ地区で、深夜まで盛り上がろう！

リオ・セナリウムでは、ライブは19:30頃スタートで、1日2～3ステージくらい

ラッパ地区とは？

カリオカ水道橋の西に広がるエリアで、道の両側に小さなクラブやバーがずらりと並ぶ。どの店にもたいていステージがあり、みな思い思いに音楽を楽しんでいる。週末には夜中まで盛り上がる。

ライブハウスの注意点

- ♪入場料金が必要。曜日やライブの内容により変動するが、R$10～40が一般的。
- ♪混みはじめるのは21:00頃からで、オープンからそれまでの時間はハッピーアワー。
- ♪席は基本フリーで、先着順。事前予約は店により可能。
- ♪夜のリオは非常に危険！ホテルまでは必ずタクシーを利用すること。

カリオカ・ダ・ジェマのステージ。しっとりと音楽に聴き惚れよう

クール&ビューティ リオきってのの人気ライブハウス

リオ・セナリウム

Rio Scenarium

セントロにある、リオの名物クラブ。3階まで吹き抜けになった店内には1階にステージがあり、サンバやボサノバなどさまざまなジャンルの音楽が演奏される。バーカウンターは各階にあり、ドリンクはカウンターに行っても、ウエイターを呼び止めて注文してもOK。入場料はR$35〜。

MAP P.74-B3 住 R. do Lavradio 20, Centro
☎(021)3147-9000 URL www.rioscenarium.art.br
営 火〜金19:00〜翌1:00頃 土20:00〜翌1:00頃
休 日・月 カード ADMV

❶みな陽気に楽しんでいる。積極的に話しかけてみて！ ❷アルコールの種類も豊富

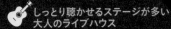

しっとり聴かせるステージが多い 大人のライブハウス

カリオカ・ダ・ジェマ

Carioca da Gema

実力派のアーティストが毎日日替わりで演奏している。じっくりと音楽を聴きたいなら、1階のステージ前の席をキープして。音楽はボサノバのほか、昔からこのあたりで演奏されていたというショーロなど。サンドイッチR$18〜やエンパーダ(ブラジル風パイ)R$9〜などの軽食類も充実。

❶ブラジルの有名グループが出る場合も ❷外国人観光客の利用も多いため、英語が通じるスタッフが多い ❸ポルトガル風牛肉入りコロッケR$18

MAP P.75-C3 住 Av. Mem de Sá 79 Centro ☎(021)2221-0043
URL barcariocadagema.com.br 営 日〜水19:00〜翌1:30 木・金19:00〜翌3:00 土21:00〜翌3:00 休 無休 カード AMV

オープンエアで雰囲気◎ ガンガン盛り上がるならここ

レヴィアーノ・バー

Leviano Bar

ラッパ地区でもひときわにぎわいをみせるライブバー。コロニアル建築を改装した建物で、店内は吹き抜けの2階建て。奥のステージはオープンエアになっており、サンバやジャズのライブセッションが行われる。入場料はR$10〜で、ライブが始まるのはだいたい21:00以降。

MAP P.75-C3 住 Av. Mem de Sá 47, Lapa ☎(021)2507-5779
URL www.levianobar.com.br 営 18:00〜翌4:00頃(イベント内容によって変動) 休 無休 カード AMV

❶ライブ中にダンサーが登場することも！ ❷カクテルはR$24.9〜で、オリジナルカクテルが人気。フードはR$18.9〜39.9ほど ❸前で見たければ早めに入店しよう

ボサノバが生まれた海岸地区へ

コパカバーナとイパネマは、ボサノバ好きなら絶対に外せない場所。コパカバーナの路地裏からこの音楽は誕生し、名曲『イパネマの娘』はもちろん、イパネマ海岸が舞台。作曲者のトム・ジョビンが愛した店、ガロッタ・ジ・イパネマは今もカフェレストランとして営業している(→P.96)。

ガロッタ・ジ・イパネマにある『イパネマの娘』のモデルの写真。トム・ジョビンはこの店で彼女を見かけ、声をかけたそう。左はボサノバの誕生に大きな影響を与えたドリヴァル・カイミの像。コパカバーナ海岸の南端にある

COLUMN ブラジル音楽のいろは

ヨーロッパからの移民、アフリカからの黒人、そしてもともとこの地に暮らしたブラジル人という多種多様なルーツをもつブラジル文化は、音楽面でも独自の発達を遂げた。ブラジルの音楽として誰もがすぐに思いつくのは世界的に有名なボサノバ、もしくはリオのカーニバルで熱狂的に演奏されるサンバだが、ブラジルにはそれよりもずっと前からショーロというポピュラーミュージックが存在している。強引にたとえてみれば、ショーロはブラジル音楽の源流に位置するクラシック音楽、サンバは大衆に広く長く愛される歌謡曲、そしてボサノバが象徴するものはジャズやロックといった新しい若者文化といったところだろうか。

ブラジル国民の心の歌、ショーロ

歴史的に最も古い起源をもつショーロは、19世紀の半ばにブラジルの当時の首都であったリオ・デ・ジャネイロで生まれている。ポルトガルからの移民がクラシック音楽や当時のダンス音楽であったポルカなどをギター、フルート、カヴァキーニョ（小さな4弦ギター）などを使って演奏した、歌のないインスト音楽にルーツがあるとされる。ショーロとはポルトガル語で「泣く」という意味の「ショラール」を語源にもつ。それは、ブラジル音楽の最大の特徴のひとつであるとされるサウダージ（郷愁）の源泉でもあった。そのビタースイートな味わいは欠かせない要素だ。20世紀に入ると、ショーロはさまざまなリズムと融合をし、ブラジル国民の心のメロディとして今なお幅広く親しまれている。

熱狂のリズムから生まれたサンバ

サンバは多民族国家ブラジルのもうひとつのルーツである、アフリカ系の黒人文化に起源をもつといわれている。奴隷制度が終了した19世紀末、首都リオにバイーア地方からやってきた黒人たちが持ち込んだ熱狂的なリズムをもつにぎやかな音楽が、ブラジル文化特有の陽気さや歌心と結びつき、20世紀初頭に発展をした。ショーロはあくまでブラジル国民の愛する独自の音楽として定着をしたが、サンバは1930年代の大スターであった女性歌手カルメン・ミランダのアメリカでの成功などをきっかけに、ブラジル音楽が世界に紹介されるきっかけともなった。現在のブラジルのポピュラーミュージックの根幹をなす形態はサンバの登場と発展によって作られたと言って過言ではない。

ふたりの天才の出会いから生まれたボサノバ

1956年、リオでひとりのギタリストとひとりの作曲家が奇跡的な出会いを果たす。サンバの複雑なリズムを、ギター一本で音と音の間に隙き間を作ることで表現することに成功したそのギタリストの名は、ジョアン・ジルベルト。そして、大衆的なサンバの魅力を、都会の孤独な若者の心情に置き換えて、まったく新しい音楽として成立させるというそのアプローチに心を激しく動かされた作曲家がアントニオ・カルロス・ジョビンだった。そこに作詞家のヴィニシウス・ジ・モライスが参加して生まれた『シェガ・チ・サウダージ（想いあふれて）』こそ、この世にボサノバが誕生した歴史的な一曲だった。この曲を聴きつけた多くの若いアーティストたちが、この新しいサウンドに魅せられ、自分たちの作る音楽に取り入れていった。ちなみにボサノバとは、正しくはボサ・ノーヴァであり、ノーヴァとは「新しい」、ボサとは「魅力」や「乗り」を意味する言葉であり、この時点ではひとつの決まった音楽スタイルを表す意味ではなかった。独特の揺れとシンコペーションをともなうリズム表現のひとつとして定着したのは、1960年代初めの北米での大流行によるものだ。1964年にスタン・ゲッツとアストラッド・ジルベルトによって世界的に大ヒットした『イパネマの娘』により､ボサノバは世界的な知名度を獲得した。以降、都会的で洗練されたブラジル音楽の代名詞として、そのリズムやニュアンスはジャズやポップスの世界にどんどん入り込んで定着していった。しかし同じ頃、皮肉にもブラジル本国でのボサノバのブームは、その短い歴史を終えようとしていた。1964年、ブランコ大統領による軍事政権発足後、政治的な弾圧が一般社会にも及ぶようになると、自由な若者文化を象徴したボサノバはその魅力を発揮する場を失い、よりメッセージ色、ロック色の強いサウンドへ、時代の主役は移り変わっていったのだった。

しかし、ショーロ、サンバ、ボサノバの流行は終わっても、後世への影響というかたちで、現在もブラジル音楽の根幹をなす大きな要素であり続けている。また、近年では欧米や日本のアーティストでも過去のブラジル音楽からの影響を公言する存在は少なくない。多彩な人種の持ち寄った発想が、自由で明るい気風のもとで愛情や郷愁と溶け合って、カラフルな花を開かせたブラジル音楽の世界は、今もとても刺激的であり続けている。

（文:松永良平）

コパカバーナ海岸のデュヴィヴィエール通りにあるボサノバ発祥の地

●推薦CD:『ジョアン・ジルベルト／ポートレイト・イン・ボサ・ノヴァ～ベスト・オブ・ジョアン・ジルベルト』2500円
ユニバーサル ミュージック
UCCM-4013

São Paulo

サン・パウロ

多くの高層ビルが建ち並ぶサン・パウロは、南米を代表する経済都市

MAP P.65-C3
市外局番▶011
(電話のかけ方は→P.52)
US$1=R$3.15
=108円

サン・パウロの気候
サン・パウロは海抜760m。冬は6～9月で平均15度前後。最も気温が低いのは7月で、10度以下になることもある。ただ日本と違い、天気のよい日には真夏のように暑くなることもある。夏は12～3月で30度以上になる。雨季は夏だが、雨は年間を通して降り、数日降り続くこともあればスコールのように降ることもある。雨季には河川の増水のためグアルーリョス国際空港への幹線道路が通行止めになることも。また年間を通じ霧が発生し、しばしば濃霧のため飛行機が遅れたり飛ばなかったりするので、余裕をもってスケジューリングしよう。

両替
グアルーリョス国際空港の到着口を出てすぐに両替所がある。レートは市内と同じだが手数料が高いので両替は最小限にとどめたい。

サン・パウロ市の州都であり、ブラジル、ひいては南米最大の近代都市。その人口は1200万人を上回り、都市GDPは南米トップを維持。サン・パウロ中心部には巨大な交通網がはりめぐらされ、高層ビルが林立。郊外には工業地が広がる。

この都市のはじまりはポルトガル人宣教師ジョゼ・デ・アンシエタが1554年に設けた小さな先教村だ。その後17世紀には奥地探検隊「バンデイランテス」の本拠地となり、18世紀に入ってからは、近郊のサントス港を窓口にヨーロッパへ輸出するコーヒー豆の集散地として発展した。いつしか、かつて首都であったリオ・デ・ジャネイロをしのぐようになった。

リオ・デ・ジャネイロやサルバドールといった観光都市のような名所旧跡こそ少ないが、グルメ、アート、音楽、スポーツなど、ラテンアメリカの先端をゆく豊穣なシティカルチャーを堪能できる。また、サン・パウロ最大の魅力は、イタリア系、ポルトガル系、スペイン系、アラブ系、アジア系など異なる文化と性格を持った各国からの移住者たちが織りなす“混沌の調和”ともいうべき独特の雰囲気。中でも日本人移民の存在を感じられるのが、リベルダージ地区の東洋人街だ。1908年にわずか791人から始まった日本人移民が、幾多の苦難を乗り越えてサン・パウロに定着し、現地で親しみと尊敬を集めるまでになったさまが伝わってくる。日本食はパウリスタの大好物だ。

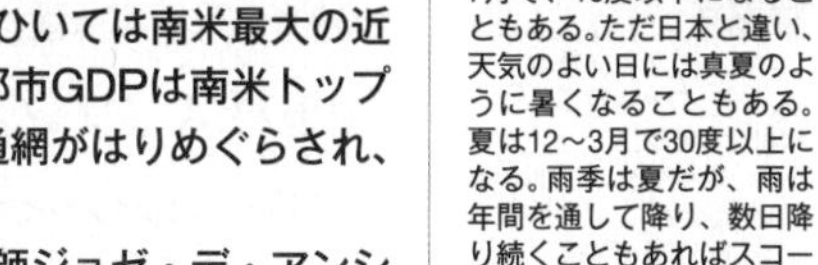
イビラプエラ公園内にあるバンデイラス記念像

サン・パウロへの行き方

空路

サン・パウロにはサン・パウロ国際空港（通称グアルーリョス国際空港）Aeroporto Internacional de São Paulo ／ Guarulhs（GRU）と、国内線専用のコンゴーニャス空港Aeroporto de Congonhas（CGH）のふたつの空港がある。グアルーリョス国際空港は国際線と国内線が発着する。また、サン・パウロ近郊の都市カンピーニャスCampinhasにもヴィラコポス国際空港Aeroporto Internacional de Viracopos（VCP）があり、アズウ航空の国内線を中心に発着している。日本からサン・パウロへのフライト（→P.55）、国内各地とサン・パウロ間のフライト（→P.62）。

空港から市内へ

グアルーリョス国際空港はセントロから東に約25km離れている。空港は第1～3のターミナルからなり、ターミナル1と2は主に国内線、ターミナル3は国際線。ターミナル間は徒歩で移動可能。15分間隔でターミナル間の無料シャトルも運行する。

コンゴーニャス空港はセントロの南にあり、市内へはローカルバスかタクシーを利用し、所要20～30分。ヴィラコポス国際空港からはチエテTietê長距離バスターミナルへのバスが発着。所要約1時間40分、アズウ航空利用者は無料で利用できる。

空港バス（フレスコン）

EMTU Airport Serviceのエアコン付き空港バス（フレスコン）が、グアルーリョス国際空港と市内を所要40分～1時間20分で結んでいる。土・日曜、祝日は減便する。

空港～チエテTietê

地下鉄1号線ポルトゲーザ-チエテ駅Portuguesa-Tietê（通称チエテ駅）に接続するチエテ長距離バスターミナルへ。5:40～翌4:30、50分～1時間30分間隔。所要約40分。

空港～ヘプブリカ広場Praça da República

広場脇のEMTUオフィスまで直行。地下鉄3・4号線のヘプブリカ駅近く。5:20～翌4:30、30分～1時間30分間隔。所要約55分。

空港～パウリスタ通りAv. Paulista

サンパウロの目抜き通り上と、平行して走るサン・カルロス・ド・ピニャウ通りR. São Carlos do Pinhalなどで点々と停車。終点はHマキスージ・プラザ・サン・パウロ（→P.127）前。6:00～23:10、およそ1時間間隔。所要約1時間15分。

空港～バハ・フンダBarra Funda

チエテ長距離バスターミナル経由でバハ・フンダ長距離バスターミナルへ向かう。終点のターミナルは地下鉄3号線バハ・フンダ駅直結。5:40～22:40、およそ1時間間隔。所要約1時間20分。

空港～コンゴーニャス空港Congonhas Airport

5:20～翌4:30、30分～1時間30分間隔。所要約1時間10分。

グアルーリョス国際空港
MAP P.107-B1外
住 Av. Helio Schimidt, 19km, Guarulhos
☎(011)2445-2252
URL www.gru.com.br

ターミナルを出て道を渡り、手前がローカルバス、奥が空港バスの乗り場。

グアルーリョス国際空港の航空会社の利用ターミナル
第1ターミナル
アズウ航空などの国内線
第2ターミナル
ゴウ航空／ラタム航空／アビアンカ航空の国内線など
第3ターミナル
ラタム航空／アビアンカ航空／アメリカン航空／エア・カナダ／ルフトハンドイツ航空／エミレーツ航空／カタール航空／エールフランス航空など国際便など

規模の大きな空港

エアコンバスの発着場

コンゴーニャス空港
MAP P.107-B2
住 Av. Washington Luis s/n, Aeroporto
☎(011)5090-9000

タクシー、グアルーリョス国際空港行きの空港バス乗り場は地下。先に窓口でチケットを購入する。ゴウ航空、ラタム航空を利用で、グアルーリョス国際空港～コンゴーニャス空港間での乗り継ぎがある場合は空港間を結ぶ無料のシャトルバスサービスを利用できる。

ヴィラコポス国際空港
住 Rodovia Santos Dumont 66km
☎(019)3725-5000

空港バス
EMTU Airport Service
☎(011)2445-2430
URL www.airportbusservice.com.br
料 R$42～
カード A D M V

ヘプブリカ広場近くにあるEMTU社のオフィス兼空港バス乗り場

ローカルバス

セントロへ最も安く行ける方法だが、旅慣れていて荷物の少ない人向け。運賃は乗車時に支払う。グアルーリョス国際空港からは、“257 Tatuapé Cumbica” の表示のバスで地下鉄3号線タツアッペ駅Tatuapéまで行ける。料金はR＄5.95。コンゴーニャス空港からは、出発ターミナルを出て右側にある歩道橋を越えた所にあるバス停から675I-10675A-10、609J-10などのバスで、地下鉄1号線サン・ジュダス駅São Judasまで行ける。料金はR＄3.8。

タクシー

それぞれの空港タクシーはチケット制なので、乗車前にタクシー会社のカウンターで行き先を告げてチケットを購入する。到着ゲートの出口付近にタクシー会社のカウンターがある。

長距離バス

国内各地の主要都市と長距離バスで結ばれている。リオ・デ・ジャネイロからは早朝から深夜にかけて、Kaissara社などのバスが毎日15 ～ 30分おきに1便運行、所要約6時間。ブラジリアからはReal Expresso社などのバスが1日7便、所要約16時間。フォス・ド・イグアスからは1日6～7便、所要約18時間。

空港からのタクシー料金

グアルーリョス国際空港から各地へ

行き先により料金が決められており、R$100～150程度。市内まで所要30分～1時間30分。

市内からグアルーリョス国際空港へ

グアルーリョス国際空港はサン・パウロ市外にある。タクシーで市外に出るときは、メーター料金の1.5倍。空港までの料金の目安はR$100～120。

コンゴーニャス空港へ

パウリスタ大通りなど市内の中心からだとR＄50程度。

おもな航空会社

日本航空　Japan Airlines
MAP P.111-C3
住 Av. Paulista 542, 3° andar
☎ (011)3175-2250

ラタム航空　LATAM
MAP P.110-A2
住 R. Bela Cintra 1157
☎ (011)3068-7645

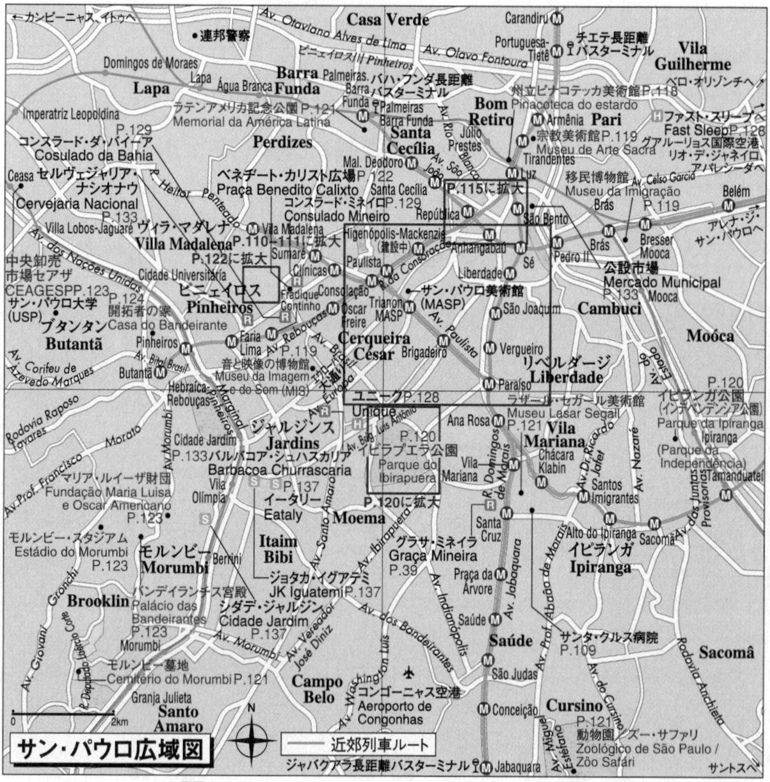

Let's Go! 長距離バスターミナルから市内へ

サン・パウロで旅行者が使う機会が多いのは、チエテTietê、ジャバクアラJabaquara、バハ・フンダBarra Fundaの3つの長距離バスターミナルTerminal Rodoviária（ホドヴィアリア）。チエテとジャバクアラは地下鉄1号線と、バハ・フンダは地下鉄2号線と、それぞれのターミナルは同名の地下鉄駅と直結。ほとんどの長距離バスはチエテに発着。

チエテ長距離バスターミナル

市中心部より北へ4kmに位置し、地下鉄チエテ駅と直結。ブラジル最大のバスターミナルで、1階（ブラジルではTの表示）には約100本のバス乗り場、2階（1°の表示）に地下鉄連絡口と100を超えるチケット販売窓口やカフェ、売店、待合所がある。国内と近隣諸国への長距離バスが24時間ひっきりなしに発着している。

チケットは基本的に乗車前に各バス会社の窓口で購入するが、ハイシーズンや本数の少ない目的地への便は前日までにターミナルへ来るか、インターネットの予約サイトから確保しておくのがいい。各バス会社の窓口に運行先が掲示されているが、2階中央、地下鉄口寄りにあるインフォメーション（24時間営業）で尋ねるのが早い。料金はバス会社やバスの種類によって異なる。

ジャバクアラ長距離バスターミナル

市の中心部より南へ10kmの位置にある。おもにサントスへのバスが発着。複数のバス会社が15分間隔でサントスへのバスを運行。

バハ・フンダ長距離バスターミナル

市の中心部より北西へ4kmの位置にある。クイアバやサン・パウロの西部に位置する都市ロンドリナLondrinaなどへのバスが発着。Expresso Kaiowa社のフォス・ド・イグアスへのバスも発着する。

長距離バスターミナル
☎(011)3866-1100
(各ターミナル共通、24時間)
URL www.socicam.com.br
チエテ
MAP P.107-B1
住 Av. Cruzeiro do sul 1800,Santana
ジャバクアラ
MAP P.107-B2
住 R. dos Jequitibás s/n, Jabaquara
バハ・フンダ
MAP P.107-A1
住 R. Aloysio Biondi s/n, Barra Funda

読者投稿

長距離バスも悪くない！
ブラジルの長距離バスはシートがデラックス。バス会社によっては車内でWi-Fiも使える。チケットを買う際や乗車時にパスポートの提示が必要なケースが多く、コピーの提示は無効とされることもある。長距離バス利用時は必ず原本を持ち歩いておくように。
（京都府　清水　'15）['17]

各国の領事館
アルゼンチン Argentina
MAP P.110-A2
住 Av. Paulista 2313, Bela Vista
☎(011)3897-9522
ベネズエラ Venezuela
MAP P.110-A4
住 R. Gen. Fonseca Téles 564, Jaldin Paulista
☎(011)3887-2318

COLUMN チエテ長距離バスターミナルのアドバイス

ロッカーの使用法

2階奥に有人の手荷物預かり所 "Lockers Guarda Volumes"がある。預かり所は年中無休で24時間営業。

荷物預かり所
☎(011)2221-6335

バスターミナル内での両替

バスターミナル内に両替所があるものの、他国から長距離バスで早朝や深夜、週末などに到着した場合は利用できないことが多い。あらかじめ両替を済ませておくか、ATMを利用しよう。数社のATMがあり、24時間稼働しているので便利。

利用の注意＆コツ

バスターミナルでは、寸借詐欺（ちょっと金を貸してくれ、というもの）や、置き引きの被害が頻繁に発生しているので注意。また、チエテの地下鉄乗車券売り場は混雑していることも多いので、サン・パウロに戻る予定のある人は、あらかじめほかの駅で乗車券を買っておく方法もある。

インフォメーションは長蛇の列ができていることもあるため、時間には余裕を持って

INFORMATION

観光案内所
CIT(Centrais de Informação Turística)
窓口では市街地図や各種パンフレットがもらえ、たいてい英語が通じる。
セントロ (ヘプブリカ広場内)
MAP P.115 住Praça da República
開9:00～18:00 休無休
パウリスタ大通り
MAP P.110-B2
住Av. Paulista 1853 開9:00～18:00 休無休
プレフェイト・マーリオ・コヴァス公園Parque Prefeito Mário Covas内にある。
コンゴーニャス空港内
開7:00～22:00 休無休
到着フロア内。

日系の旅行会社
WEC Travel Agency MAP P.110-B3
住Alameda Santos, 705 - cj.17 - Cerqueira Cesar
☎(011)3081-4951/8483
URL www.wecbrazil.com
日本人経営の現地旅行会社。スタッフ全員日本語対応可能。情報量が豊富で安心して相談できる。
センチュリー・トラベル Century Travel
MAP P.111-C3
住R. Vergueiro 981, cj, 11, Liberdade
☎(011)3207-2644 FAX(011)3208-6146
URL www.centurytravel.com.br
E-mail contato@centurytravel.com.br
営月～金9:00～18:30
土 9:00～12:00 休日
地下鉄ヴェルゲイロ駅Vergueiroから徒歩3分。日本人経営で常時日本語応対OK。飛行機やホテルの予約、サン・パウロ発の各種ツアー、書類の代行手続きなどを行っている。
ツニブラ・トラベル
TUNIBRA TRAVEL TURISMO LTDA
MAP P.111-D2 住Praça da Liberdade 170
☎FAX(011)3346-8200
URL www.tunibra.com.br
営8:00～18:30(土～12:00) 休日・祝
リベルダージ広場Praça da Liberdadeの通りを挟んだ向かいにある、大手旅行社。日本語、両替も可。リオ・デ・ジャネイロとフォス・ド・イグアスにも支店がある。
クイックリー・トラベル QUICKLY TRAVEL
MAP P.110-B2
住R. Frei Caneca 1407-cj 105, Cerqueira César
☎(011)2198-8588
URL www.quicklytravel.com.br
E-mail infojapan@quicklytravel.com.br
サン・パウロとリオにオフィスがある日系の旅行会社。ブラジル国内のパッケージツアーを手掛けている。24時間年中無休で電話対応可能。
ウニベル・トラベル Univer Travel
MAP P.111-D2
住Praça da Liberdade 130-cj. 43
☎(011)3106-0000 URL univer.net
アルファインテル
ALFAINTER TURISMO LTDA.
MAP P.111-D2
住R. Américo de Campos 47-A, Liberdade
☎(011)2187-8989 FAX(011)2187-8969
URL japan.alfainter.co.jp
エイチ・アイ・エス H.I.S. MAP P.110-B3
住Av. Paulista 854, Piso Paulista Loja 25-B, Bela Vista
☎(011)3171-3646
URL www.his-brasil.com.br
日本国総領事館と同じビル内にあり、年中無休。

連邦警察(ビザ延長)
Departmento de Polícia Federal MAP P.107-A1
住R. Hugo D'Antola 95, Lapa de Baixo
☎(011)3538-5000 URL www.pf.gov.br
開8:00～16:00 休土・日

緊急時の連絡先
警察☎190 救急車☎192 消防☎193

在サン・パウロ日本国総領事館 MAP P.110-B3
Consulado-Geral do Japão em São Paulo
住Av. Paulista 854 3 andar
☎(011)3254-0100 FAX(011)3254-0110
URL www.sp.br.emb-japan.go.jp
開9:00～12:00、13:30～17:00 休土・日、祝
地下鉄ブリガデイロ駅Brigadeiroから徒歩5分、トップ・センター・ビル内。

日本査証申請センター (CVJ) MAP P.110-A2
住R. Augusta 1642, Consolação
☎(011)3171-3104
URL www.centrodevistojapones.com.br
開月～金 8:30～17:30 土9:00～12:00 休日

病院
公立・私立とも病院はたくさんある。一般に私立病院のほうが待遇がいいが、治療費は高い。日本語が通じる病院は以下。
リベルダージ医療センター
Centro Médico Liberdade MAP P.111-D2
住R. Fagundes 121, Liberdade
☎(011)3274-6500
開月～金7:00～19:00
土 7:00～13:00 休日
サンタ・クルス病院 Hospital Santa Cruz
MAP P.107-B2
住R. Santa Cruz 398, Vila Mariana
☎(011)5080-2000 開24時間体制

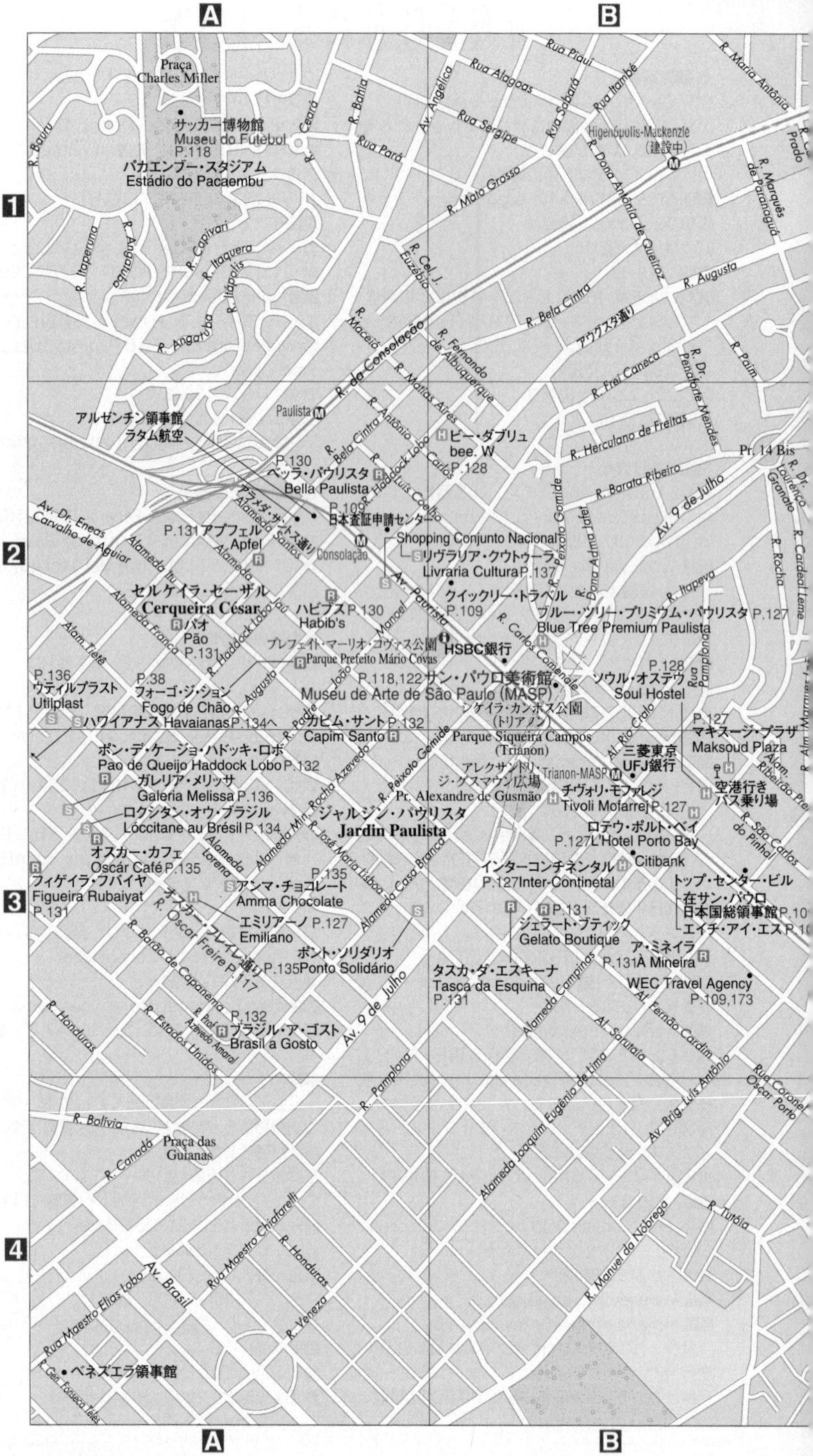
A
B
1
2
3
4
Praça Charles Miller
サッカー博物館
Museu do Futebol
P.118
パカエンブー・スタジアム
Estádio do Pacaembu
R. Bauru
R. Ceará
R. Bahia
Rua Pará
Av. Angélica
Rua Alagoas
Rua Piauí
Rua Sergipe
Rua Sabará
R. Itambé
R. Maria Antônia
Higienópolis-Mackenzie
（建設中）
R. Marquês de Paranaguá
R. Mato Grosso
R. Dona Antônia de Queiroz
R. Itaperuna
R. Anguaitiba
R. Capivari
R. Itaquera
R. Itápolis
R. Angaruba
R. Cel. J. Euzébio
R. Augusta
R. Bela Cintra
アウグスタ通り
R. Maceió
R. da Consolação
R. Fernando de Albuquerque
R. Matias Aires
R. Frei Caneca
R. Dr. Penaforte Mendes
R. Paim
Paulista
アルゼンチン領事館
ラタム航空
R. Bela Cintra
R. Antônio Carlos
ビー・ダブリュ
bee. W
P.128
R. Herculano de Freitas
Pr. 14 Bis
P.130
ベッラ・パウリスタ
Bella Paulista
R. Haddock Lobo
R. Luís Coelho
R. Barata Ribeiro
R. Peixoto Gomide
Av. 9 de Julho
Av. Dr. Eneas Carvalho de Aguiar
アラメダ・サントス通り
Alameda Santos
P.109
日本査証申請センター
P.131 アプフェル
Apfel
Consolação
Shopping Conjunto Nacional
リヴラリア・クウトゥーラ
Livraria Cultura P.137
R. Dona Adma Jafet
R. Itapeva
R. Rocha
R. Cardeal Leme
Alameda Itu
Alameda Jaú
セルケイラ・セーザル
Cerqueira César
ハビブス P.130
Habib's
Av. Paulista
クイックリー・トラベル
P.109
ブルー・ツリー・プリミウム・パウリスタ P.127
Blue Tree Premium Paulista
Alameda Franca
パオ
Pão
P.131
R. Haddock Lobo
R. Manoel
R. Carlos Comenale
Alam. Tietê
プレフェイト・マーリオ・コヴァス公園
Parque Prefeito Mário Covas
HSBC銀行
P.136
ウティルプラスト
Utilplast
P.38
フォーゴ・ジ・ション
Fogo de Chão
R. Augusta
R. Padre João Manoel
P.118,122 サン・パウロ美術館
Museu de Arte de São Paulo (MASP)
P.128
ソウル・オステウ
Soul Hostel
Rua Pamplona
シケイラ・カンポス公園
（トリアノン）
ハワイアナス Havaianas P.134へ
カピム・サント P.132
Capim Santo
Parque Siqueira Campos
(Trianon)
Al. Rio Claro
三菱東京
UFJ銀行
P.127
マキスージ・プラザ
Maksoud Plaza
ポン・デ・ケージョ・ハドッキ・ロボ
Pao de Queijo Haddock Lobo P.132
R. Rocha Azevedo
R. Peixoto Gomide
アレクサンドリ・ジ・グスマウン広場
Trianon-MASP
Alam. Ribeirão Preto
ガレリア・メリッサ
Galeria Melissa P.136
Pr. Alexandre de Gusmão
チヴォリ・モファレジ
Tivoli Mofarrej P.127
空港行き
バス乗り場
ロクシタン・オウ・ブラジル
Lóccitane au Brésil P.134
Alameda Min. Rocha Azevedo
ジャルジン・パウリスタ
Jardin Paulista
R. José Maria Lisboa
ロテウ・ポルト・ベイ
P.127 L'Hotel Porto Bay
R. São Carlos do Pinhal
オスカー・カフェ
Oscár Café P.135
Alameda Lorena
Alameda Casa Branca
インターコンチネンタル
P.127 Inter-Contineta l
Citibank
フィゲイラ・フバイヤ
Figueira Rubaiyat
P.131
P.135
アンマ・チョコレート
Amma Chocolate
トップ・センター・ビル
在サン・パウロ
日本国総領事館
エイチ・アイ・エス
オスカー・フレイレ通り
R. Oscar Freire P.117
エミリアーノ P.127
Emiliano
P.131
ジェラート・ブティック
Gelato Boutique
ア・ミネイラ
P.131 À Mineira
R. Barão de Capanema
P.135
ポント・ソリダリオ
Ponto Solidário
タスカ・ダ・エスキーナ
Tasca da Esquina
P.131
Alameda Campinas
WEC Travel Agency
P.109,173
Al. Fernão Cardim
R. Honduras
R. Estados Unidos
R. Prof. Azevedo Amaral
P.132
ブラジル・ア・ゴスト
Brasil a Gosto
Av. 9 de Julho
Al. Sarutaiá
Rua Coronel Oscar Porto
R. Pamplona
R. Bolívia
Praça das Guianas
R. Canadá
Alameda Joaquim Eugênio de Lima
Av. Brig. Luís Antônio
R. Tutóia
Rua Maestro Chiafarelli
R. Honduras
Av. Brasil
Rua Maestro Elias Lobo
R. Manuel da Nóbrega
R. Veneza
R. Gen. Fonseca Teles
ベネズエラ領事館

サン・パウロ中心図
C
D
1
2
3
4
カウスター Calstar P.126
アレーナ劇場
P.125 アマリア Amália
フランクリン・ルーズベルト広場 Pr. Franklin Delano Roosevelt
Anhangabaú
セントロ周辺は P.115
アニャンガバウー公園 Parque Anhangabaú
ドン・ペドロ2世公園 Parque Dom Pedro II
ローカル バスターミナル
パドリ・アンシエタ博物館 P.115 Museu Padre Anchieta
パンデイラス広場 Pr. das Bandeiras
サン・フランシスコ教会 Igreja de São Francisco de Assis Igreja Orden 3 de São Francisco
セー広場 Praça da Sé
Sé
カテドラル・メトロポリターナ P.115 Catedral Metropolitana
ファミリア・マンシーニ Famiglia Mancini P.130
Igreja São Gonçalo
裁判所
リベルダージ広場 Praça da Liberdade
P.109 ウニベル・トラベル
P.109 ツニブラ・トラベル
Liberdade
沖縄県人会
愛知県人会
P.122 東洋市
一成 P.126 Isei
梓商会 P.136 Presentes Azusa Ltda.
大阪橋
P.109 アルファインテル
ラーメン・カズ P.130 Lamen Kazu
萬里 P.126 Banri
バンデイラス病院
警察署
P.109 リベルダージ医療センター
ニッケイ・パラシ Nikkey Palace P.126
ドン・オリオネ広場 Praça Dom Orione P.122
リベルダージ Liberdade
São Joaquim
すき家
パームリーフ・スリム Palmleaf Slim P.126
東洋人街 P.116
ベラ・ヴィスタ Bela Vista
日伯文化協会
日伯援護協会
ブラジル日本移民史料館 P.117 Museu Histórico da Imigração Japonesa no Brasil
ヴェルゲイロ Vergueiro P.126
トレーゼ・ジ・マイオ通り R. 13 de Maio
日本航空
パウリスタ大通り Av. Paulista P.117
Vergueiro
P.109 センチュリー・トラベル
ジャパン・ハウス P.117 Japan House
パウリスタ・ショッピングセンター
ゴールデン・チューリップ・パウリスタ・プラザ Golden Tulip Paulista Plaza P.128
ジョジョ・ラーメン JOJO Ramen P.132
パライーゾ Paraíso
Paraíso
チューリップ・イン・サン・パウロ・パウリスタ P.128 Tulip Inn Sao Paulo Paulista
Parque Aclimação
N
0 200 400m
サン・ルイス大通り Av. São Luís
Av. 9 de Julho
Av. 23 de Maio
Av. Radial Leste-Oeste
Av. da Liberdade
ガウバォン・ブエノ通り R. Galvão Bueno
R. Vergueiro
Av. Brig. Luís Antônio
Av. Bernardino de Campos
R. Maria Paula
R. Riachuelo
Av. Rangel Pestana
R. Tabatinguera
R. Conde Sarzedas
R. dos Estudantes
R. São Paulo
R. Barão de Iguape
R. Fagundes
R. São Joaquim
R. Pedroso
R. Sta. Madalena
R. Dr. Siqueira Campos
R. Tamandaré
R. Diogo Vaz
R. Bueno de Andrade
R. Sen Feliciо dos Santos
R. Pires da Mota
R. José Getúlio
Avenida Aclimação
R. Espírito Santo
R. des Macedo Vieira
R. Dr. Félix
R. Castro Alves
R. Cincinato Braga
R. Carlos Sampaio
R. Fausto Ferraz
R. Apeninos
R. Nilo
R. Safira
R. Topázio
R. Abílio Soares
R. Dr. Eduardo Amaro
R. Artur Sabóia
Rua Correia Dias
R. Dr. Nicolau de Sousa Queirós
R. Cubatão
R. Otávio Nébias
R. Dr. Rafael de Barros
R. Maestro Cardim
R. Martiniano de Carvalho
R. Joaquim Prado
R. Conselheiro Furtado
R. da Glória
R. Sinimbu
R. Glicério
R. Teixeira Leite
R. do Lavapés
R. Mituto Mizumoto
R. Santo Antônio
R. Manoel Dutra
R. Maria José
R. Major Diogo
R. cons. Carrão
R. 13 de Maio
R. dos Franceses
R. dos Ingleses
R. Dr. Luís Barreto
R. Cons. Ramalho
R. Avanhandava
R. Martins Fontes
R. Álvaro
R. Major Quedinho
R. Japurá
R. Abolição
R. Sto. Amaro
R. FCA. Miquelina
R. Asdrúbal Nasc
Viad. Dona Paulina
R. 7 de Abril
Viad. do Chá
R. Líbero Badaró
R. São Bento
R. 15 de Nov.
R. General Carneiro
R. 25 de Março
Largo Paissandú
R. Tomás Gonzaga
R. América de Campos
CDSA. de S. Joaquim
CDE. de São Joaquim

市内交通

サン・パウロは巨大な交通網を持つブラジルいちの大都会。公共交通機関が大変発達しており、特にローカルバスは路線も多く、現地在住者の重要な足となっている。観光での滞在であれば、地下鉄での移動をメインに、最寄りの地下鉄駅から目的地までの移動はタクシーを利用するのがいいだろう。流しのタクシーもすぐつかまるし、タクシーの配車アプリを利用するのも手。また、平日は特に道路が渋滞することが多いため、空港間への移動などは時間に余裕をもつこと。観光案内所でもらえる無料のマップには、観光名所の情報や地下鉄マップも記載されている。入手して役立てよう。

空から見た大都市サン・パウロ

地下鉄（メトロ）　Metrô

1975年、ブラジル初の地下鉄がサン・パウロに開通して以来、市民の重要な足となっている。朝夕には少々のラッシュタイムもあるが、安全で便利な地下鉄は本数も多く、初めて訪れる旅行者にとっても利用しやすい。

地下鉄入口は、シンボルマーク「⬍」と駅名の入った3mほどの黒い角柱が目印だ。切符は紙製で、窓口で購入。全線共通で料金も一律。近郊列車CPTMとの乗り換えも可能。乗る際に改札口で自動改札機に入れるのは日本と同じだが、切符は戻ってこない。午後や夕方になると窓口が混雑するので、何回か乗車する予定のある人はあらかじめ複数枚の切符を購入するか、プリペイド式のカードを購入しておこう。

パウリスタ大通り沿いの地下鉄駅入口

地下鉄1号線

CPTM（近郊列車）　CPTM

セントロから近郊の町やピニェイロス川Rio Pinheiros沿いの地区を結ぶ近郊列車。サン・パウロ郊外の住人の足として活躍している。また、バハ・フンダ駅からグアルーリョス国際空港を約20分で結ぶ急行列車の路線も計画されている。有効なチケットをもっていれば、地下鉄との乗り換えは無料で利用できる。

バハ・フンダ駅から郊外に向かう近郊列車

サン・パウロ交通
URL www.sptrans.com.br
サイトはポルトガル語のみだが、乗り換え案内のサービスもある。住所の入力や、駅や公園などを選択すれば、鉄道やローカルバスでのルートと料金、目安の所要時間を調べられる。

読者投稿
プリペイド式のカード
日本のSUICAのようなプリペイド式の交通カードがサン・パウロでも普及している。全公共交通機関共通で使えるビリェッチ・ウニコBilhete Únicoと、地下鉄と近郊列車用のカルトン・フィデリダージCartão Fidelidadeがある。前者は市バスとも連携しており、時間内に乗り継いだ場合、運賃が割引に。ただ、カードを販売する場所が不確定なのが残念。セー駅などの大きな駅では扱っていることも多いため、駅の窓口で聞いてみるといい。
（千葉県　マルコ　'15）['17]

地下鉄
URL www.metro.sp.gov.br
料 1回券R$3.8

地下鉄乗降時の注意点
1号線のセー駅Séやルス駅Luzなどの主要駅では、まず降車用ドアが開き、すぐに反対の乗車用ドアが開く。乗車用ホームに出口はないので降りてしまわないように。

駅の改札。切符で入場する場合は手前の穴に入れ、プリペイドカードで入場する場合は奥の液晶パネルにタッチする

近郊列車
料 1回券R$3.8

読者投稿
レンタサイクルも活躍
市内約100ヵ所で乗降できるレンタサイクル、Bike Sampaが使えます。オレンジ色の車体とスタンドが目印。専用アプリで乗りたいスタンドを選び、ロックを自動解除。乗り捨てたいスタンドへ自転車を返すだけです。
（東京都　ブラジル万歳　'15）['17]

ローカルバス（オニブス） Ônibus

市内は路線バスが発達しているが、路線図や時刻表がなく旅行者には利用しづらい。事前にサン・パウロ交通SPTransのサイトなどで、路線や乗り継ぎを調べて利用しよう。主要道路沿いのバス停以外は、道路の進行方向と逆を見ている人が集うポイントが乗り場だ。まず車体の全面に掲示されたバスの路線番号か行き先などをチェック。サイドには経由地の表示もあり。さらに運転手に目的地を告げ、出発前に行くかどうか確認しよう。利用する場合は、目的地で声をかけてくれるよう頼み、近くにいるのがいい。

車体の色はさまざま

タクシー Táxi

通常、市内を走るタクシーは白一色で、屋根にTAXIのマークがあるのですぐわかる。日本と同様、流しのタクシーなら手を挙げて停めればよく、主要な通りでなら比較的容易にひろえる。スーパーやホテルの前など利用者の多い場所にはたいていタクシースタンドがあるので、スタンドを探したほうが早い場合もある。メーターはスイッチ式なので、乗り降りの際、自分の目で確認しよう。曜日と時間帯によって料金体系は異なる。なお、ホテルのリムジンは車種もさまざまでメーターはないのが普通。

ローカルバスの料金
料 R$3.8
前扉から乗車し、現金先払い。市バスのほかにも、料金体系の異なる連結バス、トロリーバスなども運行。

読者投稿
アプリが移動に便利
移動はネット検索が大活躍。ホテルや飲食店やショッピングセンターのWi-Fiを使います。タクシーならEasy Taxiや99Taxisのアプリでサクッと迎車の注文。事前にだいたいの料金も調べることができます。バスに乗る時はGoogle MapやTRAFIというアプリが便利。
（東京都　アサイー　'15）['17]

メーター制タクシーの料金
初乗りR$4.5。平日の昼間はバンデイラ1で、1kmごとにR$2.75ずつ加算。日・祝と20:00～翌6:00はバンデイラ2で料金30%増し。リベルダージ～パウリスタ大通りでR$18～21程度だが、市内は渋滞するので時間帯によっては覚悟を。

おもなタクシー会社
Radio Taxi
FREE 0800-556-688

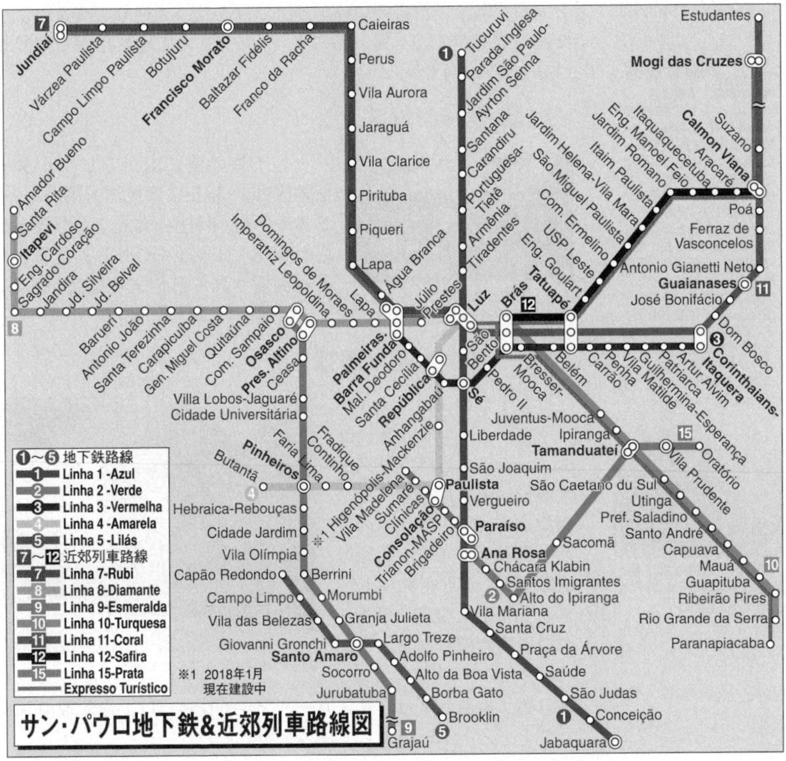

サン・パウロ地下鉄&近郊列車路線図

歩き方

サン・パウロは、約30km四方に広がるブラジル最大の都市。市内は小さな地区に分けられており、中心となるのは旧市街のセントロだ。住所は地区名と通り名、番地によって表記され、セントロに近いほど番地の数が小さくなる。それぞれの地区ごとにさまざまな特色があるので、まずは地区の名前と、見どころがどの地区にあるのか確認しておくといい。郊外にも観光スポットが点在しているため、すべてを回るには2〜3日程度かかる。地下鉄やタクシーをうまく使おう。

CHECK!!! サン・パウロの治安

セー広場はかつては治安が悪かったが、近年は警察官の数も多く犯罪は減っている。しかし、セー広場から北へ延びる11月15日通りには小さな商店がぎっしりと並び、スリが多いといわれているので注意。

また、不景気のあおりでホームレスが増加中。ときおり薬物中毒のホームレスが熱心に話しかけてくるが、冷静に少し話を聞き、小銭を渡せば離れてゆく。現地民もとっている対応法だ。

セントロ（旧市街）

ヘプブリカ広場では毎週日曜日に青空市が開かれる

サン・パウロの中心は、東端にある**セー広場Praça da Sé**。目印は高さ約1mの六角柱マルコ・セロ。東京の日本橋同様、ここがサン・パウロの道路元標になっている。セー広場と**ヘプブリカ広場**の間をセントロ（旧市街）と呼び、見どころも周辺に点在。昼夜を問わずあまり治安のいいエリアではなく、人通りの少ないような路地裏を歩くのは避けること。ヘプブリカ広場も用がない限りは立ち寄らないほうがいい。

読者投稿

明るい時間でも要注意

サン・ベント聖堂周辺で大道芸が繰り広げられ、大勢の人でにぎわってました。見物していると、ポケットに誰かの手が……。即座に払いのけ、その場を立ち去りました。その後、街を散策していると、突然背後から突き飛ばされ、気づけばポケットの中身を盗まれてました。犯人は何が入っているかを確かめてから尾行し、犯行に及ぶようです。現地の人も言ってましたが、そのエリアはひったくりが多いそうです。

（東京都　波多野香奈　'09）['17]

リベルダージ地区

東洋人街では鳥居やちょうちんなどに出迎えられる

セントロの南に広がる**リベルダージ地区**Liberdadeには**東洋人街**がある。日本や中国、韓国の食品などを扱う商店が並び、日本にまつわるイベントなども開催される日伯文化協会がある。セー広場からは徒歩5分。

パウリスタ大通り周辺

パウリスタ大通りは日曜と祝日は車両通行止めとなり、歩行者天国に

週末のオスカー・フレイレ通り

セントロの南西、セルケイラ・セーザル地区Cerqueira César にある**パウリスタ大通り**は、官庁やオフィスが集まる、サン・パウロの政治、経済の中心地。大型の高級ホテルが点在するほか、ブラジル最大規模の**サン・パウロ美術館**もある。

パウリスタ大通りから7ブロック南西へ下った**オスカー・フレイレ通り**は、最先端のショッピングストリートとして注目を集めている。

おもな見どころ

セントロ（旧市街） Centro

カテドラル・メトロポリターナ
Catedral Metropolitana

MAP P.111-D1

教会の裏側がリベルダージ地区の北端だ

地下鉄セー駅を出てすぐの場所にあるこの大聖堂は、40年の歳月を経て1954年に完成したもの。正面左右に立つふたつの尖塔はいずれもゴシック様式で、ドームの直径は27m、高さ65mといった堂々たるものだ。収容人数は約8000人。リベルダージ地区からもときおり偉容が望めるほど大きい。内部には歴代のサン・パウロ司教が葬られている。

カテドラル・メトロポリターナ
住 Praça da Sé
☎ (011)3107-6832
開 月～金　8:00～19:00
　土　8:00～17:00
　日　8:00～13:00
休 無休
行き方
地下鉄セー駅からすぐ。

圧倒的な迫力の大聖堂

パドリ・アンシエタ博物館
Museu Padre Anchieta

MAP P.111-D1

カトリック教会に隣接する

サン・パウロの芸術、文化活動の拠点として1979年に設立された博物館。建物そのものがサン・パウロの建設史を象徴する重要な文化財で、16世紀当時に一般的であったストゥッコ（漆喰）の壁が一部、現在も残っている。展示室はさほど広くはないが、聖像や燭台などキリスト教関連のコレクションのほか、17～18世紀の教会だった時期の、古い柱なども展示されている。受付は1階のカフェと中庭の奥。2階展示室の入口に係員がいて案内してもらえる。また、建物の脇にはサン・パウロ市が誕生した記念碑が建てられている。

パドリ・アンシエタ博物館
住 Praça Pateo do collegio nº2
☎ (011)3105-6899
URL www.pateodocollegio.com.br
開 9:00～16:30
ガイド付ツアーは9:15、10:15、13:15、14:15、15:00発
休 月
料 R$8
行き方
地下鉄セー駅から北へ徒歩5分。

> **読者投稿**
>
> **交通料金の値上げ**
>
> ブラジルではサン・パウロやリオ・デ・ジャネイロといった都市部をはじめ、地方都市でも年に1、2回ほど交通料金の値上げが行われています。乗り継ぎによる割引率もその都度変更されるようなので、現地にて要確認を。
>
> また、市街では頻繁にデモやストライキが発生しており、それに伴った公共交通機関への影響や道路渋滞なども頻発しているため、領事館のウェブサイトなどでこまめに情報収集をしておくといいと思います。
>
> （東京都　shima　'17）

サン・ベント聖堂

Basílica de São Bento MAP P.115

市内の教会のなかで、最も落ち着いてシックな雰囲気の漂う教会。1922年に完成し、サン・パウロ地区のバンデイラ（開拓者）たちの祈りが捧げられてきた歴史がある。内部の壁面には美しい壁画がいっぱいに描かれ、6000管をもつといわれるパイプオルガンや、イコンなどが保存された荘厳な礼拝堂はとにかく圧巻。土曜の6:00～と日曜の8:30～、10:00～にミサがあり、グレゴリオ聖歌を聴くことができる。

サン・ベント聖堂
住 Lgo. de São Bento, Centro
☎(011)3228-8799
開 月～金 7:00～19:30
土 6:00～12:00
日 8:30～12:00
休 無休
行き方
地下鉄1号線サン・ベント駅São Bentoからすぐ。

広場の前に立つ教会。向かって左が地下鉄サン・ベント駅

ヘプブリカ広場

Praça da República MAP P.115

地下鉄ヘプブリカ駅Repúblicaの上にある緑豊かな公園。平日はのどかだが、日曜の9:00頃から夕方にかけては露天市が立ち、手作りのアクセサリーや工芸品などを売る屋台でいっぱいになる。一角にはバイーア地方の郷土料理などを売る屋台も。周囲は庶民的なレストランやブラジルで人気のファストファッションの店などが多い。夜はホームレスが増えるので、暗い路地へ入らない方が無難。

日曜日のヘプブリカ広場

ヘプブリカ広場への行き方
地下鉄3号線ヘプブリカ駅からすぐ。

リベルダージ地区 Liberdade

東洋人街

Bairro Oriental MAP P.111-D1～3

リベルダージといえば東洋人街。地下鉄1号線リベルダージ駅Liberdadeからひとつ隣のサン・ジョアキン駅Sãn Joaquimまでの約1kmほどの範囲に、日本人、中国人、韓国人、台湾人の経営する店や企業がおよそ400も集まり、日本語新聞の本社や日系の病院、旅行会社もある。町のシンボルは橋のたもとにある真っ赤な大鳥居。この橋はサン・パウロと大阪が姉妹都市として結ばれた記念に設置され、大阪橋と名付けられている。リベルダージ駅から東西側に出ると、メインストリートのガウバオン・ブエノ通りR. Galvão Buenoが走っている。ちょうちん型の街灯や漢字の看板が特徴的で、日本の地方都市の駅前商店街のような風情。日本書を売る書店や和菓子店、日本食材を扱う商店などを見つけることができるだろう。和食の選択肢も、赤ちょうちんの居酒屋から定食屋まで豊富。特にラーメンはパウリスタの間で大ブームだ。また、日曜には露店市が開かれ、焼きそばや綿あめなどの屋台が出て、ブラジルでの日本人気を感じられる。

提灯を模した街灯。ファストフード店や銀行の店構えも日本風

読者投稿
リベルダージの書店
リベルダージのキオスクでは日本語新聞を購入できる。また、書店には3ヵ月遅れで日本の本が入荷。なかには絶版の本なども見つかるので、本好きは書店をみかけたら入ってみて。
（東京都　坊主　'15）['17]

読者投稿
ブラジルのすき家
リベルダージ地区ですき家を発見！リベルダージ通りのサン・ジョアキン駅近くにあります。生卵がないのは残念でしたが、ブラジルならではのトマトソースやクリームチーズがかかった牛丼、唐揚げ丼などが人気です。ヘプブリカやアウグスタ通りAv. Augustaにも出店しています。
（東京都　牛丸　'15）['17]

東洋人街への行き方
地下鉄1号線リベルダージ駅、サン・ジョアキン駅から徒歩すぐ。カテラドル・メトロポリターナがあるセー駅からは徒歩約10分。

ブラジル日本移民史料館
Museu Histórico da Imigraçao Japonesa no Brasil　MAP P.111-D2

日伯文化協会ビルの7～9階にある、日本移民の歴史を伝える史料館。1978年の移民70周年を記念して開館した。館内ではパネルや模型、ビデオなどで、1908年の笠戸丸から始まった日本人移民の軌跡を紹介している。コロノ（移住地）の生活、植民地建設、生活の工夫、移民の楽しみ、近郊農業、都市生活、産業の育成、企業の進出などテーマを年代順に設けて説明。慣れない土地で、人々が苦労を重ねて生み出した生活用具など、興味深い展示物が多い。上階ほど歴史が新しく、9階は第2次世界大戦後のコーナー。

日本移民の歴史を知ろう

ブラジル日本移民史料館
住 R. São Joaquim 381, Liberdade
☎ (011)3209-5465
開 13:30～17:00
休 月
料 R$10
行き方
地下鉄1号線サン・ジョアキン駅から徒歩5分。

日伯文化協会ビルに向って左手に入口あり。紫と緑の看板が目印

パウリスタ大通り周辺　Av.Paulista

パウリスタ大通り
Av. Paulista　MAP P.110-A2～111-C3

交通量の多いパウリスタ大通り

セルケイラ・セーザル地区にある、一大ビジネスストリート。延べ2.8km大通りには、ブラジルを代表する企業や日系・外資系企業のオフィスなどがあり、高層ビルが片側4車線の大通り沿いにびっしり。平日には多くのビジネスパーソンが行き交う。大型の高級ホテルやショッピングセンターもあり、また在サン・パウロ日本国総領事館もこの通り沿い。

パウリスタ大通りへの行き方
大通り上にある地下鉄2号線トリアノン・マスピ駅Trianon-MASPとブリガデイロ駅を利用。バスも多く通っている。

ビルに描かれたグラフィティアート

オスカー・フレイレ通りへの行き方
パウリスタ大通りから7ブロック南西へ徒歩約20分。オスカー・フレイレ通りまでは下り坂が続き、沿道にレストランなどが並ぶ。

オスカー・フレイレ通り
R. Oscar Freire　MAP P.111-A3

セルケイラ・セーザル地区にある、サン・パウロで最も流行に敏感なストリート。片側1車線の住宅街のような通りの両側に、S ハワイアナスHavaianas（→P.134）やS ガレリア・メリッサGaleria Melissa（→P.136）など日本でも注目されているブラジルブランドのフラッグシップショップやアンティークショップ、カフェ、ブティックなどが並ぶ。オスカー・フレイレ通りの1ブロック北を走るロレーナ通りAlameda Lorenaも同様で、どちらもサン・パウロの最新トレンドが集まる、ショッピングには欠かせない通りだ。

カフェのテラス席でくつろぐパウリスタも多い

読者投稿
パウリスタ大通りの新名所ジャパン・ハウス
地下鉄ブリガデイロ駅からパウリスタ大通りを東方向に歩いていくと、木材を組み合わせた外観が特徴的な、ジャパン・ハウスJapan House（MAP P.111-C3）という建物があります。2017年にオープンした文化施設で、日本文化の紹介展示や、日本製品を扱うショップやカフェを併設。展示内容は少ないですが、館内はWi-Fi接続することもでき、ひと休みがてら立ち寄ってみるといいかもしれません。
開 火～土10:00～22:00
日　10:00～18:00
休 月　料 無料
（埼玉県　shima　'17）

サン・パウロ美術館 Museu de Arte de São Paulo (MASP) MAP P.110-B2

MAP P.110-B2

中世以降の世界の絵画約1000点を集めた美術館。なかでも、マスコミ王アシス・シャトーブリアンのコレクションは世界的に有名で、日本で展覧会が行われたこともある。ラファエロ、レンブラント、ヴァン・ダイク、ルーベンス、モネ、ルノワール、ゴッホ、セザンヌ、ゴーギャン、ロートレック、ユトリロ、マチス、グレコ、モジリアーニ、ピカソなど、そうそうたる世界の有名画家の作品が収蔵されているほか、中世初期の宗教画にも興味深い作品が多い。パウリスタ大通りのほぼ中央に位置し、美術館の前にはシケイラ・カンポスParque Siqueira Campos(通称トリアノン)という緑豊かな公園も。

パウリスタ大通りにあるサン・パウロ美術館

その他の地域 Outro

州立ピナコテッカ美術館 Pinacoteca do estardo MAP P.107-B1

収蔵作品4000点以上を誇る、サン・パウロでも見逃せない美術館のひとつ。ロダンやミロなど海外からの作品の展示会も行われ、19世紀のコンテンポラネオ、世界的に有名なブラジルの近代作家、日系人作家の作品も鑑賞できる。隣の美しいルース公園 Parque de Luz にもオブジェを展示。

ブラジルを代表する美術品が展示されている

サッカー博物館 Museu do Futebol MAP P.110-A1

ブラジルサッカーの強豪コリンチャンスとパルメイラスのクラブの本拠地であるパカエンブー・スタジアムに併設された博物館。サッカーのワールドカップやブラジル代表に関する展示や、映像で遊ぶサッカーコーナーなどがある。

入口のホールは吹き抜けになっており、3階部分までの壁一面にはサッカーに関するさまざまなポスターが張られ、日本のスポーツ新聞の一面記事も展示されている。2階にはペレやジーコ、ロナウジーニョなどブラジルを代表するサッカー選手の映像パネルや、各名門チームの熱狂的な応援風景を大画面、大音量で再現したコーナーもある。また、年代別ラジオ実況者のサッカー中継コーナーでは過去の試合が放送されており、ポルトガル語がわからなくても情熱のこもった実況で当時の熱狂ぶりが体感できる。

博物館出口前にあるPKコーナーでは、映像のゴールキーパーを相手に勝負をすることができ、実際に蹴ったボールの球速まで表示される。

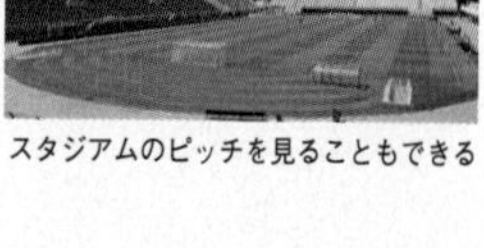
スタジアムのピッチを見ることもできる

サン・パウロ美術館
住 Av. Paulista 1578, Bela Vista
☎ (011)3149-5959
URL masp.art.br
開 火・水・金～日 10:00～18:00
木 10:00～20:00
休 月
料 R$30(火曜は無料)
行き方
地下鉄2号線トリアノン・マスピ駅から徒歩約2分。

日曜に美術館の下で開かれるアンティーク市(→P.122)

州立ピナコテッカ美術館
住 Praça da Luz 2
☎ (011)3324-1000
URL pinacoteca.org.br
開 10:00～18:00 休 火
料 R$6
行き方
地下鉄1号線ルス駅から通りを隔てた向かい側。

建物も印象的な美術館

サッカー博物館
住 Praça Charles Miller, s/n Estádio do Pacaembu
☎ (011)3664-3848
URL www.museudofutebol.org.br
開 火～金 9:00～17:00
土・日 10:00～18:00
休 月、試合日
料 R$10(土曜は無料)
行き方
地下鉄2号線クリニカス駅Clínicasから徒歩約20分。タクシーに乗って行くのがいい。

スタジアム正面入口から博物館へ入ろう

宗教美術館 Museu de Arte Sacra MAP P.107-B1

小ぢんまりしているが見ごたえあり

植民地時代からのキリスト像、木製や金属製の聖具などの展示が充実している。宗教画は少数だが、歴史を感じる数々のキリスト像や祭壇から、当時のローカルな信仰生活がしのばれる。美術館の建物はルス修道院の学校を修復したもので、回廊、床、中庭、窓などに植民地時代の建築様式を残し、当時の雰囲気を今に伝えている。隣にはルス教会がある。

移民博物館 Museu da Imigração MAP P.107-B1

移民博物館の建物

各国からの移民が、一時的に収容されていた施設。1882～1978年の100年近くにわたり使用された。サントス港Beía de Santosから列車で連れてこられた移民が、登録手続きや荷物の検疫のためにここに数日間留置され、その実態は移民収容所のようであったという。日本、ヨーロッパ、中東地域まで、世界80ヵ国以上からの移民が登録されている。現在は博物館として公開され、税関の検査室だった場所や、寝室として使用されていた建物など、当時の様子を再現。登録移民の名前はデータベース化されており、館内のパソコンで、個人名や移民船の名前で検索することも可能。先祖の歩みをたどって訪れる地元のブラジル人も少なくない。

毎週日曜には、サントス港からの移民の輸送に使用されていた列車が運行しており、蒸気機関車に牽引されて数km走って戻ってくる（所要約30分）。

音と映像の博物館 Museu da Imagem e do Som (MIS) MAP P.107-A1

1970年にオープンした博物館で、20万点以上もの写真やビデオ、映画フィルム、グラフィックアートなどをコレクションしている。企画展ごとに展示内容は入れ替わり、2014年にはデビット・ボウイ、2016年にはティム・バートン、2017年にはブラジルロック界のカリスマ、ヘナート・フッソRenato Russoの回顧展が催された。貴重なライブ映像の上映や、ステージ衣装、楽器、遺品などが展示され、ファンにはたまらない充実の内容。企画展のスケジュールはウェブサイトにて確認を。

大型スクリーンにライブ映像を放映した臨場感あふれる展示

宗教美術館
住Av. Tiradentes 676, Luz
☎(011)3326-3336
URL www.museuartesacra.org.br
開9:00～17:00
休月　料R$6（土曜は無料）
行き方
地下鉄1号線チラデンチス駅Tiradentes下車。A出口を出てチラデンチス大通りAv. Tiradentesを北へ約3分歩く。

白×クリーム色の塀が目印

プレゼピオ・ナポリターノ
Presépio Napolitano
宗教美術館の敷地内にあり、同じ入場券で見学できる。キリスト生誕の場面を中心に、家屋やさまざまな人々を表した大規模なジオラマは一見の価値あり。

精巧な模型は迫力大

移民博物館
住R. Visconde de Parnaíba 1316, Mooca
☎(011)2692-1866
URL www.museudaimigracao.org.br
開火～土　9:00～17:00
　日　10:00～17:00
休月
料R$10
行き方
地下鉄3号線ブラッセル-モーカ駅Bresser-Moocaの改札を出て右に降り、右手前の通りを進むと突き当り手前に入口がある。鉄道の線路に沿って徒歩約12分。

音と映像の博物館
住Av. Europa, 158, Jardim Europa
☎(011)2117-4777
URL www.mis-sp.org.br
開火～土　12:00～21:00
　日　11:00～20:00
休月
料R$12（企画展により変動あり）
行き方
地下鉄4号線フラジッキ・コウチーニョ駅Fradique Coutinhoまたは地下鉄2号線コンソラサン駅Consolaçãoが最寄り。各駅からタクシーで約6分。

イピランガ公園（インデペンデンシア公園）
Parque da Ipiranga(Parque da Independência) MAP P.107-B2

立派なモニュメントを目印にバスを下車しよう

セー広場から約4km南東のイピランガの丘にある公園。園内にはドン・ペドロ１世Don Pedro Iが独立宣言をする勇姿を表現した大きなブロンズ像（独立記念碑）がある。1822年９月７日、ドン・ペドロ１世はここで、「独立か死か」と叫び独立を宣言した。巨大な台座の面積は1600㎡、ピラミッドのような小山の上には、ドン・ペドロをはじめ、腹心の兵士ら131体のブロンズ像が並び、台座の下にはドン・ペドロと王妃の遺骸が安置されている。1922年の独立100年祭のときに建造された。緑が広がる庭園で、市民の憩いの場となっている。

イビラプエラ公園
Parque do Ibirapuera MAP P107-A·B2

野外ステージのアウディトリオ

展示スペースのオカ

セントロの南方5kmに位置する221ヘクタールもの巨大公園。サン・パウロ市政400年を記念して造られた。大小の池、スポーツフィールド、ジョギングコース、各種文化施設を配した設計は、建築家のオスカー・ニーマイヤーと造園家のブレレ・マルクスによるもの。美術館やホールなどの現代建築施設を、流線型のルーフが繋ぐ独特の構成だ。園内にはジョギングコースやサイクリングロードも整備されており、特に週末はアクティビティを楽しむ人々でにぎわう。また、桜並木や日本パビリオンの庭園など、日本人が親しみやすいスポットも。公園内で野外音楽フェスが催されることもしばしばだ。どれかの施設でマップをもらい、のんびり散歩しながら見どころを回ろう。

イピランガ公園（インデペンデンシア公園）
住Av. Nazareth, s/n Ipiranga
☎(011)2273-7250
開5:00～20:00
休無休
料無料
行き方
リベルダージ広場から4113-10番のバスで約30分。

イビラプエラ公園
住Av. Pedro Álvares Cabral, Villa Mariana
☎(011)5574-5505
URL www.parquedoibirapuera.com
開5:00～24:00（ゲートにより異なる）
休無休
料無料（各施設は別）
公園内の各施設についての案内はホームページで閲覧できる（ポルトガル語）。また、各施設で園内マップ＆ガイドを配布。
行き方
パウリスタ大通り沿いのバス停から669A-10番などのバスで所要約20分。公園の北端にあるバンデイラス記念像が見えたら下車。

バンデイラス記念像も人気撮影スポット

近代美術館
Museu de Arte Moderna (MAM)
☎(011)5085-1300
URL mam.org.br
開10:00～18:00
休月　料R$6

ビエナウ内のデザインは曲線を多用。レストランもある

アフロ・ブラジル博物館
Museu Afro Brasil
☎(011)3320-8900
URL www.museuafrobrasil.org.br
開10:00～17:00
休月　料R$6

日本館
Pavilhão Japanês
☎(011)5081-7296
開10:00～12:00、13:00～17:00
休月・火・木・金　料R$10

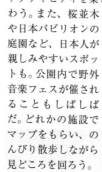

ラザール・セガール美術館 Museu Lasar Segall MAP P.107-B2

1913年、サン・パウロにおいてブラジル初の現代美術展を開催した、ロシア生まれの画家ラザール・セガールの作品の展示が中心。エッチング、木版、オブジェなどがほとんどで、映写室での映画上映はパウリスタにも人気が高い。

動物園 Zoológico de São Paulo MAP P.107-B2

セントロより真南へ約11kmのイピランガ水源州立公園内にある。動物園の敷地は824万km²と広大で、鳥類、哺乳類、爬虫類、合計して3200以上の個体を飼育しており、50年近くの歴史をもつ。珍しい動物が多く、鳥類ではパパガイオ（オウム）、アララ（インコ）、トゥカーノ（オニオオハシ）など、哺乳類ではタマンドゥア（オオアリクイ）、オンサ（ヒョウ）、カピバラ、爬虫類ではジャカレー（ワニ）など、南米大陸にしか生息しない動物も見ることができる。もちろん、ライオンやキリンといった人気の動物もいる。隣接してライオン、シマウマ、ラクダなどアフリカ大陸に生息している数10種の動物を放し飼いにし、コースをバンに乗って回るズー・サファリZôo Safáriがある。

ファミリーに人気

ラテンアメリカ記念公園 Memorial da América Latina MAP P.107-A1

ラテンアメリカの文化的連帯を表現するために造られた記念公園。敷地内にあるラテンアメリカの文化と歴史に関する文献を集めた図書館、博物館、イベントホール、レストランなどの建築物は、すべてブラジル出身の建築家オスカー・ニーマイヤーによる設計。雑然とした都会の真ん中にぽっかりと現れる、モダンな建築群の迫力に目を奪われる。公園内は日陰と売店がないので、駅で飲み物を買って行こう。図書館にはラテンアメリカの各国の歴史、地理に関する本、雑誌などがある。

独創的なデザインの建物やオブジェが並ぶ

モルンビー墓地 Cemitério do Morumbi MAP P.107-A2

1994年のアイルトン・セナの事故死。ブラジルのみならず、世界のスーパースターだったF1ドライバー、セナの遺体は国葬に付され、ここで安らかに眠っている。“音速の貴公子”と呼ばれ、日本のファンも多かった彼の墓には、今でも追悼に訪れる人が少なくない。モルンビー墓地は土葬で墓石はなく、地面に故人を示す小さなプレートがあるだけ。埋葬された棺の上を歩くことになる。セナの埋葬場所はゲートから道を真っすぐ、突き当たりのエリアをさらに真っすぐ歩いていくと見つかる。

セナの墓には花束が絶えない

ラザール・セガール美術館
住 R. Berta 111, Vila Mariana
☎ (011)2159-0400
URL www.museusegall.org.br
開 11:00～19:00
休 火 料 無料
行き方
地下鉄1号線サンタ・クルス駅Santa Cruz改札を出て、ドミンゴス・デ・モライス通りR. Domingos de Morais方向の出口を上り、大通りを北方向へ進み、3本目のベルタ通りR. Bertaを右に折れて100mほど行った左側。

動物園
住 Av. Miguel Estéfano 4241, Água Funda
☎ (011)5073-0811
URL www.zoologico.com.br
開 9:00～17:00
休 無休 料 R$35
行き方
地下鉄1号線ジャバクアラ駅Jabaquaraの近距離バスターミナルから動物園行きの直行バス（ORCA Zoo）が出ている。往復の運賃と入場料がセットでR$41。
ズー・サファリ
住 Av. do Cursino 6338, Vila Moraes
☎ (011)2336-2131
開 10:00～17:00
休 無休 料 R$32
行き方
動物園内の北東側にある。園内にはズー・サファリへの案内の看板がある。

ラテンアメリカ記念公園
住 Av. Auro Soares de Moura Andrade 664, Barra Funda
☎ (011)3823-4600
URL www.memorial.org.br
開 9:00～18:00
休 日 料 無料
行き方
地下鉄3号線バハ・フンダ駅から徒歩約3分。

モルンビー墓地
住 R. Deputado Laércio Corte 468, Morumbi
☎ (011)3759-1000
開 8:00～18:00 休 無休
行き方
近郊列車のモルンビー駅Morumbiの改札を出て、線路沿いのAv. das Nações Unidas通りを北へ2ブロック進む。モルンビー通りAv. Morumbiを右折して進むと左手にブラジル銀行の建物があるので、その前にあるバス乗り場で746K-10番のバスを拾おう。バス停はないが人がバスを待っているだろう。

バットマン路地への行き方
地下鉄2号線ヴィラ・マダレナ駅Vila Madalenaか、地下鉄４号線フラジッキ・コウチーニョ駅より、それぞれ徒歩15〜20分。日中は徒歩でも行くことが可能だが、タクシーの利用がベター。

バットマン路地
Beco do Batman MAP P.122

サン・パウロにおけるインスタ映えスポットといえば、ここバッドマン路地。名前は、バッドマンの映画に出てきそうな路地だからとか、最初にバッドマンの絵が描かれていたから、だとかいわれているが、詳細は不明のまま。路地は、サン・パウロ墓地Cemitério Municipal São Pauloの裏側にある。一帯の壁面にはグラフィティアートがギッシリと描かれており、壮観。多くの人が撮影に興じている。かつては治安が悪く、近づけない時期もあったが、現在は観光客も多く、比較的安全。

周辺のヴィラ・マダレナ地区Vila Madalena、ピニェイロス地区Pinheirosにはギャラリーやバーが多く、若者に人気のエリア。駅からブラブラと散策し、近隣で夕食をとってタクシーで帰ろう。

フォトスポットとして人気

COLUMN サン・パウロの日曜は楽しい露店市巡り

サン・パウロにはフェイラFeiraと呼ばれる露店市がいくつもあり、多くは日曜に開催される。場所によって内容は民芸品からアート作品、アンティークにガラクタとさまざまで、屋台も登場。掘り出し物に出会えるかも。

Feira Liberdade リベルダージの東洋市
MAP P.111-D2
焼きそば、今川焼き、カキ揚げなどの露店が並び、まるで日本の縁日。うちわなど日本の民芸品や革製品、銀細工なども出て、駅前広場は毎日曜12:00〜20:00頃までにぎわう。

Feira da República
ヘプブリカ広場ののみの市 MAP P.115
毎週日曜の9:00〜17:00頃、アーティストたちが持ち寄った自作の絵画やポスター、アクセサリーなどのほか、レースや皮革製品、Tシャツ、人形、楽器、鉱物の置物や、ブラジルのみやげ物などを売っている。B級グルメの露店もたくさん。

Feira do MASP
サン・パウロ美術館のアンティーク市
MAP P.110-B2
サン・パウロ美術館敷地内の吹き抜け広場で毎週日曜10:00〜16:00頃に開催。地元の芸術家による絵画、彫刻品、クリスタルの器や銀製品、ジュエリーなど質の高い作品からユニークな雑貨まで。

Feira do Bixiga
イタリア人街ののみの市 MAP P.111-C2
セントロの南、ベラ・ヴィスタBela Vista地区のドン・オリオネ広場 Praça Dom Orione（R. 13 de Maioの端にある）にて、毎週日曜8:00〜18:00頃に開催。玩具、蓄音機や古いLPレコード、電話機、家具など安価なアンティークが中心。

Feira de Artes da Benedito Calixto
ベネチート・カリスト広場ののみの市
MAP P.107-A1
サン・パウロ墓地の南東すぐに位置する細長いベネチート・カリスト広場Praça Benedito Calixto。日曜の10:00 〜 17:00頃はアンティーク市。土曜の14:30〜夕方頃まではショーロの生演奏も楽しめる。

マリア・ルイーザ財団
Fundação Maria Luisa e Oscar Americano　MAP P.107-A2

木々に囲まれた大きな屋敷だ

かつて裕福なパウリスタの私邸だったもので、現在は美術館として一般公開されている。館内の展示はフランス統治時代の絵画や16～19世紀の陶器、ブラジル帝国時代の皇族のコレクション、20世紀のブラジルを代表する芸術家であるエミリアーノ・ヂ・カヴァルカンティEmiliano Di Cavalcantiの絵画など多岐にわたる。ブラジルの珍しい植物が集められた広大な庭を散策するのもいい。

マリア・ルイーザ財団
住 Av. Morumbi 4077, Morumbi
☎(011)3742-0077
URL www.fundacaooscaramericano.org.br
開 10:00～17:30
休 月　料 R$10
行き方
地下鉄4号線ファリア・リマ駅Faria Limaから7040-21番または775F-10番のバスに乗りAv. Morumbi 3608で下車後、徒歩約3分。

バンデイランチス宮殿
Palácio dos Bandeirantes　MAP P.107-A2

1950年代に大学として造られたが、現在はサン・パウロ州州庁舎として、庁舎内の一部と州所有の美術品を一般公開。公開エリアは白亜の宮殿内と庭園で、毎正時に出発する所要約1時間のガイドツアーで見学する。宮殿1階ホールの床は大理石張りで、吹き抜けの壁には20世紀のモダンアートが展示され、2階は陶器などを展示。18世紀を代表する芸術家アレイジャジーニョの作品が見られることもある。庭園には250本の桜が植えられ、7～8月頃に開花。

バンデイランチス宮殿
住 Av. Morumbi 4500, Morumbi
☎(011)2193-8000
開 10:00～17:00
休 月　料 無料
入るのに要パスポート。
行き方
マリア・ルイーザ財団と同じ。バス下車後徒歩約5分。バスの進行方向に沿って歩くと右手側に宮殿の建物が見えてくる。

モルンビー・スタジアム
Estádio do Morumbi　MAP P.107-A2

女性や子供の観客も多い

1970年完成のサン・パウロを代表するスタジアムで、収容人数は約7万人とリオのマラカナン・スタジアムに次ぐ大きさ。サッカーの試合だけでなく、コンサート会場としても使われ、マドンナやU2、マイケル・ジャクソンなどが公演を行った。試合や公演のない日はスタジアム内をツアーで見学することができる。

モルンビー・スタジアム
住 Praça Roberto Gomes Pedrosa 1, Morumbi
☎(011)3749-8000
URL www.saopaulofc.net
ツアー
URL morumbitour.com.br
開 火～金　10:00、12:00
14:00、15:30発
土・日　10:30発～
15:30発まで6回
休 月　料 R$40（要予約）
行き方
地下鉄4号線ファリア・リマ駅から775F-10番のバスに乗りスタジアム前下車。

モルンビー地区Morumbiへの起点になる地下鉄4号線ファリア・リマ駅。中州の広場を囲んでバス乗り場が並ぶが、案内はない。駅B3出口付近に観光地行きのバス乗り場が集中

中央卸売市場セアザ
CEAGESP　MAP P.107-A1

サン・パウロ市民の台所となる巨大マーケット（フェイラFeira）。普段は店への卸売りだが、毎週土・日曜のみ一般にも解放されている。500m四方ほどの建物のなかには肉や魚などの生鮮食品から野菜、フルーツ、花などの店がごった返す！ 日本ではなかなかお目にかかれないフルーツを買ったり、試食しながら歩いてみるのも楽しい。店は朝7:00からお昼頃までがピーク。ブラジル風揚げ餃子のパステウや豚もも肉のサンドイッチ、ペルニウなどのB級グルメの屋台もたくさんあるので、朝ご飯やランチを食べるのもおすすめ。

エリアにより並ぶ店が違う。日系人の店も多い

中央卸売市場セアザ
住 Av. Dr. Gastão Vidigal 1946, Vila Leopoldinha
☎(011)3643-3700
URL www.ceagesp.gov.br
開 一般オープンは土・日曜のみ。7:00～12:00頃
行き方
近郊列車のセアザ駅Ceasaから徒歩15分。WEC Travel Agency（→P.109）でツアーを催行している。

開拓者の家
住Praça Monteiro Lobato s/n, Butantã
☎(011)3031-0920
開9:00～17:00
休月
料無料
行き方
地下鉄4号線ブタンタン駅Butantãから809L-10番バスで約2分。乗り場は駅出口の裏側にある三角形の広場 脇。Av. Valentim Gentil 351で下車し、ピニェイロス川沿いを進行方向に歩く。2ブロック目を左折すると50mほどで入口。

開拓者の家

Casa do Bandeirante MAP P.107-A1

18世紀の農家の建物内に、当時の生活道具や家具などを展示。道路のなかった当時は、川が重要な交通路で、奥地へ赴く人々がここへ立ち寄り休息を取ったという。古びた紡績機やサトウキビから砂糖を作るための巨大な鉄釜など、展示数は多くはないが興味深いものばかりだ。

緑豊かで閑静な高級住宅街にある

COLUMN “褐色の聖母”が祀られる町アパレシーダ

サン・パウロから北東へ約170km。リオ・デ・ジャネイロとの中間あたりにアパレシーダAparecidaという町がある。人口3万人ほどの小さな町だが、ブラジル人の信仰のよりどころとして圧倒的人気の、“褐色の聖母”として知られるブラジルの守護聖母ノッサ・セニョーラ・アパレシーダを祀る聖地だ。

始まりは、1717年に遡る。サン・パウロとミナス・ジェライスを統治する執政官がこの付近を巡視することとなり、当時、一寒村にすぎなかったこの地で、その貴人を饗応しなければならなくなった。ドミンゴス・ガルシア、ジョアン・アウヴェス、フェリペ・ペドローゾの3人の漁師が、近くを流れるパライーバ川で魚を取るためにカヌーを漕ぎ出した。あいにく漁期ではなく、1匹の魚もかからなかった。3人は意気消沈して帰ろうとしたが、ジョアン・アウヴェスが最後にひと網を打ったところ、なんと首のない聖母像がかかった。さらにもうひと打ちすると、先ほどの聖母像にぴったりとはまる首が見つかった。それからは魚が取れるわ、取れるわ。カヌーに入りきらないほどの収穫を得て、3人は喜んで村に帰った。

その後、聖母像はフェリペと家族によって祀られたが、数々の奇蹟が起こった。やがてブラジル中からうわさを聞きつけた人々が訪れるようになり、一大聖地としての発展を見るようになったという。

現在は、週末を中心に普段でも参拝が絶えないが、特に、毎年10月12日の大祭国民の祝日だ。この日は、ブラジルのみならず南米の各地から、およそ13万人の人々が集まる。聖堂の周囲は参拝者のバスで埋まり、広場や道路は人々の洪水である。ブラジル人たちの信仰のパワーを感じさせる極めつけの場所だ。

なお、アパレシーダ広場Praça N.S. Aparecidaや旧聖堂の参道R. Monte Carmeloに、ホテルが軒を連ねている。観光に依存している町なので、お祭りの時期は宿代と物価が暴騰し、シーズンオフは交渉次第。大祭の前後は特別な信心のない人は避けたほうが無難。

アパレシーダ Aparecida
MAP P.65-C3

アパレシーダへの行き方

サン・パウロのチエテ・バスターミナルから、Cometa社のバスが出ている。約2時間半で、巨大な新聖堂が見えてくると、バスターミナルはすぐ。バスは1時間に1～2便程度、R$50.15。

円形2階建てのバスターミナルから、広場Praça Dr. Benedito Meireillesを挟んで旧聖堂前の広場Praça N.S. Aparecidaまで坂道が続く。これがアパレシーダの門前町で、ホテル、飲食店、おみやげ物屋などが軒を連ねる。

おもな見どころ

旧聖堂 Basílica Velha

アパレシーダ広場に立つ教会。18世紀中頃に建立。ふたつの鐘楼をもつバロック様式の美しい教会で、1982年に文化財に指定されている。

新聖堂 Basílica Nova

高さ72mのドームと100mの鐘楼をもつ巨大な教会堂。総建物面積1万8000m2で、3万2000人を収容できる。構内にはアパレシーダの聖母像が安置され、「奇蹟の部屋」や博物館、巨大なミサの部屋がある。

付属博物館 Museu N.S. Aparecida

新聖堂の塔内2階にある。17～18世紀の聖像やアパレシーダの王冠など、聖具を展示。

ポルト・イタグアス Porto Itaguaçu

パライーバ川畔サン・ジェラルド区にある。伝説の漁師たちがアパレシーダの聖母像を得た所。聖母像出現の記念碑が立つ。

Hotel

サン・パウロのホテル

高級ホテルからホステルまで、市内各所に宿泊施設は散在。パウリスタ大通り周辺とモルンビー地区にはビジネス向けのホテルが多数。手頃な価格のホテルを探すならセントロ～リベルダージ周辺のエリアだが、治安が悪いためあまりおすすめはできない。少々値は張るものの、パウリスタ大通り沿いのホテルが無難だろう。地下鉄駅から徒歩圏内の宿が便利。

セントロ

Bourbon

ブルボン MAP P.115

中級ホテル

ヘプブリカ広場から1ブロック北にある中級ホテル。コロニアル調の重厚な造りで、旧市街によく調和している。客室、レストランやバーも落ち着いた雰囲気で寛げる。フィットネスジムもあり。

住 Av. Dr. Vieira de Carv. 99, Vila Buarque
☎ (011) 3337-2000
URL www.bourbon.com.br
料 ⓈR$218～ ⓌR$277～　税金5%別
カード ADMV　室数 127室

San Raphael Hotel

サン・ハファエウ MAP P.115

中級ホテル

ヘプブリカ広場の北に伸びる通り、Av. Dr. Vieira de Carv.の突き当たりにあるサークルLargo do Aroucheに面する。50年以上の歴史あるホテルだが、客室は改装されきれい。フロントは英語が通じる。

住 Largo do Arouche 150, Centro
☎ (011) 3334-6000　FAX (011) 3221-3202
URL www.sanraphael.com.br
料 ⓈR$200～ ⓌR$220～　税金5%別
カード ADJMV　室数 214室

Hotel Excelsior Ipiranga

エクセルシオール・イピランガ MAP P.115

中級ホテル

ヘプブリカ広場の東、イピランガ通りAv. Ipiranga沿い。付近は庶民的なショッピング街で、地下鉄ヘプブリカ駅や空港バス乗り場もすぐ近くの好立地。ホテル内にはレストラン、バー、会議室などがある。客室はカジュアルな雰囲気。

住 Av. Ipiranga 770, Centro
☎ (011) 3331-0377　FAX (011) 3221-6653
URL hotelexcelsiorsp.com.br
料 ⓈR$264～ ⓌR$308～　カード ADJMV　室数 200室

Nobile Downtown

ノビレ・ダウンタウン MAP P.115

高級ホテル

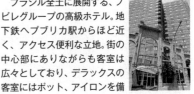

ブラジル全土に展開する、ノビレグループの高級ホテル。地下鉄ヘプブリカ駅からほど近く、アクセス便利な立地。街の中心部にありながらも客室は広々としており、デラックスの客室にはポット、アイロンを備えている。ブラジル料理のレストラン、屋内プールやフィットネスを館内に併設。

住 R. Araújo 141 Bairro, Republica
☎ (011) 2137-4600　URL www.nobilehoteis.com.br
料 ⓈR$235～ ⓌR$266～　税金5%別
カード ADMV　室数 260室

Amália

アマリア MAP P.115

エコノミー

地下鉄3号線アニャンガバウ駅Anhangabaúからほど近い経済的なホテル。フロントは24時間対応。全室扇風機、ミニバー付き。ドライヤーは要リクエスト。

住 R. Cel. Xavier de Toledo 250, Centro
☎ (011) 3255-8366
料 ⓈⓌR$175～
カード AMV
室数 56室

リベルダージ地区周辺

Nikkey Palace Hotel
ニッケイ・パラシ　MAP P.111-D2

中級ホテル

リベルタージ地区を代表する老舗ホテル。フロントは日本語が通じるので安心だ。日本料理店、カラオケ、サウナ、会議場などの施設がある。客室は設備が整い、NHKも視聴可。ビュッフェ形式の朝食には和食も用意されている。

住R. Galvão Bueno 425, Liberdade
☎(011)3207-8511　FAX(011)3207-6614
URL www.nikkeyhotel.com.br　料ⓈR$229～ⓌR$279～　税金5%別　カード ADJMV　室数95室

Palmleaf Slim
パームリーフ・スリム　MAP P.111-D2

中級ホテル

ガウバオン・ブエノ通りの南端にある中級ホテル。客室はソファルームと寝室に分かれ、円柱の造りを生かしたユニークな造り。館内に中華レストラン併設。

住R. Galvão Bueno 700, Liberdade
☎(011)3198-9100
URL www.bhaisa.com.br
料ⓈR$152～ ⓌR$173～　カード ADJMV　室数120室

読者投稿

地下鉄ヘプブリカ駅から徒歩圏内。設備は比較的新しく、Wi-Fiフリー、朝食付とコストパフォーマンスは高いです。難点は、周囲の治安はあまりよくなく、週末の夜はクラブの騒音がうるさいこと。平日の前半なら比較的快適に滞在できると思います。

（千葉県　コバサマナイト　'13）['17]

Calstar Hotel
カウスター　MAP P.115
住R. Epitácio Pessoa 97, República
☎(011)3257-8810　FAX(011)3258-5118
URL www.hotelcalstar.com.br
料ⓈR$120～ ⓌR$150～　カード ADMV　室数51室

Banri Hotel
萬里　MAP P.111-D2

中級ホテル

地下鉄リベルダージ駅から徒歩3分、大阪橋を渡ってすぐ左側にある台湾系のホテル。中国系の宿泊客が多いが、フロントには日本語新聞や周辺のパンフレットなども置かれている。客室は冷蔵庫あり。駐車場あり。

住R. Galvão Bueno 209, Liberdade
☎(011)3207-8877　FAX(011)3208-9225
料ⓈR$128～ ⓌR$164～　税金15%別
カード MV　室数60室

Hotel Isei
一成　MAP P.111-D2

エコノミー

台湾人が経営するホテル。受付は2階にあり、ロビーは少し暗い感じがするが、部屋は清潔に保たれている。昼は日本語のできるオーナーが対応してくれる。地下鉄リベルダージ駅から歩いて5分と便利。ロビーには日本語新聞もある。

住R. da Glória 290, Liberdade
☎(011)3208-6646
料ⓈR$80 ⓌR$135　カード不可　室数35室

Hostel Vergueiro
オステウ・ヴェルゲイロ　MAP P.111-C3

ホステル

地下鉄1号線サン・ジョアキン駅から徒歩約6分。リベルダージ地区へ徒歩圏内。全室シャワーとトイレ付が付いており、タオルとベッドリネンも料金に込み。共同キッチンやリビングに生活用品が揃う。

住R. Vergueiro 434, Bairro da Liberdade
☎(011)2649-1323
URL www.hostelvergueiro.com
料ドミトリー R$60～ ⓈR$120～ ⓌR$140～
カード MV　室数80ベッド

パウリスタ大通り周辺

Emiliano
エミリアーノ　MAP P.110-A3

最高級ホテル

オスカー・フレイレ通りに位置するのラグジュアリーモダンホテル。客室は広々としており、温水洗浄便座も設置。館内のフィットネスセンターは24時間利用可能。コンテンポラリーイタリアンのレストランは昼が狙い目。

住 R. Oscar Freire 384, Jardim Paulista
☎ (011) 3728-2000　URL emiliano.com.br
料 ⓈⓌR$1690～　税金5%別
カード ADMV　室数 56室

Tivoli Mofarrej São Paulo
チヴォリ・モファレジ・サン・パウロ　MAP P.110-B3

最高級ホテル

パウリスタ大通りの1本南のアラメダ・サントス通りAlameda Santos沿い。展望レストランにスパ、広いプール、最新設備のフィットネスセンターなど館内施設は充実。全室禁煙の客室は明るくモダン。

住 Alameda Santos 1437, Cerqueira César
☎ (011) 3146-5900
URL www.minorhotels.com
料 ⓈⓌR$1220～　カード ADMV　室数 217室

L' Hotel Porto Bay São Paulo
ロテウ・ポルト・ベイ・サン・パウロ　MAP P.110-B3

最高級ホテル

ロビー正面の大きなタペストリーは16世紀のもの。吹き抜けを囲んで部屋が並び、全室イタリア大理石のバスタブ付き。最上階には温水プールとジム。日本食の朝食もリクエスト可能。

住 Alameda Campinas 266, Jardim Paulista
☎ (011) 2183-0500　URL www.lhotel.com.br
料 ⓈⓌR$690～　税金5%別
カード ADMV　室数 84室

Inter-Continental São Paulo
インターコンチネンタル・サン・パウロ　MAP P.110-B3

最高級ホテル

最高の立地にある20階建ての高級ホテル。2013年に全面改装され、モダンな雰囲気で統一されている。ワインと各国料理が味わえるレストランのほかバーも。日本語スタッフの常駐や、朝の和食メニューもうれしい限り。

住 Alameda Santos 1123
☎ (011) 3179-2600
URL www.ihg.com
料 ⓈⓌR$880～　カード ADJMV　室数 195室

Maksoud Plaza São Paulo
マキスージ・プラザ・サン・パウロ　MAP P.110-B3

高級ホテル

パウリスタ大通りから2ブロック北にあるカラフルな22階建ての高層ホテル。吹き抜けを利用した南米らしい内装も魅力。ブラジルコンテンポラリー料理のレストランほか、ピアノバーもあり。各部屋には日本語の案内書が用意され、日系人スタッフも常駐。

住 R. São Carlos do Pinhal 424, Bela Vista
☎ (011) 3145-8000　FAX (011) 3145-8001
URL www.maksoud.com.br　料 ⓈR$360～
ⓌR$390～　税金5%別　カード ADMV　室数 416室

Blue Tree Premium Paulista
ブルー・ツリー・プリミウム・パウリスタ　MAP P.110-B2

高級ホテル

サン・パウロ美術館の裏側にある高級ホテルは大理石のロビーも豪華。フロントには日本語対応可能なスタッフがいることも。広々とした客室は暖色系の色合いが落ち着く。使いやすいワーキングデスク、スリッパ、電気ポット、お茶などが揃う。

住 R. Peixoto Gomide 707, Cerqueira César
☎ (011) 3147-7000　URL www.bluetree.com.br
料 ⓈR$280～ ⓌR$300～　税金5%別
カード ADMV　室数 236室

Golden Tulip Paulista Plaza
ゴールデン・チューリップ・パウリスタ・プラザ MAP P.111-C4

高級ホテル

ビジネスの中心地、パウリスタ大通りから1ブロック南側の通りに面した最高のロケーション。最寄りの地下鉄駅まで徒歩圏内。フロントには日本語対応可能なスタッフがいることも。朝食ブッフェには和食メニューも並ぶ。NHKが視聴可能。

住Alameda Santos 85, Jardins
☎(011) 2627-1000　FAX(011) 2627-1001
URL www.goldentulippaulistaplaza.com
料ⓈR$272～ ⓌR$304～
カード ADMV　室数378室

Tulip Inn Sao Paulo Paulista
チューリップ・イン・サン・パウロ・パウリスタ MAP P.111-C4

高級ホテル

地下鉄パライーゾ駅Paraísoから徒歩5分程度、パウリスタ大通りからは少し離れるが過ごしやすいエリア。客室は木目を生かしたモダンな内装で、ミニバーやセーフティボックスを完備。インターネット接続もスムーズでビジネス利用にも人気が高い。

住R. Apeninos 1070, Paraíso
☎(011) 2627-3000　FAX(011) 2627-3001
URL www.goldentulip.com
料ⓈR$281～ ⓌR$321～ カード ADMV　室数91室

Soul Hostel
ソウル・オステウ MAP P.110-B3

ホステル

パウリスタ大通りからほど近い所にあるホステル。元ゴー・バックパッカーズ。客室はすべてドミトリーで男女混合と女性専用とに分かれ、1部屋当たりのベッド数は4～8。キッチンと冷蔵庫は24時間利用可能。英語サイトあり、フロントは英語OK。

住R. São Carlos do Pinhal 461, Bela Vista
☎(011) 2609-7212
URL www.soulhostel.com.br
料ドミトリー R$44～　カード MV　室数30ベッド

bee. W
ビー・ダブリュ MAP P.110-B2

ホステル

パウリスタ大通りから2ブロックほど進んだところにあるホステル。ドミトリーは5部屋あり、男女混合と女性専用とで分かれている。ベッドにはヘッドライトと電源付き、個人用のロッカーがある。屋上にはウッドデッキやジャクージも。

住R. Haddock Lobo 167, Bela Vista
☎(011) 4328-6222　URL www.beew.com.br
料ドミトリー R$50～ ⓈR$85～ ⓌR$200～250
カード AMV　室数40ベッド

その他の地域

Hotel Unique
ユニーク MAP P.107-A2

最高級ホテル

半円形の船の形をしたホテル。建築デザインは駐日ブラジル大使館も設計したルイ・オオタケ氏。円形の窓を配して借景の要素を取り入れた客室はモダンで、最新の設備を誇る。屋上のプールからはサン・パウロの町並みを一望。

住Av. Brig. Luís Antônio 4700, Jardim Paulista
☎(011) 3055-4700　URL www.hotelunique.com
料ⓈⓌR$1361～　カード ADMV　室数95室

Fast Sleep
ファスト・スリープ MAP P.107-B1外

エコノミー

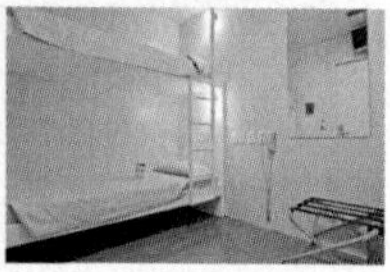

グアルーリョス国際空港の第2ターミナル1階、コンコースDにある。1時間単位で部屋を使え、バスルーム共用。最低限の設備は整っている。シャワーのみの利用も可能で1時間R$47。

住Aeroporto Internacional de Guarulhos Asa D, Terminal 2　☎(011) 2445-2356
URL www.fastsleep.com.br　料ⓈR$89～282
ⓌR$110～299　カード ADMV　室数60室

サン・パウロで食べる

2 ブラジル 大郷土料理

ミナス料理

Cozinha Mineira

ミナス・ジェライス州の郷土料理。豆や野菜、干し肉など質素な食材を使った料理が多く、こってり味の煮込み料理が一般的。代表的なものに、豆のペースト、トゥトゥや鶏肉とオクラの煮込みフランゴ・コン・キアボFrango com Quiaboなど。

❶煮込んだ豆にマンジョーカ芋の粉を混ぜたフェイジョン・トロペイロFeijão TropeiroR$94。上にのっているのは、豚の皮をカリカリに揚げたトへーズモ❷干し肉とマンジョーカ芋のフライ、豆のスープ、青菜、ご飯がセットになったZona da MataR$99 ❸マンジョーカ芋のコロッケR$27.5。ビールのおつまみにぴったり！ ❹レアもののカシャーサも多い

コンスラード・ミネイロ

Consulado Mineiro

地元の人でいつもにぎわっている、ミナス料理の専門店。シェフもオーナーもミナス州出身で、本場顔負けのミナス料理が各種揃う。90種類以上あるカシャーサもぜひ。

MAP P.107-A1　住 Praça Benedito Calixto 74
☎(011)3088-6055
URL consuladomineiro.com.br
営 月～金12:00～24:00　土12:00～20:00　日12:00～23:00　休 無休　カード ADMV

バイーア料理

Cozinha Bahiana

バイーア州の郷土料理。ココナッツやヤシの実からとれるデンデ油をふんだんに使うのが特徴。肉よりも魚やエビ、貝などの魚介を使った料理が多く、魚介スープのムケカやデンデ油で揚げたスナック、アカラジェなどが代表的。

❶シーフードと玉ネギ、トマトをデンデ油とココナッツで煮込んだムケカMoqueca。こちらはエビと白身魚のミックスR$139。数人でシェアして食べよう❷豆でできた生地をデンデ油で揚げたアカラジェAcarajéR$35 ❸バイーア州の飾りがそこかしこにあるかわいい店

アカラジェの食べ方！

1

ナイフを入れて、半分にカット。端の部分は切れないようにしておく

2

マンジョーカ芋の粉やエビを入れる

3

具材がはみ出るほどに持ったら完成！ こぼしながら豪快に食べよう

コンスラード・ダ・バイーア

Consulado da Bahia

サンパウロでバイーア料理ならここ！ という有名店。バイーア州で5年連続1位となった凄腕のシェフが作る料理はどれも絶品。食材もすべて一流のものばかりを使用。

MAP P.107-A1　住 R. dos Pinheiros 534
☎(011)3085-3873
URL www.consuladodabahia.com.br
営 月～土12:00～24:00 日12:00～22:00
休 月　カード ADJMV

サン・パウロの
レストラン

人種のるつぼサン・パウロではさまざまな味に出合える。多いのはチーズたっぷりのイタリア料理、ブラジル料理、アラブ料理など。パウリスタ大通りの南側には高級レストランや最新のスイーツ店、おしゃれなカフェが、ヘプブリカ広場周辺には手頃な量り売りビュッフェの"ポル・キロ"店が多い。お酒と音楽を求めるならヴィラ・マダレナ地区が熱い。

セントロ

Terraço Itália Restaurante
テハッソ・イタリア MAP P.115

地上約46mの高さから、サン・パウロの町並みを見下ろせる眺望自慢の高級イタリアンレストラン。月～土曜のランチは前菜、メイン、デザートのランチコース、日曜はブッフェランチ。ディナーはアラカルトメニューとなる。ディナーの予算はドリンク抜きでR$250～。

住Av. Ipiranga 344-41°, Centro
☎(011) 2189-2929 営月～木12:00～24:00 金・土12:00～翌1:00 日12:00～23:00
休無休 カード A D J M V

Famiglia Mancini
ファミリア・マンシーニ MAP P.111-C1

内装も料理も迫力の老舗大箱イタリアン。窯で次々と焼きあげるピザが香ばしい。パスタの種類はペンネやリングイネなど7種類から選べ、1皿R$102～。1皿の量が2人前なので注意。

住R. Avanhandava 81, Bela Vista
☎(011)3256-4320 URL www.famigliamancini.com.br
営月～水11:30～翌1:00 木11:30～翌1:30 金・土11:30～翌2:30 日11:30～24:00
休無休 カード A D J M V

リベルダージ地区

Lamen Kazu
ラーメン・カズ MAP P.111-D2

人気のラーメン店。太めの縮れ麺が特徴のラーメンは10種類ありR$33～。写真の北海道味噌ラーメンはR$48。麺やたれ、味噌は日本産を使用。アレルギー物質の日本語表示あり。夏季には冷やし中華も提供している。

住R. Tomás Gonzaga 51, Liberdade
☎(011)3277-4286 URL lamenkazu.com.br
営月～土11:00～15:30、17:30～22:30
日 11:00～15:30、17:30～21:00
休無休 カード J M V

パウリスタ大通り周辺

Habib's
ハビブス MAP P.110-A2

ブラジル全土で見られる赤と黄色にヒゲのおじさんのマーク。日本では珍しいアラブ料理とピザのファストフードチェーン。キビやホモスなどを手軽に楽しんでみよう。セットメニューがR$11.9～とリーズナブル。宅配も行っている。

住R. Augusta 1894, Cerqueira César
☎(011)5696-2828
営24時間 休無休 カード A D J M V

Bella Paulista
ベッラ・パウリスタ MAP P.110-A2

パウリスタ大通りに近い、24時間にぎわう人気店。レストランとベーカリーを併設し、入口で渡される電子カードに飲食や買物を記録。出口で会計するシステム。軽食、スイーツと何でも揃う。チーズたっぷりのピザR$46～はスライスでも提供。

住R. Haddock Lobo 354, Cerqueira César
☎(011)3214-3347
URL padariabellapaulista.com.br
営24時間 休無休 カード A D J M V

Tasca da Esquina
タスカ・ダ・エスキーナ　MAP P.110-B3

ポルトガル料理をベースとした創作料理が味わえるカジュアルなビストロ。内装はウッディで解放的。名物のタラ料理はR$91～。魚以外にも、肉料理など豊富に揃っている。

住 Alameda Itu 225, Jardim Paulista
☎ (011)3262-0033
URL www.tascadaesquina.com
営 火～木12:00～15:00、19:00～23:30　金12:00～15:00、19:00～24:00　土12:00～16:00、19:00～24:00　日12:00～17:00
休 月　カード ADJMV

Apfel
アプフェル　MAP P.110-A2

スイス移民の女性シェフが手がけるサン・パウロで最初のベジタリアンビュッフェレストラン。色とりどりの野菜や雑穀、豆を使った料理がずらりと並ぶ。料金は平日R$34.9、週末はR$40.9。セントロのヘプブリカ広場近く(MAP P.115)に支店あり。

住 R. Bela Cintra 1343, Jardins
☎ (011)3062-3727
URL www.apfel.com.br
営 月～金11:30～15:00　土・日11:30～16:00
休 無休　カード MV

Pão
パオ　MAP P.110-A2

パウリスタ大通りとオスカー・フレイレ通りの間にあるウッディーな内装の店。素材にこだわるオーガニックパン屋のカフェで、朝はグラノーラや自家製ジャムを添えたヨーグルトR$14.5～、昼はパン付きサラダR$18～などのメニューがある。

住 R. Bela Cintra 1618, Consolação
☎ (011)2193-2116
URL padariaartesanal.com.br
営 月～土8:00～20:00　日8:00～19:00
休 無休　カード ADJMV

Gelato Boutique
ジェラート・ブティック　MAP P.110-B3

サン・パウロで近年流行っているジェラートショップのなかでも、特に人気があるのがこの店。契約農業から仕入れるフレッシュミルクやフルーツを使ったジェラートは、こってり濃厚。1カップR$12～。気になる味があれば試食させてもらおう。

住 R. Pamplona 1023, Jardim Paulista
☎ (011)3541-1532
URL www.gelatoboutique.com.br
営 月～木10:00～21:00　金～日10:00～22:00
休 無休　カード AMV

À Mineira
ア・ミネイラ　MAP P.110-B3

リオ・デ・ジャネイロに本店があるミナス料理のビュッフェ式レストラン。メインはサラダや煮込み料理が中心で、種類も豊富だ。焼きたての肉やチーズを提供するスペースもある。料金はビュッフェR$46.9、平日のみ量り売りも行っておりkgあたりR$58.9。

住 Alameda Joaquim Eugênio de Lima 697, Jardim Paulista　☎ (011)3283-2349
URL www.grupoamineira.com.br
営 月11:30～16:00　火・水11:30～23:00　木～土11:30～24:00　日11:30～21:00　休 無休　カード ADMV

Figueira Rubaiyat
フィゲイラ・フバイヤ　MAP P.110-A3

ブラジルほかアルゼンチンやスペインにも展開している高級レストラン。店名にもなっている樹齢70～100年のイチジクの木がテラス席を覆い、ムード抜群。人気メニューは産地や部位を選べるステーキでR$100～300程度。

住 R. Haddock Lobo 1738, Jardim Paulista
☎ (011)3087-1399
URL rubaiyat.com.br
営 月～木12:00～16:00、19:00～24:00　金・土12:00～24:00　日12:00～18:00
休 無休　カード ADJMV

Brasil a Gosto

ブラジル・ア・ゴスト　MAP P.110-A3

イタリア帰りの女性シェフが手がける店。閑静な一角にあり、オレンジを効かせた内装がおしゃれ。料理は軽やかにアレンジしたフュージョンブラジル料理。前菜がR$20～、メインがR$39～129。

住R. Prof. Azevedo Amaral 70, Jardim Paulista
☎(011) 3086-3565
URL www.brasilagosto.com.br/us/
営火～木19:00～24:00　金・土12:00～17:00、19:00～24:00　日12:00～17:00
休月　カード ADMV

Pao de Queijo Haddock Lobo

ポン・デ・ケージョ・ハドッキ・ロボ　MAP P.110-A3

ブラジルの国民的パン、ポン・デ・ケージョの専門店。奥の工房から次々に焼きたてが運ばれてくるため、いつでも温かいポン・デ・ケージョが食べられる。kgあたりR$48で、1個から購入可能。ほか焼き菓子や飲み物も販売しており、店内や店の前のベンチに座って食べることができる。

住R. Haddock Lobo 1408, Cerqueira César
☎(011) 3088-3087
営月～土8:00～20:20　日9:00～19:00
休無休　カード AMV

Capim Santo

カピム・サント　MAP P.110-A3

建物入口を進んだ先にはガーデンが広がっており、都会にありながらもリゾート気分を楽しめるレストラン。豆や野菜、フルーツを多用したヘルシー志向のメニューが揃い、ランチはビュッフェで平日はR$63、土・日曜はR$96。ディナーはアラカルトで、メインはR$59～。

住Alameda Min. Rocha Azevedo 471, Jardins
☎(011) 3089-9500　URL www.capimsanto.com.br
営 火～金12:00～15:00、19:00～23:30　土12:30～16:30、20:00～24:00　日12:00～17:00
休月　カード ADMV

JOJO Ramen

ジョジョ・ラーメン　MAP P.111-C4

東京・中野の「地雷源」オーナーがプロデュース。木を多用した上品な雰囲気の店内で、ブラジル食材を生かしたラーメンを味わうことができる。豚骨、鶏ガラ、魚介ダシをブレンドしたスープに、セモリナ粉を使用したもちもちの麺。写真はラーメンJOJO醤油味R$34。塩、味噌味もある。

住R. Dr. Rafael de Barros 262, Paraíso
☎(011) 3262-1654
URL www.jojoramen.com.br
営月～金11:30～14:30、18:00～22:00　土12:00～15:00、18:00～22:00
休日　カード AMV

ピニェイロス地区周辺

São Cristóvão

サン・クリストバル　MAP P.122

サッカーグッズが一面に貼られ、ファンにはたまらない。カサーシャ R$19～。料理も巨大ソーセージなどボリュームがあって大満足。ロケーションはサンババーが軒を連ねる活気ある通り。店内でライブを催す夜もある。英語メニューあり。

住R. Aspicuelta 533, Vila Madalena
☎(011) 3097-9904　営12:00～翌2:00
休無休　カード AMV

Coffee Lab

コーヒー・ラブ　MAP P.122

「コーヒー研究所」という店名の通り、コーヒー豆の焙煎から、オリジナルブレンドの販売まで手掛ける店。一軒家を改装したような隠れ家的カフェで、コーヒー好きのバウリスタでいつも満席。2種の味わいの異なるコーヒーを飲み比べられるRitual$R14～をぜひ。豆の特徴や飲み方について英語で説明してくれる。

住R. Fradique Coutinho 1340, Vila Madalena
☎(011)3375-7400　URL coffeelab.com.br
営10:00～20:00　休無休　カード AMV

Hirá Ramen Izakaya

ヒラ・ラーメン居酒屋 MAP P.122

日本でラーメンの修行を積んだ日系ブラジル人のオーナーが手掛ける居酒屋。看板メニューはラーメンR$39～やつけ麺R$40だが、唐揚げやお好み焼き、刺身や焼き魚など豊富な日本食メニューで出迎えてくれる。日替わりのランチはR$42～。日本酒や焼酎といったアルコールも充実。

住R. Fradique Coutinho 1240, Vila Madalena
☎(011)3031-3025 URL www.hiramenizakaya.com
営月～金12:00～15:00、19:00～23:00
土・日12:30～16:00 休無休 カード AMV

Bar do Seu Zé

バー・ド・セウ・ゼー MAP P.122

南米・中米で広く食べられている、パイ生地の中に挽き肉やチーズなどの具が入った総菜パン、エンパナーダの専門店。味は20種類以上あり、1個R$8.9程度。ボリュームもあり軽食にぴったり。スパイスが効いた挽き肉に、オリーブやゆで卵、レーズンなどの具材が入ったトラディショナル・デ・カルネがおすすめ。

住 R. Fradique Coutinho 875, Pinheiros
☎(011)3815-8858
営10:00～翌1:00 休無休 カード MV

その他の地域

Cervejaria Nacional

セルヴェジャリア・ナシオナウ MAP P.107-A1

ファリア・リマ駅から徒歩約5分のビール醸造所併設レストラン。平日のランチは日替わりでR$32。造りたて地ビールの飲み比べセット5種R$39も人気。

住Av. Pedroso de Morais 604, Pinneiros
☎(011)3034-4318
URL www.cervejarianacional.com.br
営火～木17:00～24:00 金・土12:00～24:00
日12:00～18:00
休月 カード ADMV

Barbacoa Churrascaria

バルバコア・シュハスカリア MAP P.107-A2

サン・パウロでも有名な高級シュハスカリア。国内の主要都市や日本にも姉妹店がある。20種類の肉に、サラダ、デザートとメニューが豊富。国内外から揃えるワインも魅力。料金は1人R$125強。ドリンクは別料金。

住R. Dr. Renato Paes de Barros 65, Itaim Bibi
☎(011)3168-5522 URL barbacoa.com.br
営月～木12:00～15:00、19:00～23:00
金 12:00～15:00、19:00～24:00
土 12:00～17:00、19:00～24:00
日 12:00～18:00、19:00～22:30
休無休 カード ADJMV

COLUMN 市営市場でランチをしよう

近年改装された公設市場

公設市場は新鮮な食材やホットグルメ、おみやげに適した加工食品の宝庫。セー広場やサン・ベント聖堂から歩いても行けるがタクシー利用が楽。

2階はフードコートになっていて、メルカドの様子を見下ろしながら食事ができる。さまざまな軽食が揃うが、有名なのはモルタデーラというサンドイッチ。パンの間からこれでもかとハムとチーズが溢れ出している。もうひとつの名物はバカリャウのパステウという、タラの身を包んだパイ。どちらもビッグサイズでR$20前後。絞りたてのフルーツジュースといっしょに味わおう。

駅のような立派な建物

モルタデーラを召しあがれ

Mercado Municipal
MAP P.107-B1
住R. Da Cantareira 306, Centro
営月～土6:00～18:00
日6:00～16:00
休月に1日

バカリャウのパステウ

ジャルジン地区おさんぽ ショップ&カフェめぐり

小さなブティックが並ぶ
オスカー・フレイレ通り

サン・パウロきってのおしゃれストリート、オスカー・フレイレ通りのあるジャルジン地区へ。ブラジルを代表するブランドからメイド・イン・ブラジレの民芸品店まで、個性豊かな店を回ろう。

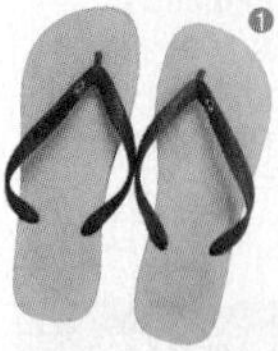

❶大定番、緑×黄色のブラジルカラーのサンダルR$28.9〜41.9 ❷子供用のサンダルは種類やサイズも多彩 ❸トータルのビーチコーディネートも手に入る！ ❹ブランド名の巨大な看板が目印

リーズナブルで高品質な
ビーチサンダルブランド

Havaianas ★ハワイアナス

ブラジルを代表するビーチサンダルメーカー、ハワイアナスのフラッグショップ。定番サンダルのほか、ここで買えない限定モデルや好きなパーツを選んで作るオリジナルサンダルもオーダー可能。水着やスニーカー、バッグなどの商品も展開している。

MAP P.110-A3外 住R. Oscar Freire 1116, Cerqueira César ☎(011)3079-3415
URL www.havaianas.com.br
営月〜土10:00〜20:00 日12:00〜18:00
休無休 カード ADMV

ブラジルでしか買えない！
ロクシタンのブラジルライン

L'occitane au Brésil
★ロクシタン・オウ・ブラジル

フランス生まれのコスメブランド、ロクシタンのブラジルライン。ブラジルの素材を使った香りが揃っており、ハンドクリームや石鹸、ルームフレグランスなどが人気。パッケージも地元デザイナーの手によるもので、ブラジルならではのデザインがたくさん。

MAP P.110-A3 住R. Oscar Freire 731, Jardins
☎(011)3061-5848
URL br.loccitaneaubresil.com
営10:00〜20:00 休無休 カード ADMV

❶おみやげのぴったりの石鹸セットR$45 ❷フルーティな香りのOlinaラインのリキッドソープR$46 ❸アナナスの花を配合したBroméliaシリーズのハンドクリームR$28❹空港や各ショッピングセンターにも店舗がある

緑あふれるカフェ空間で
ショッピング合間のひと休み

Oscár Café ★オスカー・カフェ

オスカー・フレイレ通りでの休憩に最適なカフェレストラン。エントランスは狭くて暗いが、抜けると緑にあふれた開放的な空間が広がる。オーガニック食材を多用したヘルシーランチが人気。スイーツも小ぶりで甘さ控えめなので、日本人の口にもぴったり。

MAP P.110-A3
住 R.Oscar Freire 727, Jardins
☎ (011) 3063-5209
URL oscarcafe.com.br
営 月～金10:00～24:00
日10:00～22:00
休 無休 カード ADJMV

❶内装は縦に長く、天井が高い ❷ひと口大のチュロスやシナモンアイスがセットになったプチ・チュロスR$27.8 ❸フルーツや野菜を使ったスムージーはR22.4～

カカオの味が感じられる
オリジナルチョコレート

Amma Chocolate ★アンマ・チョコレート

サルバドール近郊で作るオーガニックカカオを使ったチョコレートを販売。ミルクの配合量を変えたチョコレートは、それぞれ甘さが異なる。奥にはカフェがあり、チョコレートを使ったオリジナルのケーキが味わえる。自家製グラノーラR$26もおみやげにぜひ。

MAP P.110-A3 住 Alameda Min. Rocha Azevedo 1052, Jardins ☎ (011) 3068-0240 URL www.ammachocolate.com.br 営 火～土10:00～19:00 日13:00～19:00
休 月 カード AMV

❶チョコレートのラボを思わせる店内 ❷板チョコは各R$17。おすすめはカカオ45%のタイプ ❸こってり濃厚なチョコレートケーキR$15

おしゃれでかわいい
ブラジルの手工芸品

Ponto Solidário ★ポント・ソリダリオ

アマゾンやパンタナール、バイーアなどブラジル各地の先住民族が作る手工芸品がずらり。アクセや雑貨は、どれもストーリーがあるのでスタッフに聞いてみて。奥には先住民族に関する博物館があり、購入したアイテムを作った部族についても学べる。カフェを併設。

MAP P.110-A3 住 R. José Maria Lisboa 838, Jardim Paulista ☎ (011) 5522-4440
URL www.pontosolidario.org.br
営 月～金10:00～19:00 土10:00～16:00
休 日 カード ADMV

❶蔦が絡まる個性的な店構え ❷ヤシの葉の一種で作ったカゴ類。R$30くらいから ❸ビーズ製のミサンガ。各R40～ ❹木の器も味わい深いデザイン

サン・パウロの ショップ

効率よく買い物するのであれば、ブラジルブランドのショップが集まるショッピングセンターが便利。セントロやセー広場、公設市場周辺には小さな商店が並び、リーズナブルに買い物ができる。東京の表参道的なパウリスタ大通り～オスカー・フレイレ通りのエリアにはブラジルブランドの旗艦店がずらり。どのエリアも日曜は休みが多く、露店市以外は静か。セールは7月。

Presentes Azussa Ltda.
梓商会　MAP P.111-D2

日、中、韓の商店が並ぶリベルダージ地区の目抜き通り、ガウバオン・ブエノ通り沿いのみやげもの店。ブラジルの特産品がびっしり。コーヒー豆のチョコレートやカメの脂の石鹸、プロポリス製品なども取り扱う。もちろん買い物は日本語ででき、支払いは￥、R＄、U＄のいずれもOK。

住 R. Galvão Bueno 230, Liberdade
☎ (011) 3208-2554
営 月～金9:00～18:30　土8:30～16:30
休 日　カード ADJMV

Casa do Natural
カーサ・ド・ナチュラル　MAP P.122

フラジッキ・コウチーニョ通りR. Fradique Coutinho沿いのオーガニックショップ。近年都市部では健康志向が高まっている。店内では食品からコスメまで、国内外のオーガニック商品を販売。カフェもあり、ヴィーガンビュッフェ R$28.8～を実施。

住 R. Fradique Coutinho 910, Vila Madalena
☎ (011) 3816-0706
URL alternativacasadonatural.com.br
営 月～金9:00～21:30　土・日10:00～18:00
休 無休　カード ADMV

Utilplast
ウティルプラスト　MAP P.110-A2

1970年創業。キッチン雑貨を中心に、家電やバス用品、ランドリー用品といった生活雑貨を扱っている。店内には南米らしい鮮やかな色合いのグッズやユニークなアイデア商品が所狭しと並び、ギフト選びにもぴったり。ジョタカ・イグアテミ（→P.137）ほか市内に全3店舗ある。

住 Alameda Lorena 1931, Jardim Paulista
☎ (011) 3087-9292
URL www.utilplast.com.br
営 月～金10:00～19:00　土10:00～18:00
休 日　カード AM

Galeria Melissa
ガレリア・メリッサ　MAP P.110-A3

オスカー・フレイレ通りの北よりで、アーティスティックな外観が目を引く。季節ごとのオリジナルデザインシューズをはじめ、ブランドや人気キャラクターとのコラボ商品も勢揃い。キッズ用も豊富。店内に満ちる甘いラバー素材の香りも印象的。

住 R. Oscar Freire 827, Cerqueira César
☎ (011) 3083-3612
URL www.melissa.com.br
営 月～金10:00～19:00　土10:00～17:00
休 日　カード ADMV

Ôoh de Casa
オー・デ・カーサ　MAP P.122

ピニェイロス地区周辺にあるインテリアショップ。オリジナルのクッションカバーR$29.9～から、キッチン、バス用品、ブラジルらしい鮮やかな色合いのアクセサリーなども扱う。ハンドメイドのミニバッグも人気。

住 R. Fradique Coutinho 899, Vila Madalena
☎ (011)3812-4934
URL www.oohdecasa.com.br
営 月～金10:00～18:30　土10:00～18:00
休 日　カード ADMV

Eataly
イータリー MAP P.107-A2

世界中に展開をしているイタリア食材の専門店、イータリーのブラジル初店舗。チーズやパスタ、肉加工品などイタリア産食材が中心だが、ブラジルブランドのオーガニックフードやコスメなども扱っており、おみやげのまとめ買いに重宝。レストランも併設しており食事利用にもいい。

住 Av. Pres. Juscelino Kubitschek 1489, Itaim Bibi
☎ (011) 3279-3300 URL www.eataly.com.br
営 日～木8:00～23:00 金・土8:00～24:00
休 無休 カード ADMV

Livraria Cultura
リヴラリア・クウトゥーラ MAP P.110-A2

パウリスタ大通り沿いの巨大商業ビルShopping Conjunto Nacionalの1階にある大型書店。英語の書籍も充実し旅行ガイドや地図も揃える。別館Arteは、料理本や写真集が中心で、オスカー・ニーマイヤー関連書籍もある。市内各地に支店あり。

住 Av. Paulista 2073, Bela Vista
☎ (011) 3170-4033
URL www.livrariacultura.com.br
営 月～土9:00～22:00 日11:00～20:00
休 無休 カード ADJMV

JK Iguatemi
ジョタカ・イグアテミ MAP P.107-A2

地下鉄9号線のヴィラ・オリンピア駅Vila Olimpia駅から徒歩約10分のラグジュアリーなショッピングセンター。50以上の店舗が入っており、真っ白な館内は吹き抜けからの採光が抜群。ブラジルブランドの靴や水着なども。

住 Av. Presidente Juscelino Kubitschek 2041, Vila Olimpia ☎ (011) 3152-6800
URL iguatemi.com.br/jkiguatemi
営 月～土10:00～22:00 日14:00～20:00
休 無休 カード 店舗により異なる

Cidade Jardim
シダデ・ジャルジン MAP P.107-A2

ピニェイロス川沿いに建つ最高級ショッピングセンター。ショップ、映画館や美食三昧できるフードホールもある。近郊列車駅のシダデ・ジャルジン駅Cidade Jardimやヴィラ・オリンピア駅からタクシーでR$18～程度。

住 Av. Magalhães de Castro 12000, Cidade Jardim ☎ (011) 3552-1000
URL www.shoppingcidadejardim.com
営 月～土10:00～22:00 日14:00～20:00
休 無休 カード 店舗により異なる

COLUMN サン・パウロのナイトライフ

ブラジル音楽の生演奏を楽しみたければ、ヴィラ・マダレナ地区やピニェイロス地区がおすすめ。飲食店やライブバーが集結している。ただし、いいカメラや貴重品は持っていかないこと。帰りにほろ酔いで歩いている際に犯罪にあうケースが多い。店でタクシーを呼んでもらってホテルまで帰ろう。

Bar Samba
バー・サンバ
MAP P.122 住 R.Fidalga 308, Pinheiros ☎ (011) 3819-4619
営 水19:00～翌1:00
木19:00～翌2:00
金19:00～翌3:00
土13:00～ 19:00、21:00～翌3:00 休 日～火

パウリスタも音楽が大好き

店内にびっしりとカーニバルの壁画が施され、臨場感たっぷり。客筋もバンドの腕もよく、楽しめる。たっぷり飲み食いして1人R$100前後。

Ó do Borogodó
オー・ド・ボロゴドー
MAP P.122
住 R. Horácio Lane 21, Pinheiros
☎ (011) 3814-4087
営 火 21:00～翌2:00
水～土 22:00～翌3:00
日 20:00～翌0:30
休 月

欧米人客も多く、深夜帯や土曜はブラジリアン音楽の生演奏でダンスが大盛り上がり。料金R$71 ～ 105。サン・パウロ墓地の南角にある。

Santos

サントス

サン・パウロから気軽に行ける旅行地として人気が高い

MAP ▶ P.65-C3

市外局番▶**013**
(電話のかけ方は→P.52)

US$1=**R$3.15**
=108円

風情ある建物が並ぶ旧市街

コーヒーの輸出港として発展した、ブラジル最大の貿易港。サン・パウロから南に75km、車で約1時間。高速道路を走り、大工業地帯クバトンCubatãoを通過すると、間もなくサントスだ。

サン・パウロよりも暑く、太陽の日差しが照りつけるサントスは、手軽なリゾート地。ビーチ沿いには高級リゾートマンションが並び、週末には多くのパウリスタが訪れる。近年、汚染が進んでいるというが、遠目には真っ青な南国の海の色をしている。

1908年、日本からのブラジル移民船第1号の笠戸丸は、長旅の末サントスに着き、移民たちはここで初めてブラジルの土を踏んだ。日本移民史に欠かすことのできない都市でもある。

INFORMATION

❶観光案内所(PIT)
Free 0800-173-887
URL www.turismosantos.com.br
長距離バスターミナル内
MAP P.139-A1
開9:00～19:00
休無休
長距離バスターミナル内。無料地図を配布しており、英語も通じる。

まずは地図を入手して

ペレ博物館内
MAP P.139-A1
開11:00～17:00
休月
ペレ博物館のチケットカウンターに隣接。ここで路面電車観光ツアー(→P.139)のチケットも販売している。

サントスへの行き方

長距離バス

サントスの長距離バスターミナルはセントロにあり、市内を走る路線バスのターミナルが隣接。長距離バスはサン・パウロからの便が多いが、リオ・デ・ジャネイロからの便もある。バス会社によっては、長距離バスターミナルで停車後、島の東端にあるグアルジャGuarujá行きのフェリー乗り場近くまで行く。

サン・パウロからは、地下鉄1号線ジャバクアラ駅Jabaquara直結のバスターミナルより、Expresso Luxo社やViação Ultra社などのバスが約15分間隔で出発。所要約1時間。リオ・デ・ジャネイロからはViação Util社のバスが1日9便前後運行、所要約8時間50分。ほかの都市からサントスへ移動する場合、サン・パウロやリオ・デ・ジャネイロでバスを乗り継ぐのが一般的だが、運行頻度を考えるとサン・パウロが最も便利。ただし、サン・パウロでバスを乗り継ぐ場合、各長距離バスターミナルからジャバクアラ駅まで地下鉄で移動しなければならないのが面倒だ。

歩き方

セントロの中心にあるカテドラル

町歩きのメインは、長距離バスターミナルや旧鉄道駅がある**セントロ（旧市街）**と、ホテルやレストランが集まるビーチエリアの**ゴンザガ地区Gonzaga**。ふたつのエリアはローカルバスで30～40分。長距離バスターミナル正面入口を背に左へ進むと旧コーヒー取引所がある古い町並みへ。ペレ博物館もすぐ近くだ。右へ進むとモンチ・セハーの丘が見える。また、セントロでは路面電車を利用したツアーが催行されており、約40分で主要な見どころを巡ることができる。

ゴンザガ地区の海岸線沿いには公園や水族館、ココナッツジューススタンドなどがあり、周辺には観光スポットも点在。サン・パウロからの日帰りでも主要なスポットは回れるが、ビーチ沿いの宿に泊まるのもいい。海岸線から1本北に入ったフロリアノ・ペイショット通りAv. M. Floriano Peixotoに宿やショッピングモール、飲食店が軒を連ねる。

白砂が続くゴンザガ・ビーチ

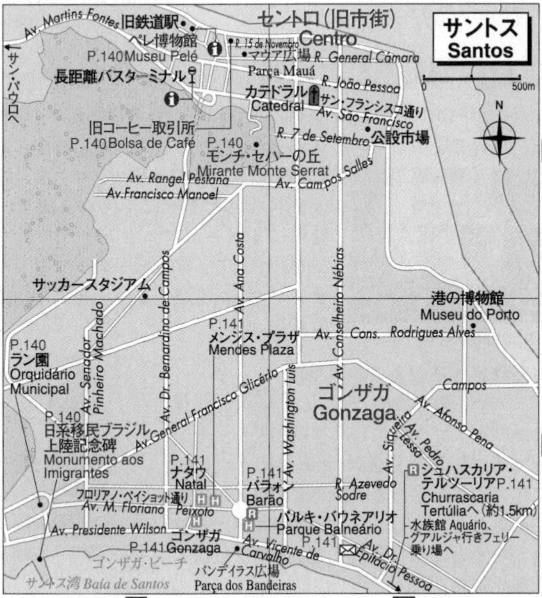

サントスの市内交通
サントスの市内交通はローカルバスとタクシー。バス運賃はR$3.85。タクシーはセントロからゴンザガ地区のビーチまでR$20程度。

旧鉄道駅周辺の治安
セントロの西側、ペレ博物館より先にある旧鉄道駅周囲は治安がよくないので注意。

路面電車観光ツアー
Linha Turística de Bonde
住 Largo Marquês de Monte Alegre 2, Valongo
Free 0800-173-887
営 11:00～最終17:00発
休 月　料 R$7
発着はペレ博物館前で、30分ごとの出発。博物館内のカウンターでチケットを購入する。セントロのいくつかのポイントで停車し、モンチ・セハーの丘へも行く。

情緒ある路面電車

ゴンザガ・ビーチへの行き方
ビーチへは長距離バスターミナルのプラットフォームCからローカルバス42、154、193番で約40分。バンデイラス広場Praça dos Bandeiras前を経由して、海岸沿いに東へ進み、グアルジャ行きフェリー乗り場まで行く。

近郊のリゾート地
グアルジャ
対岸のグアルジャのビーチはサントスに比べてきれいで洗練されている。長い海岸線にはにぎやかな雰囲気のピタンゲイラ・ビーチ、静かなペルナンブコ・ビーチなども。セントロからはローカルバス23、42番などでフェリー乗り場へ行き、グアルジャ行きのフェリーに乗る（所要約15分）。到着したらバスに乗り換え、約10分でグアルジャのセントロに着く。

サントスのフェリー乗り場

おもな見どころ

モンチ・セハーの丘 Mirante Monte Serrat MAP P.139-A1

港やコロニアル風の建物が並ぶセントロなど、サントス湾Baía de Santosを一望できる小高い丘。長距離バスターミナルを背に右手のサン・フランシスコ通りAv. São Franciscoへ出て左折すると、右側の斜面にケーブルカーが見えてくるので、それを目指そう。丘の上へは、ケーブルカーに乗って斜面をゆっくりと進んでいく。さほど広くない頂上には、小さな教会の周囲に住宅が密集。昼間の眺望もすばらしいが、日没前に行くと、一段とロマンティックな夕景が楽しめる。頂上の駅舎は1946年までカジノとして利用され、現在は展望台とカフェになっている。

モンチ・セハーの丘から眺めたサントス港

旧コーヒー取引所 Bolsa de Café MAP P.139-A1

ブラジル国旗にもあしらわれている、地球を頂いたドーム屋根をもつコロニアル風の建物。1922年の開設より、ブラジル中から集められた出荷用コーヒーの選別と取引が行われていた。現在は博物館となり、オークションホールなどが公開されている。また、入口近くにはカフェがあり、挽きたての豆の販売も行っている。

吹き抜けのホールが見事

ペレ博物館 Museu Pelé MAP P.139-A1

フットボール界のレジェンド、ペレにまつわる博物館。トロフィー、試合で着用したユニフォームや靴など、本人の私物を含めた2000点以上ものコレクションを、映像資料などとともに年代別に展示。1階にはミュージアムショップやカフェだけでなく、サッカーのシュミレーターでペレと成績を競って遊べる空間もある。

内部は近代的な構造

日系移民ブラジル上陸記念碑 Monumento aos Imigrantes MAP P.139-A2

1998年に「ブラジル日系移民90周年」を記念して建てられた記念碑。最初はボケロン海岸に建てられたものの、2009年に現在の場所に移転された。ブラジル日本都道府県人会連合会が中心となって設立した。揮毫は故橋本龍太郎元首相。

記念碑。町には日本語学校もあり、ときおり日系人にも出くわす。

モンチ・セハーの丘
ケーブルカー
☎(013)3221-5665
URL www.monteserrat.com.br
運 8:00～20:00の30分ごと（土・日曜は20分ごと）
休 無休
料 往復R$40

ケーブルカー乗り場

旧コーヒー取引所
住 R.15 de Novembro 95
☎(013)3213-1750
URL www.museudocafe.com.br
開 火～土 9:00～17:00
日 10:00～17:00
休 月
料 R$10

カフェではブラジルでは珍しいアイスコーヒーが飲める

ペレ博物館
住 Largo Marquês de Monte Alegre 2, Valongo
☎(013)97406-5593
開 10:00～18:00
休 月
料 R$20

ラン園
Orquidário Municipal
MAP P.139-A2
住 Parça, Washington, s/n José Menino
☎(013)3237-6970
開 9:00～18:00
休 月
料 R$5
広大な敷地に数千種のランと熱帯植物が茂り、鳥やカメなどが放し飼いされている。
行き方
長距離バスターミナルから23番のバスか、ゴンザガ地区のバンデイラス広場から25番か77番のバスを利用。

日系移民ブラジル上陸記念碑への行き方
長距離バスターミナルから903、931番などのバスを利用。

サントスのホテル

Parque Balneário Hotel
パルキ・バウネアリオ MAP P.139-A2

高級ホテル

ゴンザガ地区のバンデイラス広場からすぐ。部屋は設備が整い、バスルームも広々。海側の部屋の窓からはビーチが一望。ゲームコーナーやスパも併設。

住Av. Ana Costa 555, Gonzaga
☎(013) 3285-6900
URL parquebalneario.com.br
料ⓈⓌR$324～ カード ADMV 室数119室

Hotel Natal
ナタウ MAP P.139-A2

エコノミー

シンプルなエコノミーホテル。目の前のフロリアノ・ペイショット通りはにぎやかな商店街でスーパーやカフェテリア、ランドリーもあり便利。ビーチも近い。

住Av. M. Floriano Peixoto 104, Gonzaga
☎(013) 3284-2732
URL www.hotelnatalsantos.com.br
料ⓈR$110～ ⓌR$150～ カード ADJMV 室数24室

Mendes Plaza Hotel
メンジス・プラザ MAP P.139-A2

高級ホテル

ショッピングセンター直結の、サントスでも最大規模のホテル。サウナ、プール、フィットネスセンターなど、リゾートホテル並みに施設が充実。

住Av. M. Floriano Peixoto 42, Gonzaga
☎(013) 3208-6400
URL www.mendesplaza.com.br
料ⓈⓌR$312～ カード ADMV 室数240室

Gonzaga
ゴンザガ MAP P.139-A2

エコノミー

ゴンザガ地区のビーチから約100mの所にあるポウザーダ。館内は多少老朽化が進み、簡素な造りだが、掃除は行き届いている。周辺にも同様の設備があるポウザーダが何軒かある。

住R. Quintino Bocaiúva 40, Gonzaga
☎(013) 3011-2600
料ⓈⓌR$100～ カード不可 室数8室

サントスのレストラン

Barão
バラォン MAP P.139-A2

Ⓗパルキ・バウネアリオに並ぶ抜群の立地。ブラジル料理やシーフード料理が味わえる。日替わりの定食メニューはR$19.8～。土曜の昼のフェイジョアーダはR$47.8～。英語メニューがあり、1人前から頼めるのがうれしい。ビールの種類も豊富。

住Av. Ana Costa 547, Gonzaga
☎(013) 3307-6520
営12:00～翌2:00 休無休 カード MV

Churrascaria Tertúlia
シュハスカリア・テルツーリア MAP P.139-B2外

有名サッカー選手も訪れるサントス最大のシュハスカリア。種類豊富な肉料理とサラダのほか、タンバキ（淡水魚）や塩分を抑えた水牛のチーズも美味。料金は曜日によって異なるが、1人R$60～89.9。

住Av. Bartoromeu de Gusumão 187, Ponta da Praia ☎(013) 3261-1641 営月～金12:00～15:00、19:00～23:30 土12:00～24:00 日12:00～18:00 休無休 カード ADJMV

Paraty

パラチー

MAP P.65-C3
市外局番▶024
(電話のかけ方は→P.52)

US$1=R$3.15
=108円

INFORMATION

❶観光案内所
Centro de Informações Turísticas
MAP P.143-A2
住 Av. Roberto da Silveira s/n
☎(024)3371-1897
URL www.paraty.com.br
URL www.infoparaty.com
開 8:00～19:00
休 日

旅行会社
パラチー・ツアーズ
Paraty Tours
MAP P.143-A2
住 Av. Roberto da Silveira, 479
☎FAX(024)3371-1327
URL www.paratytours.com.br
セントロに行く途中のホベルト・ダ・シウヴェイラ通りAv. Roberto da Silveiraにあり、ホテル、レストラン情報や、ツアー、イベント情報、各種パンフレットが豊富に揃っている。リオ・デ・ジャネイロやサン・パウロ間を結ぶミニバスも運行している。

ペレケ・アス川の対岸から眺めたヘメジオス教会

ブラジルを開拓したペドロ・アウヴァレス・カブラウPedro Álvares Cabralが「天国にいちばん近い土地」と呼んだパラチーは、サン・パウロとリオ・デ・ジャネイロの中間地点に位置し、イリャ・グランジ湾に面してたたずむ美しい海岸の町だ。

18世紀にはミナス・ジェライス州の金を海岸地方へ運ぶための道が各地に築かれ、パラチーはその重要な積み出し港であった。

金が掘り尽くされ、その役目を終えた今、コロニアル風の優雅なファサードをもつ家々、ポルトガル様式の教会や砦など、当時の栄華が色濃く残るこの小さな町は、ブラジル国内でも人気のコロニアルリゾートになっている。

パラチーへの行き方

長距離バス

サン・パウロからReunidas Paulista社のアングラ・ドス・ヘイスAngra dos Reis行きバスが1日4～5便出ており、パラチーは途中下車で所要約6時間。リオ・デ・ジャネイロからは、Costa Verde社のバスが1日8～12便出ており、所要約4時間30分。

長距離バスターミナルは、セントロ(旧市街)から、徒歩約10分。

歩き方

観光の中心になるセントロは、ドミンゴス・ゴンサウヴェス・ジ・アブレウ通りR. Domingos Gonçalves de Abreuより東側の狭い地

満潮時のサンタ・ヒタ教会前

域なので、歩いて回ることができる。長距離バスターミナルからホベルト・ダ・シウヴェイラ通りに出て右折し、真っすぐ歩いていくと**シャファリス広場 Praça Chafariz**だ。

静かなペレケ・アス川Rio Perequê-Açú、石畳の道、白壁に色鮮やかな窓枠が美しい18世紀の教会、コロニアル風の建物を利用したおしゃれなブティックやレストランなど、町並みはどこも絵になる光景。芸術家も多く、彼らの作品を展示しているギャラリーをのぞいたり、露店ですてきなアクセサリーを見つけたりするのも楽しいだろう。

パラチーは、町の規模のわりに教会の数が多い。当時の人々はどの階級に属するかによって、行く教会も違っていた。つまり、貴族には貴族の、奴隷階級には奴隷のための教会があった。それぞれの歴史を考えながら教会を見比べると、似たような教会も個性が見えてきておもしろい。

また、満潮時には海水がセントロの石畳を覆うこともある。石畳の道が運河のようになり、水面がコロニアルな建物を映す情景はパラチーならでは。

パラチー周辺にはビーチも点在している。パラチーと東の海岸町アングラ・ドス・ヘイスを結ぶブラバ海岸には、絵に描いたような美しい静かな白砂のビーチが何kmも続いている。なかでもおすすめは、**サン・ゴンサリーニョ・ビーチ Praia São Gonçalinho**で、パラチーからバスに乗って20分ほどで行くことができる。

パラチー湾のクルーズ

広大なイリャ・グランジ湾Baía Ilha Grandeの一部でもあるパラチー湾Baía de Paratyは、いくつもの島々が点在する風光明媚な場所。これらの風景を楽しむにはボートで入江クルーズするのがおすすめ。申し込みはおもな旅行会社やホテル、またはクルーズ乗り場で直接申し込むこともできる。料金はランチ別でR$70～、所要約6時間。毎日11:00に出発する。

エスパソ劇場の人形劇
Teatro Espaço
MAP P.143-B2
住 R. Dona Geralda, 42
☎(024)3371-1575
URL www.ecparaty.org.br
開 水・土21:00～
料 演目により異なる

世界中で高い評価を受けているパラチー発祥の人形劇。サンタ・ヒタ教会近くのエスパソ劇場で週2回催される（季節によっては追加公演もある）。セリフがないので、ポルトガル語がわからなくても問題ない。観覧は14歳以上から。

エスパソ劇場の入口

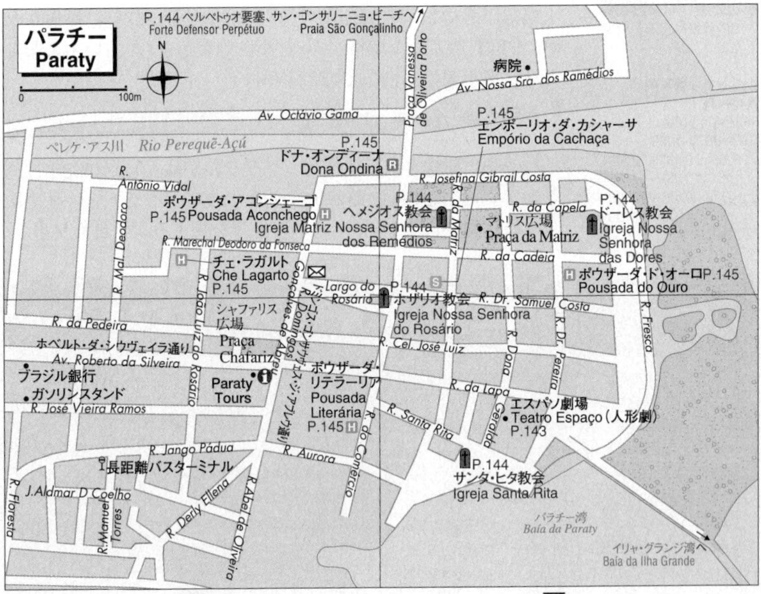

おもな見どころ

ドーレス教会 Igreja Nossa Senhora das Dores MAP P.143-B1

優美な印象のドーレス教会

貴族階級のために、1800年に建てられた美しい教会。町の東側を流れるペレケ・アス川の河口付近にあり、時計台と屋根の風見鶏が親しまれている。橋を渡り対岸から眺めると、水面に教会が映って一段と趣がある。

ヘメジオス教会 Igreja Matriz Nossa Senhora dos Remédios MAP P.143-B1

18世紀末、町のブルジョワ階級によって建造が始まったが、聖堂は未完成のままになっている。マトリス広場Praça da Matrizの正面にあり、堂々としたたたずまいだ。

サンタ・ヒタ教会 Igreja Santa Rita MAP P.143-B2

町でいちばん古い教会で、1722年にムラート（黒人と白人の混血）たちによって建てられたかわいらしい外観の教会。旧市街地の外れにあり、周囲は緑の草地が広がっている。内部には宗教美術館Museu de Arte Sacra de Paratyがある。

ホザリオ教会 Igreja Nossa Senhora do Rosário MAP P.143-B1・2

奴隷階級のために1725年に造られた教会。1857年に修復されたが、古色蒼然とした風格がある。小さいながらも、古い木の彫刻やクリスタル製の燭台など、趣が深い。

ペルペトゥオ要塞 Forte Defensor Perpétuo MAP P.143-B1外

1703年に建造された要塞で、ブラジルが独立した1822年に修復されている。民族博物館が併設されており、パラチーの歴史に関する展示物がある。パラチーの町並みを見下ろす景色も見事。

ドーレス教会
住R. Fresca
☎(024)3371-1467

ヘメジオス教会
住Praça da Matriz
☎(024)3371-1467
開月～金　9:00～12:00、13:00～17:30
　土　8:00～16:00
休日
料R$3

がっちりとした重厚な趣

サンタ・ヒタ教会
住R. Santa Rita
宗教美術館
開 9:00～12:00、14:00～17:00
休月
料R$4（火曜は無料）

ホザリオ教会
住Largo do Rosário
☎(024)3371-1467

教会内の装飾品にも目を向けてみよう

ペルペトゥオ要塞内の民族博物館
住Morro do Forte
☎(024)3373-1038
開火～金　9:00～12:00、13:00～17:00
　土・日　9:00～12:00、14:00～17:00
休月　料R$2

COLUMN 極上の地酒に酔うピンガ・フェスティバル

ブラジルの国民的アルコールといえばピンガだが、パラチー周辺は上等のピンガ（カシャーサ）の産地として有名だ。毎年8月中旬になると、約80のピンガの製造元がパラチーに集い、それぞれ自慢の製品を披露するピンガ祭り Festival da Pinga が開かれる。メインストリートには、ピンガの試飲スタンドや土地料理の露店がずらりと並び、歌や踊りの輪も広がってとてもにぎやか。期間中に売り出される“ピンガ・パス”を見せれば、好きなだけ（あるいは地面に倒れるまで!?）、ピンガの試飲ができる。

また、フォルクローレのイベントが行われる聖霊祭り Festa do Divino（イースターの聖金曜日の10日後）や、ボート行列が行われるサン・パウロ祭 Festa de São Paulo（6月29日）も楽しいお祭りだ。

パラチーのホテル

Pousada do Ouro
ポウザーダ・ド・オーロ MAP P.143-B1

高級ホテル

パラチー湾から100mほどの所にある1800年代の建物を利用したホテル。コロニアルスタイルの内観で、エアコン、ミニバーなども完備。全室オーシャンビューのスイート（9室）あり。プールやサウナも備えている。

住 R. Dr. Pereira 298　☎ (024) 3371-2033/4300
URL www.pousadaouro.com.br　料 ⓈⓌR$650～
サービス料10％別　カード ADMV　室数 27室

Pousada Aconchego
ポウザーダ・アコンシェーゴ MAP P.143-A1

中級ホテル

ビーチまでは徒歩5分ほど。部屋はそれほど広くないが、白を基調とした室内は清潔で快適。プールやビリヤード台、くつろげるリビングルームなど設備も充実している。

住 R. Domingos G. de Abreu s/n Centro Histórico
☎ (024) 3371-1598
URL www.aconchegohotel.com.br
料 ⓈⓌR$300～　カード ADMV　室数 34室

Pousada Literária
ポウザーダ・リテラーリア MAP P.143-A2

高級ホテル

セントロに位置するコロニアル調のホテル。花が咲き誇るきれいな庭が魅力。部屋はヴィラ、スイート、アパートメントと5つのカテゴリに分かれている。

住 R. do Comércio 362　☎ (024) 3371-1568
URL www.pousadaliteraria.com.br
料 ⓈⓌR$1170～
カード ADJMV　室数 23室

Che Lagarto
チェ・ラガルト MAP P.143-A1

ホステル

南米各地に展開しているホステル。館内は清潔に保たれており、ドミトリーは女性専用部屋（6ベッド）もある。エアコン付きの部屋は追加料金で宿泊可能。

住 R. Benina Toledo do Prado 22
☎ (024) 3371-1564　URL www.chelagarto.com　料 ドミトリー R$40～　ⓈⓌR$139～
カード MV　室数 18室、72ベッド

パラチーのレストラン

Restaurante Dona Ondina
ドナ・オンディーナ MAP P.143-B1

ペレケ・アス川に架かる橋のたもとにあるシーフード料理が自慢の店。テラス席もある。予算は飲み物別で、ひとりR$60程度。

住 R. do Comércio 32　☎ (024) 3371-1584
営 火・水11:00～16:00、19:00～23:00
木～日11:00～23:00　休 月　カード ADJMV

パラチーのショップ

Empório da Cachaça
エンポーリオ・ダ・カシャーサ MAP P.143-B1

パラチーのおみやげはピンガ（カシャーサ）。店内にはパラチー周辺産を中心に約500本ものピンガが並ぶ。

住 R. Dr. Samuel Costa 22
☎ (024) 3371-6329
営 日～金10:00～22:00　土10:00～24:00
休 無休　カード ADJMV

Belo Horizonte
ベロ・オリゾンチ

オスカー・ニーマイヤーがデザインしたセッチ広場

金鉱で飛躍的に発展し、19世紀に入ると衰退したオーロ・プレットに代わり、1898年にミナス・ジェライス州の州都となったベロ・オリゾンチ。丘陵にあるこの都市は、温暖な気候で住みやすいとされ、人口約250万人。建築家や芸術家によって手がけられた、緑豊かな公園や観光施設などが整然と配置されている。州きってのビジネス＆グルメシティでもある。

MAP P.65-C2
市外局番▶**031**
（電話のかけ方は→P.52）
US$1=**R$3.15**
=108円

INFORMATION
観光案内所
Centro de Atendimento ao Turista CAT
MAP P.147-A1
住 Av. Bias Fortes 50
☎(031)98210-3132
開 火～木、土・日 9:00～19:00
金 8:00～21:30
休 月
ふたつの空港内、リベルタージ広場、ムニシパウ公園Parque Municipal、長距離バスターミナル内、中央市場内にカウンターがある。

ベロ・オリゾンチへの行き方

空路

ベロ・オリゾンチにはタンクレッド・ネーヴェス国際空港Aeroporto Internacional Tancredo Neves（通称コンフィンス空港Aeroporto de Confins／CNF）とパンプーリャ空港Aeroporto da Pampulha（PLU）のふたつの空港がある。CNFは市内から約38km、PLUは約7kmの距離。国内主要都市とベロ・オリゾンチ間のフライトがある（→P.62）。

空港から市内へ

コンフィンス空港から市街へは2種類のバスが運行。エアコンなしのバスはパンプーリャ空港を経由し長距離バスターミナルまでを所要約1時間15分で結ぶ。エアコンバスは中心部の専用バスステーションまで直行、所要約50分。空港を出て歩道を直進し、左側がエアコンバス乗り場、右側がエアコンなしバスの乗り場だ。

同じカウンターで2種類のチケットを販売している

空港
タンクレッド・ネーヴェス国際空港（コンフィンス空港）
MAP P.147-A1外
住 Rodovia MG 10, Km 39
URL www.aeroportoconfins.net
パンプーリャ空港
MAP P.147-A1外
住 Praça Bagatelle 204, São Luís

エアコンバス
Conexão Aeroporto
☎(031)3224-1002
URL www.conexaoaeroporto.com.br
運 空港発は24時間運行。市内発は3:30～21:30（日曜は3:15～）
料 R$26.5
市内のエアコンバスステーション
MAP P.147-B2
住 Av. Álvares Cabral 387, Lourdes

長距離バス

サン・パウロからは1日25〜33便、所要約8時間40分。リオ・デ・ジャネイロからは1日22〜30便、所要約7時間。オーロ・プレットから約2時間、サン・ジョアン・デル・ヘイから約3時間30分。長距離バスターミナルは町の中心にあり、ムニシパウ公園まで徒歩約15分。

歩き方

市内の道は碁盤の目状に区画されており、全体的に坂道が多い。長距離バスターミナルを出て正面に真っすぐ延びる道がメインストリートの**アフォンソ・ペナ通りAv. Afonso Pena**。この道を10分ほど行くと左側にムニシパウ公園がある。そこから南へ進むと、美術館や博物館が集まるリベルダージ広場。全域に飲食店が点在しているが、特にグルメなエリアはリベルダージ広場からトーマス・ゴンザガ通りR.Tomás Gonzagaを西へ3、4ブロック行った辺り。軽食なら中央市場（→P.148欄外）が人気。地下鉄もあるが、観光で使うのは数の多いローカルバスかタクシー。

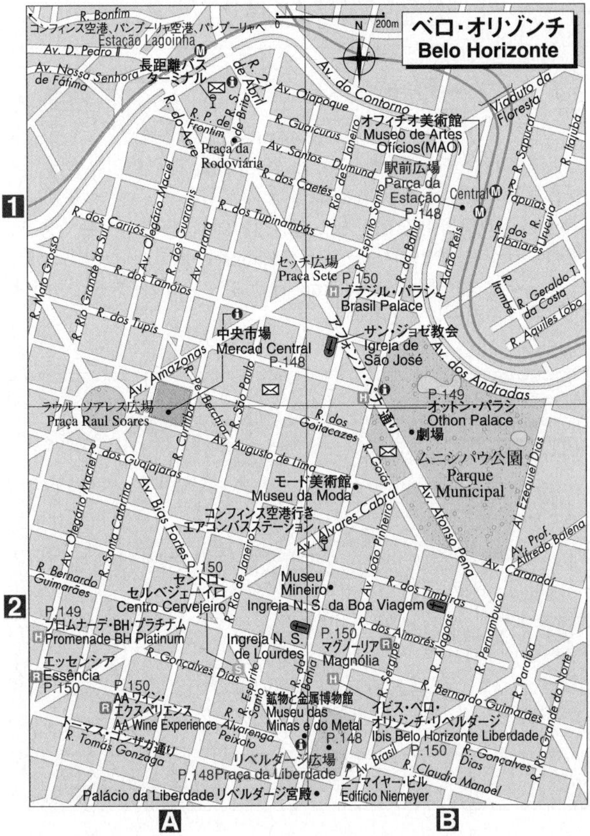

エアコンなしバス
運 空港発は24時間運行。長距離バスターミナル発は4:00 〜 22:45（土・日曜は〜 22:30）の間に出発
料 R$12.25

長距離バスターミナル
MAP P.147
住 Praça Rio Branco 100, Centro
☎ (031)3271-3000

長距離バスターミナル内にはℹのカウンターもある

ローカルバスの料金
料金は一律R$4.05で現金払い。車体の色は青や黄緑など。

車体にバスの運賃が表示されている

タクシー料金
初乗りR$4.7。1kmごとにR$2.94〜3.53メーターが上がる。

タクシーの車体は白一色で、市のロゴが入っている

リベルダージ広場の脇のニーマイヤー・ビルEdifício Niemeyer

おもな見どころ

駅前広場

Praça da Estação MAP P.147-B1

地下鉄セントラル駅Centralの前にある旧駅舎と広場。広場では時折イベントが催される。建物内のオフィチオ美術館Museu de Artes e Ofícios（MAO）ではベロ・オリゾンチの商業や工業の歴史を素晴らしいコレクションとともに展示。

リベルダージ広場

Praça de Liberdade MAP P.147-A2

広場は緑が豊富で気持ちいい

広場周辺は文化地区とされ、歴史的な建物や博物館などの施設が集う。見ごたえがあるのは内部を所要約1時間のツアーに参加して見学するリベルダージ宮殿Palácio da Liberdade、鉱山と金属博物館Museu das Minas e do Metal（MM Gerdau）など。月曜はほとんどの施設が休みなので注意。

近郊の町と見どころ

パンプーリャ

Pampulha MAP P.148

ベロ・オリゾンチから北へ約10kmに位置する町で、ハイライトは人工湖パンプーリャ湖Lagoa da Pampulha。その周辺に空港、サッカー場のミネイロンMineirão、オスカー・ニーマイヤー Oscar Niemeyerの建築群などがある。湖は1940年に当時の市長であり、後のブラジル大統領クビチェックKubitschekによって造られた。また、パンプーリャから約8kmのミナス・ジェライス州の州庁舎もニーマイヤーによるもの。

オフィチオ美術館
住 Praça Rui Barbosa 600, Centro
☎ (031)3248-8600
URL www.mao.org.br
営 火 9:00〜21:00
水〜日 9:00〜17:00
休 月 料 R$5

リベルダージ広場
URL circuitoculturalliberdade.com.br

鉱山と金属博物館
MAP P.147-A2
住 Praça da Liberdade s/n Prédio Rosa
☎ (031)3516-7200
URL www.mmgerdau.org.br
開 火・水・金〜日 12:00〜18:00
木 12:00〜22:00
休 月 料 無料

数多くの原石を公開

中央市場
Mercad Central
MAP P.147-A1・2
住 Av. Augusto de Lima 744, Centro
☎ (031)3274-9497
URL mercadocentral.com.br
営 月〜土 7:00〜18:00
日 7:00〜13:00
休 無休
食品や雑貨の店がぎっしり。軽食スタンドで昼間から立ち飲みする人も多い。

パンプーリャ建築群への行き方
ベロ・オリゾンチからパンプーリャ湖沿いのⓘ近くまで、5106番のバスで約1時間30分。サン・フランシスコ・ジ・アシス教会前にバス停があり、左手に見える観覧車を降りる目印にするといい。帰りは行きと同じ路線でベロ・オリゾンチまで戻ることが可能だが、湖の北東にある長距離バスターミナルから市街へのバスを利用するのも手。

湖の周囲は約18km。サイクリングロードが整備されている

パンプーリャの建築群 Conjunto Arquitetônico da Pampulha MAP P.148

パンプーリャ湖へはオスカー・ニーマイヤーの建築を目当てに訪れる人が多い。水色でユニークな形状の**サン・フランシスコ・ジ・アシス教会Igreja de São Francisco de Assis**、**クビチェックの家Casa Kubitschek**、多目的スペースの**カーサ・ド・バイリCasa do Baile**、**パンプーリャ美術館Museu de Arte da Pampulha**（MAP）など。広い湖の周囲には遊歩道が整備されている。周辺にほとんど店がないので、飲みものや軽食を持参するといい。

湖畔に立つサン・フランシスコ・ジ・アシス教会

このカーサ・ド・バイリから西へ数分歩くとⓘ

パンプーリャの建築群
サン・フランシスコ・ジ・アシス教会
住 Av. Otacílio Negrão de Lima 3000
☎(031)3427-1644
開 火～土 9:00～17:00
日 11:00～14:00
休 月 料 R$3
カーザ・ド・バイリ
住 Av. Otacílio Negrão de Lima 751
☎(031)3277-7443
開 9:00～18:00
休 月 料 無料
パンプーリャ美術館
住 Av. Otacílio Negrão de Lima 16585
☎(031)3277-7946
開 火・水・金～日 9:00～18:30
木 9:00～21:00
休 月 料 無料
クビチェックの家
住 Av. Otacílio Negrão de Lima 4188
☎(031)3277-1586
開 木～日 9:00～17:00
水 9:00～21:00
休 月・火 料 無料

コンゴーニャス Congonhas MAP P.65-C2

標高800mに位置する山あいの町コンゴーニャスには、1985年に世界遺産に登録されたボン・ジェズス・ド・コンゴーニャスの聖所がある。1757年に建てられたボン・ジェズス・ジ・マトジーニョス聖堂Basílica do Bom Jesus de Matosinhosの前には、アレイジャジーニョが手がけた12の預言者の像が立ち、白い教会内部へといざなう。周辺には6つのチャペルがあり、内部にはやはりアレイジャジーニョが9年かかって作った最後の傑作といわれる、キリスト受難を表す彩色の木像が飾られている。

ボン・ジェズス・デ・マトジーニョス聖堂

コンゴーニャスへの行き方
ベロ・オリゾンチの長距離バスターミナルからViação Sandra社のバスで所要約1時間40分。R$28.25。下車後はボン・ジェズス地区Bom Jesusまでタクシーで10分以内。

ボン・ジェズス・ジ・マトジーニョス聖堂
住 Praça da Basílica, 180
☎(031)3731-2077
開 7:00～18:00
休 月・火
料 無料

ベロ・オリゾンチのホテル

Promenade BH Platinum
プロムナーデ・BH・プラチナム MAP P.147-A2

高級ホテル

中心街から少し離れるが、周囲は高級レジデンスが多く静かな一帯。ラグジュアリー感あふれる内装で、アメニティ類や館内設備も充実している。フロントは英語が通じ、スタッフのサービスもきめ細やか。

住 Av. Olegário Maciel 1748, Lourdes
☎ (031) 2125-3800 URL www.promenade.com.br 料 ⓈR$230～ ⓌR$270～ 税金5%別
カード ADMV 室数 108室

Othon Palace Belo Horizonte
オットン・パラシ・ベロ・オリゾンチ MAP P.147-B1

中級ホテル

ムニシパウ公園に面した大型ホテル。25階のレストランやプールからは市街を一望できる。部屋は広々しており、スーペリアでも30㎡以上。バスタブ付きの部屋もある。

住 Av. Afonso Pena 1050, Centro
☎(031)2126-0000 FAX (031)2126-0061
URL www.othon.com.br 料 ⓈR$114～ ⓌR$154～
カード ADMV 室数 296室

ホテル客室設備：バスタブあり テレビあり 電話あり インターネット可 朝食付き

Ibis Belo Horizonte Liberdade

イビス・ベロ・オリゾンチ・リベルダージ MAP P.147-B2

中級ホテル

リベルダージ広場に近く、観光や食事に便利な立地。古い建物をホテルに改装しており、外観やフロントにはレトロな雰囲気が漂うものの、客室内は最新の設備に揃えられている。朝食は別料金でR$21。

住 Av. João Pinheiro 602, Lourdes
☎ (031) 2111-1500 URL www.ibis.com
料 ⓈⓌR$136～ 税金5%別 カード AMV 室数 130室

Brasil Palace

ブラジル・パラシ MAP P.147-B1

エコノミー

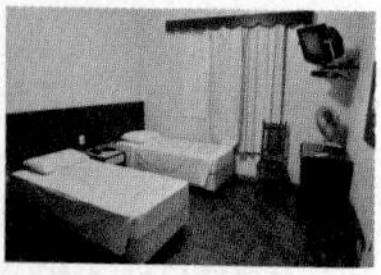

長距離バスターミナルから徒歩約10分、セッチ広場Praça Seteに面したやや騒がしい立地。建物が老朽化しているぶん、場所の割に安く宿泊できるが、治安には注意。

住 R. Carijós 269, Centro ☎ (031) 3273-3811
URL brasilpalacehotel.negocio.site
料 ⓈR$90～ ⓌR$120～ カード ADMV 室数 68室

ベロ・オリゾンチのレストラン

Magnólia

マグノーリア MAP P.147-B2

オフィス街にあり、ランチタイムはすぐに満席になる人気のポル・キロ・レストラン。ヘルシー志向のメニューが多く、特にサラダが充実。肉、魚料理も各2～3品並ぶ。平日は100gあたりR$6.4、土・日曜はR$7.4。金・土曜はフェイジョアーダも。

住 R. Sergipe 314, Funcionários
☎ (031) 3291-5320
営 月～金11:00～15:00 土・日12:00～16:00
休 無休 カード ADMV

Essência

エッセンシア MAP P.147-A2

リベルダージ広場から徒歩15分ほどのところにあるセルフサービスのカフェレストラン。カウンター越しの店員に料理を盛り付けてもらうシステムで、品数によって金額は変わり、1プレートR$19.5～31。メイン料理は日替わりで4種類、うち1種はビーガンメニュー。

住 Av. Olegário Maciel 1826, Santo Agostinho
☎ (031) 9879-7566 営 月～金11:30～14:45
土11:30～15:00 休 日 カード AMV

AA Wine Experience

AAワイン・エクスペリエンス MAP P.147-A2

中2階のワインセラーに、世界各国のワインがラインナップ。そのリストは厚み7～8cmにもなり、ソムリエも常駐。セラー内に入って選ぶことができ、ボトル1本R$40程度～。料理はコンテンポラリーイタリアン。アンティパストのビュッフェもあり。

住 R. Curitiba 2102, Lourdes ☎ (031) 2512-0942
営 火～金11:30～15:00、18:00～翌1:00
土12:00～翌1:00 日12:00～23:00
休 月 カード AMV

読者投稿
ブラジルのクラフトビール専門店

入口近くはビール醸造に関する器具やモルトを販売するコーナー、奥にテーブル席がありビールを購入して飲めるスペースとなっています。ドラフトビールは18種類、ミナス・ジェライス州周辺をはじめ、ブラジル国内外のクラフトビールが並んでいて、あれもこれも試したくなりました。 (埼玉県 shima '17)

Centro Cervejeiro

セントロ・セルベジェーイロ MAP P.147-A2
住 R. Gonçalves Dias 1754, Lourdes
☎ (031) 3245-5077
URL www.lamasbrewshop.com.br
営 火～金10:00～20:00 土9:00～15:00
休 日・月 カード AMV

Ouro Prêto

オーロ・プレット

オーロ・プレットの旧市街。ゆるやかな山並と赤レンガ屋根が美しい

MAP ▶ P.65-C2

市外局番▶**031**
(電話のかけ方は→P.52)

US$1=**R$3.15**
=108円

サン・パウロから約620km、ベロ・オリゾンチから約100km。標高1062～1200mの山あいに位置するオーロ・プレットは、ミナス・ジェライス州のかつての州都。今は人口6万5000人程度だが、以前はブラジルの黄金郷として経済の中心を担っていた。1690年に周辺で金脈が発見されると、一攫千金を夢見る人々が国内やヨーロッパからも集結。金の産出量は18世紀中頃にピークを迎え、やがて掘り尽くされるとオーロ・プレットの人口は減少。1893年に州都はベロ・オリゾンチに移された。

かつて「ヴィラ・ヒカ・オーロ・プレットVila Rica Ouro Prêto＝黒い金」の豊かな町と呼ばれた当時のままの美しい景観は、1980年にはユネスコ世界遺産に登録された。今も石畳の小径の先に、約20ものブラジル・バロック様式の教会が点在。また“ブラジルのミケランジェロ”と讃えられるアレイジャジーニョ生誕の地でもあり、その作品が多くの教会を飾っている。

INFORMATION

ℹ観光案内所
Centro Culturale e Turístico do Sistema FIEMG
MAP P.153-B1
住 Praça Tiradentes 14
☎(031)3551-3287
開 9:00～18:00
休 無休
チラデンチス広場の東側にある、カフェを併設した建物内。見どころの情報を記載したマップをもらおう。

チラデンチス広場のℹの入った建物

オーロ・プレットへの行き方

飛行機

オーロ・プレットに空港はなく、最寄りは州都ベロ・オリゾンチのタンクレッド・ネーヴェス国際空港 Aeroporto Internacional Tancredo Neves（通称コンフィンス空港 Aeroporto de Confins／CNF)、またはパンプーリャ空港 Aeroporto da Pampulha(PLU)。ほとんどの飛行機はコンフィンス空港に到着。そこからタクシーやバスでベロ・オリゾンチのセントロにある長距離バスターミナルまで行き、オーロ・プレット行きのバスに乗り換えるのが一般的。

オーロ・プレットの気候
ミナス・ジェライス州一帯は10～2月が雨季で、3～9月が乾季。オーロ・プレットは海抜約1000mで内陸山間部にあるため、雨季でも通常は30度未満で過ごしやすい。雨や霧は一年中見られるが、特に12～1月は毎日のように激しい雨が降るので外出の際は折り畳み傘をバッグに入れておこう。冬にあたる乾季は10度以下まで冷え込むこともある。

空港からベロ・オリゾンチ長距離バスターミナルへ
→P.146

他都市への長距離バス
リオ・デ・ジャネイロやサン・パウロ行きのバスの本数は少ないので、早めにチケットを購入すべき。ブラジリアへのバスも出ている。それ以外の都市へは、ベロ・オリゾンチで乗り換える場合が多い。

長距離
バスターミナル
MAP P.152-A1
住 R. Padre Rolim 661

マリーナ行きのバスが停車する鉱物博物館裏のバス停

長距離バス

リオ・デ・ジャネイロからViacão Util社のバスが1日2便、所要約6時間30分。サン・パウロからViacão Util社のバスが1日1便、所要約11時間30分。ベロ・オリゾンチからは、Passâro Verde社のバスが6:00～23:00の間に1時間間隔で運行しており、所要約2時間。

Let's Go! 長距離バスターミナルから市内へ

長距離バスターミナルから中心部まではローカルバスで約3分、R$2.6。タクシーは定額制でR$20。徒歩でも15分ほどだが、荷物を持って石畳の坂を下るのは大変だ。逆に中心部からバスターミナルへも上り坂となるので、ホテルにタクシーを呼んで向かうのがおすすめ。

簡素な長距離バスターミナル

歩き方

オーロ・プレットは山間部の渓谷地帯にあり、起伏が激しい。昔ながらの石畳の道が続くため、履き慣れた歩きやすい靴での観光がベター。また、道は細く曲がりくねった迷路のようなので、地図を片手に時間に余裕をもって行動しよう。

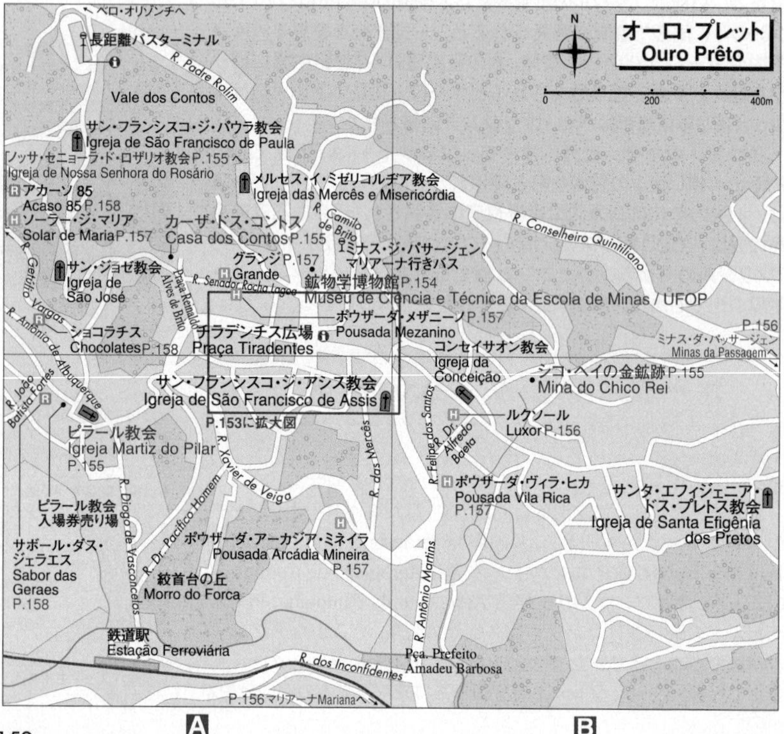

町歩きの起点は**チラデンチス広場**。広場を囲んで博物館や❶、みやげ物店が並ぶ。さらに広場から東西に伸びる脇道にも小さなレストランや民芸品店がずらりと並ぶ。東側の道を少し下ると、右手にサン・フランシスコ・ジ・アシス教会。手前のコインブラ広場Largo do Coimbraでは、露店市が開かれる。宿は町全域に点在し、選択肢の幅は広い。

観光客でにぎわうチラデンチス広場周辺

オーロ・プレットのハイライトは、バロック様式の教会群。ブラジルを代表する建築家、アレイジャジーニョ Aleijadinhoによるものも多く、芸術的価値が高い。教会前には英語を話せるガイドがいることも。

コインブラ広場の青空市
ミナス・ジェライス州は多種多様な鉱石が採取されることで有名。コインブラ広場の露店には、トルマリンやメノウなどの原石をはじめ、鉱石から作られた民芸品や装飾品が売られている。サポナイト（石鹸石）と呼ばれる粘土鉱物の加工品が多く、大きな壺からチェスの駒までいろいろ。サポナイトは加工しやすい反面、もろいので、持ち運びには注意。

コインブラ広場の青空市は毎日7:00～19:00頃に開かれている

おもな見どころ

チラデンチス広場

Praça Tiradentes MAP P.153-B1

オーロ・プレットの中心となる広場。名前のチラデンチスは、ミナス・ジェライス州の金採掘が低迷し始めた18世紀後半、ポルトガルの重税に反発して独立運動を唱えた知識人で、歯医者だったことからチラデンチスと呼ばれた人物。正式名はホアキン・ジョゼ・ダ・シルバ・シャビエルJoaquim José da Silva Xavierという。彼が企てた“ミナスの陰謀”は密告により政府に知られることとなり、チラデンチスは捕らえられ処刑された。死後、その頭はオーロ・プレットの人どおりの多い場所に晒され、体は八つざきにして柱に釘付けられたという。今ではブラジル独立の英雄として語り伝えられている。

広場の中央にはチラデンチスの死を偲んだ記念碑が立つ

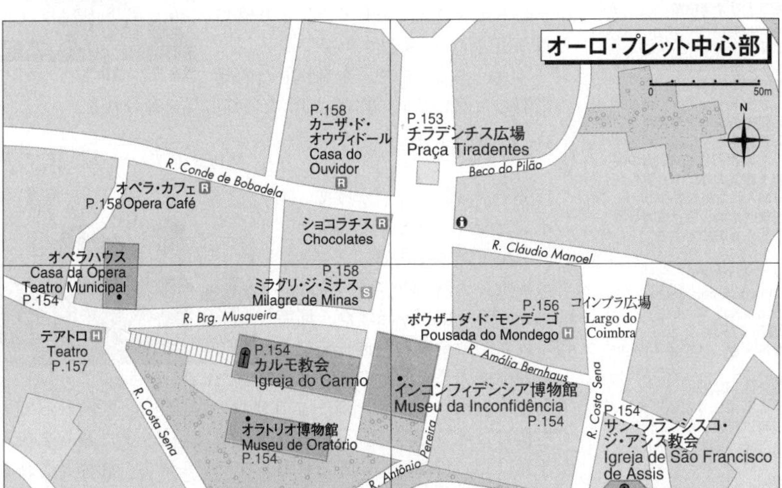

鉱物学博物館 Museu de Ciência e Técnica da Escola de Minas/UFOP MAP P.152-A1

鉱物学博物館
住 Praça Tiradentes 20
☎ (031)3559-1597
URL www.museu.em.ufop.br
開 12:00～17:00
休 月
料 R$10
　チラデンチス広場の北側に面している。正面左手からスロープを上ると入口。展示室内は写真撮影不可。

博物館内は写真撮影不可

チラデンチス広場の北端にある立派な白い建物は、州知事の公邸として1742年に建てられたもの。その後、1876年に鉱物学校が創立され、現在は建物の一部が博物館として公開されている。鉱物学、自然史など6つのパートに分かれているが、見逃せないのが鉱物学展示室。日本を含む世界中からの宝石や鉱物が約2万5000点も集められている。色も形状もさまざまでユニークな鉱物がガラスケースにぎっしり陳列され、ひとつひとつの神秘に引き込まれる。岩石の資料室も充実した内容だ。また、2階からはチラデンチス広場が見渡せる。

インコンフィデンシア博物館 Museu da Inconfidência MAP P.153-B2

インコンフィデンシア博物館
住 Praça Tiradentes 139
☎ (031)3551-1121
開 12:00～18:00
休 月
料 R$10

元州政庁らしい重厚感ある外観

チラデンチス広場を挟んで鉱物学博物館の向かいに立つこの博物館は、ミナス・ジェライス州政庁として建てられたもの。その後1907年から30年間は刑務所として使われていた。「インコンフィデンシア」とは“反乱者”の意味で、ブラジル独立運動の先駆となったチラデンチスの“ミナスの陰謀”の関係資料を中心に展示。英雄チラデンチスの棺など歴史的展示物のほか、アレイジャジーニョの作品もいくつか収蔵されている。２階ではブラジル帝国の2代皇帝、ドン・ペドロ2世の肖像画や家具、聖像などを展示。

サン・フランシスコ・ジ・アシス教会 Igreja de São Francisco de Assis MAP P.153-B2

サン・フランシスコ・ジ・アシス教会
住 Largo de Coimbra
☎ (031)3551-4661
開 8:30～11:50、13:30～17:00
休 月　料 R$10

教会前では露店市が行われる

ブラジル・コロニアル建築の粋といわれるバロック様式の教会。1771年から1794年にかけて建築家であるオリヴェイラのドミンゴス・モレイラにより建てられた。設計と外装はすべてアレイジャジーニョによるもので、金を施した内部の祭壇も大部分は彼の作品。細密な装飾に目を奪われる。

カルモ教会 Igreja do Carmo MAP P.153-A2

カルモ教会
住 R. Brg. Musqueira
☎ (031)3551-2601
開 火～土　8:30～11:10、13:00～17:00
　日　10:00～15:00
休 月　料 R$3

坂の上に立つカルモ教会

1766年から1776年にかけて、アレイジャジーニョと、そのよきパートナーであった画家マノエル・フェルナンヂス・ダ・コスタManoel Fernandes da Costaほか、同時代の代表的芸術家の共同作業によって建設された。正面のファサードと聖水盤はアレイジャジーニョ自身の作。教会正面向かってすぐ右側にはオラトリオ博物館が併設されている。また通りを挟んだ北側には、1770年に建てられた、ブラジル最古の劇場とされるオペラハウスがある。

オラトリオ博物館
Museu de Oratório
MAP P.153-A2
開 9:30～17:30
休 火　料 R$5
　オラトリオとは、キリスト誕生のシーンなどキリスト教的テーマに基づくジオラマのようなもの。扉の閉まる家型の箱にマリア像だけを入れた簡素なものから、さまざまな人物と背景を再現したものまである。

オペラハウス
Casa da Ópera Teatro Municipal
MAP P.153-A2
開 月～金　12:00～17:30
　土・日　12:00～16:00
休 無休　料 R$4
　こぢんまりとしており、内装は質素。特にこれといった展示品はないが、劇場内を自由に見学することが可能。

ピラール教会 Igreja Matriz do Pilar MAP P.152-A2

内部にはまぶしいほどの金銀が使われている

この教会には全部で400kg以上の金と銀が使われており、ブラジル国内ではサルバドールのサン・フランシスコ教会に次いで、大金を投じて建てられた教会といわれている。建立は1711年。祭壇裏手から地下に下りると博物館もあり、17〜18世紀の彫刻やアレイジャジーニョの骨などが展示されている。入場券は教会前の道を隔てて左側にある事務所で販売。

ピラール教会
住Praça Mons. João Castilho Barbosa
☎(031)3551-4735
開9:00〜10:45、12:00〜16:45
休月
料R$10

教会の入場券を販売している事務所

シコ・ヘイの金鉱跡 Mina do Chico Rei MAP P.152-B2

受付でヘルメットの貸出を行っている

18世紀の金鉱の跡。シコ・ヘイは奴隷としてオーロ・プレットに連れてこられたアフリカの部族王で、金鉱に売られた後も奴隷鉱夫たちの長として人一倍働き、自由を買い取って、ブラジルにおける奴隷解放運動の先駆者となった人物だ。敷地内の手前はレストランとなっており、その奥に金鉱跡への入口がある。金鉱内は奥に進むにつれて徐々に天井が低くなり、腰をかがめなければ進めない場所も。所要15分程度で回れる短い坑道だが、当時の鉱夫の気分を味わうことができるだろう。

シコ・ヘイの金鉱跡
住R. D. Silverio 108A
☎(031)3552-2866
開8:00〜17:00
休無休
料R$25

シコ・ヘイの金鉱跡は住宅地の中にある

カーザ・ドス・コントス Casa dos Contos MAP P.152-A1

建物の保存状態もよく見ごたえがある

昔の貨幣や鋳物道具を中心に展示している博物館。白壁と石で造られた美しい建物は、1782年に税吏人の住居として建てられ、一時は刑務所として使われていた。クラウディオ・ダ・コスタ Claudio da Costaもミナス・ジェライス州独立戦争に参加した後、ここに投獄された。展示室は2階と3階、1階にギャラリー、地下には刑務所時代の展示室、奥には中庭と昔のままの煙突のある台所がある。

カーザ・ドス・コントス
住Praça Reinaldo Alves Brito
☎(031)3551-1444
開月 14:00〜18:00
火〜土 10:00〜17:00
日 10:00〜15:00
休無休 料無料

にぎやかな通りに面する

ノッサ・セニョーラ・ド・ロザリオ教会 Igreja de Nossa Senhora do Rosário MAP P.152-A1外

1715年に建てられた、黒人の聖人像が祀られる珍しい教会。円筒を連ねたような建物も印象的だ。バロック様式の教会内部はシンプルだが、6体の聖人には可憐な台座がしつらえられ、黒人奴隷による信仰の痕跡が感じられる。チラデンチス広場からは、にぎやかな商店街を通って行く。

チラデンチス広場から徒歩約15分

ノッサ・セニョーラ・ド・ロザリオ教会
住Largo do Rosário, Rosário
☎(031)3351-4736
開13:00〜16:45
休月
料無料

教会内部の写真撮影について
オーロ・プレットの教会内部での写真撮影は基本的に禁止されている。マナーを守って観光を楽しもう。

近郊の町と見どころ

ミナス・ダ・パッサージェン Minas da Passagem

MAP P.65-C2 P.152-B1外

オーロ・プレットから約8km、マリアーナへの途中にある鉱山跡。1985年まで実際に採掘が行われており、多いときは800人もの鉱山労働者が働いていた。入口から、かつて鉱山労働者が使用していた木造のトロッコに乗って下りていく。100m以上の深さへ一気に下るスピード感はかなりスリリングだ。坑道は深さ120m、長さが315mあり、トロッコを降りて散策ができる。坑内は川下に当たり、気温は17～21度だが湿度が高い。入口にレストランとショップがあり、施設内には砂金取りを体験できるスペースもある。

マリアーナ Mariana

MAP P.65-C2 P.152-A2外

オーロ・プレットの東約13kmに位置するコロニアルな都市。1696年に築かれた金鉱によって栄えた町のひとつで、ミナス・ジェライス州の最初の州都でもある。オーロ・プレット同様、18世紀に造られたバロック様式の美しい教会や建物が多く残っている。マリアーナのおもな見どころは、セントロに1793年に建立されたサン・フランシスコ・ジ・アシス教会Igreja de São Francisco de Assisと、1814年に建立されたカルモ教会Igreja de Carmo。

また、金～日曜にはオーロ・プレット駅からマリアーナへ列車が運行。この路線は1914年に完成したもので、車窓からは渓谷や滝などの景観美が楽しめる。往路は列車を、復路はバスを使って日帰りするのがおすすめ。

サン・フランシスコ・ジ・アシス教会（左）とカルモ教会（右）

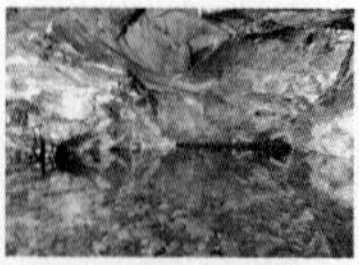

坑内の湖で泳げる日もある

ミナス・ダ・パッサージェン
☎(031)3557-5000
URL minasdapassagem.com.br
開 月・火　9:00～17:00
　水～日　9:00～17:30
休 無休　料 R$68
行き方
オーロ・プレットからマリアーナ行きバスで15分、料金R$4.35。バス停は鉱物博物館に向かって右手の道を約50m進むとある。

マリアーナへの行き方
オーロ・プレットからバスが頻繁に出ている。所要15分、料金R$4.88～。
マリアーナへの列車
Trem da Vale
URL www.vale.com
金・土曜10:00、14:30発。日曜10:00、16:00発（時期により変動あり）。所要約1時間。普通列車片道R$40、往復R$56。パノラマ列車片道R$60、往復R$80。マリアーナの鉄道駅からセントロまでは徒歩約10分。

サン・フランシスコ・ジ・アシスの教会内部

オーロ・プレットのホテル

Luxor Ouro Prêto

ルクソール・オーロ・プレット MAP P.152-B2

高級ホテル

コンセイサオン教会Igreja da Conceiçãoの近くにある4つ星ホテル。18世紀建立の建物を利用しており、品のよいアンティークな雰囲気が楽しめる。レストランも併設。

住 R. Dr. Alfredo Baeta 16　☎(031)3551-2244
URL hotelluxor.com.br
料 ⓈR$335～ ⓌR$375～　カード ADJMV　室数 19室

Pousada do Mondego

ポウザーダ・ド・モンデーゴ MAP P.153-B2

中級ホテル

コインブラ広場に面し、18世紀の建物を改装したコロニアルな雰囲気のホテル。観光や食事にも便利な場所にある。スイートルームからのシティビューは見事。

住 Largo de Coimbra 38
☎(031)3552-7700
URL mondego.com.br
料 ⓈⓌR$412～　カード ADMV　室数 23室

ホテル客室設備：バスタブあり　テレビあり　電話あり　インターネット可　朝食付き

Grande Hotel

グランジ　MAP P.152-A1

高級ホテル

ブラジルの有名建築家、オスカー・ニーマイヤーが手がけた高級ホテル。チラデンチス広場から徒歩3分ほどと、観光にも食事にも便利な立地。斜面に建っているため眺望もよく、ロビーやレストランからはオーロ・プレットの町並みを見渡せる。

住R. Senador Rocha Lagoa 164
☎(031)3551-1488
URL www.grandehotelouropreto.com.br
料ⓈⓌR$207～　カード AMV　室数 35室

Hotel Solar de Maria

ソーラー・ジ・マリア　MAP P.152-A1外

中級ホテル

19世紀のコロニアル建築を改装したホテル。チラデンチス広場からは徒歩約15分の距離だが、その分静かで過ごしすい。外観、フロント、客室内ともに白と青を基調にしており上品な雰囲気。オーナー夫妻は英語を話すことができ、付近の観光情報も快く教えてくれる。

住R. Tome Afonso 111　☎(031)3551-3150
URL www.hotelemouropreto.com.br
料ⓈR$192～ ⓌR$414～　カード ADJMV　室数 22室

Hotel do Teatro

テアトロ　MAP P.153-A2

中級ホテル

立地抜群。カルモ教会の前にある、約200年前の建物を利用したホテル。白いレースや茶色を基調としたクラシカルな客室は女性好み。教会に面した客室(写真)もあるが、宿泊料金は全室同じ。併設のミナス料理のレストランも好評。

住R. Costa Sena 307
☎FAX (031)3551-7000
料ⓈⓌR$247～
カード ADJMV　室数 8室

Pousada Vila Rica

ポウザーダ・ヴィラ・ヒカ　MAP P.152-B2

エコノミー

チラデンチス広場から坂を下ること10分弱。1730年に建てられ、色彩やかな外壁のタイルが特徴。館内にはセンスのいいアンティーク家具が置かれ、レトロな雰囲気。客室は簡素だが居心地はよく、全室Wi-Fiも利用可。

住R. Felipe dos Santos 145
☎(031)3551-4729　URL www.pousadavilarica.com
料ⓈR$80～ ⓌR$130～
カード MV　室数 32室

Pousada Arcádia Mineira

ポウザーダ・アーカジア・ミネイラ　MAP P.152-A2

中級ホテル

コインブラ広場から坂を下った所にあるポウザーダ。セントロから少し離れているが、フォークロアな雰囲気が流れ、居心地がよい。手作りの朝食も自慢。中庭のプールやサウナも利用可。英語が少し通じるスタッフもいる。

住R. Xavier da Veiga 125　☎(031)3551-2227
URL www.arcadiamineira.com.br
料ⓈⓌR$170～
カード ADMV　室数 24室

Pousada Mezanino

ポウザーダ・メザニーノ　MAP P.152-A1

エコノミー

チラデンチス広場からカーザ・ドス・コントスへ向かう坂道の途中にあり、坂はきついが好立地。白壁にえんじの木枠が目印。家族経営で時折ペットの犬が出入りするが、館内や客室は清潔。部屋はシンプル&カジュアルで、全室冷蔵庫付き。スタッフの気配りも行き届いている。

住R. Senador Rocha Lagoa 131
☎(031)3551-1289
料ⓈⓌR$154～　カード MV　室数 11室

オーロ・プレットのレストラン

Casa do Ouvidor
カーザ・ド・オウヴィドール　MAP P.153-A1

チラデンチス広場近くにあるミナス料理の有名店で、内部は上品でクラシカルな雰囲気が漂う。おすすめはフェイジョン・トロペイロFeijão Tropeiro とトゥトゥ・ア・ミネイラ Tutu á Mineira(各1人前R$43.2、2人前R$60.5)。パスタ類はR$29～。英語メニューもあり。

住R. Direita 42（2階）
☎(031)3551-2141
営11:00～15:00、19:00～22:00
休無休　カード D M V

Acaso 85
アカーソ 85　MAP P.152-A1外

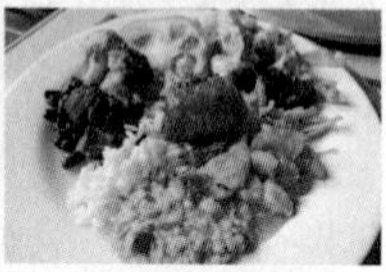

ミナス料理のポル・キロ・レストラン。通りに面した入口は地下に繋がっており、吹き抜けになったフロア。名物メニューの鶏肉とオクラの煮込みほか、ミナス地方の家庭料理が並ぶ。100g当たりR$4.4～。アルコールメニューも豊富。

住Largo do Rosário 85　☎(031)3551-2397
URL www.acaso85.com.br
営月～金11:30～15:00　土・日11:30～15:30
休無休　カード M V

Opera Café
オペラ・カフェ　MAP P.153-A1

19世紀の建物をリノベーションしたレトロなカフェで、ポウザーダを併設している。自家製のスイーツが自慢で、タルトR$7.5～、チョコレートムースR$12.5など。サンドイッチR$13.5～もあり軽食利用にも。Wi-Fi利用可能。

住R. Conde de Bobadela 75　☎(031)3551-6844
URL pousadasolardaopera.com.br
営月13:00～20:00　火～日10:00～20:00
休無休　カード A D M V

Sabor das Geraes
サボール・ダス・ジェラエス　MAP P.152-A2

ピラール教会近くのポル・キロ・レストラン。目の前はガソリンスタンド。料理は20種類ほど揃い、100g当たりR$3.59～と比較的リーズナブル。フェイジョアーダは土曜に提供される。テイクアウト可。

住R. João Batista Fortes 9
☎(031)3551-1074　営月～金11:00～15:00
土・日11:30～16:00　休無休
カード A D J M V

Chocolates Ouro Prêto
ショコラチス・オーロ・プレット　MAP P.152-A1

ピラール教会から徒歩約3分。店の前のテラス席からは町が一望できる。チョコレートをふんだんに使ったスイーツやホットチョコレートR$9.8が中心だが、軽食も用意。チラデンチス広場にも支店がある。

住R. Getúlio Vargas 66　☎(031)3551-7330
営9:00～19:00
休無休　カード A D J M V

オーロ・プレットのショップ

Milagre de Minas
ミラグリ・ジ・ミナス　MAP P.153-A2

カシャーサメーカー直営のカシャーサ専門店。カシャーサの種類は100種を超え、食前酒用からカイピリーニャ用まで幅広く揃える。おみやげに最適な50mlの小瓶は1本R$11～、マスタードやジャムなども販売。試飲も気軽にさせてくれる。

住Praça Tiradentes 130
☎(031)3551-5531
営月～土10:00～19:00　日9:00～18:00
休無休　カード D M V

São João del Rei
サン・ジョアン・デル・ヘイ

サン・ジョアン・デル・ヘイ旧市街の町並み

MAP ▶ P.65-C2

市外局番 ▶ 032
(電話のかけ方は→P.52)

US$1=R$3.15 =108円

INFORMATION

❶観光案内所
Centro de Atendimento Turism
MAP P.160-A1
住 Av.Presidente Tancredo Neves s/n
☎ (032)3371-7338
開 月～金 8:00～17:00
　土 8:00～14:00
　日 9:00～13:00
休 無休

人がいないこともしばしば。地図は長距離バスターミナルの ❶ やホテルでももらえる

サン・ジョアン・デル・ヘイは、オーロ・プレットと同様、18世紀に金鉱で栄えたミナス・ジェライス州の典型的なコロニアル都市。緑豊かな丘陵に挟まれ、小さな川の両岸に細長く広がったセントロ（旧市街）には、18世紀の繁栄を物語るモニュメントや美しい教会、バロック様式の建物などが点在。石畳の小路や周囲の自然と、しっくりとした調和を見せている。

人口約8万5000人のこの町は、大都会の喧騒はもちろん、にぎやかすぎる観光地とも無縁だ。古い石橋の上をときおり通る車も、人と同じスピードで行き来するような、のどかさと平和な空気が漂っている。初めて訪れてもなぜか心からくつろぎを感じる、旅人に優しい町である。

サン・ジョアン・デル・ヘイへの行き方

飛行機

町の中心から約35km離れた場所に、プレフェイト・オクタヴィオ・ジ・アルメイダ・ネーヴェス空港Aeroporto Prefeito Octávio de Almeida Neves（JDR）がある。しかし、2017年12月現在、国内各都市を結ぶ定期便は運航されていない。

長距離バス

サン・パウロからはViacão Utill社のバスが1日3～4便運行、所要8時間。リオ・デ・ジャネイロからはParaibuna社が1日2～4便運行、所要約5時間30分。ベロ・オリゾンチからはViação Sandra社が毎日7～10便運行、所要3時間～ 4時間10分。

土・日曜に注意
サン・ジョアン・デル・ヘイは観光地というより庶民的な町。土・日曜は商店街も閑散とし、レストランやカフェさえ閉まってしまうので、営業情報を事前に確認してから出かけたほうがいい。平日は人が多く不便はないが、夜間はやはり暗い路地などひとりで歩かないほうがいい。

長距離バスターミナル横にあるセントロ行きのバス停

Let's Go! 長距離バスターミナルから市内へ

長距離バスターミナルは市街から北へ1.5kmほど離れている。セントロにあるローカルバスターミナルへは、"Cidade"と表示されたローカルバスで約5分。バス乗り場は長距離ターミナルを出て左手の商店の前にあるが、徒歩でもセントロまで約20分。タクシーの場合、約R$20〜。

歩き方

サン・ジョアン・デル・ヘイの東西にわたって流れるのが**レニェイロ川 Rio Lenheiro**だ。町の中心は1881年に造られた鉄道駅。鉄道駅前には観光案内所がある。この付近が町で最も低く、川を境に北側と南側に緩やかな丘の斜面が広がっている。北側斜面のセントロは道が狭く入り組んでいて教会も点在し、コロニアルな雰囲気。庶民的な商店街や小さな市場もある。南側には銀行や郵便局があり、どちらかというとオフィス街の様相。ホテ

週末に観光列車が発着し、博物館を擁する鉄道駅

町のシンボルのレニェイロ川

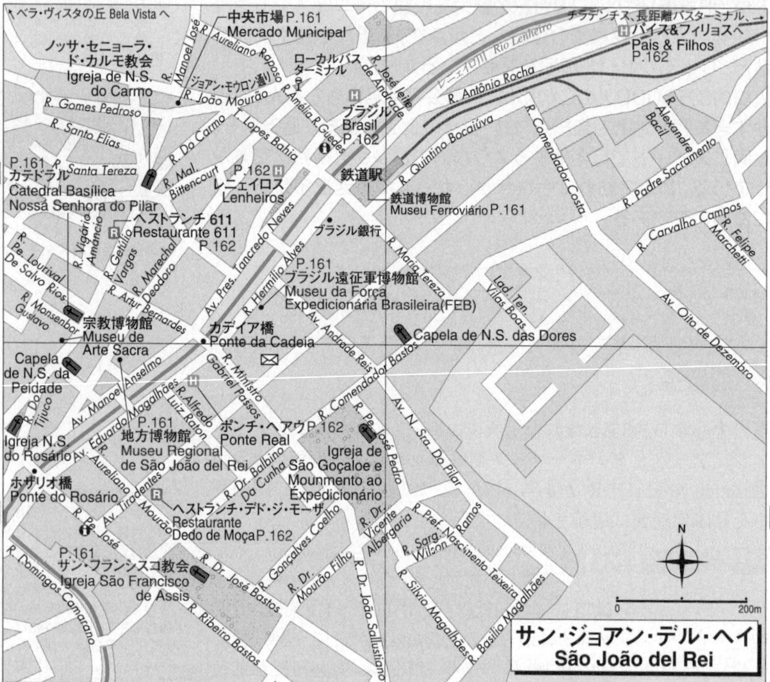

ルはレニェイロ川周辺に多い。

町の北にあるベラ・ヴィスタの丘Bela Vistaは眺望抜群。ノッサ・セニョーラ・ド・カルモ教会Igreja do N.S. do Carmoの1ブロック先、市場の裏手のジョアン・モウロン通り R. João Mourãoから登り始めると、キリストのモニュメント像が立つ頂上に着き、パノラマが見渡せる。石畳の道が多いので、スニーカーで歩くのがいい。

サン・ジョアン・デル・ヘイ自体は小さな町なので、1日あれば十分歩いて見て回れる。週末の観光列車を利用し、近郊の町チラデンチスへ向かう中継地として訪れる人も多い。

おもな見どころ

サン・フランシスコ教会
Igreja São Francisco de Assis MAP P.160-A2

町を代表する教会

小高い丘の上に1774年に建造されたバロック様式の教会は、町のシンボル。鉄道駅から徒歩10分ほどで着く。前の広場は市民の憩いの場となっており、樹齢100年超の背の高いヤシの木が教会を縁取っている。外側正面の聖母と天使像、内部の祭壇などは、18世紀の彫刻家アレイジャジーニョの初期作品。

カテドラル
Catedral Basílica Nossá Senhora do Pilar MAP P.160-A1

1721年建造の、町で最古の教会。国内で4番目にお金がかかっている教会ともいわれ、金をふんだんに使った祭壇の装飾や、赤を基調に描かれた天井画は必見だ。

見学はミサの時間にあわせて訪れよう

地方博物館
Museu Regional de São João del Rei MAP P.160-A2

1859年に再建されたコロニアル風邸宅の中に、ミナス地方各地から集めたキリスト教関係の美術品や、18世紀の産業機器などを展示している。

アレイジャジーニョが手がけた彫刻がある

ブラジル遠征軍博物館
Museu da Força Expedicionária Brasileira(FEB) MAP P.160-A1

レニェイロ川沿いに建つ水色と白を基調にしたクラシカルな建物の奥に展示室がある。第2次世界大戦時に活躍した聖ヨハネ・デル・レイの歩兵連隊に関する武器や、生活用品などをところ狭しと展示。

ワンフロアだがなかなか見ごたえあり

鉄道博物館
Museu Ferroviário
(サン・ジョアン・デル・ヘイ鉄道駅内)
MAP P.160-A・B1
☎(032)3371-8485
開 9:00～11:00、13:00～17:00
休 月・火
料 R$3

サン・フランシスコ教会
住 Pça. Frei Orlando

アレイジャジーニョが手がけた彫刻がある

中央市場
Mercado Municipal
MAP P.160-A1
住 R. João Mourão 2, Centro
☎(032)3371-9258
開 月～金 8:00～17:30
土 8:00～12:00
休 日

小規模だが、ミナス料理に使う石の器やチーズなどが並び、郷土色豊か

カテドラル
住 R. Monsenhor Gustavo,61-Centro

地方博物館
住 R. Marechal Deodoro 12
☎(032)3371-7663
開 火～金 9:30～16:00
土・日 9:30～13:00
休 月
料 R$1(日曜は無料)

ブラジル遠征軍博物館
住 R. Hermílio Alves, 769, Centro
☎(032)3379-1315
開 8:00～11:30、13:30～16:00
開 無休
料 R$20

サン・ジョアン・デル・ヘイのホテル

Hotel Ponte Real
ポンチ・ヘアウ　MAP P160-A2

中級ホテル

レニェイロ川に面した3つ星ホテル。レストラン、バーのほか、中庭にはプールもある。客室はレトロシック調で清潔。

住Av. Eduardo Magalhães 254
☎(032) 3371-7000　URL www.hotelpontereal.com.br
料ⓈR$115～ ⓌR$170～
カード ADMV　室数 30室

Hotel Brasil
ブラジル　MAP P.160-A1

エコノミー

川を挟んで鉄道駅の向かい側に立つコロニアル調の大きな建物。一見高そうな感じだが、セントロで最も宿泊料が安い。客室は天井が高く、レトロなムード。

住Av. Pres. Tancredo Neves 395
☎(032) 3371-2804
料ⓈR$45～ ⓌR$90～　バス共同ⓈR$35～ ⓌR$70～
カード MV　室数 10室

Lenheiros
レニェイロス　MAP P.160-A1

中級ホテル

町の中心にある。ブラウンのアンティーク調で統一された客室は手入れが行き届いている。全室ファンや冷蔵庫などが備わる。

住Av. Pres. Tancredo Neves 257
☎(032) 3371-8155　URL hotellenheiros.com.br
料ⓈR$118～ ⓌR$208～
カード DMV　室数 20室

Hotel Pais & Filhos
パイス＆フィリョス　MAP P.160-B1外

エコノミー

長距離バスターミナルから徒歩約3分の便利な立地にあるホテル。エレベーターを備えている。部屋は少々手狭だが清潔で、冷蔵庫やTVもある。

住R.Ver. Eli Araújo 308, Fábricas
☎(032) 3371-8109
URL www.hotelpaisefilhos.com.br
料ⓈⓌR$70～　カード MV　室数 18室

サン・ジョアン・デル・ヘイのレストラン

Restaurante 611
ヘストランチ 611　MAP P.160-A1

カテドラルとノッサ・セニョーラ・ド・カルモ教会の間にある、ミナス料理のビュッフェ式レストラン。料金はR$15前後と手頃なため、多くの地元民でにぎわう。料理はサラダや肉、パスタなどが中心で、フェイジョアーダも毎日提供される。

住R. Getúlio Vargas 145
☎(032) 3371-8793
営1:00～15:00　休無休　カード ADM

読者投稿

アカラジェ R$33やキャッサバのフライR$21などのブラジル料理が楽しめます。カイピリーニャ R$10～などお酒の種類も豊富でした。　(滋賀県　めんこす　'17)

Restaurante Dedo de Moça
ヘストランチ・デド・ジ・モーザ　MAP P.160-A2

住R. Aureliano Mourão, 101, centro
☎(032) 3371-7623
営日～火・木11:30～16:00、18:30～24:00
水18:30～24:00　金・土11:30～16:00、18:30～翌1:00
休無休　カード ADJMV

 ホテル客室設備：バスタブあり　テレビあり　電話あり　インターネット可　朝食付き

Tiradentes
チラデンチス

チラデンチス駅に到着後、車体を回転してサン・ジョアン・デル・ヘイへ戻る蒸気機関車

サン・ジョアン・デル・ヘイからバスで30分ほどのチラデンチスは、18世紀の面影残るコロニアルな都市。緩やかな丘の斜面に、石畳の小径や昔ながらの平屋が連なる。サン・ジョアン・デル・ヘイから週末限定の蒸気機関車があり、1881年に開通した路線を走る木製の車両は旅情満点。また、周辺に豊かな森や低山が広がるチラデンチスでは、トレッキングやエコツアーが楽しめる。高級ポウザーダを拠点に、自然ツアーを楽しむ観光客も多い。

歩き方

鉄道駅の前では観光馬車が待っているが、セントロ(旧市街)まで徒歩約20分。小さな町中に点在する教会や美術館、水汲み場なども徒歩圏内だ。店が軒を連ねるのはミニストロ・ガブリエウ・パッソス通りR. Ministro Gabriel Passos。セントロだけなら1日で十分見てまわれる。宿泊してアクティビティを楽しみたいなら、宿にツアーの手配を頼もう。ℹはないがホテルや観光スポットでマップがもらえる。

サン・アントニオ教会と馬車

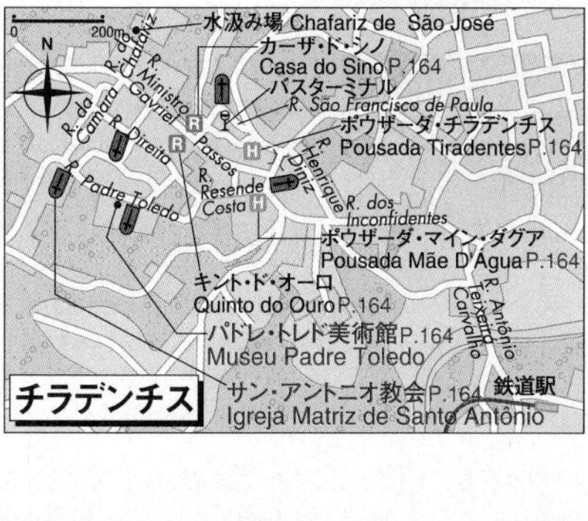

MAP P.65-C2
市外局番▶**032**
(電話のかけ方は→P.52)

US$1=**R$3.15**
=108円

チラデンチスへの行き方

バス

サン・ジョアン・デル・ヘイの長距離バスターミナルから、Viação Presidente社が月〜金曜5:50〜19:00の間に19便、土曜7:00〜19:00の間に9便、日曜は7:00〜22:00の間に10便運行。所要約30分、料金R$3.35程度。バスは現地に5分間停車したのち、折り返す。チラデンチスからの最終バスは19:30発(日曜は22:30)。

蒸気機関車

URL www.vli-logistica.com.br/en

金〜日曜にサン・ジョアン・デル・ヘイとチラデンチス間を観光蒸気機関車が運行。シーズン中はすぐに乗車券が売り切れる。日帰りなら行きを列車、帰りをバスにするのがおすすめ。

サン・ジョアン・デル・ヘイ発
金・土　10:00、15:00
日　10:00、13:00
チラデンチス発
金・土　13:00、17:00
日　11:00、14:00
※時期により変動あり。ウェブサイトにて要確認

料 片道R$50、往復R$60

観光馬車

鉄道駅からセントロまでR $30〜。主要な名所を巡って約2時間、R$80〜。人により言い値が違うので、数人に聞いてみよう。

18世紀から残る水汲み場 Chafariz de São José

サン・アントニオ教会
住R. da Camara s/n Centro
開9:00〜17:00
料R$5

パドレ・トレド美術館
住R. Padre Toledo 190
☎(032)3355-1549
開火〜金　10:00〜17:00
　土　10:00〜16:30
　日　9:00〜15:00
休月
料R$10

天井画を鏡に映して見せる

おもな見どころ

サン・アントニオ教会　Igreja Matriz de Santo Antônio　MAP P.163

西側の丘の上に立つ教会は、チラデンチスで最も古く、1732年に完成したもの。内部の装飾には484kgもの金が使われ、金鉱の採掘で活気があった当時の栄華を感じさせる。精緻な木彫に黄金が施された祭壇や美しいファサードが見ものだ。教会の前から豊かな森林や山並みが眺望できる。

パドレ・トレド美術館　Museu Padre Toledo　MAP P.163

サン・アントニオ教会へ向かう坂の中腹に位置。聖職者トレドの元邸宅を美術館として公開。18世紀コロニアル様式の瀟洒な建築美や家具、美術品などを斬新なプレゼンテーションで紹介する。

チラデンチスのホテル

Pousada Mãe D'Água
ポウザーダ・マイン・ダグア　MAP P.163

高級ホテル

チラデンチスの中心広場に面した、コロニアル様式の建物を利用した宿。客室は広々としており、緑が美しい中庭や屋外プール、屋内プールと設備も充実。

住Largo das Forras 50　☎(032)3355-1206
URL www.pousadamaedagua.com.br
料ⓈR$292〜　Ⓦ$414〜　税金5%別
カード ADMV　室数 49室

Pousada Tiradentes
ポウザーダ・チラデンチス　MAP P.163

中級ホテル

インテリアは洗練されたカントリー調で、客室にはエアコン、冷蔵庫も備わる。バスターミナル脇の好立地なので、ハイシーズンの週末は少々にぎやか。

住R. São Francisco de Paula 41
☎(032)3355-1232
URL www.pousadatiradentesmg.com.br
料ⓈⓌR$180〜　カード MV　室数 14室

チラデンチスのレストラン

Quinto do Ouro
キント・ド・オーロ　MAP P.163

人気のポル・キロ・レストラン。ミナス・ジェライス州の郷土料理やサラダを100g当たりR$4.5で楽しめる。白い壁に緑色の木枠が目印。

住R. Ministro Gabriel Passos 139
☎(032)9801-7833
営11:45〜15:30　休水　カード 不可

Casa do Sino
カーザ・ド・シノ　MAP P.163

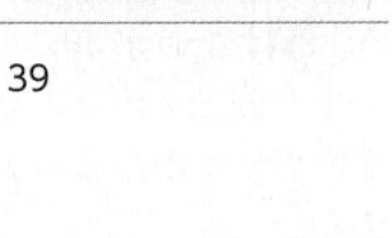

バスターミナルの近くにある愛らしいカフェ兼雑貨店。コーヒーR$5前後で軽食や焼き菓子などもあり。

住Largo Da Rodoviária 39
☎(032)3355-1481
営8:00〜19:00
休無休　カード DMV

　ホテル客室設備：バスタブあり　テレビあり　電話あり　インターネット可　朝食付き

ブラジル南部

イグアスの滝

Cataratas do Iguaçu

世界遺産

ブラジル側の遊歩道から見るイグアスの滝最大の滝、悪魔ののどぶえ

　ブラジル、アルゼンチン、パラグアイの3ヵ国に渡って流れる、全長約1320kmのイグアス川の下流にあるイグアスの滝。北米のナイアガラ、アフリカのヴィクトリアと並ぶ世界三大瀑布のひとつに数えられているが、スケールはケタ違い。ナイアガラは滝幅670mのカナダ滝と、260mのアメリカ滝、15mのブライダルベール滝の3つから成るのに対し、イグアスの滝幅は約4kmで、約275もの滝が連なっている。最大落差は80m、毎秒6500トンの水量を誇る。かつてイグアスの滝を訪れた元アメリカ大統領、ルーズベルトの夫人は「かわいそうな私のナイアガラ」とつぶやいたと言われ、イグアスの滝のスケールを表すエピソードとなっている。

　イグアスの名は先住民族であるグアラニー族の言葉に由来し、"Igu"は「水」を、"Açu"は壮大なものへの驚嘆の意を示す。滝とその周辺の2256km^{2}はイグアス国立公園に指定され、さらに1984年にアルゼンチン側が、1986年にはブラジル側も合わせて、ユネスコの世界遺産に登録された。

　滝は、ブラジルとアルゼンチンの国境にまたがっており、2ヵ国それぞれ見られる風景が違うので、どちらも訪れるのが絶対におすすめだ。ハイライトは、最大の滝である"悪魔ののどぶえ"。アルゼンチン側からブラジル側にすさまじい勢いで流れ落ち、水しぶきをあたり一面に上げる。

　うなるような水のとどろき、光によって色彩を変える滝の表情。そして、絶え間ない振動……。壮大な色と音の一大シンフォニーを思う存分堪能したい。

MAP P.65-A3

市外局番▶**045**
※アルゼンチン側のプエルト・イグアスの市外局番は03757
（電話のかけ方は→P.52）

US$1=R$**3.15**
=108円

※アルゼンチンの通貨はペソ（$）
US$1=AR$**19.5**
=108円

イグアスの滝の情報サイト
URL www.cataratasdoiguacu.com.br
（ブラジル側）
URL www.iguazuargentina.com
（アルゼンチン側）

CHECK!!!
国境にまたがるイグアスの滝
イグアスの滝はブラジル、アルゼンチンの両国にまたがっており、それぞれフォス・ド・イグアス（ブラジル）、プエルト・イグアス（アルゼンチン）という拠点の町がある。各町から滝までは、直通のバスが運行。なお、プエルト・イグアスからはブラジル側の滝までの直通バスもあるが、フォス・ド・イグアスからアルゼンチン側の滝までの直通バスはなく、プエルト・イグアスの町で一度バスを乗り換える必要がある。

フォス・ド・イグアス国際空港
MAP P.166
住 BR 469, km 16,5
☎(045)3521-4839

空港から市内（近距離バスターミナルT.T.U.）へ
ローカルバス
所要約30分、R$2.9
タクシー
所要約20分、R$50程度

治安について
フォス・ド・イグアスは比較的安全だが、やはり暗くなってからは極力、ひとりで歩き回らないようにしたい。市内で危険な場所はパラナ川Río Paraná沿い周辺。隣国からの不法入国者が多く住み着いており、治安が急激に悪化している。対岸のパラグアイの町シウダー・デルより注意が必要。

おもな旅行会社
ニッパク・ツアー
Nippak Tour
MAP P.173
住 R. Martins Pena 241
☎FAX (045)3025-5815
営 月～金　8:00～18:00
　土　8:00～12:00
休 日（ツアーは無休）
日本人経営のプライベートツアー専門店。ツアーは日本語ガイド付きで、各種取り扱っており、旅行者の要望に合わせてスケジュールを組んでくれる。ツアーとフライトによっては空港から日帰りツアーを行うことも可能。オフィスの入口は、手前にあるサロンの奥にある。

問い合わせは日本語でOK！

ブラジル～パラグアイの国境越え
国境越えのため、税関とイミグレーションを通る。国境にかかる橋は徒歩で渡っても、バイクタクシーなどを利用してもOK。
フォス・ド・イグアスからシウダー・デル・エステCiudad del Esteへ行く場合、近距離バスターミナルの前の"PARAGUAY"と書かれたバス停からシウダー・デル・エステ行きのバスに乗る。国境で降り、歩いて橋を渡ればすぐにシウダー・デル・エステだ。ダイレクトのローカルバスの場合、そのまま乗って町に入ってきてしまうことがあるが、必ず降り、出国&入国スタンプを押してもらうこと。

イグアスの滝への行き方

飛行機

サン・パウロのグアルーリョス国際空港や、リオ・デ・ジャネイロのガレオン国際空港から毎日数便の直行便がある（→P.62）。また、クリチバやポルト・アレグレからも便がある。ブラジリアからは直行便が週1便あるが、多くはサン・パウロを経由する便となる。

Let's Go! 空港から市内へ

フォス・ド・イグアス国際空港Aeroporte Internacional de Foz do Iguaçu（IGU）はフォス・ド・イグアスとイグアスの滝の間に位置している。町の中心まで約15kmあり、市内へはローカルバスかタクシーを利用。バスの場合、空港ターミナルを出て左側に少し行った所にバス停がある。T.T.U.行きに乗れば市内の近距離バスターミナルまで行ける。

近代的なフォス・ド・イグアス国際空港

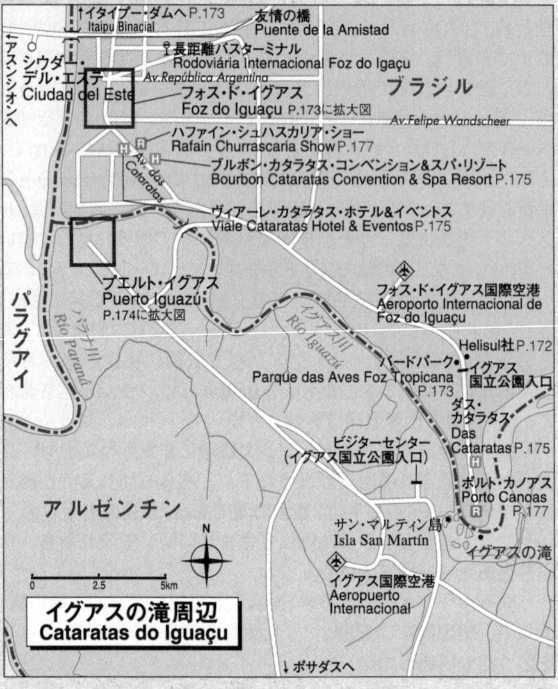

イグアスの滝周辺
Cataratas do Iguaçu

長距離バス

国内各地の主要都市と長距離バスで結ばれている。Pluma社やCatarinense社のバスがリオ・デ・ジャネイロからは毎日4〜5便、所要約23時間、サン・パウロからは毎日4〜5便、所要約17時間。クリチバからはCatarinense社のバスが毎日12〜13便、所要約9時間。ベロ・オリゾンチからは毎日1〜2便、所要約27時間。

Let's Go! 長距離バスターミナルから市内へ

フォス・ド・イグアス国際バスターミナルRodoviária Internacional Foz do Iguaçu（長距離バスターミナル）から町の中心までは7kmほどで、ローカルバスかタクシーを利用する。T.T.U.の表示のあるバスに乗れば近距離バスターミナルに到着する。運賃は均一でR＄3.45。

フォス・ド・イグアス近距離バスターミナル

アルゼンチンからのバス

アルゼンチン側、プエルト・イグアスのバスターミナルからRio Uruguay社のバスが運行。6:30〜18:30の間、1時間ごとに出発する。料金は片道＄20。フォス・ド・イグアスからプエルト・イグアスへは→P.174参照。

プエルト・イグアスのバスターミナル。長距離バスもここから発着する

パラグアイからのバス

パラグアイのシウダー・デル・エステからバスが多数運行、料金はG.8500程度。長距離バスターミナルのほか、サン・ブラス通りAv. San Blasからも乗ることができる。到着はフォス・ド・イグアスの近距離バスターミナルの前。

ブラジル〜アルゼンチンの国境越えについて

国境越えのため、税関とイミグレーションを通過しなくてはならない。日帰りの場合でもパスポートは必携。ブラジルからアルゼンチンへ行く場合は、まずブラジル側のイミグレーションでバスを降り、出国手続きをして税関を通過。税関を越えた先にバス停があるので、そこでまたバスに乗り込む。国境にかかる橋を越えると今度はアルゼンチン側のイミグレーションがあるので、そこでまたバスを降り入国審査と税関を通過する。その後またバスに乗り、プエルト・イグアスへ行く。バスは待っていてはくれないので、次のバスに乗り込むことになる。乗り継ぎがいいとスムーズに進むが、2時間ほどはみておきたい。アルゼンチンからブラジルへ行く場合も同様の手続きが必要。

時間がない人はタクシーの利用がおすすめ。これなら国境で待っていてもらえるので、時間のロスが最小限で済む。タクシー料金はブラジルからアルゼンチンへはR＄80程度、アルゼンチンからブラジルへはAR＄300〜。

イグアス国立公園環境観光税

プエルト・イグアスでは市の環境観光税として滞在1泊につき1人$25（2泊以上の場合は$50）徴収される。ブラジルから日帰りで観行する場合も発生。

COLUMN ハナグマに餌をやらないで！

深い密林に覆われたイグアスの滝周辺は、500種類もの蝶をはじめとする珍しい昆虫や鳥、小動物たちの宝庫だ。国立公園の遊歩道を歩いていると、シマシマの大きなしっぽが愛嬌たっぷりのアカハナグマが群れをなして寄ってくる。すっかり人間に慣れていて、人懐っこくかわいらしいので、つい餌をやりたくなるが、公園では「生態系保護のため、食物はあたえてはならない」と呼びかけている。

夕暮れ時になると、アルゼンチン側のビジターセンター近くの木に、バナナのように黄色い大きなくちばしがトレードマークのトゥカーノ（オニオオハシ）がよくとまっている、イグアス川には真っ白なサギのような鳥が群れていることもある。

これらの貴重な動物たちを自然のままに守るために、触ったり餌をあげたり脅かしたりしないように注意したい。

見た目は愛らしいハナグマだが、鋭い爪を持っており、うかつに近づくと危険

イグアスの滝はこうなっている
CATARATAS DO IGUAÇU

アルゼンチンとブラジルの国境に位置する大瀑布。イグアス川が国境になっており、滝の多くはアルゼンチン側にあるため、アルゼンチン側すべてを見るにはまる 1 日必要。滝全体の眺望を楽しむことができるブラジル側は半日あれば十分だ。

地図:㈱ジェオ黒澤達也

❶ ポルト・カノアス

ブラジル側のハイライトの展望台の奥にあるレストラン(→P.177)。川を一望しながらビュッフェ形式の食事が楽しめる。手軽に済ませたい人はその手前にあるファストフード店で。

❷ 展望台

エレベーターが付いている展望台。眼下にすさまじい勢いで流れ落ちる滝が見られる。展望橋の先まで歩くと、ハイライト「悪魔ののどぶえ」を遠目に眺めることができる。

❸ ホテル・ダス・カタラタス

ブラジル側のイグアス国立公園内唯一のホテル。滝ビューの部屋はないが、ホテルの屋上からは滝が見える。レストランやプールなどもあり、リゾートらしい滞在が楽しめる。

❹ 悪魔ののどぶえ

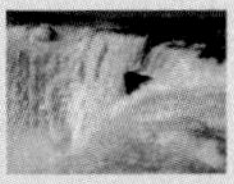

イグアスの滝のハイライトになる最大の滝。轟音のなか、手に触れられるのではないかと思う距離から見学でき、その壮大さはほかの滝とは比べものにならないほど。

❺ 遊歩道

アルゼンチン側は悪魔ののどぶえに行く遊歩道とは別に、「滝の上(アッパー)」「滝の下(ロウワー)」というトレイルがある。写真はロウワー・トレイルからのサン・マルティン島の眺め。

❻ イグアス国立公園入口

アルゼンチン側の入口。チケットをここで購入して入場することになる。入るとカフェや売店、ビジターセンター（博物館のようなもの）、ツアーのチケットの販売ブースがある。

❼ スピード・ボート乗り場

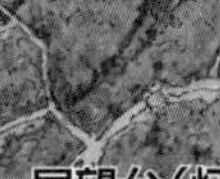

スピード・ボートで滝つぼに飛び込む一番人気のアトラクション「アベントゥラ・ナウティカ」のボート乗り場。ツアーのチケットはこの手前で購入することもできる。

❽ シェラトン・イグアス・リゾート＆スパ

アルゼンチン側の国立公園内で唯一のホテル。滝側の部屋からは熱帯のジャングルの木々の向こうにイグアスの滝を眺めることができる。

❾ 鉄道

アルゼンチン側は広いので無料の列車に乗って移動しよう。入口そばのセントラル駅からカタラタス駅まではグリーン・トレイルもあるので、歩いていくことも可能。

イグアス国立公園
(ブラジル側)
☎(045)3521-4400
URL www.cataratasdoiguacu.com.br
開9:00～17:00
休無休
料R$64.3
公園内のバス運賃は入場料に含まれる。入場料はクレジットカードでも支払い可能で、入場ゲートそばの自販機で購入できる。ATMあり。

イグアス国立公園
(ブラジル側)への行き方
フォス・ド・イグアスから
セントロの近距離バスターミナルT.T.U.からローカルバス120番(Parque Nacional行き)に乗る。5:10～24:00の間の20分ごとに運行。所要約40分、R $3.45。
プエルト・イグアスから
バスターミナルからRio Uruguay社のバスが8:30～14:30(帰りは10:00～17:00)の間の1時間ごとに運行。往復$80。Crucero del Norte社も1日3便運行。タクシーだと往復US$80～。

国立公園内のバス
運9:00～18:30
国立公園ゲート前のEstaçáo Centro de Visitantesを出発し、1つ目のバス停は国立公園スタッフのための施設があるParada Administraçáo do PNI、2つ目はMacuco Safari主催のアドベンチャー・ツアーの出発場所であるParada Macuco Safari、3つ目がホテル・ダス・カタラタス前のParada Trilha das Cataratas、4つ目がレストランのポルト・カノアス前のEstaçáo Espaço Porto Canoas。ここでバスは折り返す。なお、ビジターセンターに戻る途中に、5つ目のバス停、ハイキング・トレイルの入口となるTrilha do Poço Pretoがある。

CHECK!!!
園内はびしょ濡れ覚悟！
悪魔ののどぶえを望むポイントは大量の水しぶきで、びしょ濡れ必至。洋服やカメラ、スマートフォンにはくれぐれも注意しよう。ブラジル側では展望橋そばのキオスコ、アルゼンチン側では入口ゲートそばのみやげ物店などでポンチョを販売しているので、心配な人は着用するといい。

歩き方

イグアスの滝滞在プラン

イグアスの滝は、イグアス国立公園Parque Nacional do Iguaçu(スペイン語:Parque Nacional Iguazú)を流れる大小275の滝の総称。滝は大部分がアルゼンチン側を流れている。アルゼンチン側、ブラジル側どちらも見学するなら、移動時間を含めて最低でもそれぞれに1日ずつ、計2日は確保したい。パラグアイのシウダー・デル・エステやイタイプー・ダムまで行くならさらに1～2日必要だ。

滞在時間が少なく、どちらかしか見学できない場合は、アルゼンチン側がおすすめ。遊歩道が充実しており、見られる景色もバラエティに富み、迫力も段違い。ブラジルのフォス・ド・イグアスから日帰りで行くことが可能だ。

ブラジル側イグアスの滝

イグアスの滝の大部分はアルゼンチン側にあるため、迫力ではアルゼンチン側にひけをとるブラジル側だが、滝の対岸に遊歩道があるため、滝の全貌を見渡すならこちらの方がいい。また、バスÔnibus do Parqueを使い、降りるバス停を工夫すればほとんど歩かずに済むのも、ブラジル側の利点だ。

ブラジル側はバスで移動

ゲートでチケットを購入し入場したら、すぐにバス乗り場がある。園内にはこのバス停Estaçáo Centro de Visitantesを含む6つのバス停があり、アクティビティなどに参加しないなら、まずは3つ目のバス停Parada Trilha das Cataratasを目指そう。バスを降りると目の間にHダス・カタラタスがあり、道路を挟んだ向かいから対岸に滝を望むトレイルが始まる。森の中のトレイルを20分ほど進めば、悪魔ののどぶえの展望橋に到着する。トレイルの途中にも展望ポイントがあるので、記念写真を撮りながら歩こう。

悪魔ののどぶえを望む展望橋

トレイルを進むと、やがて川の上、滝の前まで張り出している展望橋が見えてくる。この展望橋の先端が、ブラジル側で最も迫力のある眺めが楽しめるポイント。悪魔ののどぶえが正面に見え、左側にはやや小さめだがすぐ目の前に落ちる滝がある。さらには下にも流れ落ちる滝があり、先端に立つと360°滝に囲まれているよう。展望橋のふもとにはエレベーターと階段がある。ここを上がるとイグアス川の上流に出る。すぐそばに4つ目のバス停Estaçáo Espaço Porto Canoasとみやげ物店、ファストフード、Rポルト・カノアスがあり、バスに乗れば入口ゲートまで戻れる。

ブラジル側最大の見どころ

アルゼンチン側イグアスの滝

プエルト・イグアスからのバスが到着するバス停のすぐそばが入園ゲート。入園するとまずビジターセンター Centro de Visitantesがあるので、ここで園内の地図をもらおう。ほか、ビジターセンター内には園内の解説や動植物に関する展示もある。さらに進むとみやげ物店やツアーの販売ブースがあり、その先に園内を回る鉄道Tren de las Cataratasの駅がある。

アルゼンチン側は鉄道で移動

園内の鉄道駅は3つで、ビジターセンターそばのセントラル駅Estación Central、滝の上下を回る遊歩道そばのカタラタス駅Estación Cataratas、悪魔ののどぶえへ行く遊歩道そばのガルガンタ・デル・ディアブロ駅Estación Garganta del Diablo。鉄道に乗って各エリア間を移動し、駅で降りたら歩いて遊歩道を回ろう。

森の中をゆっくりとした速度で進んでいく

滝の上下を回る遊歩道

鉄道のカタラタス駅からは、滝の上下を回る遊歩道(Paseo Superior/Upper Trail、Circuito Inferior/Lower Trail)が延びている。遊歩道はアッパー・トレイルが全長1750m、ロウワー・トレイルが全長1400mとどちらもかなり長いので、両方くまなく回るなら3時間はかかる。ロウワー・トレイルの途中にはイグアス川の中洲であるサン・マルティン島Isla San Martínへの渡し船があるほか、スピードボートで滝壺へ向かうアベントゥラ・ナウティカ(→P.172)の乗り場もある。サン・マルティン島にはきれいな砂地があり、上り坂になった小道が頂上まで続いている。島の頂上から眺める滝の姿も壮観だ。水浴びのできる小さな滝壺もあるので、水着を用意しておくといい。

案内板があるので迷うことはない

悪魔ののどぶえへの遊歩道

イグアスの滝のハイライトは、数ある滝の中でも最大の「悪魔ののどぶえ」だ。アルゼンチン側には、その悪魔ののどぶえが落下する様子をすぐ目の前で見られる展望台がある。ガルガンタ・デル・ディアブロ駅のすぐそばに展望台へ行く遊歩道の入口がある。遊歩道はイグアス川Río Iguazúの上に架かる橋になっており、全長は1.1km。途中右側の浅瀬は、映画『ミッション』の撮影に使われた場所。遊歩道をさらに進み、1992年の洪水で破壊された橋が見えてくると、展望台へはあと少し。やがて前方に水しぶきが見え、轟音とともに悪魔ののどぶえが姿を現す。

悪魔ののどぶえへ続く橋

イグアス国立公園(アルゼンチン側)
☎(03757)491469
URL www.iguazuargentina.com
開8:00〜18:00(チケット購入は〜16:30)
休無休 料AR$500
入場料はアルゼンチン・ペソの現金のみ。クレジットカード支払い不可のため、必ずアルゼンチン・ペソの用意を。入場ゲートそばに両替所はないが、ATMがある。

国立公園の入口

イグアス国立公園(アルゼンチン側)への行き方
プエルト・イグアスのバスターミナルからRio Uruguay社のバスが7:20〜19:20(帰りは7:50〜20:00)の間、20分ごとに運行。所要約25分、往復AR$150。タクシーだと片道AR$360〜。

国立公園内の鉄道
運8:30〜17:45
運行間隔は30分ごと。ガルガンタ・デル・ディアブロ駅発の最終は16:00。各駅の間の所要時間は約10分。運賃は国立公園入場料に含まれる。

センデロ・ベルデ(グリーン・トレイル)
セントラル駅からカタラタス駅間にはセンデロ・ベルデSendero Verdeという600mほどのトレイルもあり、歩いても行ける。

サン・マルティン島への渡し船
運10:30〜15:30
10分ごとの運航だが、水量や天気などにより運航されない日も多い。

CHECK!!!
イグアスの滝にかかる虹の橋
轟音とともに繰り広げられる大自然のショーは、あまりに激しく力強いために、思わず恐ろしさが先立ってしまいがち。そんなイグアスの滝を優しく演出しているのが、弧を描く虹の橋だ。アルゼンチン側もブラジル側も、滝に最も近づく悪魔ののどぶえの展望台からだと、太陽が出ている間ならどこかしらで虹を見ることができる。

Tour Info イグアスの滝のアクティビティツアー

イグアスの滝は、南米を代表する観光名所。遊歩道を歩くだけでも十分に楽しめるが、アクティビティツアーに参加すればさらに満足度が増すはず。

ブラジル側のアクティビティツアー

国立公園内では、ボートやウオーキングなどのツアーが催行されている。中でも人気があるのはマクコ・サファリMacuco Safariが主催するアドベンチャー・ツアー。出発は2つ目のバス停そばにあるオフィスから。園内で催行されているすべてのツアーは入場ゲート内にオフィスがあるので、現地で申し込みが可能。ヘリツアーはヘリスウHelisulが催行。ゲートの外、徒歩5分ほどの所にあるオフィスで申し込む。当日でOK。

ジャングルドライブ＆ボートクルーズ

マクコ・サファリ主催のアドベンチャー・ツアー。電動車に乗って約3kmの道をドライブし、次に車を降りてジャングルの中600mの道を歩く。マクコ滝Salto do Macucoなどを見たあと、滝下流をボートクルーズ。

マクコ・サファリ　Macuco Safari
☎(045)3574-4244
催9:00～17:00の15分ごと、所要約2時間
料R＄215.4

ヘリコプター遊覧飛行

ヘリスウが催行するヘリコプターによる遊覧飛行。いくつかのコースがあるが、イグアスの滝を見下ろす10分のコースが一番人気。

ヘリスウ　Helisul
☎(045)3529-7474　営9:00～17:30
休無休　催営業時間中随時
料1人R＄430（3人以上で乗った場合の1人分の料金）

アルゼンチン側のアクティビティツアー

アルゼンチン側のアクティビティツアーはすべてイグアス・ジャングルIguazú Jungleが催行。オフィスは国立公園内、ビジターセンターのすぐそばにあり、そこかもしくは出発場所で当日申し込みが可能。出発場所は各ツアーにより異なる。なお、フルムーン・ウオークは国立公園（→P.171）が催行しており、こちらは要事前予約。

イグアス・ジャングル
☎(03757)421696
URL www.iguazujungle.com

滝壺へ迫るボートツアー

アルゼンチン側の一番人気のアクティビティ、アベントゥラ・ナウティカAventura Náutica。サン・マルティン島の対岸より出発して、イグアス川の下流をスピードボートでクルーズ。悪魔ののどぶえを下から眺めたあと（激流で危険なため、悪魔ののどぶえには近づけない）、寒くない日であれば別の滝の滝壺ぎりぎりまで接近する。ずぶ濡れ必至なので、ポンチョを用意するか、水着を着用しよう。出発前のライフジャケットを着けてもらう時に、荷物用の防水袋が借りられるので、濡れて困るものはその袋の中に入れておくこと。

アベントゥラ・ナウティカ
催10:10～16:40の随時、所要約12分
料AR＄450

ジャングル・ドライブツアー

4WD車でのジャングル・ドライブとボートツアーの両方を楽しめるのが、グラン・アドベントゥラGran Adventura。ビジターセンターそばのイグアス・ジャングルのカウンターを出発し、まずは4WD車でジャングルを5kmほど疾走。そのあとはアベントゥラ・ナウティカと同じボートクルーズを楽しむ。同乗のガイドがジャングル内の動植物についての解説をしてくれる。

グラン・アドベントゥラ
催9:00～16:30、所要約1時間20分　料AR＄800

イグアス川クルーズ

悪魔ののどぶえ上流のイグアス川をラフトボートでのんびりクルーズするアクティビティが、パセオ・エコロジコPaseo Ecológico。ガルガンタ・デル・ディアブロ駅そばにあるイグアス・ジャングルのブースから出発、イグアス川をのんびりクルーズしカタラタス駅まで戻る。ツアー中、ガイドが周辺の植物や鳥類について解説してくれる。

パセオ・エコロジコ
催9:00～17:00、所要約30分
料AR＄200

フルムーン・ウオーク

毎月満月の前後5日のみ催行される満月の下のウオーキングツアーが、ルナ・リェナLuna Llena。1日3回の催行で、チケットはすぐに売り切れてしまう人気のツアーだ。催行日は、下記ウェブサイトで確認すること。天気が悪く月が出ないと催行されない。

ルナ・リェナ
☎(03757)491469
URL www.iguazuargentina.com
E-mail informacion@iguazuargentina.com
催19:45発、20:30発、21:15発、所要約2時間
料AR＄850（ディナー付きはAR＄1150）

※上記ツアーの内容は時季などにより変更の可能性あり

Foz do Iguaçu

フォス・ド・イグアス(ブラジル側)

イグアスの滝のブラジル側の拠点となるのが、フォス・ド・イグアスの町。イグアスの滝からは約28km、イグアス川がパラナ川Río Paranáに合流する地点よりやや下流のパラナ川東岸に面している。イグアスの滝観光によって発展した観光都市だが、イタイプー・ダムの建設にともない人口は30万人近くに膨れあがった。フォス・ド・イグアス対岸はパラグアイの側の町シウダー・デル・エステ。ふたつの町の間には「友情の橋」がかけられており、両国の人々が行き交っている。

メインストリートはセントロを南部に走るブラジル大通りAv. Brasilとジョージ・シュメルフェン通りAv. Jorge Schimmelpfeng。ブラジル大通りはショップが連なり、ジョージ・シュメルフェン通りには大型のホテルや最新のレストランが集まっている。ジョージ・シュメルフェン通りを東へ行くと、空港やイグアスの滝に続くダス・カタラタス通りAv. das Cataratasが延びている。

町の北約20kmには、パラグアイとの国境にまたがる一大発電所、イタイプー・ダムItaipu Binacialがあり、ガイドツアーで見学が可能。

ショップが並ぶブラジル大通り

INFORMATION

観光案内所
Postos de Informações Turísticas(PIT)
MAP P.173
Free 0800-45-1516
URL www.pmfi.pr.gov.br
英語のできるスタッフがいて協力的。インフォメーションカウンターは以下の3ヵ所にある。
近距離バスターミナル内
開7:30～18:00 休無休
空港内
開8:00～22:00 休無休
バスターミナル内
開7:00～18:00 休無休

ブラジル(サン・パウロ)の旅行会社
WEC Travel Agency社
MAP P.110-B4
住Al. Santos,705-cj.17-Cerqueira Cesar-São Paulo
☎(011)3081-4951/8483
URL www.wecbrazil.com
E-mail info@wecbrazil.com
ブラジルのサン・パウロで、日本人が経営する南米専門の現地旅行社。言葉の心配も無いので、安心して相談できる。

市内交通
セントロの近距離バスターミナルT.U.U.からローカルバスが運行。空港、イグアスの滝、長距離バスターミナルへは120番を利用。運賃は均一で、R$3.45。

イタイプー・ダム
MAP P.166外
URL www.turismoitaipu.com.br
パノラミック・ツアー
催8:00～17:00の30分ごとに出発、所要約2時間
料R$26
行き方
近距離バスターミナルから101、102番のバスで約30分。

ブラジルの鳥類が見られるテーマパーク
イグアスの滝のゲート前にある。143種1320羽以上もの鳥を飼育している。
バードパーク
Parque das Aves Foz Tropicana
MAP P.166
☎(045)3529-8282
URL www.parquedasaves.com.br
開8:30～17:00 休無休
料R$40

Puerto Iguazú

プエルト・イグアス（アルゼンチン側）

INFORMATION

ℹ観光案内所
Información Turistica
MAP P.174
住 Av. Victoria Aguirre 337
☎ (03757)423956
開 7:00～21:00
休 無休
簡単な地図がもらえるほか、イグアス観光の情報やホテルなども教えてくれる。

アルゼンチン側の拠点となる町がプエルト・イグアスだ。イグアスの滝を挟んで北側にあるブラジルのフォス・ド・イグアスと隣り合っている。

プエルト・イグアスはイグアス観光の拠点として、まるでリゾート地のような雰囲気。高級リゾートからホステルまで揃い、観光客向けのレストランやショップ、旅行会社も充実している。世界最大規模のイグアスの滝は、この町から15kmの距離だ。

町の規模はフォス・ド・イグアスと比べると小さく、ホテルやレストランも少ない。町にも見どころはほとんどないが、その分落ち着いていて歩きやすい。セントロはバスターミナルの周辺で、ミシオネス通りAv. Misiónesがメインストリート。ホテルやレストランもこのあたりに集中している。町の周囲には緑のジャングルが広がり、そこを舞台としたサイクリングツアーなども催行されている。イグアス滝の観光だけで訪れる人がほとんどだが、ゆっくりと2～3泊して、そうしたアクティビティツアーに参加するのもおすすめだ。

バスターミナルから徒歩10分ほどの所にある観光案内所

緑の中に広がる小さな町

CHECK!!!

プエルト・イグアスのタクシー
タクシーにはメーターがなく、目的地ごとに決まった料金となっている。セントロ内の移動ならAR＄30～100。アルゼンチン側のイグアスの滝まではAR＄360～。ブラジル側イグアスの滝までは(→P.167)。町のあちこちにあるタクシー乗り場から利用する。

両替について
どちらの町なかにも、たくさんの両替所や銀行がある。ただし、たいていのレストランやショップではアルゼンチン・ペソ、ブラジル・レアル、パラグアイ・グアラニー、USドルでの支払いが可能。

時差
フォス・ド・イグアスとプエルト・イグアスはどちらも同時刻だが、アルゼンチンはサマータイムを実施していないので、ブラジルのサマータイム時（10月第2日曜～2月第3日曜）には1時間の時差が生じる。

フォス・ド・イグアスからプエルト・イグアスへの行き方
近距離バスターミナルの北にある“ARGENTINA”と書かれたバス停から“Puerto Iguazú”と書かれたバスに乗る。7:30～19:30の間、およそ1時間間隔で運行。料金は片道R＄5。

イグアスの滝のホテル

フォス・ド・イグアス

Das Cataratas
ダス・カタラタス MAP P.166

高級ホテル

ブラジル側の国立公園内にある唯一のホテル。イグアスの滝がすぐ目の前にあるのが魅力だ。客室はクラシカルで落ち着いた雰囲気。渡されるIDカードは国立公園の入場パスとしても使える。

住Rodovia Br 469, Km 32, Parque Nacional do Iguaçu
☎(045) 2102-7000
URL www.belmond.com
料ⓈⓌR$1280〜　カード ADMV　室数193室

Bourbon Cataratas Convention & Spa Resort
ブルボン・カタラタス・コンベンション&スパ・リゾート MAP P.166

高級ホテル

セントロからイグアスの滝に行く途中にある5つ星の近代的なホテル。広々とした客室も諸設備が完備されていて快適。シックなインテリアが品のよい落ち着きを醸し出している。ホテル内に旅行会社やみやげ物店、銀行ATMまである。

住Rodovia das Cataratas 2.5km　☎(045) 3521-3900
URL www.bourbon.com.br
料ⓈR$416〜 ⓌR$520〜
カード ADJMV　室数309室

Viale Cataratas Hotel & Eventos
ヴィアーレ・カタラタス・ホテル&イベントス MAP P.166

高級ホテル

フォス・ド・イグアスでは新しめの4つ星ホテル。ロビーも客室もモダンなデザインで統一。プールやフィットネスセンター、サウナ、レストランあり。

住Av. das Cataratas 2420
☎(045)2105-7200　URL www.vialehoteis.com.br
料ⓈR$341〜 ⓌR$402〜　カード AMV　室数151室

Golden Park
ゴールデン・パーク MAP P.173

中級ホテル

セントロにある円柱形のホテルで、内部も円形の廊下の外側に客室が並ぶ。客室も弧の曲線を取り入れたモダンアートなデザインで、斬新な雰囲気。最上階には展望レストランがある。

住R. Alm Barroso 2006　☎(045) 3521-4100
URL goldenparkinternacionalfoz.com.br　料ⓈR$158〜
ⓌR$198〜　カード ADMV　室数214室

Foz do Iguaçu
フォス・ド・イグアス MAP P.173

中級ホテル

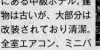

ブラジル大通り沿いにある中級ホテル。建物は古いが、大部分は改装されており清潔。全室エアコン、ミニバー付き。フィットネスセンターやプール、レストランも併設している。設備のわりに料金が安く、コストパフォーマンスがよい。

住Av. Brasil 97　☎(045) 3521-4455
URL www.hotelfozdoiguacu.com.br
料ⓈR$140〜 ⓌR$195〜
カード ADMV　室数168室

Pousada Sonho Meu Foz
ポウザーダ・ソーニョ・メウ・フォス MAP P.173

中級ホテル

緑があふれる評判のポウザーダ。近距離バスターミナルから徒歩2分ほどの所にあるので、観光に何かと便利。客室は全室エアコン付きで、広々して快適。プールやジムあり。ビュッフェスタイルの朝食も評判。敷地内は全面禁煙。

住R. Men de Sá 267　☎FAX(045) 3573-5764
URL www.pousadasonhomeufoz.com.br
料ⓈR$100〜 ⓌR$150〜　カード ADMV　室数13室

ホテル客室設備：バスタブあり　テレビあり　電話あり　インターネット可　朝食付き

Tarobá Hotel

タロバ　MAP P.173

中級ホテル

近距離バスターミナル近くにある3つ星ホテル。部屋は白を基調とした落ち着いた雰囲気で、設備も比較的新しく居心地がいい。エアコン、ミニバー、衛星放送が視聴できるテレビ付きで、Wi-Fiの接続も高速でできる。

住 R. Tarobá 1048　☎ (045) 2102-7770
URL www.hoteltarobafoz.com.br
料 ⓈR$216～ ⓌR$402～ 税金5%別
カード ADMV　室数 176室

Dany Hotel

ダニー　MAP P.173

中級ホテル

ブラジル大通りにある中級ホテル。従業員は感じがいい。客室はシンプルだが2013年に改装を行っているため清潔感がありさわやかな印象。全室エアコン、冷蔵庫、セーフティボックス付き。Wi-Fiは部屋によりつながりにくい。

住 Av. Brasil 509　☎ (045) 3523-1530
URL www.hoteldany.com.br
料 ⓈR$75.6～ ⓌR$135～
カード ADMV　室数 33室

Pousada El Shaddai

ポウザーダ・エル・シャダイ　MAP P.173

エコノミー

セントロ西側の住宅街にあるポウザーダ。中心部からは少し離れており、比較的静かな環境。中庭にはプールがある。全室エアコン、バスルーム、セーフティボックス付き。キッチンも利用可能なので、長期滞在者も多い。

住 R. Engenheiro Rebouças 306
☎ (045) 3025-4490
URL www.pousadaelshaddai.com.br
料 ⓈR$109～ ⓌR$159～
カード ADMV　室数 24室

Hostel Foz do Iguaçu

ホステウ・フォス・ド・イグアス　MAP P.173

ホステル

町の中心部にあるホステル。建物はまだ新しく、ロビーも客室もモダンで清潔そのもの。全室エアコンも付いている。ドミトリーは男女ミックスか、女性専用の2タイプ。スタッフは“笑顔”をモットーとしており、質問にも親切に答えてくれる。

住 Av. Juscelino Kubitschek 874
☎ (045) 3027-8300　URL www.chelagarto.com
料 ⓈⓌR$150～ ドミトリー R$40～
カード MV　室数 84室

プエルト・イグアス

Saint George

セイン・ジョージ　MAP P.174

中級ホテル

樹木に囲まれる穏やかな環境にある4つ星ホテル。バスターミナルからも近い。客室はエアコン、ミニバー、ドライヤー完備、レストランを併設している。

住 Av. Córdoba 148
☎ (03757) 420633
URL www.hotelsaintgeorge.com
料 ⓈⓌAR $1275～　カード AMV　室数 130室

Casa 24

カーサ 24　MAP P.174

エコノミー

バスターミナルの向かいに立つアパートメントタイプのゲストハウス。周辺にはレストランやスーパーもあり便利な立地。ベッドも大きく部屋も広々。全室専用キッチンが付いている。

住 Av. Misiónes 24
☎ (03757) 460868
URL www.casapuertoiguazu.com
料 ⓈⓌUS $33～
カード 不可　室数 5室

イグアスの滝のレストラン

フォス・ド・イグアス

Bufalo Branco
ブッファロー・ブランコ MAP P.173

ホテルが多いタロバ通りR. Tarobáにあるシュハスカリア。1989年の創業の人気店。ビュッフェ形式のシュハスコはドリンク別でR$85。シュハスコはビーフの各部位を中心に、ポーク、チキン、ラムもある。

住R. Engenheiro Rebouças 530, esq. c/ Tarobá
☎(045) 3523-9744
URL bufalobranco.com.br
営12:00～23:00 休無休 カード ADMV

Porto Canoas
ポルト・カノアス MAP P.166

イグアス国立公園内にある高級レストラン。メニューはビュッフェ形式で、前菜から肉、魚料理まで30種類以上がずらりと並ぶ。料金はR$79.2。店内席のほかイグアス川を見渡せるテラス席もある。

住Rodovia Br 469, Km 18, Parque Nacional do Iguaçu ☎(045) 3521-4443
営12:00～15:00 休無休
カード ADJMV

Churrascaria Tropicana
シュハスカリア・トロピカーナ MAP P.173

地元の人たちでにぎわう庶民的なシュハスカリア。シュハスコはビュッフェも込みでR$32と観光地のフォス・ド・イグアスでは破格の値段。ピッツェリアも併設しており、50種類以上のピザを味わえる。こちらも釜で焼き上げる本格派。

住Av. Juscelino Kubitcheck 228
☎(045) 3574-1701
営11:00～15:30、18:30～23:30
休無休 カード MV

Rafain Churrascaria Show
ハファイン・シュハスカリア・ショー MAP P.166

1200人収容の大型シュハスカリア。ほかにもブラジル料理、イタリア料理、寿司、サラダやデザートのコーナーもあって充実。ランチがR$65、南米各国の歌と踊りのショーが含まれたディナープランはR$119。

住Av. das Cataratas 1749 ☎(045)3523-1177
URL www.rafainchurrascaria.com.br
営月～土11:30 ～ 16:00、19:30 ～ 23:00
日11:30 ～ 16:00 休無休 カード ADMV

プエルト・イグアス

Charo
チャロ MAP P.174

プエルト・イグアス名物のスルビ(ナマズ)Surubi料理が評判の店。調理方法はグリルなど8種類あり、AR$190～。パリジャーダAR$565(2～3人前)、ミラネサAR$160～といった肉料理もひと通り揃っている。英語メニューあり。

住Av. Córdoba 106 ☎(03757) 420869
営11:30～翌1:30
休無休 カード V

La Mamma
ラ・マンマ MAP P.174

作りたての自家製パスタを味わえる店。パスタの種類とソースを組み合わせてオーダーでき、1人前AR$160～。ひき肉がゴロゴロ入ったボロネーゼソースが人気。キッシュなどの軽食類もある。

住Calle Bompland 217 ☎(03757) 424594
営火～土9:00～13:30、18:00～22:30
日9:00～14:00
休月 カード MV

Curitiba
クリチバ

MAP▶P.65-B3
市外局番▶041
(電話のかけ方は→P.52)
US$1=R$3.15
=108円

オスカー・ニーマイヤーによる美術館が異彩を発つ、計画都市ならではの景観

コーヒー豆の産地として有名なパラナ州の州都クリチバは、人口およそ167万人。パラナ州東部高原 Serra do Mar の標高約900mの所に位置するため極暑の時期はなく、6～8月の冬季はかなり冷え込んでセーターやコートが必要になる。

クリチバは1970年代から、市を挙げて計画的な町づくりを進めてきた。その結果、「ラテンアメリカで最も清潔で美しい町のひとつ」といわれるようになり、ブラジルにおける環境都市として世界的に知られることとなった。機能的で清潔な現代都市クリチバは、サルバドールやリオ、マナウスを見てきた旅人の目に、大国ブラジルの別の一面を新鮮に印象づけることだろう。

クリチバへの行き方

飛行機

サン・パウロからは頻繁にフライトがあり所要約1時間、リオ・デ・ジャネイロから1日7～13便あり所要約1時間25分、ブラジリアからは1日5便程度で所要1時間25分～2時間15分。そのほかポルト・アレグレからは、1日4～7便程度、所要約1時間10分。フォス・ド・イグアスからは1日4～6便あり所要1時間～1時間30分。

Let's Go! 空港から市内へ

クリチバの空港の正式名称はアフォンソ・ペナ国際空港 Aeroporto Afonso Pena (CWB)。空港からセントロまでは約18km。エアコンバスなら、到着階を出て“Onibus Executivo”と表示されたチケット売場前から乗車。また、エアコンバス乗り場の前にはチュー

INFORMATION

観光案内所
Curitibnturismo
空港内
☎(041)3381-1153
開月～金 7:00～22:00
　土・日 8:00～18:00
休無休
クリチバ展望タワー(→P.182)、長距離バスターミナル内にもカウンターあり。

空港の到着階にある

在クリチバ日本国総領事館
Consulado Geral do Japão
MAP P.180-B1
住R. Marechal Deodoro 630-18 ander
☎(041)3322-4919
FAX(041)3222-0499
開9:00～12:00、14:00～18:00
休土・日、祝

アフォンソ・ペナ国際空港
MAP P.179外
住Av. Rocha Pombo s/n
☎(041)3381-1515

エアコンバス
Aeroporto Executivo
URL www.aeroportoexecutivo.com.br
毎日およそ5:10～24:00の間1時間に2～4便程度運行。所要25～45分ほど。運賃R$15。長距離バスターミナルほか、市内数ヵ所に乗降場あり。

ブ状のローカルバス乗り場もあり、リオ・イグアス広場Palácio Iguaçuとの間を運行するE-32番のバスが発着。運行は6:00～23:00頃、R＄4.3。タクシーではセントロまでR＄75～。どれも所要時間は30～50分。

長距離バス

サン・パウロからはCometa社などのバスが頻発し、所要約6時間。リオ・デ・ジャネイロからはKaissara社などのバスが1日3～4便、所要13～15時間。ブラジリアからは1日3便前後、所要約23時間30分。そのほかブルメナウ、フロリアノポリス、ポルト・アレグレなどの南部主要都市からも多数運行。

鉄道

モヘチスとの間を歴史ある列車が走り、車窓からの景観美が楽しめる。普通列車と観光列車（→P.183）が運行。

Let's Go! バスターミナル、鉄道駅から市内へ

ターミナルと鉄道駅は同じ敷地内。セントロのサントス・アンドラーデ広場Praça Santos Andradeへは徒歩約20分。または長距離バスターミナルの敷地を出てすぐのバス停から464番、チラデンチス広場Praça Tiradentesへは304番。また、Circular Centroという市内周遊バスを見つけたら、運転手に目的地を告げて確認の上、利用のこと。

市内交通

クリチバの交通はローカルバスがメイン。町の中心部と郊外を結ぶ幹線バス（BRT）と路線バスが市内各地を網羅。幹線バスと一部の路線バスのバス停はチューブ型になっており、バス停入場時にスタッフに料金R＄4.3を支払う。また、これらのバスと系統が異なる小型バス（Circular Centro）が月～土曜にセントロ内を循環、料金R＄3。

空港間を結ぶエアコンバスも停まる長距離バスターミナル正面

クリチバのタクシーはオレンジ色の車体で統一されている。初乗りR$5.4、1kmでR$2.7ずつ加算

同じバス停または同じターミナル内で乗り換える場合、乗り換え分の運賃は発生しない

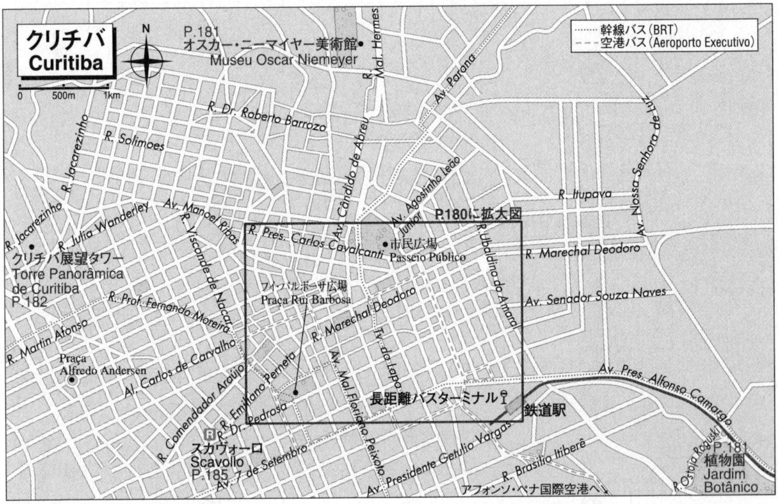

クリチバの観光バス

チラデンチス広場から出発する2階建て観光バスが便利。チケットは車内で購入する（現金払いのみ）約2時間かけて25のスポットを巡り、4回まで乗降可能。植物園やオスカー・ニーマイヤー美術館などにも停車するので、上手く利用すれば1日で主要な見どころを回れる。

Linha Turismo

営9:00～17:30の30分毎に出発

休月　料R$45

カテドラル前から出発。2階はオープンエアー

ガリバウディ広場のフリーマーケット

MAP P.180-A1

ガリバウディ広場Praça Garibaldiでは、日曜の9:00～14:00頃にかけて、絵画や革製品などの手工芸品を売る露店が並ぶ。

植物園を模した24時間通り

歩き方

クリチバは首都ブラジリアに次ぐ計画都市。整然とした交通網、高さの揃ったヨーロッパ調の家並みなど、クリーンな都市美が自慢で歩きやすい。

セントロの目抜き通りは**11月15日通りR. 15 de Novembro**。一部は歩行者天国のショッピングストリートになっており、多くの人でにぎわっている。通りの南側にチラデンチス広場やサントス・アンドラーデ広場があり、周囲にはカテドラルをはじめとする歴史的建造物とビル群が混在。この辺りで最も情緒があるのが、小さなオルデン広場Largo da Ordem周辺の、**セトール・イストリコ地区Setor Histórico**。広場を囲んでオルデン教会やパステルカラーの古い建物が並び、美しい。

11月15日通りには60年前の市電を利用した図書館も

ホテルはセントロのほか、長距離バスターミナル前の9月7日通りAv. 7 de Setembro、フイ・バルボーサ広場Palácio Rui Barbosa周辺に密集。飲食店はセントロほか**24時間通りR. 24 Horas**というアーケード通り（24時間営業ではない）にも軒を連ねる。軽食ならムニシパル（市営市場）の利用も楽しい。

チラデンチス広場前にたたずむカテドラル

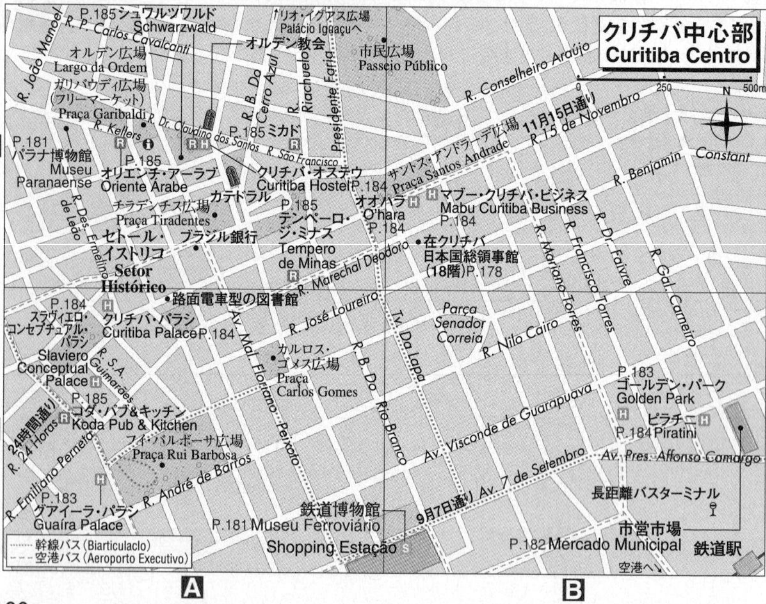

おもな見どころ

パラナ博物館 Museu Paranaense MAP P.180-A1

サン・フランシスコ宮殿を改築して1876年に開館した、パラナ州で最初の博物館。18世紀初頭にこの地へ移住してきた人々の民族的、歴史的な展示物からアンティークの品々、絵画、インディオの手工芸品などを展示。また、日本から寄贈された兜も見られる。

展示は本館とこれらのモダンな新館に分かれる

パラナ博物館
住 R. Kellers, 289
☎ (041)3304-3300
URL www.museuparanaense.pr.gov.br
開 火～金　9:00～18:00
　土・日　10:00～16:00
休 月　料 無料

ガリバウディ広場の前に立つ

オスカー・ニーマイヤー美術館 Museu Oscar Niemeyer MAP P.179

ブラジルを代表する建築家オスカー・ニーマイヤーがデザインした美術館。完成当初はパラナ州所有の建物であったが、2002年より美術館として使用されている。展示は2階建ての本館と、「目」をモチーフにした別館の最上部に分かれており、本館はオスカー・ニーマイヤーがデザインした建築物の模型をはじめ、絵画や写真、彫刻などの企画展が中心。ブラジル人アーティストの企画展も見ごたえがある。1階にはカフェとグッズを販売するショップを併設。

ミニチュアサイズの精巧な模型が並ぶ

オスカー・ニーマイヤー美術館
住 R. Mal. Hermes 999
☎ (041)3350-4400
URL www.museuoscarniemeyer.org.br
開 10:00～18:00　休 月
料 R$16(水曜は無料)
行き方
チラデンチス広場からは260番のバスで約8分。ほか265、505番などが美術館前のバス停に停車。観光バスのLinha Turismoも停車する。

全方位写真映えする

植物園 Jardim Botânico MAP P.179

ライトアップされた植物園

クリチバ中心部から東にある植物園。27万8000㎡の敷地には緑豊かな庭園のほか、独創的な形をした植物園もあり、ブラジル国内の貴重な植物が繁っている。また、温室の横には展示スペースがあり、企画展が行われている。

植物園
住 R. Ostoja Roguski
☎ (041)3362-1800
開 夏季　6:00～20:00
　冬季　6:00～19:30
休 無休　料 無料
行き方
302、303、305番のバスにてJardim Botânico下車、徒歩約5分。観光バスのLinha Turismoも停車する。

鉄道博物館 Museu Ferroviário MAP P.180-B2

1890～1985年に稼働していた鉄道駅舎を利用したショッピングセンター、Shopping Estação内にある。機関車の車両や当時の切符売場などは臨場感たっぷり。ついでに駅舎のフードコートで食事をし、買い物も済ませるのが便利。

博物館前には本物の機関車も鎮座

鉄道博物館
住 Av. 7 de Setembro 2775
☎ (041)3094-5346
開 火～土　10:00～18:00
　日　11:00～19:00
休 月　料 無料

鉄道博物館のあるショッピングセンター Shopping Estação

市営市場
住 Av. 7 de Setembro 1865
☎(041)3363-3764
URL mercadomunicipaldecuritiba.com.br
開 月　7:00～14:00
火～土　7:00～18:00
日　7:00～13:00
休 無休
行き方
長距離バスターミナルから徒歩5分。

クリチバ展望タワー
住 R.Prof. Lycio Grein de Castro Vellozo 191, Mercês
☎(041)3339-7613
営 10:00～19:00
休 月　料 R$5
行き方
長距離バスターミナル前から303番バスで約15分。Estação Tubo Praça da Ucrânia 下車、徒歩約10分。観光バスLinha Turismoも停車する。

ヴィラ・ヴェーリャ州立公園
住 Rodovia BR-376, s/n - Jardim Vila Velha, Ponta Grossa
☎(042)3228-1138
開 8:30～17:30（月・水・木は予約制）　休 火
料 入園無料
ビジターセンターからのミニバスツアーは2種。奇石群へは20～30分毎に出発、R$10。湖と地獄の大釜へのツアーはガイド付きで9:30、11:00、13:30、15:30発の1日4回、R$8。

公園ゲートからビジターセンターまで徒歩約20分。要日射病対策

行き方
クリチバのバスターミナルからPrincesa dos Campos社のポンタ・グロッサ行きのバスに乗り、公園前で途中下車（チケット購入時、乗車時に要確認）。またはポンタ・グロッサまで行き、バスターミナルで公園行きのバスに乗り換える。片道1時間30分～。

象徴的な、ゴブリン（盃）と呼ばれる奇石

市営市場

Mercado Municipal MAP P.180-B2

フードコートからの眺め

地元の生鮮品や特産品のほか、日本をはじめとする海外からの輸入食材が勢揃い。激辛チリソースの小ビンや駄菓子はおみやげにも。ワインやチーズショップ、デリもある。2階のフードコートでは、サンドイッチやパステウ（パイ）をはじめとする軽食や生ビールなども楽しめる。

クリチバ展望タワー

Torre Panorâmica de Curitiba MAP P.179

セントロから西にある電波塔、ブラジル・テレコムのタワーには展望台があり、市内を360°見渡せる。高さは109.5m。通信博物館も併設している。

展望台からの眺め

近郊の町と見どころ

ヴィラ・ヴェーリャ州立公園

Parque Estadual de Vila Velha MAP P.65-B3

自然の造形美が次々と現れる

クリチバからポンタ・グロッサPonta Grossaの町へ向かう国道を、東へ80kmほど行った所にある自然公園。長い年月の間に風雨によって浸食された砂岩が、奇岩群Sand Stoneとなって野外美術館の彫刻のように立ち並び、周囲をグルリと歩いて見てまわれる。その形から「長靴」「かたつむり」「ライオン」「白鳥」などと名前がつけられた奇石を巡るコースは約1時間。景観を楽しみながら、岩肌が削れたピンク色の砂を踏んで進む。約3km離れた所には、「地獄の大釜Caldeirão do Inferno」と名づけられた巨大な大地の割れ目が2つ。また、小さな湖があり、湖底に雲母が層をなして輝いているため「黄金の湖 Lagoa Dourada」と呼ばれている。特に夕暮れ時は、その輝きが一段と神秘的になる。

公園内は景観と環境保護のため、見学にはガイドの同行が必須となっている。ガイドツアーは所要約3時間。マイクロバスに乗って園内を移動、途中のハイキングコースで下車し、景勝地を回る。クリチバからのアクセスはやや不便なので、旅行会社が催行する日帰りツアーに参加するのが確実だ。

透きとおった水面が美しい

モヘチス

Morretes MAP P.65-B3

車窓から広がる景観美が魅力

モヘチスは、クリチバとパラナグアの間にあるのどかな町。石畳の道が風情ある、ニュンディアケラ川沿いのコロニアルシティだ。町自体に大きな見どころはないものの、川に架かる橋や小さな教会を巡ったり、名物料理のバヘアードを味わってみたりと、クリチバから日帰りで観光を楽しむのにちょうどいい。少し足を伸ばせば、天然プールを擁するカスカチーニャ公園Cascatinhaや美しい滝、標高1547mのマルンビ山Marumbiのトレッキングコースなど、大自然を満喫できるアクティビティも充実している。

この町へは、クリチバの鉄道駅から発着する観光列車に乗って訪れるのが一般的。片道所要約4時間15分、風光明媚なグラシオーザ高原を抜け、車窓からの景色は徐々に渓谷美へと移り変わる。車内ではスタッフによる英語の解説があり、乗車料金にはスナックや飲み物のサービスも含まれている。観光列車を往復利用して日帰りすることも可能だが、行きは列車、帰りはモヘチスのバスターミナルから出ているViação Graciosa社のバスを使って帰るのがおすすめ。

川沿いには雰囲気のいいホテルやレストランが並ぶ

クリチバ～モヘチスの列車
Serra Verde Express
☎(041)3888-3488
URL www.serraverdeexpress.com.br

長距離バスターミナルの奥にチケットオフィスがある。当日朝は窓口が混雑するため、乗車前日までにチケットを購入しておくのがおすすめ。発車15分前までには駅に着いているようにしたい

普通列車　Trem
クリチバ発　毎日　8:15
モヘチス発　毎日　15:00
料片道R$119～（客車のクラスにより異なる）
観光列車　Litorinas
クリチバ発
土・日　9:15
モヘチス発
土・日　15:00
料片道R$283～（客車のクラスにより異なる）

クリチバ～モヘチスのバス
列車のほかに、クリチバの長距離バスターミナルから Viação Graciosa 社のバスが１日7～11便運行。所要約１時間20分、R$24.93。モヘチスからの最終バスは21:10発。

クリチバのホテル

Hotel Golden Park

ゴールデン・パーク　MAP P.180-B2

中級ホテル

長距離バスターミナルから徒歩5分ほどの距離にある、12階建てのホテル。部屋の広さは十分で、設備はシンプルだが快適に滞在できる。ホテル内にはフィットネスセンターやスイミングプールを備えている。

住R. Mariano Torres, 951　☎(041)3121-1818
URL www.hoteisnacionalinn.com
料ⓈR$102～　ⓌR$118～
カード ADMV　室数129室

Guaíra Palace Hotel

グアイーラ・パラシ　MAP P.180-A2

中級ホテル

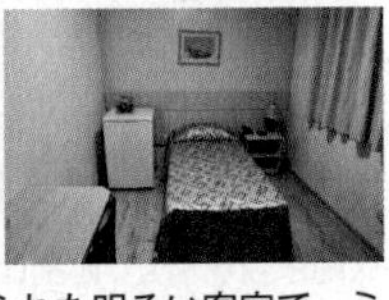

フイ・バルボーサ広場の西側に位置するホテル。周辺には飲食店や商店も多く、ややにぎやかだが移動に便利な立地。窓が大きくとられた明るい客室で、ミニバーやドライヤーなどの設備も揃う。

住Praça Rui Barbosa 537　☎FAX(041)3201-2000
URL www.guaira.tk
料ⓈR$115～　ⓌR$134～
カード AMV　室数100室

ホテル客室設備：バスタブあり　テレビあり　電話あり　インターネット可　朝食付き

Mabu Curitiba Business
マブー・クリチバ・ビジネス MAP P.180-B1

高級ホテル

町の中心部にあり、向かいにはサントス・アンドラーデ広場、隣に映画館、郵便局にも近い。ホテルの最上階には屋内プールがある。併設のレストランには噴水があり雰囲気もいい。

住 R. 15 de Novembro 830
☎ (041) 3219-6000
URL www.hoteismabu.com.br
料 ⓈR$170～ ⓌR$200～　税金15％別
カード ADMV　室数 148室

Curitiba Palace Hotel
クリチバ・パラシ MAP P.180-A2

中級ホテル

11月15日通りから1本入った通りにあるホテルで、周辺は人通りも多く、治安も悪くない。建物は古びているものの、内部はきれいに改装されており広々している。Wi-Fiの接続もよくビジネス利用にも。一部の部屋はバスタブ付き。

住 R. Des. Ermelino Leão 45
☎ (041) 3322-8081　URL curitibapalace.com.br
料 ⓈⓌR$155～　税金10％別
カード AMV　室数 72室

Slaviero Conceptual Palace
スラヴィエロ・コンセプチュアル・パラシ MAP P.180-A2

高級ホテル

町の中心にあり、ショッピングにも便利。客室はモダンなインテリアで、セーフティボックスやミニバー、薄型テレビを完備。バスタブ付きの部屋もある。レストランやフィットネスセンターが併設されいる。

住 R. S. A. Guimarães 50　☎FAX (041) 3017-1000
URL www. slavierohoteis.com.br
料 ⓈR$206～ ⓌR$233～　税金5％別
カード ADMV　室数 112室

Piratini Hotel
ピラチニ MAP P.180-B2

エコノミー

長距離バスターミナルの近くにある。周辺にはカフェや銀行などがあり何かと便利。建物は少々古びて客室は狭いが、改装済みで手入れは行き届いている。奥の部屋のほうが静かでいい。クレジットカードの支払いは手数料が別途かかる。

住 Av. 7 de Setembro 1951
☎FAX (041) 3262-5944
料 ⓈR$95～ ⓌR$120～
カード DMV　室数 30室

Hotel O'hara
オオハラ MAP P.180-B1

エコノミー

日系人経営のホテルで、日本語の通じるスタッフも。サント・アンドラーデ広場が目の前で、コロニアル風の玄関が目を引く。客室は改装済みで全室冷蔵庫付き。

住 R. 15 de Novembro 770
☎ (041) 3232-6044　FAX (041) 3232-6732
URL www.hotelohara.com.br
料 ⓈR$95～ ⓌR$120～　税金10％別
カード ADMV　室数 55室

Curitiba Hostel
クリチバ・オステウ MAP P.180-A1

ホステル

オルデン広場に面したホステルで、歴史的な建物を改装して利用。黄色い外壁が目印で、1階はカフェ。ドミトリーのベッド数は1部屋あたり9～。専用バス・トイレ付きの部屋もある。

住 R. Dr. Claudino Santos 49
☎ (041) 3232-2005
URL www.curitibahostel.com.br
料 ドミトリー R$50～ ⓈR$70～ ⓌR$155～
カード MV　室数 70ベッド

クリチバのレストラン

Tempero de Minas
テンペーロ・ジ・ミナス　MAP P.180-A1

ミナス料理のポル・キロ・レストラン。100gあたりR$5.5でテイクアウトも可能。ビュッフェ台には薪ストーブが敷かれており、料理は常に熱々。豚の皮をカリッと揚げたトヘーズモや、フェイジョン(豆の煮込み)をはじめ、約40種類のメニューが並ぶ。

住 R. Marechal Deodoro 303
☎ (041) 3272-1413
URL www.temperodeminas.com.br
営 11:30～15:00　休 日　カード ADMV

Schwarzwald
シュワルツワルド　MAP P.180-A1

セトール・イストリコ地区にあるドイツ料理店。本場さながらの雰囲気を楽しめる。人気はアイズバイン Eisbein R$71で、ザワークラフトやソーセージが添えられている。ビールは450mℓ R$11.7～。英語併記のメニューもある。

住 R. Dr. Claudino dos Santos 63
☎ (041) 3223-2585
URL www.bardoalemaocuritiba.com.br
営 11:00～翌2:00　休 無休　カード ADJMV

Koda Pub&Kitchen
コダ・パブ&キッチン　MAP P.180-A2

24時間通りの正面入口の一角に位置。およそ60種類のブラジル地ビールを揃え、生ビールは4種類で、R$14～。味見もさせてくれる。コシーニャ R$5.9～にハンバーガーやフィッシュ&チップスなど、軽食も取り揃えている。

住 R. 24Horas
☎ (042) 3040-5255
営 10:00～23:00
休 無休　カード DMV

Mikado
ミカド　MAP P.180-A1

25年以上愛されている、日本食メインのヘルシー志向ビュッフェ。料金はR$23、土曜のみR$25。野菜豊富で、味噌汁や日本米によく似たブラジルの玄米、豆腐、自分で甘さを調節できる無加糖ジュースなどが好評。木曜は手巻き寿司の日。

住 R. São Francisco 126
☎ (041) 3323-6709
営 11:00～14:30　休 日　カード ADMV

Scavollo
スカヴォーロ　MAP P.179

地元の人に人気のある高級イタリアン。人気メニューは自家製の窯で焼き上げたピザR$25～。メイン料理は2人前で、1人前には料金の70%で対応可能。毎日21:00頃からライブ演奏あり。予算は1人R$40～。ワインの種類も豊富。

住 R. Emiliano Perneta 924　☎ (041) 3225-2244
URL www.scavollo.com.br
営 日～木19:00～23:00　金・土19:00～24:00
休 無休　カード AMV

Oriente Árabe
オリエンチ・アーラブ　MAP P.180-A1

ガリバウディ広場に面する。1969年創業の中東料理の専門店。フムスが添えられたブリトー R$25は軽食にちょうどいい。平日の11:30～14:00は3種のメニューを組み合わせられるランチプレート R$24.9がボリュームもあり、お得。

住 R. Kellers 95
☎ (041) 3224-2061
URL www.orientearabe.com.br
営 火～土11:00～23:00　日11:00～15:30
休 月　カード ADMV

Paranaguá

パラナグア

MAP ▶ P.65-B3

市外局番▶**041**
(電話のかけ方は→P.52)

US$1=R$3.15
=108円

港の周辺は昔ながらの建物が並ぶ

パラナグアは、1648年にパラナグア湾南岸に築かれたパラナ州最古の町。現在は人口約15万人の港町だ。湾に面する町の北側には、サントス港、リオ・デ・ジャネイロ港に次ぐ大規模なターミナルが横たわる。町の南側にはイチベレー川Rio Itìberêが流れており、この一帯は植民地の名残が感じられるセントロ（旧市街）。川岸の船着場にカラフルなボートが停泊しており、パラナグア湾を巡るクルーズや、パラナ州随一のビーチがあるメウ島への出発地点となっている。

州都クリチバとは道路で結ばれ、雄大な自然が広がるグラシオーザ高原の風景は、ブラジル国内屈指の美しさ。クリチバから日帰りで訪れることのできる町だが、時間があれば1泊して、古い町並みをゆっくりと歩いてみたい。

INFORMATION

❶観光案内所
FUMTUR
MAP P.187
住 R. Arthur de Abreu 44
☎ (041)3422-6290
URL www.paranagua.pr.gov.br
開 8:00〜18:00
休 土・日

❶は鉄道駅のそばほか、長距離バスターミナル内にもある。

市場の散策も楽しい

パラナグアへの行き方

長距離バス

パラナ州の州都クリチバから、高速道路を通ってGraciosa社などのバスが1日に13〜15便運行している。所要約1時間30分。時間がかかって便も少ないが、ゆっくりと車窓からの景色を楽しみたいなら旧道 Estrada da Graciosa 経由のバスがおすすめ。近郊のモヘチスやアントニーナAntoninaからの便は、ローカルバスのような車体で運行されており、5:15〜23:00の間に15本前後出ている。

Let's Go! バスターミナル、鉄道駅から市内へ

パラナグア湾近くにある長距離バスターミナル、ジョアン・グアルベルト広場Praça João Gualberto近くの鉄道駅はいずれもセントロの中にあり、町の中心部までは徒歩圏内。

市場の横にある長距離バスターミナル

歩き方

鉄道駅から延びるジューリア・ダ・コスタ通りR. Júlia da Costaが目抜き通りとなっており、この道路沿いにショッピングモールや官公庁、飲食店などが並ぶ。この通りから長距離バスターミナルがあるあたりまでの地域がセントロで、18～19世紀の建築物がよく保存されている。セントロ・イストリコ Centro Histórico と呼ばれており、ノスタルジックな雰囲気だ。19世紀に建てられた**市場 Mercado Municipal**には、パラナグア湾で捕れた新鮮な魚がずらりと並ぶ。また、市場の中にはいろいろなみやげ物屋や、安くておいしいシーフードの食堂が入っているので、町の散策の途中に一度は寄ってみよう。

新鮮な魚介類を売る市場

おもな見どころ

考古学民族学博物館 Museu de Arqueologia e Etnologia MAP P.187

1755年にイエズス会の神学校として建てられた3階建ての建物で、この町を代表する植民地時代の建築物のひとつ。内部には地元の工芸品やはた織り機、先住民の生活用具などが展示されており、パラナ州の歴史や風土がよくわかる。

考古学民族学博物館の展示

考古学民族学博物館
住R. 15 de Novembro 575
☎(041)3271-1200
開8:00～20:00
休月
料寄付（目安はR$1～）

グアラケサーバへの船

月～土曜の9:00、13:30発、日曜は9:00発のみ。グアラケサーバ発は月～土曜の 7 :00、14:00発、日曜は14:00発のみ。所要約2時間30分。片道R$30。

スペラギ島への船

メウ島へのフェリー

運パラナグア発
9:30、16:30
メウ島発
月～金　7:30、16:30
土・日　10:00、13:00、16:30

イチベレー川岸の船着場から発着。所要約1時間45分。
料往復R$53

メウ島への船乗り場

パラナグア湾への船

Passeio de Barco MAP P.187

グアラケサーバへの船

イチベレー川岸の船着場からは、パラナグア湾北部のグアラケサーバ Guaraqueçaba への船が出ている。グアラケサーバはスペラギ国立公園Parque Nacional do Superaguiへの起点となる小さな漁村だ。

また、パラナグアからはペッサ島 Ilha das Peças、スペラギ島 Ilha Superagui、メウ島へも船が運航しており、日帰りでいくつかの島を周遊することも可能。乗り場については現地にて確認を。

近郊の町と見どころ

メウ島

Ilha do Mel MAP P.65-B3

メウ島はパラナグア湾の入口に位置する人口約1100人、周囲35kmほどの小さな島で、パラナ州で最も美しい海水浴場として、クリチバやパラナグアからの観光客でにぎわう。島の大部分は自然保護区に指定されている。東の海岸には1767年に建てられたノッサ・セニョーラ・ドス・プラゼーレス要塞 Fortaleza de N.S. dos Prazeres と1872年建造の灯台 Farol das Conchasがあり、夏のシーズンはサーファーたちも多くやってくる。

島内のエンカンタダス海岸 Praia de Encantadas とファロウ海岸 Praia de Farol には、数軒の小さな宿とレストランがある。

パラナグアのホテル

San Rafael Hotel

サン・ハファエウ MAP P.187

中級ホテル

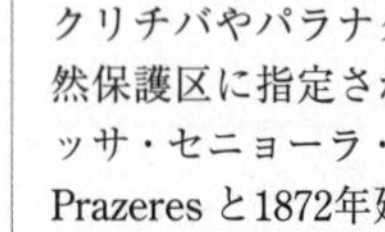

鉄道駅の近くにある清潔でモダンな内装のホテル。館内にはレストランやバーのほか、プールやビリヤード台などの娯楽施設が充実している。全室ミニバー付き。

住R. Júlia da Costa 185　☎(041) 3721-9000
FAX (041) 3423-2371　URL www.sanrafaelhotel.com.br　料ⓈR$250～ ⓌR$300～
カード ADMV　室数45室

Ibis Paranagua

イビス・パラナグア MAP P.187外

中級ホテル

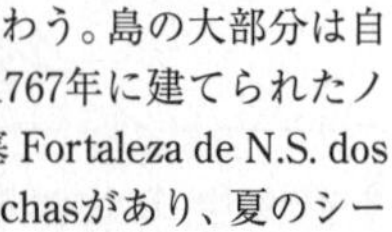

2016年11月 にオープンしたホテル。部屋はこぢんまりしているが、内装は明るく、機能的。追加料金で朝食ブッフェを付けることが可能。簡素なカフェバーを備えている。

住Av. Coronel Jose Lobo 136
☎(041) 2152-4250
URL www.ibis.com
料ⓈⓌR$143～　カード AMV　室数102室

ホテル客室設備：バスタブあり　テレビあり　電話あり　インターネット可　朝食付き

Blumenau
ブルメナウ

ドイツ移民が築いた美しい町並み。10月のオクトーバーフェストには多くの旅行者が集まる

MAP P.65-B3
市外局番▶047
（電話のかけ方は→P.52）
US$1=R$3.15
=108円

サンタ・カタリーナ州にあるブルメナウは、州都フロリアノポリスの北およそ140kmのイタジャイー渓谷に位置する人口約32万人の都市。1850年、ドイツ人のヘルマン・ブルメナウと16人の開拓者たちが入植したのが始まりで、サンタ・カタリーナ州ドイツ系移民の中心地として発展した。そのため、ブラジルで最もヨーロッパ的で美しい都市のひとつといわれている。ガラス、木材、織維などの産業が中心で、クリスタルガラスとタオル製品の産地としても有名だ。ドイツ系住民の築き上げた町らしく、建築物はドイツ風で、毎年10月にはビール祭りが開催されている。

INFORMATION
観光案内所
MAP P.190
住 R. 15 de Novembro 160（ビール博物館内）
☎(047)3326-6791
URL www.turismoblumenau.com.br
開 月～金 9:00～18:00
土 9:00～12:00
（時期により変動あり）
休 日

ブルメナウへの行き方

飛行機

サン・パウロのコンゴーニャス空港から1日6～10便程度、所要約1時間。ポルト・アレグレからは1日1～2便あり、所要約1時間。ブルメナウから100kmほど離れたジョインヴィレにもジョインヴィレ空港Aeroporto de Joinville（JOI）があり、サン・パウロから1日6便前後、所要約1時間。

空港から市内へ

ナヴェガンチス空港Aeroporto de Navegantes（NVT）はブルメナウの中心部から55km離れた場所にある。空港からブルメナウ市内までタクシーでR＄180～、Transportes Excutivo社のバスで行く場合はR$50。ジョインヴィレ空港からジョインヴィレへのアクセスはタクシーのみ。所要約30分、R$45～。

ナヴェガンチス空港
MAP P.190外
住 R. Osmar Gaya 1297
☎(047)3342-9200

ジョインヴィレ空港
住 Av. Santos Dumont s/n
☎(047)3417-4000

ヴィラ・イトウパーヴァ
Vila Itoupava
セントロから約25kmの所に、ヴィラ・イトウパーヴァという伝統的なドイツ移民の居住地がある。この地区はバイエルン地方様式の家々などが並び、おいしいドイツ料理が食べられるレストランもある。また、工場直売の地酒やチョコレートはみやげ物に最適だ。

長距離バス

Catarinense社などのバスが、フロリアノポリスからは1日14～22便運行、所要約2時間30分。サン・パウロからは1日1～3便、所要約10時間30分。

長距離バスターミナルから市内へ

ブルメナウの長距離バスターミナルは、9月2日通りR. 2 de Setembroにあり、セントロ（旧市街）までは約4km。タクシーならR＄20前後。ローカルバスは、長距離バスターミナルを出てR. 2 de Setembroを渡った向かいにあるバス停から出ている。

歩き方

ブルメナウは、ブラジルのヨーロッパと呼ばれるほど、ドイツ移民の文化が息づく町だ。深い緑の森、町の中心を緩やかに流れる**イタジャイー・アスー川Rio Itajaí-Açu**、窓辺に繊細なレースのカーテンを飾った三角屋根の家々。ドイツの地方都市を再現したようなブルメナウの町では、ブラジルにいながらヨーロッパの香りを満喫することができる。

植物園をはじめ、手入れの行き届いた公園も多く、町を散策しながら、特産品のタオルやガラス製品の店を見て歩くのも一興だ。

おもな見どころ

コロニアウ家博物館 Museu da Família Colonial MAP P.190

ブルメナウ市の創設者ヘルマン・ブルーノ・オットー・ブルメナウ氏の邸宅を博物館にしたもので、氏が所有していた家具や絵画などを中心とした展示物が公開されている。博物館の隣には、緑豊かな植物園があるので、散策するのも楽しい。

ブルメナウ市内を走るローカルバス

ブルメナウのみやげ店

ビール博物館
Museu da Cerveja
MAP P.190
住 R. 15 de Novembro 160
☎ (047)3326-6791
開 月～金　9:00～17:00
　土・日　10:00～16:00
休 無休
料 無料

ビールの醸造過程を解説する写真、資料や実際の醸造器具などを展示。

コロニアウ家博物館
住 Alameda Duque de Caxias 64
☎ (047)3381-7516
開 10:00～16:00
休 月
料 R$5

コロニアウ家博物館の入口

近郊の町と見どころ

ジョインヴィレ

Joinville MAP P.191

ステンドグラスが美しいカテドラル

ジョインヴィレはブルメナウと同様、植民地時代にドイツ移民によって築かれた町だが、その創設の歴史がおもしろい。あるフランス王族がブラジル皇帝ドン・ペドロ２世の姉と結婚し、持参金代わりにこの土地を受け取った。ところが、ジョインヴィレ公 Príncipe de Joinville と呼ばれた彼は1848年のフランス2月革命で亡命し、その際にハンブルク植民会社に所有地を譲った。こうして移民してきたドイツ人やスイス人、ノルウェー人たちによって、ジョインヴィレの基礎が築かれたという。そのフランス王族が所有していた館は、現在では移民植民地博物館として、植民地時代初期の書類や移民たちの生活がしのばれる品々が展示されている。

移民植民地博物館の前のパウメイラス通り R. dos Palmeiras は、テイオウヤシの並木が続く町のメインストリートで、中ほどに手入れの行き届いた美しい庭園がある。また、レイチ・ヒベイロ通りR. Leite Ribeiro にある鉄道駅も一見の価値があるドイツ風の建築だ。ステンドグラスが美しいカテドラル Catedral de Joinvilleへもぜひ立ち寄りたい。

ジョインヴィレへの行き方
ブルメナウの北約100kmの所にあり、バスで約2時間。クリチバやフロリアノポリスなどからのバスもある。

移民植民地博物館
Museu Nacional da Imigração
MAP P.191
住R. Branco 229
☎(047)3453-3499
開10:00～16:00
休月
料無料

庭がきれいな博物館

COLUMN ビール祭りオクトーバーフェスト

毎年10月前半に、数日にわたって開かれるブルメナウのビール祭り「オクトーバーフェスト」は全国的に有名だ。会期中、市内の4つの学校に巨大テントの会場が設けられ、オーケストラなどがにぎやかな演奏をする。この祭りを目当てにブラジル中から集まった人々がビールを飲み、フォークダンスを踊り、サンバの輪が広がるのも毎年の光景だ。会場によってブラジル音楽、ドイツ民俗音楽、カントリーミュージックといった具合にそれぞれ違ったジャンルの楽団が演奏しており、人々はビールグラスを持ち歩き、会場をはしごしての大騒ぎとなる。

パレードではミスコンの女王も登場する

各会場の外にも屋台が並び、さまざまなみやげ物の店も出て、祭り気分をいっそう盛り上げる。メインストリートでは１日中、バンドがドイツ民謡を演奏しながら練り歩き、ビール樽を積んだ車 Bierwagen が人々に無料でビールを配って回る。馬車のあとにはドイツの民族衣装に身を包んだ人々のパレードが続く。

ビエールワーゲンBierwagen

ブルメナウのホテル

Hotel Glória
グロリア MAP P.190

中級ホテル

市の中心部にある。館内は手入れが行き届いており、ロビーはドイツ風の落ち着いた色合いの内装。バスアメニティ、ドライヤーなど設備も充実。

住R. 7 de Setembro 954
☎FAX(047) 3326-1988
URL www.hotelgloria.com.br
料ⓈR$189～ ⓌR$205～
カード A M V 室数114室

Slaviero Essential
スラヴィエロ・エッセンシャル MAP P.190

中級ホテル

市の中心部にあるホテル。建物は多少古びているが、客室の手入れは行き届き、天井も高いので快適に滞在できる。全室サテライトテレビ、冷蔵庫付き。

住R. 7 de Setembro 640
☎FAX(047) 3326-5877
URL www.slavierohoteis.com.br
料ⓈR$216～ ⓌR$243 カード A M V 室数83室

ジョインヴィレのホテル

Hotel Tannenhof
タネンホフ MAP P.191

中級ホテル

4つ星のホテル。白壁にグリーンの窓と茶色のテラス、三角屋根がおしゃれで、部屋はクラシカルな家具が使われている。

住R. Visconde de Taunay 340
☎FAX(047) 3145-6700
URL www.tannenhof.com.br
料ⓈR$185～ ⓌR$214～ 税金10%別
カード A D M V 室数95室

Hotel Mattes
マッチス MAP P.191

エコノミーホテル

3つ星ホテル。町の観光、食事に便利な場所にある。受付と客室の建物は分かれており、客室棟の前に駐車場がある。

住R. 15 de Novembro 801
☎FAX(047) 3422-3582
URL www.hotelmattes.com.br
料ⓈR$110～ ⓌR$140～ カード A D M V 室数39室

ブルメナウのレストラン

Tunga Choperia
トゥンガ・チョペリア MAP P.190

噴水の前にある、地元の人おすすめのレストラン。ランチはビュッフェスタイル。ディナーはアラカルト方式でドイツ料理もある。

住R. 15 de Novembro 1020
☎(047) 3322-2549
営10:00～翌1:00
休日 カード A M V

ジョインヴィレのレストラン

Zum Schlauch
ズム・シュラウ MAP P.191

カジュアルな雰囲気のビールレストラン。牛肉のタルタルステーキやソーセージのザワークラウト添えなど、ドイツ料理が充実。メインはR$60～70程度。

住R. Visconde de Taunay 555
☎(047) 3422-2909 URL zumschlauch.com.br
営月～土12:00～翌1:00 日16:00～翌1:00
休無休 カード A D M V

ホテル客室設備：バスタブあり テレビあり 電話あり インターネット可 朝食付き

Florianópolis
フロリアノポリス

サンタ・カタリーナ島近くにあるサンタ・クルス・ド・アニャトミリン要塞

MAP P.65-B3
市外局番▶**048**
(電話のかけ方は→P.52)
US$1=**R$3.15**
=108円

サンタ・カタリーナ州の州都フロリアノポリスは、南米大陸とサンタ・カタリーナ島にまたがっている珍しい町で、大陸と島は2本の橋で結ばれている。町はかつてはノッサ・セニョーラ・ド・デステーロと呼ばれていたが、1894年にフロリアノ・ペイショット大統領による反乱軍の鎮圧を記念して、現在の名前に改名された。人口は約45万人。漁業やカキの養殖業が盛んで、住民はポルトガル領アゾーレス諸島からの移民が多いのも特徴だ。

サンタ・カタリーナ島は、年間平均気温が20.5度、最も寒い7月でも17度と温暖な気候に恵まれ、湖や山、無数にあるすばらしいビーチなど、変化に富んだ景色の美しさで有名だ。特に夏のリゾートシーズンには、近隣諸国からも大勢の観光客が訪れる。

フロリアノポリスの呼び方
フロリアノポリスはポルトガル語で「フロリアノーポリス」と発音される。

INFORMATION
ⓘ観光案内所
Santa Catarina Turismo (Santur)
MAP P.195
住 R. Felipe Schmidt 249
☎ (048)3212-6328
URL turismo.sc.gov.br
開 8:00～19:00
休 土・日

フロリアノポリスへの行き方

飛行機

サン・パウロ、リオ・デ・ジャネイロ、ブラジリアから各社が直行便を運行している(→P.62)。ポルト・アレグレから1日3～5便運航、所要約1時間。また、ブエノス・アイレスからの国際線も1日1～3便運航されており、所要約2時間。

Let's Go! 空港から市内へ

フロリアノポリスのエルシリオ・ルース空港 Aeroporto Hercílio Luz(FLN)はセントロ(旧市街)の南約12kmの所にある。セントロと空港間は183か186 Corredor Sudoesteと表示されたローカルバスが運行。運賃はR$3.9。タクシー料金は市内まで約R$40。

エルシリオ・ルース空港
MAP P.194-A2
住 Av. Dep. Diomício Freitas 3393
☎ (048)3331-4000
URL www.aeroportoflorianopolis.net

機内にはタラップで搭乗

空港から市内へ向かうバス

🚌 長距離バス

長距離バスターミナルは、セントロの中心にある。サン・パウロからはCatarinense社などのバスが1日14便出ていて、所要約11時間。リオ・デ・ジャネイロからはKaissara社のバスが1日1便出ていて所要約18時間30分。アルゼンチンのブエノス・アイレスやパラグアイのアスンシオンAsunciónからも1日2便前後運行している。

長距離バスターミナル

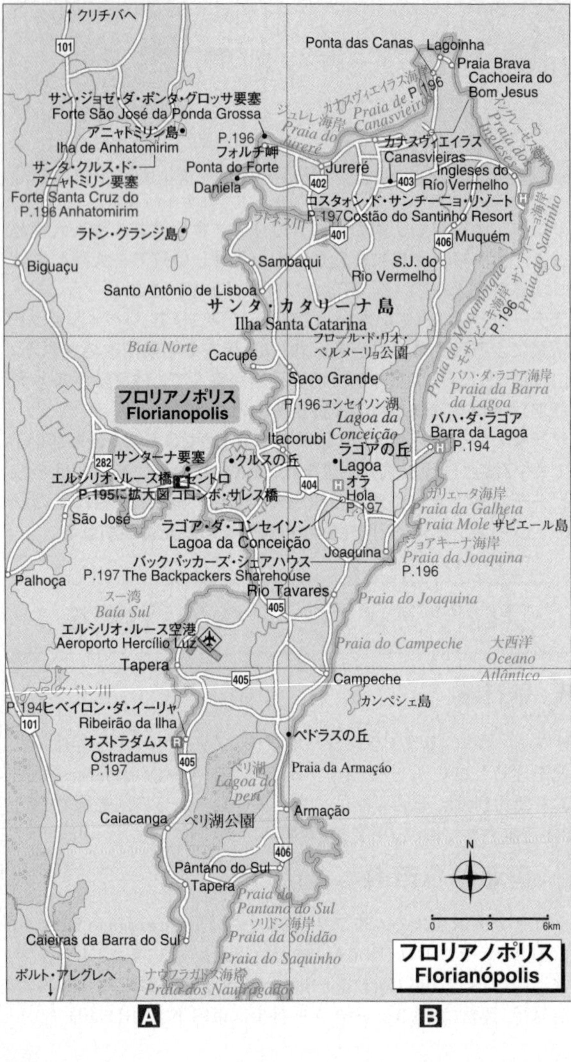

フロリアノポリスの市内交通
フロリアノポリスではセントロやラゴア・ダ・コンセイソンLagoa da Conceição、カナスヴィエイラスCanasvieirasなど各地区にバスターミナルがあり、それぞれ周辺地区へのバスが出る。運賃は会社によって異なりR$2.3～。運賃はバス乗車時またはターミナル入場時に支払う。バスターミナル内でのバス乗り換えは無料。

周辺の見どころ
バハ・ダ・ラゴア
Barra da Lagoa
MAP P.194-B2
セントロから約20km東、コンセイソン湖から大西洋へ流れ出ているラゴア川の河口にある静かな漁村だったが、現在は旅行者でにぎわっている。
行き方
セントロの近距離バスターミナル・プラットホームBから311番などでLagoa da Conceiçãoターミナルへ行き、360番に乗り換え終点で下車。

バハ・ダ・ラゴアのビーチ

ヒベイロン・ダ・イーリャ
Ribeirão da Ilha
MAP P.194-A3
セントロから約26km、空港の南、スー湾Baía Sulに面している代表的なアゾーレス移民の村。1803年以来の古い家々や教会などがあり、要塞Forte dos Naufragadosも残されている。カキの養殖地としても有名。
行き方
セントロの近距離バスターミナル・プラットホームCから410番などでRio Tavaresターミナルへ行き、561番に乗り換え終点で下車。

ヒベイロン・ダ・イーリャの中心に立つ教会

歩き方

フロリアノポリスのセントロは**サンタ・カタリーナ島 Ilha Santa Catarina** の西海岸中部に位置しており、大陸とはエルシリオ・ルース橋Ponte Hercílio Luzとコロンボ・サレス橋Ponte Colombo Sallesで結ばれている。町の中心になるのは、**11月15日広場 Praça 15 de Novembro**だ。周りには郵便局や銀行などが集まっている。また、**中央市場 Mercado Municipal** は、もと税関だった建物で、今は地元の手工芸品などが売られている。おみやげを探すなら一度足を運んでみよう。特にサンタ・カタリーナ島の**コンセイソン湖**周辺で作られるヘンダ・ジ・ビウロ Renda de Bilro という繊細なレースは有名だ。ほかに地元の女性たちによる手作りのタオルやブラウス、ストロー製の民芸品などもある。

サンタ・カタリーナ島にはたくさんの美しいビーチや、コンセイソン湖やペリ湖などの湖がある。その魅力に惹かれて、毎年大勢の観光客がここを訪れている。セントロからの日帰りも可能だが、特に北部の**カナスヴィエイラス海岸 Praia de Canasvieiras**や**イングレーゼス海岸 Praia dos Ingleses**には、リゾートホテルやアパートメントタイプの宿がたくさんある。

コンセイソン湖周辺で有名なレースの手工芸品"ヘンダ・ジ・ビウロ"

マメ知識

サンタ・カタリーナの漁村祭り

漁業が盛んなサンタ・カタリーナ島では、魚にちなんだ素朴な祭りが多い。

例えば、バハ・ダ・ラゴア村の漁師たちの祭り Festa da Tainha は、毎年6月の末から7月の初めに、3日間にわたって行われる。Tainha というのは魚の名前。郷土料理の店が並び、ダンスや音楽でにぎやかに祝われる。

おもな見どころ

サンタ・カタリーナ歴史博物館
Museu Histórico de Santa Catarina

MAP P.195

この博物館の建物はもと州政庁だったもので、たくさんの円柱や美しくペイントされた屋根、大理石の階段、イタリア製の彫像など、19世紀末の折衷様式が美しい。昔の家具やカーペット、植民地時代からの芸術作品などが展示されている。

サンタ・カタリーナ歴史博物館
住 Praça 15 de Novembro, 227
☎ (048)3665-6363
開 火～金　10:00～18:00
　土・日　10:00～16:00
休 月
料 R$5(日曜は無料)

サンタ・クルス・ド・アニャトミリン要塞

Forte Santa Cruz do Anhatomirim　MAP P.194-A1

1744年建造。フロリアノポリスの大陸側の海岸に沿って48kmほど北上したアニャトミリン島Iha de Anhatomirimにある要塞とその関連施設。要塞は1739年から5年の年月をかけて建てられた。サンタ・カタリーナ島北部のビーチからボートでも行けるが、セントロからのツアーに参加すると手軽だ。

コンセイソン湖

Lagoa da Conceição　MAP P.194-B2

島の中部にある大きな湖。セントロから約12km東にあり、フロリアノポリス市内のクルスの丘の上からもその姿が見渡せる。湖は一部海水が混じっている所があり、周辺の漁村には、おいしいエビやカニが食べられるレストランが並んでいる。また、このあたりの女性たちによって作られている特産のレース編みのヘンダ・ジ・ビウロはおみやげに最適。

サンタ・クルス・ド・アニャトミリン要塞への行き方

Scuna Sul社［☎(048) 3225-1806］が、10:30にエルシリオ・ルース橋のたもとをボートで出発する所要約6時間のツアーを催行している。アニャトミリン島で要塞の見学とランチのあと、湾で泳ぐ時間もある。1人R$75。カナスヴィエイラス海岸の埠頭からは11:00に出発する。所要約5時間、R$50。それぞれ入場料R$8~10と食事は別料金。4~9月は週末のみの催行。

コンセイソン湖への行き方

セントロの近距離バスターミナル・プラットホームBから311番などでLagoa da Conceiçãoターミナルへ行き、360番に乗り換え。運賃はR $3.9。所要約20分。

COLUMN フロリアノポリスの海岸

南北に細長いサンタ・カタリーナ島は美しい海岸が点在するリゾート地でもある。各海岸までバスも出ており、気軽に訪れることが可能だ。

カナスヴィエイラス海岸
Praia de Canasvieiras　MAP P.194-B1

北部にある、サンタ・カタリーナ島のなかでも洗練されたビーチリゾートのひとつ。それだけに高くつくが、ホテルやレストランはもちろん、両替や電話局、インターネットカフェ、旅行会社、ギフトショップなど観光客に必要な施設は何でも揃っている。

海岸沿いにホテルが建ち並ぶ

行き方

セントロの近距離バスターミナル・プラットホームBから210番などでCanasvieirasターミナルへ行き、260、265、266番に乗り換え。

フォルチ岬
Ponta do Forte　MAP P.194-A1

島の西北部、セントロから約25kmの所にある。ジュレレ海岸Praia do Jureréの西側にある岬で、1750年建造のサン・ジョゼ・ダ・ポンタ・グロッサ要塞Forte São José da Ponta Grossaが建つ。ジュレレ海岸から続いているこのビーチは、波も穏やかで海水浴に最適だ。

行き方

セントロの近距離バスターミナル・プラットホームBから212番でSanto Antônioターミナルへ行き、271番に乗り換え。

モサンビーキ海岸
Praia do Moçambique　MAP P.194-B1~2

セントロから約30km北東にある。大西洋に面して約14kmの海岸線が続く、サンタ・カタリーナ島のなかで最長のビーチ。波が荒く、サーフィンや釣りに向いている。ビーチ周辺の森林は、保護地区に指定されている。

行き方

セントロの近距離バスターミナル・プラットホームBから311、330番などでLagoa da Conceiçãoターミナル、または210番でCanasvieirasターミナルへ行き、両ターミナルを結ぶ840番に乗り換え。

ジョアキーナ海岸
Praia da Joaquina　MAP P.194-B2

セントロから約17km。東海岸の中部にある広いビーチで、毎年1月、サーフィンの全国大会がここで開催されている。ビーチの北端に数軒のレストランとホテルがあるが、かなり波が荒いので、一般の海水浴にはあまり向かない。ビーチ後方には砂丘が見られ、サンドボードが楽しめる。

行き方

セントロの近距離バスターミナル・プラットホームBから311、330番などでLagoa da Conceiçãoターミナルへ行き、363番に乗り換え。

フロリアノポリスのホテル

Costão do Santinho Resort

コスタォン・ド・サンチーニョ・リゾート MAP P.194-B1

最高級ホテル

ブラジルのベスト・ビーチ・リゾート賞に選ばれたこともある大型リゾートホテル。館内には趣向の異なる6つのレストランがある。スパやディナーがセットになったオールインクルーシブのプランも取り揃えている。

住 Estrada Vereador Onildo Lemos 2505
☎ (048) 3261-1000
URL www.costao.com.br
料 ⓈR$951～ ⓌR$1359～ カード AMV 室数 695室

Hola

オラ MAP P.194-B2

中級ホテル

ラゴア地区のバスターミナル前にある、ホテル。各客室は手入れが行き届き、バイーア地方の民芸品のランプやブラジル人アーティストのオブジェが飾られ、おしゃれな雰囲気。プールを併設している。

住 R. Crisógono Vieira da Cruz 304, Centrinho da Lagoa ☎FAX (048) 3209-1957
URL www.hotelhola.com.br
料 ⓈR$240～ ⓌR$285～ カード AMV 室数 21室

Hotel Valerim Center

ヴァレリン・センター MAP P.195

中級ホテル

町の中心部にある3つ星ホテル。セントロの観光、食事や買い物などに便利な立地。ファンやミニバーが備わる客室は機能的。

住 R. Felipe Schmidt 554 ☎ (048) 3225-1100
URL www.hotelvalerim.com.br
料 ⓈR$135～ ⓌR$169～
カード ADMV 室数 105室

The Backpackers Sharehouse

バックパッカーズ・シェアハウス MAP P.194-B2

ホステル

バハ・ダ・ラゴアのバス停前の橋を渡った所にある。タオルや自転車のレンタルあり。フロントは24時間対応で空港への送迎も手配可能。

住 Servidao da Prainha 29
☎ (048) 3232-7606
料 ⓈⓌR$90～ ドミトリーR$35～
カード JMV 室数 46ベッド

フロリアノポリスのレストラン

Ostradamus

オストラダムス MAP P.194-A3

海岸沿いにあるシーフードレストラン。人気メニューは目の前の養殖場で捕れたカキ料理。予算は1人前R$70～、生カキは1ダースR$36程度。

住 Rod. Baldicero Filomeno 7640 ☎ (048) 3337-5711 URL www.ostradamus.com.br
営 火～土12:00～23:00 日12:00～16:00
休 月 カード ADMV

Box 32

ボックス 32 MAP P.195

中央市場の中にあるシーフードレストラン。生ガキは半ダースでR$17～、1ダースR$28.5～。シーフード以外にも、カシャーサが有名。

住 Mercado Municipal Parte Interna, Box 4
☎ (048) 3037-2661 URL www.box32.com.br
営 月～金10:00～20:00 土10:00～15:00
休 日 カード ADJMV

ホテル客室設備：バスタブあり　テレビあり　電話あり　インターネット可　朝食付き

Porto Alegre
ポルト・アレグレ

MAP P.65-B4
市外局番▶**051**
（電話のかけ方は→P.52）
US$1=**R$3.15**
=108円

グアイバ川から眺めたポルト・アレグレの町並み

グアイバ川沿いにあるポルト・アレグレは、リオ・グランジ・ド・スウ州の州都で、南ブラジルの中心都市だ。人口約147万人、パトス湖を通じて大西洋とも連絡する港町として発展した。

四季折々の温暖な気候で、パンパと呼ばれる草原が広がるリオ・グランジ・ド・スウ州では、古くから牧畜がとても盛んだ。そのため、男性的なガウーショ（アルゼンチンでいうガウチョ）、いわゆるカウボーイ文化が今なお生きている。例えば、建国当時に彼らが飲んでいたマテ茶（シマホン）も、その文化を感じさせるもののひとつ。1本の金属製ストローを挿して回し飲みをする独特のものだが、今も一般家庭で日常的に飲まれている。牧畜業が主産業の州だけに、安価なシュハスコ店も多い。

セントロにはオフィスビルやホテルといった高層ビルが立ち並んでいるが、植民地時代に建てられたヨーロッパ建築も数多く残り、そのコントラストがまたおもしろい。町には緑豊かな公園も点在し、週末には市場やイベントが開かれ多くの人でにぎわう。2014年にはサッカーのワールドカップ開催都市となった。

ポルト・アレグレへの行き方

飛行機

サウガード・フィーリョ国際空港 Porto Alegre international Airport-Salgado Filho（POA）へは、サン・パウロやリオ・デ・ジャネイロ、ブラジリアから毎日直行便がある（→P.62）。そのほかフロリアノポリスやクリチバを経由するフライトは頻繁にある。また、ブエノス・アイレスやリマからの国際線も発着。

INFORMATION

❶観光案内所
Centro de Informação Toxicológica（CIT）
☎(0800)517-686
空港内
開8:00～22:00
休無休
　空港に着いたら、1階到着ゲートを出て右手に❶があり、地図やパンフレットをもらえる。セントロの中央市場内ほか、市内数ヵ所に案内所のカウンターがある。

在ポルト・アレグレ領事事務所
MAP P.199-B2
住Av. João Obino 467, Petrópolis
☎(051)3334-1299
FAX(051)3334-1742
開 9:00～12:00、14:00～17:00
休土・日、祝

サウガード・フィーリョ国際空港
MAP P.199-B1
住Av. Severo Dolius 90010
☎(051)3358-2000

サウガード・フィーリョ国際空港の航空会社利用ターミナル
第1ターミナル
ゴウ航空、アビアンカ航空など
第2ターミナル
アズウ航空

Let's Go! 空港から市内へ

サウガード・フィーリョ国際空港はセントロ（旧市街）から北東約10kmにあり、セントロへの移動は鉄道が便利。鉄道に乗るにはまず、空港から鉄道駅までモノレール Aeromovelに乗って移動する。第1ターミナル2階の到着フロアを出てモノレール乗り場のチケット売場で料金を支払い、乗り込もう。モノレールが鉄道のアエロポルト駅 Estação Aeroporto へ到着したら、人波に乗って鉄道のプラットフォームへ移動。メルカド Mercado方面行きの列車に乗って、終点のメルカド駅 Estação Mercado で降りればセントロだ。地上にはアーチ状のゲートと中央市場がある。

空港からセントロまでモノレール、鉄道利用で乗り換えも含め所要30分程度

第2ターミナルへは空港駅から歩道橋を渡り、徒歩5分ほど

タクシーでは町の中心まで所要約20分、料金はR＄30前後。

モノレール
営 5:00～24:00（10～15分間隔で運行）
料 R$1.7（鉄道と共通。乗り換えは無料）

タクシー料金
初乗りR$5.18。1kmごとに平日の日中はメーター1でR$2.59、夜間と週末、祝日はメーター2でR$3.29ずつ上がる。

エアポートバス
空港から市内の主要ホテルを結ぶエアポートバスが運行しているが、1日6便と本数が少なく不便。片道R$8。

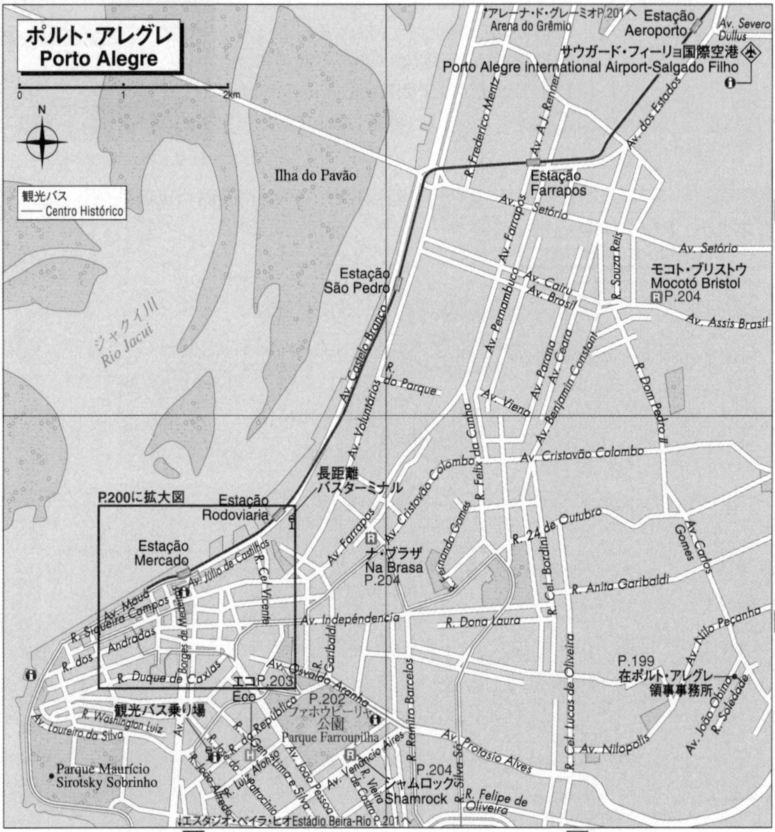

観光バス
Linha Turismo

市内のおもな見どころを回る乗り降り自由の観光バス。コースは2つあり、歴史的名所を巡るRoteiro Centro Históricoが一般的。英語のオーディオガイド付き。チケットは乗り場に隣接する観光案内所で販売しており、当日中は何回でも乗り降り可能。各停留所のバス出発時間はウェブサイトで確認できる。

住 Travessa do Carmo 84, Cidade Baixa
☎ (051)3289-0176
URL www.portoalegre.travel/site/linha_turismo.php
催 9:00〜16:00の1時間ごとに出発
休 月
料 火〜金R$25
土・日R$30

2階席はオープンエアー

長距離バス

サン・パウロからはKaissara社とPenha社のバスが1日5便、所要約17時間。クリチバからは、Catarinense社などのバスが1日7〜9便、所要約12時間。フロリアノポリスなどからもバスが運行している。

庶民的な長距離バスターミナル

Let's Go! 長距離バスターミナルから市内へ

鉄道は、空港から長距離バスターミナルを経由してセントロまで運行している。ローカルバスも本数が多い。ターミナルから大通りを渡った向かい側のバス停がセントロの中央市場横の近距離バスターミナル行き。

市内交通

鉄道 Trem

ポルト・アレグレの鉄道はメルカド駅が始発駅で、長距離バスターミナルや空港への連絡駅を経由して市の北部へ向かう。旅行者にとって利用頻度の高い駅はメルカド駅のほかにホドヴィアリア駅 Estação Rodoviária とアエロポルト駅。運賃はR＄1.7。

ホドヴィアリア駅の改札

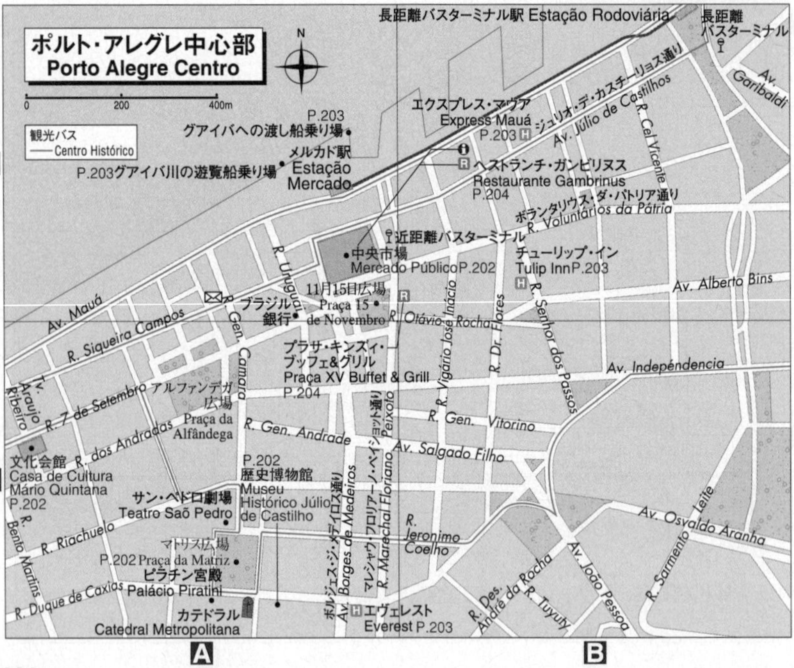

1
2
A
B

ローカルバス　Ônibus

市民の足として利用されているローカルバス。市内のすみずみまで路線が網羅されており、長距離バスターミナルに加え小規模なターミナルが点在する。運賃はR＄4.05。乗り場の数も多く路線も複雑なので、旅行者が利用するには難易度が高い。効率よく見どころを回るなら観光バスの利用がおすすめ。

中央市場前のバス乗り場

ポルト・アレグレの治安
市内および近郊で麻薬密売組織間の抗争が激化しており、町中でもたびたび銃撃戦が発生し複数名の死傷者が出ている。夜間の移動は必ずタクシーを利用し、日中でも人通りの少ない場所は極力避けること。また、平日の昼間は多くの露店や人でにぎわうセントロだが、日曜の午前中となるとほとんどの店が閉まり閑散としてしまうので、出歩く際は気を付けよう。

歩き方

ビルとヨーロッパ調の建築群が同居するポルト・アレグレの町は、日中のセントロ散策が観光のハイライト。起点となるのは活気ある**中央市場**。その西側エリアの徒歩圏内には歴史的な建造物が多く見られる。中央市場の西側から北に伸びる**ボルジェス・ジ・メデイロス通りAv. Borges de Medeiros**がメインストリート。その1本東を走るマレシャウ・フロリアーノ・ペイショット通りR.Marechal Floriano Peixotoにも商店が軒を連ねる。中央市場から東に伸びるボランタリウス・ダ・パトリア通りR.Voluntários da Pátriaも商店街。また、中心から南へ約20分ゆるやかな坂をのぼると、広大な**ファホウピーリャ公園**もある。

宿泊施設はセントロと、海側のジュリオ・デ・カスチーリョス通りAv. Júlio de Castilhosに点在。長距離バスターミナル周辺のホステルは安いが、治安も内容もあまりよくないので注意。

多くの量販店や衣料品店が軒を連ねる中央市場周辺

COLUMN　ポルト・アレグレのサッカー

携帯電話キャリアの広告も両チームサポーターを意識

ポルト・アレグレは、サッカーのクラブチーム世界一に輝いたこともある、強豪インテルナシオナウInternacionalとグレミオGrêmio、ふたつのクラブチームの本拠地。両チームのライバル意識は激しく、ダービーマッチ（通称クラシコ・グレナウClássico Gre-Nal）のときは町が二分されるほど熱狂する。また、リオ・グランジ・ド・スウ州の選手権では、毎年どちらかのチームが優勝するといっても過言ではない。

インテルナシオナウのエスタジオ・ベイラ・ヒオEstádio Beira-Rioは、2014年FIFAワールドカップの開催スタジアムで、サッカー博物館Museu do Interを併設。一方、グレミオのアレーナ・ド・グレーミオArena do Grêmioは2012年完成のスタジアム。各スタジアムには、オフィシャルショップやチケット販売の窓口を設けている。

エスタジオ・ベイラ・ヒオ
MAP P.199-A2外
住 Av. Padre Cacique 891, Prala de Belas
☎ (051)3230-4600
URL www.internacional.com.br

サッカー博物館
営 10：00～17：30
休 月、試合開催日　料 R$10
行き方
セントロから149、165番などのバスを利用。競技場前下車、徒歩すぐ。

アレーナ・ド・グレーミオ
MAP P.199-B1外
住 Av. Padre Leopoldo Brentano 110
☎ (051)3092-9605
URL arenapoa.com.br
行き方
鉄道のAnchieta駅下車、徒歩約15分。

カテドラル内の見事なステンドグラスは必見

おもな見どころ

マトリス広場

Praça da Matriz MAP P.200-A2

植民地時代の建物と緑のコントラストが美しい

ポルト・アレグレの観光の中心となる広場で、別名マレシャウ・デオドロ広場 Praça Marechal Deodoro。この広場に面してイタリア様式のカテドラルCatedral Metropolitana、州庁舎や芸術会館Solar dos Câmaraが入っているピラチン宮殿Palácio Piratini、サン・ペドロ劇場Teatro São PedroなどヨーロピアンPな建物が立つ。

歴史博物館

Museu Histórico Júlio de Castilho MAP P.200-A2

マトリス広場の1ブロック南東にある博物館。州で発掘された土器や石器、狩猟道具を始め、宣教師フランシスコ・ザビエルFrancisco Xavier像や18～19世紀における移民の生活用品、ポルトガル植民地時代の武器などの収集品を展示。

フランシスコ・ザビエル像

歴史博物館
住R. Doque de Caxias 1205
☎(051)3221-3959
URL www.museujuliodecastilhos.rs.gov.br
開10:00～17:00
休日・月
料無料

中央市場

Mercado Público MAP P.200-A1

鉄道駅の前に立つクリーム色の壁をした建物は19世紀のもの。内部には生鮮品や加工食品、マテ茶の専門店、みやげ物店がぎっしり。外に面してぐるりと飲食店が並ぶ。

ご当地の特産が大集合

中央市場
営月～金　7:30～19:00
　土　7:30～18:30
休日

飲食店も充実しており、昼どきはどの店も満席状態に

文化会館

Casa de Cultura Mário Quintana MAP P.200-A2

もとマジェスティック・ホテルだった建物に図書館やギャラリーが入ったカルチャーセンター。現代美術の展示、映画の上映、さまざまなパフォーマンスなどが行われる。

ピンク色の建物が目立つ

文化会館
住R. dos Andradas 736
☎(051)3221-7147
開施設により異なる
休無休

ファホウピーリャ公園

Parque Farroupilha MAP P.199-A2

40ヘクタールの公園で、大きな湖や遊園地もある。毎週日曜、公園内のジョゼ・ボニファシオ通りR. José Bonifácio で、アンティークののみの市を開催。飲食を含めた約180もの出店がある。

日曜には路上ミュージシャンによる演奏も

ファホウピーリャ公園
住Praça Emancipação s/n
☎(054)3268-1611
URL www.farroupilha.rs.gov.br
行き方
中央市場前から4、40、41番などのバスが公園北端へ停車する。

緑豊かな都心部の公園

グアイバ川の遊覧船 Passeio de Barco MAP P.200-A1

町の北を流れるジャクイー川Rio Jacuiが注ぐグアイバ川Lago Guaibaには大小の島々が点在し、それらを巡る遊覧船Cisne Branco号から望むポルト・アレグレの眺めは、まるでリトル・マンハッタン。通常の遊覧船クルーズは、所要約1時間。そのほかに食事付きクルーズなどもある。また、より手頃な渡し船Travessia Guaibaで、約20分かけて対岸のグアイバへ渡りつつ、景観を楽しむのもいい。

遊覧船と渡し船の乗り場は、鉄道のメルカド駅地上にあるアーチを背にして海側。入口にオレンジ色と茶色の看板が出ている地下道をくぐると、右手前方に黄色い発着所の建物がある。

遊覧船にはトイレや売店もあり快適

グアイバ川の遊覧船
Cisne Branco 号
☎(051)3224-5222
URL www.barcocisnebranco.com.br
運 15:00発。人数が集まれば10:30、16:30発も
休 無休
料 R$35

グアイバへの渡し船
Travessia Guaiba
運 月～金 5:58～19:50
土 7:00～19:50
日 10:00～19:50
1時間おきに出航。
料 R$10.10

遊覧船のチケットカウンターは船に隣接。渡し船の乗り場は右手奥にある

ポルト・アレグレのホテル

Everest Hotel
エヴェレスト MAP P.200-A2

高級ホテル

中央市場横のボルジェス・ジ・メデイロス通り沿いに位置する16階建てのホテル。設備は最新にリニューアルされており、部屋も26㎡以上とゆったりとした造り。サービスも申し分ない。

住 R. Duque de Caxias 1357
☎(051)3215-9500 URL www.everest.com.br
料 ⓈR$160～ ⓌR$172～ 税金5％別
カード ADMV 室数 86室

Tulip Inn Porto Alegre
チューリップ・イン・ポルト・アレグレ MAP P.200-B1

中級ホテル

中央市場や鉄道駅にも近く、観光や食事にも便利な立地。内装はシンプルだが清潔感があり、快適に過ごせる。英語が通じるフロントスタッフが多く、サービスもきめ細やか。フィットネスセンターを併設する。

住 R. Senhor dos Passos 105
☎FAX (051)3013-0303
URL www.tulipinnportoalegre.com
料 ⓈⓌR$210～ カード ADMV 室数 148室

Express Mauá
エクスプレス・マウア MAP P.200-B1

エコノミー

中央市場と長距離バスターミナルの間に位置。外観はくたびれているものの、客室は冷蔵庫やエアコンを完備している。スタッフの対応も親切。

住 Av. Júlio de Castilhos 342
☎FAX (051)3029-1000
URL www.hoteissuarez.com.br
料 Ⓢ$99～ ⓌR$129～ カード ADMV 室数 90室

Eco Hostel
エコ MAP P.199-A2

ホステル

ファホウピーリャ公園の西側に位置しており、セントロまでは徒歩20分ほど。共用エリアは清潔に保たれており、女性専用室、専用バス付きの個室もある。

住 R. Luiz Afonso 276 ☎(051)3377-8876
URL www.portoalegreecohostel.com.br
料 ドミトリー R$45～ ⓈⓌR$80～
カード MV 室数 10室

ホテル客室設備：バスタブあり テレビあり 電話あり インターネット可 朝食付き

ポルト・アレグレのレストラン

Na Brasa
ナ・ブラザ MAP P.199-A2

数々の賞を獲得している地元民に人気のシュハスカリア。サラダバーはないが、オードブルとシュハスコが食べ放題。平均予算1人R$100前後。

住R. Ramiro Barcelos 389, Floresta
☎(051) 3225-2205 URL www.nbsteak.com.br
営月～金11:30～15:30、18:30～23:30
土11:30～23:30 日11:30～22:00
休無休 カード ADMV

Restaurante Gambrinus
ヘストランチ・ガンビリヌス MAP P.200-A1

1889年から中央市場内に続く老舗。郷土料理のピッカーニャPicanha（牛の臀部のステーキ）はR$46～58。3～4種類の日替わり定食はR$38～。写真のフェイジョアーダは月曜の提供でR$42。

住Mercado Público 85 ☎(051) 3226-6914
URL www.gambrinus.com.br
営月～金11:00～21:00 土11:00～16:00
休日 カード AMV

Shamrock
シャムロック MAP P.199-A2

ファホウピーリャ公園周辺、飲食店が集まる一帯にあるアイリッシュパブ。エンドウ豆のピューレが添えられたフィッシュ＆チップスR$28.9が名物で、ほかハンバーガー R$20.5～といった軽食メニューも。ビールは600mℓ R$12～。

住R. Vieira de Castro 32
☎(051) 3407-5320
営火～木11:00～24:00 金・土11:00～翌1:00
日11:00～19:00 休月 カード MV

Praça XV Buffet & Grill
プラサ・キンズィ・ブッフェ＆グリル MAP P.200-B1

11月15日広場Praça 15 de Novembroに面した建物の2階にあるビュッフェレストラン。入口の階段は薄暗いが、店内は明るく清潔。品数は多くないものの、サラダやフェイジョン、牛肉のグリルなどひと通りのメニューが揃う。ビュッフェはR$19.5、量り売りは100gあたりR$5.49。

住R. Praça 15 de Novembro 42
☎(051) 3286-3961
営11:00～15:00 休日 カード AMV

COLUMN 栄養満点！ 冬限定のホルモンスープ

冬のポルト・アレグレは最低気温が10℃近くになり、かなり冷え込む。この時期限定のお楽しみが、モコトMocotóというホルモンスープ。モコトには牛の胃袋やアキレス腱などのホルモン、ソーセージ以外にも、ニンニクやトマト、タマネギなどの野菜が煮込まれており栄養満点。ポルト・アレグレでは、モコトは専門店だけでなく、中央市場内のレストランでも気軽に食べることができる。この時季に行く人は、ぜひおためしを。

モコトはボリュームも満点

Mocotó Bristol
モコト・ブリストウ
MAP P.199-B1
住Av. Assis Brasil 22
☎(051)3342-3492
営11:00～15:00
休無休
行き方
長距離バスターミナル近くから600番台のバスで約40分、Benjamin Constant下車。

地元で人気の店モコト・ブリストウ

Brasília

ブラジリア

カテドラルや国立博物館の眺め

MAP ▶ P.65-B2
市外局番 ▶ 061
（電話のかけ方は→P.52）
US$1=R$3.15
=108円

ブラジリアの気候
南緯15度の内陸のブラジル高原にあり、海抜1152m。リオ・デ・ジャネイロなど海岸地域に比べ気温も湿度も通年低い。6、7月が最も気温が低く、平均18度程度。10～3月は平均22～23度と過ごしやすいが、雨は多い。

ブラジリア国際空港
MAP P.206-A2
☎(061)3364-9000
URL www.bsb.aero/br

ブラジリアの町を上空から見下ろすと、ジェット機のような形をしている。その翼に当たる部分は整然と区画整理されて弓形に広がり、高層住宅やホテル群が並ぶ。中央の胴体部分にはテレビ塔と、交通の中心となる近距離バスターミナルや地下鉄セントラウ駅Central。機首に当たる三権広場は人造のパラノア湖Lago do Paranoáのほうを指している。日没前後、カテドラルがライトアップされる頃、国会議事堂が一対の宇宙船のように浮かび上がる。計画都市ブラジリアが最も幻想的な姿を見せる瞬間だ。

1955年に当時の大統領クビチェックは、ブラジル中央高原の荒野に新首都を建設するユートピア構想を発案。「50年の進歩を5年で」というスローガンのもとに、ブラジリアの建設がスタートした。都市計画には国連ビルの設計者でもあるオスカー・ニーマイヤー、その師でもあるルシオ・コスタと、ブラジル建築界のふたりの巨匠を起用し、「パイロット・プラン」というコンセプトに従って、ジェット機形に整えられた区画に建築群が配された。

そして1960年4月、ブラジルの首都はリオ・デ・ジャネイロからブラジリアに移され、世界でも類を見ない「過去をもたない首都」が誕生。1987年にはユネスコの世界遺産に登録された。ユニークな建築は見学可能だが、同時に国家の省庁としても機能。国際会議やシンポジウムなどが多いため、週末の方が宿泊料金が安い。

ブラジリア国際空港も近代的なデザイン

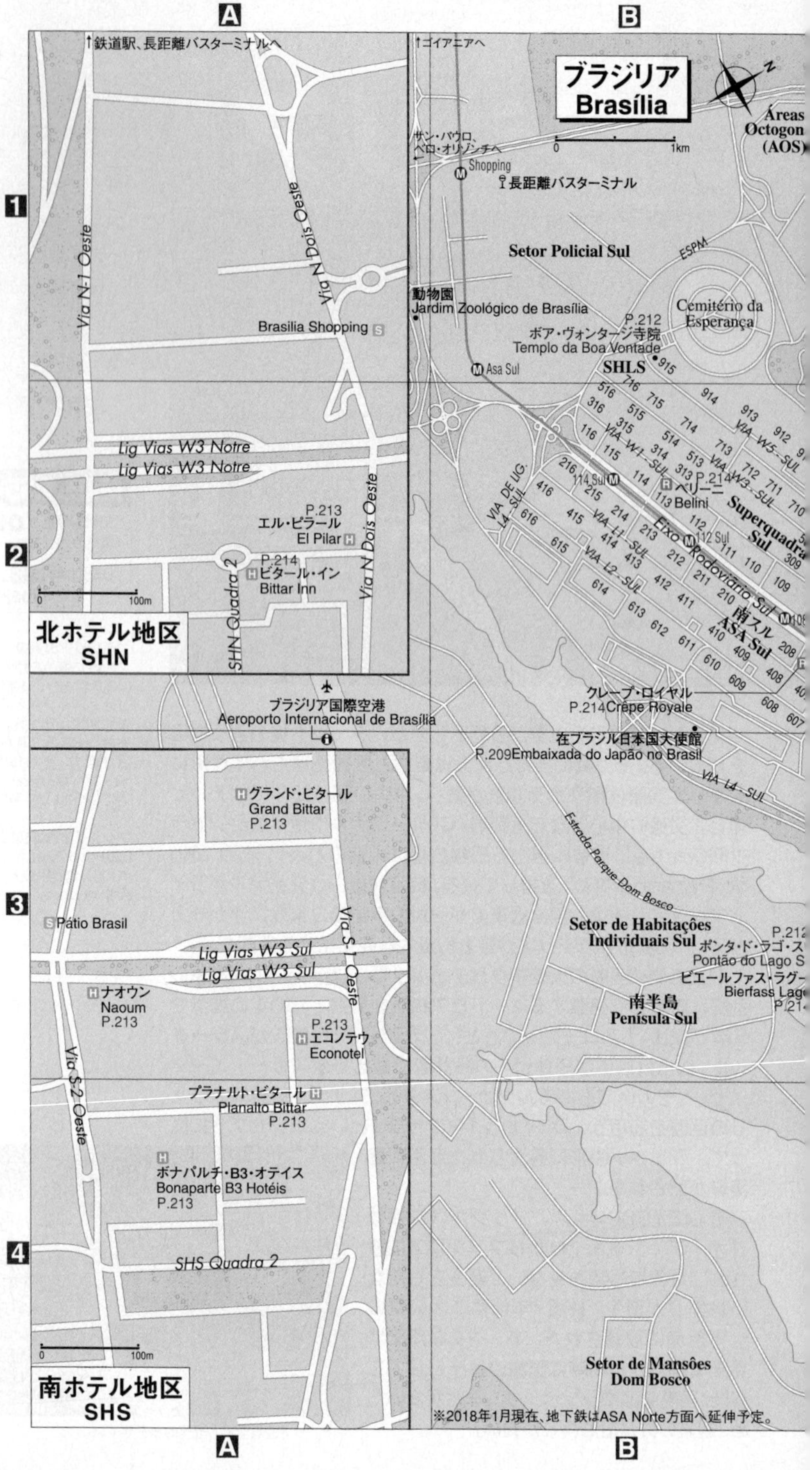

ブラジリア
Brasília
0 1km
↑鉄道駅、長距離バスターミナルへ
↑ゴイアニアへ
サン・パウロ、
ベロ・オリゾンチへ
Shopping
長距離バスターミナル
Áreas
Octogon
(AOS)
Setor Policial Sul
ESPM
動物園
Jardim Zoológico de Brasília
P.212
ボア・ヴォンタージ寺院
Templo da Boa Vontade
Cemitério da
Esperança
SHLS
Asa Sul
114 Sul
112 Sul
P.214
ベリーニ
Belini
Superquadra
Sul
Eixo Rodoviário Sul
南アスル
ASA Sul
VIA W1 - SUL
VIA W3 - SUL
VIA W5 - SUL
VIA L1 - SUL
VIA L2 - SUL
VIA DE LIG. L4 - SUL
VIA L4 - SUL
クレープ・ロイヤル
P.214Crêpe Royale
在ブラジル日本国大使館
P.209Embaixada do Japão no Brasil
Estrada Parque Dom Bosco
Setor de Habitações
Individuais Sul
P.212
ポンタ・ド・ラゴ・ス
Pontão do Lago S
ビエールファス・ラグ
Bierfass Lag
南半島
Península Sul
Setor de Mansões
Dom Bosco
※2018年1月現在、地下鉄はASA Norte方面へ延伸予定。
Via N-1 Oeste
Via N Dois Oeste
Brasilia Shopping
Lig Vias W3 Notre
Lig Vias W3 Notre
P.213
エル・ピラール
El Pilar
P.214
ビタール・イン
Bittar Inn
SHN Quadra 2
0 100m
北ホテル地区
SHN
ブラジリア国際空港
Aeroporto Internacional de Brasília
グランド・ビタール
Grand Bittar
P.213
Pátio Brasil
Lig Vias W3 Sul
Lig Vias W3 Sul
Via S-1 Oeste
ナオウン
Naoum
P.213
P.213
エコノテウ
Econotel
プラナルト・ビタール
Planalto Bittar
P.213
Via S-2 Oeste
ボナパルチ・B3・オテイス
Bonaparte B3 Hotéis
P.213
SHS Quadra 2
0 100m
南ホテル地区
SHS
A
B
1
2
3
4

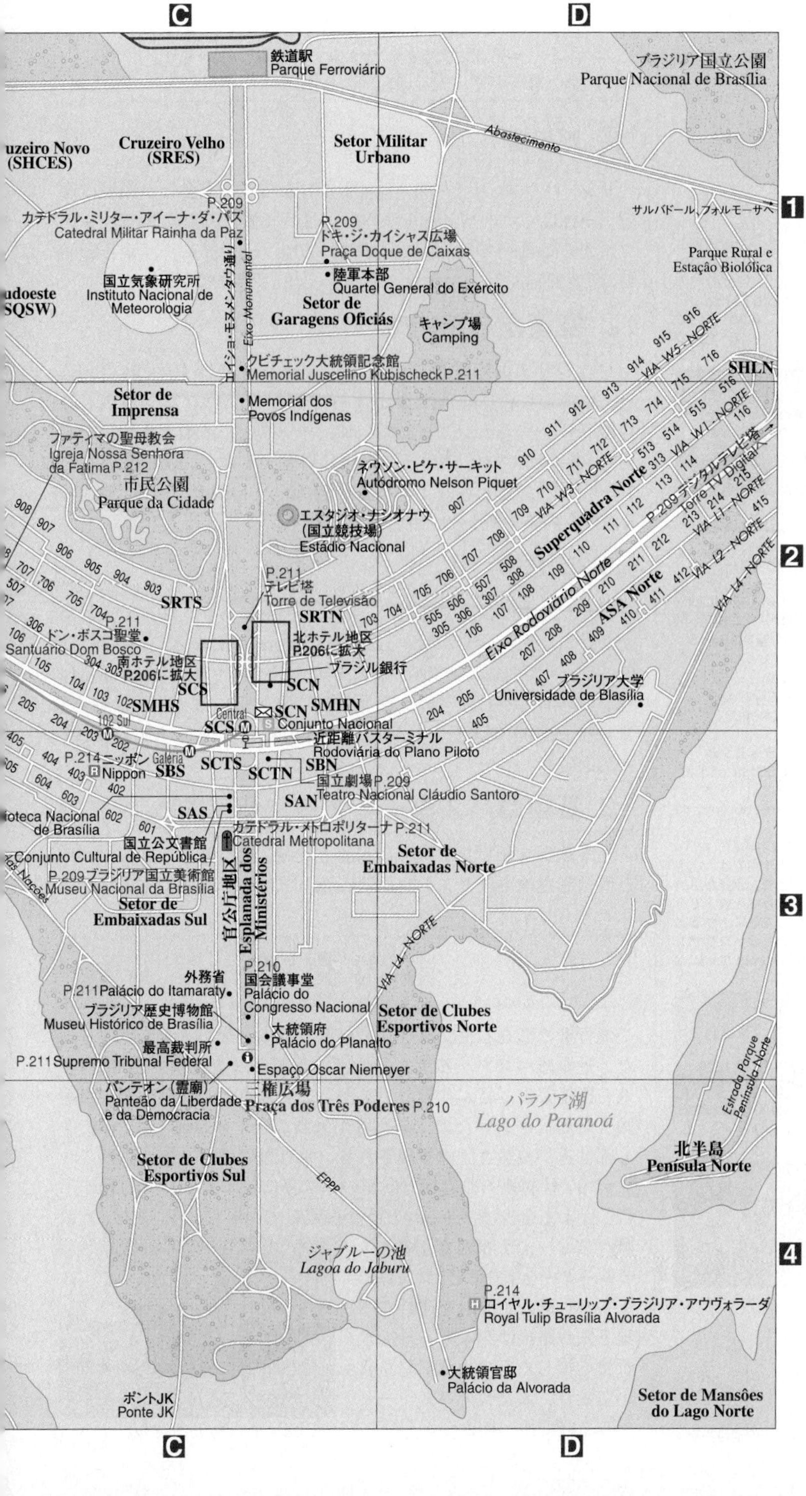
C
D
1
2
3
4
鉄道駅
Parque Ferroviário
ブラジリア国立公園
Parque Nacional de Brasília
Abastecimento
uzeiro Novo
(SHCES)
Cruzeiro Velho
(SRES)
Setor Militar
Urbano
P.209
カテドラル・ミリター・アイーナ・ダ・パズ
Catedral Militar Rainha da Paz
P.209
ドキ・ジ・カイシャス広場
Praça Doque de Caixas
サルバドール、フォルモーサへ
陸軍本部
Quartel General do Exército
Parque Rural e
Estação Biolólica
国立気象研究所
Instituto Nacional de
Meteorologia
udoeste
SQSW)
エイショ・モヌメンタウ通り
Eixo Monumental
Setor de
Garagens Oficiás
キャンプ場
Camping
クビチェック大統領記念館
Memorial Juscelino Kubischeck P.211
SHLN
Setor de
Imprensa
Memorial dos
Povos Indígenas
VIA-W5-NORTE
VIA-W3-NORTE
VIA-W1-NORTE
ファティマの聖母教会
Igreja Nossa Senhora
da Fatima P.212
市民公園
Parque da Cidade
ネウソン・ピケ・サーキット
Autódromo Nelson Piquet
Superquadra Norte
P.209 デジタルテレビ塔
Torre TV Digital
VIA-L1-NORTE
エスタジオ・ナシオナウ
(国立競技場)
Estádio Nacional
P.211
テレビ塔
Torre de Televisão
SRTS
SRTN
Eixo Rodoviário Norte
ASA Norte
VIA-L2-NORTE
VIA-L4-NORTE
P.211
ドン・ボスコ聖堂
Santuário Dom Bosco
北ホテル地区
P.206に拡大
南ホテル地区
P.206に拡大
ブラジル銀行
SCS
SCN
SMHS
SMHN
ブラジリア大学
Universidade de Blasília
102 Sul
Central
SCS
SCN
Conjunto Nacional
近距離バスターミナル
Rodoviária do Plano Piloto
Galeria
P.214 ニッポン
Nippon
SBS
SCTS
SCTN
SBN
国立劇場 P.209
Teatro Nacional Cláudio Santoro
SAS
SAN
ioteca Nacional
de Brasília
カテドラル・メトロポリターナ P.211
Catedral Metropolitana
国立公文書館
Conjunto Cultural de República
P.209 ブラジリア国立美術館
Museu Nacional da Brasília
Setor de
Embaixadas Norte
官公庁地区
Esplanada dos
Ministérios
Setor de
Embaixadas Sul
VIA-L4-NORTE
外務省
P.211 Palácio do Itamaraty
P.210
国会議事堂
Palácio do
Congresso Nacional
ブラジリア歴史博物館
Museu Histórico de Brasília
Setor de Clubes
Esportivos Norte
大統領府
Palácio do Planalto
最高裁判所
P.211 Supremo Tribunal Federal
Espaço Oscar Niemeyer
パンテオン(霊廟)
Panteão da Liberdade
e da Democracia
三権広場
Praça dos Três Poderes P.210
パラノア湖
Lago do Paranoá
Estrada Parque
Península Norte
Setor de Clubes
Esportivos Sul
北半島
Penísula Norte
EPPP
ジャブルーの池
Lagoa do Jaburu
P.214
ロイヤル・チューリップ・ブラジリア・アウヴォラーダ
Royal Tulip Brasília Alvorada
大統領官邸
Palácio da Alvorada
ポントJK
Ponte JK
Setor de Mansôes
do Lago Norte

ブラジル銀行（空港内）
営11:00〜16:00
休土・日

両替
Global Excenge
営24時間

エアコンバス
Ônibus Executivo
　チケット売場で時刻表と停車ポイント地図入りのチラシを貰おう。ほかのバスもこの前から出ている。
運月〜金　6:30〜24:00
　土・日　6:30〜23:00
料R$12

到着階を出て右奥にチケット売場と乗り場がある

空港からのタクシー
　料金R$38〜50、所要15〜20分。空港と市内間は2番の割増メーター適用。市内での初乗り運賃はR$4.51。

ラジオタクシー
Rádio-Táxi Coobrás
☎(061)3224-1000

近距離バスターミナル
Rodoviária do Plano Piloto
MAP P.207-C3
住 Estação Rodoviária de Brasília
☎(061)3327-4631
　ターミナル内では、水色のシャツを着た職員が目的地行きの乗り場を教えてくれる。また、2階に上がると目の前にショッピングセンター のConjunto Nacionalがある。

にぎやかな巨大ターミナル

活気あるバスターミナル

地下鉄
Metrô DF
営月〜土　6:00〜23:30
　日　7:00〜19:00
料R$5
URL www.metro.df.gov.br

ブラジリアへの行き方

飛行機

サン・パウロ、リオ・デ・ジャネイロから各航空会社が頻繁に運航（→P.62）。サルバドールからは毎日4〜8便、所要約2時間。レシフェから毎日5〜7便、所要約2時間40分。フォルタレーザから6〜8便、所要2時間35分。マナウスから3〜5便、所要約3時間。

空港から市内へ

ブラジリア国際空港Aeroporto Internacional de Brasília（BSB）は、市内から約12km南に位置する。空港からはエアコンバスが近距離バスターミナル、官庁地区、北ホテル地区、南ホテル地区を巡回し、料金はR$12。南ホテル地区に滞在する場合、102、102.1番のローカルバスと30番のミニバスがS Pátio Brasil前を通る。料金はR$3。市内まで所要30〜40分。

長距離バス

ブラジリアは各主要都市から離れた内陸にあり、バスでは時間がかかる。サン・パウロからはRápid Expresso社などのバスが1日6〜8便、所要約15時間30分。リオ・デ・ジャネイロからはKaissara社などのバスが1日2〜5便、所要約18時間。ベロ・オリゾンチから1日4〜6便、10時間50分〜12時間30分、サルバドールから1日3便、所要約24時間。

長距離バスターミナルから市内へ

地下鉄ショッピング駅Shoppingと連結。近距離バスターミナルと直結した地下鉄セントラウ駅Centralまで各駅停車なら7駅。

市内交通

飛行機の形をしたブラジリアの翼と胴体が交わる所に設けられた、近距離バスターミナルと地下鉄駅が市内交通の中心。市内各地や衛星都市と結ぶ多数のバスがここを起点としているが、路線図と時刻表がないため、旅行者が乗りこなすのは難しい。市街中心部は道が整然と区画整理されて、乗り場にはバス停が設けられている。目的地への進行方向側のバス停に停車するバスの運転手に、行き先を告げ、通るかどうか確認して利用しよう。また、近距離バスターミナル西寄りのエスカレーターを下りると、地下鉄セントラウ駅だ。市内を運行する地下鉄の路線は2本。どちらも飛行機を模した町の両翼部分を貫いて走り、ふたつのバスターミナルを経て西へ向かう。

エスカレーターを降りれば地下鉄

INFORMATION

❶観光案内所
ブラジリア観光公社
Centro de Atendimento ao Turista (CAT)
☎(061)3226-0153/2192
URL www.turismo.df.gov.br

空港内
MAP P.206-A2
営8:00～18:00　休無休
三権広場
MAP P.207-C3
営8:00～18:00　休無休

　ブラジリア観光公社の❶は空港内を含め市内に2ヵ所。どちらもオフィス風で英語可。ハンディサイズの無料公式ガイドブックを入手しよう。

郵便局
Correios　MAP P.207-C2
開8:00～17:00　休土・日

在ブラジル日本国大使館
Embaixada do Japão no Brasil
MAP P.206-B2
住SES　Av. das Nações, Quadra 811, Lote 39
☎(061)3442-4200
開9:00～12:00、13:30～17:30
休土・日、祝

各国大使館
アルゼンチン Argentina
住SES 803, Lt 12　☎(061)3212-7600
パラグアイ Paraguay
住SES 811, Lt 42　☎(061)3242-3732
ウルグアイ Uruguay
住SES 803, Lt 14　☎(061)3322-1200
ベネズエラ Venezuela
住SES, Av. das Nações Lt13
☎(061)2101-1010

COLUMN オスカー・ニーマイヤーの建築物を訪ねる

　ブラジリア観光の醍醐味は、オスカー・ニーマイヤー設計の奇抜な建築群。市街中心のプラノ・ピロットにあるクビチェック大統領記念館（→P.211）、カテドラル・メトロポリターナ（→P.211）、三権広場（→P.210）の国会議事堂や最高裁判所、パンテオン（霊廟）が代表的だが、少々離れたエリアにも点在しているので、ぜひチェックしたい。

ブラジリア国立美術館
Museu Nacional da Brasília
MAP P.207-C3
住Esplanada dos Ministérios
☎(061)3325-6410
開9:00～18:30
休月　料無料

逆さにしたお椀の内部

国立劇場
Teatro Nacional Cláudio Santoro
MAP P.207-C3
住Setor Cultual Norte
☎(061)3325-6239
開15:00～17:30
休土・日　料無料

近距離バスターミナルから徒歩圏内の国立劇場

ドキ・ジ・カイシャス広場
Praça Doque de Caixas
MAP P.207-C1
住Praça Doque de Caixas
行き方
　Eixo Monumental通りの北ホテル地区辺りから108.7番のバスで約15分。

広場の向こうにはダイナミックな陸軍本部

カテドラル・ミリター・アイーナ・ダ・パズ
Catedral Militar Rainha da Paz
MAP P.207-C1
住Canteiro Central do Eixo Monumental
☎(061)3323-3858
開7:00～20:00
料無料

デジタルテレビ塔
Torre TV Digital
MAP P.207-D2外
住Próximo ao Colorado
☎(061)3214-2712
※2017年12月現在工事中。公開未定

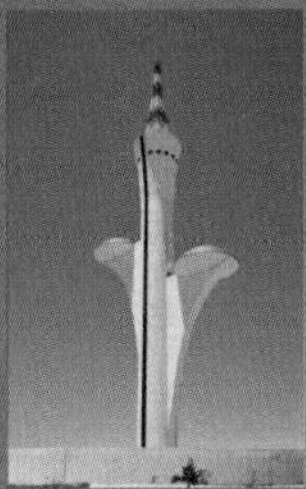

郊外にそびえ立つ

シティ・ツアー・ブラジリア
☎(061)99304-1992
URL catedralturismo.com.br/city-tour
催10:30、14:00、16:30
料R$50
　プラノ・ピロット周辺の見どころと、ポントJK Ponte JKなどをオープンエアーの2階建てバスで周遊。カテドラルと三権広場、大統領官邸Palácio da Alvoradaで約10分間停車する。出発は北ホテル地区のBrasilia Shopping前。チケット売り場は同ショッピングセンター内にある。

ハイシーズンは混む観光バス

カテドラル・メトロポリターナ、ブラジリア国立美術館、国立公文書館とオスカー・ニーマイヤーの手がけた建物が並ぶ

労働戦士の像と国旗掲揚塔

資料や美術品の展示もある国会議事堂

国会議事堂（上院／下院）
MAP P.207-C3
☎0800-612-211
URL www2.congressonacional.leg.br/visite/historico-en
開9:30～17:30
（議会時の木曜は要予約）
休議会時の火・水　料無料

歩き方

テレビ塔から見たブラジリア市内

　ジェット機形に区画された町の中心部は**プラノ・ピロットPlano Pilot**と呼ばれる。機体の真ん中に近距離バスターミナルがあり、その両サイドに宿泊施設が集まっているホテル地区があり、徒歩約15分。ターミナルの南西側に立つ**カテドラル・メトロポリターナ**へは徒歩約10分。さらに真っすぐバス通りのエイショ・モヌメンタウ通りEixo Monumentalを15分ほど進むと、国会議事堂を中心とした官公庁地区と**三権広場**だ。中心から離れた場所へ足をのばすなら、起点は近距離バスターミナル。また機体の翼部分にあたる、南スルASA Sul方面にも見どころが点在し、レストランもある。南ホテル地区近くのショッピングセンターPátio Brasil前からバスが頻発しているので便利だ。
　食事や買い物はショッピングセンターが断然便利。プラノ・ピロットにも複数ある。また、機体両翼部では、大きな交差点ごとに商店街があり、レストランも集っている。

おもな見どころ

三権広場

Praça dos Três Poderes MAP P.207-C3

　ジェット機形をしたブラジリアの機首に当たる部分の広場。三方を**国会議事堂**、**最高裁判所**、**大統領府**などに囲まれている。国会議事堂向かいのパンテオン（霊廟）には、建都の歴史を刻んだレリーフが壁一面に飾られている。また、広場には複数の巨大なモニュメントがあり、ブラジリア歴史博物館Museu Histórico de Brasíliaの前にはクビチェック元大統領の顔の石像も立っている。
　国会議事堂 Palácio do Congresso Nacionalは広場中央に1対の28階建てビル、正面左側に下院Câmara、右側に上院Senadoがある。お椀型の斬新な建築デザインは、オスカー・ニーマイヤーの代表作。内部見学ツアーでは両院の議場に入ることもできる。
　国会議事堂の左奥に見えるのが**大統領府 Palácio do Planalto**。「高原の宮殿」ともいわれるガラス張りの白い建物で、内部の一般公開はしていない。前には新首都の建設に尽くした労働者たちを記念し、労働戦士の像が立つ。
　大統領府と広場を挟んで向き合うのが**最高裁判所 Supremo Tribunal Federal**。傍らには公平な裁判を意味する「目隠し裁判の像」が立つ。さらに少々近距離バスターミナル寄りにあるのは「弓の宮殿」とも呼ばれる**外務省 Palácio do Itamaraty**。内部も非常にモダンなのでぜひ見学ツアーへ。このエリアの建築群は、夜のライトアップ姿も圧巻。

最高裁判所の前にある「目隠し裁判の像」

クビチェック大統領記念館 Memorial Juscelino Kubischeck MAP P.207-C1

塔の上のモニュメントが目印

ブラジリア建設の父、クビチェック元大統領の墓所。周囲には水がたたえられ、水面を割る階段を下りて中へ。中部の展示はとてもスタイリッシュ。3000冊もの蔵書は、医者の経歴をもつクビチェックだけに医学書が多い。2階中央に、ステンドグラスの天蓋に守られて棺が安置されている。カフェやグッズを売るショップも。出口には、プライベートで愛用していた自動車を展示。

カテドラル・メトロポリターナ Catedral Metropolitana MAP P.207-C3

支柱の間にはステンドグラス

オスカー・ニーマイヤー設計の大聖堂は、ブラジリアの象徴。16本の支柱による王冠のような斬新なフォルムだ。高さ36mの天井からつり下げられた3体の天使のモビール像は、入口前に並ぶ4人の使徒像と同じくセシアッティ Ceschiatti の作品。そのあたりには、みやげものの露店が並ぶ。

テレビ塔 Torre de Televisão MAP P.207-C2

高さ224mの塔で、設計はルシオ・コスタ。高さ75mの展望台までエレベーターで上ることができる。ここからは南東に国会議事堂やカテドラルが望め、街の主要部を見渡せる。前にはモニュメントと噴水がある広場。土・日曜には露店が並ぶ。

ドン・ボスコ聖堂 Santuário Dom Bosco MAP P.207-C2

テレビ塔から南側の住宅地に位置。内部は、青いグラデーションのステンドグラスがつくりだす深海のような空間に圧倒される。中央の重さ2700kgの水晶のシャンデリアが黄金色にともると、さらに美しい。

海底に沈んだように神秘的な雰囲気

最高裁判所
MAP P.207-C3
☎(061)3217-4058
URL www2.stf.jus.br/portalStfInternacional/cms/verPrincipal.php
開水・木　10:00、11:00
　金～火　10:00、11:00、14:00、15:00、16:00、17:00
(月～金は2日前までに要予約)
休無休　料無料

外務省
MAP P.207-C3
☎(061)2030-8051
URL www.itamaraty.gov.br/en/visit-the-itamaraty-palace
開月～金　9:00～11:00
　14:00～17:00
　土・日　9:00、11:00、14:00、15:00、17:00
休無休　料無料
※いずれも内部見学はツアーで。所要約50分～1時間

クビチェック大統領記念館
住Lado Oeste Praça do Cruzeiro
☎(061)3226-7860
URL www.memorialjk.com.br
開9:00～18:00
休月　料R$15

カテドラル・メトロポリターナ
住Esplanada dos Ministérios
☎(061)3224-4073
URL catedral.org.br
開月・水・木・土・日
　8:00～17:00
　火・金　10:30～17:00
休無休　料無料

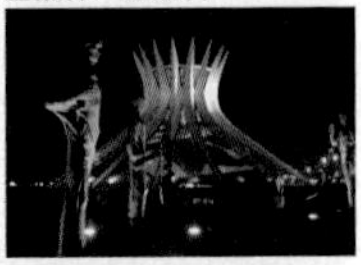
カテドラルのライトアップ

テレビ塔
住Eixo Monumental
☎(061)3322-6611
開9:00～19:00
休月　料無料

ブラジリアが一望できる

ドン・ボスコ聖堂
住SEPS 702 Bloco B
☎(061)3223-6542
URL santuariodombosco.org.br
開月～土　6:30～20:00
　日　7:30～21:00
休無休　料無料
行き方
W3 沿いを走るバスに乗り、聖堂前で降りる。

ボア・ヴォンタージ寺院 Templo da Boa Vontade MAP P.206-B1

機体の南側の翼の先端あたりに位置する。世界平和を願い、宗教を超えた祈りの場として建てられた。ピラミッドの内部にはらせんが描かれ、訪れる人々は履き物を脱いで線の上を歩きながら祈る。展示室やギャラリーも面白く、ショップもある。

頂点に大きな水晶が据えられている

ボア・ヴォンタージ寺院
住 SGAS(Sector de Grandes Áreas Sul)915 lotes 75/76
☎(061)3114-1070
URL www.tbv.com.br
開 24時間
(展示室・ギャラリーは8:00〜20:00)
休 無休
料 無料
行き方
W3を通るバスに乗り、515/715あたりで降りる。

ファティマの聖母教会 Igreja Nossa Senhora da Fatima MAP P.207-C2

住宅街の中にある小さくて素朴な教会も、オスカー・ニーマイヤーの作品。クビチェック大統領の妻によって建てられた。外壁は鳥の柄のタイルが愛らしい。内部にはアルフレッド・ヴォルピAlfredo Volpiによる壁画が楽しめる。

テントのような流線型が個性的

ファティマの聖母教会
住 EQS307/308
☎(061)3242-0149
URL www.pnsfatimabsb.com.br/igrejinha
開 6:00〜18:00
休 無休
料 無料
行き方
地下鉄108 Sul駅下車後、徒歩約10分。

COLUMN ブラジリアのナイトライフ

夜はライトアップが必見

ブラジリア中心部の夜は、他の都市とまた違った楽しみがある。サンバやにぎわいとは無縁の、異国に来たようなムードを体感したい。整然とした街に配されたユニークな建築群は、日が暮れると神秘的にライトアップされる。特にオスカー・ニーマイヤーの建築は、池の水面が鏡のように建物を映してパラレルな世界観を演出。カテドラル周辺、国会議事堂と三権広場周辺は見ごたえがある。

まるで土星のようなブラジリア国立美術館

夜はタクシーで

見どころには警官がおり、さほど治安の悪さは感じない。しかし夜にひとりでバスに乗り、人気のない通りを歩くのは危険。ホテル地区から三権広場までタクシーで片道R$15〜20程度。

外務省も夜は幻想的に

ポンタ・ド・ラゴ・スウで湖畔の夜を

ムーディーな雰囲気の建築群を堪能したら、パラノア湖畔のリゾートビレッジでリラックス。湖に面して遊歩道が整備され、レストランが軒を連ねる。店から流れる生演奏をバックに、家族連れやカップルたちが思い思いに過ごしている。

湖面に映る街の灯りが美しい

ポンタ・ド・ラゴ・スウ
MAP P.206-B3
住 SHIS QI 10, Lote 1/30, Lago Sul
☎(061)3364-0580
URL www.pontao.com.br
営 月・日 7:00〜24:00
火〜木 7:00〜翌1:00
金・土 7:00〜翌2:00 休 無休
行き方
近距離バスターミナルから147.3番や147.7番などのバスで30〜40分。下車後徒歩約5分。

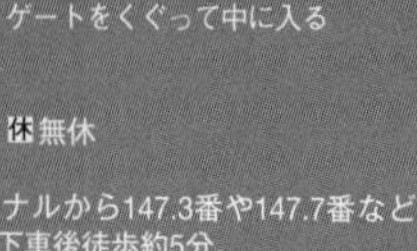
ゲートをくぐって中に入る

ブラジリアのホテル

南ホテル地区

Bonaparte B3 Hotéis

ボナパルチ・B3・オテイス　MAP P.206-A4

最高級ホテル

大通り沿いの5つ星ホテル。客室はキッチン、バルコニー付きのアパートメント形式で、落ち着いた雰囲気。レストランのメニューも充実している。

住 SHS Quadra 2, Bloco J　☎ (061) 2104-6600
URL www.bonapartehotel.com.br
料 ⓈⓌR$216.7　税金10%別　カード ADJMV
室数 100室

Grand Bittar Hotel

グランド・ビタール　MAP P.206-A3

高級ホテル

すべての部屋に冷蔵庫、エアコン、セーフティボックス、バルコニーなどが備わり、設備は充実。館内のサウナやジムも利用できる。Wi-Fiは有料で1日R$10。

住 SHS Quadra 5, Bloco A　☎ (061) 3704-5000
URL hoteisbittar.com.br/grand_bittar/site/
料 ⓈR$240～ ⓌR$260～　税金10%別
カード ADJMV　室数 147室

Planalto Bittar Hotel

プラナルト・ビタール　MAP P.206-A4

中級ホテル

南ホテル地区のタクシー乗り場のそば。客室の設備はシンプル。24時間利用可能なルームサービスのほか、ランドリーサービスも行っている。レストラン、バーを併設している。

住 SHS Quadra 3, Bloco A
☎ (061) 3704-2000　FAX (061) 3704-2020
URL planaltobittarhotel.com.br　料 ⓈR$150～ ⓌR$170～　カード DMV　室数 106室

Naoum

ナオウン　MAP P.206-A3

高級ホテル

近代的な4つ星ホテル。部屋はシンプルだが窓が大きめで明るい。はす向かいにショッピングセンターPátio Brasilがあるのも便利。Wi-Fi無料。

住 SHS Quadra 3, Bloco J　☎ (061) 3212-4545
FAX (061) 3212-4549　URL www.naoumhoteis.com.br
料 ⓈⓌR$287～（週末はⓈⓌR$198～）　税金10%別　カード AMV　室数 77室

Econotel

エコノテウ　MAP P.206-A3

エコノミー

希少なエコノミーホテル。やや古いが設備は料金相応で、清掃状態は良好。全室に冷蔵庫付き。ショッピングセンター Pátio Brasilまで徒歩約5分。すぐ近くにガソリンスタンドのコンビニもあり。

住 SHS Quadra 3, Bloco B
☎ FAX (061) 3204-7337
料 ⓈR$120～ ⓌR$160～
カード ADJMV　室数 50室

北ホテル地区

El Pilar Hotel

エル・ピラール　MAP P.206-A2

中級ホテル

北ホテル地区のタクシー乗り場のそばにある。設備のわりには比較的安値で滞在することができる。客室は簡素だが、エアコンやミニバーを完備。

住 SHN Quadra 3, Bloco F
☎ (061) 3533-5900　URL www.elpilar.com.br
料 ⓈR$200～ ⓌR$300～（週末はⓈR$150～ ⓌR$250～）　カード ADMV　室数 50室

ホテル客室設備：バスタブあり　テレビあり　電話あり　インターネット可　朝食付き

Bittar Inn

ビタール・イン MAP P.206-A2

エコノミー

ホテル地区で最もエコノミーな宿のひとつ。客室はあまり装飾がなくやや殺風景だが、改装したばかりのため清潔感がある。全室Wi-Fi無料でエアコン付き。スタッフの対応もいい。

住SHN Quadra 2, Bloco N ☎(061)3704-3010
URL hoteisbittar.com.br/bittar_inn/site/
料ⓈR$156～ ⓌR$175～
カード ADMV 室数68室

その他の地区

Royal Tulip Brasília Alvorada

ロイヤル・チューリップ・ブラジリア・アウヴォラーダ MAP P.207-D4

最高級ホテル

日系デザイナーの手がけた斬新な造りは、まるで現代アート。5つ星ホテルなので、サービスは一流だ。パラノア湖に面していて、客室からの景色はリゾート気分満点。一部バスタブ付き。

住SHTN, Trecho 1, Conj, 1B, Blocos C
☎(061)3424-7000 FAX(061)3424-7001
URL www.goldentulip.com
料ⓈⓌR$258～ カード ADMV 室数395室

ブラジリアのレストラン

Crêpe Royale

クレープ・ロイヤル MAP P.206-B2

フランススタイルのクレープは口コミで高評価。価格はR$22～70程度。肉や魚介、チーズトッピングといった食事系、フルーツやアイスを乗せたスイーツも揃う。南スルの住宅街にあり、並びも飲食店が多い。テラス席が狙い目。

住SCLS 207 Bloco C, Loja 37 – Asa Sul
☎(061)3443-4777 URL creperoyale.com.br
営日～木17:00～24:00
金・土17:00～翌1:00 休無休 カード ADJMV

Belini

ベリーニ MAP P.206-B2

南翼の住宅街にあるイタリアン。平日の12:00～15:00はキロあたりR$5.8のポル・キロが大人気。夜と土・日曜はビュッフェとなり、R$41.9～42.9。ベーカリーやコンビニを併設し、何かと便利。周辺にも飲食店が多数。

住CLS 113, Bloco D, Loja 35
☎(061) 3345-0777 URL belini-gastronomia.com.br 営7:00～22:00
休無休 カード AMV

Nippon

ニッポン MAP P.207-C3

幅広い和食が楽しめるレストラン。メニューはビュッフェスタイルで、昼と夜で料理が異なる。料金はR$70くらいから。日本酒カクテルも扱う。

住SCLS 403 Bloco A, Loja 20 a 28 ☎(061)3224-0430
URL www.nipponrestaurante.com.br
営月～木12:00～14:30、19:00～23:00
金12:00～14:00、19:00～24:00
土12:00～15:30、19:00～24:00
日12:00～16:30 休無休 カード DMV

Bierfass Lago

ビエールファス・ラグー MAP P.206-B3

ポンタ・ド・ラゴ・スウ内のレストラン。テラス席からはパラノア湖が目の前。平日の12:00～16:00のランチビュッフェがR$39.9、夜は前菜がR$27.8～。メインはシーフードやイタリアンなどバアエティ豊か。週末の夜は生演奏が聴ける。

住SHIS Ql 10 Lote 09-Pontao Do Lago Sul
☎(061)3364-4041 URL www.bierfass.com.br
営月～木12:00～翌1:00 金～日12:00～翌2:00 休無休 カード ADMV

パンタナール Pantanal

飛行機から見た、マット・グロッソ・ド・スウ州とマット・グロッソ州を分けるピキリ川

パンタナールとは

パンタナールはポルトガル語で「大沼地」を意味し、世界有数の大湿原として知られているが、正確には非常に大規模な氾濫原である。16世紀中頃までは巨大な湖と信じられており、パンタナールと呼ばれるようになったのは20世紀初頭になってからだが、その呼称が現在ではこの地域の名前として定着している。

パンタナールはアンデス山脈とブラジル高原の間に形成された海抜80～150mほどの、緩やかな北高南低の勾配をもつ盆地状の低地。ギマラインス高原、アモラール山脈、ボドケーナ山脈、ウルクン山塊などに取り囲まれ、これらの山地に水源をもつ大小の河川はパンタナールの湿原を通過して、すべてパラグアイ川Rio Paraguaiに流れ込んでいる。パラグアイ川はブラジルとボリビア、パラグアイ両国とのほぼ国境を北から南へ流れており、海への出口をもつ唯一の河川。周囲を山に囲まれた地形と、平均勾配が水平距離1kmにつき高度差1cm（10万分の1）とあまりに緩やかな傾斜であるため、雨季には増大する水量を放出しきれずに氾濫を起こす。

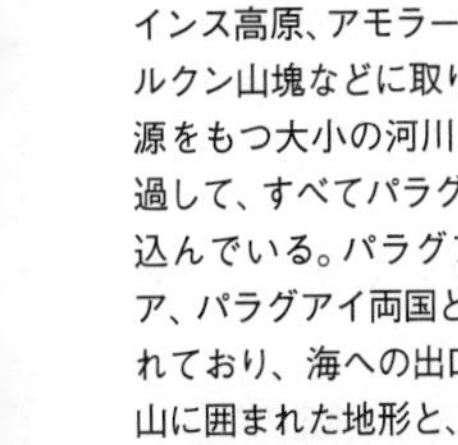

パンタナールの夕日はとても美しい

パンタナールはブラジル側が最も広く、パラグアイ、ボリビアの3国にまたがるその面積は、日本の本州から中国地方を除いたものとほぼ同じ15万Km²。パラグアイ川上流域の水量の増減により大小無数の湖や沼、湿原は豊かな生物相を育んでおり、これまで約230種の魚類、約460種の鳥類、約130種のほ乳類、約50種の爬虫類などが確認されている。この豊かな自然を守るために2000年、パンタナール保全地域としての世界自然遺産に登録された。

ジャカレーは乾季ならどこででも見ることができる

パンタナールの地勢

パンタナールといえば池塘が点在する湿原をイメージするが、森、テーブル状台地、河川や潟、湖沼群とさまざまな要素から成り立っており、通年水に浸らない部分、雨季とその後の氾濫季になると浸水する部分、通年水が引かないいわゆる湖や沼、河がある。ほぼ全体が民有地で、浸水しない部分の多くは牧場として利用され、かつてインドから移入された毛色の白くてコブのあるネロリ牛が放牧されている。パンタナールに入ってまず目にするのは、このネロリ牛である。

パンタナール一帯は年間降水量1000～1250㎜ほどで、周辺の地域よりもむしろ降水量は少なく、半乾燥気候となっている。そのためカーチンガ（サバナ植生の一種で、「白い林」と呼ばれる、乾季に落葉する有刺灌木林)、カンポ・セラード(丈の短い草木とまばらな低木からなるサバナ植生)、グランチャコ(ところどころに林のある草原)といった植生がパンタナールの特徴になっている。

インドから移入されたネロリ牛。暑さに強くパンタナールの気候に適している

気候とベストシーズン

水辺にはワニや鳥が集まる

年間の平均気温はおよそ24～25度で、1年を通して過ごしやすい。ただし多少の地域差もあり、北部のクイアバより南部のカンポ・グランジのほうが1～3度ほど月平均気温は低い。また、パンタナールは西のアンデス山系と東のブラジル高原の間の気流の通り道になっていて、冬季、南から寒気が北上してくると、付近一帯がぐっと冷え込んでときには0度付近まで下がることもある。一般的に乾季の5～9月が冬に当たり、かなり冷え込むことがあるので防寒具などの準備が必要だ。一方、雨季の12～3月頃には40度以上にも達することがあるが、これはアマゾンから湿った暖気が南下してくるためで、この暖気が西風の影響を受けると強い嵐になる。

雨季はパラグアイ川の水源のある北部から南部へゆっくりと氾濫が広がってゆく。最も雨が多いのは12月から2月にかけてだが、最高水位に達するのは5、6月だ。乾季との水位差はその年々によって異なるが、およそ2mほど。低地の平原はほとんど水没してしまい、乾季には丘だった場所が島のように点在するようになる。

ベストシーズンは水位が下がる7～10月頃にかけて。この時期は数が少なくなった沼や水たまりにワニが集中し、水を飲みにくる小動物、繁殖のために集まる鳥などを間近に見ることができる。パンタナールの風物詩でもあるイッペーの木がピンクや黄色の花をつけるのも8月頃。また、乾季のほうが圧倒的に虫が少なく過ごしやすい。

もちろん、氾濫季ならではの美しさも捨てがたいものがあり、乾季には干上がってしまう三日月

餌を探すベニヘラサギ

湖のような潟や小川を小船で行くことができるのはこの時期。ホテイアオイをかき分けながら奥地へと進んでいくと、頭上の木で羽を休める鳥たちや美しい自然風景を見ることができる。

拠点となる場所

広大なパンタナールは、ピキリ川を境に北がマット・グロッソ州、南がマット・グロッソ・ド・スウ州に属している。マット・グロッソ側が北パンタナール(→P.224)、マット・グロッソ・ド・スウ側が南パンタナール(→P.231)と呼ばれ、北パンタナールの拠点となる町はクイアバ(→P.227)、南パンタナールはカンポ・グランジ(→P.236)だ。しかし、パンタナールを目指す旅行者はそれぞれの町には寄らず、直接、パンタナールに散らばる宿に直行するのが一般的。

北パンタナールの場合はポコネの先、パンタナール縦断道路沿いに、南パンタナールはカンポ・グランジからコルンバへ抜けるルート沿いや、ネグロ川沿いなどに宿泊施設がある。公共の交通機関はないので、宿までの送迎が付いているツアーを利用したほうが便利だ。南パンタナールのネグロ川沿いは、カンポ・グランジやそこから130km行ったアキダウアナからセスナで行くのが一般的なので、ひとりだとかなり高くつくことも。予算や時間などを考えて、旅行会社に相談してみよう。

おもなエリアガイド

◉北パンタナール

クイアバ →P.227 MAP P.220-A1

マット・グロッソ州の州都で近代的なビルが林立する一方、18世紀初期のゴールドラッシュ時代、開拓者の拠点として建設された歴史をもち、古い建物や街路も残っている。クイアバを拠点に、パンタナール縦断道路周辺を探索するツアーが北部の観光では最もポピュラーだ。

カセレス周辺 MAP P.220-A1

ボリビアとの国境からアララス山脈 Serra

das Araras にかけてのエリア。拠点となるのがパラグアイ川畔にあるカセレスで、開拓時代の町並みが残るのどかな町だ。毎年9月に開催される国際釣り大会ではさまざまな催しが同時に行われてにぎわう。近郊に緑豊かな山並みが連なり、断崖や滝、青い水をたたえたドリーネ（カルスト地形の一種で、石灰岩が溶けて凹地状になった地形）などの景勝を楽しめる。

ポコネ周辺 MAP P.220-A1

パンタナール縦断道路の起点となるのがポコネ。通常、ポコネの町は通過点にすぎず、縦断道路沿いに点在する宿泊施設を拠点に、低地に広がる森林や原野、湿地などの探索を楽しむのが一般的なスタイルで、ツアーはクイアバ発となる。パンタナール・マットグロッセンセ国立公園には絶滅にさらされている貴重な鳥類なども生息しているため、一般旅行者は立ち入り禁止だ。

バラウン・ド・メウガッソ周辺 MAP P.220-A1

蛇行しながら緩やかに流れるクイアバ川一帯の森と氾濫原、テーブル状の孤立丘、急流の流れる丘陵地帯など、美しい景観が広がるエリア。氾濫原でのサファリやラフティングなどが楽しめる。バラウン・ド・メウガッソはボートツアーの発着点で、ホテルも数軒ある。ホドノポリス周辺には26の考古学ポイントがあり、9000年以上昔に描かれた壁画などが残っている。

ギマランエス高原 →P.225 MAP P.220-B1

パンタナール北端に位置する、クイアバの代表的な観光地のひとつ。クイアバの東に連なるテーブル状台地で、台地の上は広い高原になっている。その景観はちょうどギアナ高地のようだ。シャッパーダ・ドス・ギマランエスの町を拠点に展望のトレッキングを楽しんだり、洞窟や滝を訪れることができる。

◉南パンタナール

カンポ・グランジ →P.236 MAP P.220-B3

マット・グロッソ・ド・スウ州の州都で、19世紀後期に建造された比較的新しい町。アキダウアナ川やネグロ川沿いに点在する宿泊施設を拠点に、周辺の湿原を散策したり釣りを楽しむツアーがポピュラーだ。ただしカンポ・グランジ自体はパンタナールから離れているため、どのツアーもスケジュールに余裕がないと難しい。

コルンバ →P.240 MAP P.220-A3

パラグアイ川畔にある、パンタナール内では最大の町。町を拠点にパラグアイ川での釣りや遊覧船が楽しめる。遊覧では川岸に迫るアモラール山地の奇観やオオオニバスの群落、乾季ならピンク色のイッペーの花が咲き乱れるスクリの丘など、雄大な景色を楽しむことができる。またコルンバ周辺のエリアには170ほどの考古学スポットもあり、ツアーも用意されている。

アキダウアナ周辺 MAP P.220-B3

南部パンタナールでも最も観光客の受け入れ態勢の整ったエリアで、快適な宿泊施設や、氾濫原を一望できるピラプタンガ山地のトレッキング、アキダウアナ川の美しい川岸でのウオータースポーツなど各種のアクティビティが用意されている。環境保護活動にも積極的で、野生動物ウオッチングも期待できる。拠点となる町はアキダウアナ、ミランダ、アナスタシオなど。

リオ・ヴェルジ・ジ・マット・グロッソ周辺 MAP P.220-B3

タクアリ川上流域エリアで、数々の滝や水しぶきを上げる急流などが見られる。アキダウアナからここまでの道路沿いに、パンタナールの拠点となる宿もある。

ボニート →P.233 MAP P.220-A4

パンタナールの南280kmに位置する、透明度の高い美しい水が流れる渓谷と森の景勝地。パンタナールに生息する魚が泳ぐ川でスノーケリングなどの水遊びを楽しんだり、ラフティング、釣り、洞窟探検などができる。

ツアーのモデルコース

典型的なツアーはパンタナールの宿を拠点に、荷台に席が作られたサファリカーでの自然観察、ボートに乗っての自然観察、乗馬、ウオーキング、釣り、ナイトサファリなどを楽しむ。ツアーには空港から宿までの送迎からガイド、アクティビティ、食事などすべての料金が含まれている。ツアーでなくても、宿泊料金には食事とアクティビティが含まれる。

2泊3日の滞在だと、1日目は昼食後、車でのサ

近くに遊歩道がある宿もある。写真はファゼンダ・サン・フランシスコ（→P.232）

ファリか乗馬、ボートでの自然観察、夕食後はナイトサファリ。2日目は朝食前に早朝ウオーキング、朝食後と昼食後に1日目にできなかったアクティビティを楽しむといった具合。2泊3日すればひととおりのアクティビティに参加でき、パンタナールを満喫できる。なお、日中は非常に暑いので昼食後から15:00頃までは休憩時間となり、宿のプールなどでゆっくりと過ごす。ほとんどの宿にはプールが付いている。

ツアー選びのポイントは、自分が最も何をしてみたいのか、ということが決め手となる。釣りを楽しみたいなら近くに川があり、釣りの道具などがしっかり揃っている宿がいいし、アクティビティはしなくてもいいから宿の周辺をのんびり歩いたりして過ごしたいなら、ウオーキングトレイルが付いている宿を選ぶといいだろう。とりあえずパンタナールの自然を全般的に見たいというなら、宿までのアクセスや施設の内容、料金などから決めることになる。どの宿でも乗馬やトレッキング、ナイトサファリなどが楽しめる。その場合、空港からあまり遠くない宿を選んだほうが到着までの所要時間が短縮され、パンタナールで過ごす時間が増えるというメリットもある。大自然の秘境気分を味わうなら、北パンタナールの縦断道路深部の宿や、南パンタナールのセスナでしか行けないような宿がおすすめ。通年水のある湖や潟、川が近くにある宿のほうがワニやカピバラなどを簡単に見ることができる。アリクイやシカは草原にいるので、高台と湿地の両方が近くにある宿が理想的だ。

車での自然観察は目線が高いので動物が見つけやすい。前方に道を横断するカピバラ

ツアー会社の選び方

パンタナールを扱っているブラジルの旅行会社なら、こちらの希望に合ったツアーを紹介してくれる。クイアバやカンポ・グランジの町へ寄る必要が特にないなら、事前にメールや電話で予約を入れておけば飛行機の到着時間に合わせて迎えに来てくれ、そのままパンタナールの宿へと運んでくれる。注意したいのは、空港やホテルで客引きをしている旅行会社。すべての会社がそういうわけではないが、ときに質素な農家のような宿に連れて行かれ、アクティビティもほとんどできず、ガイドもおらず、帰る日までほとんど何も見られずに終わってしまうなんてこともある。内容をよく確認して決めるようにしたい。

アクティビティ

◉サファリカーでの自然観察

でこぼこの牧場内を走って自然観察

荷台に椅子を設置したサファリカーで敷地内を走り、動物や鳥をウオッチングする。途中で降りてウオーキングを楽しむことも。目のすばらしくいいガイドがいろいろな生き物を見つけて教えてくれる。

◉ボートでの自然観察

エンジン付きのボート、またはカヌーで、川や沼、コリッショと呼ばれる水路を行き、鳥や動物ウオッチングを楽しむ。水辺の木にはウの仲間、サギ、カワセミなどの野鳥が見られるほか、頭上をインコやワシが飛ぶ。岸にはワニが日光浴をする姿も。水量の多い時期は、かなり奥まで船で行くことができる。また、川ではピラニア釣りも楽しめる。竹の先に釣り糸を結び付けた簡単な竿に、牛肉の切れ端を付けて糸を垂らすとおもしろいように釣れる。

鏡のような水の上を滑るように進む

◉乗馬

馬に乗って車では行けない森の中や平原を行き、パンタナールの雄大さと自然を感じることができるアクティビティ。ほとんどの宿で楽しむことができる。馬はよく調教されているので、初心者でも気軽に参加できる。馬の背から見るパンタナールは、視線が高く、より雄大だ。

◉ウオーキング

宿泊施設によるが、周辺にウオーキングコースや展望台を設けている宿では、気軽に散策が楽しめる。宿周辺といっても、近くに人工的なものは何もなく、タカやインコなどの鳥たちや、水たまりがあればワニやカピバラなどが見られる。

馬に乗れば水たまりの残る湿地へも行ける

◉釣り

広大なパンタナールのうち、世界遺産に登録されているのはわずか2%ほどのエリア。それ以外の98%ほどのエリアなら、釣りが楽しめる。大型の川魚パクーやドゥラードなどを釣り上げることができ、釣り好きにはたまらない。釣りを中心に楽しみたいなら、それなりの道具が揃った宿に泊まる必要があるので、事前に旅行会社に相談すること。

◉ナイトサファリ

夕食後、サファリカーに乗り、サーチライトで暗闇を照らしながら動物を探す。カピバラ、ワニのほか、運がよければクチーア、アメリカヌマジカ、オオアリクイ、オオカミ、イヌの仲間のロッビーニョ、さらにオンサことジャガーやピューマが見られることも。サーチライトで照らすと動物の目がブルー色に輝くため、暗闇でも見つけることができるのだ。沼ではワニの無数の目が光り、地上の星のように見える。

乾季のナイトサファリは冷えるので厚着を

パンタナールの宿泊施設

ほとんどのパンタナールの宿泊施設は牧場の中にある。牧場といっても、そこには川も湖もあるあまりにも広大な土地なので、柵で囲われた牧場のイメージとはかけ離れている。宿泊施設は、その広大な敷地を有する牧場主が経営する宿もあれば、牧場の一角を借りて建てられた宿もある。設備によりポウザーダ、ホテル、ファゼンダ、ロッジなどの名前がついている。ほとんどの宿は部屋にエアコンや温水シャワーがあり快適に過ごすことができる。ただし、テレビや電話は一部を除いて付いていない。また、携帯電話の電波も届かないところがほとんど。

レストランや売店はないので、食事は3食とも宿で食べることになる。宿泊料には食事代も含まれており、ビュッフェ形式で用意される。コーヒー以外の飲み物だけは別料金だ。宿の売店には水やちょっとしたみやげ物などが売られているが、必要なものは用意していこう。

現在、パンタナールのほとんどの宿に電気がひかれているが、ジェネレーターかソーラシステムで発電しているところもあり、朝はお湯が出にくいことも。水は地下水を利用していることが多く、排水は独自の浄化システムを採用している。ブラジルはどこもそうだが、トイレに紙を流さないように注意。

服装と持ち物

パンタナールを象徴するイッペーの木に花が咲くのは8～9月。白、ピンク、黄色などがある

双眼鏡は自然観察の際にあるととても便利。ほかに懐中電灯も持っていると何かと役に立つ。日中の日差しは非常に強いため、長袖、帽子は必携。サングラスもあると便利。虫が多いので長ズボンにスニーカーを履いて行動することが望ましい。特に雨季は蚊やブヨなど人間を刺す虫が多い。虫よけスプレーは必携だ。室内には防虫スプレーがまかれてはいるが、電気式の蚊取り線香があると安心して寝られる。乾季は日中との温度差が20度以上あることもあり、夜のナイトサファリなどでは防寒具が必要。雨季は雨具の用意を。カメラやビデオの充電は、パンタナールの宿の電源は通常110Vなので日本のものがそのまま使えるが、まれに220Vのところがあるので対応できるようにしておきたい。プラグの型は丸ピンのCタイプ。

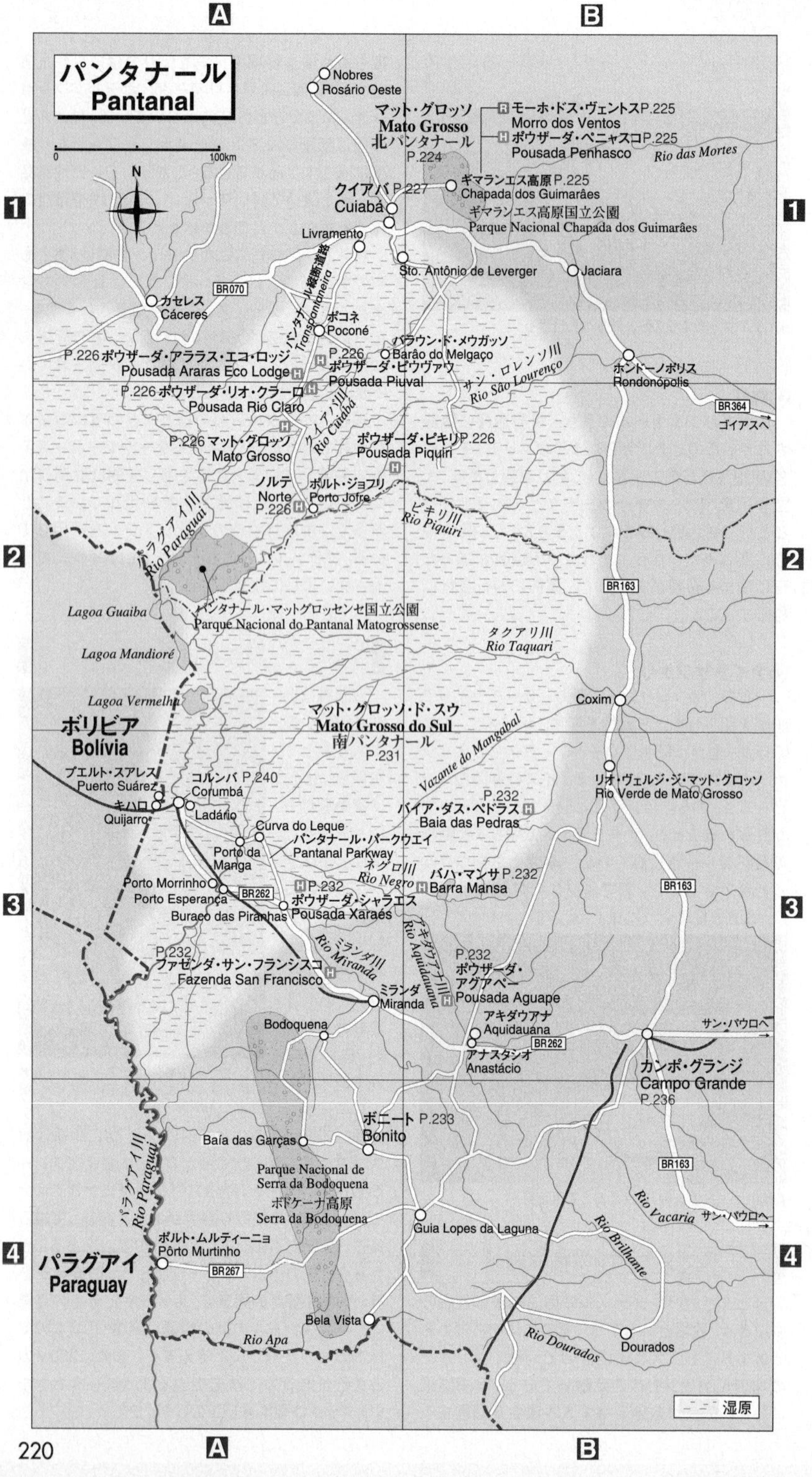
パンタナール
Pantanal
0
100km
N
A
B
1
2
3
4
Nobres
Rosário Oeste
マット・グロッソ
Mato Grosso
北パンタナール
P.224
モーホ・ドス・ヴェントスP.225
Morro dos Ventos
ポウザーダ・ペニャスコP.225
Pousada Penhasco
Rio das Mortes
ギマランエス高原P.225
Chapada dos Guimarães
ギマランエス高原国立公園
Parque Nacional Chapada dos Guimarâes
クイアバ P.227
Cuiabá
Livramento
Sto. Antônio de Leverger
Jaciara
BR070
カセレス
Cáceres
パンタナール縦断道路
Transpantaneira
ポコネ
Poconé
バラウン・ド・メウガッソ
Barão do Melgaço
P.226 ポウザーダ・アララス・エコ・ロッジ
Pousada Araras Eco Lodge
P.226
ポウザーダ・ピウヴァウ
Pousada Piuval
サン・ロレンソ川
Rio São Lourenço
ホンドーノポリス
Rondonópolis
BR364
ゴイアスへ
P.226 ポウザーダ・リオ・クラーロ
Pousada Rio Claro
クイアバ川
Rio Cuiabá
P.226 マット・グロッソ
Mato Grosso
ポウザーダ・ピキリP.226
Pousada Piquiri
ノルテ
Norte
P.226
ポルト・ジョフリ
Porto Jofre
ピキリ川
Rio Piquiri
パラグアイ川
Rio Paraguai
BR163
パンタナール・マットグロッセンセ国立公園
Parque Nacional do Pantanal Matogrossense
Lagoa Guaiba
Lagoa Mandioré
Lagoa Vermelha
タクアリ川
Rio Taquari
Coxim
マット・グロッソ・ド・スウ
Mato Grosso do Sul
南パンタナール
P.231
Vazante do Mangabal
ボリビア
Bolívia
プエルト・スアレス
Puerto Suárez
キハロ
Quijarro
コルンバ P.240
Corumbá
Ladário
リオ・ヴェルジ・ジ・マット・グロッソ
Rio Verde de Mato Grosso
P.232
バイア・ダス・ペドラス
Baia das Pedras
Curva do Leque
パンタナール・パークウエイ
Pantanal Parkway
Porto da Manga
ネグロ川
Rio Negro
バハ・マンサ P.232
Barra Mansa
P.232
ポウザーダ・シャラエス
Pousada Xaraés
Porto Morrinho
Porto Esperança
BR262
Buraco das Piranhas
BR163
アキダウアナ川
Rio Aquidauana
ミランダ川
Rio Miranda
P.232
ファゼンダ・サン・フランシスコ
Fazenda San Francisco
P.232
ポウザーダ・アグアペー
Pousada Aguape
ミランダ
Miranda
アキダウアナ
Aquidauana
Bodoquena
アナスタシオ
Anastácio
BR262
サン・パウロへ
カンポ・グランジ
Campo Grande
P.236
ボニート P.233
Bonito
Baía das Garças
Parque Nacional de Serra da Bodoquena
ボドケーナ高原
Serra da Bodoquena
BR163
Rio Vacaria
サン・パウロへ
Guia Lopes da Laguna
Rio Brilhante
パラグアイ川
Rio Paraguai
ポルト・ムルティーニョ
Pôrto Murtinho
パラグアイ
Paraguay
BR267
Bela Vista
Rio Apa
Rio Dourados
Dourados
湿原

＼ウオッチングの参考に！／

パンタナールの動物たち

数々の鳥や動物が生息する自然そのものが、パンタナール最大の見どころ。そこで出合う動物のうち、ごく一部を紹介。注意しなくてはいけないのは、ほとんどの動物が人間を恐れていないということ。決して環境を乱したり、危害を加えることはしないように。

ほ乳類

カピバラ Capivara

日本でもおなじみ、世界最大のげっ歯類。半水性で、群れで行動する。ビーバーに似ており、目や鼻、耳が頭部の上部にあるのが特徴。頭部の大きなずんぐりした体型で、通称「水豚」と呼ばれる。水辺で見かけられることが多い。

体長120cm　体重57kg
遭遇度★★★★★

クチーア

Cutia（マダラアグーチ）

カピバラに似たずんぐりした体型だが、半分以下の大きさ。耳が大きめで顔はウサギやネズミに似ている。脚力が強く2mほど飛び跳ねることもある。

体長50cm
体重12kg
遭遇度★★★☆☆

セルヴォ・ド・パンタナール

Cervo do Pantanal
（アメリカヌマジカ）

南米最大のシカ。雄の角は長さ60cmにもなる。膜のある長い蹄をもち、湿地での行動に適している。絶滅の危機に瀕している。

体長170cm
体重140kg
遭遇度★★☆☆☆

オンサ・ピンターダ

Onça-Pintada（ジャガー）

南米最大の猫科の大型肉食獣。日中、夜間とも行動し、たいていは単独。木登りも水泳も得意。広大なテリトリーをもち、警戒心も強いためなかなか見られない。森林破壊や捕獲のため絶滅の危機にある。自ら人間を襲うことは滅多にない。

体長140cm　体重100kg
遭遇度★☆☆☆☆

体長、体重はすべて平均的なおよその数値です。遭遇度は各動物へ出合える確率を示したものです。なお、星5つでも必ず出合えるわけではありません

タトゥ Tatu（アルマジロ）

背面を堅い鱗のような鱗甲板で覆われた小型動物。襲われると丸くなり、外敵から身を守る。前足の鋭い爪で穴を掘り、巣とする。タトゥ・ガリーニャTatu-Galinha（ココノオビアルマジロ）、タトゥ・ペーバTatu-Peba（ムツオビアルマジロ）の2種類がいる。

体長45cm 体重4.5kg
遭遇度★★★☆☆

タトゥ・ガリーニャ

タトゥ・ペーバ

アンタ
Anta（バク）

ブラジル最大の陸上動物。夜行性で単独行動し、日中は厚い植生に潜み、かつ聴覚・嗅覚に優れているためなかなか見られない。

体長210cm 体重225kg
遭遇度★☆☆☆☆

マカコ・プレゴ
Macaco-Prego（フサオマキサル）

小型のサルで、頭の上に毛の房があり愛嬌のある顔。人に興味を示し寄ってくることも。知能が高く「南米のチンパンジー」と呼ばれる。

体長44ccm 体重3kg
遭遇度★★★☆☆

タマンドゥア・バンデイラ
Tamanduá-Bandeira（オオアリクイ）

体毛は白と黒のツートンで、細く伸びた口と長くふさふさした尾をもつ。体はひょろっと細長い。強力な前脚の力でアリ塚を壊し、長さ50cmほどの長い舌を使って中のアリを食べる。森や草原で昼夜見られ、比較的遭遇率の高い動物といえる。

体長150cm 体重31kg
遭遇度★★★★☆

タマンドゥア・ミリン
Tamanduá-Mirim
（ミナミコアリクイ）

小型のアリクイで、尻尾はふさふさしていない。明るいベージュ系の色で、チョッキを着ているかのような黒い筋模様がある。

体長65cm 体重6kg
遭遇度★★★☆☆

まだまだいる！

オンサ・パルダ Onça-Parda（ピューマ）
猫科の肉食獣で、体長110cmほど。南北アメリカ大陸に広く生息している。

ロボ・グアラ Lobo-Guará（タテガミオオカミ）
南米大陸最大の犬科の雑食動物。大きな耳、長い足、黒いたてがみが特徴。

アリラーニャ Ariranha（オオカワウソ）
体長およそ110cmの大型のカワウソ。魚のほか、鳥、ヘビ、小さなワニなども食べる。

ブジオ Bugio（クロホエザル）
体長52cmほどのサル。数km先からでもわかるほど大きな声で吠える。河岸で見られることも。

鳥類

アララ・アズウ Arara Azul（スミレコンゴウインコ）

体長約110㎝で、世界最大のインコとして知られている。アズウのほかに背が空色、腹が黄色のアララ・アマレーラArara-Amarela（ルリコンゴウインコ）と、胴体が赤で羽に青や緑が混じるアララ・ヴェルミーリャArara-Vermelha（ベニコンゴウインコ）がいて、それぞれつがいで見られる。

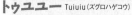

トゥユユー Tuiuiu（ズグロハゲコウ）

別名はジャブルJaburu。パンタナールのシンボル的な鳥。コウノトリの仲間では世界最大で、体長1.4m、翼長2.6mほどにもなる。長い首をもち、体は白、首から頭部は黒で、首の付け根が赤い。つがいは生涯をともにし、高い木の梢に巣を作り、毎年同じ巣で子育てをする。

トゥカーノ Tucano（オニオオハシ）

体長56cmほど、胴体が真っ黒で、のどが白、目の周りを青とオレンジが縁取る。黄色とオレンジ色の長さ20cmほどの大きなくちばしが特徴。

ガヴィオン・ベロ
Gavião Belo（ミサゴノスリ）

体長45cm、翼1.15mほどの湿地帯に生息するタカの一種。ガビオン・カラカラなどほかにもタカの仲間は多数いる。

まだまだいる！

ガルサ・ブランカ・グランジ
Garça Branca Grande（ダイサギ）
体長1m、翼長1.7mの真っ白いサギ。

コリェレイロ Colhereiro（ベニヘラサギ）
体長87㎝ほど。ヘラ状のくちばしと美しいピンク色の羽が特徴。

アランクアン Arancuã（アカオヒメシャクケイ）
けたたましく鳴く、キジの近縁。鳴き声が「ケロカザール（結婚したい）」と聞こえるとか。

は虫類

スクリー Sucuri（キイロアナコンダ）

パンタナール最大のヘビで、体長8mにもなる。褐色に黒斑があり、胴回りも太い。湿った環境を好む。牛を飲み込むことができるといわれる。

まだまだいる！

ジャラランカ・ピンターダ
Jararaca-Pintada（クサリヘビ）
体長70mほどで、体の両側面に黒白の斑が並んでいる。猛毒をもつヘビ。

ジャブチ
Jabuti
（キアシリクガメ）
体長70mほどの草食性の陸ガメ。

ジャカーレ・ド・パンタナール
Jacaré do Pantanal
（パラグアイ・カイマン）

体長2.5mほどに成長するワニ。日中は岸辺で昼寝していることが多いので、水辺で高い確率で見られるほか、クルーズやカヌーの船に寄ってくることもある。乾期にパンタナール縦断道路を通ると、群棲しているのを見ることができる。

魚類

ピラーニャ Piranha（ピラニア）

血の匂いを嗅ぎつけ対象を襲うことで知られる獰猛な肉食魚。沼沢や流れの緩やかな場所に生息する。食用になり、スープやフライで食べる。

まだまだいる！

ドウラード Dourado
「黄金の魚」と呼ばれる。体長1m、体重30kgほどにもなる巨大な魚。

パクー Pacu
体長50cmほどの褐色系灰色の魚。鋭い歯で果実や草などを食べる。

ピンタード Pintado
平たい頭と口髭をもつナマズの仲間で、黒い斑点がある。体長3m以上になることも。

ピラプタンガ Piraputanga
体長40cmほどの雑食魚。胴体に銀色の輝きがあり、尾は赤く中央に黒い筋がある。

北パンタナール

MAP P.220
市外局番▶065
（電話のかけ方は→P.52）
US$1=R$ 3.15
=108円

8月の乾季には木にも花が咲き大湿原に彩りを添える

マット・グロッソ州に属するパンタナールを、マット・グロッソ・ド・スウ州側と区別して北パンタナールと呼んでいる。ギマランエス高原のテーブル状台地の壁の下に州都のクイアバがあり、町の中心を流れるクイアバ川Rio Cuiabáがパンタナールへと注いでいる。クイアバの大都会にいると、この先に大湿原があるとは思えないほどだが、100km走るとポコネPoconéの小さな町があり、その先15kmにはトランスパンタネイラTranspantaneiraことパンタナール縦断道路のゲートがある。

パンタナール縦断道路は、ポコネから155km先のポルト・ジョフリPorto Jofreまで、その名のとおりパンタナールを縦断して走る道。もとは物資を運搬する通りとして造られたものだが、今では通り沿いに約15軒の宿が点在し、パンタナール観光の拠点となっている。道は本来は、南パンタナールのコルンバにつながる予定だったのだが、水深が深くて断念したのだという。

北パンタナールのよさは、このパンタナール縦断道路を利用して、パンタナールの奥地へと車で気軽に行けることだ。通りを走っているだけでも乾季なら無数のワニが見られるし、オオアリクイやカピバラなどの野生動物が道を横切ったり、無数の鳥たちも観察できる。なぜなら、パンタナール縦断道路は氾濫期に浸水しないよう周囲を掘り下げ、土を盛り上げて造られており、乾季でも道の両側に水たまりが残り、その水を求めて動物や鳥たちが集まってくるからだ。ただし、乾季は砂ぼこりがすごく、全身ほこりまみれになることを覚悟しなくてはならない。クイアバからポコネまでは2時間ほどで行くことができるが、縦断道路は未舗装なので思いのほか時間がかかる。

パンタナール縦断道路以外にも、クイアバ川の東岸にいくつか宿があり、パンタナールの自然を感じることができる。また、パンタナールとギマランエス高原をセットにしたツアーもあり、湿原と高地の両方が楽しめておすすめだ。

北パンタナールのツアー

北パンタナールの拠点となるのはクイアバだが、ほとんどの旅行者は空港から直接ツアーに参加してパンタナールへと向かう。宿に予約を入れても、公共の交通機関がないため、やはりツアーに参加したほうが安上がりだ。もちろんクイアバに着いてから予約を入れるのも可能。ただし、シーズンの7～8月は満室になる宿もある。料金は宿泊施設や人数、ガイドがいるかいないかなどによりかなり違ってくるが、1泊2日で1人US$100ぐらいから。

パンタナールのツアーは日帰りからあるが、それではあまりに忙しいので最低でも2泊3日ぐらいしたいもの。ギマランエス高原や、さらに時間があればアグアス・ケンチス温泉へ足を延ばすのもいい。また、マット・グロッソ州はアマゾンの南端に位置し、アマゾンのツアーも近年注目を浴びている。

パンタナールのシンボル、トゥユユーことズグロハゲコウ

パンタナール縦断道路とカピバラ横断注意の看板

ギマランエスへの行き方

クイアバの長距離バスターミナルから30分～1時間30分に1本バスが運行。所要約1時間。

近郊の町と見どころ

ギマランエス高原 Chapada dos Guimarães MAP P.220-B1

崖と緑のコントラストが美しいギマランエス高原

クイアバから約65km東に位置するギマランエス高原は全長280km、落差500～800mの急な断崖に切り取られた広大なテーブル状台地。クイアバから車で走っていくと、前に立ちはだかるように赤茶けた断崖が現れ、高原へとしだいに高度を上げると眼下に雄大な展望が開けてくる。この台地はおよそ1500万年前、アンデス山脈の隆起とパンタナール平原の沈降にともない形成されたと考えられている。なお、ギマランエス高原付近は、南米大陸の中心に当たる。

ギマランエス高原上には同名（シャッパーダ・ドス・ギマランエス）の町があり、クイアバより標高が高く過ごしやすいため人気の別荘地となっている。人口は1万9000人。こぢんまりとしたコロニアルな町にはみやげ物屋が並んでいる。町に入る途中から右側に数km行った所には花嫁のベール（ヴェーウ・ジ・ノイヴァ Véu de Noiva）と名づけられた落差約80mの滝があり、代表的な見どころになっている。真っ白な1本の滝の周囲にはトレイルも付けられ、いくつかの滝を巡って天然の石の家カーザ・ジ・ペドラCasa de Pedraへ行く眺めのいいトレッキングルートもある。ほかにも洞窟、水遊びの楽しめる滝つぼなどがあり、観光客や地元の家族連れでにぎわっている。

ギマランエスの町へはクイアバからバスで行けるが、見どころは散在している。花嫁のベールなどを効率よく訪れるツアーを利用するのが便利。

密林に真っすぐに落ちる「花嫁のベール」

ギマランエスのホテル

H ポウザーダ・ペニャスコ
Pousada Penhasco
MAP P.220-B1
住 Av.Penhasco s/n
☎ (065)3624-1000
URL www.penhasco.com.br
料 Ⓢ R$297～ ⓌR$329～

町から2kmの高台にあるリゾートホテル。客室はコテージタイプ。敷地内、レストランなどからの眺めは最高。屋内、屋外プール完備。

ギマランエスのレストラン

R モーホ・ドス・ヴェントス
Morro dos Ventos
MAP P.220-B1
住 Estrada do Mirante,km 01
☎ (065)3301-1030
営 8:00～18:00　休 無休

ギマランエスの町から3km、全面ガラス張りで眺めがすばらしいレストラン。広い敷地にはヤシ葺きの休憩所やジューススタンド、展望台などがあり、散策も楽しめる。オープンエアのレストランではコステリーニャ Costelinhaという、ポークリブの炊き込みご飯や鶏肉のピラフなど、地元の料理が味わえる。

テルマス・アグアス・ケンチス温泉

Thermas de Aguas Quentes

クイアバから110km、サン・ビセンチ山脈の深い緑に囲まれた自然のなかに湧く温泉で、アグアス・ケンチス・ホテルに滞在しながら森林浴や温泉プールでの水浴びが楽しめる。申し込みは H マット・グロッソ・パラシ（→P.229）内の旅行会社にて。1泊2日の場合、平日R$430～、土・日曜R$560～。日帰りR$100～。ホテルの送迎バスがクイアバ発8:00、現地発16:30。往復のバス代R$50。

INFORMATION

おもな旅行会社

カンゼン・トゥリズモ　Kanzen Turismo
住 Trigo de Loureiro 602, Consil
☎ FAX (065) 3642-1990
URL www.kanzenturismo.com.br

社名は日本語の「完全」。日本人が経営していた会社を現社長のグリセーリオ氏が引き継いだもので、小さい会社ながら完全をモットーにしたていねいな仕事に定評がある。日本語は通じないが日本語のガイドを依頼することは可能。

パンタナール・エクスプローラー
Pantanal Explorer
住 Av. Governador Ponce de Arruda 670, Várzea Grande　☎ 3682-2800
URL www.pantanalexplorer.com.br

パンタナール観光のパイオニアである H ポウザーダ・アララス・エコ・ロッジ（→P.226）直営の旅行社で、本拠パンタナールのみならず、州内のアマゾン地域、セラード地域にも行動範囲を広げている。最近は確実性の高いジャガー・サファリが人気。

エコベルデ・ツアーズ　Ecoverde Tours
住 R. Pedro Celestino 391, Cuiavá
☎ (065)3624-1386
URL www.ecoverdetours.com.br

H オステウ・エコヴェルジ（→P.230）直営の旅行社。おもにバック・パッカーを対象とした良心的料金のパンタナールツアーが特徴。

Pousada Piuval
ポウザーダ・ピウヴァウ MAP P.220-A1

パンタナール縦断道路の10km地点という、アクセスの便利なポウザーダ。7000ヘクタールの牧場内にある。周囲は緑が多く、近くに乾季でも枯れない潟があるので多くの鳥が観察できるほか、ワニや動物も見られる。客室はツインかトリプルでエアコン付き。食堂には衛星放送が見られるテレビがあり、庭にはプールやバレーボールコートもある。携帯電話もつながる。

予約☎(065)3345-1338
URL www.pousadapiuval.com.br
料ⓈR$390～ ⓌR$540～
カード MV　室数30室

Pantanal Mato Grosso Hotel
パンタナール・マット・グロッソ MAP P.220-A2

ポコネからパンタナール縦断道路を65km行った所にある。プールを囲むようにコの字形に客室が並ぶ。シャワー、エアコン付き。滝のあるプールも自慢。乗馬やボートツアーなど、さまざまなオプショナルツアー（別料金）も行っている。クイアバ旧市街に同系列のホテルあり。

予約☎(065)4052-9299
URL www.hotelmt.com.br
料ⓈR$400～ ⓌR$530～　カード不可　室数33室

Pousada Rio Claro
ポウザーダ・リオ・クラーロ MAP P.220-A2

パンタナール縦断道路41ｋｍ地点にある牧場ホテル。人気は、敷地内を流れるクラーロ川をモーターボートで自然観察。料金には３食と１日ひとつのアクティビティ代（ボートツアーか乗馬トレッキング）が含まれる。カヌー、日の出ツアー、ナイトサファリなどはオプショナル。

予約☎(065)3345-2449
URL www.pousadarioclaro.com.br
料ⓈR$525～ ⓌR$695～　カード MV　室数28室

Pousada Araras Eco Lodge
ポウザーダ・アララス・エコ・ロッジ MAP P.220-A1

パンタナール縦断道路の35km地点にあり、ヨーロッパの旅行者に人気。ナチュラルな手作り感のある客室はエアコン、シャワー付き。インターネットはフロントにある（有料）。ロッジと長い木道で結ばれたふたつの展望塔があり、うちひとつは高さが25mあるため、パンタナールの大パノラマが楽しめる。客室のすぐ前の木に、宿の名前にもなっているアララ（スミレコンゴウインコ）がすみ着いている。

予約☎(065)3682-2800
URL www.araraslodge.com.br
料ⓈR$1283～ ⓌR$1993～(最低2泊～。料金は1泊分)　カード AMV　室数19室

Hotel Pantanal Norte
パンタナール・ノルテ MAP P.220-A2

ポコネから145km、パンタナール縦断道路の終点近くに位置するホテル。奥地にあるとはいえ施設は立派で規模も大きい。客室は冷蔵庫付き。前に川、周囲に池があり、釣りを楽しみたい人にはおすすめ。宿泊料金は少々高め。ツアー代は別途。

予約☎(065)3637-1593
URL www.portojofre.com.br
料ⓈR$560～ ⓌR$942～　カード不可　室数28室

Pousada Piquiri
ポウザーダ・ピキリ MAP P.220-A2

ポコネから155kmのパンタナール縦断道路の終点ポルト・ジョフリからさらに船で45分行った所にある釣り人の宿。クイアバからはセスナを利用するのが一般的。宿泊料金は高めだが釣り好きなら満足すること間違いなし。

予約☎(065)3901-1410
URL www.pousadapiquiri.com.br
料ⓈR$800～ ⓌR$1210～　カード不可　室数4室

　ホテル客室設備：バスタブあり　テレビあり　電話あり　インターネット可　朝食付き

Cuiabá
クイアバ

平原にどこまでも広がるクイアバ市街

MAP ▷ P.65-A1
市外局番▶**065**
(電話のかけ方は→P.52)
US$1=**R$3.15**
=108円

北パンタナールの入口となるマット・グロッソ州の州都クイアバ。大豆と綿を主要産業とする人口約59万人、36kmもの長さがある大都市だ。

1718年、開拓者パスコアウ・モレイラ・カブラルがコシポ川、プライニャ川河岸で金を発見したことからこの地域の開発が始まり、その翌年にクイアバの町が築かれた。金鉱の発見されたヴィラ・ベラが州都となりゴールドラッシュは続いたが、金の枯渇とともに衰退し、1835年に州都はクイアバに移された。先住民の攻撃や飢饉、1864年勃発のパラグアイ戦争などのためクイアバの人口は一時的に減少したものの、クイアバ川沿いにサトウキビ生産地が確立され、都市化の道を歩み始めることとなる。それでも1920年にいたるまで、当地への交通手段はクイアバ川のみに限られ、内陸の孤島であった。

現在、クイアバは一部古い町並みを残しながらも、陸路、空路ともに整備され、近代都市として拡大し続けている。そして、雄大な大自然が原始のまま残されている北部パンタナールや幻想的な奇観を呈するギマランエス高原国立公園を背景に、観光都市としてもその地位を確立している。

INFORMATION

❶観光案内所
Sedtur
MAP P.228
住 Praça Rachid Jaudy
☎(065)3023-5200
開 9:00～12:00、13:00～17:00
休 無休
普段、入口は施錠されている。ドアに「Aberto(営業中)」の表示あればドアをノックして開けてもらう。

郵便局
MAP P.228
住 Praça da República
開 9:00～17:00
休 土・日

クイアバへの行き方

飛行機

クイアバのマレシャル・ホンドン国際空港Aeroport Internacional Marechal Rondon(CGB)はクイアバの隣町、バルゼア・グランデVárzea Grandeにある。サン・パウロから各社合わせて1日14

マレシャル・ホンドン国際空港
MAP P.228外
☎(065)3614-2511

空港から市内へ
空港は町の7km南にある。
ローカルバス(007番)
所要25分、R$4。
タクシー
所要15分、R$50前後。

長距離バスターミナル
Rodoviária de Cuiabá
MAP P.228外
住 Av. Jules Rimet s/n
☎ (065)3621-6997

長距離バスターミナルからセントロへ
ローカルバス（204、323番など）
　所要約15分、R$3.6。
タクシー
　所要約10分、R$50前後。

クイアバの治安について
　週末や夜間は店も閉まってしまい、人どおりも極端に少なくなる。特に夜間、また昼間でも、ひと気のない路地は歩かないほうが賢明だ。

便、所要約2時間10分。カンポ・グランジから所要約1時間10分、ブラジリアからも各社の便がフライトしており、所要約1時間30分。リオ・デ・ジャネイロとマナウスからは経由便があり、所要約4時間。

長距離バス

　クイアバはブラジルの内陸奥地にあるため、陸路だとかなりの時間を要する。サン・パウロからの長距離バスは所要約26時間、リオ・デ・ジャネイロからだと所要約36時間。時間に余裕がなければ空路を利用したい。

歩き方

ヘプブリカ広場周辺にはコロニアルな建物が並ぶ

　クイアバの町はクイアバ川の北岸に広がっている。セントロ（旧市街）および、ホテルや旅行会社などが集まっている地域は川の北側。空港から7kmほどの距離だ。市内に観光する場所はあまりないが、クイアバの雰囲気を楽しむならセントロの**ヘプブリカ広場Praça da República**周辺を歩いてみるといい。カテドラルの脇の小径には民芸品を売る店が並んでいた

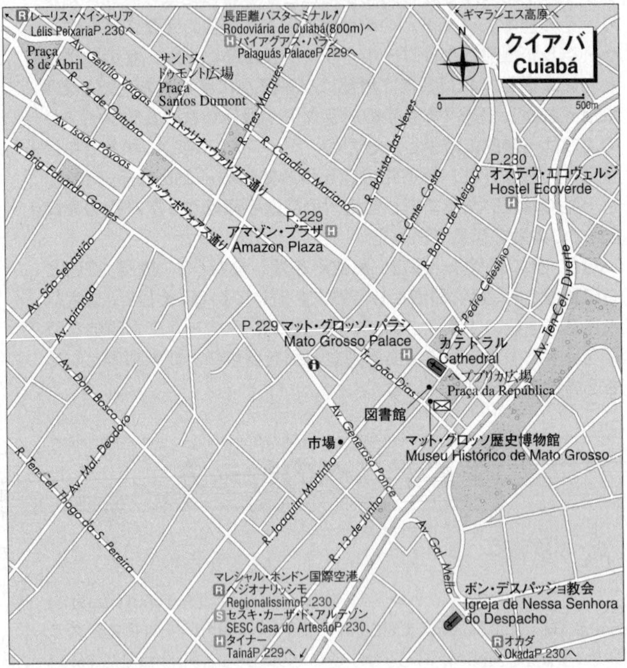

り、広場から延びる道は遊歩道になっていてたくさんのショップが軒を連ねる。近くには**マット・グロット歴史博物館Museu Histórico de Mato Grosso**がある。また、丘の上に立つ**ボン・デスパッショ教会Igreja de Nessa Senhora do Bom Despacho**は、パリのノートルダム寺院をモデルに造られたゴシック様式が印象的。大型のホテルや旅行会社、人気のレストランなどが集まるエリアは、セントロからジェトゥリオ・ヴァルガス通りAv. Getúlio Vargasを北西に1～2km行ったあたりや、南西に平行して走るイサック・ポヴォアス通りAv. Isaac Póvoasに集まっている。セントロは夜はひっそりとしてしまい、開いているレストランも少ないので、宿は新市街のそのあたりに取るといい。

ユニーク公衆電話をさがせ！
クイアバの公衆電話は、パンタナールの動物をかたどったユニークな物が多かった。携帯電話の普及によりだいぶ数が減ってしまったものの、いくつかは残っているので、探してみて。

クイアバのホテル

Mato Grosso Palace Hotel
マット・グロッソ・パラシ　MAP P.228

中級ホテル

市の中心部にある4つ星ホテル。レストラン、ツアーを取り扱う旅行会社も併設している。客室は料金に比べると簡素だが、施設が充実し快適。禁煙ルームは17室。ビジネスセンターを併設。アグアス・ケンチスの宿ももっている。

住 R. Joaquim Murtinho 170
☎ (065) 3614-7000
URL www.hotelmt.com.br
料 ⓈR$155～ ⓌR$180～
カード ADJMV　室数 136室

Amazon Plaza Hotel
アマゾン・プラザ　MAP P.228

中級ホテル

商店街から離れた坂の上にある4つ星ホテル。生物をモチーフとした壁画や調度品、植え込みに囲まれたプールなど、落ち着いた印象。シングル、ツインのほかにトリプル、4人部屋もある。

住 Av. Getúlio Vargas 600
☎ (065) 2121-2000　FAX (065) 2121-2150
URL www.hotelamazon.com.br
料 ⓈR$400～ ⓌR$560～　サービス料5%
カード ADJMV　室数 135室

Paiaguás Palace Hotel
パイアグアス・パラシ　MAP P.228外

中級ホテル

長距離バスターミナルの近くにあるビジネスホテル。バスタブ付きのスイートも11室ある。客室はシンプルだがテレビやミニバー付き。館内にはコンベンションルームやプール、ジムもある。上階からはギマランエス高原が見える。

住 Av. Hist Rubens de Mendonça 1718
☎ (065) 3318-5300　FAX (065) 3642-2910
URL www.hotelmt.com.br
料 ⓈR$241～ ⓌR $285～
カード AJMV　室数 143室

Hotel Tainá
タイナー　MAP P.228外

中級ホテル

空港の目の前にある中級ホテル。空港から歩ける距離だが、無料送迎あり。ショッピングモールやレストランへも徒歩で行けるので何かと便利。設備は簡素だが清潔で、エアコン、テレビ、電話、Wi-Fiなどを完備している。

住 Av. Governador João Ponce de Arruda 820, Várzea Grande
☎ (065) 3046-2000
URL www.hoteltaina.com.br
料 ⓈR$159～ ⓌR$189～　サービス料5%
カード ADMV　室数 60室

ホテル客室設備：バスタブあり　テレビあり　電話あり　インターネット可　朝食付き

Hostel Ecoverde
オステウ・エコヴェルジ　MAP P.228

ホステル

バックパッカーに人気のある安宿。約100m^2の広い庭がある。旅行会社も経営しており、各種ツアーを催行しているので相談してみるといい。

住R. Pedro Celestino 391
☎FAX(065) 3624-1386
URL www.ecoverdetours.com.br
料ⓈR$60～ ⓌR$100～　カード MV　室数6室

読者投稿

ブラジルでは、パンタナールやアマゾンを含む国内の大部分を訪れる旅行者に、黄熱病の予防接種（イエローカード）を推奨しているが、日本での接種の費用よりも、ブラジルで受けたほうが費用が安い。接種して10日後から効果があるので、日程に余裕のある人はぜひ。大都市なら、大きなショッピングセンターにある予防接種コーナーで受けられる。

（新潟県　しんきろう　'14）['17]

※ブラジルの公設の保健所Saudeでは、無料で黄熱病を含む予防接種が受けられる。近くにあるSaudeは以下のウェブサイトで調べられる。
URL portalms.saude.gov.br

クイアバのレストラン

Regionalissimo
ヘジオナリッシモ　MAP P.228外

クイアバ川沿いの旧港にある、川の博物館Museu do Rioに併設されたビュッフェ式レストラン。メニューはピンタードなどの川魚料理が中心で、料金は1人R＄53。土・日曜はR＄55。周辺にはクイアバ川を見渡せる展望台を併設した市営水族館や川魚が売られる港市場がある。

住Av. Beira Rio
☎(065) 3623-6881
営11:00～14:30　休月　カード V

Lélis Peixaria
レーリス・ペイシャリア　MAP P.228外

ピンタード、パクーなどパンタナール定番の魚に加え、アマゾン地域に生息するマトリンシャンやピラルクー、変わったところでは淡水エイや養殖のワニなど計8種類の淡水生物を味わえる。現地風、フランス風、アラブ風などさまざまな調整法で作られた料理をシュハスコのように、次々にテーブルに運んできてくれる。料金は食べ放題で現在ひとりR＄89。

住R. Mal. Mascarenhas de Moraes, 36
☎(065) 3322-9195
URL www.lelispeixaria.com.br
営月～土11:00～15:00、19:00～23:00
日11:00～15:00　休無休　カード ADMV

Restaurante e Peixaria Okada
オカダ　MAP P.228外

日本人が経営する魚料理専門店。庶民的な店構えで、パンタナール産の新鮮な魚料理が楽しめる。ジューシーなパクーのフライ Pacú Frito や、ピンタードのシチュー Mojica de Pintado などがある。

住Av. Miguel Sutil 4200
☎(065) 3054-0606 営火～土11:00～15:00/18:00～24:00 日11:00～15:00 休月 カード DMV

クイアバのショップ

SESC Casa do Artesão
セスキ・カーザ・ド・アルテゾン　MAP P.228外

パンタナール地方のおみやげが一堂に介すショップ。歴史遺産に指定されている建物を利用。動物などの柄を織り込んだハンモック、手作り伝統弦楽器、木の種を使ったアクセサリー、お菓子、先住民製作の素焼き製品などがずらり。

住R. 13 de Junho 315
☎(065) 3611-0500
営月～金8:30～17:30　土8:00～13:00
休日　カード AMV

Pantanal Sul
南パンタナール

雲があっても美しいパンタナールの朝日

マット・グロッソ・ド・スウ州側のパンタナールが南パンタナール。北よりも面積は大きいが、北パンタナールのように縦断する道路がないため観光の面では北よりも遅れている。しかし、川が多いため、いわゆる湖と緑の湿原パンタナールのイメージに近い風景が広がるのが南パンタナールだ。

南パンタナールへのアクセスは、サン・パウロからの飛行機が発着するカンポ・グランジから車か、5人乗りのセスナを利用する。道は、国道262号の舗装道がパンタナールの南の端をコルンバまで走っている。カンポ・グランジから次の町のアキダウアナAquidauanaまで約130km、アキダウアナからミランダMirandaまで約75km、ミランダから終点でボリビア国境にあるコルンバまで約200km。この道はかつてブラジル西部の開拓を支えた鉄道の線路に沿うように走っている（現在は廃線）。余談だが、カンポ・グランジからアキダウアナの途中の道路沿いに、戦後も30年間にわたりフィリピンのルバング島で日本兵として潜伏し、1974年に生存が確認されて話題となった故小野田寛郎さんの牧場があった。

ほとんどの宿はこの国道からはるか北の内陸にあり、道が悪く時間がかかるため、カンポ・グランジかアキダウアナからセスナで飛ぶ。値段は1機いくらなので、人数が集まれば安上がりだ。

北パンタナールと同様に、南パンタナールもほぼ全体が私有地となっており、そのほとんどが牧場として利用されている。飼育されている牛は約500万頭、マット・グロッソ・ド・スウ州全域では2400万頭という桁外れの数字である。しかし、奥地には1年中水が引かない大きな湖や潟が点在し、人の手の加えられていない自然が多く残っている。南パンタナールでは原始の自然を残すパンタナールを、周囲数百kmも何もない場所に滞在してじっくりと観察することができる。観光客も少なく宿もこぢんまりとしていて、静かで、ゆっくりと過ごすことができるだろう。

MAP▶P.220
市外局番▶067
（電話のかけ方は→P.52）
US$1=R$3.15
=108円

南パンタナールのツアー
南パンタナールの宿は広範囲に点在し、アクセスに時間がかかることもあり旅行会社やツアーの数は多くない。しかし、言葉の問題やガイドなどを考えると事前にツアーに申し込む方法をおすすめする。
ボニートやカンポ・グランジには旅行会社が多数あり、各地区のアクティビティはもちろん、南パンタナールのツアーを催行しているところもある。

カンポ・グランジの旅行会社
Impacto Tour（→P.237）
H2O Ecoturismo（→P.237）

南パンタナールの日本人ガイド（→P.237）

ボニートの旅行会社
Ygarapé Tour
住 R. Cel Pilad Rebuá 1853
☎(067)3255-1733
URL www.ygarape.com.br
H2O Ecoturismo
住 R. 24 de Fevereiro 2101
☎(067)3255-3535
URL www.h2oecoturismo.com.br

故・小野田さんの牧場
小野田さんの元牧場は、広大な日本人移住地の中にある。小野田さんの死去後、牧場はすっかり荒れ果ててしまったが、移住地内では今も移民の子孫たちが採卵鶏の飼育やみかん栽培に従事している。日本語もいまだ残っている。

南パンタナールのホテル

Hotel Barra Mansa

バハ・マンサ　MAP P.220-B3

パンタナールの最も典型的な風景のネグロ川Rio Negro流域。この河畔にあるこぢんまりとしたアットホームな宿。周囲の比類なきダイナミックな自然、プライベート感を重視した接客で、秘境気分を楽しめる。アクセスはカンポ・グランジからアキダウアナまで車で行き（所要約2時間、往復約R$960～）、アキダウアナからセスナ（所要約30分、往復R$4500～）。カンポ・グランジから直接フライトすると所要約1時間、往復約R$7700～。客室はエアコン、電熱シャワー付き。最低2泊から予約できる。

予約☎(067)3325-6807
URL www.hotelbarramansa.com.br
料ⓈⓌR$1524～　カード MV　室数 7室

Fazenda San Francisco

ファゼンダ・サン・フランシスコ　MAP P.220-A3

カンポ・グランジから200kmのミランダを過ぎ、40km先から敷地内に6km入った、ミランダ川Rio Mirandaのほとりにある。1万5000ヘクタールという広大な面積のうち、約4000ヘクタールで、ミランダ川の水を引いて米が作られている。水田には水鳥をはじめとするたくさんの鳥や、カピバラの群れも集まってくる。また水辺にはワニがたくさん見られ、気軽に多くの動物が見られる魅力のある宿。ナイトサファリの充実度はパンタナール随一。カンポ・グランジから車で所要約3時間（往復約R$1100～）。バスの場合は最寄りのミランダまで行き、そこからタクシー（R$110～）を利用する。ボニートから日帰りのツアーなどもある。

予約☎(067)3242-1088
料ⓈR$710～ ⓌR$968～
カード MV　室数 16室

Pousada Aguape

ポウザーダ・アグアペー　MAP P.220-B3

ホテル経営に乗り出した伝統的牧場としてこの地域ではパイオニア的存在。アキダウアナ川Rio Aquidauanaに面し、パンタナール全体としては南東のへり部分に位置。カンポ・グランジから車で約3時間30分（R$1000～）。テラスで供される食事は開放的で、野鳥を見ながら朝食が取れる。

☎(067)3258-1146　URL www.aguape.com.br
料ⓈR$588～ ⓌR$880～　カード AMV　室数 15室

Baia das Pedras Hotel

バイア・ダス・ペドラス　MAP P.220-B3

11の小地域に分けられるパンタナールのうち、最も大きな面積を占めるニュコランジア地域。大平原にある大牧場のオーナー夫人が自ら訪問客を接待する真心のこもったホテル。カンポ・グランジからセスナで所要約1時間。車で所要約5時間。

予約☎(067)3382-1275
URL www.baiadaspedras.com.br
料ⓈR$910～ ⓌR$1620～　カード 不可　室数 4室

Pousada Xaraés

ポウザーダ・シャラエス　MAP P.220-A3

パンタナール・パークウエイ沿い。パンタナール南部を横切るこの道は増水期になれば水没する部分も多く、ワニやカピバラをはじめ、多くの動物が道路に避難する光景が見られる。カンポ・グランジから車で所要約5時間30分。

☎(067)9906-9272　FAX (067)9906-9282
URL www.xaraes.com.br
料ⓈR$496～ ⓌR$822～　カード MV　室数 17室

ホテル客室設備：バスタブあり　テレビあり　電話あり　インターネット可　朝食付き

Bonito

ボニート

どこまでも透明なプラッタ川を魚と一緒に泳ぐ

カンポ・グランジの西南約300kmに位置するボニートは、周囲に森や山、ミランダ川水系上流の澄んだ渓流や滝があり、美しい自然を満喫できる人気のスポット。透明度の高い川で泳いだり、滝つぼで遊んだり、スノーケリングや川下りなども楽しめる。観光の拠点となるボニートの町には、ホテルやレストラン、旅行会社も多い。見どころポイントはすべて郊外にあり、自然保護から1日の訪問者数が制限されている。到着してからだとツアーが満員で手配できないこともあるので、早めの手配を心がけよう。ボニートの旅行会社は(→P.231欄外)。

おもな見どころ

ラーゴ・アズウ鍾乳洞 Gruta do Lago Azul MAP P.234

太陽の光が差すと宝石のように輝く

ボニートから20km、車で40分ほどの所にある。1940年に土地の所有者により発見された洞窟で、急斜面を下りていくとわずかに入る太陽の光を受けて神秘的に輝く青い水が現れる。毎年12～1月の8:30から9:00頃にかけては、入口から直接日光が差し込むため、よりいっそう幻想的な世界が広がる。なお水深は86mほどで、エビ類とミミズのような生物が2種類ずつ生息している。周囲には発達した石柱や石筍が見られ、とても美しい。ツアーは所要1時間20分、R＄50～。運動靴を着用のこと。

MAP P.65-A2
市外局番▶067
(電話のかけ方は→P.52)
US＄1=R＄3.15
=108円

ボニート観光ウェブサイト
URL www.turismo.bonito.ms.gov.br

ボニートへの行き方
カンポ・グランジの長距離バスターミナルから1日4便ほどバスが運行。約300kmで所要約5時間30分、R＄59～。
サン・パウロ市近郊カンピーナス市から、アズウ航空の直行便が日・水曜にあり、所要約2時間45分。サン・パウロ市内からカンピーナス空港まで航空会社送迎バスで約1時間30分。

ボニートのホテル
H ウェチハー
Wetiga Hotel
MAP P.234
住 R.Cel. Pilad Rebuá 679
☎ (067)3255-5100
URL www.wetigahotel.com.br
料 ⓈR＄384～ ⓌR＄446～
日系人経営のデラックスなホテル。33本ものアロエーラの木を使ったナチュラルな建物で、65室ある客室内は白を基調に清潔感があり、落ち着ける。サービス料10%別途。

3階建ての立派なホテル

🄷ポウザーダ・オーリョ・ダーグア
Pousada Olho d' Água
MAP P.234
住Rodovia Bonito-Três Morros 1km
☎(067)3255-1430
URL www.pousadaolhodagua.com.br
料ⓈR$205～ ⓌR$302～
町はずれの木立の中にたたずむレンガ造りの5棟のコテージ。プールあり。

🄷ザガイア・エコ・リゾート
Zagaia Eco Resort
MAP P.234
住Rodovia Bonito-Três Morros Km0
☎(067)3255-5500
URL www.zagaia.com.br
料ⓈR$567～ⓌR$743～
ボニートの市街からやや離れた場所にある、広大な敷地をもつリゾートホテル。2食付き。

🄷ヘカント・ドス・パッサロス
Hotel Recanto dos Pássaros
MAP P.234
住R. Marechal Rondon 549
☎(067)3255-1048
URL www.hotelrecantodospassaros.com.br
料ハイシーズン
ⓈR$200～ ⓌR$260～
ローシーズン
ⓈR$160～ ⓌR$200～
日本人夫婦が経営する宿。町の中心へは徒歩圏内だが静か。

プラッタ川環境保護区 Recanto Ecológico Rio da Prata MAP P.234

水の透明度と種類豊富な魚に出合えるスノーケリングポイント。プラッタ川の支流のオーリョ・ダーグア川の水源から合流点までの約1.5kmを流れ下りること約1時間30分。黄金のドウラードや大きなパクーなどとすれ違う。サポートのボートはないので、体力に自信のない人は考慮したほうがいい。ランチ込みでR$240～。

スクリー川 Rio Sucuri MAP P.234

魚になった気分でゆっくりと川を流れていく

スクリー川の水源は湧水だ。川は驚くほど透明で、体長40cmほどもある淡水魚ピラプタンガが群れをなし、まるで宙に浮かんでいるかのように悠々と泳いでいる。巨大なタニシ、カラムージョの殻がくだけて川床をなしている部分は青く映り、感嘆の美しさだ。この川面をスノーケルを付けて40分ほど流れ下るフローティングツアーがあり、水中のすばらしい世界を堪能できる。ボニートから南へ18kmの所にあり、ツアーは所要3時間ほどでR$223～。ランチ付き。

フォルモーゾ川の川下り Bote no Rio Formoso MAP P.234

深い緑の森をぬって流れるフォルモーゾ川をゴム製のボートに乗ってのんびり下る。途中何ヵ所かに高さ2mほどの滝があり、そこを落ちる瞬間はスリル満点。水着着用のうえ、ぬれてもいい短パンなどをはいていこう。ツアーは所要1時間30分、R$121～。

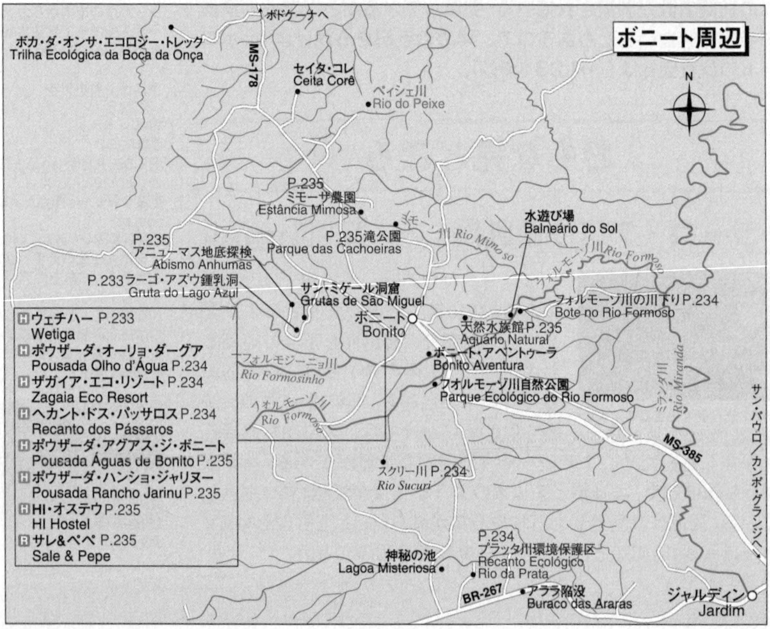

滝公園

Parque das Cachoeiras MAP P.234

階段状の美しい滝

ミモーゾ川Rio Mimoso沿いにある6つの滝を結んで、片道1.8kmのトレイルが設けられている。最も落差があるのがアモールの滝で10m。幅が60mある太陽の滝では滝つぼで泳ぐこともできる。森の中を歩きながら自然に癒やされよう。水着やタオルを持参のこと。ボニートから18kmの距離で、ツアーは所要約3時間、R$155～、ランチ付き。

ミモーザ農園

Estância Mimosa MAP P.234

ボニートから北へ26km、ミモーゾ川沿いにある、滝巡りのアトラクションスポット。ジャンプの滝では、高さ6mの飛び込み台から滝つぼに飛び込める。周囲には全長4kmの散策路が設けられ、谷の急斜面に取り付けられた木製の階段を上ったり下りたりしながら植物や自然景観を楽しめる。途中の展望台からは谷間の眺望がすばらしく、秋には紅葉も。ツアーは所要約３時間、R$159～、ランチ付き。

アニューマス地底探検

Abismo Anhumas MAP P.234

地面に空いた深さ72mの垂直の縦穴をロープを伝って下り、サッカーコート大の湖でのスノーケリングあるいはスクーバダイビングが楽しめる。水中から高さ20mもの巨大な水中石筍や、手つかずの神秘的な洞窟内を見上げることができる。帰りもロープを頼りに地上に戻る。ボニートの西22km、ツアーは所要約4時間。スノーケリングはR$910～。ダイビングはR$1290～。

天然水族館

Aquário Natural MAP P.234

水中めがね越しに魚がくっきり

ボニートから7km東に位置する、森の中に忽然と現れる静かな泉。澄み切った水の中に悠々と泳ぐ魚がはっきりと見える。泉の底は水草で覆われ、アクアリオという言葉そのものだ。スノーケルを付けて水の流れに身を任せれば、魚になったような気分。川の全長は800m。サポートのボートが付いてきてくれるので、途中で疲れても安心。ツアーは所要約2時間30分、スノーケリングは所要約1時間。料金はR$206～。ウエットスーツなどのレンタル料込み。ランチはレストランで別料金。

農園のレストランで食事も楽しめる

H ポウザーダ・アグアス・ジ・ボニート
Pousada Águas de Bonito
MAP P.234
住 R. 29 de Maio 1679
☎ (067)3255-2330
URL www.aguasdebonito.com.br
料 ⓈR$385～ⓌR$418～
広い敷地には芝生が敷き詰められ、おしゃれでかわいいコテージ風の建物が8棟点在。全16室。ハンモックエリア、温水ハイドロマッサージがある。町の中心から500m。

H ポウザーダ・ハンショ・ジャリヌー
Pousada Rancho Jarinu
MAP P.234
住 R. 24 de Fevereiro 1895
☎ (067)3255-2094
URL www.pousadaranchojarinu.com.br
料 ⓈR$150～ ⓌR$210～
町のほぼ中心にあってレストランやショッピングに気軽に出かけることができる。設備はシンプルな造りだが新しくて清潔。料金もリーズナブル。

H ボニート・HI・オステウ
Bonito HI Hostel
MAP P.234
住 R. Dr. Pires 850
☎ (067)3255-1462
URL www.bonitohostel.com.br
料 ドミトリーR$44～、ⓈⓌR$110～(会員割引あり)
ボニートのユースホステル。個室中心でドミトリーもある。全28室。世界中からバックパッカーが集まる。アトラクションの予約手配もしてくれる。バスターミナルへの送迎付き。

ボニートのレストラン

R サレ&ペペ Sale & Pepe
MAP P.234
住 R.29 de Maio 971
☎ (067)3255-1822
営 18:00～23:00 休 月
日本人の奥さんが調理場を担当。ピンタードやピラプタンガといった地の魚を使った定食が人気。ピラプタンガとピラニアの刺身が食べられるのはここだけ。

ピラプタンガの刺身

Campo Grande

カンポ・グランジ

MAP P.65-A2

市外局番▶**067**
(電話のかけ方は→P.52)

US$1=**R$3.15**
=108円

INFORMATION

❶市観光局観光案内所
MAP P.237
住 Av. Noroeste 5140
☎(067)3314-9968
URL www.campogrande.ms.gov.br/sectur
開 12:00〜21:00
休 日・月
簡単な地図をくれるほか、周辺の見どころについても情報を提供してくれる。
空港内
開 7:00〜23:00
休 無休

郵便局
MAP P.237
住 Av. Calógeras 2390
開 8:30〜17:00
休 土・日

カンポ・グランジ国際空港
MAP P.237外
住 Av. Duque de caxias s/n
☎(067)3368-6000

長距離バスターミナル
MAP P.237外
住 Av. Gury Marques 1215
☎(067)3313-8700

シティツアーバス
カンポ・グランジ市内のおもな見どころを巡る、2階建ての観光バス。2016年以降運行中止となっていたが、再開の可能性あり。詳細は観光案内所で。

南パンタナールの入口、カンポ・グランジ

カンポ・グランジはマット・グロッソ・ド・スウ州の州都で人口約87万。畜産物の集散地として発展してきた。南米大陸を横断する目的で1914年にコルンバからカンポ・グランジを経由するブラジル鉄道が開通して以来、周辺地域の中心としての役割を担っている。この鉄道工事に日本移民もたずさわり、完成後も多くの人たちがこの地に残ったため、今ではサン・パウロ、パラナ州の都市と並んで日系人の多い町となっている。なかでも沖縄からの移民が多く、町には沖縄ソバの看板を見かけるほか、中央露店市場では水・金・土曜に沖縄ソバの店が出店する。近年では南パンタナールの拠点として、また、パンタナールの南に位置する水と渓谷の景勝地ボニートへの入口として、訪れる観光客が増えている。

カンポ・グランジへの行き方

飛行機

サン・パウロ、ブラジリアから直行便がある。サン・パウロから所要約1時間40分、ブラジリアから所要約1時間30分、クイアバからは所要約1時間。リオ・デ・ジャネイロからは経由便で所要約3時間。

Let's Go! 空港から市内へ

カンポ・グランジ国際空港Aeroporto Internacional Campo Grande(CGR)はセントロから7kmの所にある。空港から市内へはローカルバス409か414で行ける。料金はR$3.7で、プリペイドカード方式(空港内の観光案内所で購入可)。所要約30分。タクシーだと、R$30〜。

長距離バス

サン・パウロから992kmの距離があり、バスは所要約13時間。1日9便運行で、夜行便がほとんど。コルンバへは1日8便運行、所要6～7時間。ほか、クイアバやブラジリアからも便がある。

Let's Go! 長距離バスターミナルから市内へ

長距離バスターミナルはセントロから南へ約7km離れた場所にある。中心部までターミナル前のバス停からローカルバス061、087番で約40分、R$3.7(プリペイドカードをターミナルの観光案内所で購入)。タクシーだと約20分、R$25。チケットはカード式で、ターミナル内のⓘで購入する。セントロのバス停はコエーリョ広場Praça Ari Coelhoから乗車する。

歩き方

マット・グロッソ・ド・スウ州の州都ということもあり、とても大きな町だが、中心となるのはハジオ広場Praça do Rádio周辺から7月14日通りR. 14 de Julho、旧鉄道駅、旧長距離バスターミナル周辺にかけて。このエリアなら歩いて回れる範囲。メインストリートはアフォンソ・ペナ大通りAv. Afonso Penaで通り沿いには店やレストランが軒を連ねている。南側には、市営市場 Mercado Municipal があり青果物をはじめ、日用雑貨などを販売している。一方町の北側、旧鉄道駅の敷地内には中央露店市場 Feira Central が立ち、市の無形文化財に指定された沖縄ソバを食べられるソバリアと呼ばれる大衆食堂が並ぶ。

歩いていると日系人を見かける

南パンタナールの日本人ガイド
服部敬也(はっとりひろや)さんは、カンポ・グランジ在住の日本人ガイド。パンタナールの動植物にとても詳しいので、同行してもらえばいろいろと話が聞ける。カンポ・グランジ発の南パンタナールおよびボニートのツアーを、予算に合わせて組んでもらうことも可能だし、ガイドのみのお願いもできる。パンタナールに出かけていると連絡がつかないため、時間に余裕をもって問い合わせを。
☎3383-3521
E-mail hiroyamomota@gmail.com

旅行会社
Impacto Tour
住R. Georges Sleiman Abdalla 191
☎(067)3325-1333
URL www.impactoturismo.com.br
H2O Ecoturismo
住R. Eduardo Santos Pereira 2209
☎(067)3042-7082
URL www.h2oecoturismo.com.br

中央露店市場
MAP P.237
住R. 14 de Julho 3335
☎(067)3317-4671
URL www.feiracentralcg.com.br
開水～金 16:00～23:00頃
土 12:00～23:00頃
日 12:00～15:00頃
(店舗により変動あり)
休月・火

市営市場
MAP P.237
住 R. 7 de Setembro 65
開 月～土　6:30～18:30
　日　6:30～12:00
休 無休

ドン・ボスコ文化博物館
住 Av. Afonso Pena 7000 Parque das Nações Indígenas
☎ (067)3326-9788
開 8:00～16:30
休 月
料 R$10
行き方
バスなどはないので、タクシーで行く。ハジオ広場からなら、R$15～。

おもな見どころ

ドン・ボスコ文化博物館 Museu da Cultura Dom Bosco MAP P.237外

新館への移転のために数年間閉鎖されていたが、2009年８月に再オープンした。広大なインディヘナ記念公園Parque das Nações In-dígenas の一角にあるモダンな建物の中に、古生物学や考古学、民俗学、鉱物学をはじめ、母体のカトリック布教団の活動に並行して収集された原住民インディヘナの生活文化など、膨大なコレクションを見られる。

整然かつ効率的に展示されている

カンポ・グランジのホテル

Jandaia Hotel
ジャンダイア　MAP P.237

高級ホテル

中心部では随一の４つ星ホテルで17階建て。プール、バー、レストランなど各施設が整っていて上品な雰囲気だ。上階からは眺めがいい。客室はモダンなインテリアと明るい内装でくつろげる。

住 R. Barão do Rio Branco 1271
☎ FAX (067) 3316-7700　URL www.jandaia.com.br
料 ⓈR$206～ ⓌR$220～　税金5%別
カード ADJMV　室数 140室

Bahamas Suite Hotel
バアマス・スイート　MAP P.237

高級ホテル

中心部に近い場所にある、高層ビルのホテル。ロフト付きの客室すべてにキッチンが備わる。バルコニーから地平線の果てまでの大パノラマが広がる。夜景もすばらしい。

住 R. José Antônio 1117
☎ (067) 3303-9393　FAX (067) 3303-9371
URL www.bahamassuitehotel.com.br
料 ⓈR$300～ ⓌR$340～　税金5%別
カード ADJMV　室数 70室

COLUMN シンボルは大きな鳥のモニュメント

カンポ・グランジの空港に降り立つと、目の前に立つ巨大な鳥のモニュメントに「ああ、パンタナールに来たんだな」という思いをひしひしと感じることだろう。この決して美しいとはいえない、どちらかというとちょっとグロテスクな鳥のモニュメントは、トゥユユーと呼ばれるズグロハゲコウでパンタナールのシンボル的な鳥だ。しかし、カンポ・グランジの巨大な鳥のモニュメントはこれだけではない。市内のアララス広場Praça das Ararasには、アララ（コンゴウインコ）の名のとおり、大きなコンゴウインコが３体も木に止まっているのだ。大き過ぎて広場が狭くなると思うのは、日本人の感覚なのだろうか。興味のある人は見に行ってみて。

コンゴウインコが目印の広場

空港前で出迎えてくれるトゥユユー

ホテル客室設備：バスタブあり　テレビあり　電話あり　インターネット可　朝食付き

Hotel Advanced
アドヴァンスト MAP P.237

中級ホテル

セントロに位置する2つ星の中級ホテル。市営市場に近く、目の前にスーパーがあるなど何かと便利。客室はシンプルだが清潔に保たれており、Wi-Fiは無料。屋外プールと館内にはバーもある。

住Av. Calógeras 1909 ☎(067)3321-5000
URL www.hoteladvanced.com.br
料ⓈR$140～ ⓌR$170～ カード ADMV 室数94室

Hostel Vitória Régia
ヴィトリア・ヘジア MAP P.237

ホステル

住宅街にあるホステル。ドミトリーは1室6～8ベッドで、男女別。プライベートルームはバス・トイレ共同、トイレ付きだとR$10～20アップ。パンタナールのツアーなども紹介してもらえる。

住Av. Noroeste 575 ☎(067)9913-7507
URL hostelvitoriaregia.com.br 料ドミトリーR$40～ ⓈR$60～ ⓌR$100～ カード MV 室数6室、20ベッド

カンポ・グランジのレストラン

Casa do Peixe
カーザ・ド・ペイシ MAP P.237

「魚の家」という名のとおり、魚料理が揃う地元でも評判の老舗レストラン。パクーやピンタード、ドラード、ピラニアといった川魚を使った郷土料理が味わえる。人気は、白身魚をクリーム仕立てのスープで煮込み、モッツァレラチーズをのせたPeixe a Urucum R$90など。ビュッフェR$82もある。

住R. Dr. João Rosa Pires 1030
☎(067)3382-7121
営月～土11:00～15:00、18:00～23:30
日 11:00～16:00 休無休 カード AJMV

Sabor Enquilo
サボール・エンキロ MAP P.237

中心部にあるポル・キロ（量り売り）のレストラン。100g当たり月～金曜R$5.7、土・日曜はR$6.9。料理はブラジルからヨーロッパ、アジア風など充実の50種類。日系人が経営していることもあり、冷奴や創作SUSHIのコーナーも。

住R. Dom Aquino 1790
☎(067)3325-5102
営月～金 10:45～14:30
土・日 11:00～15:00
休無休 カード ADMV

COLUMN カンポ・グランジで沖縄ソバを食べよう

カンポ・グランジには、1万2000世帯もの日系人が暮らしている。そのほとんどが沖縄出身者の子孫であり、ブラジルに持ち込まれた沖縄の食文化は、カンポ・グランジの郷土料理のひとつとして定着している。その代表的なものが、中央露店市場で出店される沖縄ソバだ。旧駅舎の敷地内にある市場には野菜や果物を売る店はもちろん、日本食材を販売する店もある。入口のすぐそばには食堂がずらりと並んでおり、そのほとんどで沖縄そばをはじめとする日本食が味わえる。ソバは大・中・小があり、中サイズでR$20ほど。あっさりしたスープにもちもちとした麺、金糸卵や肉がたっぷりのった沖縄ソバは、カンポ・グランジでしか味わえないものだ。ほか、ソースがたっぷりからんだヤキソバも人気がある。

てんこ盛りで出てくる沖縄ソバ

地元の人たちでにぎわいを見せる

コルンバ Corumbá

広大なパラグアイ川に沿って発展した町

パンタナール観光の拠点であると同時に、釣り人にとって憧れの地であるコルンバは、マット・グロッソ・ド・スウ州西端、ボリビアと国境を接するパラグアイ川畔の町だ。カンポ・グランジから403kmの位置にあり、ボリビア側のプエルト・スアレスPuerto Suárezの町を通り、サンタ・クルスSanta Cruzへ行くための交通の拠点。

MAP P.65-A2

市外局番▶**067**
（電話のかけ方は→P.52）

US$1=**R$3.15**
=108円

INFORMATION

コルンバの観光案内所
バスターミナルや空港に簡易の案内所があり、地図などはそこで入手できるが、きちんとした観光案内所はない。

コルンバ国際空港
MAP P.240
住R. Santos Dumont s/n
☎(067)3231-3322

空港、長距離バスターミナルから市内へ
空港、長距離バスターミナルともに、町の中心部から1kmほどの所にあり、タクシーに乗っても10分ほど。R$20～。

日曜市
毎週日曜の朝、ラダリオ通りR. Ladárioで開かれる。ブラジルとボリビアの食品や日用品の露店がたくさん出ておもしろい。

コルンバの気候
コルンバは日差しが強いうえ、湿地帯のために湿気が多く、特に11月から4月はとても暑いところだ。また、蚊に悩まされることも少なくない。

コルンバへの行き方

飛行機

コルンバ国際空港 Aeroporto Internacional de Corumbá（CMG）へはサン・パウロ近郊のカンピーニャスCampinhasにあるヴィラコポス国際空港Aeroporto Internacional de viacopos（VCP）からアズウ航空の直行便が週4便あり（うち2便はボニート経由）、所要時間は直行便で約2時間。リオ・デ・ジャネイロやブラジリアからの直行便はない。

長距離バス

リオ・デ・ジャネイロやサン・パウロからの直行便はないので、1度カンポ・グランジを経由しなければならない。カンポ・グランジからはAndorinha 社のバスが1日8便運行、所要6〜7時間。

Let's Go! コルンバからボリビアへ

ボリビアへは、バスを利用して国境まで行き、ボリビア側の国境の町キハロQuijarroへ入る。国境行きのバスは町なかの近距離バスターミナルから出発。「Fronteira」のバスに乗ればいい。国境に着いたらバスを降り、ブラジルのイミグレーションで出国スタンプを押してもらい、歩いて国境を越えボリビアのイミグレーションで入国手続きをする。国境は混み合うので、早めに着くようにしたい。キハロからはサンタ・クルスまでバスや鉄道が運行。

歩き方

旧鉄道駅の南にある丘からは、ボリビア方面に広がるパンタナールの景色がすばらしい。丘の頂上には小さなキリスト像が立っている。また、夏の雨季には、この絶景がすっぽり水面下に姿を消してしまうので、海のように見えてしまうほどだ。

コルンバの見どころ
コルンバの町は小さくて、見どころはあまりない。パンタナール観光はツアーを利用すること。

コルンバ発のツアー
パラグアイ川沿いにはフェリーや釣り船、ツアー会社が並んでいる。

パラグアイ川遊覧船ツアー
遊覧船でパラグアイ川を航行し、パンタナールの野生動物を観察するツアー。デッキで食べるランチが付く。個人の小さなボートで30分〜1時間ほどのクルーズもあるが、安全面からあまりおすすめはできない。

パンタナール・ツアー
パンタナール・パークウエイを車で走り、野生動物や野鳥を観察する。昼食はパンタナールの農場ホテルで取る。日数があれば釣りや乗馬、カヌートリップなども楽しめる。

旅行会社
ナビオ・カリスポ
Navio Kalypso
住 R.Manoel Cavassa 255
☎(067)3231-1460
URL www.navioKalypso.com.br
サンデッキやバーを備えたペーロラ・ド・パンタナール号Pérola do Pantanalでの遊覧ツアーなどを主催。

丘の上のキリスト像。行くときは必ずタクシーやバイクタクシーを利用すること

コルンバのホテル

Hotel Nacional
ナシオナウ MAP P.240

高級ホテル

コルンバの高級ホテル。部屋はエアコン、冷蔵庫、ミニバー完備。朝食付き。

住 R. América 936
☎(067)3234-6000
FAX (067)3234-6002
URL www.hnacional.com.br
料 ⓈR$230〜 ⓌR$300〜　税金5%別
カード ADMV　室数 134室

Hotel Laura Vicuña
ラウラ・ビクーニャ MAP P.240

中級ホテル

町の中心にある中級ホテルで、回りは住宅街のため静かな立地。レストランはないが、徒歩圏内にレストランが数軒あるので問題はない。客室は簡素で窓がない部屋も。冷蔵庫つき。

住 R. Cuiabá 775　☎(067)3231-5874
URL www.hotellauravicuna.com.br
料 ⓈR$100 〜 ⓌR$150 〜
カード ADMV　室数 40室

ホテル客室設備：バスタブあり　テレビあり　電話あり　インターネット可　朝食付き

Salvador
サルバドール

MAP ▶ P.50-C2

市外局番▶071
(電話のかけ方は→P.52)

US$1=R$3.15
=108円

ペロウリーニョ広場。バイアーナファッションの女性とカンドンブレ衣装の男性

バイーア州の州都サルバドール。敬愛を込めて、バイーアとも呼ばれるこの町は、1549年、初代総督トメ・ジ・ソウザTomé de Souzaが首都バイーアを建設以来、1763年のリオ・デ・ジャネイロ遷都までの214年間、ブラジル最初の首都として栄えた。

サルバドールの繁栄を支えたのは砂糖産業だった。そのサトウキビ農園の労働力確保のため、1570年代からたくさんの黒人が奴隷としてアフリカから連れてこられた。彼らが持ち込んだ音楽、舞踏、宗教、衣装、料理などさまざまなアフリカの文化は、数世紀の時を経てこの地に溶け込み、独自のアフロ・ブラジリアン文化を開花させた。今日、"黒人のローマ"と呼ばれる古都サルバドールには、300以上もの教会や、華麗なコロニアル建築のなかに、黒人たちのエネルギーと生活のパワーが熱く息づいている。舞踏のような格闘技カポエイラ、独特の旋律を奏でるビリンバウの音色、香辛料とヤシ油とココナッツミルクをたっぷり利かせたバイーア料理、黒い肌にまぶしい純白のバイアーナファッションなど、サルバドール独特の異郷的風土が漂っている。

ボンフィン教会で見かけた、フィタと呼ばれるリボン

サルバドールの海は青々としている

サルバドールへの行き方

飛行機

サン・パウロ、リオ・デ・ジャネイロ、ブラジリアから各社が直行便を運航している(→P.62)。そのほかにも、レフシェから各航空会社合わせて毎日6〜9便あり、所要約1時間30分。マセイオからは毎日1便、所要約1時間。ポルト・セグーロから毎日1〜2便、所要約1時間。

サルバドール・デプタード・ルイス・エドゥアルド・マガリャエス国際空港
MAP P.245
住 Praça Gago Coutinho, s/nº, São Cristovão
☎(071)3204-1010

Let's Go! 空港から市内へ

サルバドールの空港はサルバドール・デプタード・ルイス・エドゥアルド・マガリャエス国際空港Aeroporto Internacional de Salvador Deputado Luís Eduardo Magalhães（SSA）。セントロから東へ約28kmに位置する。

市内へはローカルバスと空港バスの両方が利用できる。ローカルバスはエアコン付きのS041番とエアコンなしの1001番があり、どちらもバハ地区Barraを経由してセントロ（旧市街）のセー広場Praça da Séに近いヴァソウラス通りR. das Vassourasのバス停まで行く。乗車時にホテルの名前を伝えて、最寄りのバス停で下ろしてもらおう。バスは乗車場所、料金ともに異なり、S041番は空港を出てふたつ目のレーンの右端からで、R$5.5。1001番は空港を出て駐車場を抜けた先を右に曲がったところにある。料金はR$3.7。

空港バスはFirst Class社が運行しており、こちらもバハ地区を経由してセントロまで行く。ルート上にある各ホテルの前まで行ってくれるので便利。

First Class社の空港バス

空港バス
First Class社
☎(071)3432-1000
URL www.firstclassbus.com.br
運 空港→市内
8:30～18:30の1時間ごとと、20:00、21:00
市内→空港
6:20～18:00間に6便
料 R$25

空港からのタクシー
セントロ、バハ海岸ともに30～45分、料金は約R$100。

夜に到着したら
暗くなってからサルバドールに着いたら、ローカルバスはやめてタクシーか空港バスを利用しよう。

長距離バス

サルバドールは主要都市から離れているため、バスでは時間がかかる。レシフェからKaissara社などのバスが1日3～4便、所要約13時間。リオ・デ・ジャネイロやサン・パウロ、ブラジリアなどからも運行しているが、24時間以上かかる。

Let's Go! 長距離バスターミナルから市内へ

セントロの東5kmほどにあるサルバドールの長距離バスターミナルTerminal Rodoviária de Salvador（SINART）は規模が大きく、銀行やカフェ、スーパーマーケットなども入っている。

セントロへは、ローカルバスS017番が運行。所要約45分、R$3.9。セントロの停車場所はヴァソウラス通りのバス停。

長距離バスターミナル
MAP P.245
住 Av. ACM 4362, Pituba
☎(071)3616-8357
URL www.rodoviariadesalvador.com.br

長距離バスターミナル

COLUMN サルバドールの祭り

300以上もの教会があり、フォルクローレの宝庫であるサルバドールだけに、1年を通じてさまざまなお祭りがある。なかでも最も有名なのが、1月の第2木曜のボンフィン祭りFesta do Bonfim。奇蹟を行うと信じられているバイーアの守護聖人ボンフィンをたたえて、伝統的なバイーア衣装を着た数百人もの女たちがボンフィン教会の階段を清掃するために集うさまは壮観だ。

1月1日のボン・ジェズス・ドス・ナヴェガンチスBom Jesus dos Navegantesの祭りでは、アフリカに起源をもつ海の守護女神イエマンジャのために、海上行列が行われる。また、2～3月（年により変動）に行われるカーニバルは、リオ・デ・ジャネイロ、レシフェ／オリンダと並ぶブラジル3大カーニバルのひとつ。この時期に訪れるなら、ホテルは早めに予約を。

ボンフィン祭り

セー広場のバス乗り場から出発するローカルバス

白い車体に赤と青の2本ラインが公共タクシー。町のあちこちにあるタクシー乗り場のほか流しのタクシーもある。

初乗り運賃はR $4.81。1kmにつきR $2.42（平日6:00～21:00）、R $3.38（21:00～翌6:00、土・日、夏季の平日）ずつ上がる。

市内交通

サルバドールのローカルバスはIntegra社が運営。行き先や走るエリアにより車体に入る色が異なり、バハ地区やセントロを走るのは青いバス。路線は番号で区別されており、エアコンなしと番号の前にSが付くエアコンバスがある。エアコンなしバスの運賃はR＄3.7。エアコンバスはR＄3.9とR＄5.5の2種類。バスは前から乗車し、ドライバーの後ろにいるスタッフに運賃を渡す（おつりももらえる）。降車時は後ろのドアから降りるが、古いバスだと後ろから乗って前から降りるタイプもある。

INFORMATION

❶ 観光案内所

サルバドール市観光局　SALTUR

URL www.saltur.salvador.ba.gov.br

バイーア州観光局

Empresa de Turismo da Bahia S/A

URL www.bahiatursa.ba.gov.br

上記2社が運営するインフォメーションセンターがセントロのペロウリーニョ地区や空港などに入っている。地図がもらえるほか、音楽イベントの案内などもしてもらえる。ただし、英語はあまり通じない。

セントロ

MAP P.248-B2

住 R. das Laranjeiras 02

☎ (071) 3321-2133

開 月～金8:30～18:00　土・日9:00～17:00

休 無休

空港内

開 月～金8:30～20:00　土・日9:00～19:00

休 無休

緊急時の連絡先

警察☎190　救急車☎192　消防193

ツーリストポリス　Policia Turística

☎ (071) 3116-6811

MAP P.248-B2

住 R. Gregório de Matos 16

開 毎日24時間　休 無休

バハ海岸にも出張所あり。

Tour Info

サルバドールのツアー情報

サルバドールのおもな見どころは、個人で精力的に回れば2～3日で見ることができるが、ビーチ沿いとバハ要塞、そしてセントロ、ボンフィン教会の間は徒歩での移動はほぼ不可能。ローカルバスやタクシーを利用することになる。時間のない人や、ガイド（英語またはスペイン語かポルトガル語）の説明付きで回りたいという人は、旅行会社のツアーに参加するのもひとつの方法だ。おもなスポットを巡る2階建ての観光ツアーバス、サルバドール・バスも毎日運行しているので、効率よく回りたい人におすすめ。また、カンドンブレ（→P.257）はなかなか個人では観に行くことが難しいが、旅行会社を通せばかなりの確率で見学できる。

ツアーズ・バイーア　Tours Bahia

MAP P.248-B2

住 R. das Laranjeiras 5

☎ (071) 3320-3280

URL www.toursbahia.com.br

営 9:00～18:00

休 土・日　カード A D M V

市内ツアーだけでなく、郊外のツアーもある。

サルバドール・バス　Salvador Bus

☎ (071) 3356-6425

URL www.salvadorbus.com.br

観光案内所や主要ホテルで予約できる。ふたつのルートがあるが、観光に便利なのは海岸地区からセントロ、ボンフィン教会を回るセントロルート。1日2～3便運行している。料金はR＄65。

歩き方

バイーア州の州都だけに、サルバドールの市街は広い。観光の中心となるセントロ（旧市街）は徒歩で歩ける範囲だが、おもなホテルは空港から大西洋に面して続く海岸線に点在している。美しいと評判のビーチでのんびりしたり、コロニアルな町並みを歩いたりと両方が楽しめるのもサルバドールの魅力のひとつだ。

サルバドールのセントロは、**トドス・オス・サントス湾Baía de Todos os Santos**に面して広がる**下町Cidade Baixa**と、その山の手にある**上町Cidade Alta**というふたつの地区に分かれている。下町はブラジル最初の首都バイーアとして栄えた地域で、今は商店や港の活気がみなぎる商業地区となっている。そして下町より約80m高い上町は、宮殿やバロック様式の教会など歴史的に見応えのある建物が多く、植民地時代に遡る古い町並みがそのまま保存されている観光地区。このふたつの地区は、ラセルダLacerdaと呼ばれる大型エレベーターによって結ばれている。なお、徒歩で上町と下町を行き来するのは大変危険なので、避けること。

エレベーターのあるトメ・ジ・ソウザ広場

セントロに着いたら、まずはエレベーター乗り場がある**トメ・ジ・ソウザ広場 Praça Tomé de Souza**に行ってみよう。広場の一角を占める大きな白いバロック様式の建物がリオ・ブランコ宮殿Palácio Rio Brancoだ。ここは現在美術館になっており、バイーアを題材にした絵画などを鑑賞できる（無料）。

宮殿の北側、広場から張り出すように、下町へ直行するラセルダ・エレベーターが立つ。高さは72m、１回の料金R＄0.15。エレベ

治安の悪い地区
ラセルダ・エレベーターの下を通るモンターニャ坂道Lad. da Montanhaは上町と下町を結ぶが、決して立ち入らないこと。昨今、治安のよくなったサルバドールの中でも、犯罪が減少しない地区である。市内ではなるべく通行の多い道を選んで、ときおり警官に尋ねながら歩けば問題はない。
MAP P.248-A1・2

ラセルダ・エレベーター
MAP P.248-A2

エレベーターはいつも混んでおり、スリの被害に遭う旅行者もいるので注意

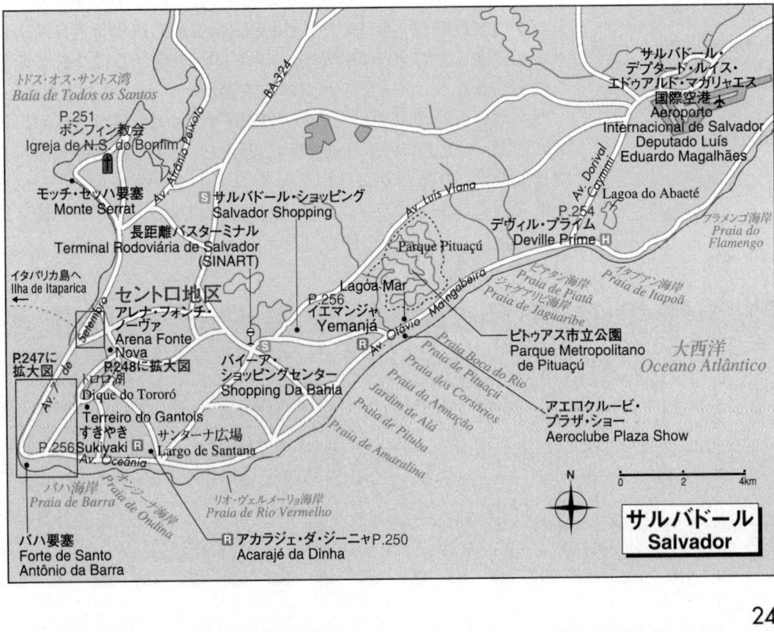

アフロ・ブラジル博物館
MAP P.248-B1・2
住 Terreiro de Jesusu, Pelourinho
☎(071)3283-5540
　アフロ・ブラジリアンの絵画や陶器などを展示。博物館はバイーア大学の一角にあり、野口英世が一時ここで研究していたことでも知られる。入口には野口英世の像がある。

日本の裏側でも偉人扱いの野口英世

各ビーチの特徴
オンジーナ海岸
Praia de Ondina
　天然プールあり。地元で人気。
リオ・ヴェルメーリョ海岸
Praia de Rio Vermelho
　夜遅くまで若者たちでにぎわうバーが多い。
ジャグアリビ～ピアタン海岸
Praia de Jaguaribe～Praia de Piatã
　海の家が軒を連ね、地元の人に人気のあるエリア。
イタプアン海岸
Praia de Itapoã
　観光客も多くおしゃれでにぎやか。ナイトライフも充実。
フラメンゴ海岸
Praia de Flamengo
　空港に近い。人が少なく自然が残っている。

ビーチ行きのバス
　空港行きのS041番、1001番のバスは、バハ要塞から先、海岸沿いをずっと走るので、気に入ったビーチで降ろしてもらえばよい。

ーター乗り場の右側からは、活気ある下町と紺碧のトドス・オス・サントス湾が見渡せる。

見どころが集中するジェズスとペロウリーニョ広場周辺

　トメ・ジ・ソウザ広場から北東へ進むと市民の憩いの場でもある**セー広場**。セー広場からさらに先へ行くと、右側に**ジェズス広場Terreiro de Jesus**がある。バジリカ大寺院、アフロ・ブラジル博物館Maseu Aflo-brasileiro、オルデン・テルセイラ・ジ・サン・ドミンゴス教会Igreja de Orden Terceira de São Domingosなどに囲まれ、小さいながらも趣のある石畳の広場だ。バイアーナファッションの女性の姿も見られる。ここからオルデン・テルセイラ・ジ・サン・ドミンゴス教会脇の真ん中に十字架が立っている道を進むと、絢爛豪華な金の装飾で名高い**サン・フランシスコ教会**が見える。サン・フランシスコ教会とジェズス広場を結ぶこの短い通りは、みやげ物屋や旅行会社が並び、観光客も多い。

　一方、ジェズス広場からみやげ物屋の並ぶポルテス・ダス・カルモ通りR. das Portas do Carmoを北へ歩くと、5分ほどで**ペロウリーニョ広場**に出る。このあたりも歴史的な町並みがよく保存され、独特の情緒がある。

カラフルな建物が並ぶペロウリーニョ広場

海岸地区とバハ地区

　カストロ・アウヴェス広場Praça Castro Alvesからは、眼下のトドス・オス・サントス湾を見渡すように立つキリスト像が見渡せ、周辺には革製品の露天市や、ジューススタンドなどがある。

　カストロ・アウヴェス広場から南、16世紀末に建造されたバハ要塞が立つバハ地区までの約4kmを結んでいるのが、**セッチ・ジ・セテンブロ（9月7日）通りAv. 7 de Setembro**。広場付近は商店がぎっしり並んでにぎやかだが、セントロから離れるにつれて閑静な住宅街となり、ツーリスト向けの快適なゲストハウスもある。

　バハ地区とその東側にある**バハ海岸Praia de Barra**（海岸地区）へは、セントロのチリ通りR. Chileから、バハBarra行きのバスで約30分。このあたりにはホテルやレストランも多い。ここから空港の近くにあるフラメンゴ海岸まで、数十kmにわたって続く長い海岸線には、美しい白砂のビーチが連なる。

COLUMN 町歩きの注意点

　世界遺産にも登録されているサルバドールの旧市街を歩いていると、フィタと呼ばれるカラフルなリボンを持った人が話しかけてくる。願い事を唱えながらリボンを3回結び、リボンが自然に切れると願い事が現実になるという。しかし、リボンを巻かれると、その後しつこくみやげ物を売り込まれるのでそのつもりで。また、ジェズス広場にいる民族衣装を着た女性たちは、写真を撮るとチップを請求される。同じく広場やバハ要塞にいるカポエイラのショーも写真撮影は有料。金額が少ないとすごまれることもある。カメラを向けただけでお金を取りにくるので、撮影するつもりがないなら注意。

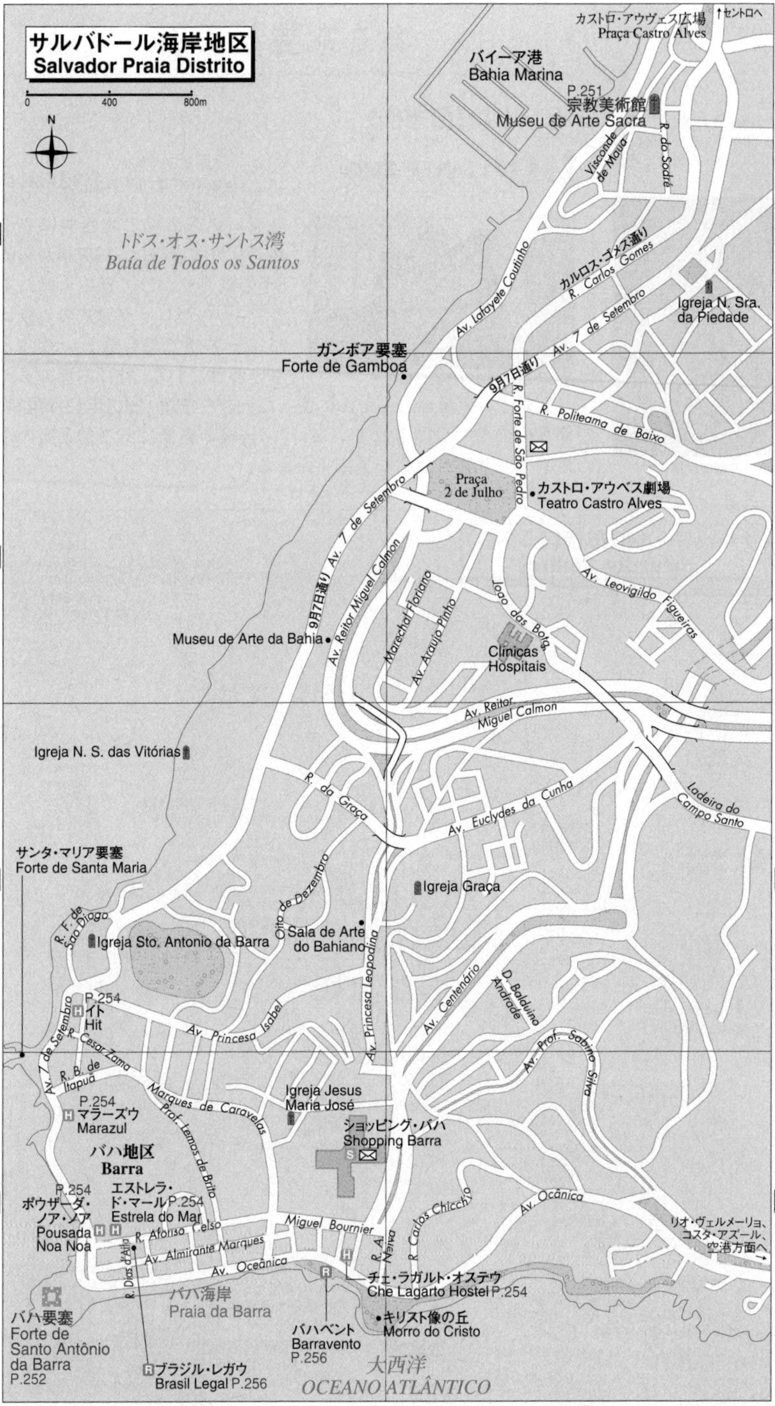
サルバドール海岸地区
Salvador Praia Distrito
0 400 800m
N
トドス・オス・サントス湾
Baía de Todos os Santos
カストロ・アウヴェス広場
Praça Castro Alves
↑セントロへ
バイーア港
Bahia Marina
P.251
宗教美術館
Museu de Arte Sacra
Visconde de Mauá
R. do Sodré
カルロス・ゴメス通り
R. Carlos Gomes
Av. Lafayete Coutinho
Igreja N. Sra. da Piedade
Av. 7 de Setembro
9月7日通り
ガンボア要塞
Forte de Gamboa
R. Forte de São Pedro
R. Politeama de Baixo
Praça 2 de Julho
カストロ・アウベス劇場
Teatro Castro Alves
Av. Leovigildo Figueiras
Joao das Botas
Av. Reitor Miguel Calmon
Marechal Floriano
Av. Araujo Pinho
Clínicas Hospitais
Museu de Arte da Bahia
Igreja N. S. das Vitórias
R. da Graça
Av. Euclydes da Cunha
Ladeira do Campo Santo
サンタ・マリア要塞
Forte de Santa Maria
Igreja Graça
R. F. de São Diogo
Igreja Sto. Antonio da Barra
Oito de Dezembro
Sala de Arte do Bahiano
Princesa Leopodina
Av. Centenário
D. Balduino Andrade
P.254
ヒイト
Hit
Av. Princesa Isabel
Av. Princesa Leopodina
Av. Prof. Sabino Silva
Av. 7 de Setembro
R. Cesar Zama
R. B. de Itapuá
Marques de Caravelas
Prof. Lemos de Brito
P.254
マラーズウ
Marazul
Igreja Jesus Maria José
ショッピング・バハ
Shopping Barra
バハ地区
Barra
P.254
ポウザーダ・ノア・ノア
Pousada Noa Noa
エストレラ・ド・マール
P.254
Estrela do Mar
R. Afonso Celso
Av. Almirante Marques
R. Dias d'Ávila
Miguel Bournier
R. A. Neiva
R. Carlos Chicchio
Av. Ocânica
Av. Oceânica
リオ・ヴェルメーリョ、コスタ・アズール、空港方面へ
チェ・ラガルト・オステウ
Che Lagarto Hostel P.254
バハ海岸
Praia da Barra
バハ要塞
Forte de Santo Antônio da Barra
P.252
バハベント
Barravento
P.256
キリスト像の丘
Morro do Cristo
ブラジル・レガウ
Brasil Legal P.256
大西洋
OCEANO ATLÂNTICO
1 2 3 4
A B

バジリカ大寺院
住Terreiro de Jesus
☎(071)3321-4573
開 8:30～11:30、
13:30～17:00
休日
※2017年12月現在、工事のため閉鎖中。ミサは隣にあるサン・ペドロ教会で行われている

寺院内の祭壇は修復中

おもな見どころ

セントロ(旧市街) ／Centro

バジリカ大寺院

Catedral Basílica MAP P.248-B2

堂々たるバロック様式の教会だ

ジェズス広場の北西側に立つバジリカ大寺院は、1657年から約5年の歳月をかけて建てられたもので、そのバロック様式の外観はバイーア州で最も美しい教会ともいわれている。特に内部のタイル装飾や、金粉をふんだんに使った大きな祭壇(2017年12月現在、修復中のため公開されていない)、祭壇の裏側にある聖具室の宗教画や天井画も美しく見応えがある。

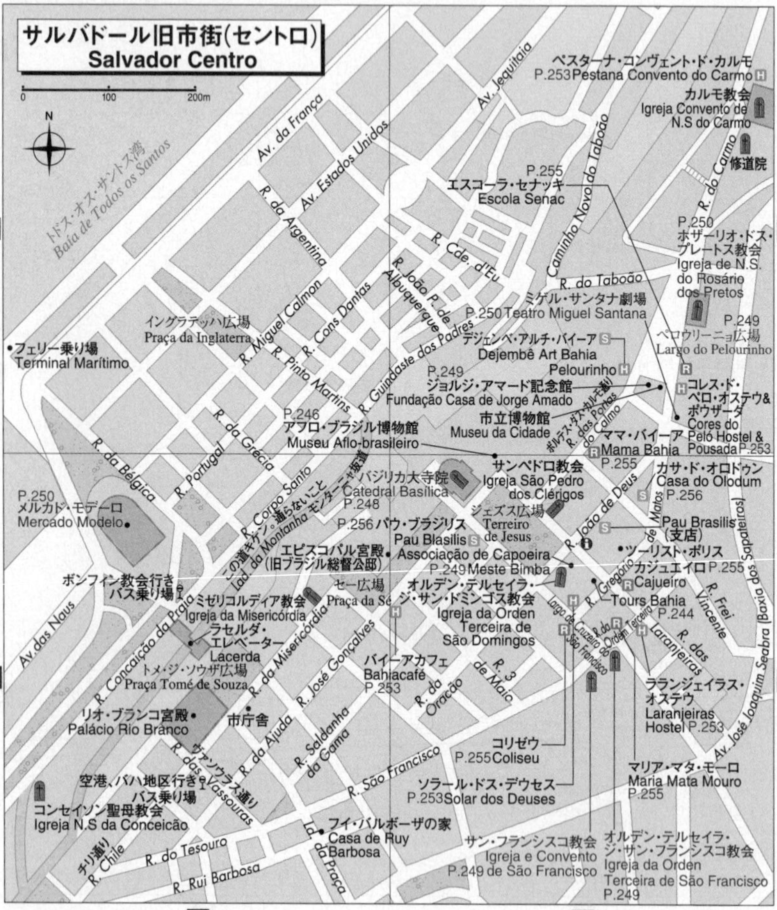

サン・フランシスコ教会
Igreja e Convento de São Francisco
MAP P.248-B2

内部はまばゆいばかりの輝きを放つ

ブラジルの代表的な18世紀バロック建築で、「黄金の教会」とも呼ばれている。教会正面は金の彫刻で埋め尽くされ、内部の壁や天井にも金粉がふんだんに使われている。また、青と白のタイル画の回廊に囲まれた中庭や、アフロ色の強いバイーア宗教美術の傑作 "St. Peter Arcantara" の像、木製の祭壇の彫刻なども見逃せない。

毎週火曜は、サン・フランシスコ教会の「祝福の日」。16:00からのミサでは、司祭が聖なる水を信者たちに振りかけ、その祝福を受けようと教会内は熱気に包まれる。

オルデン・テルセイラ・ジ・サン・フランシスコ教会
Igreja da Orden Terceira de São Francisco
MAP P.248-B2

サン・フランシスコ教会に隣接して立つバロック建築の教会。砂岩のファサードには多くの彫刻や曲線模様が施され、珍しい造りとなっている。教会内にはポルトガルから運ばれた釉薬をかけたタイルが使われ、司祭が使用していたローブなど数多くのアイテムが公開されている。

ファサードの彫刻は必見

ペロウリーニョ広場
Largo do Pelourinho MAP P.248-B1

ジェズス広場からポルテス・ダス・カルモ通りを抜けると、坂の中ほどにペロウリーニョ広場がある。パステルカラーの青やピンクに塗られた植民地時代の建物が、石畳の広場に面して並んでいる。ブルーの建物はかつての奴隷市場。一角には、当時の拷問道具が残っている。ブラジルの国民的作家**ジョルジ・アマード記念館 Fundação Casa de Jorge Amado**もこの広場に面している。

サン・フランシスコ教会
住 Largo do Cruzeiro do São Francisco, Pelourinho
☎ (071)3322-6430
開 月・水～土 9:00～17:30
火 9:00～17:00
日 10:00～15:00
休 無休
料 R$5

1708年から20年間かけて建造された。黄金の教会とも呼ばれる

オルデン・テルセイラ・ジ・サン・フランシスコ教会
住 R. da Ordem Terceira, Pelourinho
☎ (071)3321-6968
開 8:00～17:00
休 無休
料 R$5

ジョルジ・アマード記念館
MAP P.248-A1
住 Largo do Pelourinho s/n, Pelourinho
☎ (071)3321-0070
開 月～金 10:00～18:00
土 10:00～16:00
休 日
料 R$5

バイーアをモチーフとした絵も多く見かける

COLUMN カポエイラを見学しよう

ダンスと格闘技をミックスしたようなバイーア地方独特の武道がカポエイラCapoeira。弓のような楽器ビリンバウの旋律に合わせ、太極拳のようにスローな動きと、目にも止まらぬスピードの足技とのコンビネーションが繰り広げられる。汗で黒光りする黒人たちの惚れぼれするような筋肉の動きなど、とてもエキサイティングで見応え満点だ。もともと武器を持たない奴隷階級の、素手による攻撃・自己防衛術として発達し、儀式的要素もある。

カポエイラの実演は、メルカド・モデーロ内のステージでほぼ毎日（10:00～14:00）見学できる。見ていると献金を求められるので、R$3程度、撮影した場合はR$5～10を寄付するといい。ほか、下記の道場でも見学可能。

Associação de Capoeira Meste Bimba
MAP P.248-B2 住 R. das Laranjeiras01 Pelourinho
☎ (071)3322-0639
開 月～金 9:00～12:00、15:00～21:00
土 10:00～12:00
休 日
火・金19:30～20:40は実演ショーあり。入場料R$30。レッスンもあり（要問い合わせ）。

カポエイラのショー

ホザーリオ・ドス・プレートス教会
住Largo do Pelourinho
☎(071)3241-5781
開 8:00~12:00、13:00~17:00
休日 料R$3

ペロウリーニョ広場から眺めた教会

ミゲル・サンタナ劇場
住R. Gregório de Matos 49, Pelourinho
☎(071)3322-1962
料R$50
前売り券は劇場窓口で15:00(土曜は18:00)から販売している。

メルカド・モデーロ
☎(071)3241-0242
営月~土 9:00~19:00
日 9:00~14:00
休無休

2階のテラスからの眺め

ホザーリオ・ドス・プレートス教会
Igreja de N.S. do Rosário dos Pretos MAP P.248-B1

ペロウリーニョ広場から東へ坂道を少し下った所にある、かつての黒人奴隷たちが少ない自由時間を使って建てたブラジル初の黒人のための教会。現在は黒人の修道会によって運営されている。先住民の影響を色濃く受けた外観や、カラフルなタイルで覆われた寺院内の遠近法を用いた天井画など、独特の味わいがある。裏手には黒人奴隷のリーダーで、白人たちにさるぐつわをかまされて死んでいった女性、アナスタシアAnastaciaのお墓がある。さるぐつわをかまされた状態の像も展示されている。

ミゲル・サンタナ劇場
Teatro Miguel Santana MAP P.248-B1

ペロウリーニョ広場に向かう坂の途中にある劇場。火曜と日曜以外の週5日、夜8時から約1時間のBalé Folclórico(郷土芸能)が行われる。サンバやカンドンブレを含む、アフロ・ブラジリアンダンスは見事。座席数が100しかないので、日によっては満席になることも。前売り券を買っておくと安心。

メルカド・モデーロ
Mercado Modelo MAP P.248-A2

下町地区でぜひ訪れたいのが、この民芸品の市場。ラセルダ・エレベーターを降りて、1ブロックほど海のほうへ行った所にある2階建ての大きな建物だ。テラス部分にはレストランが入っている。トドス・オス・サントス湾を眺めつつ、バイーア料理を味わうのもいい。テラスの中にある円形ステージでは、カポエイラの実演を見ることができる。

地下は以前、黒人奴隷たちが収容されていたという歴史があり、がらんとした大部屋で昼でも薄暗い。

COLUMN ご当地名物アカラジェを食べよう

サンターナ広場の人気店アカラジェ・ダ・ジーニャ

アカラジェAcarajéはサルバドールを代表するソウルフード。セントロの各広場をはじめ、町のいたるところで屋台を目にする。たいていバイーアの民族衣装を着た恰幅のいい女性がアカラジェを揚げていて、その姿はサルバドールならではの光景だ。

数多くあるアカラジェの屋台のなかでも、地元っ子の支持を集めているのはアカラジェ・ダ・ジーニャ。海岸沿いのリオ・ベルメーリョ地区Rio Vermenhoのサンターナ広場Largo de Santanaにあり、行列の絶えない店として評判。また、地元誌のアカラジェ人気の評価でも常に1、2位をキープしている。

広場にはテーブルと椅子が数多く置かれているので、ゆっくり食事をすることができる。日曜の夕方には手工芸品市も開催されるので合わせて楽しめる。なお、セントロだとペロウリーニョ広場の屋台がおいしいと評判だ。

できたてのアツアツが美味!

R Acarajé da Dinha
アカラジェ・ダ・ジーニャ
MAP P.245
住Largo de Santana, Rio Vermelho
☎(071)3334-1703
営月~金16:30~24:00
土・日 11:00~24:00
休無休
行き方
セントロからタクシーで約20分、R$40~50。

海岸地区とバハ地区　Praia/Barra

宗教美術館　Museu de Arte Sacra MAP P.247-B1

カルロス・ゴメス通りR. Carlos Gomesから横道へ入った坂を下った先、カトリック修道院だった美しいコロニアル建築の建物の中にある。現在でも金箔の残っている祭壇は見事。その下には聖人たちが眠っている。また、サルバドールの数々の教会から集められた金銀の聖器や絵画のコレクションは、宗教美術館としてはブラジルで最大級のものだ。

宗教美術館
住R. do Sodré 276, Centro
☎(071)3243-6310
開11:30～17:30
休土・日
料R$10
行き方
カストロ・アウヴェス広場からカルロス・ゴメス通りに入り、1本目を右折した坂道の突き当たり。徒歩約5分。

ひっそりとたたずむ宗教美術館

ボンフィン教会　Igreja de N.S. do Bonfim MAP P.245

大西洋を見下ろす丘の上に立つこの教会は、「奇蹟の教会」とも呼ばれている。昔、ポルトガル船が遭難しかけたとき、船長が神に祈り無事サルバドールに着いた。それに感謝して18世紀に建てられたという。現在ではバイーアの人々に守護神として拝められ、ここで祈れば願いがかなうとあつい信仰を集めている。願いのある人は、教会前で売っているフィタと呼ばれるリボンを手首に巻き付けてお祈りをする。リボンは自ら外してはいけなくて、自然に切れたときに願い事がかなうという。リボンの色は、白はオシャラの神で平和を表し、赤はシャンゴの神で火を表すなど、カンドンブレの神様たちの色でもある。

外観は普通の教会で内部も特に目立つものはないが、奥の部屋に一歩足を踏み入れると異様な雰囲気が漂っている。天井からはマネキン人形の足や手がぶら下がり、壁いっぱいに病院のベッドで横たわる人の写真や、結婚式の写真、子供の写真などが張られている。これは、病気や事故に遭った人やその家族が、この教会で祈りを捧げた結果、元気になったということを証明するために送られてきた写真と、感謝の気持ちを込めて奉納されたマネキンの手や足なのだ。

日曜のミサは熱心な信者でいっぱい

ボンフィン教会
住Praça Senhor do Bonfim s/n, Bonfim
☎(071)3316-2196
開月　9:00～18:00
火～木・土 6:30～18:30
金・日　5:30～18:30
休無休
料無料
行き方
ラセルダ・エレベーターの下町側乗り場前にあるバス停からローカルバス201番で約30分、教会前下車。

天井から下がる手や足のマネキン

COLUMN　トドス・オス・サントス湾周遊クルーズ

時間があれば、各ツアー会社が催行している1日ツアー Passeio de Barcoを利用して、トドス・オス・サントス湾に浮かぶイタパリカ島Ilha de Itaparicaを訪ねてみたい。下町地区のメルカド・モデーロの北側にあるフェリー乗り場から毎日ボートが出る。

一般的なコースは、9:00にサルバドールを出航して、フラジス島Ilha dos Fradesのビーチに約2時間、イタパリカ島でランチタイムを含めて約2時間ほど滞在し、マレ島Ilha de Marêを回り、17:30頃サルバドールに戻ってくる。

また、イタパリカ島へ渡るだけなら、同じ船着場から毎日渡し船が出ている。

Passeios Às Ilhas
☎(071)3243-2207　料R$50(ホテル送迎付きはR $90)
URL www.passeiosasilhas.com.br

イタパリカ島へのフェリー
MAP P.248-A1
運6:30～19:00の間、30分に1本運航
料月～土R$5.3、日・祝R$7

バイーア海洋博物館（バハ要塞内）
住Praça Almirante Tamandaré s/n, Forte de Santo Antônio da Barra, Farol da Barra
☎(071)3264-3296
開9:00～18:00
休月（1月と7月は無休）
料R$15
行き方
ヴァソラウス通りのバス停からローカルバス041番、1001番などで約20分。

博物館内の展示

シャパーダ・ジアマンチーナへの行き方
長距離バスターミナルから（Real Expresso社☎0800-883-8830 URL www.realexpresso.com.br）拠点となる町、レンソイスLençois行きのバスが1日3便。所要約6時間、R$85.32。

シャパーダ・ジアマンチーナへはサルバドール市内の旅行会社でツアー手配可

バハ要塞　Forte de Santo Antônio da Barra　MAP P.247-A4

岬に立つバハ要塞

セントロの南約4kmに位置する、バハ海岸の岬にある要塞。この町で最古の建築物のひとつであり、サルバドールの町を守るために1598年に建てられた軍事施設だが、17世紀には一時オランダに占領されていたこともあった。灯台は19世紀に建てられたもので、現在も機能している。要塞の建物内部はバイーア海洋博物館Museu Náutico da Bahiaとして公開されており、航海日誌や船具など大航海時代の展示物が並んでいる。

近郊の町と見どころ

シャパーダ・ジアマンチーナ　Chapada Diamantina　MAP P.50-C2

サルバドールから約500kmの内陸に位置する山岳地帯で、国内有数のアウトドアスポット。かつてダイヤモンド採掘が盛んだったことから「ダイヤモンドの台地」を意味する。テーブルマウンテンが連なり、巨大洞窟や透明な池などが織りなす独特の風景がすばらしく、トレッキングやダイビング、カヌー、ロープ滑りなどを楽しめる。

COLUMN サルバドールで音楽を楽しむには？

ブラジルのなかでも特に音楽好きな人が多いサルバドールでは、ライブのあるレストランやバーも多い。なかでもペロウリーニョ地区は、広場やバーで毎日何らかのイベントがあり、訪れる者を楽しませる。

サルバドールを代表するバンドと言えば、マイケル・ジャクソンとミュージックビデオで共演したパーカッショングループ、オロドゥンOlodumだ。セントロには彼らのスタジオや公式ショップ（→P.256）があるほか、毎週日曜にはグレゴリオ・ジ・マトス通り R. Gregório de Matosの広場でライブも行われる（有料）。

また毎週火曜は、かつての黒人奴隷のフィエスタ（休日）。現在も町のさまざまな場所でイベントが行われる。イベントのスタートは、18：00にホザーリオ・ドス・プレートス教会で行われるミサ。パーカッションの音にのせて謳われる『アヴェ・マリア』など、珍しい光景が見られる。その後は、ペロウリーニョ広場やジェズス広場で行われる路上ライブを見学。締めくくりが、グレゴリオ・ジ・マトス通りの広場（オロドゥンライブ会場とは別）で行われる“ジャロニモ”。もともとは別の場所で毎週火曜にライブを行っていた人物の名前だが、いつの間にかライブイベント自体を指すことになった。ジャロニモのスタートはだいたい21：00くらいからで、真夜中まで盛り上がる！訪れるには夏の11月から2～3月までがベストだ。

シーズン以外は6月中旬から6月24日にサン・ジョアン祭り（トラディショナルなフォルクローレの祭り）があり、Cachoeira、Santo Antônio de Jesus、Senhor do Bonfimなどの郊外にある町はおおいに盛り上がる。この時期サルバドールでは、ステージを設けて10日間にわたりアハイア・ダ・カピタというイベントを行い、人気イベントとなっている。

サルバドールのホテル

サルバドールはブラジルでも有数の観光地なので、宿泊施設は整っている。ただし、祭りの時期（特にカーニバル）はどのホテルも満室になるので、早めの予約が必要。手頃で安全なホテルはセッチ・ジ・セテンブロ通りに多い。バハ地区から先の海岸地区には、高級ホテルが多く、のんびり優雅に過ごしたい人にはこちらに宿をとるのがおすすめだ。

セントロ

Pestana Convento do Carmo

ペスターナ・コンヴェント・ド・カルモ MAP P.248-B1

最高級ホテル

カルモ教会の一部を使用した5つ星ホテル。建物は1586年に建てられた教会を改装しており、天井は高く重厚な雰囲気。客室によって内装が異なるが、全室エアコン、ミニバー付き。中庭（写真）にはプールやサウナ、ジャクージもある。

住 R. do Carmo 1, Pelourinho
☎ (071) 3327-8400 URL www.pestana.com
料 ⓈⓌR$430～ 税金5%別
カード ADJMV 室数 67室

Solar dos Deuses

ソラール・ドス・デウセス MAP P.248-B2

高級ホテル

サン・フランシスコ教会のそば、ペロウリーニョ広場から歩いて戻れる立地にある、6部屋のみの高級ポウザーダ。客室にはカンドンブレの神様の名前が付けられ、色や装飾もそれぞれ異なる。アットホームな雰囲気で、スタッフは英語が堪能。

住 Largo do Cruzeiro de São Francisco 12, Pelourinho ☎ (071) 3322-1911
URL www.solardosdeuses.com.br
料 ⓈⓌR$590～ カード ADMV 室数 6室

Bahiacafé Hotel

バイーアカフェ MAP P.248-B2

中級ホテル

セー広場に面したブティックホテル。古い建物をふたつ連結させた独特の造りをしていて、内部は複雑に入り組んでいる。朝食をとるダイニングからはセー広場が一望できる。スパを併設するなど施設も充実していて、コスパも抜群。

住 Praça da Sé 22, Pelourinho ☎ (071) 3322-1266
URL www.bahiacafehotel.com
料 ⓈR$157～ ⓌR$175～
カード ADMV 室数 25室

Laranjeiras Hostel

ラランジェイラス・オステウ MAP P.248-B2

ホステル

サン・フランシスコ教会のすぐ近くにある男女別のユースホステル。1階のバー兼軽食堂、居間など共有の空間が多く、くつろげる。若い外国人旅行者が多く、旅の情報交換をしてみるのもいいだろう。

住 R. da Ordem Terceira 13, Pelourinho
☎FAX (071) 3321-1366 URL www.laranjeirashostel.com.br
料 ドミトリー／クーラー付 R$50（非会員R$55）
ドミトリー／扇風機 R$45（非会員R$50）
ⓈR$65～ ⓌR$100～ カード ADJMV 室数 19室

Cores do Peló Hostel & Pousada

コレス・ド・ペロ・オステウ＆ポウザーダ MAP P.248-B1

エコノミー

ペロウリーニョ広場を囲む建物の2階にある。客室はプライベートのほか12人が泊まれるドミトリーがある。プライベートは最大5人まで宿泊できる部屋も。外観も内部も古めかしいが、掃除は行き届いており清潔。目の前で音楽イベントが行われるので、音楽好きにおすすめ。

住 Largo do Pelourinho 5, Pelourinho
☎ (071) 9925-73791
料 ⓈR$150～ ⓌR$180～ ドミトリー R$40～
カード MV 室数 10室

バハ地区

Marazul

マラーズウ MAP P.247-A4

高級ホテル

目の前にバハ海岸の白いビーチが広がる4つ星ホテル。バスルームも広くて使いやすい。2階のカフェで取る朝食は、各種デニッシュやハム、チーズ、ドリンクのほか、10種類以上のフルーツや4～5種類の料理が並ぶ。ルームサービスは24時間OK。

住 Av. 7 de Setembro 3937, Barra
☎ (071) 3264-8150
URL www.marazulhotel.com.br 料 ⓈR$424～ ⓌR$570～ カード ADMV 室数 120室

Pousada Noa Noa

ポウザーダ・ノア・ノア MAP P.247-A4

中級ホテル

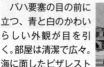

バハ要塞の目の前に立つ、青と白のかわいらしい外観が目を引く。部屋は清潔で広々。海に面したピザレストランや旅行会社を併設。気さくなフランス人オーナーは数ヵ国語を話す。

住 Av. 7 de Setembro 4295, Barra
☎ (071) 3264-1148
URL www.pousadanoanoa.com
料 ⓈR$160～ ⓌR$190～
カード ADMV 室数 16室

Hit Hotel

イト MAP P.247-A3

中級ホテル

ビーチに面したリーズナブルな3つ星ホテル。2013年に改装された客室にはエアコン、冷蔵庫、シャワーが備わっている。フロントは2階にあり、応対もよく親切。

住 Av. 7 de Setembro 3691, Barra
☎ FAX (071) 3264-7433 URL hithotel.com.br
料 ⓈⓌR$239～ カード AMV 室数 60室

Estrela do Mar

エストレラ・ド・マール MAP P.247-A4

中級ホテル

バハ要塞から徒歩約5分の所にある。築100年以上の民家を改装しており、館内からはスタイリッシュな雰囲気が漂う。自家製のジャムや新鮮な食材を使用した朝食も自慢。オーナーはアイルランド出身なので、英語が通じる。

住 R. Afonso Celso 119, Barra
☎ (071) 3022-4882 URL www.estreladomarsalvador.com 料 ⓈR$165～ ⓌR$190～
カード ADMV 室数 9室

Che Lagarto Hostel Salvador

チェ・ラガルト・オステウ・サルバドール MAP P.247-A4

エコノミー

バハ海岸沿いではもっともリーズナブルな宿泊施設。客室は簡素な造りだがどこも清潔。テラスにあるカフェバーからは海が望め、ロケーションも抜群。ドミトリーは男女別で6人部屋。

住 Av. Oceânica 84, Barra
☎ (071) 3235-2404
URL www.chelagarto.com
料 ⓈⓌR$165～ ドミトリー R$60～
カード MV 室数 51室

海岸地区

Hotel Deville Prime Salvador

デヴィル・プライム・サルバドール MAP P.245

最高級ホテル

空港から約7km、イタプアン海岸そばにある有名人の利用も多い、5つ星ホテル。ホテル内にはプール、サウナをはじめテニスコートやゴルフコースまで完備。客室設備も十分に揃い快適に滞在できる。

住 R. Passágarda s/n, Itapoã
☎ (071) 2106-8500 URL www.deville.com.br
料 ⓈR$300～ ⓌR$350～ カード ADMV 室数 206室

サルバドールの
レストラン

ブラジルを代表する料理のひとつバイーア料理は、ムケカ、アカラジェなどデンデ油や香辛料をふんだんに使っているのが特徴で、けっこうおなかにたまるがクセになる味だ。セントロのジェズス広場周辺にいくつものレストランがあるほか、海岸沿いにレベルの高い有名店が点在している。サンバやカンドンブレなどのショーを見せたり、生バンドが入るレストランも多い。

セントロ

Escola Senac
エスコーラ・セナッキ　MAP P.248-B1

料理学校に併設されたレストラン。レストランは2階にあり、バイーアの伝統衣装に身を包んだ女性がサービスしてくれる。ビュッフェでは香辛料を使ったスパイシーなバイーア料理が味わえる。料理は40種類以上。雰囲気は高級な感じだが、1人R$56とリーズナブル。1階はポル・キロ・レストランになっている。料金は100gあたりR$4.69。

住Largo do Pelourinho 13/19, Pelourinho
☎(071)3324-4550　営11:30～15:30
休日　カード ADJMV

Mama Bahia
ママ・バイーア　MAP P.248-B1

伝統的なバイーア料理を提供する人気レストラン。料理はどれも油控えめで、ややあっさりとした味わいのため日本人の口にもぴったり。人気のムケカはエビや魚など全8種類揃っており、R$132（2人前）。12:00～16:00と19:00～22:00にはボサノバなどのライブも行っている。

住R. das Portas do Carmo 21, Pelourinho
☎(071)3322-4397
営11:00～17:00(12～3月は～23:00)
休無休　カード ADMV

Coliseu
コリゼウ　MAP P.248-B2

地元でも人気のビュッフェレストラン。バイーア料理とパスタなどインターナショナル料理、デザートが並び、R$55。月・水・土曜の20:30～21:30にはアフロ・ブラジリアンのエキサイティングなショーが開催され、食事付きでR$180。

住Largo do Cruzeiro do São Francisco 9/13, Pelouriho
☎(071)3321-6918　URL www.ocoliseu.com.br
営11:00～16:00、18:30～23:30
休日　カード ADJMV

Maria Mata Mouro
マリア・マタ・モーロ　MAP P.248-B2

17世紀に建てられた屋敷を改装した、モダンな創作郷土料理レストラン。味には定評がある。人気のムケカは４種類ありエビのムケカR$146（2人前）～など。頼めばハーフサイズも可能。中庭で食事もできる。ワインの種類も豊富に揃えている。英語のメニューもある。

住R. da Ordem Terceira 8, Pelouriho
☎(071)3321-3929
URL www.mariamatamouro.com.br
営月～土12:00～22:00　日12:00～17:00
休無休　カード ADMV

Cajueiro
カジュエイロ　MAP P.248-B2

地元の人おすすめのポル・キロ・レストラン。店内は地元の人たちでにぎわい、バイーアの民族衣装を着た女性が来店することも。料金は100g当たりR$2.49だが、肉料理の比率が全体の70%を超えた場合R$3.6、100%になる場合はと骨付き肉の骨を取り除いたことが判明した場合、100g当たりの料金はR$5となる。

住R. das Laranjeiras 14, Pelourinho
☎(071)9887-68028
営11:00～16:00
休無休　カード不可

バハ地区

Brasil Legal
ブラジル・レガウ　MAP P.247-A4

ランチタイムのみ営業しているビュッフェレストラン。バハ要塞から徒歩3分ほどの所にあり、店内は地元の人でにぎわっている。ブラジル料理やパスタ、サラダ以外にも焼きたてのシュハスコがあり料金は100gあたりR$3.99。

住R. Dias d'Ávila 110, Barra　☎(071) 3267-6162　営11:00～17:00　休無休　カード MV

Barravento Restaurant & Chopperia
バハベント　MAP P.247-A4

海に突き出た全面ガラス張りのレストラン。海を眺めながら食事をするなら、ぜひここへ。料理はシーフードがメインで、シーフードパスタやリゾット各R$68にはエビやムール貝、イカなど海の幸がたっぷり。ムケカは1人前から注文でき、R$59～。

住Av. Oceânica 814, Barra　☎(071) 3247-2577　営月～木11:00～24:00　金・土11:00～翌1:00　日11:00～19:00　休無休　カード ADMV

Sukiyaki
すきやき　MAP P.245

日系人のオーナーが経営するレストランで、昼も夜もビュッフェスタイル。ビュッフェはだいたいR$50前後で、和食や中華風の料理が並ぶ。海沿いにあり、海を眺めながら食事ができる。

住Av. Oceânica,3562 Ondina　☎(071) 3247-5063　営11:30～15:00、18:30～24:00　休無休　カード AMV

海岸地区

Yemanjá
イエマンジャ　MAP P.245

観光局推薦のバイーア料理店で、週末は特ににぎわう。人気はバイーア版ブイヤベースのようなエビのムケカMoqueca de Camarão。セントロやバーハ海岸から遠いので、タクシーで行くといい（片道R$30～40）。予算は1人R$50前後。

住Av. Otávio Mangabeira 4661, Jardim Armação　☎(071) 3461-9010　URL www.restauranteyemanja.com.br　営11:30～24:00　休無休　カード ADJMV

サルバドールのショップ

Casa do Olodum
カサ・ド・オロドゥン　MAP P.248-B2

マイケル・ジャクソンとも共演した、サルバドールを代表するパーカッショングループ、オロドゥンのオフィシャルショップ。マイケルもPVで着用したピースマークをモチーフにしたロゴ入りのTシャツR$50やタンクトップR$40などはおみやげに最適。ネックレスやミサンガなどの小物も充実。

住R. Gregório de Matos 22, Pelourinho
☎(071) 3321-5010
営9:00～18:00
休無休　カード MV

Pau Brasilis
パウ・ブラジリス　MAP P.248-B2

ブラジルの国旗やバイーアなどをモチーフにした、カラフルなカンガ（大きな一枚布）R$50～を豊富に取り揃えている。ココナッツや貝など天然素材を使った素朴なデザインのネックレスやピアスなどのアクセサリーはR$20～。セントロにほか2ヵ所支店がある。

住Terreiro de Jesus 9, Pelourinho
☎(071) 3322-9895
営9:00～19:00
休無休　カード ADJMV

COLUMN 黒人密教カンドンブレ

カンドンブレCandombléとは16～19世紀にかけてのポルトガルの植民地だった時代に、アフリカから奴隷として連れてこられた黒人たちの間で生まれた宗教。キリスト教に改宗させられるなかで、特に西アフリカの宗教の影響を受けて独自に発展した。オリシャと呼ばれる神の降臨を願って、打楽器と踊りによるカンドンブレの儀式が行われる。自然界を動かす力をもつとされる、以下の15のオリシャがいる。

儀式では、神（オリシャ）がおりてきて、トランス状態になった人々が踊る

オルドゥン　Oludum：
主神。

オシャラ　Oxalá：
オルドゥンの息子で人類を創造した。創造力を司る最高位の神。色は、空の薄い青。金曜日の神。

シャンゴ　Xangô：
雷、稲妻や火の神。ひいては裁きの神。色は、赤と茶。水曜日の神。

オシャギアン　Oxaguiam：
平和の神。色は白。金曜日の神。年を取るとオシャルファ Oxalufáとなる。

オシュン　Oxum：
川と金の女神。女性のもつ美しさ（容姿、声、物腰等）を司る。色は金、黄。土曜日の神。

イアンサン　Iansã：
風と雨の女神。色はおもに赤。水曜日の神。

イエマンジャ　Yemanjá：
水と死と海の神。オシャラ神の妻。色は青。土曜日の神。

オシュマレ　Oxumaré：
雨と虹の神。シンボルは土と空を結ぶヘビ。色は黄と黒、薄緑。火曜日の神。

エウア　Euá：
オシュマレと夫婦。虹と雨の神。色はおもにエンジ。火曜日の神。

オバ　Obá：
愛の神。色はピンク。

ナナ　Nanã：
水と死の神。最年長の女神である。色はおもに薄紫。月曜日と土曜日の神。

オグン　Ogum：
闘いの神。シンボルは鉄剣。色は青あるいは緑。火曜日の神。

オショシ　Oxóssi：
狩りと森の神。シンボルは弓矢。色はおもに薄青と緑。木曜日の神。

オモル　Omolu：
流行病の神。みのをかぶっている。色は白と黒。月曜日の神。

エシュ　Exu：
この世と神の世とを結ぶ使者。また、金欲、性欲を司る神。色は赤と黒。月曜日の神。

テヘイロへ行く

アフリカ起源の宗教儀式であるカンドンブレは、本来、部外者には非公開というのが建前だが、最近では一般にも公開されているところもある。しかし、儀式が行われる特定の日と場所（テヘイロTerreiroという）は決まっており、正式には路上などでは行われないので、知らない人に「カンドンブレを見に行かないか」と誘われた場合は充分に注意しよう。

本物のカンドンブレを観るためには、旅行会社に相談してみるのが確実。たいてい、1週間に1回は行われるので、サルバドールに到着したらすぐ情報を集めるといい。テヘイロはたいてい町の外れにあるので、個人でタクシーなど使うのは避け、ツアーやガイドを雇って見に行くこと。

また、ミゲル・サンタナ劇場（→P.250）やレストランのコリゼウ（→P.255）では、カンドンブレのショーを観ることができる。独特の衣装を身につけた司祭とバイーアの伝統衣装の女性が踊る、迫力満点のショーだ。ショーでは、カンドンブレのほかサンバ、カポエイラ（→P.249）、マクレレ、サンバ・ジ・ホーダなども見ることができる。マクレレはグリマという2本の棒を使った格闘技の一種。賛美歌に合わせ、リズムに乗ってリーダーの打ち込みを受け流していく。熟練者になると目隠しをして刀を用いることもある。

またサンバ・ジ・ホーダは、お祭りのときにできる舞踏のサークル。みんなで輪になり、ギターやタンバリン、ナイフ、皿、空き缶、手拍子などでリズムを取るなか、中央のひとりが踊り、体をぶつけ合いながら次の踊り手を中央に誘い込む。巧妙な足さばきが印象的だ。

Porto Seguro
ポルト・セグーロ

MAP P.50-C3
市外局番▶073
（電話のかけ方は→P.52）
（電話のかけ方は→P.52）

US$1=R$3.15
=108円

ブラジル発祥の地でもある港町ポルト・セグーロ

　人口約14万人の小さな町ポルト・セグーロは、国家ブラジルの発祥地だ。1500年4月22日、ポルトガル人ペドロ・アウヴァレス・カブラールは、第2回インド遠征の途中、現在のポルト・セグーロの北に上陸。初めカブラールは、この新大陸を島と勘違いしたというが、これに先立つ1494年のトルデシリャス条約により、彼の「発見」したブラジルはポルトガル領となった。

　その後、海岸を見下ろす高台の上に、ブラジルで最古の居住地が造られ、教会や海軍の監視所も建設された。現在、歴史地区（シダージ・イストリカ）と呼ばれるこの地には、当時の教会や記念碑がひっそりとたたずんでいる。ここから大西洋を眺めると、ポルト・セグーロがポルトガル語で"安全な港"を意味する理由が理解できるだろう。

　リオ・デ・ジャネイロやサン・パウロなどの大都会から近いため、1980年代初頭からビーチリゾートとして脚光を浴びている。今は美しい自然と親しみやすさで、若者に人気の観光地だ。

INFORMATION

❶観光案内所
MAP P.260-B2
住 Av. Portugal 350
☎(073)3012-8114
URL www.portosegurotur.com
開 8：00～18：00
休 土・日

✈おもな航空会社
ラタム航空　LATAM
空港☎(073)3288-5014
ゴウ航空　Gol
空港☎(073)3162-1031/1032
アズール航空　Azul
空港☎(073)3268-1766

ポルト・セグーロ空港
MAP P.260-A1
住 Estrada do Aeroporto, s/n Cidade Alta
☎(073)3288-1880

タラップで乗降する

ポルト・セグーロへの行き方

飛行機

　ポルト・セグーロ空港Aeroporto de Porto Seguro（BPS）にはサン・パウロからラタム航空やゴウ航空の直行便が1日4便程度運航しており、所要約1時間50分。リオ・デ・ジャネイロからはゴウ航空の直行便が週3便程度運航し、所要約1時間35分。そのほかベロ・オリゾンチのコンフィンス空港からも直行便が週6便程度、所要約1時間15分。

Let's Go! 空港から市内へ

空港は長距離バスターミナルから3km先にある。市内へは空港ターミナル前からタクシー、またはホテルの送迎車で向かうことになる。タクシーの場合、運賃はメーター制。セントロ（旧市街）まではR$20～。徒歩だと30分以上坂を下る。

長距離バス

リオ・デ・ジャネイロからGontijo社のバスが1日2便運行、所要約19時間30分。サンパウロからは1日1便、所要26～27時間。ほか、サルバドールやブラジリアからも運行している。

Let's Go! 長距離バスターミナルから市内へ

長距離バスターミナルは、セントロの西約2kmの高台にある。セントロへは、ロータリーにあるバス停留所からローカルバスに乗って約10分、R$2.9。バスターミナルを背に、左側の坂道を約1km下れば歩いても行ける。10～15分でセントロの外れのロータリーに出て、右折すれば目抜き通りだ。

歩き方

町歩きの中心は、セントロを南北に走る**4月22日通りAv. 22 de Abril**。この通りを北へ向かうと、"北海岸地区"へ。南へ進むと、カラフルな小さい店が鈴なりになったジェトゥーリオ・ヴァルガス通りAv. Getúlio Vargasを経て、ブラニェム川Rio Buranhémの渡し船乗り場へ行き着く。セントロにはみやげ物店が立ち並び、飲食店や中級ホテルも豊富だ。町はそれほど大きくなく、おもな見どころは1日で歩いて回れる。朝から天然プールのシュノーケリングツアーに参加し、日中は**歴史地区（シダージ・イストリカ）**を散策。丘の上から大西洋を一望したあと、夕方からの**民芸市**をのぞくのがおすすめ。

大西洋に面したセントロの海岸線

北海岸地区には約25kmにわたって美しいビーチが続く。人気が高いのはセントロから約7kmのタペラプアン・ビーチPraia de Taperapuanと、その先にあるリオ・ドス・マンゲス・ビーチPraia du Rio dos Mangues。海岸沿いに優雅なポウサーダやリゾート気分満点のレストラン、ディスコレストランなどが連なる。

また、セントロからブラニェム川を渡ると、こぢんまりとした海辺のリゾートタウンであるアハイヤウ・ダジューダや、トランコーゾ行きのバスが発着している。喧噪を離れてのんびり過ごすなら、セントロより北か南のビーチまで足をのばすといい。

小じゃれた店も多いアハイヤウ・ダジューダ地区

タクシー料金

初乗りR$5。月～金の6:01～19:59、土曜の6:01～14:59はメーター表示Bandeira1で1kmごとにR$4.8ずつ上がる。それ以外はBandeira2で1kmごとにR$6.4ずつアップ。

長距離バスターミナル

MAP P.260-A1
住 Estrada p/ Aeroporto 56
☎ (073)3288-1039

南国ムードの長距離バスターミナル。マップは置いていない

レンタカー

ポルト・セグーロはそう交通は複雑でなく、運転の難易度も高くない。北海岸への足にも便利。空港に各社カウンターがあり、10:00～19:00頃の営業。

セントロの船着場周辺

歴史地区では、民族衣裳を着た女性が気軽に写真撮影に応じてくれる

北海岸地区への行き方

長距離バスターミナルから、またはジェトゥーリオ・ヴァルガス通りと4月22日通りが交わる所にあるバス停から、ビーチ行きのローカルバスに乗る。各ビーチの場所は道路に表示が出ているのですぐわかる。進行方向右側に座り、ビーチ名を確認したら下車。

おもな見どころ

歴史地区（シダージ・イストリカ） Cidade Histórica MAP P.260-B1

右が1530年建立のミゼリコルジア教会、左がポルト・セグーロ博物館

シダージ・アウタとも呼ばれる歴史地区。カブラールの上陸3年後、1503年に遠征隊を率いてやってきたゴンサーロ・コエーリョは、この高台に大西洋上を監視する砦を築いた。当時の記念碑は、今も海を見守る。

現在、整地された小さな広場を中心に、ブラジル最古の教会のひとつであるノッサ・セニョーラ・ダ・ミゼリコルジア教会Igreja de Nossa Senhora da Misericórdiaや、G. コエニョが持ち込んだサン・フランシスコ像があるノッサ・セニョーラ・ダ・ペーナ教会Igreja Matriz de Nossa Senhora da Pena、ポルト・セグーロ博物館Museu de Porto Seguro、砦の跡などを見ることができる。露店などは少々あるがセントロと対照的に閑静で、数世紀前の歴史に思いをはせたくなる。

歴史地区への行き方

Hベスト・ウエスタン・シャリマール・プライア（→P.262）と円型のEstátuade Cabral広場の間から伸びる緩やかな階段を登って約10分。

パノラマの絶景に深呼吸

ポルト・セグーロ博物館

MAP P.260-B1
住 Av. Beira Mar 800, Orla Norte
☎(073)3268-2586
開9:00～17:00
休月
料R$6

小規模だが見応えあり

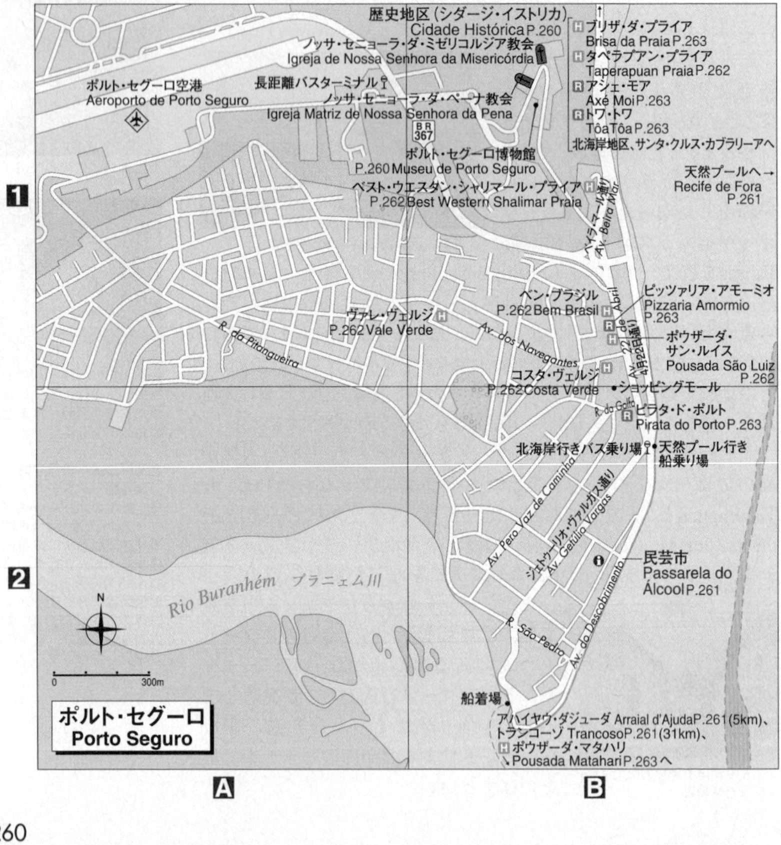

天然プール

Recife de Fora MAP P.260-B1外

ポルト・セグーロの沖合にある珊瑚礁の島へシフィ・ジ・フォラ Recife de Foraには天然のプールがあり、スノーケリングが楽しめる。ここに行くには、民間の旅行会社のボートツアーを利用するのが便利。だいたいは7:00～12:30の間にセントロの船着場を出て島へ。所要2時間20分～4時間。シュノーケリングの道具をレンタルできるツアーもある。料金はR＄130前後。

セントロのボート発着場。町中には小さな旅行会社が多くあり、どこも天然プールツアーを催行

民芸市

Passarela do Álcool MAP P.260-B2

セントロのアウコウ通りPassarela de Álcool周辺で、毎夕、手工芸品のマーケットが開かれる。木彫りの食器やカピン・ドラードという黄金色の草で作ったアクセサリーの露店などが広場にところ狭しと並び、楽しいムードだ。この辺は気軽なバーやレストランが集まり、夜は生バンドの演奏もあって、若者たちでにぎわう。

1軒1軒個性的。値段は少々割高

民芸市
18：00～24：00頃まで。オフシーズンには民芸市もレストランも早じまいする。

近郊の町と見どころ

アハイヤウ・ダジューダ

Arraial d'Ajuda MAP P.260-B2外

ポルト・セグーロのセントロから南へ5km、海岸から約800m離れた高台の上にあるアハイヤウ・ダジューダは、1549年建立のノッサ・セニョーラ・ダジューダ教会Igreja de Nossa Senhora d'Ajudaを中心にした小さな村。数多くの宿泊施設が集まり、こじゃれた店もあるツーリストビレッジになっている。特にカーニバルと8月の巡礼の時期は観光客でいっぱいに。ビーチにはヤシの木が並び、珊瑚礁に守られた海は美しい。

高台の上に立つ教会

アハイヤウ・ダジューダへの行き方
ポルト・セグーロのセントロ南端にある船着場から、渡し船で対岸へ約10分。車を運ぶフェリーなら人間のみの乗船は無料。運行時間は6:50～18:45頃。対岸から30分間隔で出発するバスに乗って20分ほどで村の中心に着く。料金R$2.9。

対岸の船着場。渡し船は地元民の足でもある

ビーチへは緩やかな坂を下って徒歩約15分

トランコーゾ

Trancoso MAP P.260-B2外

ポルト・セグーロの南31kmにあるリゾート地。1656年、イエズス会士が建てたサン・ジョアン教会Igreja de São João Batistaが基礎になってできた村だ。1970年代までは素朴な漁村だったが、近年、美しい自然の残る人気のビーチリゾートとして、多くの旅行者を引きつけるようになった。

村は落ち着いた雰囲気で、広場のクアドラドQuadradoにはカラフルなポザーダやレストランなどが建ち並ぶ。クアドラドの下に広がるマングローブ林の先にはビーチがあり、のんびりと過ごしている人が多い。

ヤシとマングローブに覆われたトランコーゾのビーチ

トランコーゾへの行き方
ブラニエム川を渡し船で渡った所から、アハイヤウ・ダジューダ経由トランコーゾ行きのバスが出ている。料金R$8～。

トランコーゾ地区へのバス

ポルト・セグーロのホテル

セントロ地区

Best Western Shalimar Praia Hotel
ベスト・ウエスタン・シャリマール・プライア MAP P.260-B1

高級ホテル

ベイラ・マール通りAv. Beira Mar沿いのホテルで、全室にエアコン、ミニバーなどを完備。滝の流れるプールは夜ライトアップされる。庭にはマーモセット（サルの仲間）が訪れることも。

住Av. Beira Mar 1, Praia do Cruzeiro
Free 0800-073-7878
☎(073) 3288-7000
URL www.shalimar.com.br
料ⓈⓌR$255～ カード ADJMV 室数122室

Hotel Vale Verde
ヴァレ・ヴェルジ MAP P.260-B1

エコノミー

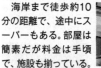

海岸まで徒歩約10分の距離で、途中にスーパーもある。部屋は簡素だが料金は手頃で、施設も揃っている。フロントでは各種ツアーの手配も。北海岸など市内各所に系列ホテルを持つ。

住Av. Dos Navegantes 679, Centro
☎(073) 3288-2718
URL www.hoteisvaleverde.com.br
料ⓈⓌR$100～ カード ADMV 室数50室

Pousada São Luiz
ポウザーダ・サン・ルイス MAP P.260-B1

エコノミー

4月22日通り沿いに位置し、周辺にはレストランやショップが集中。客室の前にハンモックがあり、プール付き中庭を眺めながらくつろげる。全室冷蔵庫付き。

住Av. 22 de Abril 329, Centro ☎(073) 3288-2238 URL www.pousadasaoluiz.com.br
料ⓈⓌR$95～ カード DMV 室数24室

Hotel Bem Brasil
ホテル・ベン・ブラジル MAP P.260-B1

中級ホテル

4月22日通りに位置する、2階建てのポウザーダ。フロントの奥がアパートメントになっていて、中庭には、小さなプールもある。タイル張りの客室にはエアコン、冷蔵庫が完備されている。

住Av. 22 de Abril 343, Centro
☎(073) 3288-2532
URL www.hotelbembrasil.com.br
料ⓈⓌR$100～ カード ADMV 室数33室

Hotel Costa Verde
コスタ・ヴェルジ MAP P.260-B1

エコノミー

アルクール通りまで400mほどの好立地に立つ小さなホテル。ヴァレ・ヴェルジと同じ系列のホテルで、こちらのほうが若干リーズナブル。フロントは24時間対応で、ツアーの手配も行ってくれる。

住Av. Navegantes 63, Centro
☎(073) 3288-2145 料ⓈⓌR$100～
カード ADMV 室数26室

北海岸地区

Taperapuan Praia Hotel
タペラプアン・プライア MAP P.260-B1外

中級ホテル

セントロから約6km。タペラプアン海岸に面した小規模な3つ星ホテル。室内にはエアコン、ミニバー、セーフティボックスが備わり、プライベートテラスにはハンモックも。ホテル内にはプール、レストラン、サウナがある。

住Av. Beira Mar 5299, Praia de Taperapuan
☎(073) 3679-2449
URL www.taperapuanpraiahotel.com.br
料ⓈⓌR$160～ カード DMV 室数32室

その他の地区

Brisa da Praia Hotel
ブリザ・ダ・プライア MAP P.260-B1外

高級ホテル

タペラプアン海岸で広大な敷地を持つリゾートホテル。目の前はディスコレストランのトワ・トワ。大充実のプールにサウナ、マッサージルームのほか、レストランなど設備も万全。客室もエアコン、冷蔵庫などが備わり快適。朝食は豪華ビュッフェ。

住 Av. Beira Mar 1860, Praia de Taperapuan
☎ (073) 3288-8600
URL www.brisadapraia.com.br 料 ⓈⓌR$210～
カード ADMV 室数 152室

Pousada Matahari
ポウザーダ・マタハリ MAP P.260-B2外

中級ホテル

アハイヤウ・ダジューダで珍しいアジアン風のポウザーダ。大きな一軒家のような構造で、プールやBBQコーナーもある。モダンな客室は冷蔵庫やエアコン完備。フロントは英語対応OK。海までは約700m。

住 R. Manoel Alves dos Santos (R.Nova) 34
☎ (073) 3575-1249
URL pousadamatahari.com.br
料 ⓈⓌR$213～ カード MV 室数 11室

ポルト・セグーロのレストラン

Pizzaria Amormio
ピッツァリア・アモーミオ MAP P.260-B1

4月22日通り沿いにある。普通のピザは2人前で、20種類以上。1枚R$30程度～。1人前用のピザCones Pizzasはコーンのような形をしておりR$13.9～。いずれもテイクアウト可。ほかにラザニアやペンネなどのパスタもありR$23.9～。

住 Av. 22 de Abril 329, Centro
☎ (073) 3288-1811
営 17:00～翌2:00
休 無休 カード AMV

Pirata do Porto
ピラタ・ド・ポルト MAP P.260-B2

セントロで人気を博すシーフードレストラン。少々スパイシーに味付けして揚げたプリプリのエビや、肉厚な白身のフリッターなど新鮮な魚料理を堪能できる。魚介のスープもだしがよく出て美味。料理は2人前でだいたいR$50～。

住 R. do Golfo 31
☎ (073) 3288-4075
営 12:00～22:00
休 無休 カード ADMV

COLUMN ポルト・セグーロのディスコ

若者が集まるポルト・セグーロに音楽は欠かせない。セントロでも夜は海岸前のテラスレストランで生演奏が始まる。最も人気なのは、北海岸のビーチに多くあるディスコレストラン。アシェ Axéというサンバをアレンジしたダンスミュージックで、朝から踊る。入場料はR$20～。ステージ上では歌手やダンサーが観客を盛り上げる。オフシーズンは週末でも休業の場合があるので、事前に確認を。

いちばん有名なアシェ・モア。ハイシーズンは満員となる

Axé Moi
アシェ・モア MAP P.260-B1外
住 Av. Beira Mar 6500, Praia de Taperapuan
☎ (073)3679-3237
URL www.axemoi.com.br

Tôa Tôa
トワ・トワ MAP P.260-B1外
住 Av.Beira Mar, Praia de Taperapuan
☎ (073)3679-1714 URL www.portaltoatoa.com.br

Maceió

マセイオ

MAP P.50-C2

市外局番▶**082**
（電話のかけ方は→P.52）
（電話のかけ方は→P.52）

US$1=**R$3.15**
=108円

INFORMATION

❶観光案内所（CAT）
URL www.maceio.al.gov.br/turismo/
空港内
☎(082)3036-5313
開24時間　休無休
長距離バスターミナル
MAP P.266-A1
住Av. Leste-Oeste Feitosa
開8:00～17:00　休無休
パジュサラ海岸
MAP P.266-B2
住Av. Dr. Antônio Gouveia 952
開8:00～19:00　休無休

両替
ポンタ・ヴェルジ海岸Praia da Ponta Verde、セントロなど市内数ヵ所にブラジル銀行Banco do Brasilがある。
営10:00～16:00
休土・日

✈おもな航空会社
ラタム航空　LATAM
空港内
☎0300-570-5700
（コールセンター）
営日～金　10:30～16:00、17:00～21:40
土　10:00～17:00
休無休

セントロ
MAP P.266-B2
住Av. Dr. Antonio Gomes de Barros 625
☎(082)3316-4742
営月～金　9:00～18:00
土　9:00～13:00
休日

ズンビ・ドス・パルマリス国際空港
MAP P.266-A1外
住Rodovia BR 104, Km 91, Tebuleiro do Pinto, Rio Largo
☎(082)3036-5200

マセイオ名物ジャンガダ

サルバドールの北約632km、レシフェの南約285kmの大西洋沿岸に位置するマセイオ。アラゴアス州の州都で、人口約100万人を誇る大都市だ。

マセイオはかつては砂糖農園で産出される砂糖運搬船の寄港地として栄えた。しかし、現在のような町づくりが始まったのは、1673年、ポルトガルが染料の原木であるパウ・ブラジルの密輸を防止し独占するために、ジャラグアの港に要塞を築いたことに始まる。19世紀になるとますます砂糖をはじめとする農産物や香辛料の輸出は盛んになり、マセイオは村から都市へと発展していった。

歴史は流れても、ずっと変わらないものはエメラルドグリーンの海。そしてこの美しい海に風情を添えているのが、ノルデスチ（東北）地方で見られる一枚布の帆船、ジャンガダだ。色とりどりのジャンガダが海を彩るユニークなリゾート、マセイオ。都会の喧噪とはかけ離れた、どことなくのんびりした雰囲気が旅人を癒やしてくれる。あくせくした旅を続けたのなら、この町でしばらく立ち止まってみるのもいいだろう。

マセイオへの行き方

飛行機

リオ・デ・ジャネイロ、サン・パウロ、ブラジリアから直行便がある（→P.62）。サルバドールからはアビアンカ航空が1日1便運航、所要約1時間10分。

マセイオの空港はズンビ・ドス・パルマリス国際空港 Aeroporto Internacional Zumbi dos Palmares（MCZ）。

空港から市内へ

ズンビ・ドス・パルマリス国際空港はセントロ（旧市街）の北、約23kmにある。空港からセントロへはタクシーか、“Aeroporto-Centro”の表示があるバスを利用。タクシー料金は、セントロやパジュサラ海岸へはR＄70〜。所要約30分。

長距離バス

国内各地の主要都市と長距離バスで結ばれている。サン・パウロからは毎日4便程度、所要約42時間50分。リオ・デ・ジャネイロからは毎日1便、約39時間15分。レシフェからはCatedral Turismo社やReal Alagoas社のバスが1日7〜9便運行、所要約5時間。サルバドールからは1日4〜6便あり、所要約11時間30分。

長距離バスターミナルから市内へ

長距離バスターミナルEstação Papa João Paulo IIは、セントロの北約5kmの所にある。セントロまでバスを利用する場合は、正面出口を出て右方向へ行くと市内へのバスターミナルがあるので、“Centro”と表示されたバスに乗る。パジュサラ海岸、ポンタ・ヴェルジ海岸へはCircular 1、Pajuçara、Ponta Verde と表示されたバスを利用する。バスの運行時間は、5:00頃〜23:00頃まででR＄2.75。タクシーの場合は、セントロまで約10分、R＄15〜。パジュサラ海岸、ポンタ・ヴェルジ海岸へはR＄20〜25程度。

歩き方

町の北から南西にかけて、クルス・ダス・アルマス海岸 Paria da Cruz das Almas、ジャチウカ海岸 Praia de Jatiúca、ポンタ・ヴェルジ海岸、**パジュサラ海岸**、アヴェニーダ海岸 Praia da Avenida、ソブラール海岸 Praia do Sobral と美しいビーチが続く。このうち最もセントロに近いのはソブラール海岸だが、水はあまりきれいではないので、快適なビーチリゾートを楽しむにはパジュサラ海岸やポンタ・ヴェルジ海岸へ行くといい。このあたりは海岸沿いにリゾ

長距離バスターミナル
MAP P.266-A1
住 Rd. João Paulo 11, s/n Feitosa
☎(082)3221-4615
URL onibuz.com/rodoviaria-de-maceio/

長距離バスターミナル

夜のセントロ

多くの人で賑わうパジュサラ海岸

海岸をのんびりと散歩

マセイオで名物のタピオカを食べよう

COLUMN マセイオの大衆食タピオカ

マセイオの海岸通りを歩いていると、屋台で白いクレープ状の食べ物を売っているのが目に入るだろう。これはマンジョーカの粉（タピオカ）を鉄板で焼いたもの。薄い生地の上に、バナナやココナッツ、チーズやハムなどをのせ、2つ折りにして食べる。1枚R$5〜で、表面はカリッと、内側はもちもちした食感。夜になるとジャチウカ海岸やクルス・ダス・アルマス海岸にも店が並ぶのでぜひ試してみて。

ミルクジャムやチョコレートソースをかけることも

ートホテル、レストラン、バーなどが並び、サッカー場や公園も整備されてリラックスした雰囲気が漂う。海岸には、木彫りの置物や人形など、素朴なみやげ物を売る露店も多い。

セントロの南では、繊細なレース編みで有名な**ポンタル・ダ・バハ**の村や、手つかずの自然が美しい**フランセス海岸**、穏やかな湾に面したバハ・ジ・サン・ミゲルBarra de São Miguelの村などに足を延ばしてみたい。これら郊外のビーチや漁村へはローカルバスで行くことができるが、本数が少ないのでやや不便。旅行会社やホテルから申し込める日帰りツアー（約R＄30～）や、3～4人ならタクシー1台を貸し切って（約R＄100～）利用するのもいい。

天然プール
ジャンガダで1人R$30程度で連れていってくれる。

沖合にある天然プールまでジャンガダで15分ほど

天然プールで魚を見つけよう

おもな見どころ

パジュサラ海岸と天然プール Praia de Pajuçara, Piscina Natural

MAP P.266-B2

マセイオのビーチのなかでいちばん洗練されているのが、パジュサラ海岸だ。海岸通りに沿ってホテル、レストラン、バーなどが建ち並び、リゾートムード満点。海岸通りより1本北側に入った通りには、安くて快適なポウザーダも多い。

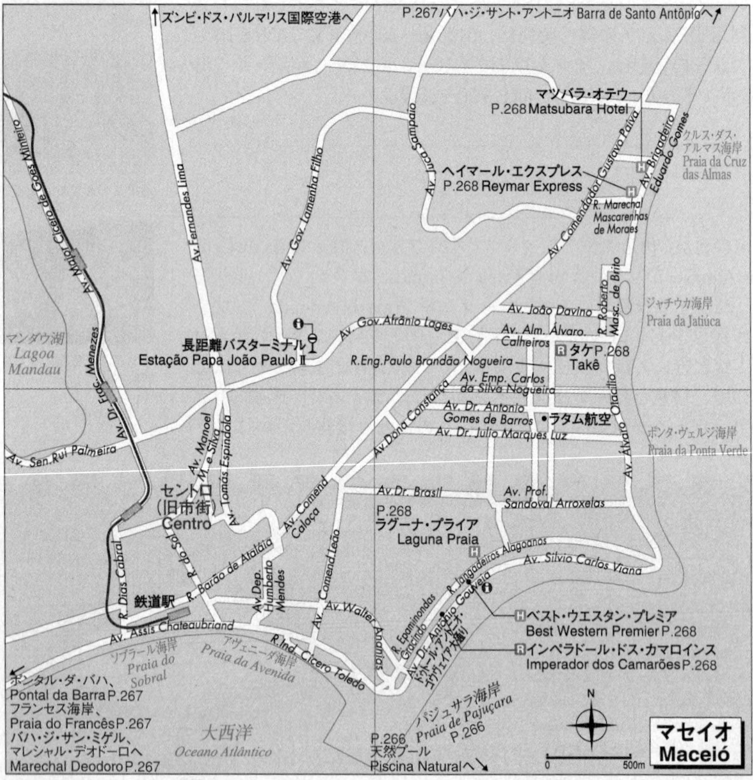

夜は海岸通りのバーでライブミュージックも楽しめる。ジャズ、MPB、ロックなど、気に入った音楽とフレンドリーな雰囲気を求めてバーをハシゴしても楽しい。

また、ビーチの沖約2kmの所には、珊瑚礁でできた天然のプールPiscina Naturalがあり、スノーケリングが楽しめる。天然プールへのジャンガダツアーは、観光案内所近くのビーチにチケット売り場があり、船まで船頭が案内してくれる。実施時間はその日の潮の引き具合によるので、事前に確認しよう。

ポンタル・ダ・バハ
Pontal da Barra MAP P.266-A2外

ポンタル・ダ・バハはセントロから車で約15分の所にある素朴な漁村。美しい湾に面し、近くには静かな湖や天然のプール、珊瑚礁の島などが多くあり、この村を出発して美しいマンダウ湖 Lagoa Mandau と周辺の9つの島を巡るボートツアーが出ている。

また、安くておいしいシーフードを目当てに、ここにやってくる観光客も多い。エビやカニをその場で調理して食べさせてくれるレストランがある。

そのほか、この村は手作りのレース編みや刺繍の産地としても有名で、広場の近くに多くの店が並ぶ。

刺繍の実演販売をしている店もある

マレシャル・デオドーロへの行き方
セントロからMarechal Deodoro行きのバスで所要約40分。

マレシャル・デオドーロ
Marechal Deodoro MAP P.266-A2外

マセイオのセントロから約33km南西にあるマレシャル・デオドーロの町は、1823年から約16年間、アラゴアス州の州都がおかれていた古都だ。現在は人口5万人ほどで、17世紀の末に建てられたサン・フランシスコ修道院 Convento de São Francisco をはじめ、いくつかの古い教会や昔ながらの町並みがよく保存されている。

マレシャルまで行くバス

フランセス海岸への行き方
セントロからMarechal Deodoro行きのバスで所要約45分。

フランセス海岸
Praia do Francês MAP P.266-A2外

ビーチで楽しむ地元の人たち

セントロの南、約24kmにあるとても美しいビーチ。海岸沿いにはバーやレストランがずらりと並び、週末はマセイオ市民やほかの都市からの観光客、外国人客でにぎわう。白い砂の上にはカラフルなパラソルが並んで、青い海とのコントラストがとてもきれいだ。またウルトラライトプレーン、ジェットスキー、カヌー、サーフィンなどマリンアクティビティも盛ん。宿泊施設もリゾートタイプのホテルからエコノミーなポウザーダまで整っている。

バハ・ジ・サント・アントニオへの行き方
セントロからParipueira行きのバスに乗り、終点のPonto Inicialで下車。所要約1時間30分。バハ・ジ・サント・アントニオまでバスは通っていないためタクシーを利用。

バハ・ジ・サント・アントニオ
Barra de Santo Antônio MAP P.266-B1外

マセイオのセントロの北約41kmにある閑静な漁村。村の東側に橋が架かっており、この橋を通ってクロア島Ilha da Croaに渡ることができる。遠浅の海と、ヤシの木が茂る素朴なビーチとなっており、どことなくひっそりとした雰囲気。

舟の手入れをする地元の人

マセイオのホテル

Best Western Premier Maceió

ベスト・ウエスタン・プレミア・マセイオ MAP P.266-B2

高級ホテル

パジュサラ海岸に位置する大手チェーン系の5つ星ホテル。ビーチが目の前に広がる好ロケーションで、最上階にはプールとフィットネス、サウナを完備。

住 Av. Dr. Antônio Gouveia 925
☎ (082) 3023-8100
URL www.bwpremiermaceio.com.br
料 ⓈⓌR$296.4～ カード ADMV 室数 195室

Reymar Express

ヘイマール・エクスプレス MAP P.266-B1

中級ホテル

クルス・ダス・アルマス海岸前にあるホテル。客室は全室エアコン、テレビ、ミニバー付きで、窓からはシービューが望める。フィットネスセンターを併設。

住 R. Marechal Mascarenhas de Moraes 20
☎ (082) 3217-1013 URL www.reymar.com.br
料 ⓈR$146.8～ ⓌR$162.79～
カード ADMV 室数 120室

Matsubara Hotel Maceió

マツバラ・オテウ・マセイオ MAP P.266-B1

中級ホテル

クルス・ダス・アルマス海岸に面した4つ星ホテル。客室のインテリアはシンプルで、バルコニー付きの部屋もある。ウオーター・パークを併設。

住 Av. Brigadeiro Eduardo Gomes 1551
☎ (082) 3214-3000
URL matsubaramaceio.com.br
料 ⓈⓌR$225～ カード ADMV 室数 115室

Laguna Praia Hotel

ラグーナ・プライア MAP P.266-B2

中級ホテル

パジュサラ海岸まで徒歩3分ほど。値段のわりに設備が整っていて、フロントの対応もしっかりしている。部屋でWi-Fiの接続が無料で利用できる。

住 R. Jangadeiros Alagoanos 1231, Pajuçara
☎ (082) 3231-6180
料 ⓈR$143～ ⓌR$161～
カード AMV 室数 35室

マセイオのレストラン

Imperador dos Camarões

インペラドール・ドス・カマロインス MAP P.266-B2

ドウトール・アントニオ・ゴウヴェイア大通り沿いにあるレストラン。メニューはシーフードを中心に130種類以上。リゾットやパスタもあり、予算はひとりR$50～。ホテルへの送迎サービスあり。

住 Av. Dr. Antônio Gouveia 607, Praia de Pajuçara ☎ (082) 3231-4134
URL www.imperadordoscamaroes.com.br
営 11:30～23:30 休 無休 カード AMV

Takê

タケ MAP P.266-B1

いつも大勢の客でにぎわう、和食レストラン。メインの寿司は、甘いものやカナッペ風など、一風変わったものが多い。ランチビュッフェはR$64.9、寿司は2カンがR$1.65～7ほど。

住 Av. Eng. Paulo Brandão Nogueira 27
☎ (082) 3337-0253 URL restaurantetake.com.br
営 月～木12:00～24:00 金12:00～翌1:00 土18:30～翌1:00 日12:00～23:00 休 無休 カード AMV

 ホテル客室設備：バスタブあり テレビあり 電話あり インターネット可 朝食付き

Recife/Olinda

レシフェ／オリンダ

オリンダの旧市街は、1982年にユネスコの世界遺産に登録された

MAP ▶ P.50-C2

市外局番 ▶ **081**
（電話のかけ方は→P.52）

US$1=**R$3.15**
=108円

レシフェの呼び方
　レシフェはポルトガル語で「ヘスィーフィ」と発音される。

レシフェ治安情報
　レシフェは犯罪が多い都市のひとつなので気をつけるに越したことはない。セントロには路上生活者が多く、スリや強盗の被害も報告されている。彼らに声をかけられても、関わらないようにしよう。また、土・日曜はほとんどの商店が閉まっていて、通りにはほとんどひと気がないという状況もあるので、なるべく平日に観光をするようにしたい。身の回り品に注意して歩き、夜間の移動にはタクシーを使うようにすれば問題はない。

　ペルナンブコ州の州都レシフェは、2014年に行われたサッカーW杯で日本代表の試合が行われた町。人口約160万人、近代工業が盛んな都市である一方、ボア・ヴィアジェン海岸は白い砂浜とヤシの並木が美しいビーチリゾートとしても有名。

　ボア・ヴィアジェン海岸の北、約5kmに位置するレシフェ旧市街（セントロ）は、植民地時代から北東部で生産される砂糖や綿花の貿易港として発展した町。17世紀半ばには一時オランダの占領下におかれ、今もその時代の砦や建築物が多く残る。運河と橋が多い町並みは"ブラジルのベニス"とも呼ばれている。

　一方のオリンダは、砂糖貿易で栄えた古都。1537年にポルトガル人入植者によって建てられるが、1630～1654年の24年間、オランダ人によって占領されていたため、ポルトガル、オランダ双方のコロニアル建築が残された。今でも、それぞれ独特のスタイルと歴史をもった20以上の教会や修道院が静かにたたずんでいる。おもしろいのは、黄金を豊富に使い2本の塔がある教会を建てたポルトガルに対して、黄金を節約して建てられたオランダ建築の教会は塔が1本しかないということ。ひとめでどれがオランダ建築でどれがポルトガル建築なのかがわかる。石畳の道の両側に連続するのは、赤や黄色、青などカラフルに彩られた家々。こうしたカラフルな町並みは、セー教会や観光案内所の周辺に集中している。

　オリンダとレシフェのあるノルデスチ（北東）地方は、さまざまな伝統音楽のふるさとであり、その代表がフレヴォまたはマラカトゥと呼ばれる音楽。特にオリンダのカーニバルは、リオ、サルバドールと並ぶブラジルの3大カーニバルのひとつに数えられる。

レシフェのボア・ヴィアジェン地区は、国内屈指のビーチリゾート

レシフェ／オリンダへの行き方

空港があるのはレシフェで、サン・パウロ、リオ・デ・ジャネイロ、ブラジリアそれぞれから直行便がフライトしている（→P.62）。そのほかの都市からは、サルバドールから各航空会社合わせて1日8～10便あり所要約1時間15分。フォルタレーザからも1日8～10便あり所要約1時間10分。ナタウからは1日2～3便、所要40分～1時間。

オリンダへはレシフェを拠点に行くことになる。

Let's Go! 空港から市内へ

レシフェの空港名はレシフェ／グアララペス-ジウベルト・フレイリ国際空港（通称グアララペス空港）Aeroporto Internacional do Recife/Guarara-pes-Gilberto Freyre（REC）。セントロの南約10km、ボア・ヴィアジェン地区Boa Viagemのそばにある。

空港からボア・ヴィアジェン地区まではローカルバスやタクシーで移動できる。ローカルバスは到着フロアを出てすぐ右手にある042番と地下鉄の駅そばから出ている026番のふたつがあり、042番はR＄3.5、026番がR＄3.2。042番は月～土曜の運行で、車内でR＄20分のプリペイドカードを購入する必要がある。

レシフェ旧市街（セントロ）までは地下鉄で繋がっている。地下鉄駅は空港と300mほど離れており、2階の出発フロアにある専用の通路を通っていく。空港の駅はアエロポルテ駅Aeroporto、7つめのレシフェ駅Recifeがセントロだ。料金はR＄3.2。また上記のローカルバス042番もセントロまで行く。

オリンダへは空港から直接行くことができず、ボア・ヴィアジェン地区またはセントロからバスに乗る。詳細は（→P.275欄外）。

長距離バス

国内各地の主要都市と長距離バスで結ばれている。サルバドールからKaissara社やExpresso Guanabara社のバスが1日2～4便運行、所要約14時間。フォルタレーザからは1日2～4便、所要約14時間。サン・ルイスからは1日2便、所要約27時間。ほかリオ・デ・ジャネイロやサン・パウロ、ブラジリア、ベレンからも便があるが、30時間以上かかる。

レシフェの長距離バスターミナルTIP

Let's Go! 長距離バスターミナルから市内へ

レシフェの長距離バスターミナルTIP（Terminal Integrado de Passageiros）は、セントロの西約15kmにある。セントロまで行く地下鉄のホドヴィアーリア駅Rodoviáriaとも直結している。標識どおりに進めば、地下鉄の改札に出る。セントロの終着駅はレシフェ駅。所要約30分。タクシーを利用する場合、セントロへの料金は約R＄50。なお、一部の長距離バスは空港前の大通りを経由する。空港へ乗り継ぐ人はこちらで降りると時間を節約できる。

レシフェ／グアララペス-ジウベルト・フレイリ国際空港
MAP P.271-A4
住 Praça Ministro Salgado Filho, Imbiribeira
☎ (081)3355-4353

施設も充実した、近代的なグアララペス空港

空港とメトロ駅を結ぶ通路

空港からのタクシー料金
ボア・ヴィアジェン地区
料 R$25
レシフェ旧市街（セントロ）
料 R$66
オリンダ
料 R$100

上記は定額の空港タクシーの場合。メーター制ならもう少し安く済む。メータータクシーは到着フロアから乗ることができず。上の出発フロアでつかまえる。なお、空港タクシーは白に赤、メータータクシーは白に青の車体カラー。

長距離バスターミナル
MAP P.271-A2外
住 Av. Prefeito Avrtonio Pereird s/n
☎ (081)3452-1704

地下鉄の運行時間
営 5:00～23:00

地下鉄のレシフェ駅

カラフルなオリンダの町

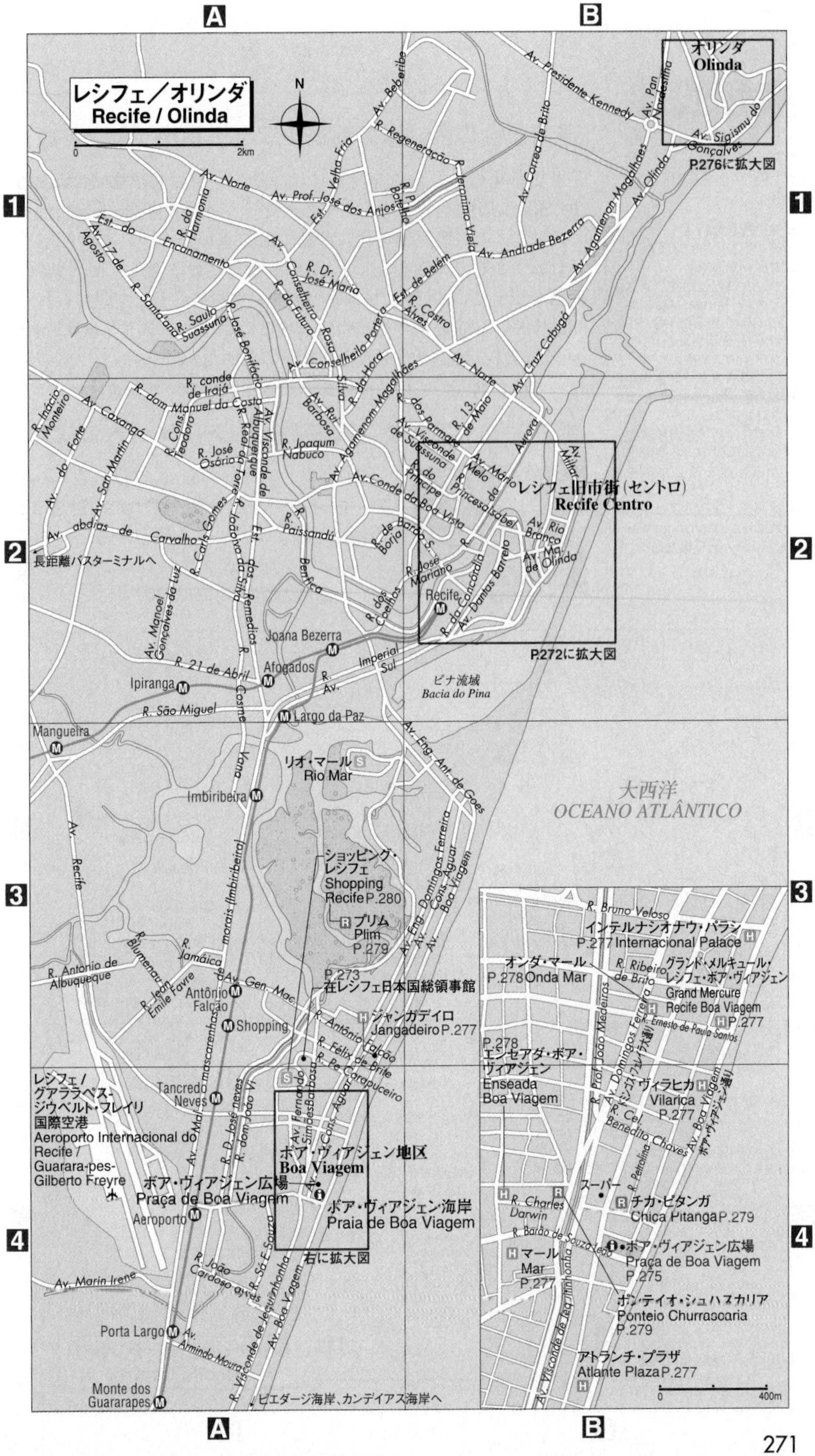
レシフェ／オリンダ
Recife / Olinda
0
2km
N
A
B
1
2
3
4
オリンダ
Olinda
P.276に拡大図
Av. Presidente Kennedy
Av. Pan Nordestina
Av. Sigismu do Gonçalves
Av. Olinda
Av. Agamenon Magalhães
Av. Correa de Brito
Av. Beberibe
R. Regeneração
R. Jeronimo Viela
Av. Andrade Bezerra
Av. Norte
Av. Prof. José dos Anjos
Est. Velha Fria
R. Botelho
R. da Harmonia
Est. do Encanamento
Av. 17 de Agosto
R. Santana
R. Saulo Suassuna
R. José Bonifácio
Av. Conselheiro Rosa e Silva
R. do Futuro
R. Dr. José Maria
Est. de Belém
R. Castro Alves
Av. Conselheilo Portela
R. da Hora
Av. Cruz Cabugá
R. conde de Irajá
R. dom Manuel da Costa
R. Inácio Monteiro
Av. Caxangá
Av. do Forte
Av. San Martin
R. Cons. Teodoro
R. José Osório
Av. Albuquerque
Av. Visconde de Albuquerque
R. Real da Torre
R. Joaquim Nabuco
Av. Rui Barbosa
Av. Agamenon Magalhães
R. dos Parmas
R. 13 de Maio
Av. Aurora
Av. Visconde de Suassuna
Av. Mário Melo
R. do Principe
R. Princesa Isabel
Av. Militar
Av. Conde da Boa Vista
レシフェ旧市街（セントロ）
Recife Centro
Av. Rio Branco
Av. Ma. de Olinda
Av. abdias de Carvalho
R. Carlos Gomes
R. Joãoivo da Silva
Est. dos Remedios
R. Paissandú
R. de Barão S. Borja
R. José Mariano
R. da Concórdia
Av. Dantas Barreto
R. dos Coelhos
Benfica
Recife
P.272に拡大図
長距離バスターミナルへ
Av. Manoel Gonçalves da Luz
R. 21 de Abril
R. Cosme
Joana Bezerra
Afogados
Av. Imperial Sul
Ipiranga
R. São Miguel
Largo da Paz
ピナ流域
Bacia do Pina
Mangueira
Av. Eng. Ant. de Goes
リオ・マール
Rio Mar
大西洋
OCEANO ATLÂNTICO
Imbiribeira
Vana
Av. Recife
morais (Imbiribeira)
ショッピング・レシフェ
Shopping Recife P.280
プリム
Plim
P.279
Av. Eng. Domingos Ferreira
Av. Cons. Aguiar
Av. Boa Viagem
R. Antonio de Albuqueque
R. Blumenau
R. Jamáica
R. Jean Emile Favre
Av. Gen. Mac.
Antônio Falcão
P.273
在レシフェ日本国総領事館
ジャンガデイロ
Jangadeiro P.277
Shopping
R. Antônio Falcão
R. Félix de Brito
R. Pe. Carapuceiro
レシフェ／グアラララペス・ジウベルト・フレイリ国際空港
Aeroporto Internacional do Recife / Guarara-pes-Gilberto Freyre
Tancredo Neves
Av. Mal. mascarenhas
R. D. José neves
R. dom João VI
Av. Fernando Simões Barbosa
Av. Cons. Aguiar
ボア・ヴィアジェン地区
Boa Viagem
ボア・ヴィアジェン広場
Praça de Boa Viagem
ボア・ヴィアジェン海岸
Praia de Boa Viagem
Aeroporto
右に拡大図
Av. Marin Irene
R. João Cardoso ayres
R. Sá E Souza
Av. Boa Viagem
Av. Visconde de Jequitinhonha
Porta Largo
Av. Armindo Moura
Monte dos Guararapes
ピエダージ海岸、カンデイアス海岸へ
R. Bruno Veloso
インテルナシオナウ・パラシ
P.277 Internacional Palace
オンダ・マール
P.278 Onda Mar
R. Ribeiro de Brito
グランド・メルキュール・レシフェ・ボア・ヴィアジェン
Grand Mercure Recife Boa Viagem
P.277
R. Ernesto de Paula Santos
R. Prof. João Medeiros
Av. Domingos Ferreira
P.278
エンセアダ・ボア・ヴィアジェン
Enseada Boa Viagem
ヴィラヒカ
Vilarica
P.277
R. Cel. Benedito Chaves
Av. Boa Viagem
R. Petrolina
スーパー
R. Charles Darwin
チカ・ピタンガ
Chica Pitanga P.279
R. Barão de Souza Leão
マール
Mar
P.277
ボア・ヴィアジェン広場
Praça de Boa Viagem
P.275
ポンテイオ・シュハスカリア
Ponteio Churrascaria
P.279
Av. Visconde de Jequitinhonha
アトランチ・プラザ
Atlante Plaza P.277
0
400m

セントロにある、レシフェ発祥の地、マルコ・ゼロMarco Zero

ビーチ行きのバス

ボア・ヴィアジェン海岸

ピエダージ海岸

　セントロの近距離バスターミナル（Terminal Cais de Santa Rita）から061番“Piedade”と表示されたバス。

カンデイアス海岸

　近距離バスターミナルから071番“Candeias”と表示されたバス。

　いずれのバスも海岸線を走っているので、各海岸地区からも乗ることができる。ボア・ヴィアジェン地区ではドミンゴス・フェレイラ大通りAv. Domingos Ferreiraにバス乗り場がある。

歩き方

運河と橋の多い水の都レシフェ旧市街（セントロ）

　歴史都市のセントロを見るには、**サン・ジョゼ市場Mercado de São José**付近を中心とするサン・ジョゼ地区São Joséに行ってみるといい。植民地時代に砂糖で財を築いた商人たちの邸宅やコロニアル様式の教会、広場、城塞跡などが数多く残され、当時の面影を伝えている。特に16世紀のオランダ総督邸として建てられた州政庁や、17世紀前半の砲台跡が残るシンコ・ポンタス城塞Forte das Cinco Pontas、カルモ教会などが印象的だ。新旧のレシフェのふたつの顔が共存している活気あふれる地区を歩いてみよう。

ボア・ヴィアジェン海岸とビーチリゾートエリア

のどかな時間を過ごそう

　セントロから南へ約5km、空港の近くの**ボア・ヴィアジェン海岸Praia de Boa Viagem**は、レシフェを代表するビーチリゾート。しゃれたホテルやレストランが並び、大きく湾曲した海岸線の先にセントロ

の高層ビルを望む都会的なビーチは、リオのイパネマ海岸を彷彿とさせる。何kmも続く海岸には素朴な漁村が点在し、ジャンガダを使った昔ながらの漁法でエビやマグロなどを取っている。美しい海岸風景を見ながら新鮮なシーフードを食べるのも、レシフェの楽しみのひとつ。名物のエビ（カマロン）、シーフードのビュッフェなどがおすすめ。

もっと素朴なムードと、より美しい海を求めるなら、ボア・ヴィアジェンよりさらに南のピエダージ海岸 Praia de Piedade やカンデイアス海岸Praia de Candeias などへ行くといいだろう。

南海岸には、全国的に有名な珊瑚礁の海岸、ポルト・ジ・ガリーニャスPorto de Galinhasがある。これは、直訳すると鶏の港。黒人奴隷の売買が盛んだった頃、この港から上陸した黒人のことを鶏（ガリーニャ）と呼んだことから、この名がついた。また、北海岸を代表するのが、市内からバスで約40分で着くイタマラカ島Ilha de Itamaracá海岸。遠浅で干潮時にはほとんどの小島が陸続きになる。

古都オリンダ

レシフェからバスで約30分、オリンダ旧市街の中心は、**カルモ広場Praça do Carmo**。オリンダには公認から自称、子供から老人まで、さまざまなガイドがおり、英語を話すガイドもいる。ただし、右記の注意事項を参照のこと。

カルモ広場を出たら、石畳の道をサン・フランシスコ修道院、セー教会、ヒベイラ市場、サン・ベント修道院の順に歩いて回るのが一般的な観光ルートだ。セー教会裏にあるセーの丘Alto da Séからの眺めは必見。オリンダの名は、この丘からの眺めを見た初代知事が、「オー・リンダ（おお、美しい）」と感嘆したことに由来するという。

高台から眺めたオリンダの町

オリンダの公認ガイド

オリンダの旧市街では、しばしば「公認（オフィシャル）ガイドです」と黄色いポロシャツやTシャツを着た人からIDカードを見せられる。彼らはAGTIOという、オリンダ周辺に住む貧しい子供たちを救うための施設に所属する公認ガイドだ。子供たちは施設でガイドの教育や英語などの外国語レッスンを受け、ガイドなどの観光産業で働き、得た収入の半分を施設へ還元する。しっかりとした案内をするガイドが多いのだが、いき過ぎた料金請求の話もよく聞く。ガイドによっては、最初は「ガイド料は施設への寄付なので、ほんの気持ちだけ払ってくれればいい」と言いつつ、ツアーが終わると「1時間当たりR$40なので3時間でR$120です」などと請求してくることもあるようだ。頼むときはよく交渉し、決めた金額以上は払わないなどの決め事をしてからツアーをスタートするようにしたい。

INFORMATION

❶観光案内所

ペルナンブコ州観光局 Empetur
URL www.empetur.com.br URL www.pe.gov.br
レシフェ観光局
URL www.turismonorecife.com.br
空港とボア・ヴィアジェン地区、セントロの3ヵ所に観光案内所がある。観光マップが手に入るほか、バスの案内などもしてもらえる。

空港内
☎(081)3182-8299 開24時間 休無休

ボア・ヴィアジェン地区 MAP P.271-B4
☎(081)3182-8297 開8:00～20:00 休無休

レシフェ旧市街（セントロ） MAP P.272-B2
☎(081)3355-3402 開8:00～18:00 休無休

オリンダ観光局
URL www.olindaturismo.com.br

カルモ広場 MAP P.276-B2
☎(081)3493-3770 開7:30～13:30 休土・日

セントロ MAP P.276-A1
住R. Prudente de Morais 472, Carmo
☎(081)3305-1060 開8:00～18:00 休無休

在レシフェ日本国総領事館

Consulado Geral do Japão no Recife MAP P.271-A3
住R. Padre Carapuceiro 733, 14 andar, Edif., Empresarial Center I, Boa Viagem
☎(081)3207-0190 FAX(081)3465-9140
開8:30～12:00、13:30～17:00 休土・日、祝
ボア・ヴィアジェン地区のエンプレサリアウ・センタービルⅠの14階。

緊急時の連絡先

警察☎190 救急車☎192 消防☎193

おもな旅行会社

ルック・ヴィアジェンズ Luck Viagens
☎(081)3366-6222
URL www.luckviagens.com.br
レシフェとオリンダの歴史地区1日ツアーR$59など各種ツアーを催行。国際空港の到着口を出てすぐ右側にも支店がある。

ピンク色のサンタ・イザベル劇場

サンタ・イザベル劇場
MAP P.272-A1
住 Praça da República
☎(081)3355-3322
不定期であるが音楽や舞踊、演劇などの公演が行われる。

サン・ペドロ・ドス・クレーリゴス大聖堂
住 Pátio de São Pedro s/n, São José
☎(081)3224-2954
開 8:00～12:00、14:00～18:00
休 無休
料 無料

監獄の名残をとどめるカーザ・ダ・クルトゥーラ

カーザ・ダ・クルトゥーラ
住 R. Floriano Peixoto s/n, Santo Antônio
☎(081)3184-3151
営 月～金 9:00～19:00
土 9:00～18:00
日 9:00～14:00
休 無休
場所は地下鉄のレシフェ駅のすぐ近く。

カルモ教会
住 Praça do Carmo s/n, Santo Antônio
☎(081)3224-3341
開 月 5:00～16:00
火～金 5:00～18:30
土 5:00～12:00
日 9:00～11:30
休 無休
料 無料

サント・アントニオ修道院
MAP P.272-A2
住 R. do Imperador Dom Pedro II 6, Santo Antônio
☎(081)3543-0258
※2017年12月現在修復のため閉館中

おもな見どころ

レシフェ Recife

ヘプブリカ広場 Praça da República MAP P.272-B1

ヘプブリカ広場と裁判所

サント・アントニオ地区Sto. Antônioのいちばん北側、運河に面した一画にあり、中心には噴水、散策道を囲むようにヤシの木が植えられているきれいな広場。周囲にはネオ・クラシック様式のサンタ・イザベル劇場Teatro Santa Izabel、カンポ・ダス・プリンセザス宮殿Palácio do Campo das Princesas、裁判所Palácio da Justiçaなど、威厳のある美しい建物が並んでいる。

サン・ペドロ・ドス・クレーリゴス大聖堂 Catedral de São Pedro dos Clérigos MAP P.272-A2

カルモ教会前の通りを渡り、路地を入ってすぐの教会。1728年に建てられたバロック様式の大聖堂で、イタリアのローマにあるサンタ・マリア・マジョーレ教会の奥の院を模して造られたといわれる。市内のほかの宗教施設と比べても際立って大きな教会ではないが、重厚で独特な雰囲気が感じられる。内部も見応えがあり、ポルトガル人の芸術家による宗教画など、祭壇から天井まで美しい装飾が施されている。大聖堂の周囲には、みやげ物店やレストランが並ぶ。

カーザ・ダ・クルトゥーラ Casa da Cultura MAP P.272-A2

丸ドームを頂く十字形3階建ての建物は、19世紀半ばに監獄として建てられたもの。1975年に現在のような民芸品の市場になった。もと獄室だった一つひとつの部屋が店になっていて、革製品、タペストリー、刺繍入りの衣服、レース編みのテーブルクロス、木彫りの置物、宝石など、ペルナンブコ州のおみやげがすべて揃う。

カルモ教会 Basílica de Nossa Senhora do Carmo MAP P.272-A2

1767年にカルメル修道会によって建てられた教会。教会の名前は「カルメル山の聖母」を意味し、パレスチナにあるカルメル山で、修道士の前に聖母マリアが現れたという奇蹟にちなんでいる。その建築法はオランダの影響を強く受けており、祭壇や装飾が見事。特にファサードにある2体の聖人像はぜひ見ておきたい。カルメル山の聖母はレシフェの守護聖人であり、1612年に建てられたサント・アントニオ修道院Convento Franciscano de Santo Antônioとともに、町の守護教会となっている。

ドウラーダ・ダ・オルデン礼拝堂
Capela Dourada da Ordem MAP P.272-B1

サン・フランシスコ教会および修道院の敷地内にある礼拝堂。ブラジルのバロック様式の最高傑作ともいえる建築物のひとつで、1697年に建てられた。内部は祭壇や壁、天井に金の装飾がふんだんに施され、彩色タイルで作られたパネルや金を刻み込んだ宗教画なども掲げられている。隣にはフランシスカーノ宗教美術館が併設されている。

ボア・ヴィアジェン広場
Praça de Boa Viagem MAP P.271-B4

ボア・ヴィアジェン地区の中心部にあるこの広場。昼間は何もない広場だが、夜になると一変。民芸品やおみやげ、軽食など露店が毎晩21:00頃まで並ぶ。値段は交渉次第で、まとめ買いをすれば安くなる。広場の片隅には観光案内所がある。

セントロやオリンダ行きのバスも発着する

オリンダ
Olinda

サン・フランシスコ修道院
Convento São Francisco MAP P.276-B1

美しいフレスコ画にも注目

オリンダ旧市街のセー教会から東側に坂を下った所。1585年にブラジルで初めて建てられた修道院のひとつで、後に教会や礼拝堂が増設された。内部は手の込んだ装飾が施されており、タイルを張り合わせた内壁やバロック様式の礼拝堂の祭壇がある。

セー教会
Igreja da Sé MAP P.276-B1

オリンダの中心に立つセー教会

オリンダ旧市街の丘の中心部に立つ、1537年に北東部で初めて建てられた教区教会のひとつ。簡素な造りの教会だが、付近には海沿いに昔ながらの瓦屋根の住居が並び、その周りをテイオウヤシの木々が囲む、オリンダならではの景色を見渡すことができる。

ドウラーダ・ダ・オルデン礼拝堂
住 R. do Imperador Dom Pedro II s/n, Bairro de Santo Antônio
☎ (081)3224-0994
開 月～金　8:00～11:30、14:00～17:00
土　8:00～11:30
休 日
料 無料

ボア・ヴィアジェン地区からレシフェ旧市街への行き方
ボア・ヴィアジェン広場から032番、033番、044番、061番、062番、071番のバスで行ける。所要30～45分。071番のみはR$4.4で、ほかはR$3.2。032番、033番は広場の西のバス停、044番、061番、062番、071番は広場の南、教会前のバス停から出発。

オリンダへの行き方
ボア・ヴィアジェン地区から
ボア・ヴィアジェン広場の南にあるバス停から910番のバスで行ける。所要約1時間30分。降車場所はカルモ広場南のバス停。料金はR$4.4。バスは海岸沿いのボア・ヴィアジェン通りAv. Boa Viagem沿いを走るので、途中のバス停からも乗車可能。
レシフェのセントロから
近距離バスターミナルから1983番、1992番のバスで行ける。所要約1時間。料金はR$3.2。バスはカイス・ド・アポロ通りR. Cais do Apoloやフロリアノ・ペイショート通りR. Floriano Peixotoからも乗れる。空港からオリンダへ行く場合は、地下鉄レシフェ駅を降りフロリアノ・ペイショート通りから乗るのが簡単。

町を見下ろす展望スポット
オリンダの町は緩やかな坂になっており、セー教会のあたりからは町と海岸までが一望できる。教会のそばにはエレベーター Elevador Panorâmicoがあり、さらに上からの眺めが楽しめる。料金はR$8。

サン・フランシスコ修道院
住 R. do São Francisco 280, Cidade Alta
☎ (081)3429-0517
開 8:00～12:00、14:00～16:30
休 日
料 R$2

セー教会
住 Largo da Sé, Alto da Sé
開 月～土　8:00～12:00、14:00～16:00
日　7:00～15:00
休 無休
料 無料

ヒベイラ市場
開10:00～18:00頃（店舗により異なる）
休無休（日曜はほとんどの店が休み）

ヒベイラ市場

Mercado da Ribeira MAP P.276-A1

ヒベイラ市場には多くのみやげ物屋がある

18世紀まで奴隷市場として使われていた広場。現在ではきれいにディスプレイされたオリンダみやげを売る商店やアーティストの作品が並ぶ、おみやげ広場になっている。値段は若干高め。市場裏手から望むオリンダの町並みが美しい。

サン・ベント修道院
☎(081)3316-3211
開5:00～12:00、14:00～18:30
休無休
料無料

サン・ベント修道院

Mosteiro de São Bento MAP P.276-A2

16世紀初頭、オランダにより建てられた、ブラジルで2番目に古いベネディクト派の修道院。最大の見どころは、内陣にある黄金の祭壇。鐘楼の下にあるスペースは、チャペルに入れない奴隷の黒人たちが祈りを捧げる場所だった。

塔が1本のオランダ式教会

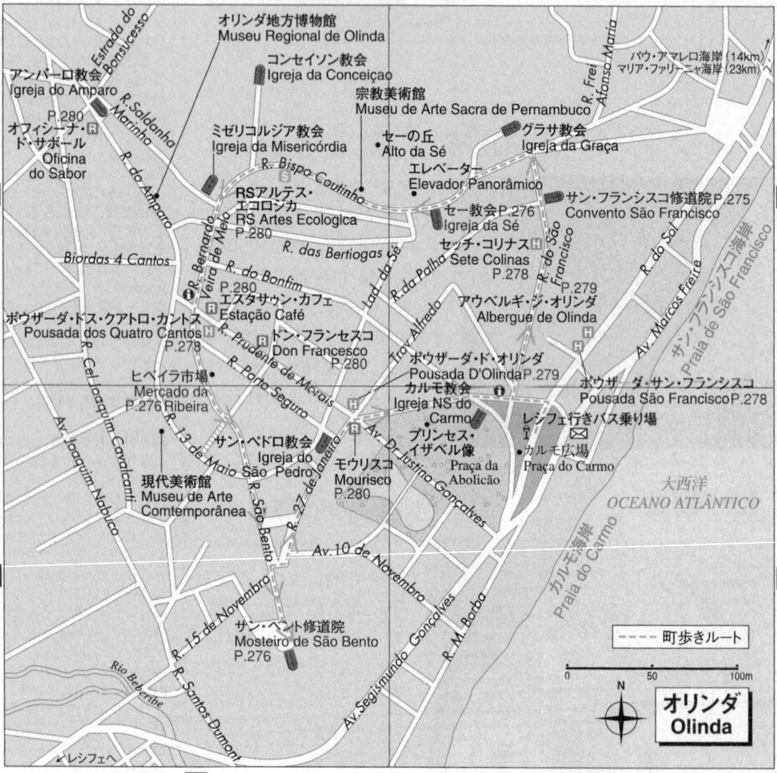

レシフェ／オリンダのホテル

ボア・ヴィアジェン地区

Hotel Atlante Plaza
アトランチ・プラザ　MAP P.271-B4

高級ホテル

ボア・ヴィアジェン広場から徒歩約5分。室内には十分な設備が揃い、大半の客室がバスタブを備えている。

住 Av. Boa Viagem 5426, Boa Viagem
☎ (081) 3302-3333　FAX (081) 3302-3344
URL www.ponteshoteis.com.br　料 ⓈR$214～ ⓌR$235～　税金5%別　カード MV　室数 240室

Mar Hotels&Conventions
マール　MAP P.271-B4

高級ホテル

ボア・ヴィアジェン海岸まで徒歩5分。館内にはプールやレストランを完備。室内にはエアコン、冷蔵庫などの設備が整い、全室無料でWi-Fi接続可。

住 R. Barão de Souza Leão 451, Boa Viagem
☎ (081) 3302-4444
URL www.marhotel.com.br
料 ⓈR$178～ ⓌR$215～　税金5%別
カード AMV　室数 379室

Grand Mercure Recife Boa Viagem
グランド・メルキュール・レシフェ・ボア・ヴィアジェン　MAP P.271-B3

高級ホテル

ボア・ヴィアジェン海岸の中心よりやや北に位置する5つ星の高級ホテル。目の前にはエメラルドグリーンの海が広がる。海の見えるプールやレストラン、スパも完備。セントロからも空港からも車で約10分と、交通の便もいい。

住 Av. Boa Viagem 4070, Boa Viagem
☎ (081) 3201-8200
URL www.accorhotels.com
料 ⓈR$220～ ⓌR$270～　税金5%別
カード ADMV　室数 269室

Vilarica Hotel
ヴィラヒカ　MAP P.271-B4

高級ホテル

ボア・ヴィアジェン海岸に面した4つ星ホテル。館内にはレストラン、バー、会議室などの設備があり、3階のプールからは海が見える。

住 Av. Boa Viagem 4308, Boa Viagem
☎ (081) 2121-5111　FAX (081) 2121-5100
URL www.vilaricahotel.com.br
料 ⓈR$182～ ⓌR$205～　税金5%別
カード ADJMV　室数 102室

Internacional Palace
インテルナシオナウ・パラシ　MAP P.271-B3

高級ホテル

アートが飾られた客室はモダンなたたずまい。ミニバー、セーフティボックス、ドライヤーなど室内設備も申し分ない。土・日曜は10%ほど安くなる。

住 Av. Boa Viagem 3722, Boa Viagem
☎ (081) 4009-2500　FAX (081) 4009-2525
URL www.lucsimhoteis.com.br
料 ⓈR$238～ ⓌR$262～　税金5%別
カード ADMV　室数 248室

Jangadeiro
ジャンガデイロ　MAP P.271-A3

高級ホテル

ボア・ヴィアジェン海岸沿いにあるリゾートホテル。部屋はスタンダード、スーペリア、デラックスの3種類がある。少し古さが感じられるものの、広々として快適。屋上にはプールがあり、海を見下ろせる。

住 Av. Boa Viagem 3114, Boa Viagem
☎ (081) 3086-5050　FAX (081) 3086-5051
URL www.hoteljangadeiroboaviagem.com.br
料 ⓈⓌR$262.5～　税金5%別
カード ADJMV　室数 98室

ホテル客室設備：バスタブあり　テレビあり　電話あり　インターネット可　朝食付き

Onda Mar Hotel

オンダ・マール　MAP P.271-B3

中級ホテル

ボア・ヴィアジェン海岸から2ブロック離れた所にあるホテル。建物は少々古びているが、手頃な値段で宿泊できる。室内はエアコン、ミニバー付き。英語を話すことのできるスタッフもいる。

住R. Ernesto de Paula Santos 284, Boa Viagem　☎FAX(081) 2128-4848
URL www.ondamar.com.br
料ⓈR$150～ ⓌR$200～　カード ADMV　室数142室

Hotel Enseada Boa Viagem

エンセアダ・ボア・ヴィアジェン　MAP P.271-B4

エコノミー

ボア・ヴィアジェン地区では希少なエコノミーホテル。海岸からは徒歩10分ほどかかるものの、徒歩圏内にレストランやスーパーもあり便利な立地。客室はやや狭いが清潔で、設備も整っている。

住R. Charles Darwin 235, Boa Viagem
☎(081)3128-5410
URL www.hotelenseadaboaviagem.com.br
料ⓈR$120～ ⓌR$150～
カード ADMV　室数64室

レシフェ旧市街（セントロ）

Hotel Central

セントラウ　MAP P.272-A1

エコノミー

ボア・ビスタ地区Boa Vistaの便利な場所にある。クラシックなエレベーターや高い天井など、内部にもコロニアルな趣が随所に感じられる。エコノミールームはエアコンなし。Wi-Fiはフロントのみ接続可。

住Av. Manoel Borba 209, Boa Vista
☎(081) 3222-2353　URL ⓈR$105～ ⓌR$147～（トイレ・シャワー共同ⓈR$84～ ⓌR$119～）
カード ADMV　室数57室

オリンダ

Hotel Sete Colinas

セッチ・コリナス　MAP 276-B1

高級ホテル

セー教会のある丘の下。古い豪邸宅を改装した4つ星ホテルで、緑豊かなガーデンをもつ。ガーデンではさまざまな鳥が飼われており、リゾート気分満点。

住R. do São Francisco 307, Carmo
☎(081) 3493-7766
URL www.hotel7colinas.com.br
料ⓈR$274～ ⓌR$320～　税金10%別
カード ADMV　室数44室

Pousada dos Quatro Cantos

ポウザーダ・ドス・クアトロ・カントス　MAP P.276-A1

中級ホテル

ヒベイラ市場の坂の下にあるおしゃれポウザーダ。客室はモダンで清潔。廊下や併設のレストランにはオーナーの娘の描いた絵が飾られている。花と木々に囲れた中庭にはプールもある。

住R. Prudente de Morais 441, Carmo
☎(081) 3429-0220　FAX (081) 3429-1845
URL www.pousada4cantos.com.br
料ⓈR$198～ ⓌR$228～　税金10%別
カード ADJMV　室数19室

Pousada São Francisco

ポウザーダ・サン・フランシスコ　MAP P.276-B1

中級ホテル

中庭にプール、サウナ、バー、レストランなどを完備した、リゾートタイプの3つ星ホテル。室内は明るく清潔で、エアコン、ミニバーなどがある。

住R. do Sol 127, Carmo　☎(081) 3429-2109
URL www.pousadasaofrancisco.com.br
料ⓈⓌR$235～　税金10%別
カード ADJMV　室数45室

Pousada D'Olinda

ポウザーダ・ド・オリンダ　MAP P.276-A2

エコノミー

大きなモダンな家を改装したポウザーダ。1階がリビング、2階が客室。一部の部屋にエアコン、冷蔵庫などが備えられている。ドミトリーはエアコンなし、庭にはプールもある。

住 R. Prudente de Morais 178, Carmo
☎ FAX (081) 3493-6011
URL www.pousadadolinda.com.br
料 ⓈR$100～ ⓌR$160～　ドミトリー R$60～
カード MV　室数 21室

Albergue de Olinda

アウベルギ・ジ・オリンダ　MAP P.276-B1

ホステル

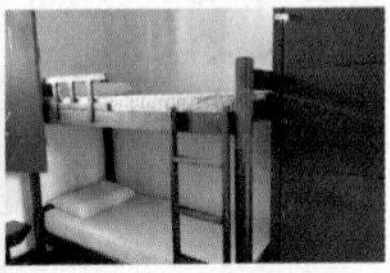

海岸近くにあるユースホステル。室内は十分に広く清潔で、ファンが付いている。プライベートルームはバス・トイレ付き。プールがある中庭にはハンモックがあり、昼寝にいい。

住 R. do Sol 233, Carmo
☎ (081) 3429-1592　FAX (081) 3439-1913
URL www.alberguedeolinda.com.br
料 ドミトリー R$45～（非会員はR$50～）
ⓈⓌR$120～　カード 不可　室数 16室

レシフェ／オリンダのレストラン

ボア・ヴィアジェン地区／レシフェ

Plim Restaurante

プリム　MAP P.271-A3

Ⓢショッピング・レシフェ（→P.280）内のレストランで、1980年の創業。メインはシーフードで、サーモン、エビなどを使った料理がR$36.6～。ほかパスタ、ピザ、リゾットもある。写真はエビのバイーア風煮込みCamarão à BaianaR$47.9。

住 R. Padre Carapuceiro 777, Boa Viagem
☎ (081) 3465-0255　営 月～土10:00～22:00
日12:00～21:00　休 無休　カード ADMV

Chica Pitansga

チカ・ピタンガ　MAP P.271-B4

ボア・ヴィアジェン地区にある、行列必至のポル・キロ・レストラン。ブラジル料理、シーフードまで種類豊富。値段は100gでランチが月～金曜R$7.47、土・日曜R$8.21、ディナーはR$6.35。

住 R. Petrolina 19, Boa Viagem
☎ (081) 3465-2224
URL www.chicapitanga.com.br
営 月～金11:30～15:30、17:30～22:00
土・日11:30～16:00、18:00～22:00
休 無休　カード ADMV

Leite

レイチ　MAP P.272-A2

レシフェのセントロにある、1882年開業の老舗レストラン。ブラジルやポルトガルの家庭料理がメイン。ロブスターのグリルやタラなどのシーフード料理が得意。予算は1人R$53～96。

住 Praça Joaquim Nabuco 147, Santo Antônio
☎ (081) 3224-7977
営 11:00～15:30
休 土　カード ADMV

Ponteio Churrascaria

ポンテイオ・シュハスカリア　MAP P.271-B4

れんが造りのシュハスカリア。料金は月～木曜がR$54.9、金・土曜R$59.9、日曜R$64.9。ドリンクは別料金。

住 Av. Visconde de Jequitinhonha 138, Boa Viagem　☎ (081) 3326-2386
URL www.ponteiorecife.com.br
営 月～木12:00～15:45、19:00～23:00
金・土12:00～23:00　日12:00～21:00
休 無休　カード ADMV

オリンダ

Oficina do Sabor
オフィシーナ・ド・サボール　MAP P.276-A1

オリンダを代表する高級レストラン。店からの眺めがすばらしく、オリンダの家並みや遠くレシフェの町まで望める。カボチャをくり抜いて、中にシーフードや肉などを詰めたジェリームムJerimumという料理が自慢で、2人前R$78～。

住R. do Amparo 335　☎(081)3429-3331
URL www.oficinadosabor.com
営火～土12:00～16:00、18:00～翌1:00
日12:00～17:00　休月　カード A D M V

Mourisco
モウリスコ　MAP P.276-A2

オリンダで最初に建てられたという民家を改装したレストラン。ポル・キロ・レストランで、1kg当たりR$39.99。ドリンクは別料金。広いテラス席でのんびりと食事が楽しめる。

住Praça Conselheiro João Alfredo 7, Carmo
☎(081)9996-45141
営12:00～15:00　休無休　カード M V

Don Francesco
ドン・フランセスコ　MAP P.276-A1

自然素材にこだわったイタリア料理店。有機卵を使用した手打ちパスタR$27.8～やラザニアR$44.81～が人気。裏庭ではバジルやルッコラなどを栽培している。緑を望むテラス席もあり、開放感抜群。

住R. Prudente de Morais 358
☎(081)3429-3852
営火～金12:00～15:00、19:00～23:00
土16:30～23:00　日12:00～16:00
休月　カード M V

Estação Café
エスタサゥン・カフェ　MAP P.276-A1

アートギャラリーの奥の小さな中庭にあるカフェ。ケーキやアイスクリーム類のほか、サンドイッチやスープなどの軽食もある。カイピリーニャにエスプレッソをブレンドしたCaipirinha de Cafe R$10.9は逸品。土曜の20:00からライブあり。

住R. Prudente de Morais 440, Carmo
☎(081)3429-7575
営火～木・日11:30～21:00　金・土11:30～22:00
休月　カード A D M V

レシフェ／オリンダのショップ

Shopping Recife
ショッピング・レシフェ　MAP P.271-A3

約450のショップと90のレストランが入った市内最大のショッピングモール。フードコートや映画館、旅行代理店もある。031番、910番などのバスが目の前に停車する。

住R. Padre Carapuceiro 777, Boa Viagem
☎(081)3464-6000
URL www.shoppingrecife.com.br
営月～土9:00～22:00　日12:00～21:00
休無休　カード 店舗により異なる

RS Artes Ecologica
RS アルテス・エコロジカ　MAP P.276-A1

ミゼリコルジア教会Igleja da Misericórdiaとセー教会の間にあるオリンダみやげのほとんどが揃うみやげ物店。問屋業務もしているようで、他店より割安で買える。37種の薬草が配合されたオリンダの栄養飲料パウ・ド・インディオPau do Indioやピンガ、民芸品やハンモックまで幅広く揃う。

住R. Bispo Coutinho 799
☎(081)3429-1550
営8:30～18:45　休無休　カード A D J M V

Natal
ナタウ

高台から望むアルチスタス海岸とニュートン・ナヴァーホ橋

ナタウはリオ・グランジ・ド・ノルチ州の州都で人口は約87万人。16世紀後半、この地方への進出を図っていたフランスを牽制する目的で、ポテンギ川と大西洋に挟まれた細長い半島状の土地に要塞が築かれたのが、今日のナタウの基礎だ。ポルトガル語で「クリスマス」を意味する町名は、町の創設日に当たる1599年12月25日にちなんでいる。ブラジルでは珍しく、1633年から21年間にわたってオランダの支配下におかれていた。

第2次世界大戦中には軍事基地がおかれ、連合国側のアフリカでの作戦に寄与した。戦後はロケット打ち上げの宇宙基地になり、現在はブラジルの"スペース・シティ"として知られている。

ツーリストにとってのナタウの魅力は、美しい砂丘を従えたビーチリゾート。1年のうち平均300日は晴天という恵まれた気候から"太陽の町"と呼ばれ、いつ訪れてもすばらしい休日を約束してくれる。

MAP P.50-C2
市外局番▶**084**
(電話のかけ方は→P.52)
US $1=**R$3.15**
=108円

INFORMATION

ℹ観光案内所(CAT)
MAP P.283
住 R. Aderbal de Figueiredo 980
☎(084)3211-6149
開 月～土 8:00～19:00
日 8:00～18:00
休 無休
セントロ近くにあるツーリストセンター。ポンタ・ネグラ海岸Praia de Ponta Negra沿いにもℹがある。

観光情報
リオ・グランジ・ド・ノルチ州観光局
Setur/RN-Secretaria de Turismo do Estado do Rio Grande do Norte
URL natalbrasil.tur.br

ナタウへの行き方

飛行機

サン・パウロ、リオ・デ・ジャネイロ、ブラジリアそれぞれからフライトがある(→P.62)。ほかの都市からは、フォルタレーザから1日1便、所要約1時間。レシフェから1日4～7便、所要約1時間。サルバドールから週5便程度、所要約1時間30分。

ナタウの空港は、2014年に新設されたサン・ゴンサーロ・ド・アマランテ国際空港São Gonçalo do Amarante Airport(NAT)。通称ナタウ空港Aeroporto de Natalと呼ばれている。

サン・ゴンサーロ・ド・アマランテ国際空港
MAP P.283外
住 Av. Rr. Ruy Pereira dos Santos, 3100
☎(084)3343-6060
URL www.natal.aero/br/

空港から市内へ

サン・ゴンサーロ・ド・アマランテ国際空港はセントロの西、約25kmにある。Trampolim da Vitória社によるローカルバスが運行されており、ラインRかSに乗ればセントロまで行ける。運賃はR＄3.6～。ポンタ・ネグラ海岸へは途中のショッピング・モールMidway Mall前で54番のバスに乗り換える。ターミナルの出口付近には空港タクシーのカウンターが並んでいる。

長距離バス

国内各地の主要都市と長距離バスで結ばれているが、非常に時間がかかる。サン・パウロからは毎日1便、所要約52時間20分～。リオ・デ・ジャネイロからは毎日1～2便、所要約46時間。サルバドールからは毎日1～2便、所要約27時間。

長距離バスターミナルから市内へ

長距離バスターミナルは、セントロの南約6kmの所にある。セントロに行くには21、38、41番などのローカルバスに乗る。所要30分程度で、料金はR＄3.35。

歩き方

セントロ

ナタウの町は、ポテンギ川Rio Potengiと大西洋の間の細長い半島状の地域に広がっている。町の中心セントロ（旧市街）はポテンギ川寄りのシダージ・アウタCidade Altaと呼ばれる地区。**サント・アントニオ教会Igreja Santo Antônio**の周りの町並みはコロニアルな雰囲気で、歩いていても楽しい。ビーチ以外の見どころといえば、町の北端にある**ヘイス・マーゴス要塞**くらい。ナタウではセントロより、ビーチの近くに宿を取るのがおすすめだ。

ポンタ・ネグラ海岸

ナタウのビーチは、北から順に、フォルチ海岸Praia do Forte、メイオ海岸Praia do Meio、アルチスタス海岸Praia dos Artistas、アレイア・プレタ海岸Praia de Areia Preta、マンイ・ルイーザ海岸Praia de Mãe Luiza、バヘイラ・ダグア海岸Praia de Barreira D'Agua、**ポンタ・ネグラ海岸**と並んでいる。

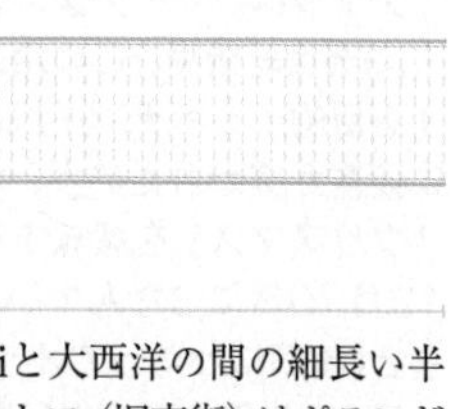
ポンタ・ネグラ海岸の端にある砂丘

フォルチ海岸からマンイ・ルイーザ海岸までは岩場が多く、あまり海水浴には向かないが、アルチスタス海岸やアレイア・プレタ海岸周辺には手頃な

おもな航空会社
ラタム航空　LATAM
MAP P.283
住 Av. Afonso Pena 844
☎0300-570-5700
（コールセンター）
空港☎(084)3343-6251

ナタウのローカルバス会社
Trampolim da Vitória
URL www.trampolimdavitoria.com

空港前のバス乗り場

空港からのタクシー料金
セントロ
R$40～45
ポンタ・ネグラ海岸
R$38～40
アルチスタス海岸
R$50～55

ナタウのタクシー

長距離バスターミナル
MAP P.283
住 Av. Capitão Mor Gouveia 1237
☎(084)3205-2931

CHECK!!! レンタルバギー
ナタウの町にはバギーをレンタルできる店がいたるところにあり、レンタル料は1日R$200くらいが相場。ほかに保証金としてR$100～200くらいが必要だが、これはもちろんあとで返してくれる。ブラジルで有効な運転免許も必要。また、自分では運転はしない運転手付きバギーツアーもあり、こちらは半日程度で1人R$100。ツアーでは旅行者には認められていない砂浜での走行も楽しむことができる。

宿やシーフードレストラン、バーなどがたくさん集まってにぎわっている。また、セントロへも近いので、このあたりに宿を取ると両替や買い物など町に用事がある場合も便利だ。

ポンタ・ネグラ海岸名物のホットドッグ売り

おもな見どころ

ヘイス・マーゴス要塞 Forte dos Reis Magos MAP P.283

ポテンギ川の河口と大西洋に挟まれた町の北端にある、星型の要塞。1598年、ポルトガルから派遣されたマニュエル・オーメンによって築かれ、ナタウ発展の基礎になった。要塞に行くには、海に築かれた500mほどの歩道を歩いていかなければならない。ポルトガル語のみだが、ガイドが付く。

ヘイス・マーゴス要塞
住Av. Cafe Filho, s/n Praia do Forte
☎(084)3202-9006
開8:00～16:00
休月
料R$3

ポンタ・ネグラ海岸への行き方
アルチスタス海岸地区からは56番のバスで所要約20分。セントロなら46または54番のバスで行くこともできる。

現在見られるのは1950年代に復元されたもの

ポンタ・ネグラ海岸 Praia de Ponta Negra MAP P.283

有名なナタウの砂丘を見るなら、ポンタ・ネグラ海岸に行くのがいい。セントロから約14km南にあり、小さな湾になった白砂の海岸が約3kmにわたって続いている。海の背後に迫るように立つ砂丘は、幅も広く、潮風に変幻する姿はとても美しい。昼は砂丘を歩いて登り、急斜面を転がるように下りてくるサンドスキーヤーでにぎわっている。周囲には雰囲気のいいレストラン、バーなどがたくさんあり、ナイトライフも充実している。

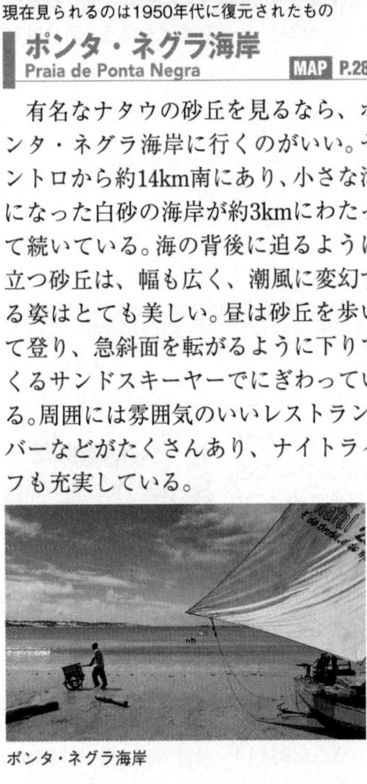
ポンタ・ネグラ海岸

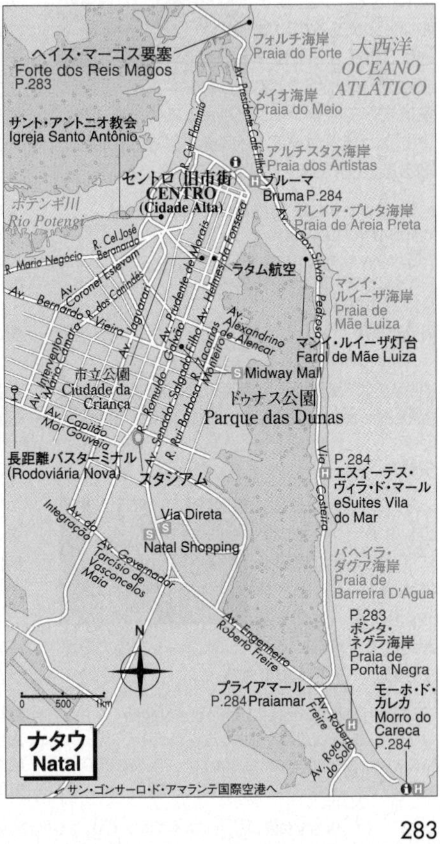

フェルナンド・ジ・ノローニャ諸島への行き方
ナタウから週2便程度、レシフェから1日3～6便程度のフライトがある。ナタウから所要約1時間15分、レシフェからは所要1時間10分～2時間45分。
URL www.noronha.com.br

独特な景観©John Copland / shutterstock.com

近郊の町と見どころ

フェルナンド・ジ・ノローニャ諸島 Fernando de Noronha MAP P.50-C2

ナタウの東の海上350kmにあるこの島々は、ブラジルでも屈指の美しい海岸と自然美で知られ、2001年にユネスコの世界自然遺産に登録された。透明な海にエイやイルカやウミガメがたわむれる様子は桃源郷のような美しさ。島の最高峰（325m）からの眺めもすばらしい。スクーバダイビングをはじめとする、マリンスポーツのメッカでもある。

ナタウのホテル

eSuites Vila do Mar
エスイーテス・ヴィラ・ド・マール MAP P.283

高級ホテル

バヘイラ・ダグア海岸にある4つ星ホテル。ヤシが茂る広い敷地にプライベートビーチとプールが3つ。客室はすべてオーシャンビュー。スパ、テニスコートなど施設も充実。バスタブ付きの部屋は2室ある。英語を話せるスタッフが多い。

住 Via Costeira 4223, Parque das Dunas
☎ (084) 4009-4999
URL www.viladomar.com.br
料 ⓈR$252～554 ⓌR$352～654
カード ADJMV
室数 210室

Hotel Morro do Careca
モーホ・ド・カレカ MAP P.283

中級ホテル

ポンタ・ネグラ海岸の端、砂丘寄りのビーチに立つ3階建てのホテル。客室は冷蔵庫、エアコンなどの設備も整っておりとても快適。割高だがベランダを備えたオーシャンビューの部屋もある。朝食はビュッフェスタイル。

住 Av. Erivan França 94, Ponta Negra
☎ (084) 3219-2979
URL www.hotelmorrodocareca.com.br
料 ハイシーズン ⓈⓌR$200～
ローシーズン ⓈⓌR$125～
カード MV 室数 26室

Praiamar Natal
プライアマール・ナタウ MAP P.283

中級ホテル

3つのプールに3つのレストラン、サウナにスパと多彩な施設を揃えたリゾートホテル。ポンタ・ネグラ海岸地区の中心部にあり、ジャクージを備えた屋上からビーチを一望できる。

住 R. Francisco Gurgel 33, Ponta Negra
☎ (084) 3219-2230
URL www.praiamarnatal.com.br 料 ⓈR$250～ ⓌR$278～ カード ADMV 室数 214室

Hotel Bruma
ブルーマ MAP P.283

エコノミー

アルチスタス海岸にあるカジュアルな宿。英語を話すスタッフもいる。リーズナブルながらも全室専用バスルーム付きで、エアコン、冷蔵庫も完備。眺めのいい部屋は少し料金が高い。小さなプールもある。

住 Av. Presidente Café Filho 1176, Praia dos Artistas ☎ (084) 3202-4303
URL www.hotelbruma.com.br
料 ⓈR$103～ ⓌR$114～ カード ADMV 室数 24室

 ホテル客室設備：バスタブあり テレビあり 電話あり インターネット可 朝食付き

Fortaleza
フォルタレーザ

メイレレス海岸

ブラジルの東北地方の海岸線にある町、フォルタレーザは、1500年にスペインの探検家、ビセンテ・ヤーニェス・ピンソンが上陸したことに始まる。これがヨーロッパ人として初めてのブラジル上陸であり、その後17世紀前半にオランダ人によって要塞が築かれ発展していった。1654年からポルトガル領になり、現在はセアラ州の州都として人口259万人を擁する大都会である。

“ブラジルのアテネ”と呼ばれるほど多数の政治家を輩出し、中央政界で活躍している人も少なくない。その恩恵かどうか、セントロは非常に近代的でかつ、ゴシック様式のカテドラルや劇場は目を見張るほど立派だ。中央市場とその周辺の商業地区は活気にあふれ、庶民のエネルギーが充満している。

ブラジル東北部の町はどこも皆、美しいビーチが自慢だが、その洗練度において、フォルタレーザの海岸はナンバーワンといっていいだろう。ヤシの林の中にきれいなバンガローやおしゃれなバー、高級ホテルが建ち並ぶ。夜はライトアップされたビーチでエアロビクス教室やテニス教室が開かれ、スポーツに汗を流す市民やそぞろ歩きを楽しむカップル、ライブバーをハシゴする若者で遅くまで華やかなにぎわいを見せている。

フォルタレーザへの行き方

飛行機

サン・パウロ、リオ・デ・ジャネイロ、ブラジリアから直行便がある(→P.62)。そのほかの都市からは、レシフェから1日3〜9便あり所要約1時間15分。サルバドールから1日1〜2便、所要約1時間40

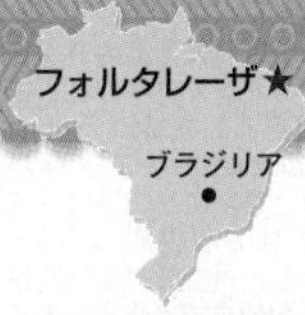

MAP P.50-C2

市外局番▶**085**
(電話のかけ方は→P.52)

US$1=**R$3.15**
=108円

INFORMATION

ⓘセアラ州の観光案内所
Setur
住 Av. Washington Soares 999, Edson Queiroz
☎(085)3195-0200
URL www.ceara.gov.br/turismo/
開 8:00〜12:00、14:00〜18:00
休 土・日
セアラ州観光局のインフォメーションセンターであるセトゥールでは、地図やパンフレットを発行している。ほか空港内、長距離バスターミナル内にもカウンターあり。

ⓘ観光案内所
観光案内所Casa do Turistaは次の3ヵ所にある。
ベイラ・マール大通り
MAP P.285-D1
住 Av. Beira Mar s/n Mucuripe
☎(085)3105-2670
開 9:00〜21:00
休 無休
中央市場内
MAP P.286-A1
住 Av. Alberto Nepomuceno 199
☎(085)3105-1475
開 月〜金 9:00〜17:00
土 9:00〜12:00
休 日
フェヘイラ広場内
MAP P.286-A2
住 Praça da Ferreira
☎(085)3105-1444
開 月〜金 9:00〜17:00
土 8:00〜12:00
休 日

ピント・マルティンス国際空港
MAP P.286-A2外
住 Av. Sendor Carlos Jereissati 3000
☎(085)3392-1200
URL www.aeroportofortaleza.net

バスの乗り換え案内アプリ
フォルタレーザのバス情報を網羅したMeu Ônibus Fortalezaというアプリがあり、事前にダウンロードしておくと便利。GPSを利用し、付近のバス停情報や目的地までのルートガイド、バスの到着・出発時間などを調べることができる(ポルトガル語のみ)。

分。サン・ルイスから1日1〜2便、所要1時間15〜50分。ベレンから1日1〜2便、所要約1時間50分。マナウスからは1日1〜2便運航、所要約3時間20分。

Let's Go! 空港から市内へ

フォルタレーザの空港名はピント・マルティンス国際空港Aeroporto Internacional Pinto Martins(FOR)。空港は市内から6kmほど南にある。近代的な設備の整った空港で、ロビーの中央には観光案内所やレンタカー会社、両替所、旅行会社のカウンターが並んでいる。セントロへは、ターミナルを出てエスカレーターを下りた地上階にある停留所から、404番の"Aeroporto"の表示のあるバスに乗る。途中、長距離バスターミナルを経由してからペドロ・ペレイラ通りR. Pedro Pereiraで空港方面へと折り返すルートとなっている。ペドロ・ペレイラ通り周辺(MAP P.286-A2)に各方面へのバス停が集まっているため、ここから目的地まで繋がるバス路線に乗り換えるといい。バスはベイラ・マール大通りAv. Beira Marのホテルが並ぶエリアの1本内陸の通りまで行く。運賃はR$3.2。

タクシー料金は、セントロや各ビーチへはR$42〜、所要15〜

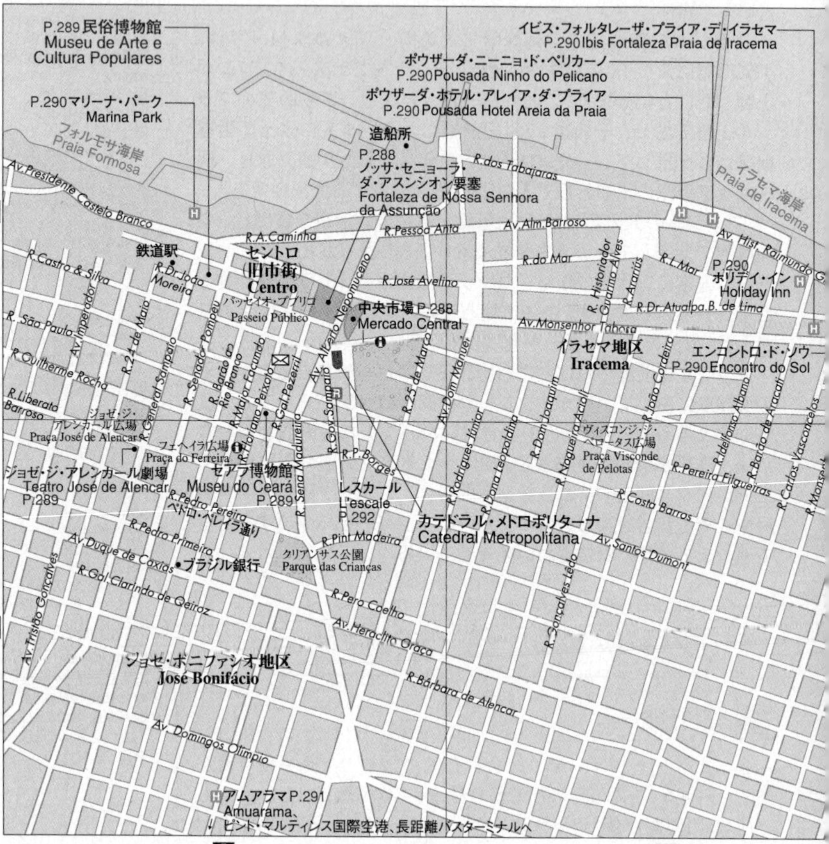

25分。長距離バスターミナルへはR＄32～。平日の夜間、土曜の午後と夜間、日曜は割増料金になる。

長距離バス

国内各地の主要都市と長距離バスで結ばれている。レシフェからCatedral Turismo社などのバスが1日7～9便、所要約13時間。サン・ルイスからはExpresso Guanabara社のバスが1日4便、所要約19時間。サン・パウロやリオ・デ・ジャネイロからも便があるが, 48時間以上かかる。

Let's Go! 長距離バスターミナルから市内へ

長距離バスターミナルTerminal Rodoviário Engenheiro João Thoméは空港の近くにあり、セントロからは4kmほど南に位置する。各バス会社のブースがずらりと並ぶ広いターミナルで、入口近くには観光案内所のカウンターもある。

セントロへは、いくつものバスが出ているが、バスターミナルを出てすぐ右側にあるバス停から出ている13、14番のバスの利用が便利。メイレレス海岸Praia do Meireles方面へは、バスターミナ

空港内両替所
営7:00～21:30

長距離バスターミナル
MAP P.286-A2外
住Av. Borges de Melo 1630
☎(085)3256-2200

市の南部にある長距離バスターミナル

長距離バスターミナルとセントロを結ぶ14番のバス

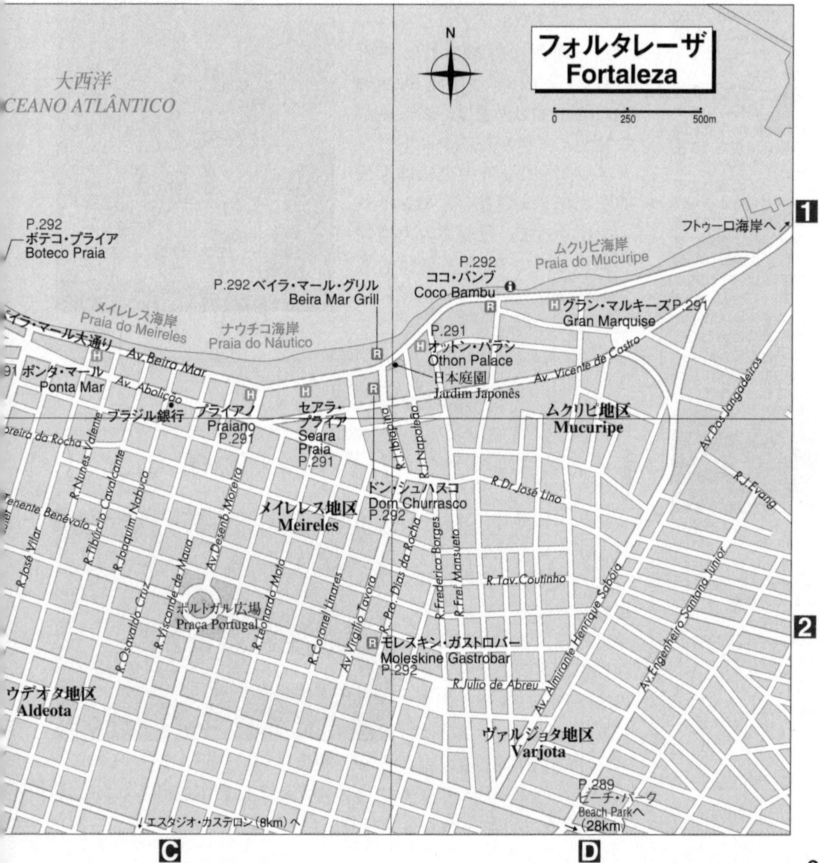

ルを出て右側に200mほど進んだ所にあるバス停から出ている99番のバスに乗る。タクシー料金はメイレレス海岸までR$25～。

歩き方

フォルタレーザのセントロは、とても整然として活気がある。セントロのランドマーク的な存在は石造りの堂々たる**カテドラル・メトロポリターナCatedral Metropolitana**だ。このゴシック様式の大聖堂は、高さ75m、5000人を収容できる広さをもち、バラ窓のステンドグラスが見事。カテドラルの少し海岸寄りにあり、まるで競技場を思わせる円形の建物は**中央市場Mercado Central**だ。市場といっても、肉や魚がつるしてあるのではない。まるでショッピングセンターのように、革製品、金物、食器、洋服、食品などさまざまなものが売られ、生活用品は何でもここで揃う。フォルタレーザの特産品として有名なカシューナッツやハンモックの専門店もあり、見ているだけでも楽しい。地上階には観光案内所もある。

市場から西へ歩いて約10分の所には**民俗博物館**がある。周辺の郷土芸能や民俗に関する興味深い展示品と、みやげ物屋がある。

カテドラル・メトロポリターナから南西に約200m行った所にある、**フェヘイラ広場 Praça do Ferreira**界隈は、おしゃれなブティックが並ぶショッピングエリア。広場の中央には近代的なオブジェが並び、セントロの中にあって、洗練された空間を演出している。休日には若者や家族連れが訪れる、活気に満ちたエリアだ。

露店が並ぶジョゼ・ジ・アレンカール広場

おもな見どころ

ノッサ・セニョーラ・ダ・アスンシオン要塞
Fortaleza de Nossa Senhora da Assunção　MAP P.286-A1

1649年に建てられた、フォルタレーザ発祥の元になった要塞。現在は陸軍の所有になっていて勝手に中に入ることはできないが、当時の大砲がそのまま残っている。門番に要塞を見たいと言うと(奥を指させば通じる)、兵士が敷地内を案内してくれ、海に向かって砲台が並べられた広場や、要塞の一部を案内してくれる。

海に近い高台に建てられた要塞

1978年建立のカテドラル・メトロポリターナ

中央市場
MAP P.286-A1
住 Av. Alberto Nepomuceno 199, Centro
☎(085)3454-8586
URL www.mercadocentraldefortaleza.com.br
営 月～金　8:00～18:00
土　8:00～17:00
日　8:00～13:00
休 無休

フォルタレーザのビーチ
セントロに最も近いイラセマ海岸Praia de Iracemaには、手頃な宿がたくさんある。ここから海岸沿いのベイラ・マール大通りまで来るとバーや高級ホテルが多くなり、20分ほどでにぎやかなメイレレス海岸に着く。メイレレス海岸は総称で、実際にはイデアウIdeal、ディアリオスDiários、メイレレスMeireles、ナウチコNáuticoとさらに細かく名前が分かれているが、案内板が随所に立っているのでわかりやすい。

ビーチ沿いには日本庭園もある

ノッサ・セニョーラ・ダ・アスンシオン要塞
住 Av. Alberto Nepomuceno, Centro
☎(085)3255-1600
開 7:00～16:00
休 無休
料 寄付

民俗博物館 Museu de Arte e Cultura Populares MAP P.286-A1

かつて刑務所だった建物で、1階がみやげ物店、2階が民俗博物館になっている。1階のかつて囚人が収監されていた部屋にぎっしりと店が詰まっている。特に目につくのが、フォルタレーザ特産のレースを扱う店。狭い通路は、どこまで行ってもレース屋さんが続いている感じだ。ブラウスやエプロン、テーブルクロス、レース編みの小物などが壁にびっしりと張りつけられ、店頭の台には山積み状態。どこの店も同じような品揃えで、気に入ったひとつを探すのは難しい。

セアラ博物館 Museu do Ceará MAP P.286-A1

先住民の暮らしやポルトガルによる植民と布教、奴隷制の盛衰（セアラ州は1884年にブラジルで初めて奴隷制を廃止）などセアラ州の歴史について学べる博物館。昔の絵画や家具と生活用品、銃器、18世紀のフォルタレーザを再現したジオラマ模型などが展示されている。1871年竣工の建物はかつての州議事堂。

ジョゼ・ジ・アレンカール劇場 Teatro José de Alencar MAP P.286-A2

公演内容については観光案内所やウェブサイトで確認を

1910年に建てられたアール・ヌーヴォー様式の劇場。フォルタレーザ近郊で生まれた文豪の名にちなんで命名された。鋳鉄を多用した優美なデザインや、玄関ホールと劇場の間に中庭を設けて採光を図った独特の構造などは建築的にも興味深い。1991年に新装され、国の史跡に指定された現在もコンサートや演劇などに使われている。

ビーチ・パーク Beach Park MAP P.287-D2外

フォルタレーザのセントロから約22km東、ポルト・ダス・ドゥナスPorto das Dunasのビーチにある海岸遊園地。ウオータースライダーやスイミングプール、シーフードレストランほか宿泊施設も併設しており、フォレタレーザ市民の人気を集めている。また、リゾート施設もあり、プライベートビーチでジェットスキーやウインドサーフィンが楽しめる。手軽に楽しむためには、旅行会社主催のツアーに参加するといい。

近郊の町と見どころ

カノア・ケブラーダ Canoa Quebrada MAP P.50-C2

フォルタレーザの南東約166km。アラカチAracatiの町に近い静かなビーチで、若いツーリストが集まる。ホテルやレストランの数も多く、リゾート地として人気がある。

民俗博物館
住 R. Senador Pompeu 350, Centro
☎(085)3101-5508
開 月～土 8:00～16:00
日 8:00～11:00
休 無休
料 R$1

セアラ博物館
住 R. São Paulo 51
☎(085)3101-2610
開 9:00～17:00
休 日・月
料 無料

博物館の建物も文化財

ジョゼ・ジ・アレンカール劇場
住 Praça José de Alencar s/n
☎(085)3101-2562
開 火～金 9:00～21:00
土・日 14:00～21:00
休 月
ガイドツアー
催 火～金9:00～12:00と14:00～17:00の毎正時、土・日14:00～17:00の毎時ちょうどに出発
料 R$6

ビーチ・パーク
住 R. Porto das Dunas 2734
☎(085)4012-3000
URL www.beachpark.com.br
営 11:00～17:00
休 水（ハイシーズンは無休）
料 R$215
行き方
セントロや空港からの送迎サービスあり（要事前問い合わせ）。ナウチコ海岸Praia do Náutico前にある旅行会社などで申し込むのが一般的。

カノア・ケブラーダへの行き方
バスターミナルから毎日5～6便程度バスが運行している。所要約3時間30分。
São Benedito
☎(085)3272-1232（フォルタレーザ）
☎(088)3421-2020（アラカチ）

フォルタレーザのホテル

イラセマ海岸

Marina Park Hotel
マリーナ・パーク MAP P.286-A1

高級ホテル

イラセマ海岸に立つ5つ星の高級ホテル。レストラン、バー、プール、テニスコート、サウナなど施設も充実。

住Av. Presidente Castelo Branco 400
☎(085)4006-9595 FAX(085)3253-1803
URL www.marinapark.com.br 料ⓈR$270～ⓌR$297～ カード ADMV 室数315室

Holiday Inn Fortaleza
ホリデイ・イン・フォルタレーザ MAP P.286-B1

高級ホテル

イラセマ海岸前にある24階建てのホテル。全室オーシャンビューで、広さは37㎡以上とゆったりとした造り。Wi-Fi利用は有料でR$35。

住Av. Hist. Raimundo Girão 800
☎(085)3455-5000 FAX(085)3455-5055
URL www.holidayfortaleza.com.br
料ⓈR$228～ ⓌR$258～ 税金15%別
カード ADMV 室数270室

Encontro do Sol
エンコントロ・ド・ソウ MAP P.286-B1

中級ホテル

邸宅風の中級ホテル。客室数は少なく、アットホームな雰囲気。バーやスイミングプールが完備されているなど、公共設備が充実している。客室は白を基調としており、清潔感にあふれている。

住R. Monsenhor Bruno 122
☎(085)3031-6222
URL www.hotelencontrodosol.com.br
料ⓈR$160～ ⓌR$190～ カード ADMV 室数22室

Ibis Fortaleza Praia de Iracema
イビス・フォルタレーザ・プライア・デ・イラセマ MAP P.286-B1

中級ホテル

質素な客室だが、エアコン、セーフティボックス、冷蔵庫など設備がそつなく整っているのは大手チェーンならでは。イラセマ海岸まで250mほどと、波の音が聞こえる距離。朝食は別料金でR$21。

住R. Dr. Atualpa Barbosa Lima 660
☎(085)3052-2450 FAX(085)3052-2470
URL www.accorhotels.com 料ⓈⓌR$177～
カード AMV 室数171室

Pousada Ninho do Pelicano
ポウザーダ・ニーニョ・ド・ペリカーノ MAP P.286-B1

エコノミー

イラセマ海岸が目の前に開ける絶好のロケーションにある。部屋にはシャワー、テレビ、エアコンが備わって、十分な広さがあり快適に過ごすことができる。カード払いの場合手数料として+10%別途。

住Av. Beira Mar 934
☎(085)3219-0871
料ⓈR$70～ ⓌR$130～
カード MV 室数23室

Pousada Hotel Areia da Praia
ポウザーダ・ホテル・アレイア・ダ・プライア MAP P.286-B1

エコノミー

イラセマ海岸前にあるリーズナブルな宿。もともとはホステルだったが、現在は改装され、とてもきれい。2階建てで全室エアコンと冷蔵庫、Wi-Fiを完備しているなど、設備も整っている。

住Av. Beira Mar 814
☎(085)3219-0755
料ⓈR$130～ ⓌR$150～
カード MV 室数18室

 ホテル客室設備：バスタブあり テレビあり 電話あり インターネット可 朝食付き

メイレレス海岸

Seara Praia Hotel
セアラ・プライア MAP P287-C1

最高級ホテル

ナウチコ海岸前の5つ星ホテル。客室には液晶テレビやミニバー、セーフティボックスを完備。Wi-Fiも無料。プールなどのある屋上からビーチエリアを見渡せる。バスタブ付きのスイートタイプもある。

住 Av. Beira Mar 3080 ☎ (085) 4011-2200
URL www.hotelseara.com.br
料 ⓈⓌR$286～
カード ADMV 室数 217室

Praiano Hotel
プライアノ MAP P.287-C1

高級ホテル

4つ星高級リゾートホテル。目の前にメイレレス海岸が広がる抜群のロケーション。洗練されたロビーには陶器の置物がさりげなく置かれ、全体に落ち着いた雰囲気。ツアー客の利用も多い。ロビーの脇にはプールもある。

住 Av. Beira Mar 2800 ☎ (085) 4008-2200
URL www.praiano.com.br
料 ⓈⓌR$278～ 税金12%別
カード ADMV 室数 189室

Othon Palace Fortaleza
オットン・パラシ・フォルタレーザ MAP P.287-D1

高級ホテル

19階建ての比較的新しいホテルで、ビーチフロントのホテルとしてはリーズナブルな料金設定。ビーチを見渡せる屋上プールにフィットネスジム、サウナも備えている。

住 Av. Beira Mar 3470
☎ (085) 3466-5500 URL www.othon.com.br
料 ⓈR$218～ ⓌR$264～ 税金5%別
カード ADMV 室数 130室

Ponta Mar Hotel
ポンタ・マール MAP P.287-C1

高級ホテル

メイレレス海岸のほぼ中心に位置する大型ホテル。目の前にビーチが広がり、海に面した部屋からの眺めは抜群。建物はそれほど新しくはないが、内装は改装済み。早期予約で割安になる。

住 Av. Beira Mar 2200
☎ FAX (085) 4006-2200
URL www.pontamar.com.br 料 ⓈⓌR$272～
カード ADMV 室数 260室

ムクリピ海岸

Gran Marquise
グラン・マルキーズ MAP P.287-D1

高級ホテル

ビーチまで徒歩2分ほどの立地にある高級ホテルチェーン。アジアンキュイジーヌが味わえるレストランやロクシタンのスパを併設している。ロビーや客室はラグジュアリー感溢れる造り。

住 Av. Beira Mar 3980
☎ (085) 4006-5000 FAX (085) 4006-5111
URL www.granmarquise.com.br
料 ⓈR$467～ ⓌR$510～ 税金15%別
カード AMV 室数 230室

その他の地区

Hotel Amuarama
アムアラマ MAP P.286-A2外

中級ホテル

長距離バスターミナル前にある。空港も近く、無料送迎サービスあり（要予約）。全室エアコン、ミニバー付き。

住 Av. Dep. Oswaldo Studart 888
☎ (085) 3304-8900 FAX (085) 3304-8901
URL www.amuaramahotel.com.br
料 ⓈR$212～ ⓌR$260～ 税金5%別
カード ADMV 室数 85室

フォルタレーザのレストラン

Beira Mar Grill
ベイラ・マール・グリル　MAP P.287-C1

ナウチコ海岸の西側にあるシーフードとピザの店。エビやカニ、ロブスター料理の種類が豊富で、メインはR$28.9～241.9。20：30～22：30はコメディショーが行われており、チャージR$35が別途必要となる。

住Av. Beira Mar 3221　☎(085) 3242-7413
URL www.beiramargrill.com.br
営10:00～翌2:00　休無休　カード A M V

L'escale
レスカール　MAP P.286-A1

カテドラル・メトロポリターナの1ブロック南、ピンク色の建物を利用したショッピング・センター内2階にある。店内は広々としており、地元の人たちに人気が高い。ビュッフェ形式のレストランで、重さに応じて値段が決まるポル・キロ方式。

住R. Conde D'eu 563
☎(085) 3393-9492
URL lescale.com.br　営10:00～15:00
休無休　カード M V

Dom Churrasco
ドン・シュハスコ　MAP P.287-C1

ヒゲをはやしたおじさんの看板が目印のレストラン。メインはシュハスコだが、シーフードやピザ、サンドイッチなどのアラカルトメニューほか日本食も扱っている。メインはR$40～150程度。

住R. Júlio Ibiapina 50 Meireles
☎(085) 3242-2644
URL www.domchurrasco.com.br
営日～水11:00～24:00　木～土11:00～翌1:00
休無休　カード A M V

Coco Bambu
ココ・バンブ　MAP P.287-D1

ブラジルで数店舗を展開するシーフードレストラン。名物のエビ料理はグリルやパエリアなどメニューもバラエティ豊か。シーフードのメインはR$80～140。

住Av. Beira Mar 3698
☎(085) 3198-6000　URL cocobambu.com
営月～水　11:30～15:00、17:00～24:00
木　11:30～15:00、17:00～翌1:00
金・土　11:30～17:00、17:30～翌2:00
日　11:30～24:00　休無休　カード A D M V

Boteco Praia
ボテコ・プライア　MAP P.287-C1

ビーチ沿いに立つレストランバー。料理は種類豊富で、シーフードをはじめ、パスタや刺身まである。メインはR$29～99。アルコール類の品揃えもよい。

住Av. Beira Mar 1680　☎(085) 3248-4773
URL www.botecofortaleza.com.br
営月～金17:00～翌3:00　土・日12:00～翌3:00
休無休　カード M V

読者投稿
ヴァルジョタ地区Varjotaにある、地元の人にも人気のバーです。現代風パリージャやグリルが名物で、メインはR$60～、タパスやフリットはR$20前後。金～日曜の17:00～20:00はハッピーアワーで、お酒と料理数品がセットのお得なメニューもありました。
（秋田県　シュハスコラバー　'17）

Moleskine Gastrobar
モレスキン・ガストロバー　MAP P.287-C2
住R. Professor Dias da Rocha 578
☎(085) 3037-1700
URL www.moleskinegastrobar.com.br
営月～木18:00～翌1:00
金～日12:00～翌2:00　休無休　カード A M V

São Luís
サン・ルイス

旧市街は1997年、サン・ルイス歴史地区としてユネスコの世界遺産に登録された

サン・ルイスは、ノルデスチ地方マラニョン州の州都で人口約101万5000人。西隣のパラ州の州都ベレンから806km、フォルタレーザから1070km、大西洋に流れ出す河口の中州に位置し、大西洋沿岸には白砂のビーチが広がっている。

ここはブラジルで唯一、フランス人によって築かれた町で、その名もルイ13世にちなんで名づけられた。フランス人たちはこの地を赤道地帯のフランスにしようともくろみ、ポルトガル人に敵対していた先住民族のツゥピナンバ族と結んで、アマゾン河の河口付近にまで探検隊を派遣し、周辺の先住民族を征服していった。しかし、フランス本国政府から十分な援助が得られず、1615年にはポルトガルに追われる。

一時オランダの支配下におかれたこともあるが、奴隷制の導入やインドからの移民労働力に助けられて大がかりなプランテーションが発達し、サン・ルイスは砂糖や綿花の輸出港として繁栄した。富を得たポルトガル人たちは競って立派な邸宅を建て、正面の壁をヨーロッパの美しいタイルで飾った。しかし、19世紀には産業の衰退にともなって、サン・ルイスの栄光もしだいに下降線をたどることになる。

20世紀後半、サン・ルイスは、世界最大のカラジャス鉄鉱山の輸出港となり、沿岸での石油の発見、ミサイル基地の建設、巨大なアルミニウム工場の建設などで再び注目を浴び、急速に再開発が進んだ。

20世紀末には復興プロジェクトが始まり、さびれていた植民地時代の町並みがよみがえった。セントロ(旧市街)を歩くと、さまざまな意匠の明るいタイルの壁と繊細な彫金細工のバルコニーの家々が連なり、17、18世紀のヨーロッパのどこかの町に迷い込んだような気分になる。サン・ルイスは数あるブラジルのコロニアルタウンのなかでも異彩を放つ町だ。

MAP ▶ P.50-C2

市外局番▶098
(電話のかけ方は→P.52)

US$1=R$3.15
=108円

INFORMATION

ℹマラニョン州の観光案内所
Secretaria Estadual de Turismo
空港
開24時間
長距離バスターミナル
開8:00～20:00

観光案内所
SETUR Central de Serviços Turíticos
MAP P.297-A1
住Praça Benedito Leite s/n, Prédio do Hotel Central, Térreo, Centro
開月～土 8:00～18:00
日 8:00～14:00
休無休
セー教会の向かいにあるサン・ルイス市の観光案内所。英語が通じるスタッフもいる。

セントロの北はビーチが広がるリゾート地区

サン・ルイスへの行き方

飛行機

サン・パウロ、リオ・デ・ジャネイロ、ブラジリアからの直行便がある（→P.62）。ほかにベレンから1日2〜4便、所要約1時間5分。フォルタレーザから1日2〜4便、所要約1時間15分。

Let's Go! 空港から市内へ

サン・ルイスの空港は、マレシャウ・クーニャ・マシャード空港Aeroporto Marechal Cunha Machado（SLZ）で、セントロから約15km南東に位置している。到着ロビーを出てすぐ正面にはレンタカーとタクシーカウンターがある。観光案内所には役に立つ地図やホテルのパンフレットなどが置いてある。

空港を出て左の広々としたロータリーの中央にバス乗り場がある。セントロに行くには、"São Cristovão"と書いてあるバスに乗る。料金はR＄2.2程度。バスはセントロのデオドロ広場Praça Deodoroで折り返し、再び空港に戻る。デオドロ広場まで所要約45分。セントロ各地へはここから歩いても行けるが、広場周辺に常駐しているタクシーの利用が無難。海岸地区へはここで403番Calhau/Litorâneaのバスに乗り換えて向かうことができる。

タクシーは、空港の到着ロビーを出た所に停まっている。メーター制で料金の目安は欄外参照。所要約15分。市内から空港へはホテルなどでタクシーを呼んでもらうのがおすすめ。料金は空港からと同じか、やや安い。

長距離バス

国内各地の主要都市とを長距離バスが結んでいる。ベレンからRápido Marajó社などのバスが毎日4便、所要約13時間。フォルタレーザからは毎日3便、所要18時間33分〜20時間16分。リオ・デ・ジャネイロやサン・パウロからも便があるが、50時間以上かかる。

Let's Go! 長距離バスターミナルから市内へ

サン・ルイスの長距離バスターミナルTerminal Rodoviário de São Luísは、セントロの南東約10km、セントロと空港を結ぶ道上に位置する。長距離バスターミナルからセントロへは、バスかタクシーを利用。バス停はターミナル出入口の前にあり、"Rodoviária/João Paulo" "Rodoviária/São Francisco"などの表示があるバスに乗る。中央バスターミナルPraia Grande Terminal da Integraçãoへ行くバスとデオドロ広場までしか行かないバスがあるので、乗車口横の経由地表示を確かめて乗ろう。所要約35分、料金はR＄2.2程度。セントロから長距離バスターミナルへは、"Rodoviária"の表示のあるバスに乗る。

タクシーは定額制で、乗り場の横に目的地ごとの料金が掲示されている。旧市街までは約20分ほどで着く。

CHECK!!! サン・ルイスという町

通年30℃を超える暑さとなり、7〜12月が乾季、1〜6月は雨季に当たる。サン・ルイスはその歴史から複雑な人種構成をもち、料理や祭りなども独特のものがある。また、ブラジルのジャマイカと呼ばれるほどレゲエが浸透しており、ライブ演奏などもあちこちで行われている。

マレシャウ・クーニャ・マシャード空港
住 Av. dos Libaneses, 3503 Bairro Tirirical
☎ (098)3217-6100

空港からセントロへ向かうバス

空港からのタクシー料金
セントロ
料 R$48程度
サン・フランシスコ地区
料 R$50〜55程度

長距離バスターミナル
住 Av. dos Franceses n°300, Bairro Santo Antônio
☎ (098)3015-4015
URL www.rodoviariasaoluis.com.br

長距離バスターミナル内

長距離バスターミナルからのタクシー料金
セントロ
料 R$30程度
ポンタ・ダレイア海岸〜カリャウ海岸地区
料 R$30〜40程度

信号機もタイル模様

市内の移動

路線バスのハブとなっているのはセントロの西にある中央バスターミナル。中央バスターミナルを出たバスは、便によってはセントロの南を回り、ポンタ・ダレイア海岸Praia da Ponta d'Areia、サン・マルコス海岸Praia de São Marcosを通ってカリャウ海岸Praia do Calhauへ向かう。タクシーはセントロの移動ならR$10以内、海岸地区へはR$15～20ほど。

歩き方

サン・ルイスの見どころは、復興プロジェクトによって再現された植民地時代の美しい町並み。**セントロ（旧市街）Centro Histórico**のいたるところにタイルを張った建物を見ることができ、ヨーロッパの古い町に紛れ込んだかのような錯覚を覚えるほど。特にカーザ・ダス・トゥリャス市場周辺の路地には、デザインも色もさまざまなタイルが張られた家が並びひときわ美しい。

セントロは端から端まで直線で歩いて20～30分くらい。見どころも徒歩で15～20分の所にあるので散策しやすい。町は港を見下ろす高台と海岸沿いに建設され、海岸沿いから町の中心部へは階段がほとんどなので、大きな荷物があるなら、タクシー利用が楽。

CHECK!!!

サン・ルイスの治安

サン・ルイスの町なかは人どおりも多いため、それほど危険な雰囲気ではない。カルモ広場の周辺には若干貧困層らしき人々もいるが、ベンチなどに座っていても特に危険というわけではない。ただし、子供のひったくりなどはあるので、カメラやバッグなどは体から離さないように注意しよう。また、ドン・ペドロ2世広場Praça D. Pedro Ⅱから黒人博物館へ続くエストレーラ通りR. da Estrêlaのカーザ・ダス・トゥリャス市場より南側は、夜は街灯が少なくて暗く、建物もスラム化しているので注意。また、日曜はほとんどの店が休みとなる。人どおりも極端に少なく、特に夜は出歩かないようにしたい。

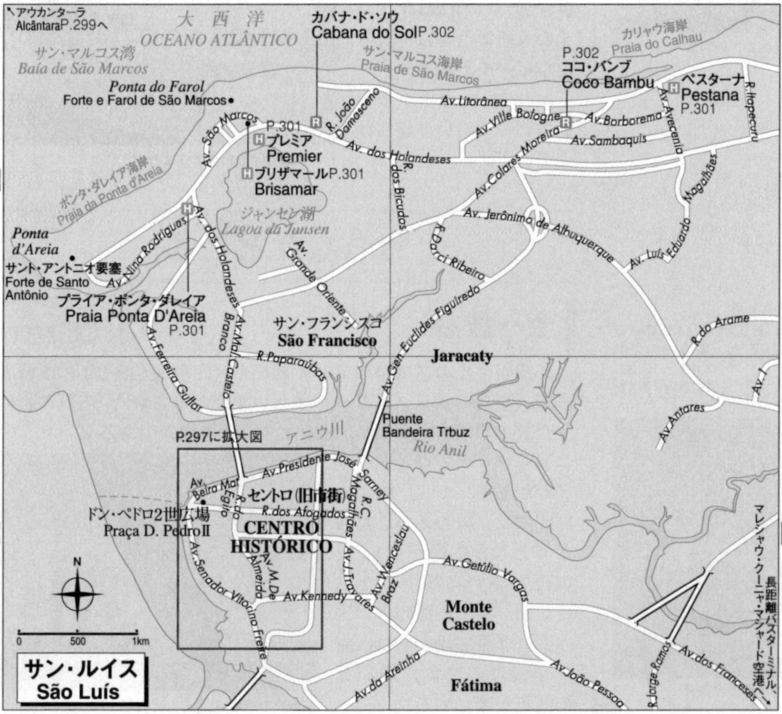

夕暮れ時は特に美しいサン・ルイスの町並み

レンソイス・マラニャンセス国立公園へのツアー
サン・ルイス発レンソイス・マラニャンセス国立公園への一般的なツアーは1泊2日。朝7:00頃にサン・ルイスを出発し、バヘイリーニャス到着後、レンソイス・マラニャンセス国立公園を訪問。バヘイリーニャスに1泊して、翌日はプレグィシャス川下りをしてランチを食べてからサン・ルイスへと戻る。到着は21:00頃。料金はR$400前後（宿泊費込み）で、どこの旅行会社でも内容は同じ。観光案内所やホテルに各社のパンフレットが置いてあるほか、観光案内所やホテルで頼めば電話をしてくれる。

ヒベロンの噴水

町歩きは、ドン・ペドロ2世広場あたりから始めるといいだろう。広場に向かって建てられたパステルイエローの建物が**セー教会**。観光案内所も広場に面してある。広場から坂や階段で2ブロック下りた所がセントロの中心部。カーザ・ダス・トゥリャス市場沿いの**ポルトガル通りR. Portugal**沿いにはタイル張りの建物が並び、内部は博物館などになっている。

夕方になると街灯がタイルと石畳を照らし、哀愁漂う風景が浮かび上がる。市場周辺から通り沿いにかけてみやげ物屋が並び、日中は観光客でにぎわう。通りを川のほうに向かうと海のような河口が広がっている。このあたりは干満の差が7mに達することもあり、対岸までほとんど水がないようなときもある。対岸にはアウカンターラの町並みが見える。

一方、ドン・ペドロ2世広場を直進し、右側にあるナザレ通りR. de Nazaréへそのまま入って行くと、1ブロックで**カルモ広場**だ。郵便局の大きな白い建物が正面に見えるのですぐわかる。**カルモ教会**は右側奥にあるタイルを張られた大きな建物だ。ここから道はソウ通りR. do Solになる。郵便局すぐ裏手のピンク色の建物は、**アルトゥール・アゼヴェド劇場**。さらに2ブロックほど真っすぐ歩くと右側にあるピンク色の建物が、**マラニョン歴史博物館**だ。この周辺は商店が並び活気のあるエリアなので、地元の人々の生活ぶりをのぞくのも一興だ。

また、セントロからアニウ川Rio Anilに架かる橋を渡って数km行った北の大西洋沿岸は、真っ白なビーチが続くリゾートエリア。大型ホテルもこのビーチ沿いに建ち並んでいる。

ビーチが広がる町の北側エリア

おもな見どころ

セー教会

Igreja da Sé MAP P.297-A1

セー教会
住 Av. D. Pedro II s/n, Centro
開 月〜土　8:30〜17:30
　日　10:00〜12:00、16:00〜17:30
休 無休

セー教会の内装

1622年、イエズス会によって建てられた教会。1922年の改修工事で、現在のシンメトリーの美しい教会が造られた。内部のバロック式の祭壇も見事。サン・ルイスの守護聖人であるノッサ・セニョーラ・ラ・ヴィトーリアが祀られている。教会の周囲には、緑の多いこぢんまりとした広場が点在し、市民の憩いの場所になっている。特に正面のドン・ペドロII世広場からは、眼下を流れるアニウ川などの景色が楽しめる。

荘厳なセー教会

宗教美術館

Museu de Arte Sacra MAP P.297-A1

セー教会の隣りにある美術館。以前は別の場所にあったのが、2014年に現在の場所に移動してきた。この地における宗教の発展を、フランス人による入植から年代順に紹介している。

この地で作られた木製の聖像

宗教美術館
住 Av. D. Pedro II, 258, Centro
開 火～金　9:00～17:30
　 土　9:00～16:00
　 日　9:00～14:00
休 月　料 R$5

ヴィジュアルアート博物館
住R. Portugal 273, Praia Grande
☎(098)3218-9938
※2018年1月現在閉館中

ニョジーニョの家
住R. Portugal 185
開火～土　9:00～18:00
　日　9:00～13:00
休月
料無料

カーザ・ダス・トゥリャス市場
住R. da Estrêla s/n
開金　7:00～20:00
　土～木　7:00～18:00
休無休

小さいながらも歴史ある市場

カルモ教会
住Largo do Carmo, 102-Centro
開月～金　6:00～17:30
　土　8:00～12:00、17:00～18:00
休日

町の中心に立つカルモ教会

モザイク模様が美しいカルモ広場

アルトゥール・アゼヴェド劇場
住R. do Sol, s/n-Centro
☎(098)3218-9901
URL www.cultura.ma.gov.br/taa/
催見学ツアー：火～日
14:30、15:30、16:30発（出発の30分前には要到着）
料R$5

由緒あるアルトゥール・アゼヴェド劇場

ヴィジュアルアート博物館 Museu de Artes Visuais MAP P.297-A2

タイルの家とも呼ばれる、ポルトガル通りに並ぶタイル壁の建物のなかでも、ひときわ美しい建物。19世紀以前、プランテーション栽培による砂糖や綿花の輸出で栄えた商人たちは、建物をヨーロッパから運んだ美しいタイルで装飾した。ここでは、当時サン・ルイスの建物を華やかに彩った、ポルトガルのリスボンなどから運ばれたタイルを見ることができる。2階、3階には絵画も展示されている。並びにある同じくタイルの美しい建物のひとつはニョジーニョの家Casa de Nhozinho。船の模型や漁船、漁具などの展示のほかに、マラニョン州の地元アーティストによるアクセサリーやバッグ、民芸品の展示、販売を行っている。

カーザ・ダス・トゥリャス市場 Casa das Tulhas MAP P.297-A2

アルファンデガ通りR. da Alfandegaの建物奥の中央にある、1855年に造られたサン・ルイスではいちばん歴史が古い円形の小さな市場。暴風時の避難所にも使えるように入口をわざと狭くした、昔からこの付近の海岸エリアに見られる典型的なスタイルだ。小さな入口から細い通路を入っていくと、蒸したエビを売る店や、この地方の名物でもある酒の中にカニが漬け込まれた瓶をつるした店、さまざまなジャムを売る店などが並んでいて、見ているだけでもおもしろい。

カルモ教会とカルモ広場 Igreja do Carmo, Largo do Carmo MAP P.297-A2

セントロの中心に位置するカルモ広場は、露店や店に囲まれたにぎやかな広場。その広場に面するカルモ教会は1627年に建造された歴史ある建物だ。1643年のオランダ軍との戦いでは、ポルトガル軍の避難場所になるなど、町の歴史に重要な役割を果たしてきた。周囲の喧騒とは対照的に内部は荘厳な雰囲気が漂う。

アルトゥール・アゼヴェド劇場 Teatro Arthur Azevedo MAP P.297-B2

1817年に建造されたブラジルで最も古い劇場のひとつ。1993年に修復が終了した。劇場は全部で750席、4階の桟敷席まである豪華な造りだ。30分ほどの館内見学ツアーが開かれている（ガイドはポルトガル語、英語）。ツアーでは、修復していた頃の様子や歴史の説明、舞台裏から舞台装置、舞台、客席をすべて案内してくれる。運がよければリハーサル風景などを見ることもできる。この劇場では現在でもオーケストラやバレエ、各種ダンス、コーラスなどさまざまなプログラムが行われている。公演は木～日曜の夜に開催されることが多い。男性は襟付きのシャツに長ズボンなど最低限の服装が必要だ。

豪華に装飾された劇場内

マラニョン歴史博物館 Museu Histórico e Artístico do Maranhão MAP P.297-B2

宗教美術館と同じ敷地内に1836年、フランス人ゴメス・ジ・ソウザによって建てられたサン・ルイスで最初のヨーロッパ建築だ。2階の展示室では、19世紀にフランスを中心としたヨーロッパから送られた家具や、金や銀、クリスタルなどをふんだんに用いた財布やかばんなどの装飾品や玩具などを、当時の生活そのままに再現している。奴隷に運ばせた貴婦人の輿、屋根裏には、当時奴隷を入れるために使っていた鉄格子のはまった狭い部屋もある。

黒人博物館 Cafua das Mercês MAP P.297-A2

白く塗られた小さな建物は、もとは奴隷の収容所だったもの。アフリカからの奴隷船内の環境は想像を絶するほど酷く、航海の途中で多くの奴隷が命を落としたほど。航海を終えた奴隷はまずここで体力を回復させ、買い手が見つかるまでつながれていた。1階には黒人奴隷が使った道具類などを展示。奥には小さな庭があり、そこから右側の階段を上がって2階の展示室に入る。こぢんまりとした室内に展示されているのは、アフリカの民族文化を反映した20世紀の木彫作品の数々。

メルセス修道院 Convento das Mercês MAP P.297-A2

1618年に建てられたコロニアル建築の旧修道院。現在はブラジル共和国独立記念館となっており、1階の回廊は非常設展示、2階はブラジル共和国の独立と発展の歴史や地元マラニョン州出身のサルネイ元大統領の美術コレクションなどを展示している。

町で最も歴史ある地域に立つ修道院

民芸品館（セプラーマ） CEPRAMA MAP P.297-B3

マラニョン州のおみやげが揃う民芸市場。以前は工場として使われていた建物で、広いパーキングとレストランがある。館内では、ヤシの繊維で作られた籠や皮のサンダル、刺繍製品、手編みの帽子、額入りのタイル、Tシャツなどのブースが並び、値段は町なかのみやげ店より安い。買うときは値段交渉しよう。

近郊の町と見どころ

アウカンターラ Alcântara MAP P.295-A2

セントロの西端にあるフェリー乗り場Terminal Hidroviárioから出ている定期船に乗り、サン・マルコス湾を渡ると対岸にアウカンターラの町がある。かつては、綿花と砂糖で巨万の富を得た人々が大邸宅を築いた豊かな町だった。今では、その屋敷はほとんど廃墟になってしまったが、博物館とモニュメントに当時の面影をしのぶことができる。

マラニョン歴史博物館
住R. do Sol 302, Centro
☎(098)3218-9920
開火～土 9:00～17:30
日 9:00～12:00
休月 料R$5（両方含む）

建物はコの字の形をしている

黒人博物館
住R. Jacinto Maia s/n, Centro
☎(098)3222-7046
開9:00～17:00
休土・日
料無料

歴史の暗部を語る黒人博物館

メルセス修道院
住R. da Palma 502, Desterro
開月 14:00～17:30
火～金 9:00～17:30
土 8:00～11:30
休日
料無料

民芸品館（セプラーマ）
住R. de São Pantaleão 1232
☎(098)3232-2187
開9:00～17:00
休日
行き方
ドン・ペドロ2世広場からタクシーで約5分、R$10程度。

さまざまな民芸品を取り揃えている

アウカンターラへのフェリー
MAP P.297-A1
複数の会社が運行しており、いずれも7:00～9:00出発で、戻りの便は15:00頃の出航。出航時間は頻繁に変更されるので、事前に確認しておこう。

ここからフェリーが発着する

セントロ

Grand São Luís Hotel

グランド・サン・ルイス MAP P.297-A1

高級ホテル

ドン・ペドロ2世広場前にある4つ星ホテル。セントロでは最もグレードが高く、室内はゆったりと広く快適。プールやジム、サウナなど館内施設も充実。

住 Praça Dom Pedro Ⅱ, 299, Centro
☎ (098) 2109-3500
URL www.grandsaoluis.com.br
料 ⓈⓌR$150～　税金15%別
カード AMV　室数 200室

Pousada Portas da Amazônia

ポウザーダ・ポルタス・ダ・アマゾニア MAP P.297-A2

中級ホテル

1835年に建てられたコロニアルな家屋を、モダンに改装している。アンティーク木製家具を多用した客室は、ナチュラルであたたかみがある。

住 R. 28 de Julho, 129, Centro
☎ (098) 3182-8787
URL www.portasdaamazonia.com.br
料 ⓈR$110～ ⓌR$150～　カード ADMV　室数 36室

Pousada dos Leões

ポウザーダ・ドス・レオインス MAP P.297-B1

エコノミー

住宅街にある瀟洒なポウザーダ。客室にはエアコンや冷蔵庫を備え、全室無料でWi-Fi接続可。居住性と立地のよさを考えると、この料金はリーズナブル。

住 R. 7 de Setembro 287, Centro
☎ (098) 3015-3665
URL www.pousadadosleoes.hoteles
料 ⓈR$90～ ⓌR$130～
カード ADJMV　室数 21室

Hotel Pousada Colonial

ポウザーダ・コロニアウ MAP P.297-A2

エコノミー

カルモ広場の2ブロック南にある。名前の通りコロニアルな館を改装したポウザーダで、タイル張りをした外観が美しい。客室は清潔感があふれ、気持ちよく滞在できる。

住 R. Afonso Pena, n° 112, Centro
☎ (098) 3232-2834
URL pousadacolonialslz.com
料 ⓈR$105～ ⓌR$135～ ⓉR$169～
カード AMV　室数 26室

COLUMN ブンバ・メウ・ボイ

サン・ルイス市内が1年でいちばんにぎやかになるのは6月。この月はフェスタ・ジェニーナといって、ブラジルでは聖人をたたえる祭事が3つあり、それぞれ全国的ににぎわっている。たいていの場合、祭事の当日を含めて3日間くらいの盛り上がりなのだが、マラニョン州、特にサン・ルイスはすごい。6月の中旬から6月いっぱい、毎晩20:00頃から翌3:00頃まで、市内の数ヵ所の会場で、ダンスや催し物が繰り広げられる。ピークは6月24日サン・ジョアンの日（またはその週末）。1グループが20～80人で構成された、75以上ものボイ・グループが、アフリカやインディヘナの打楽器を中心にリズムを取り、それぞれ独自のスタイルで踊る。本番当日もさることながら、当日まで続けられる前夜祭の盛り上がりは、お祭り好きの日本人にとっては見逃せない。2月のリオのサンバ・カーニバルもいいが、サン・ルイスの"ブンバ・メウ・ボイBUMBA MEU BOI"をぜひ、一度体験してみたい。

ブンバ・メイ・ボウの独特な踊り

Pousada do Porto
ポウザーダ・ド・ポルト　MAP P.297-A1・2

エコノミー

セントロの中心部、ナザレ通りに面したコロニアルなホテル。通路の両側に部屋が並んでいて、室内はいたってシンプル。白を基調とした室内は清潔感があり、エアコンも付いている。

住 R. de Nazaré 82, Centro
☎ (098) 3221-0793
料 ⓈR$80～ ⓌR$105～ ⓉR$150～
カード DMV
室数 9室

Brisamar Hotel
ブリザマール　MAP P.295-A1

高級ホテル

セントロから約5km、空港から16kmの海岸近くにあるホテル。プールを囲むように客室があり、海の風が吹き抜けて気持ちがいい。シンプルな室内にはエアコンや冷蔵庫も完備。Wi-Fiは全室無料。

住 Av. São Marcos 12, Praia da Ponta da Areia
☎ (098) 3212-1212
URL www.brisamar.com.br
料 ⓈR$170～ ⓌR$260～
カード ADMV　室数 113室

Solar das Pedras Hostel
ソラー・ダス・ペドラス・オステウ　MAP P.297-A2

ホステル

カルモ教会から徒歩約2分の所にある。男女別のドミトリー。部屋は掃除が行き届き快適。キッチンや洗濯場所があり、宿泊者は自由に使用できる。セーフティボックスは受付にあるが、自前の鍵が必要。

住 R. da Palma, 127 Centro
☎ FAX (098) 99172-5225
URL ajsolardaspedras.com.br/site/
料 ドミトリー R$35～（非会員R$40～）
ⓌR$80～（非会員R$90～）　カード 不可　室数 13室

Hotel Praia Ponta D'Areia
プライア・ポンタ・ダレイア　MAP P.295-A1

中級ホテル

セントロから約5km、空港から18km、モダンな外観の3つ星ホテル。全室エアコン、ミニバー付き。Wi-Fiも無料で利用できる。プールやレストランも併設されている。

住 Av. dos Holandeses, Qd 13, s/n, Ponta d'Areia
☎ (098) 3215-3232
URL www.hotelpraiapontadareia.com.br
料 ⓈR$152～ ⓌR$166～
カード ADMV　室数 115室

海岸地区

Pestana São Luís
ペスターナ・サン・ルイス　MAP P.295-B1

高級ホテル

カリャウ海岸前に立つリゾートホテル。プールやバー、フィットネスセンターを完備。客室は全室ベランダ付き。

住 Av. Avecenia 1, Praia do Calhau
☎ (098) 2106-0505
URL www.pestana.com
料 ⓈR$258.72～ ⓌR$309.54～
カード ADMV　室数 124室

Premier Hotel
プレミア　MAP P.295-A1

中級ホテル

海岸地区にある中級ホテル。客室は真新しく清潔で、全室エアコン、冷蔵庫などが備わる。飲み物などを買える売店やカフェなどが入ったモールを併設していて便利。

住 Av. dos Holandeses 3, Ponta d'Areia
☎ FAX (098) 3216-6666
料 ⓈⓌR$125～
カード ADMV　室数 155室

サン・ルイスのレストラン

セントロ

Senac
セナッキ　MAP P.297-A2

ドン・ペドロ2世広場のすぐ南にあるレストラン。店内は高級感にあふれ、給仕の応対もていねい。昼食はビュッフェ形式で1人R$38。金曜のみのディナーはアラカルトで、郷土料理がR$40～120。

住R. de Nazaré, 242　☎(098) 3198-1100
営月～木・土12:00～15:00
金12:00～15:00、19:00～23:00
休日　カード A D M V

Dom Francisco
ドン・フランシスコ　MAP P.297-A2

量り売りのポル・キロ・レストラン。昼は1kgR$34.9で約20種類の料理が選べる。天井の高い雰囲気のいい店内で、夜は魚料理をメインにさまざまな料理があり、1人R$25～35(2人R$45～60)。

住R. de Giz 155
☎(098) 99223-5370
営11:00～17:00、18:00～23:00
休日　カード不可

海岸地区

Cabana do Sol
カバナ・ド・ソウ　MAP P.295-A1

セントロから6km、茅葺き屋根のレストラン。地産のエビを使ったカルディラーダ・カマロンや、魚の煮込みペイシャーダ・ア・モーダ・マラニェンセなどが味わえる。メニューは2人前が主。予算はR$70～。

住R. João Damasceno 24-A, Farol de São Marcos　☎(098) 3235-2586
URL www.cabanadosol.com.br
営11:00～24:00　休無休　カード A D M V

読者投稿

イタリアンや地中海料理のメニューが種類豊富なレストランです。生演奏もあり、おしゃれな雰囲気でゆっくりと食事が楽しめました。(滋賀県　めんこす　'17)

Coco Bambu
ココ・バンブ　MAP P.295-B1

住Av. Colares Moreira, 1-Quadra 19
☎(098)3268-7400　URL cocobambu.com
営月～水11:30～15:30、18:00～24:00　木11:30～15:30、18:00～翌1:00　金・土11:30～17:30、18:00～翌1:00　日11:30～ 17:30、18:00～24:00
休無休　カード A D M V

サン・ルイスのショップ

Galeria Reviver
ガレリア・ヘヴィヴェール　MAP P.297-A2

コロニアルな建物の中にみやげ物屋が集まっている。タイルの店、衣類中心の店、置物や手工芸品を売る店などがあって、見て歩くだけでも楽しい。

住R. da Estrêla 175, Centro
☎店により異なる
営8:00～19:00頃　休日　カード店により異なる

O Buriti
オ・ブリチ　MAP P.297-A2

セントロにある。ブンバ・メウ・ボイの牛の置物やインディアンアートなどマラニョン州のみやげ物を販売。

住R. Portugal 188, Centro
☎(098) 3222-4499
営月～土9:00～18:00　日9:00～13:00
休2～6月と8～11月の日　カード A D J M V

Barreirinhas

バヘイリーニャス

砂の白さと湖の青さがまぶしい

MAP ▶ P.50-C2
市外局番 ▶ **098**
(電話のかけ方は→P.52)
US$1=**R$3.15**
=108円

サン・ルイスの東約260kmに位置するバヘイリーニャスは、人口5万5000人ほどの地方都市だ。かつては漁業中心のひっそりとした町だったが、レンソイス・マラニャンセス国立公園の特異な景観が世界的に知られることとなり、観光業中心の町へと生まれ変わった。特に7～8月のバカンスシーズンにかけては、ブラジル人の観光客をはじめ、世界各国から水のたまった砂丘をひとめ見ようとたくさんの観光客が詰めかける。

レンソイス・マラニャンセス国立公園はバヘイリーニャスから四輪駆動のジープを改造したトラックで片道約1時間30分。砂丘の水は6月頃からたまり始め、10月頃から引き始める。水のたまっている期間を逃さないように旅行計画を立てよう。

サン・ルイスからのフライト
バヘイリーニャスへは陸路で行くのが一般的だが、町の南に空港があり、サン・ルイスからの小型セスナ機がフライトしている。ただしチャーターなので、飛行機で行きたい人は旅行会社に相談してみよう。所要時間は約50分。

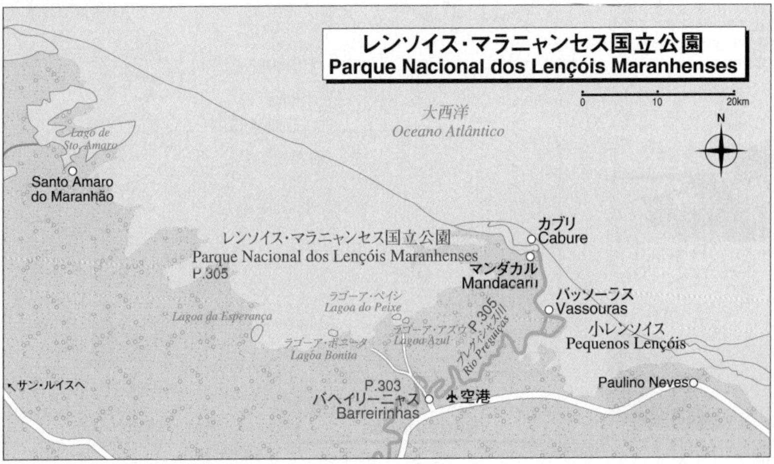

バヘイリーニャスへの行き方

長距離バス

バヘイリーニャスへはサン・ルイスからのミニバスを利用するのが便利。朝5:00〜6:00に各ホテルを回って乗客をピックアップし、バヘイリーニャスへ直行する。途中ドライブインで朝食休憩がある。バヘイリーニャスの宿泊ホテルが決まっていれば、ホテル前で降ろしてくれる。所要約4時間。事前に予約が必要なので、宿泊しているホテルなどで電話をしてもらおう。もしくは欄外のバス会社に直接電話を。バヘイリーニャス発は16:30頃。

歩き方

レンソイス・マラニャンセス国立公園の拠点となるバヘイリーニャスは、プレグィシャス川Rio Preguiças沿いに広がっている。町のメインストリートであるジョアキン・ソエイロ・ジ・カルヴァーリョ通りAv. Joaquim Soeiro de Carvalhoにはショップやポウザーダ、食堂などが軒を連ねる。中心部は歩いて10分ほどと小さな町だ。川沿いのベイラ・ヒオ通りAv. Beira Rioにはおしゃれなレストランが建ち並び、夜間になるとライトアップされる。中心部の南側には砂丘Morro da Ladeiraがある。

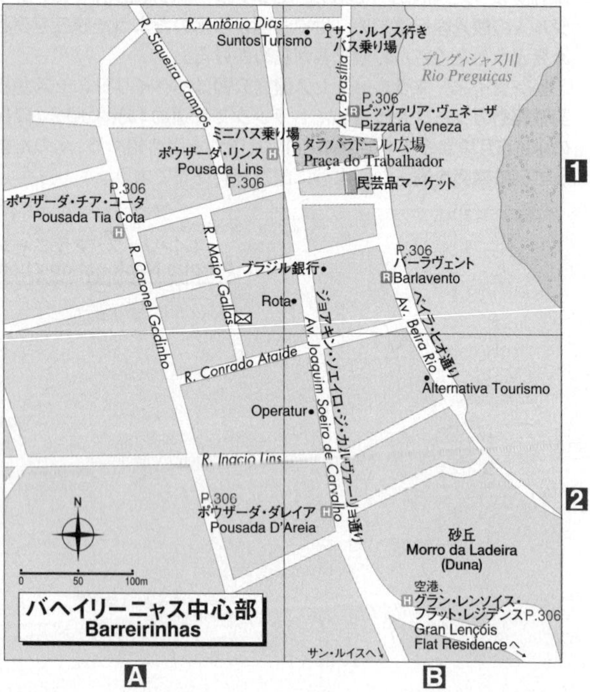

サン・ルイスからのミニバス
Fanttur
☎(098)3236-1608
Brtur
☎(098)3236-6056

バスターミナルからのバス
6:00、8:45、14:00、19:30発。所要時間約4時間30分、料金はR$44。

バヘイリーニャス発のツアー
多数の旅行会社がツアーを主催しているが、内容や料金は各社ほぼ同じで、以下の2コースが一般的。
レンソイス・マラニャンセス国立公園へのツアーは8:00頃〜13:00、14:00〜19:00の1日2回。料金はラゴーア・アズウ方面、ラゴーア・ボニータ方面どちらもR$60〜。砂丘の入口まで車で行き、徒歩でいくつかのラゴーア（池）を見て回ったり、水浴びを楽しんだりして約3時間を現地で過ごす。午後のツアーでは夕景を見ることもできる。
プレグィシャス川下りツアーは8:00〜16:00の1日1回。料金はR$60〜。ボートでプレグィシャス川を下り、下流の漁村と小レンソイスを見学する。
いずれも水場を歩くことがあるので、ぬれてもいい服装の用意を。砂丘で泳ぐ場合は水着も忘れずに。帽子やサングラス、日焼け止め、虫よけ、水なども用意しておこう。

おもな旅行会社
Alternativa Turismo
MAP P.304-B2
☎(098)98865-0905
URL www.alternativatripturismo.com
川沿いにある。違う旅行会社に申し込んでもここのジープに混載して行くことが多い。

バヘイリーニャスの川沿いはボートデッキになっている

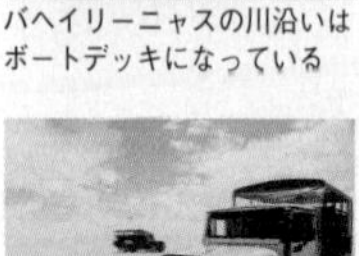
水の中も走る四輪駆動車のジープ

おもな見どころ

レンソイス・マラニャンセス国立公園
Parque Nacional dos Lençóis Maranhenses
MAP P.303

ラゴーアで泳いでレンソイスの神秘を体感しよう

バヘイリーニャスから北西へ約15km。レンソイス・マラニャンセスはポルトガル語で「マラニョンのシーツ」という意味をもつ。国立公園は大西洋に面して広がる白い砂丘で、その広さは15万5000ヘクタールと、東京23区2個分が入っても余るほどの広さをもつ。

砂丘には風によって造られる波のような凹凸がある。砂丘の砂は石英という透明な水晶でできていて、そのため日が当たると湖の青と砂の白のコントラストが美しく浮かび上がる。砂の下は硬い岩盤になっており、5〜10月の雨季になると浸透した水が砂の上にあふれ出し、湖が現れるのだ。7〜9月に湖の大きさは最大になり、12〜2月頃は水のない真っ白な砂丘に戻る。

ラゴーア・ペイシLagoa do Peixe（魚の池）にはたくさんの魚が泳いでいるが、この魚の卵は湖に水がたまると孵化する特種なものなのだそう。雨季になると現れる新種のカメも生息している。

ツアーでは砂丘で3時間ほど自由時間があり、好きな湖で泳いだり、砂丘を登ったり滑ったりと楽しめる。ただし、あまり遠くに行くと迷ってしまうので、ガイドの姿を確認しつつ移動しよう。

プレグィシャス川下り
Descente en bateau du Rio Preguiças
MAP P.303

バヘイリーニャス発のもうひとつの代表的なツアー。プレグィシャスとはナマケモノのことだ。目の前の緩やかに流れるプレグィシャス川をボートで下り、川沿いの漁村と、小レンソイスPequenos Lençóisと呼ばれる砂丘を訪れる。タンニンが豊富に含まれた茶色い川を下っていくと、沿岸に熱帯雨林やマングローブの森が広がり、カワセミやオウムなどの鳥やイグアナを見かけることも。1時間30分ほどで小レンソイスに着く。レンソイス・マラニャンセス国立公園の規模の小さなもので、同じく砂丘の中に湖が点在している。1時間ほど泳いだり展望を楽しみ、ランチを取った後、マンダカルMandacaruの漁村を訪ねる。村の中央に灯台があり、160段の階段を上った展望台からは、レンソイス・マラニャンセス国立公園、小レンソイス、ジャングルの中を太平洋へと流れる川などの、雄大な景色が楽しめる。

小レンソイスも美しさは同じ

レンソイス・マラニャンセス国立公園への行き方
バスは運行されていないため、ツアーに参加して行くことになる。移動に使われるのはトラックの荷台に座席を設けたようなTOYOTAと呼ばれる四輪駆動車。砂地が続く未舗装の道のりはかなり揺れるため、荷物は最小限に。片道およそ1時間30分。
国立公園の北側にラゴーア・ボニータLagoa Bonita、ラゴーア・プロギスなどがあり、南側にラゴーア・アズウLagoa Asul、ラゴーア・ペイシなどの湖がある。ツアーで訪れる場所はこの2ヵ所のどちらかになる。どちらも風景は同じように美しい。魚が見られるのはラゴーア・ペイシだが、砂丘の上を片道約30分歩かなくてはならない。行きたい湖があるなら、事前に希望を伝えよう。

ラゴーア・ペイシには魚がいっぱい！

砂丘に沈む夕日

小レンソイスの入口のカフェに現れるサル

マンダカルの灯台

バヘイリーニャスのホテル

Gran Lençóis Flat Residence
グラン・レンソイス・フラット・レジデンス MAP P.304-B2外

高級ホテル

中心部からタクシーで7分ほどの4つ星大型リゾートホテル。レストランやバーはもちろん、フィットネスセンターや中庭には大きなプールあり。Wi-Fiは全室完備。

住 Estrada de São Domingos s/n
☎ (098) 3349-6000
料 ⓈⓌR$200～　サービス料5%別
カード ADMV　室数 242室

Pousada Lins
ポウザーダ・リンス MAP P.304-A1

エコノミー

町の中心部に位置。何かと便利だが、道に近い部屋はややにぎやか。こぢんまりとしているがプールやレストランがある。一部エアコン付きの部屋あり。ハンモックがつるされたコーナーでのんびりできる。

住 Av. Joaquim Soeiro de Carvalho 550, Centro
☎ (098) 3349-1494
URL pousadalins.com.br
料 ⓈⓌR$225～　カード DMV　室数 9室

Pousada D'Areia
ポウザーダ・ダレイア MAP P.304-B2

中級ホテル

中心部の南側、砂丘の前にあるアパートタイプの宿。全室エアコン、ミニバー付きで、こざっぱりとした客室は手入れが行き届いている。ハンモックのつるされたバルコニー付きは12室。

住 Av. Joaquim Soeiro de Carvalho 888, Centro
☎ (098) 3349-0550
URL www.pousadadareia.com.br
料 ⓈR$149～ⓌR$238～　カード AMV　室数 20室

Pousada Tia Cota
ポウザーダ・チア・コータ MAP P.304-A1

エコノミー

料金は部屋によって異なる。共同トイレやシャワーの部屋はファンのみで少々狭く感じるが、掃除は行き届いている。シャワー、トイレ付きの部屋はエアコンやテレビもありⓈR$42、ⓌR$74。

住 R. Coronel Godinho 204, Centro
☎ FAX (098) 3349-0159
URL www.pousadatiacota.blogspot.com
料 ⓈR$60～　ⓌR$100～　カード 不可　室数 9室

バヘイリーニャスのレストラン

Barlavento
バーラヴェント MAP P.304-B1

シーフードメニューが豊富で、エビを使った料理だけでも約10種類ある。おすすめはエビ入りのソースを添えた魚のフィレMolho de CamarãoR$32。

住 Av. Beira Rio 175, Centro
☎ (098) 3349-0627　営 11:00～翌1:00
休 無休　カード MV

Pizzaria Veneza
ピッツァリア・ヴェネーザ MAP P.304-B1

タラバラドール広場Praça do Trabalhador前にあるピザ屋。ピザは約20種類ほど。カニ、魚、パスタなどメニューは多彩。

住 Av. Brasília 1　☎ (098) 3349-0147
営 18:00～24:00
休 無休　カード M

アマゾン Amazon

アマゾンとは

アマゾン河Río Amazonas流域はブラジル、ペルー、ボリビア、エクアドル、コロンビア、ベネズエラにまたがり、その面積は650万km²と、日本の面積の約18倍に当たる。アマゾン河としての長さは6516km(諸説あり)で、アフリカのナイル川の6650kmにわずかに及ばないものの世界2位。しかしながら1000kmを超える支流だけでも20本に及び、流域面積ではナイル川のほぼ2倍、堂々の世界一だ。

アマゾン河流域には世界最大規模の熱帯雨林が生育し、地球の環境を維持する大切な役割を担っている。さらに森は生物たちの宝庫であり、アマゾン河の成り立ちゆえに珍しい動物たちも多く生息している。しかしアマゾン河沿岸の都市には、マナウスだけでも190万人を超える人々が暮らしている。近年の乱開発や森林伐採は急激に熱帯雨林を減少させており、それら貴重な自然と動物たちを保護するために、2000年、中央アマゾンの川と流域の森がジャウー国立公園としてユネスコの世界遺産に登録された。

太古の昔、アマゾン河は太平洋やカリブ海へと流れるいくつもの川だった。それが7000万年ほど前のアンデス山脈の隆起により、流れが堰き止められ、大きな淡水湖が誕生した。長い年月を経てアンデスの雪解け水やギアナ高地から流れ出す水が湖をあふれさせ、それがアマゾン河となってゆっくりと大西洋へと流出することとなった。

アマゾン河はマナウスが海抜40m、マナウスから1100km上流にあるタバチンガの海抜が55mと傾斜が実に緩やか。そのため、雨季には水位が上昇し、その高低差は平均で8～9m、多い年には10mを超える。水位が高くなると小さな島や低地帯は水没し、陸地は極端に少なくなる。果実園などは初めから高台に造られているほか、放牧していた牛や家畜は雨季になると高台の牧場へと移される。家々は高床式か水上住宅で、どこへ行くにもカヌーやボートが必要となる。ジャングルでは密林内を歩くよりは、むしろ舟のほうが便利で安全。低水位期でも大小の水系が網の目のように走るアマゾン流域では、舟は人々にとって主要な交通手段となっている。

夕暮れ時のアマゾン河

ネグロ川とソリモインス川が合流する二河川合流地点

ゴム景気と日本人移民

アマゾンには19世紀中頃から20世紀初頭にかけて、ゴム景気が到来した。アマゾンに自生していたゴムの木から作られる天然ゴムは、当時生産が急増していた車のタイヤなどとしてなくてはならない素材となり、大量にヨーロッパへと輸出された。ベレンやマナウスに残る立派な劇場や建造物は、当時の繁栄を今に伝えている。しかし、1915年にイギリス人がゴムの苗を東南アジアに移植。5年後の1920年頃には東南アジアでゴムが生産されるようになり、地理的な条件の悪さと、独占市場として高値を付けていたアマゾンのゴムの需要はなくなった。

ゴム景気は、ゴム産業を支える"ゴム移民"を大量に受け入れた。日本人がアマゾンのパラ州に渡ったのは1929年(昭和4年)。しかし、ゴムブームはすでに下火になっており、さらに痩せた土地、マラリアをはじめとした風土病などの悪条件から多くの人が亡くなったり移転していった。それでも農業の知識があった日本人は、野菜などの栽培を成功させ、ブラジルにはなかった野菜を市場に送り出した。また、戦後はコショウやジュート(麻袋の

マナウスもベレンも、かつては天然ゴムの輸出で栄えた

原料）の栽培を軌道に乗せるなど、アマゾンにおける日本人移民はブラジル国民にもおおいに認められる存在となった。2009年には移民80周年を迎え、今や多くの日本人移民や日系人がこの地の経済を支えている。

拠点となる場所

アマゾン河観光の拠点となるのはベレン、サンタレン、マナウス。特にアマゾンの2大都市ベレンとマナウスでは、気軽に参加できるジャングルツアーが多数用意されている。ベレンは、中州にある島々でファームステイやカヌーなどのアクティビティ、バードウオッチングが人気。マナウスは川沿いにあるジャングルロッジを拠点に、アマゾンの自然を体験できる。

アマゾンクルーズで浸水林の中を進む

気候とベストシーズン

アマゾン地域の雨季は12月～5月下旬にかけて。雨季の始まりと同時にしだいに水位が上昇していき、3～7月が高水位期、6月下旬頃が最大となる。最大水位の時期には、対岸が見えないほど川幅が広がり、海かと見紛うような光景となる。乾季は6月～11月下旬にかけてで、8～2月が低水位期、12月が最低となる。

アマゾンのベストシーズンは、カヌーでアマゾン河支流に入り込み、ジャングルウオッチングを楽しむなら水位の高い雨季のほうがより奥地に入り込める。釣りや動物ウオッチングは乾季がシーズンに当たる。トレッキングなどは高台を歩くので通年楽しめる。アマゾン流域は雨季と乾季とであまりに風景が変わるため、両方の時期に訪れて初めて、アマゾンを語ることができるという。

おもなエリアガイド

マナウス

→P.312 MAP P.50-B2

アマゾナス州の州都で、アマゾン河の支流であるネグロ川Rio Negre沿いに拓けた町。町の東約10kmにはソリモインス川Rio Solimôesとの合流地点があり、その下流がアマゾン河となる。周辺にはジャングルロッジが点在し、アマゾン観光の一大拠点。

多くの船が行き交うマナウスの港

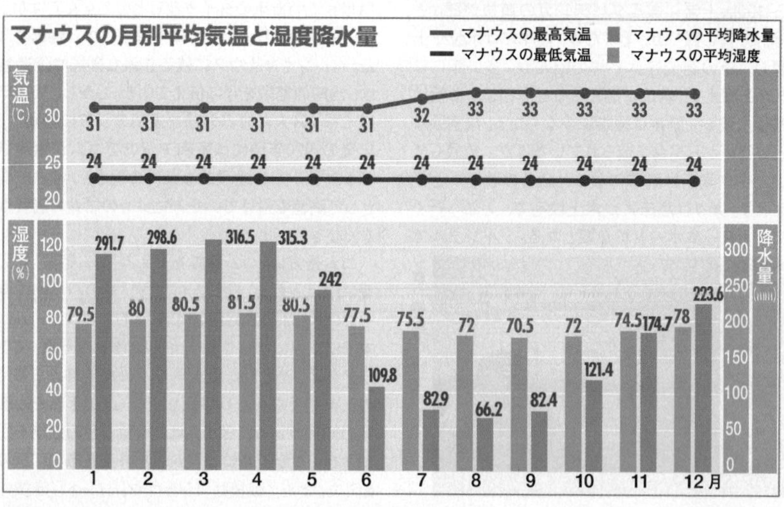

ベレン

→P.327 MAP P.50-B2

アマゾン河が海へと注ぐ河口付近にある。人口140万人を超える大都市で、パラ州の州都。このあたりの川幅は360kmを超える所もあり、川の中洲に浮かぶ島へと渡り、大自然を満喫するツアーが楽しめる。有名なのはマラジョー島など。

サンタレン

→P.340 MAP P.50-B2

ベレンとマナウスのちょうど中間にある町。マナウスとベレンを結ぶ船が停泊する、アマゾン河における交通の要衝。

服装と持ち物

年間を通して暑く、かつ湿度の高いアマゾンでは、虫よけスプレーが必携。日本のものでは効力が弱いこともあるので、現地で調達するのがいい。商店で購入できる。日本から持ち込むにしろ、スプレー缶は機内持ち込み禁止なので注意。また、かゆみ止めも忘れずに。ジャングルを歩く際には長袖、長ズボン、帽子、歩きやすい靴が必要。ほかに日焼け止めクリーム、サングラス、水にぬれてもいいサンダルがあるといい。なお、湿度が高く洗濯した衣類が乾きにくいので、速乾性素材の衣類や靴下、下着が便利。

アマゾンの動植物

◉魚

魚類では、アマゾンを代表する魚として有名なのはピラニアと、全長3mにも達することがあるという世界最大の魚ピラルクー。1億年も変わらぬ姿のままの「生きた化石」だ。鱗は靴べらほどの大きさがあり、ザラザラしていることからヤスリとして売られている。肉もアマゾンのタラと呼ばれるほどおいしく、乱獲されたため、最近では2m級のものしか取れなくなったという。ピラニアも食用にするが小骨が多い。ほかにナマズの仲間が1000種類以上もいるといわれ、全長3mになるという巨大ナマズのピライーバや、1.5mにもなるジャウー、市場でもよく見かける鎧ナマズのカスクードやピンタードなどがいる。やはり大型のタンバキやツクナレは、レストランのメニューでも人気の、肉厚の白身魚。

◉動物

ジャングルロッジ周辺で見かけるチャンスのある動物はナマケモノ、アリクイ、アルマジロ、ホエザル、クモザルなど。リスザルは飼育されているものがロッジ内にいたりする。夕方や早朝に耳を澄ますと、ホエザルの独特な声がジャングルの中に響き渡る。また、川には3種類のカワイルカが生息し、ピンク色をしていることからピンクイルカとも呼ばれるアマゾンカワイルカを見かけることも。ピンクイルカと泳ぐことができるツアーもある（→P.319）。

◉鳥

鳥の数は無数だが、小型のオウム、カワセミ、ハチドリ、オオハシ（トゥカーノ）、アカゲラなどを見つけることができる。

大型のインコもいるが見かけることは少ない

◉爬虫類

アマゾンにすむワニには、全長5mにもなる黒カイマンとメガネカイマンがいる。黒カイマンはめったに見られることはなく、ワニウオッチングツアーで見るのはメガネカイマンの子供がほとんど。といっても、岸辺にワニがたくさんいると思うとゾッとする。ジャングルには巨大なアナコンダも生息する。

ツアーについて

アマゾン河流域は道があまり発展しておらず、主要な交通手段はやはり水路となるので、旅行者が個人でジャングル内を散策するのは不可能。たとえ道があっても、治安や毒性のある動植物の多さを考えると、ひとりで歩き回るのは無謀だ。現地のガイドでさえ、自分の歩き慣れたエリア以外には、むやみに足を踏み入れない。

そこでアマゾンを満喫するにはツアーに参加することになる。マナウスではジャングルトレッキング、ピラニア釣り、夜間のワニウオッチングなどをセットにした日帰りから数泊のツアーが用意されている。ジャングルロッジに滞在し、ロッジからそれらのツアーに参加するのが一般的で、2泊3日ぐらいはみておきたい。ツアーは日本からでも現地でも申し込める。

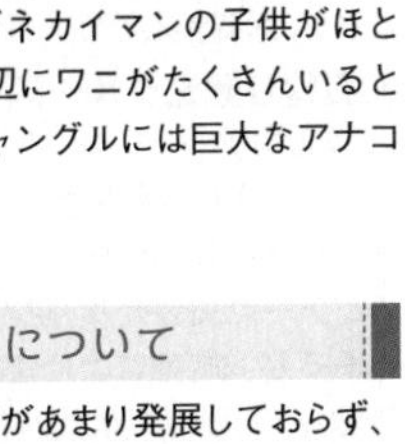

ジャングルツアーでは先住民の村を訪ねることも

◉アマゾンツアー

アマゾン河流域のいくつかのポイントを船やボートで回る、一般的なアマゾン観光ツアー。定期観光船を利用した日帰りツアー、プライベートでボートやカヌーで回るツアー、民宿に宿泊するツアー、ジャングルロッジのパッケージに参加するツアーなどがある。日帰りから3泊4日が主流で、特に日帰り観光クルーズの場合はどの旅行会社も内容には大差がない。1泊2日以上の滞在型ツアーは、ジャングルロッジと呼ばれるジャングルの中の宿泊施設と、大型クルーズ船のふたつに大きく分かれ、滞在中にピラニア釣りや夜のワニ観察ツアーなどいくつかのアクティビティに参加できる。いずれも大自然を満喫するもので、アマゾンならではの内容だ。申し込む際に、宿泊先の設備や移動手段、ガイド・食事・送迎の有無、アクティビティの内容、スケジュールなどをよく確認しよう。

ツアーは船で行われる

◉日帰り観光クルーズ

観光用ボートに乗ってアマゾンを見学するツアー。二河川合流地点、ジャナウアリー湖、オオオニバス、水上家屋などを見学する。ピンクイルカツアーや先住民集落探訪などがセットの場合もあるが、時期により変わるので予約時によく確認を。所要時間は約7時間。普通はホテルへの送迎、水上レストランでの魚料理のランチ付き。

◉滞在型ツアー

ワニ観察やピラニア釣りなどアマゾンでのアクティビティは、滞在しているジャングルロッジが行うものに参加するのが一般的だ。1泊なら到着した日の夜にワニ観察ツアー、翌日にジャングルトレッキング、2泊ならピラニア釣りやクルーズができるといった具合。宿泊施設には民家のようなものから、立派なジャングルロッジまでさまざまなタイプがあり、参加できるアクティビティも変わるので、申し込む際によく確認しよう。また、アマゾン河を航行する大型クルーズ船でのツアーも人気がある。なお、通常3食の食事は含まれている。アマゾンのジャングルロッジ(→P.320)を参照のこと。

水辺に立つジャングルロッジ

◉アマゾンクルーズ

アマゾン河では、移動もやはり船を使う。1泊や2泊の滞在型ツアーでジャングルロッジへ移動するときも例外ではなく、移動中からアマゾン河を楽しめるのだ。同乗するガイドが河やアマゾン地方の歴史、自然、この地方独特のカボクロの家屋や水上家屋について教えてくれる。アマゾン河の本流から外れて小さな水路を訪れたり、巨大な湖に行って水鳥を観察したりするツアーもある。

高床式になったカボクロの家

◉ワニ観察ツアー（夜間）

ワニのいるポイントまでモーターボートで移動。ワニの目は暗闇のなか、ライトに反応してルビーのように光るため、ワニ探しには懐中電灯を使用する。ワニを見つけたら、水面にぷかりと浮かんで寝ているところを、船頭が素手で素早くつかみ上げる。その後、ワニの生態を説明してくれて、持って記念撮影をしたりもできる。ツアーは通常、19:00以降の夜に行なわれ、所要約2時間ほど。船頭、ガイドが同行する。

素手でワニをつかまえる

◉ピラニア釣り

ピラニアはとてもポピュラーな魚で、1年中釣ることができる。一般的には半日かけて舟で釣れるポイントに行く。使用するのは簡素な竹竿で、釣り針に生牛肉の切り身を引っかけ、放り込む前に水面を竿の先でばしゃばしゃたたく。これはピラニア釣り独特の方法で、動物か何かが溺れたかとピラニアが集まってくるというわけだ。餌をつつかれているような感触があってもまだ我慢、ぐいっと来たら思い切り引き上げる。最初はタイミン

釣ったあとは鋭い歯に注意

グをつかむのが難しいかもしれないが、慣れてくるとおもしろいほど釣れる。針を外すときは噛まれないように注意しよう。ピラニア以外にナマズなども釣れる。釣った魚はフライや刺身にして試食することもできるので、事前に旅行会社に頼んでおくといい。

◉サンセット&サンライズツアー

どのジャングルロッジでも必ずといっていいほど予定に組まれている人気ツアー。どちらもボートでロッジの周辺へ行き、夕日or朝日を見学する。どちらも同じようなものだと思いがちだが、実は色がまったく違う。サンセットは夜に行うワニ観察とセットになっていることも。

アマゾンに沈む夕日

◉トゥクナレ釣り(ルアーフィッシング)

トゥクナレはブラックバスに似た肉食の魚で、大きなものは1m以上になる。ポイントはネグロ川上流。シーズンは乾季、10〜11月頃がベストだ。よいポイントはマナウスからは遠いので、できれば1泊はしたい。シーズン以外でも、マナウスの北120kmにあるバウビーナ・ダムでは1年中トゥクナレを釣ることができる。

◉ジャングルトレッキング

ジャングルの中をガイドと一緒に歩く。ガイドは森について詳しく、先住民族が昔から薬として使っていた樹木や草、珍しい昆虫、森での知恵などを教えてくれる。歩きやすい靴を履いて、長袖、長ズボン、さらに虫よけスプレーをたっぷりとつけて出かけよう。

ガイドが植物や生物の話をしてくれる

◉ピンクイルカツアー

ネグロ川に生息しているアマゾンカワイルカは、淡水にすむイルカで最も有名で、数も多い。ネグロ川を遡るツアーに参加すれば、イルカを目にする機会も多いだろう。ただ、通常のドルフィンウオッチングのようにはなかなかいかない。ネグロ川の水面が黒い鏡のようになっていて水面下がまったく見えないので、イルカがどこから出てくるのか予想できないからだ。

そんなカワイルカをもっと近くで見たい人には、一緒に泳ぐことができるツアーもある。野生のカワイルカの餌づけに成功したもので、自然の環境で触れ合うことができる。

かわいいイルカがすぐそばに

◉先住民集落探訪

アマゾン河流域には数多くの先住民が住んでいる。彼らのなかには昔ながらの生活文化を守っている人も多い。そういった集落を訪ねて、踊りや伝統的な手工芸などを見るツアーがこれ。ホテルのデスクや旅行会社で申し込んでアレンジしてもらおう。

到着すると、長老が迎えてくれて歓迎の踊りを見せてくれる。その後触れ合いの時間を持ちながら、手工芸品を見せてもらうというのが流れ。もちろんおみやげとして購入もできる。

伝統的な踊りを見せてくれる

ツアー会社の選び方

マナウス、ベレンともに多数のツアー会社があるが悪質な代理店も多く、説明と実際の内容が違った、初めに言っていた料金より多く請求されたなど、数々の被害が報告されている。確実なのは、観光案内所や高級ホテルで紹介された旅行会社や、日本人経営の信用のある旅行会社で申し込むことだ。日本人経営の旅行会社は(→P.315)。

ATSツールのスタッフの皆さん

Manaus

マナウス

MAP P.50-B2

市外局番▶**092**
(電話のかけ方は→P.52)

US$1=**R$3.15**
=108円

マナウスのシンボル、アマゾナス劇場

マナウスの時差
マナウスのあるアマゾナス州は、サン・パウロやリオ・デ・ジャネイロ、ベレンをはじめとするブラジル時間と1時間の時差がある（サマータイム実施中は2時間）。ブラジル時間が正午12:00のとき、マナウスは11:00（サマータイム時は10:00）となるので注意。

マウナスの気候
マナウスは南緯3度、海抜40m。熱帯気候で、雨季は12月中旬～6月。湿度は85～90%、気温は通常23～30度ほど。乾季は7月～12月中旬だが、最も乾燥する8～9月でも湿度は75%以上で、気温は通常は26～37度ある。雨は1年中降るが、短時間に集中して降るスコール性降雨だ。

治安について
ジョアキン・ナブコ通りAv. Joaquim Nabucoや港周辺には安いホテルが多いが、安全面を考えるとあまりおすすめできない。深夜のひとり歩きは避け、なるべくタクシーを利用しよう。市場や船上では持ち物に十分気を配ろう。

観光のコツ
セントロの商店街は土曜の午後と日曜が休み。日曜定休の博物館も多いので、週末をツアーに充てて、平日に市内観光をするのがベスト。

アマゾンという名の響きに、ロマンを抱かずにいられない人も少なくないだろう。世界最大の流域面積を有し、「緑の地獄」とさえいわれるジャングルの中を茶褐色の水をたたえてとうとうと流れる大河。そのアマゾンの真っただ中にある大都市がマナウスだ。人口約190万を超える国内主要都市のひとつでもある。アマゾン河中流域の熱帯雨林が広がるアマゾン盆地の東部に位置し、本流ソリモインス川と支流ネグロ川合流点より約10km上流のネグロ川河畔にある。

マナウスの繁栄は19世紀末のゴムブームに始まる。アマゾン上流で天然ゴムが発見され、一攫千金を夢見た人たちがヨーロッパから押し寄せてきたのだ。空前のゴム景気で大金を手にした彼らは、ヨーロッパの文化をアマゾンに持ち込んだ。パリのオペラ座を模して造られたアマゾナス劇場では、欧州から一流の歌手を招いてオペラが上演され、ダンスホールには夜ごとに着飾った社交界の名士が集まったという。

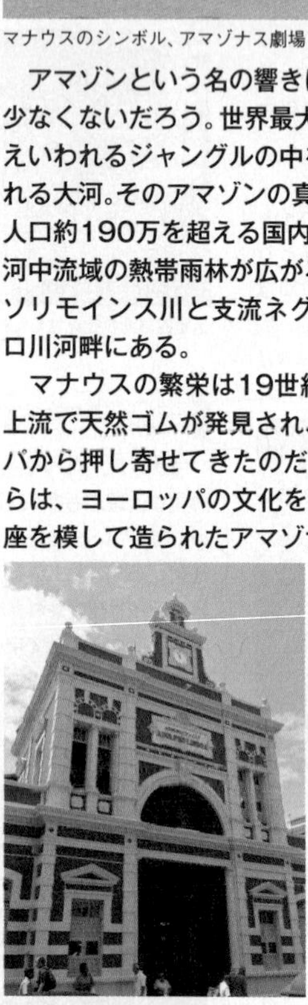

カラフルで美しいアドウフォ・リスボア市場

マナウスはブラジルにおける日本人移民の主要な入植地のひとつでもあり、現在では40社ほどの日系企業が進出しているなど、日本との関わりも深い。世界のゴムの80%を供給してゴム景気に沸き返っていた時代は去ったが、現在のマナウスは一大産業都市として、自由貿易港として、そしてアマゾン観光の拠点として発展を続けている。

マナウスへの行き方

空路

近代的なエドゥアルド・ゴメス国際空港

サン・パウロからラタム航空が1日2〜3便、ゴウ航空は1日2便直行便を運航。所要約4時間。リオ・デ・ジャネイロからはラタム航空が週2便、ゴウ航空は1日1〜2便、所要約4時間10分。そのほか、ブラジリア、フォルタレーザ、ベレンなどからも便がある。

マナウスからベネズエラ国境のボア・ビスタへはラタム航空、ゴウ航空、アズウ航空が週7便程度運航。所要約1時間20分。

空港から市内へ

マナウスの空港はエドゥアルド・ゴメス国際空港Aeroporto Internacional Eduardo Gomez(MAO)。空港はマナウスの中心から北に約20kmの場所にある。市内へのタクシーは定額制で、セントロおよびHトロピカウ・マナウス・エコリゾート(→P.322)までともにR$75。タクシーは窓口でチケットを購入してから乗り込む。エアコン付きの空港バスもあり、飛行機の発着に合わせて運行、料金はR$20で、カウンターでチケットを買う。市バスは011番と306番がセントロまで運行。料金はR$3.8。バス乗り場はターミナルから少し離れているので確認を。

長距離バス

ボア・ビスタからは1日5便運行、所要約12時間。マナウスは各主要都市から離れた内陸にあり、バス利用は難しい。長距離バスターミナルはセントロと国際空港の中間に位置し、両者を結ぶ市バスが経由している。市内へは所要15〜30分。

エドゥアルド・ゴメス国際空港
MAP P.313
住 Av. Santos Dumont 1350
☎ (092)3652-1210

空港のターミナルについて
エドゥアルド・ゴメス国際空港にはふたつのターミナルがある。すべての国際線とほとんどの国内線はターミナル1を利用。ターミナル2はアマゾンの地方都市に行く小さな飛行機が発着している。

アマゾンらしいトロピカルな植物が植えられたエドゥアルド・ゴメス国際空港

空港とセントロを結ぶ306番のバス

バックパッカー向けのツアー会社
7月10日通りR. 10 de Julhoのアマゾナス劇場から東側には、格安のジャングルロッジやツアーなどを扱うツアー会社が連続。歩いているとすぐに客引きされるが、悪質な会社も多いので注意して。
アマゾン・ブラジル・ジャングル・ツアーズ
Amazon Brazil Jungle Tours
MAP P.314-B1
住 R. 10 de julho 708
☎ (092)3087-0689
URL www.amazonbraziljungletours.com

フェリーターミナル
チケット売り場
MAP P.314-A2
営 月～土　9:00～18:00
　 日　　　9:00～15:00
休 無休
かつてはガラス張りの立派なターミナルだったが、クローズ。現在は小さなスペースになっている。なお、ハンモックを利用するなら、事前に用意しておく必要があるが、マナウスで購入できる。

マナウスの市内交通
マナウスには市バスもあるが、行き先がわかりにくく利用しにくい。運賃はエアコンなしがR$3.8、エアコン付きはR$4.2。タクシーはメーター制で、初乗りR$4、深夜(22:00～翌5:00)、週末(土・日)、年末年始はバンデイラ2の割増料金が適用される。また停止していてもメーターは回るので、渋滞の多い時間帯(7:00～8:00、12:00～13:00、18:00～19:00)は避けたほうが無難だ。

フェリー

マナウスはネグロ川Rio Negro北岸に位置し、約10km下流でネグロ川とソリモインス川Rio Solimôesが合流している。この合流点より下流が一般的にアマゾン河と呼ばれ、主要な航路はこれらに加え、南からアマゾン河に合流するマデイラ川、北からソリモインス川に流れ込むジャプラ川だ。目的地によっては経由便も利用できるので、航路を確認しておくといい。

ベレン行きは水・金曜発、所要4～5日、ハンモック約R＄320、個室(ふたりまで)R＄1000～1200。サンタレンへは月～土曜に出航、所要約2日、ハンモック約R＄160、個室はR＄800～1000。

歩き方

マナウスへとやってくる旅行者の目的は、市内観光よりも、アマゾン河の自然を体で感じること。したがって、その足でアマゾン河沿いのジャングルロッジへ向かうのが一般的。マナウスに着いてからツアーに申し込むこともできるが、あらかじめ予約して

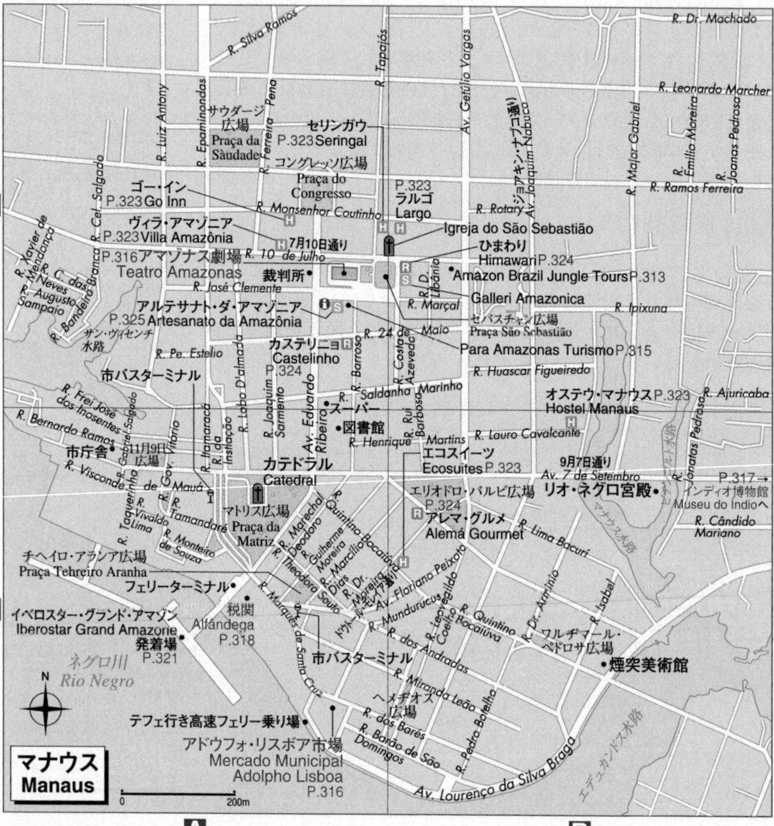

おいたほうがいい。マナラスからジャングルロッジまでは、船、あるいは車と船を乗り継いで1時間以上かかる。ツアーに申し込んでおけば、空港まで出迎えてくれるのでスムーズだ。アマゾンのジャングルロッジについては→P.320、ツアーはサン・パウロやリオの旅行会社で航空券とセットでも申し込める。

マナウスの町は、ネグロ川に面したセントロを中心に内陸に向かって広がっている。かつてゴム景気にわいた歴史をもつマナウスのセントロには、**アマゾナス劇場**や**アドウフォ・リスボア市場**など当時の富を物語るコロニアルな建造物が残っている。おもな見どころは徒歩で見て回れる範囲。最もにぎやかなのは**フェリーターミナル**からアドウフォ・リスボア市場にかけてのあたりと、**9月7日通りAv. 7 de Setembro**周辺だ。

セントロの北の**アドリアノポリス地区Adriaropolis**は高級住宅地でオフィスやしゃれたレストランが点在している。また、西には開発の進む**ポンタ・ネグラPonta Negra**があり、近代的なホテルや規模の大きなレストランなどはこのあたりに集中。

フェリーターミナルのそばにあるカテドラル

小さな通りにもたくさんの店がひしめく

INFORMATION

ℹ 観光案内所

アマゾナスツール Amazonastur
URL www.amazonastur.am.gov.br

エドゥアルド・ゴメス空港内（ターミナル１）
☎(092) 3182-9850
開7:00～22:00　休無休

空港内にある州観光公社の案内ブース。英語が通じる職員が常駐している。マナウスの地図などの提供も行っている。

アマゾナス劇場前
MAP P.314-A1
住Av. Eduardo Ribeiro 666
開月～金8:00～17:00
土・日8:00～12:00
休無休

アマゾナス劇場の目の前にある。同じ施設内には警察署もあり、盗難証明書の発行はここで。

在マナウス日本国総領事館

Consulado Geral do Japão em Manaus
MAP P.317-B2
住R. Fortaleza 416, Adrianópolis
☎(092) 3232-2000　FAX (092) 3232-6073
URL www.manaus.br.emb-japan.go.jp
開9:00～12:00、14:00～17:00
休土・日、祝

各国の領事館

ペルー Perú
住Av. Constelação 16-A
☎(092) 3632-0585

ベネズエラ Venezuela
住R. Rio Jamari 10　☎(092) 3584-3922

コロンビア Colombia
住R. 20, 651A　☎(092) 3234-6777

日系の旅行会社

ATSツール　ATS TUR
(ATS Viagens e Turismo Ltda.)
MAP P.317-B2　住R. Belo Horizonte, 09, The Place Business Center 1115 Adrianopolis
☎(092) 3622-2789　FAX (092) 3622-2715
URL www.atstur.com　E-mail atstur@atstur.com
営月～金8:00～18:00
土8:00～12:00　休日

社長の島さんをはじめ、日本人スタッフが応対に当たり、信用を第一に気配りの行き届いたサービスを行っている。飛行機やホテルの手配はもちろん、各種ツアーを扱っており、日本人ガイドも頼めるので安心。ホテルやリバークルーズのほか、ジャングルロッジの手配も可能。オフィスはセントロからタクシーで10～20分ほど。メールは日本語も可。

パラ・アマゾナス・ツーリズモ
Pará Amazonas Turismo
MAP P.314-A1　住R. José Clemente 508
☎(092) 3234-8046　FAX (092) 3234-2088
E-mail liliane@paraamazonastur.com.br
営月～金8:00～17:00　土8:00～11:30
休日

アマゾナス劇場の南側。ガイドは英語、ポルトガル語のみ。

おもな見どころ

毎日のようにコンサートがある

アマゾナス劇場
住Praça São Sebastião s/n
☎(092)3622-1880
開9:00〜17:00
休日・月
料R$20(火曜は無料)
ポルトガル語と英語のガイドツアーが45分〜1時間ごとに出る。内部はストロボ撮影禁止。コンサートなどが開かれる場合は一般見学不可。

アマゾナス劇場

Teatro Amazonas MAP P.314-A1

19世紀後半、一大ゴムブームであり余る財を手にしたヨーロッパからの移住者たちは、ジャングルの中に建設したマナウスに、ヨーロッパと同じ生活水準を求め始めた。その象徴といえるのが、1896年に建てられたイタリア・ルネッサンス様式のオペラハウス、アマゾナス劇場だ。ドーム屋根のタイルをはじめ建築材はすべてヨーロッパから輸入したもので、内部もイタリア大理石の階段、オーストリア製の椅子など、目を見張る調度品ばかりだ。

客席数は700席で、そのうち450席は2階から5階のバルコニーにずらりと並ぶボックス席。2階までしか見学できないが、この階の中央が国賓らの特別席になっている。舞台幕はソリモインス川とネグロ川合流点を描いたもので、ブラジル人のクリスピン・ド・アマラウ Crispim do Amaral 作。下部中央に2河川を象徴するふたりの神と美しいヤラ Yara(水の母)が配されている。天井はパリのエッフェル塔を下から見上げた形にデザインされ、芸術や音楽をテーマにした天井画もクリスピンの作だ。

2階には貴族のサロンがあり、大理石の円柱やバルコニーなど贅の限りが尽くされている。天井の絵はイタリア人のドメニコ・デ・アンジェリスDomenico de Angelisの作。その中央付近に描かれた女神の目を見つめながら、部屋を端から端へ歩いてみよう。なぜかずっと彼女と見つめ合うことになる。

ゴム景気にわいた当時を今に物語る立派な外観

アドウフォ・リスボア市場
住R. dos Barés 46
営月〜土　8:00〜17:00
日　6:00〜12:00
(店舗により異なる)
休無休
売り場にもよるが、魚市場などは午後になると閑散としてしまうので、午前中に行ったほうがいい。

アドウフォ・リスボア市場

Mercado Municipal Adolpho Lisboa MAP P.314-A2

驚くほど大きな魚も多い

1882年、パリの中央市場レ・アール Les Halles を模して造られた由緒ある市場。アール・ヌーヴォー式の建物には、フランスから輸入したステンドグラスや鋳造鉄の資材が用いられている。内部には穀物やアマゾン独特の薬草などのみやげ物を並べる店がぎっしりと並んでいる。木彫りに木の実や鳥の羽などをあしらった独特の仮面やピラニアの牙を使った魔よけなど先住民の工芸品、ピラニアの置物、籠製品、ジャングルの植物を練り込んだ石鹸、あやしげな薬類、そして強壮剤になるガラナやアサイーなどアマゾンの植物の粉末など、さまざまなものが並んでいる。奥には食堂もあり、川魚料理が安く味わえる。隣の建物には魚介や肉、野菜を売るマナウス・モデルノ市場Manaus Modernoが、マナウス・モデルノと通りを挟んだ向かいには果物市場のフェイラ・ダ・バナナ市場Feira da Bananaがある。

市場とは思えない美しい建物

インディオ博物館 Museu do Índio MAP P.314-B2外

教会に隣接した施設で、修道女によって管理、運営されている。アマゾン流域に暮らすヤマノミ族やリオ・ネグロ族といった先住民に関しての博物館で、生活用具や宗教儀式に使用される道具、楽器などが展示されている。動物の剥製など、自然に関する展示物もある。入口の売店では、民芸品も販売されている。

テーマごとに部屋が分かれている

インディオ博物館
住R. Duque de Caxias 356
☎(092)3635-1922
開 月～金　8:30～11:30、13:00～16:30
土　8:30～11:30
休日
料R$12
行き方
セントロから101、401、601番などのバスに乗り、約10分。

国立アマゾン研究所 Insituto Nacional de Pesquisas da Amazônia MAP P.317-B2外

アマゾンの熱帯雨林を見ることができる

INPAの略称で知られ、別名「科学の森」Bosque da Ciência とも呼ばれる、自然保護活動とジャングル実験区の運営や管理を行う国立の科学研究所。1954年に設立され半世紀の歴史をもつ。さまざまなプロジェクトを実行しているが、スミソニアン研究所とのエコシステムの研究や日本のODAによる農水省森林総合研究所との熱帯雨林の機能解明に関する共同研究を実施している。科学の家 Casa da Ciência にはこうした研究所の諸活動に関する常設展示があるので、立ち寄ってみるといい。アマゾンの昆虫コレクションや人の背丈よりも大きい葉などが見もの。淡水マナティの飼育も行われているほか、広い敷地内には散歩道もあり、アマゾンの樹林も見られる。

国立アマゾン研究所
住Av. André Araújo 1756, Aleixo
☎(092)3643-3312
開火～金　9:00～12:00、14:00～17:00
土・日　9:00～16:00
休月
料R$5
行き方
セントロから125、517番などのバスに乗り、約15分。INPA前で降りる。

税関
住 R. Marquês de Santa Cruz s/n
内部見学は不可。

税関

Alfândega MAP P.314-A2

港桟橋の手前にある中世ルネッサンス風の建築物。1906年設立の税関で、英国で造られた資材がマナウスに送られて建てられたという、ブラジル最古の組み立て式建築のひとつ。塔はかつては灯台としての役割も果たしていた。税関として今も機能しており、内部を見学することはできない。

港に面して立つ税関の建物

COLUMN アマゾンのトロピカルフルーツ

カカオ　Cacau
種がチョコレートの原料になることで知られる木の実。種の周りに付いた真っ白な綿状の果肉が美味。甘くてさわやかな酸味がある。

ジャンブ　Jambo
アマゾンリンゴと呼ぶ人もいる、酸味の強いリンゴのような味がするフルーツ。日本のリンゴよりずっと小ぶりでぎっしりとなる。

スイカ　Melancia
味は日本のスイカと変わらないが、瓜のような細長い形でしかも巨大。アマゾンではポピュラーなフルーツ。

クプアスー　Cupuaçú
ヤシの実に似た、茶色の堅い皮に包まれた大きな木の実。種からチョコレートと似たクプレートができる。果肉は真っ白で甘酸っぱい。

カジュー　Cajú
カシューナッツがとれる実。上に付く種がカシューナッツ。さっぱりとした甘さがあり、ジュースにして飲むのが一般的。

マンゴー　Manga
外皮が緑や赤味がかったもの、中身も黄色からオレンジ色がかったものまでさまざまな種類がある。

グラビオラ　Graviola
緑色のデコボコした形が特徴のフルーツ。日本にも輸入されているチェリモヤにやや似ている。果肉は甘くこってりとした味わい。

カスターニャ　Castanha
ボールのような堅い殻を割ると中からたくさんの種子が現れる。親指大の大きなナッツで、ブラジルナッツと呼ばれる。

サプカイヤ　Sapocaia
カスターニャと同様、大きな木の実でフタ状の部分を開けると中に種子がたくさん入っている。サプカイヤナッツと呼ばれる。

スターフルーツ　Carambola
断面が星のような形をしていることが名前の由来。甘味は少ないが、梨やリンゴに近いさっぱりとした味わい。

バクリー　Bacurí
クプアスーと同じ種類の堅い木の実で、中の大きな種に果肉が付いている。アイスクリームにしてよく食べられている。

タペレバー　Taperebá
親指の先くらいのオレンジ色の実で、かなり酸味が強い。シャーベットにして食べることが多い。

ププーニャ　Pupunha
ヤシの実の一種で大きめの栗ぐらいのサイズ。ふかして食べる。味は栗とサツマイモの中間のよう。カフェのお茶請けとなる。

近郊の町と見どころ

二河川合流地点

Éncontro das Águas MAP P.313

アマゾン観光のハイライトのひとつ。マナウスから下流に約10km行った地点で、ネグロ川とソリモインス川が合流している。この2河川が合流するあたりからアマゾン河という名になる。ふたつの河川の水は混じり合わず、そこから乾季で約17km、雨季には約70kmにわたり下流に向かってはっきりと境界が認められる。水が混ざらないおもな原因は両者の比重と流速の違いで、季節にもよるが、ネグロ川が水温28度、流速毎時3～4キロ。一方のソリモインス川が水温22度、流速毎時7～8キロほど。ソリモインス川は源流をペルーにもち、アンデスの雪解け水を集めて流れてくるため、泥を含んで黄土色をしている。一方、コロンビアに水源をもつネグロ川はイガホーと呼ばれる浸水林の間をゆっくりと流れ下ってくるため、黒い色をしている。なお、ネグロ川の水質は酸性のため蚊の発生が少ないという。

ここへ行くにはツアーに参加するのが一般的だが、アマゾン河下流やソリモインス川を航行する船の通過地点になっているので、航路を利用する際に運がよければ見ることもできる。また、対岸のカレイロ・ダ・ヴァルゼア Careiro da Várzea 行きのフェリーに乗り、マナウスと往復して見ることも可能。日差しの加減によってコントラストが異なるので、日が高い時間に行ったほうがいいだろう。

ふたつの流れが拮抗する合流地点の向こうをタンカーが行く

CHECK!!! アマゾンの草原に注意

アマゾンにはいろいろなムシが生息するが、草原にはムクインというダニがいる。ムクインという名は現地の言葉で「粉のようなムシ」という意味があるそうで、その名のとおりとても小さい。このダニに刺されると非常にかゆく、シャワーを浴びても薬を塗ってもなかなか収まらないまま、10日ほど続く。ムクインは足元から這い上がってくるので、ズボンの裾をしばるなどしたうえに、靴とズボンに防虫スプレーをたっぷりかけるのが予防策だ。

アマゾン河にかかる橋

2011年、アマゾン河にネグロ大橋Ponte Sobre Rio Negroが開通。全長は約3.6kmで、川に架かる橋としてはブラジルで2番目の長さとなっている。それまで橋を渡るにはボートで1時間以上も架かっていたのが、車で10分ほどに短縮。マナウスと周辺の町々を繋ぐ交通網が飛躍的に向上した。

COLUMN ピンクイルカと泳ごう！

マナウスの人気ツアーと言えば、断然ピンクイルカ（アマゾンカワイルカ）と触れ合うツアーだ。このイルカは南米アマゾンの固有種で、かつて海で生息していたイルカが地形の隆起により内陸部に取り残され、独自の進化を遂げたものとされている。体長はオスで3m近くにもなり、カワイルカの中では世界最大。特にお腹側が鮮やかなピンク色をしていることから、ピンクイルカと呼ばれている。

ネグロ川にはピンクイルカに餌付けしているフローティングハウスがいくつかあり、ボートで訪れるツアーが人気を呼んでいる。ツアーは午前中に行われることが多く、8:00頃にマナウスを出発し、1時間30分ほどかけて移動、イルカと触れ合いお昼頃に戻って来る。

ハウスに到着したら、簡単なレクチャーを聞き、ライフジャケットを身につける。スタッフがエサを持ってイルカを呼び寄せてくれ、イルカに直接触れることができる。水着を着ていれば一緒に泳げる。

餌やりは専門のトレーナーが行う

ATSツール（→P.315）
ピンクいるかと泳ぐツアー
催 火・木～日8:00発　所要約4時間
料 R$170（日本語ガイドはR$200）

ツアーでは、移動中の車内でピンクイルカのドキュメンタリーが見られ、水中メガネも貸してもらえる。

アマゾンのジャングルロッジとクルーズ

冒険と自然。それがアマゾンの醍醐味。ジャングルロッジは、まさにエコロジカルな滞在と、未知の世界へ誘うアクティビティを楽しめるアマゾンならではの宿泊施設だ。ひとくちにジャングルロッジといってもリゾートホテルさながらの設備を誇るタイプから、電気や水などのライフラインにも制限があるワイルドなところもある。近年は、豪華船によるクルーズも登場し、滞在パターンはさらにバラエティ豊かになった。

ジャングルロッジへは公共の交通機関はない。滞在中も自由に行動できないので、マナウスからツアーに参加することになる。日帰りから3泊4日程度のコースがあり、ロッジへの送迎、食事、エクスカーション、ガイド代が料金に含まれている。

予約の方法

インターネットなどを通じて直接予約ができるほか、ATSツール（→P.315）などの旅行会社を通して手配することもできる。ロッジでのツアーは日替わりなので、目的がはっきりしているならいつどのようなツアーが行われるか確認したほうがいいだろう。食事などもパッケージに含まれた、オールインクルーシブの施設が多い。オプションとなる場合も、料金は事前に旅行会社やマナウスなどにある事務所を通じて支払うのが一般的。クレジットカードが使えてまとまったお金での支払いもできるロッジはほとんどない。

シャッターチャンスは一瞬！

おもなジャングルロッジ

◉ポウザーダ・ウアカリ

MAP P.50-A2

マナウスから600kmほどソリモインス川を遡った所は、「中央アマゾン保全地域」として世界自然遺産に登録されている。アマゾンならではの豊かな自然と生態系を体験するなら、ぜひここに滞在してツアーに参加してみたい。域内で滞在するなら唯一の宿泊施設で、普段は研究者用の施設として使われており、空いたときに一般にも開放している。

アマゾン流域にのみ生息するという赤い顔をしたサル、ウアカリを見るならここ。ウアカリ以外にもホエザルやリスザル、ナマケモノなどさまざまなサルが木の上で活動しているのがわかる。鳥の種類も非常に多く、バードウオッチングするにもおすすめだ。

水に浮かんだエコロッジ

雨季と乾季では様相が一変。特に雨季は数ヵ月にわたって周囲のジャングルが完全に水没し、浸水林となり、ボートでジャングルを巡ることができる。乾季は陸地も増えるのでトレッキングができる。完全に干上がるわけではなく、泥沼を歩くのでかなりの体力が必要だが、水面近くに魚がたくさん現れ、それを狙う鳥も増える。

ガイドの案内でボートからも珍しい動植物が見られる

住 R. Floriano Peixoto 266
☎ (093)3343-4160
URL uakarilodge.com.br
料 最低3泊からで、火曜発と金曜発のパッケージⓈR$2270～ ⓌR$4240～（3泊）。テフェ空港からの送迎および全食事、ツアー付き。
マナウスから飛行機で約1時間のテフェ（→P.326）まで行き、さらに高速船で1時間30分、通常の船なら3時間30分。

◉ジュマ・ロッジ

MAP P.313外

マナウスから船で片道約2時間30分かかる。そのため最低でも2泊するのがおすすめだ。ここでは携帯電話も通じないし、昼間は電気も使えない（温水シャワーは出る）。しかし、それこそがアマゾンのエコツアー。環境への影響を最小限にするために、20の部屋はバンガロータイプで、ひとつひとつ離して造られている。

ウッディなロッジ内

奥地にあるだけあって動植物の生態系は豊か。

オオハシやレンカク、サギなどの鳥、ナマケモノなどのサル、オニハス、アリゲーターなどアマゾンらしい動植物がひととおり見られる。また、体長1mを超える大きなベニコンゴウインコは、餌づけされて半ばマスコット的な存在になっている。

その日に行われるツアーの種類や催行時間などは食堂のホワイトボードに掲示される。

住Autazes-AM
☎(092)3232-2707
URL www.jumalodge.com.br
料ⓈR$2245～ ⓌR$3326～
マナウス市内からの送迎および全食事、ツアー付き。
マナウスからカレイロ村までボートで約30分、ここからマッサリコ川まで車で60分、さらにもう一度スピードボートに乗り換えて60分。

◉エボルーソン・エコロッジ

MAP P.313

ネグロ川の支流にある、14室のキャビンからなるジャングルロッジ。2016年にオープンしたばかりのためどこも新しく、清潔。マナウス周辺のジャングルロッジでは唯一となるWi-Fi完備。ロッジの裏で行われるジャングルトレッキングに、周辺の集落や農場を訪れるツアー、サンセット&サンライズ、ピンクイルカと泳ぐツアーなど盛りだくさんのツアーが揃っている。

住Av. do Turismo 3100, Tarumã
☎(092)98405-1102
URL www.evolucaoecolodge.com
料ⓈR$1534～ ⓌR$2678～ 食事、マナウスからの送迎、ツアー付き
マナウスから車で1時間30分ほど進み、スピードボートに乗り換え約25分。またはⒽトロピカウ・マナウス・エコリゾート(→P.322)の桟橋からスピードボートで約1時間20分

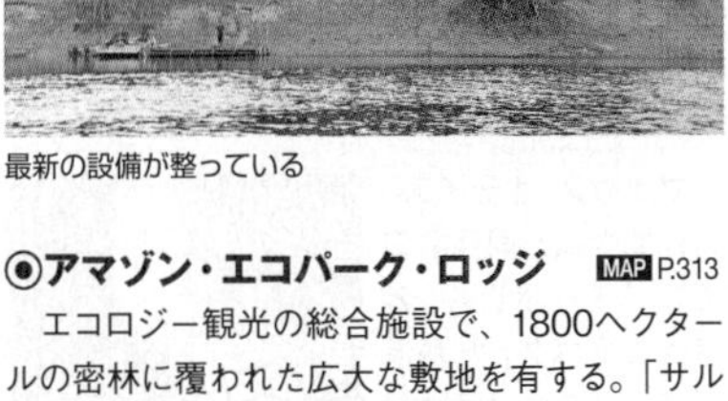

最新の設備が整っている

◉アマゾン・エコパーク・ロッジ

MAP P.313

エコロジー観光の総合施設で、1800ヘクタールの密林に覆われた広大な敷地を有する。「サルたちの森」と呼ばれる研究施設もあり、希少なサル18種、約150匹が生息し、オオハシやインコなど代表的なアマゾンの動植物を見ることができる。

住Igarape'do Taruma~ Centro
☎(092)9146-0594
URL www.amazonecopark.com.br
料ⓈR$1330～ ⓌR$2070～

ジャングルクルーズ

◉イベロスター・グランド・アマゾン

MAP P.314-A2

スペインの大手チェーンホテルが運営するクルーズ船。船は2005年にマナウスで建造されたもので、とてもきれい。船内にはプールもあり、優雅なバカンス気分でアマゾンの自然も楽しめる。ソリモインス川を行く金～月曜の3泊のプランと、アマゾンカワイルカが見られるネグロ川を行く月曜発の4泊、さらに両方を楽しめる7泊のプランがある。ツアーでは23人乗りの小さな船に乗り換えていく。ピラニア釣りやアリゲーター探索、バードウオッチングなどのツアーがあるほか、夜にはマナウスの民俗音楽ショーなども行われる。

豪華客船が航行できるのも大河ならでは

支流奥深く入るときは小さなボートに乗り換える

住Porto de Manaus
☎(092)2126-9927
URL www.iberostar.com
料ⓈR$3525～、ⓌR$7050～(いずれも3泊)。アルコールを含む、ドリンク、全食事、ツアー付き。
発着はマナウス国際港で、港の中にはセールスオフィスがある。

◉アマゾン・クリッパー

MAP P.313

20年以上前から続く老舗クルーズ会社によるアマゾン河の宿泊型クルーズ船。パッケージは2泊3日のアマゾン河クルーズ(月曜発)、3泊4日のネグロ川クルーズ(水曜発)、アマゾン川、ネグロ川の両方を行く5泊6日クルーズから選ぶことができる。船はもっとも高級なPremiumを含む全3種類。Premiumのキャビンは全16室で、全室トイレ付き。ローカルな気分でのクルーズが楽しめる。

住R. das Sucupiras 249, Cj Kissia, Manaus
☎(092)3656-1246
URL www.amazonclipper.com.br
料ⓈR$3200～ ⓌR$4268～ 食事、ツアー付き
出発はⒽトロピカウ・マナウス・エコリゾート(→P.322)の桟橋から

こぢんまりとした船でジャングルを探険！

マナウスのホテル

Tropical Manaus Ecoresort
トロピカウ・マナウス・エコリゾート MAP P.313

最高級ホテル

市内から18km離れた空港近くのネグロ川河岸にある高級リゾート型ホテル。広い敷地にはプール、テニスコートのほかミニ動物園まである。

住 Av. Coronel Teixeira 1320, Ponta Negra
☎ (092) 2123-5000 FAX (092) 3658-5026
URL www.tropicalhotel.com.br
料 ⓈR$717～ ⓌR$825～ 税金2%別
カード ADMV 室数 611室

Manaus Hotéis Millenium
マナウス・オテイス・ミレニウム MAP P.317-A1

高級ホテル

空港とセントロの間にある大型のアパートメントホテル。屋上にプールとジャクージがあり、アマゾンの熱帯雨林を眺めながらリラックスできる。高級ショッピングセンターとも直結している。

住 Av. Djalma Batista 1661
☎ (092) 3655-3131
URL www.manaushoteis.tur.br
料 ⓈⓌR$250～ カード ADJMV 室数 129室

Caesar Business Manaus
シーサー・ビジネス・マナウス MAP P.317-A1

高級ホテル

アドリアノポリス地区の北にある近代的なホテル。最新の設備が整っており、快適に過ごせる。ショッピングセンターのアマゾナス・ショッピングもすぐそばなので、買い物や食事にも困らない。

住 Av. Darcy Vargas 654
☎ (092) 3306-4700 FAX (092) 3306-4713
URL www.accorhotels.com
料 ⓈR$$950～ ⓌR$995～ 税金2%別
カード ADMV 室数 229室

Mercure Manaus Hotel
メルキュール・マナウス MAP P.317-B2

中級ホテル

全室簡易キッチンが付いたアパートメントホテル。白を基調とした部屋は適度な広さがあり、清潔で快適。アドリアノポリスの中心にあり、ショッピングセンターやレストランも徒歩圏内。

住 Av. Mário Ypiranga Monteiro 1000, Adrianópolis
☎ (092) 2101-1100 URL www.accorhotels.com
料 ⓈR$244～ ⓌR$279～ 税金2%別
カード ADMV 室数 94室

Blue Tree Premium Manaus
ブルー・ツリー・プレミアム・マナウス MAP P.317-B2

高級ホテル

アドリアノポリスにある、ブラジル全土に展開する日系マネジメントの高級チェーンホテル。日本人団体客の利用も多く、スタッフの対応も慣れている。

住 Av. Humberto Calderaro Filho 817, Adrianópolis
☎ FAX (092) 3303-2000 URL www.bluetree.com.br
料 ⓈR$440～ ⓌR$470～ 税金2%別
カード ADMV 室数 168室

Hotel Express Vieiralves
エクスプレス・ヴィエイラウベス MAP P.317-A1・2

エコノミー

マナウス・オテイス・ミレニウムと同経営のエコノミーホテル。客室はコンパクトだが清潔で、必要な設備は揃っている。シャワールームに脱衣所がないので、複数人で泊まる場合は注意。

住 R. Rio Ituxi 95 ☎ (092) 3303-9933
URL expressvieiralves.tur.br
料 ⓈⓌR$130～
カード ADMV 室数 200室

 ホテル客室設備：バスタブあり テレビあり 電話あり インターネット可 朝食付き

Hotel Villa Amazônia
ヴィラ・アマゾニア　MAP P.314-A1

高級ホテル

ゴムブームに湧いた19世紀後半に建てられた邸宅を改装したプチホテル。大理石のガーデンプールに面して部屋があり、全室バルコニー付きで開放感抜群。喧噪とは無縁のリゾートステイを楽しめる。ブラジルの伝統料理をアレンジした創作料理を出すレストランも人気。

住 R. 10 de Julho 315, Centro
☎ (092) 3308-8996
URL villaamazonia.com
料 ⓈR$446～ ⓌR$495～
カード ADMV　室数 30室

Go Inn
ゴー・イン　MAP P.314-A1

中級ホテル

マナウスの中心部にある中級ホテル。豪華さこそないがこの料金でフィットネスルームやビジネスセンター、会議室なども備え、ビジネス客も使いやすい。フロント横に24時間営業のコンビニあり。

住 R. Monsenhor Coutinho 560, Centro
☎ (092) 3306-2600　FAX (092) 3306-2601
URL www.goinn.com.br
料 ⓈR$142～ ⓌR$152～
カード ADMV　室数 215室

Seringal Hotel
セリンガウ　MAP P.314-A1

中級ホテル

アマゾナス劇場のあるセバスチャン広場Praça São Sebastiãoの1ブロック北にある。客室は清潔感にあふれ、立地、設備、料金いずれをとっても魅力的。

住 R. Monsenhor Coutinho 758
☎ (092) 3131-4420
URL www.seringalhotel.com
料 ⓈR$188～ ⓌR$263～ ドミトリー R$50～
カード ADMV　室数 16室

Ecosuites
エコスイーツ　MAP P.314-B2

中級ホテル

中級、エコノミーホテルが多く建つドウトール・モレイア通り沿いにあるホテル。ゆったりとした客室は、大型テレビ、エアコンが設置され、設備も新しくて快適。さまざまな器具が導入されたフィットネス・ルームも完備されている。

住 R. Dr. Moreira 168B　☎ (092) 3198-5950
URL www.ecosuites.com.br
料 ⓈR$120～ ⓌR$132～
カード ADMV　室数 44室

Hotel do Largo
ラルゴ　MAP P.314-B1

エコノミー

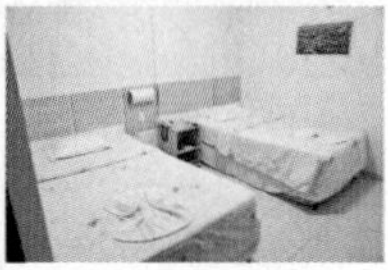

セントロにあるホテルのなかでも、リーズナブル。広々した客室はクイーンサイズのベッドが置かれ、モダンなデザインで統一。アマゾナス劇場から徒歩1分ほどの所にあり、周辺は住宅街のため夜も静かと、立地も申し分ない。Wi-Fi無料。全室禁煙。

住 R. Monsenhor Coutinho 790
☎FAX (092) 3304-4751
URL www.hoteldolargomanaus.com.br
料 ⓈR$98～ ⓌR$129～　カード ADJMV　室数 45室

Hostel Manaus
オステウ・マナウス　MAP P.314-B2

ホステル

マナウスの中心部にある国際ユースホステル系列のユース。メンバー割引あり。ドミトリーは男女別とミックスの2種類があり、全室エアコン付きで快適。一部シャワー、トイレ付きの部屋もある。

住 R. Lauro Cavalcante 231, Centro
☎ (092) 3233-4545
URL www.hostelmanaus.com
料 ドミトリー R$40～45 ⓈⓌR$95～110
カード ADMV　室数 14室、55ベッド

マナウスのレストラン

Canto da Peixada
カント・ダ・ペイシャーダ MAP P.317-B2

アマゾン特産の魚料理がおいしい店として有名な老舗レストラン。庶民的な店構えだが、ローマ教皇来店の由緒もあり、使用した食器なども飾られている。トゥクナレのカルデイラダR$44.9、タンバキのスペアリブ炭火焼きR$75などがおすすめ。予算1人R$50～。

住R. Emílio Moreira 1677, Centro
☎(092) 3234-3021
URL www.cantodapeixada.com
営月～土11:00～22:00　日11:00～15:00
休無休　カード A D J M V

Himawari
ひまわり MAP P.314-B1

アマゾナス劇場の向かいに店を構える日本食レストラン。日系人のサカイさんの経営で、常連には現地在住日本人も多い。一品料理から刺身、寿司、ラーメン、丼物までメニューは豊富。暑いアマゾンで食べる冷やしそうめんR$45もおいしい。予算はひとりあたりR$50～。

住R. 10 de Julho 616
☎(092) 3233-2208
営月～水・金・土18:00～23:00
日12:00～15:00、18:00～22:00
休木　カード M V

Alemá Gourmet
アレマ・グルメ MAP P.314-B2

マナウスを中心にチェーン展開しているファストフード店。ハンバーガーのセットやピザといったファストフードのメニューのほか、ブラジル料理のワンプレート定食もある。11:00～15:30はポル・キロ・レストラン方式となる。料金は100gでR$4.88。

住R. José Paranaguá 126　☎(092) 3215-2255
URL www.alemagourmet.com.br
営11:00～17:30　休日　カード A D J M V

Castelinho
カステリニョ MAP P.314-A1

セバスチャン広場の1ブロック南にある人気店。いわゆるポル・キロ・スタイルの店で、サラダやパスタ、ハンバーグ、シュハスコなどを皿に取り、重さに応じて料金を支払うシステム。1kg当たりR$44.9。

住R. Barroso, esquina com 24 de Maio, 317
☎(092) 3633-3111
営11:00～15:00
休土・日　カード M V

COLUMN アマゾンのパワーの源「アサイー Açaí」

町なかのスタンドなどで紫色のどろどろとした液体を見かけたら、それはアサイーだ。アサイーはヤシ科の植物の実で、大きさは1cmぐらい。このコロコロとした実はほとんどが種なのだが、外側の皮の部分をすりつぶして食用とする。アサイーにはビタミンや必須アミノ酸が豊富に含まれているほか、抗酸化作用があるポリフェノールがワインの30倍もあるといい、奇跡のフルーツとして世界的に注目されている。ジューススタンドや、レストランのメニューに載っていることもあるので見かけたら試してみるといい。そのまま食べてもいいし、砂糖を入れる人もいる。ただし、ビールなどアルコールと一緒に飲むとおなかを壊す、と言い伝えられているので念のため注意を。

最近日本でも注目のアサイー

Churrascaria Búfalo
シュハスカリア・ブファロ MAP P.317-B2

地元で人気のシュハスカリア。肉とサラダ、パスタ、シーフードなどが食べ放題で、R$89.99。肉は店内を回っているスタッフに言えば取り分けてもらえる。ドリンクとデザートは別料金。

住 R. Pará, 490 ☎(092) 3131-9000
営 月〜土11:30〜15:00、17:00〜23:00
日11:30〜16:00 休 無休 カード ADMV

Tio Armênio
ティオ・アルメーニョ MAP P.317-B2

マナウアラ・ショッピング内にあるポルトガル料理のレストラン。店内の雰囲気もよく、味も日本人好み。名物のバカラオは、R$44(ハーフサイズR$25)。

住 Av. Mário Ypiranga 1300, Loja R2, Manauara Shopping, Adrianópolis
☎(092) 3307-2209 営 月〜土10:00〜22:00
日14:00〜21:00 休 無休 カード ADMV

マナウスのショップ

Cachaçaria do Dedé
カシャサリア・ド・デデ MAP P.317-B2

マナウアラ・ショッピング内にあるお酒と食材の店。特にブラジルの国民的なお酒、カシャーサ（ピンガ）の品揃えは豊富で、はるか高くまで棚一面に並んだカシャーサの瓶は圧巻のひと言。

住 Av. Mário Ypiranga, 1300-Loja 3 Manauara Shopping, Adrianópolis ☎(092) 3236-6642
URL www.cachacariadodede.com.br
営 月〜土10:00〜22:00 日14:00〜21:00
休 無休 カード ADMV

Artesanato da Amazônia
アルテサナト・ダ・アマゾニア MAP P.314-A1

アマゾナス劇場の横にある日本人経営のみやげ物店。木の実のアクセサリーや石の彫刻、木工品などアマゾンのハンディクラフトが揃う。ほかにTシャツ、絵はがき、南米各地のみやげ物も販売している。

住 R. José Clemente 502
☎(092) 3232-3979
営 9:00〜18:00
休 日
カード ADJMV

COLUMN 強壮飲料水ガラナ

ブラジル人が好んで飲むもののひとつに、ガラナ Guaraná がある。炭酸飲料水として市販されており、これを飲むと元気が出るという。ガラナは半蔓性植物で、粒状の果実をつける。その実をすりつぶして練り固め、おろし金で粉末にして水と砂糖を加えて飲むのが一般的。カフェインがコーヒーの5倍も含まれており、アマゾンの先住民には長寿の薬と信じられてきた。滋養の効力は含まれるガラニック酸にあるといわれる。

このガラナには逸話がある。マウエ族の酋長にウニアイという心優しい娘がいた。彼女は草花に精通しており、彼女が作る薬草はよく効くと人々に喜ばれていた。ウニアイは動物からも愛され、彼女を熱愛する蛇は魔法をかけて彼女を身ごもらせる。「呪われた娘よ」と家族から追放され、悲嘆にくれる彼女だったが、子供が生まれて全愛情を注ぐようになる。

成長した彼女の息子はある日村に戻ったが、食することを禁じられているパラの実を食べてしまった。マウエ族ではパラの実を食べることは死を意味する。息子は母の哀願も届かずに殺されてしまう。ウニアイが息子を埋葬するとき、彼女は「すべての病人を救ってあげて」と死の世界に住む息子に祈った。すると埋葬した所から2本の木が育ち、花をつけて実を結んだ。ウニアイは喜んでその実をたくさん食べた。彼女はみるみる元気になり、病人にも与えたところすぐによくなったという。こうして、万病に効く実であると伝わっていった。これがガラナの実だという。

COLUMN マミラウアア自然保護区のテフェ

ナマケモノ(下)や
ジャカーナ(上)も
あいさつに！

マミラウア自然保護区

マナウス周辺のジャングルロッジに滞在すれば、比較的気軽にアマゾンの自然を見ることができるけれど、本格的にアマゾンのすばらしさを体験したいなら、ぜひ訪れてほしいのがマミラウア自然保護区Mamirauáだ。「中央アマゾン保全地域群」として世界自然遺産にも登録されている。ウアカリザルと呼ばれる、白い毛で覆われた顔の赤いサルをはじめ、ホエザル、リスザル、ナマケモノなどのサルや、サギやアメリカレンカクなどの鳥、アリゲーターなどの爬虫類、アマゾンカワイルカなど、さまざまな動物が生息している。マナウス近郊でアマゾンの自然を知った人も、ここではその濃度がまったく違うことを思い知らされるだろう。

玄関口はテフェ

マナウスから西へ、ペルーとの国境に向かってソリモインス川を遡ること500km。通常のボートで44時間、高速船でも12時間以上かかる距離にある町がテフェ Teféだ。マミラウア自然保護区の拠点となるポウザーダ・ウアカリ(→P.320)へは、ここからさらに高速船で1時間30分ほど川を遡った所にある。テフェは周辺の人口を合わせても7万人を少し超えるぐらいの小さな町で、中心の広場には教会の鐘楼がそびえ立っている。

ピンクの装飾がかわいいこぢんまりしたテフェのカテドラル

テフェの町に入るには飛行機か船が一般的で、町を走る車の数が少ない。その代わり小さな船でも簡単に乗せられるオートバイや自転車が多い。

大小の船がひっきりなしに行き来する活気ある港

商店では素朴な工芸品が雑多に並び、売り子は思い出したように、声を張り上げる。隣では商売そっちのけでおばちゃんが雑談中。その周りを子供たちが歓声を上げてはしゃいでいる。何だか懐かしくなるような情景が、この町には残っている。

夜にはワニを見にいくツアーが人気

時間があれば1泊してみよう

マミラウア自然保護区を訪ねたなら、1日テフェでぶらぶらするのも楽しい。市場で野菜を売るおばちゃんの笑顔や、食堂に来る地元の人など、アマゾンに暮らす普段着の人たちとのんびり過ごすのもおすすめだ。

テフェ　Tefé　MAP P.50-A2

テフェへの行き方

新鮮な野菜が並ぶ市場

マナウスから航空便が週4～5便あるほか(所要1時間)、船が週6便（所要42時間、料金R$130～)、高速船が1日1便(所要12時間、料金R$250～)ある。

テフェのホテル

H Stylos Hall Hotel　スタイロス・ホール
住 R. Daque de Caxias 10　☎ (097)3343-2337
料 ⓈR$90～ ⓌR$140～　カード M V
町の中心にある中級ホテル。全室エアコン、バス・トイレ付き。部屋もきれい。

Belém
ベレン

時計台広場近くの船着き場。周囲にはシロサギとクロコンドルが多い

MAP P.50-B2
市外局番▶091
(電話のかけ方は→P.52)
US$1=R$3.15
=108円

南米大陸を横断するように流れるアマゾン河。約6500kmにも及ぶ長大な流れはやがて大西洋に注ぐ。その河口に発達したベレンの町は、北部ブラジルの重要な港町であると同時にパラ州の州都でもあり、約142万の人口を擁する大都会だ。

1616年にポルトガルの要塞が築かれて以来の歴史をもち、植民地時代の情緒を色濃く残すベレンは、別名"マンゴー並木の町"とも呼ばれている。樹齢100年を超す数千本ものマンゴーの木は、青々とした葉で熱帯地方独特の強い日差しを遮り、町を歩く人々に涼を与える。そして、毎日午後に決まってスコールが襲うとき、マンゴー並木の下でしばし雨宿りする人々を見かける。南緯1度28分、ほぼ赤道直下に位置していながら、このスコールと海風のために、ベレンの夜は意外なほど涼しく過ごしやすい。

ブラジルの日系人といえばサン・パウロ州やパラナ州が有名だが、アマゾン流域のパラ州でも、コショウ栽培で発展したトメアスー移住地をはじめ、多くの日系人が暮らしている。ベレンの大手スーパーチェーン、「Y.YAMADA」も言わずと知れた日系スーパー。旅行者としてお世話になることも多いだろう。

アマゾンの生態系が学べるマンガル・ダス・ガルサス公園

両替について

空港のほか、プレジデンチ・ヴァルガス大通りAv. Presidente Vargas沿いやエスタサウン・ダス・ドッカス(→P.333)などに両替所が入っている。ホテルでも両替ができるが、レートはよくない。

ベレンへの行き方

飛行機

サン・パウロ、リオ・デ・ジャネイロ、ブラジリアからのフライトがある(→P.62)。ほかにも、サン・ルイスからはゴウ航空が1日1～2便あり、所要約1時間。マナウスからも1日1～2便、所要約2時間。サンタレンから1日1～2便、所要約1時間20分。ボア・ビスタ

ヴァウ・ジ・カーンス国際空港
MAP P.330-A1外
住 Av. Júlio César, Val de Cans
☎(091)3210-6000

ベレンの空港ターミナル

CHECK !!!
ベレンの治安
ベレンの治安は近年悪化しており、市街地での銃撃戦や、大型ショッピングモールにおいての銃を用いた強盗事件なども発生している。明るい時間帯や人の多い場所でも注意が必要。
P.330地図内にある危険区域は、治安の悪さや犯罪発生率の高さから、現地のブラジル人でも立ち入りを控えるエリアとなっている。用のない限り近づかないようにすること。
その他のエリアについても、夜はもちろんだが、週末や祝日の昼間は閑散として特に危険なので、出歩く際は要注意。

ローカルバス乗り場

長距離バスターミナル
MAP P.330-B1
住 Praça do Operário, São Brás

中心部からやや離れた所にある

からはブラジリア経由となる。

ベレンの空港名はヴァウ・ジ・カーンス国際空港 Val de Cans Aeroporto Internacional（BEL）。別名、ベレン国際空港Aeroporto Interna-cional de Belémとも呼ばれている。

Let's Go! 空港から市内へ

ヴァウ・ジ・カーンス国際空港は、アマゾン河口のグアジャラ湾Baia de Guajaráのすぐそば、市の中心から北へ約11kmの位置にある。到着ゲートを出て空港ターミナル出入口のすぐ近くには、観光案内所やツアー会社の案内所がある。両替所は到着ゲートを出て左側、チェックインカウンターへ向かう途中にある。空港から市内へは以下の方法で行くことができる。

タクシー

空港からのタクシーは前払い制。到着ゲートからロビーに出て、正面出入口のすぐ脇に並んでいるタクシー会社のカウンターで料金を支払う。料金は定額制で、セントロ（旧市街）まではR＄50。空港からセントロのヘプブリカ広場Praça da Repúblicaまでは所要約15分。また外に並んでいる普通のタクシーで行くことも可能。

チケットはここで購入できる

ローカルバス

ローカルバス乗り場は、空港から出て左へ約200mほどの所にある。青い屋根が目印。セントロへ行くバスは、正面に“Pratinha Ver-o-Peso”か“Pratinha Pte Vargas”のどちらかが表示されている。運賃はR＄3.1。

セントロ行きのバス

長距離バス

国内各地の主要都市間を長距離バスが結んでいる。サン・ルイスからBoa Esperanç社やRápid Marajó社などのバスが1日4便、所要約13時間。フォルタレーザからは1日3～5便、所要24時間25分～28時間10分。ベロ・オリゾンチからは1日1便、所要30時間20分～33時間10分。サルバドールからは週5便、所要34時間5分～35時間5分。レシフェからは週3便、所要約37時間。ナタウからは1日1便、所要約37時間15分。リオ・デ・ジャネイロやサン・パウロからも運行されているが、46時間以上もかかる。

Let's Go! 長距離バスターミナルから市内へ

ベレンの長距離バスターミナルTerminal Rodoviário de Belémは、セントロの東、約2kmの所にある。ターミナル内に観光案内所はないので、まずはセントロまで行こう。セントロへ行くにはバスかタクシーを利用するのがいい。バス停は長距離バスターミナルから大通りのバホッゾ通りAv. Alm. Barrosoを渡り、セアラ通り

Av. Ceará沿い。車体正面に"P. Vargas"か"Vero-Peso"と表示されているバスに乗ろう。バスはセントロのヘプブリカ広場、プレジデンチ・ヴァルガス大通り、エスタサゥン・ダス・ドッカス、ヴェロペーゾ市場を通る。

タクシーは長距離バスターミナルの出入口近辺にたくさん停まっている。セントロまではR$20～30ほど。

航路

セントロにある船会社の代理店

マナウス、サンタレン、マカパMacapáなどアマゾン流域の町とを結ぶ船の定期便がある（→P.337）。定期便の出るベレン港は、ヘプブリカ広場から徒歩で20分ほど。曜日や船会社によってターミナルの場所が変更するので、事前に必ず確認しておくこと。

INFORMATION

❶観光案内所
パラツール　Paratur
URL www.paraturismo.pa.gov.br
パラ州観光局パラツールのオフィス。空港内にもカウンターがある。
セントロ
MAP P.331-B1
住 Praça Wademir Henrigue s/n
☎ (091) 3110-8700
開 8:00～17:00（季節により変動あり）
休 土・日

在ベレン日本国領事事務所
Consulado do Japão em Belém
MAP P.330-B1
住 Av. Magalhães Barata 651, Ed. Belém Office Center, 7 andar
☎ (091) 3249-3344
FAX (091) 3249-1016
URL www.belem.br.emb-japan.go.jp
開 9:00～12:00、13:30～17:00
休 土・日、祝

日系の旅行会社
HW ツーリズム
HW Negócios e Turismo
住 R. Domingos Marreiros 496, Sala 102
☎ (091) 3212-9199
URL hw.tur.br
営 月～金　8:00～12:00、14:00～18:00
　土　8:00～12:00
休 日
航空券の発行やホテルの予約、レンタカーの手配などを行う。日本語での問い合わせ可能。

おもな旅行会社
ヴァレヴェルジ・ツーリズム
Valeverde Turismo
URL www.valeverdeturismo.com.br
市内ツアーやマラジョー島へのツアーなど数多くのツアーを催行している。曜日によってツアーの種類が異なる。
エスタサゥン・ダス・ドッカス内
MAP P.331-A1
☎ (091) 3212-3388

日本語が通じる病院
アマゾニア病院
Hospital Amazônia
MAP P.330-B2
住 Tv. 9 de Janeiro 1267
☎ (091) 3084-5422　FAX (091) 3249-0025
URL enkyo.wordpress.com
日系福祉団体であるアマゾニア日伯援護協会が運営する病院。日本語を話せる医師が常勤。

緊急の連絡先
警察☎190
救急車☎192
消防☎193

市内交通

ローカルバス　Ônibus

市内の広範囲に路線があり、離れた場所へ移動するのにいちばん安い交通手段。行き先や経由場所は車体前面に表示されている。セントロのバス停があるのはヴェロペーゾ市場やエスタサゥン・ダス・ドッカス、プレジデンチ・ヴァルガス大通り沿い。バス停は標識がない場所もあり、車の進行方向と逆を見ている人々が集まっていれば、そこもバス停だ。バスは前乗りで、ドライバーに運賃を渡して乗車。下りるときは、天井のひもを引っ張って知らせる。

ローカルバス
料一律R$3.1

初心者が乗りこなすのはなかなか難しい

タクシー
ベレンのタクシーは白い車体。料金はメーター制で、時間により料金体系が異なる。流しのタクシーも多いので、つかまえるのに苦労することはほとんどない。

メーター制タクシーの料金
初乗りR$5.61。深夜（20:00～翌6:00）と土曜の12:00～18:00、日曜はメーターの上がり方が早くなる（20%増し）。通常はバンデイラ1（メーター表示番号1）、深夜、土曜の昼間、および日曜はバンデイラ2（メーター表示番号2）。

歩き方

コロニアル風の建物が残るセントロと、整然とした町並みや美しい公園の広がる新市街。17世紀初頭、ポルトガル人が造った要塞が発展したベレンには、新旧ふたつの顔がある。

まずはベレンのメインストリート、**プレジデンチ・ヴァルガス大通り**を目指そう。通り沿いにはホテルやショッピングセンター、映画館、郵便局、みやげ物屋などが集中している。セントロの中心となるのが、**ヘプブリカ広場**。緑豊かな園内にはベンチなども置

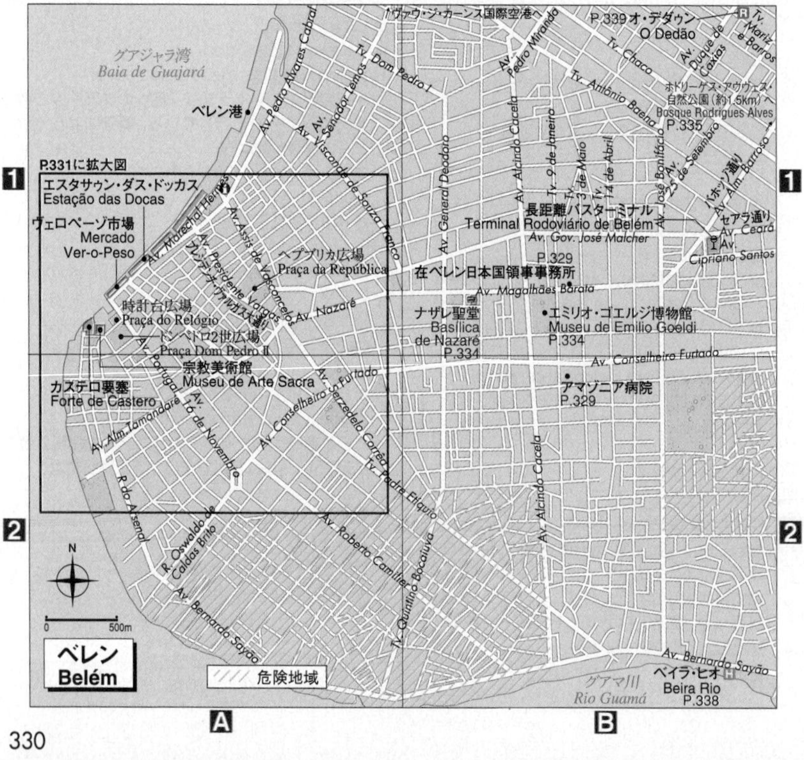

かれている。広場の南側に**パス劇場**がある。ヘプブリカ広場からプレジデンチ・ヴァルガス大通りを北西に進むと、グアジャラ湾に出る。河に沿って南に歩くと、ウオーターフロントのアミューズメント施設、エスタサゥン・ダス・ドッカス、ヴェロペーゾ市場がある。マナウス行きのフェリーが出るベレン港もこの少し北にある。

市場の南側には中央に時計台のある**時計台広場 Praça do Relógio**があり、日差しを受けたクラシカルな時計台のコントラストが美しい。その時計台広場の南側に位置するのが、**ドン・ペドロ2世広場 Praça Dom Pedro Ⅱ**。中央にドン・ペドロ2世の像が立ち、木々や芝生が植えられ、人工池もあるきれいな広場だ。市民の憩いの場であり、広場週辺には屋台が出ている。ココナッツジュースを飲みながら木陰で休むのもいい。

広場を抜けると、右側に白い教会のような建物と左側に白い教会が現れる。右側の建物は**宗教美術館**、左側の教会はベレン最古の教会、セー大聖堂 Catedral de Sé。宗教美術館の西側、グアジャラ湾に面しているのが、ベレン発祥の地であるカステロ要塞だ。

また、アマゾンの生態系を市内で観察できる場所もある。動植物はエミリオ・ゴエルジ博物館。野鳥などはマンガル・ダス・ガルサス公園。ジャングルはホドリーゲス・アウヴェス自然公園が挙げられる。ただしこれらは、市の中心部から少し離れている。

ヘプブリカ広場では日曜に市が開かれる

ドン・ペドロ2世広場

中央に時計台の立つ時計台広場

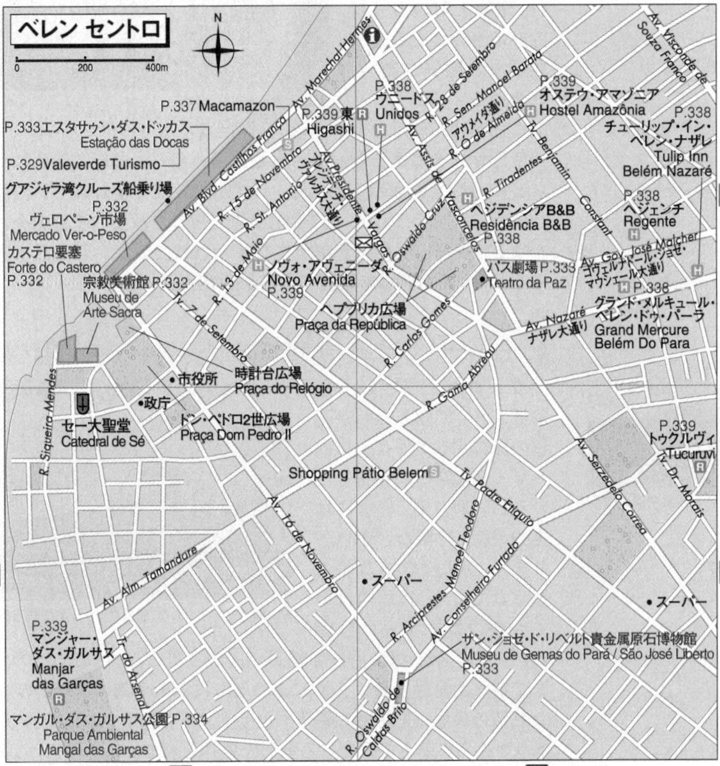

カステロ要塞
住Praça Frei Caetano Brandão 117
☎(091)4009-8826
開火～金　10:00～15:00
　土・日　9:00～13:00
休月
料R$6(火曜は入場無料)

海をにらむ大砲

宗教美術館
住R. Siqueira Mendes
☎(091)4009-8802
開火～金　10:00～16:00
　土・日　9:00～13:00
休月
料無料

おみやげから食料品まで手に入る

おもな見どころ

カステロ要塞

Forte do Castero MAP P.331-A1

グアジャラ湾に立つ要塞

アマゾン地方を征服したポルトガルのカステロ・ブランコが1616年に建造した要塞。ベレン発祥の地でもあり、建物内はパラ州の歴史を紹介する博物館となっている。アマゾン河に沿った小高い丘の上に造られており、敷地内からグアジャラ湾とヴェロペーゾ市場が見渡せる。

宗教美術館

Museu de Arte Sacra MAP P.331-A1

広場に面した白亜の建物

イエズス会のアマゾン地域布教に関する美術館。カステロ要塞のすぐ隣にあり、ヴェロペーゾ市場からも近い。建物１階のホール内部はかつての教会で荘厳な雰囲気が漂い、ミサやピアノコンサートなどが行われることもある。２階は展示室で、イエス・キリストや聖母マリアの像などが飾られた部屋や銀器の部屋、絵画の部屋などいくつもの展示室がある。パラ州の教会で使われていた品々が展示されているほか、17世紀に建てられた教会の歴史紹介パネルなどがある。現在調査中でまだ展示されていない収蔵品も数多くあり、今後の展示も期待できる美術館だ。

ヴェロペーゾ市場

Mercado Ver-o-Peso MAP P.331-A1

青い屋内マーケットと、屋外マーケットの両方がある

ヴェロペーゾという名前は、かつて商人たちが売買の際に用いた「ヴェロペーゾ（正味量）」に由来しているといわれる。市場には魚や果物、野菜などが色とりどりの帆船や動力船で運ばれてくる。市場内はいくつかのコーナーに分かれ、グアジャラ湾に沿って細長く広がっている。ここにはアマゾンで捕れた奇怪な魚、大胆にぶつ切りにされた肉の塊、カラフルな熱帯の果物、先住民の薬草や民芸品、何十種類もの調味料など、ありとあらゆるものがところ狭しと並べられている。早朝から夕方

まで開いているが、最も活気がある午前中に訪れるのがおすすめ。また、日曜と祝日は人が少ないため店じまいが早い。

市場の一角には、食べ物屋台がずらりと並んだコーナーがある。アマゾンで捕れたエビや魚のフライ、名物のカランゲージョ（泥ガニ）、豪快な串焼きの牛肉をつまみに冷たいビールというのも、ここならではの醍醐味だ。

エスタサゥン・ダス・ドッカス

Estação das Docas MAP P.331-A1

ベレンの最新スポット

グアジャラ湾沿岸に立っていた古い倉庫を改修した多目的アミューズメントスペース。内部にはレストランやカフェ、両替商、銀行ATM、みやげ物屋、ファッションブティック、多目的ホール、劇場などが入っている。そのほか、アマゾン河のクルージングを扱っている旅行会社とその乗船場もある。河側はオープンテラスになっていて、川風に涼を取りながら食事をすることができる。館内には、ベレンでも有名な料理店やアイスクリーム店、ビアホールなどが並んでいるので、ここへ来れば一度にその味を堪能できる。

サン・ジョゼ・ド・リベルト貴金属原石博物館

Museu de Gemas do Pará / São José Liberto MAP P.331-B2

巨大な宝石を見に行こう

もと刑務所を改造したパラ州産貴金属鉱石の博物館。金、エメラルド、アクアマリンなどの宝石類原石のほか、古代土器の実物等が展示されている。ひとつだけ保存されている牢獄への入獄体験も可能。宝石加工のワークショップもある。

パス劇場

Teatro da Paz MAP P.331-B1

ゴム景気当時の姿を今にとどめる

1868年から6年の歳月を費やして建てられた大劇場。マナウスのアマゾナス劇場と同様、ゴム景気の繁栄に沸いた時代に造られたもので、金をふんだんに使った内部の装飾や華やかな天井画が当時の栄華をしのばせる。現在でも、たびたびコンサート会場などに利用されている。プレジデンチ・ヴァルガス大通り沿い、ヘプブリカ広場の南側に立っている。

マメ知識

ブラジルならではの自然現象ポロロッカPororocaとは？

アマゾン河の河口近くでは、大きな波がごう音とともに逆流する現象が見られる。これは、先住民の言葉で「水が作り出す大音響」を意味するという「ポロロッカ」と呼ばれている。世界的に非常に珍しい現象であるが、実はこれ、新月と満月の時の干満の差によって起こるもので、月に2回は見られる現象である。ただ、なるべく大きいものを見てみたいというなら2～4月頃に訪れるといい。雨季で水量が多く、しかもこの時期は潮の干満の差が大きいので、より規模の大きいポロロッカが見られるのだ。大きいもので時速50キロ近く、河口から300kmまで遡るという（日本で当てはめると東京から仙台くらいまで）、まさに想像を絶するスケールの自然現象である。

エスタサゥン・ダス・ドッカス
住 Av. Boulevard Castilho s/n Bairro
☎(091)3212-5525
URL www.estacaodasdocas.com.br
開 10:00～24:00 **（曜日、施設によって異なる）**
休 無休

サン・ジョゼ・ド・リベルト貴金属原石博物館
住 Praça Amazonas s/n, Jurunas
☎(091)3344-3500
開 火～土 9:00～18:30
日 10:00～18:00
休 月
料 R$6

もと刑務所らしく窓の小さい博物館

パス劇場
住 R. da Paz s/n Centro
☎(091)4009-8750
URL theatrodapaz.com.br
開 火～金 9:00～13:00、14:00～18:00
土 9:00～12:00
日 9:00～11:00
休 月
料 R$6

ナザレ聖堂

Basílica de Nazaré MAP P.330-B1

ゴム景気最盛期の1908年に、バチカンのサン・ピエトロ寺院を模して建てられたルネッサンス様式の教会。ヨーロッパから運んだ大理石を用い、内部のステンドグラスや黄金を華やかにちりばめたモザイク画の壁など、絢爛豪華な美しさに目を奪われる。

大理石を使った豪華な内装

ナザレ聖堂
住Praça Justo Chermont s/n, Nazaré
☎(091)4009-8400
開月～金　6:00～20:00
　土・日　6:00～12:00、15:00～21:00
休無休　料無料

ふたつの尖塔をもつ建物

エミリオ・ゴエルジ博物館

Museu de Emilio Goeldi MAP P.330-B1

1866年に博物学者フェレイラ・ペーナにより設立された、アマゾン最古の研究施設。園内はアマゾン地方の植物を植えた動植物園になっており、アンタ（南米バク）、オンサ（ジャガー）、トゥカーノ、ワニなどアマゾン特有の動物が飼育されている。サル類やイグアナなどは放し飼いにされていたりする。カフェや民芸品のショップもある。

アマゾンに生息する猛獣、ジャガーが飼育されている

エミリオ・ゴエルジ博物館
住Av. Magalhães Barata 376
☎(091)3182-3240
開9:00～17:00
休月・火　料R$3

行き方
セントロのプレジデンチ・ヴァルガス大通りからMedici-Centro 行きのバスで約10分。入口は北側。

放し飼いされたイグアナ

マンガル・ダス・ガルサス公園

Parque Ambiental Mangal das Garças MAP P.331-A2

カステロ要塞から1kmほど南にある総面積約4万m²の自然環境観察公園。グアマ川河畔にアニンガ種のマングローブ林を利用して造られた。見どころは「水辺に住む野鳥観察館」、「蝶とハチドリ自然観察館」と中央部の池に放し飼いされている白サギとカモ類の群れだが、そのなかでもグアラ（ショウジョウトキ）の真紅の群れは必見だ。敷地中央にある高さ47mの塔からは、ベレン市内を見下ろすことができる（有料）。ほかにアマゾン流域の船の博物館や高級レストランもある。

広い敷地内にたくさんの鳥がいる

マンガル・ダス・ガルサス公園
住Pass Carneiro da Rocha s/n, Bairro Cidade Velha
☎(091)3242-5052
URL www.mangaldasgarcas.com.br
開9:00～18:00
休月
料入場無料（敷地内の見どころ各R$5。共通券はR$15）

COLUMN ブラジル3大祭りのひとつナザレ大祭

ベレンの守護聖人“ナザレの処女”をたたえるナザレ大祭（Círio de Nazaré）は、国内および世界各国から集まった100万人以上もの巡礼者たちがろうそくを持って行列するブラジル最大規模の祭りのひとつ。毎年10月第2土曜の夜に、ボートの行列で祭りは幕を開ける。郊外のイコアラシからベレンの港まで、処女の像を乗せた数百隻が満艦飾で参加する水上パレードで川は埋め尽くされる。

そして翌日、大きなろうそくを抱えた100万人以上の大行列がセントロのセー大聖堂をスタートし、ナザレ聖堂まで延々と行進する。ナザレ聖堂を中心に町のあちこちで大パーティが開かれ、人々は祭りに欠かせないアヒル料理を味わいつつ、路上で歌ったり、サンバを踊ったりして、派手なお祭り騒ぎを繰り広げる。このブラジル的大フィーバーは2週間も続く。

ホドリーゲス・アウヴェス自然公園 Bosque Rodrigues Alves MAP P.330-B1外

ベレン市内でジャングル体験できる

この一画は早くから保護区に指定され、自然公園として市民の憩いの場となっている。園内はうっそうとしたジャングルの様相を呈し、町の真ん中とは思えないほど。ベレンまで来ていてジャングルツアーに行けない人や、市場の雑踏に疲れた人におすすめ。公園にはミニ動物園や水族館もあり、週末はカップルや家族連れでにぎわっている。

ホドリーゲス・アウヴェス自然公園
住Av. Almirante Barroso 2305（メインエントランス）
☎(091)3277-1112
開8:00～17:00
休月
料R$2
行き方
ヴェロペーゾ市場のバス乗り場から Marambaia 行きのバスで30分ほど。長距離バスターミナルを過ぎてしばらく行き、左側に木の生い茂る濃い緑が見えてきたら下車。テレビ塔が目印。

近郊の町と見どころ

イコアラシ Icoaraci MAP P.50-B2

ベレンの北20kmほど。川岸がビーチになっているリゾート地で、週末ともなると、ベレンから多くの人が訪れる。観光地らしく、手工芸品を売る店や地元料理のレストランも多い。セラミックの産地としても有名で、マラジョー焼きの工房がいくつかある。バスで行くこともできるが、マラジョー焼き工房の見学などをしたい人は、ベレンからの日帰りツアーに参加したほうがよい。

イコアラシの行き方
セントロのプレジデンチ・ヴァルガス大通りなどからIcoaraciと表示されているバスに乗る。所要約1時間。

Tour Info

ベレンのツアー情報

ベレン市内観光
City Tour Belém
料R$129
市内の観光名所を巡るツアー。ナザレ聖堂、エスタサゥン・ダス・ドッカス、ヴェロペーゾ市場などの旧市街を巡る。所要約4時間。

ベレン市内文化観光
City Tour Cultural Belém
料R$129
ベレンの文化、美術、歴史に特化したツアー。バス劇場、カステロ要塞、宗教美術館などを巡る。所要約4時間。

エコロジー公園ツアー
Parques Ecológicos
料R$129
エミリオ・ゴエルジ博物館、ホドリーゲス・アウヴェス自然公園、マンガル・ダス・ガルサス公園といったベレンにある自然公園を巡り、アマゾンの動植物に触れるツアー。所要約4時間。

イコアラシ・ツアー
Passeio à Vila de Icoaraci
料R$139
ベレンから約20kmの所にあるイコアラシを訪問し、マラジョー焼きの窯元を見学、直売所にも立ち寄る。所要約4時間。

サンセット・クルーズ
Orla ao Entardecer
料R$50
所要1時間30分のクルーズ。夕日に染まるグアジャラ湾とベレンのおもな見どころを巡る。船上では音楽とダンスのショーが行われる。

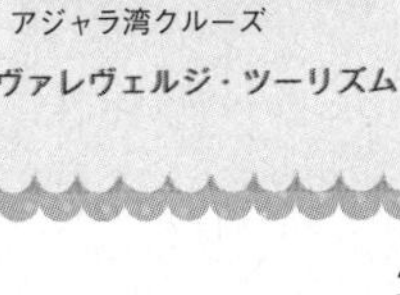
夕暮れとダンスを楽しめるグアジャラ湾クルーズ

※以上の申し込みはヴァレヴェルジ・ツーリズム（→P.329）まで。

マラジョー島

Ilha do Marajó MAP P.50-B2

アマゾン河の河口付近は、広いところでは川幅360㎞にもなる。ベレンから約80km、雄大なアマゾン河に浮かぶ世界最大の中島がマラジョー島だ。その広さは4万9602㎢に及び、日本の九州と同じくらいの大きさにもなる。

マラジョー島は湿地と草原が入り交じり、島内を流れるアマゾン河支流の周辺はジャングルが発達。そこはまさに野生動物の楽園。生態系の多様さはパンタナール（南米中央部の大湿原）を上回るともいわれ、ジャングルトレッキングではホエザルやリスザル、トゥカーノ、オウムなどの野生動物や野鳥に出合う確率が高い。どこまでも続く広い牧草地でゆったりと草を食む水牛の姿は島の風物詩。美しいビーチも点在している。

アルゴドアウ島

Ilha do Algodoal MAP P.50-B2

アルゴドアウは大西洋に面した小さな島。この島には自動車は1台もない。交通機関といえば牛や馬に引かせた荷車だけの、本当に静かな漁村だ。汚れのないビーチと白い砂丘、そして神秘的な色の水をたたえた湖など、魅力的な自然がいっぱいで人々も素朴。島には数軒の宿やレストランもあり、のんびりした休日が過ごせるだろう。

モスケイロ島

Ilha do Mosqueiro MAP P.50-B2

ベレンのセントロから北約72kmの所にある島。ベレンに住む人々が水浴びを楽しみに行くようなのどかな雰囲気だ。島内にはわずかだが宿泊施設もある。

トメアスー

Tomé-Açu MAP P.50-B2

ベレンから約250km、陸路で4〜5時間の所にあるトメアスーには、日本人が開拓したアマゾン日本人移住地。1929年に原生林の中に作られた村である。1960年代後半までは、コショウの栽培で栄えたが、コショウの病気で大打撃を受けるなど、一つの作物のみに依存するがゆえの弊害もあり、そのような弊害を克服するため、コショウだけでなく、 グァバやアセロラなどのトロピカル・フルーツ、カカオ、アサイーといった植物、果実を同時に栽培するようになった。農地内にさまざまな植物を植え、計画的に自然の森のような環境を作り出す農法は、アグロフォレストリーと呼ばれ、自然との共生、森林再生など、環境面から注目を浴びている農法。トメアスーはこの農法の成功例として、不便な立地にもかかわらず、国内外から多くの人が視察に訪れる。現在では、この農法をブラジル人農家に普及させるプロジェクトを進めるなど、アマゾンの森林再生に貢献している。

日本人移住者も今では日系人はわずか250家族程度。しかし、そこには確かに80余年に及ぶ日系人達の生活の軌跡を見ることができる。ここには本来の日本が残っているのかもしれない。そんな彼らと生活をともにし、自分の中の日本人らしさを見つめ直すのもいいだろう。ベレンからはツアーで行くのが一般的。

マラジョー島の行き方
ベレン港からマラジョー島カマラ港Camaráの船が1日2便6:30頃と14:30頃に出発する（日曜は10:00頃発の便のみ）。イコアラシからも船が出ており、6:00頃と13:00頃発の1日2便（月・火・木曜は16:00頃発の便が増便）。

ベレン港
MAP P.330-A1
☎(091)3242-1870

マラジョー島
カルモ牧場ステイツアー
マラジョー島のカマラ川沿いに立つカルモ牧場で、乗馬やカヤックのほか、野鳥の営巣地やワニの住む沼などを見学する牧場探検が楽しめる。モデルコースのほかに、ジャングルトレッキングや遺跡巡りを選ぶことも可能。
旅行会社
株式会社ウニベルツール
☎03-3544-6110
URL univer.net

アルゴドアウ島の行き方
ベレンの長距離バスターミナルから、Marudáまで行き、アルゴドアウ行きのボートに乗り換える。所要約3時間30分。

モスケイロ島への行き方
長距離バスターミナルから1時間に1～3便程度、モスケイロ行きのバスが出ている。所要約2時間20分。

トメアスーへの行き方
長距離バスターミナルから5:30～16:00の1時間に1便程度。所要約3時間45分。R$47.95。そのほかに、セスナ機のチャーター便もある。セスナ機での所要時間は30分。

COLUMN 一度は体験したいアマゾンの船旅

アマゾンの２大都市ベレンとマナウスを結ぶ交通手段は、飛行機を除くともっぱらアマゾン河を利用した水上交通に頼ることになる。

ベレン～サンタレン～マナウスの航路は、道路でいえば大幹線道路に当たり、いくつかの中小船会社が定期的に船を出している。旅の日程に余裕があれば、ぜひアマゾンの船旅を体験してみたい。

チケットは船着場に並んでいる船会社のカウンターやその付近にいるチケット売りから、または市内の旅行会社で購入する。旅行会社で購入すると、航路の最新スケジュールやおすすめの船など航路の情報を一度に入手できるので便利だ。

料金は、デッキにハンモックをつって寝るか、キャビン（カマロッチ Camarote という）のベッドにするかによって違う。ハンモックはRede（ヘージ）といい、乗客が各自持参する。市内にはハンモック専門店があり、R$10程度の簡単なものからR$80近い高級品まで予算と好みに応じて選べる。キャビンの場合は、エアコン付きの船室に2～4人分のベッドがあるのでハンモックは必要ない。キャビンは相部屋だが、基本的に男女別の部屋なので女性も心配ない。ただし、キャビンのベッド数は少ないので、予約はできるだけ早く、少なくとも利用前日までにしたい。また、キャビンでもハンモックでも夜はかなり冷え込むので、薄手の毛布か寝袋があると重宝する。

どの船も1日3食の食事が付き、決まった時間に船内の食堂で食べる。食事の質は船によっても異なるが、おおむね期待できない。船の売店で水や軽食を買うこともできるが、念のためミネラルウオーター、果物、ビスケットなどの食料を持ち込むことをおすすめする。

船が出るのはたいてい19:00～20:00頃だが、当日はできるだけ早く、遅くとも出航の3～4時間前には港に行って船に乗り込むこと。港周辺は治安がよくないので、日が暮れ始めてからウロウロするのは危険だ。それにハンモックスペースの場所取りは早い者勝ちなので、とにかく早めに行っていい場所を確保したい。たいていの船では、出航の前夜から船に泊まり込むこともできる。

また、目的地に深夜に着いた場合は、翌朝明るくなるまで船の中で寝ていることも可能。ベレン～サンタレン～マナウス以外に、マカパ、ジャリJari、バルカレナBarcarenaなど、流域の小さな町への船もある。

アマゾン河を進む船

ベレンからのハンモック料金

グルパGurupá	R$100～
アウメイリンAlmeirim	R$120～
プライーニャ Prainha	R$130～
モンチ・アレグリMonte Alegre	R$140～
サンタレン	R$150～
オビドスÓbidos	R$170～
ジュルチJuruti	R$190～
パリンチンスParintins	R$250～
マナウス	R$300～

ベレンからマナウスへ122時間の旅

ベレン～グルパGurupá	31時間
グルパ～アウメイリンAlmeirim	8時間
アウメイリン～プライーニャ Prainha	9時間
プライーニャ～モンチ・アレグリMonte Alegre	5時間
モンチ・アレグリ～サンタレン	9時間
サンタレン～オビドスÓbidos	10時間
オビドス～オリシナー Orixiná	4時間
オリシナー～ジュルチJuruti	5時間
ジュルチ～パリンチンスParintins	8時間
パリンチンス～マナウス	33時間

ベレン～サンタレン～マナウス行きの船

ベレンからマナウスに向かう船は、必ず途中サンタレンの町に寄港する。ベレンからサンタレンまでは約62時間、サンタレンからマナウスまで約60時間（船により30時間～）。

船のチケットを取り扱っている旅行会社

Macamazon
MAP P.331-A1
住 Av. Castinho França 716
☎ (091)3222-5604

Navio Ana Beatrizなどをはじめ、複数の船会社のチケットを販売している旅行会社。各船最新情報があり、システムもしっかりしている。長距離バスターミナル内にもカウンターがある。

ベレンのホテル

Grand Mercure Belém Do Para

グランド・メルキュール・ベレン・ドゥ・パーラ MAP P.331-B1

高級ホテル

ベレンの中心部にある高級ホテル。屋上には市内を見下ろせるプールがあり、フィットネスセンターも併設。客室は広々としており、全室ミニバー、電気ケトル付き。朝食は別料金でR$44。

住Av. Nazaré 375 ☎(091)3202-2000
URL www.accorhotels.com
料ⓈR$290～ ⓌR$310～ 税金15%別
カード ADJMV 室数173室

Tulip Inn Belém Nazaré

チューリップ・イン・ベレン・ナザレ MAP P.331-B1

中級ホテル

セントロとナザレ地区の中間に位置し、どちらも徒歩圏内。国際チェーン系のホテルで、客室はモダンかつ機能的にまとまっている。ホテルの敷地は広くはないが、屋外スイミングプールやジムを完備。

住Av. Nazaré 569
☎(091)3321-7177 FAX(091)3321-7176
URL www.tulipinnbelemnazare.com
料ⓈR$190～ ⓌR$230～ カード ADMV 室数88室

Hotel Regente

ヘジェンチ MAP P.331-B1

高級ホテル

ナザレ大通りAv. Nazaréの1本北を走るゴヴェルナドール・ジョゼ・マウシェール大通りに面したホテル。館内にはプールとレストランがある。部屋はエアコン、冷蔵庫、ダイニングテーブルなどを完備。

住Av. Governador José Malcher 485
☎(091)3181-5000
URL www.hotelregente.com.br 料ⓈR$190～
ⓌR$277～ カード ADMV 室数216室

Hotel Unidos

ウニードス MAP P.331-B1

エコノミー

アウメイダ通り沿いにあるホテル。客室は簡素だが手入れが行き届き、白い部屋に木造の家具が品よく配置されている。エアコン、テレビ、冷蔵庫付き。スタッフの応対もていねい。

住R. Ó de Almeida 545
☎(091)3224-0660
URL www.hotelunidos.com.br
料ⓈR$110～ ⓌR$130～ カード AMV 室数48室

Beira Rio Hotel

ベイラ・ヒオ MAP P.330-B2

エコノミー

グアマ川Rio Guamáに面したホテル。館内は少々くたびれているものの、リバーフロントのレストランや屋外プールを備えている。周辺の治安はよくないため、移動にはタクシーの利用を。

住Av. Bernardo Sayão 4804
☎(091)4008-9003 FAX(091)3249-7808
URL www.beirariohotel.com.br
料ⓈⓌR$89～ カード AMV 室数80室

読者投稿

日曜市が開かれるへプブリカ広場まで徒歩30秒の便利な場所にある。共同経営者兼マネージャーの日本人、大谷さんは5ヵ国語を操り、ベレン発の船情報にも詳しい。（兵庫県 たてやま '14)['17]

Residência B&B

ヘジデンシアB&B MAP P.331-B1

住R. Tiradentes 23(Prox. à Praça da Republica)
☎(091)3087-0330 URL www.residenciabeb.com
料ⓈR$65～ ⓌR$85～ ドミトリー R$35～
カード ADJMV 室数8室

Hotel Novo Avenida

ノヴォ・アヴェニーダ MAP P.331-A・B1

エコノミー

　プレジデンチ・ヴァルガス大通り沿いで場所もよく、フロントの対応もフレンドリーで感じのいい宿。部屋は白を基調としており清潔感がある。エアコン、ミニバー付きの部屋はⓈR$108、ⓌR$128。

住 Av. Presidente Vargas 404
☎ (091) 3242-9953　FAX (091) 3223-8893
URL www.hotelnovoavenida.com.br
料 ⓈR$80～ ⓌR$90～
カード ADMV　室数 45室

Hostel Amazônia

オステウ・アマゾニア MAP P.331-B1

ホステル

　アウメイダ通り沿いにある、コロニアルスタイルのホステル。ドミトリーはベッドがあるのみで、シャワーやトイレは共同スペースに設置されている。共同のキッチンルームやテレビルームもある。

住 R. Ó de Almeida 548
☎ (091) 3222-8456
URL www.hotelamazoniabelem.com.br
料 ドミトリー R$38～ ⓈR$60～ ⓌR$80～
カード 不可　室数 35ベッド

ベレンのレストラン

Manjar das Garças

マンジャー・ダス・ガルサス MAP P.331-A2

　マンガル・ダス・ガルサス公園内のレストラン。火～日曜のランチはビュッフェ形式。ディナーはアラカルトでひとりあたりR$80程度～。ライブ演奏あり。

住 R. Dr. Assis s/n, Parque Ambiental Mangal das Garças　☎ (091) 3242-1056
URL www.manjardasgarcas.com.br
営 12:00～16:00、20:00～翌2:00
休 日曜のディナー、月　カード ADMV

Tucuruvi

トゥクルヴィ MAP P.331-B2

　ビュッフェ形式のシュハスカリア。値段はひとりR$62.9～。シュハスコはスタッフが順次テーブルを回って切り分けてくれる。各種料理のほかに、牛タンやクッピン、ピッカーニャなど牛のいろいろな部位のシュハスコがある。

住 Tv. Benjamin Constant 1831
☎ (091) 3241-7272
営 12:00～16:00　休 無休　カード AM

O Dedão

オ・デダゥン MAP P.330-B1

　アマゾン名物の泥ガニ、カランゲージョの専門店。トキトキ（泥ガニの姿ゆで。甲羅7cmほど）が1匹R$10程度。アマゾンのブイヤベースともいうべきカウデラーダ（魚の鍋煮込み）も名物だ。

住 Tv. Mariz e Barros 2249　☎ (091) 3246-1357
営 月18:00～23:00　火～木11:30～15:00、18:00～23:00　金・土11:30～23:00　日11:30～17:00
休 無休　カード ADMV

Higashi

東 MAP P.331-B1

　地元の人でにぎわう和食・中華のレストラン。ビュッフェ式になっており、料金は曜日によって異なるがひとりR$19.99～。種類豊富な寿司や、シーフードを使った地元の料理など、バラエティ豊かなメニューが揃っている。

住 R. Ó de Almeida 509
☎ (091) 3230-5552
営 11:00～15:00
休 無休　カード ADMV

COLUMN アマゾン河川交通の要衝サンタレン

サンタレン　Santarém　MAP P.50-B2

ベレンとマナウスの中間に位置するサンタレンは、人口6万人ほどのアマゾン流域第3の町。コーヒー色のアマゾン河と群青色の支流タパジョス川との合流地点に発達したこの町は一時期、ゴム工場や金の採掘で栄えた。ベレンとマナウスを往復する船は必ずここに寄港する。

サンタレンの歩き方

アマゾン河とタパジョス川の合流はセントロからでも見ることができる

ベレンから来た船は、セントロの西にあるカイス港Cais do Portoに着く。セントロまで、タクシーでR$10程度。バスなら港を出て、Circularと表示されているバスに乗る。カテドラル周辺が町の中心。晴れた日ならこのあたりからアマゾン河とタパジョス川Rio Tapajósが、混じり合わずに2色の帯になって流れていく光景を見ることができる。ちなみに、サンタレンは行政上はパラ州に属するが、アマゾナス州のマナウスと同様、ブラジルの標準時間より1時間遅れているので、サンタレンに着いたらまずは時計を合わせよう。

サンタレン周辺の見どころは、町から西へ約35km の所にあるアウテール・ド・ション Alter do Chãoという、アマゾン流域で最も美しいリゾート地のひとつ。真っ青なタパジョス川に浮かぶ白砂の浜、そこに天然のパラソルを形作っている灌木。捕れたての魚をそのままグリルして食べさせてくれる屋台もある。

サンタレンの行き方

飛行機

ベレンからサンタレン空港Aeroporto de Santarémまでは国内2社が1日2～4便運航。所要約1時間20分。マナウスからは1日1～2便、所要約1時間15分。サン・パウロやリオ・デ・ジャネイロからは、ベレンかマナウスを経由する。市内へは空港を出た右側にある乗り場から出ているバスに乗る。タクシーはR$45～50程度。

フェリー

タパジョス川を見ながら食事を楽しもう

ベレンから週3～4便運航。所要約80時間。マナウスからも週3～4便運航していて、所要30～60時間。マナウス行きはカイス港から出ており、セントロのメルカード・モデロ前の船着場からはパリンチンスParintis、モンチ・アレグリMonte Alegre行きなどが出ている。チケットは船や代理店で購入可能。出航当日、早めに購入してもいいが、できれば前日までに買っておくといい。代理店を通したほうが割安で購入できる。

アウテール・ド・ションの行き方

サンタレンのセントロから車で所要約45分。タクシーなら片道R$60程度。

サンタレンのホテル

Barrudada Tropical Hotel

H バフダーダ・トロピカウ

MAP P.340外

住 R. Mendonça Furtado 4120

☎ (093)99146-4996

URL barrudadatropicalhotel.com.br

料 ⓈR$189～ ⓌR$230～　税金5%別

カード ADMV　室数 183室

サンタレンの町外れにある3つ星のリゾートホテル。客室にはエアコンが完備。

Boa Vista
ボア・ビスタ

ブラジル奥地、ブランコ川沿いの都市

MAP ▶ P.50-A1
市外局番▶095
(電話のかけ方は→P.52)
US$1=R$3.15
=108円

ホライマ州の州都ボア・ビスタはブラジルの最北都市。ブラジルで唯一、赤道以北にある大都市でもある。ベネズエラ国境のパカライマから220km、マナウスからは785kmの奥地に位置する。その地理的条件のため非常に不便な町だったが、1995年にマナウスとの間に道路が完成。ベネズエラへのパンアメリカン・ハイウエイも開通して、南北への交通が開けた。

ボア・ビスタは1830年頃まで未開の地に等しかったが、1960年代に始まったゴールドラッシュでブラジル各地およびヨーロッパから大量の労働者が移住してきた。1850年には5200人だった人口は、1990年頃には19万人に膨れ上がり、ほとんどが鉱山関係者で占められていた。その後、自然保護の見地から鉱山が閉山となると、産業は農業へと移行。現在は大豆、米、フルーツなどの農業と、ベネズエラやガイアナと国境を接する北部の要所として政府関連の仕事に携わる人が多い。ホライマ州の人口は約50万人で、うち約60%の30万人がボア・ビスタに暮らしている。

ボア・ビスタを訪問する旅行者の多くは、ブラジル最高峰のホライマ山のトレッキングや、国境を越えてベネズエラに行く人、あるいはベネズエラからマナウスへと行く途中に立ち寄る人。町そのものには大きな見どころはないが、熱帯の太陽の下に開ける蜃気楼のような都市を歩いてみるのも興味深い。

INFORMATION

観光案内所
Informaçãn Turística
MAP P.342
住 R. Floriano Peixoto
☎(095)3621-3975
URL www.boavista.rr.gov.br
開 16:00〜22:00
休 月
バスターミナル内にも窓口がある。

ブランコ川沿いにある観光案内所

市場には熱帯地方ならではのバナナやスイカをはじめとするトロピカルフルーツやたくさんの野菜、魚が並ぶ

ボア・ビスタ国際空港
MAP P.342外
住 Praça Santos Dumont 100
☎(095)3198-0119

ボア・ビスタへの行き方

飛行機

ボア・ビスタへの空路は、マナウス経由が一般的だ。マナウスか

らボア・ビスタ国際空港Boa Vista Atlas Brasil Cantanhede International Airport（BVB）まで所要約1時間20分、ラタム航空、アズウ航空が運航しており、1日1～2便程度。空港からセントロまではタクシーで約10分、R$30程度。

長距離バス

マナウスから1日7便程度運行されており、所要約12時間。ほかにも、約125km離れたガイアナ国境の町ボンフィンBomfinや、ベネズエラ国境のパカライマPacaraimaを結ぶバスが運行されている。ベネズエラのサンタ・エレナ・デ・ウアイレン（→P.363）からは、タクシーか乗合タクシーで国境まで行き、国境を越えた先で待機している乗合タクシーかバスでボア・ビスタへ向かう。バスはAsatur社が運行、所要約3時間40分。乗合タクシーは4人まで乗れて1台R$140程度、所要時間は約2時間。なお、ブラジル・ベネズエラの国境エリアからボア・ビスタまでの広大な地域は少数民族の支配地域になっていて、下車して立ち入ることはできない。長距離バスターミナルは町外れにあり、セントロまでタクシーでR$10～15。

歩き方

ブランコ川に面して扇状に広がる町は、1890年に当時の市長により手がけられた計画都市。中央に州庁広場があり、その周りをカテドラルや裁判所などが囲むように立っている。広場からジャイメ・ブラジル通りAv. Jaime Brasilを歩き、川沿いまで約10分。

おもな旅行会社
ホライマ・マドベンチャーズ
Roraima Adventures
MAP P.342
住 R. Coronel Pinto 97
☎(095)3624-9611
URL www.roraima-brasil.com.br
開 月～金　8:00～12:00、12:30～18:00
　土　8:30～12:00
休 日
ホライマ山トレッキングツアー（6泊～）、釣り、マウンテンバイクなど、アウトドア系ツアーを扱う。

ホライマ・アドベンチャーズのオフィス

ブランコ川近くにあるローカルバス乗り場。空港や長距離バスターミナルへ行く乗合タクシーもここから出る

ブランコ川遊覧ツアー
ブランコ川をボートで遊覧するツアーが旅行会社で申し込める。所要約3時間で、料金は4人までR$550、5人以上は1人R$140程度。いったん川を遡り、その後、水路を河口に向かって進み、全長1200mのマクシ橋Ponte dos Macuxiの下まで行って戻ってくるルートが一般的。

近くに行くと大きさに圧倒されるマクシ橋

植物のタンニンを含んだ茶色い川

おもな見どころ

州庁広場 Praça do Centro Cívico MAP P.342

扇状に広がる町の中心に位置する広場。広場にある立派な建物は州庁舎で、広場を囲む道を挟んで裁判所、カテドラル、文化庁や図書館、電話局などがある。広場の中央に、ボア・ビスタの象徴でもある金鉱山の労働者の碑が立っている。

ブランコ川周辺 Rio Branco MAP P.342

州庁広場からメインストリートのジャイメ・ブラジル通りを行くと、茶色のブランコ川に突き当たる。ブランコ川の源流はブラジル最高峰のホライマ山。川はマナウスでアマゾン川に合流する。川沿いは公園になっており、先住民族の手工芸品を販売するハンディクラフト・センターがあるほか夜はカフェ＆レストランがオープンしてにぎわう。ボア・ビスタの建設が始まったこのあたりには、1858年に建てられたカルモ教会 Igreja Matris NS do Carmo も残っている。大きな女性の顔がひときわ印象的な高さ4m、幅15mのパイオニアたちのモニュメント Monumento a los Pioneros は、ホライマ州出身のルイス・カナラ Luiz Canará の作品。先住民と開拓の歴史を表現している。

モニュメントは夜はライトアップされる

モダンなデザインのカテドラル

ハンディクラフト・センター
Centro de Artesanato
MAP P.342
住 R. Floriano Peixoto 423
営 月〜金 9:00〜18:00
土 9:00〜13:00
（時期により異なる）
休 日

カラフルにペイントされたカルモ教会は、ボア・ビスタ初の教会

近郊の町と見どころ

ホライマ山 Monte Roraima MAP P.50-B1

ホライマ山（スペイン語ではロライマ山）といえば、アーサー・コナン・ドイルの小説『失われた世界』の舞台にもなったことでも知られる、ジャングルからそそり立つテーブル状の山。周辺に住む先住民からは、聖なる山とあがめられてきた。広大な範囲にテーブルマウンテンがいくつもそびえるギアナ高地はベネズエラが大部分を含めるが、ホライマ山はブラジル、ベネズエラ、ガイアナの国境に位置しており、標高2810mのブラジル最高峰だ。その頂は15kmも続く平らなテーブル形をしており、浸食作用によって独特の地形をしている。ホライマ山の山頂の地質は20億年前のものとされ、下界からそ

堂々とそびえるホライマ山

ホライマ山トレッキングツアー
料 R$1860（最低5人以上、ツアー内容によって料金は変動。要問い合わせ）
雨の多いホライマ山だけに、ベストシーズンは11〜2月の乾季。この時期は参加者が多いので、ひとりでも参加できる可能性が高い。P.342欄外のツアー会社などに申し込む。

ペドラ・ピンターダの行き方
ベネズエラ方面へ15kmほど行った所。公共の交通機関はないのでツアー参加となる。

サン・ジョアキン砦
Forte São Joaquim
MAP P.342外
1775年、オランダとフランスがポルトガル領へ侵入するのを防ぐため、タクトゥ川の左岸に建造された砦の跡。ボア・ビスタからボートで片道3～4時間ほどの地点にあるが、草に埋もれてはっきりとは見えない。見に行く場合は、ツアーに申し込んで行く。

そり立つまさに陸の孤島には、独特の生物が成育している。

ホライマ山トレッキングのブラジル側の拠点となるのがボア・ビスタで、通常、6泊7日で登頂ができる。山中での3泊を含めすべてテント泊となるが、食事を含め個人の荷物以外はポーターが運んでくれる。

ペドラ・ピンターダ

Pedra Pintada MAP P.50-A1

高さ40m、最大幅60m、ピーナッツの殻を横にしたような形の巨大なこの岩には、プレ・コロンビア期の遺物といわれる絵文字が残されている。いまだ解読はされておらず、考古学的に非常に興味深いものだ。岩の近くには洞窟もある。

ボア・ビスタのホテル

Aipana Plaza Hotel

アイパナ・プラザ MAP P.342

中級ホテル

州庁広場に面しており、観光に便利な立地。旅行会社、レストラン、バー、プールなど館内施設が充実している。室内は天井が高く、真っ白な壁は清涼感が漂う。エアコンはもちろん、ミニバーやドライヤーも備えている。

住 Praça do Centro Cívico 974
☎ (095) 3212-0800
料 ⓈR$272～ ⓌR$317～
カード MV　室数 87室

Barrudada

バフダーダ MAP P.342

中級ホテル

ボア・ビスタでは数少ない、7階建ての高層ホテルで上階からは眺めがいい。部屋はこぢんまりしていてシンプル。ホットシャワー、エアコン、冷蔵庫あり。客室内でWi-Fiも利用できる。

住 R. Araújo Filho 228, Centro
☎ (095) 2121-1700
URL www.hotelbarrudada.tur.br
料 ⓈR$180～ ⓌR$210～
カード ADMV
室数 60室

Ideal

イデアウ MAP P.342

エコノミー

町の中心部にある古いホテル。全室エアコン、専用バスルーム、冷蔵庫が付いているが、設備や内装は簡素。シャワーは水のみ。英語不可。

住 R. Araújo Filho 481, Centro
☎ (095) 3224-6342
E-mail hotel-ideal88@hotmail.com
料 ⓈR$90～ ⓌR$100～
カード ADJMV　室数 30室

読者投稿

ボア・ビスタの長距離バスターミナルの向かいにあります。バス・トイレ付き、エアコン、Wi-Fi、TVありで清潔ですが、ホットシャワーは全館なしです。暑い地域なので外から帰ったときはそれでもいいのですが、エアコン効きっぱなしの部屋にいるとさすがに冷水はつらかったです。英語は通じませんが、Google翻訳を使いながら一生懸命対応してくれました。

（東京都　Urara　'14）['17]

Hotel Farroupilha

ファホウピーリャ MAP P.342外

住 Av. Das Guianas 1542, São Vicente
☎ (095) 3624-4226
E-mail hotelfarroupilha1@hotmail.com
料 ⓈR$80～ ⓌR$95～
カード ADMV　室数 40室

ベネズエラ

Venezuela

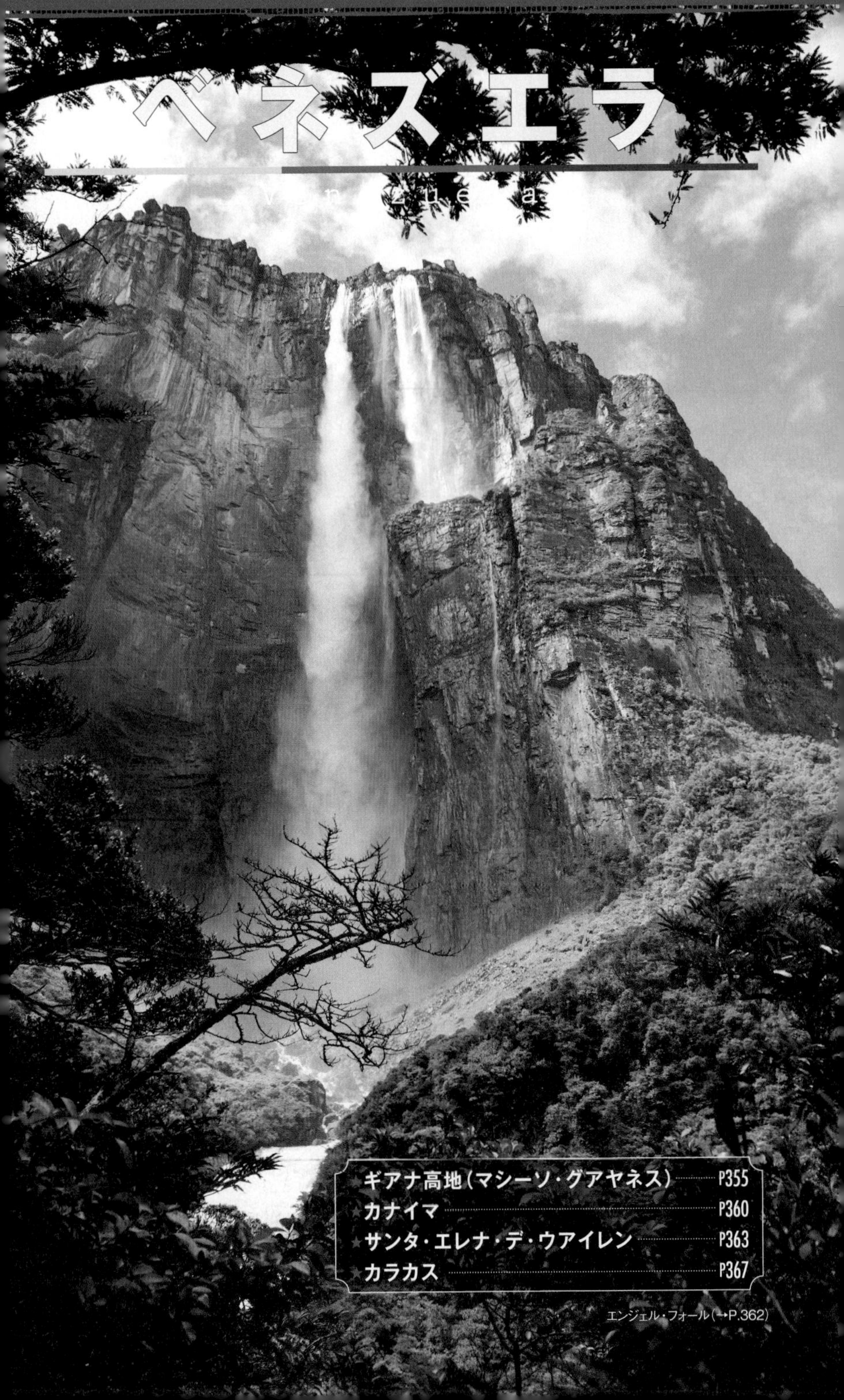

エンジェル・フォール(→P.362)

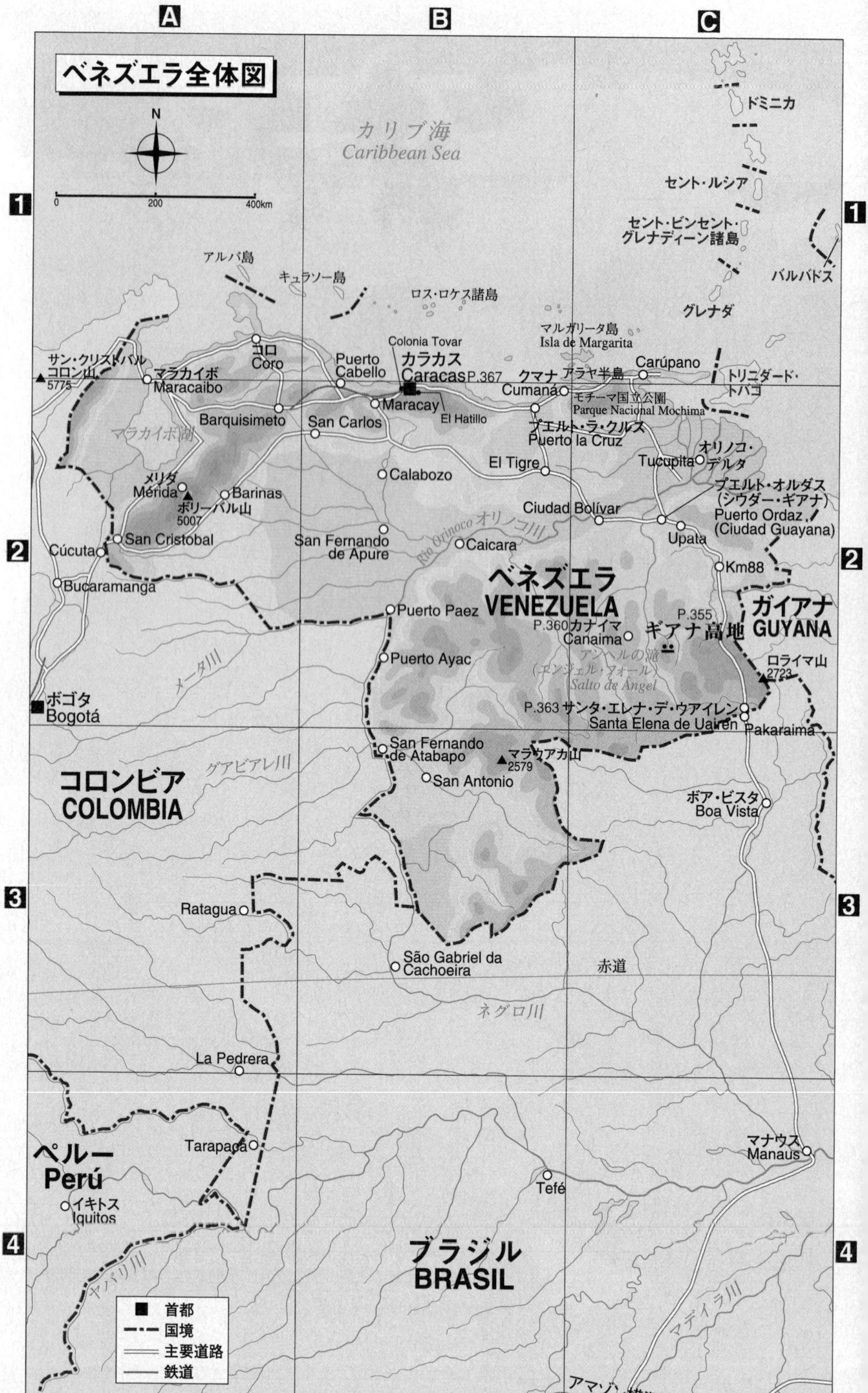
A
B
C
ベネズエラ全体図
N
0
200
400km
1
2
3
4
カリブ海
Caribbean Sea
ドミニカ
セント・ルシア
セント・ビンセント・
グレナディーン諸島
バルバドス
グレナダ
アルバ島
キュラソー島
ロス・ロケス諸島
マルガリータ島
Isla de Margarita
トリニダード・
トバゴ
サン・クリストバル
コロン山
5775
マラカイボ
Maracaibo
コロ
Coro
Puerto
Cabello
Colonia Tovar
カラカス
Caracas
P.367
クマナ
Cumaná
アラヤ半島
Carúpano
モチーマ国立公園
Parque Nacional Mochima
Maracay
El Hatillo
Barquisimeto
San Carlos
プエルト・ラ・クルス
Puerto la Cruz
マラカイボ湖
オリノコ・
デルタ
Tucupita
El Tigre
Calabozo
メリダ
Mérida
ボリーバル山
5007
Barinas
プエルト・オルダス
(シウダー・ギアナ)
Puerto Ordaz
(Ciudad Guayana)
Ciudad Bolívar
Upata
Cúcuta
San Cristobal
San Fernando
de Apure
Rio Orinoco オリノコ川
Caicara
Km88
Bucaramanga
ベネズエラ
VENEZUELA
ガイアナ
GUYANA
Puerto Paez
P.355
P.360 カナイマ
Canaima
ギアナ高地
Puerto Ayac
アンヘルの滝
(エンジェル・フォール)
Salto de Ángel
ロライマ山
2723
メータ川
ボゴタ
Bogotá
P.363 サンタ・エレナ・デ・ウアイレン
Santa Elena de Uairen
Pakaraima
San Fernando
de Atabapo
マラウアカ山
2579
グアビアレ川
San Antonio
コロンビア
COLOMBIA
ボア・ビスタ
Boa Vista
Ratagua
São Gabriel da
Cachoeira
赤道
ネグロ川
La Pedrera
マナウス
Manaus
Tarapaca
ペルー
Perú
Tefé
イキトス
Iquitos
ブラジル
BRASIL
ヤバリ川
マディラ川
首都
国境
主要道路
鉄道
アマゾン横断道路
A
B
C

ベネズエラ イントロダクション

グラン・サバナから見たロライマ山

南米大陸の北端、カリブ海に面したベネズエラ・ボリーバル共和国。到着直前の飛行機の窓からは、カリビアンブルーの美しい海が望める。しかし、首都カラカスは空港から2000m級の山を越えた標高960mの盆地に広がり、高台から見下ろすカラカスの町並みは突如現れた蜃気楼のようだ。立派なハイウエイ、建ち並ぶ近代的なビル群、地下鉄の整備など、石油がもたらす豊かさが、この国の急速な近代化と都市化を生んだ。ベネズエラは世界有数の産油国であり、輸出総額の7割以上を石油が占めている。

石油がもたらす富による経済は、わずかな富裕層と多くの貧困層を生み出すこととなる。さらに20世紀後半の石油価格の低迷により国家財政は破綻をきたし、公共料金の値上がりは低所得層の人々の首を絞めることとなった。そのようななか、貧困層の圧倒的な支持を得て1999年、ウーゴ・チャベス大統領が誕生する。チャベス大統領は国名をベネズエラ共和国からベネズエラ・ボリーバル共和国に変更し、反米主義や独裁制を強めていく。しかしながら2013年3月、チャベス大統領は任期半ばで病気のため死去する。

インフレが進む一方のベネズエラは、スラム街が広がるカラカスの中心部と、国交断絶とされるコロンビアの国境地帯の治安が悪い。それでも、内陸部に広がるギアナ高地、オリノコ川の河口付近に形成されるオリノコ・デルタなどの大自然や、カリブ海に浮かぶ島々は、世界中から注目されるベネズエラの大きな魅力だ。まだまだ観光地化が進んでおらず、手つかずの自然がありのままの姿で残っているのも、ベネズエラという国だからこそいえるだろう。奥地にはいまだ文明は及ばず、昔ながらの暮らしを続ける先住民の住む深い森があるなど、秘めたる魅力が無限にある国である。

北には美しいカリブ海が広がっている

ジェネラルインフォメーション

ベネズエラの基本情報

▶旅のスペイン語
→ P.416

国　旗
黄は豊かな資源、青はカリブ海、赤は独立闘争で流された血と勇気を象徴し、7個の星は1811年にグラン・コロンビア共和国として独立した際の7つの州を表している。2006年の法改正で新たに8つ目の星が加えられた。

正式国名
ベネズエラ・ボリーバル共和国
República Bolivariana de Venezuela
（日本の外務省は英語の国際表記に準じて、ベネズエラ・ボリバル共和国 Bolivarian Republic of Venezuela としているが、スペイン語の発音では「ベネスエラ」と“ス”が濁らないのと、ボリーバルのほうが発音は近い。また、日本のマスコミの表記は「ベネズエラ」が一般的であり、本書もそれに従って従来どおり「ベネズエラ」と本文中で表記する）

国　歌
Gloria al Bravo Pueblo
（勇敢なる人民に栄光を）

面　積
91万2050㎢（日本の約2.4倍）

人　口
約3150万人（2016年）

首　都
カラカス Caracas

元　首
ニコラス・マドゥーロ・モロス大統領
Nicolás Maduro Moros
（2013年4月就任。任期は2019年1月まで）

政　体
大統領を最高権力者とする立憲共和制

民族構成
国民の約51.6％が混血。白人は約43.6％、黒人は約2.9％、アフリカ系が0.7％。白人はスペイン系が最も多く、ほかにイタリアやポルトガルからの移民もおり、石油開発が本格化した20世紀半ば以降に移住してきた人々も少なくない。

宗　教
国民の大多数がカトリックであり、国民行事のなかでも教会に関係したものが重要な位置を占める。信仰の自由は憲法でも保障されており、わずかながらプロテスタントもいる。

言　語
公用語はスペイン語。先住民の言語が使われている地域も多い。

通貨と為替レート

▶両替事情
→ P.353
▶ベネズエラの両替レート
→ P.380

通貨単位はボリーバルフエルテ Bolívares Fuerte で略号は BsF。2018年2月現在、US$ 1＝BsF10（公定レート）。BsF の下にセンティモ Centimo（¢）があり 100¢＝BsF 1 だが、現在は使われていない。紙幣は BsF5、10、20、50、100、500、1000、2000、5000、1万、2万、10万。コインは BsF1、10、50、100。

両　替
日本円からボリーバルフエルテへの両替はできないので、通貨は US ドルで持っていく。両替は銀行や両替所 Casa de Cambio（カサ・デ・カンビオ）でできる。しかし公定レートが US$1＝BsF10 なのに対して、闇レートは US$1＝BsF21万～23万と2.1万～2.3万倍もの開きがある。銀行や両替所で両替する場合は DICOM というレートが使われ、US$1＝BsF3345（2017年12月現在）。BsF から US$ への両替は一切不可能。

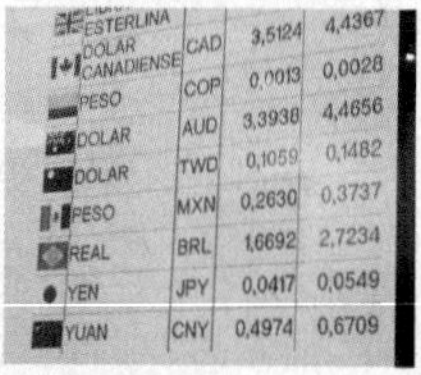

空港の両替所のレートはDICOM

電話のかけ方

日本からベネズエラへかける場合　例カナイマの（0286）345-6789 にかける場合

国際電話会社の番号
001（KDDI）※1
0033（NTTコミュニケーションズ）※1
0061（ソフトバンク）※1
005345（au携帯）※2
009130（NTTドコモ携帯）※3
0046（ソフトバンク携帯）※4

＋ 国際電話識別番号 **010** ＋ ベネズエラの国番号 **58** ＋ 市外局番（頭の0は取る）**286** ＋ 相手先の電話番号 **345-6789**

※1「マイライン」「マイラインプラス」の国際区分に登録している場合は不要。詳細はURL www.myline.org
※2 au は、005345 をダイヤルしなくてもかけられる。
※3 NTTドコモは事前に WORLD WING に登録が必要。009130 をダイヤルしなくてもかけられる。
※4 ソフトバンクは 0046 をダイヤルしなくてもかけられる。

祝祭日（おもな祝祭日）

年によって異なる移動祝祭日（※印）に注意。

1/1	元旦
1/6	顕現日（キリスト教）
2/12～13（'18）※	カーニバル
3/25～31（'18）　4/14～20（'19）※	聖週間（セマナ・サンタ）
4/19	独立宣言記念日
5/1	労働者の日（メーデー）
6/24	カラボボ戦勝記念日
7/5	独立記念日
7/24	ボリーバル生誕記念日
10/12	民族の日（コロンブス・デー）
12/8	聖母マリア受胎の日
12/25	クリスマス
12/31	大晦日

ビジネスアワー

以下は一般的な営業時間の目安。

銀　行

8:30 ～ 15:30、土・日曜は休み。

商　店

10:00 ～ 18:00、日曜はほとんどの店が休み。

レストラン

ランチは 11:00 ～ 14:00、ディナーは 18:00 ～ 23:00 頃。

美術館・博物館

火～金曜 9:00～17:00、土・日曜 10:00 ～ 17:00、月曜休みのところが多い。

電気&ビデオ

電圧とプラグ

110V、60Hz。プラグは日本と同様の A タイプ。短時間なら日本の電器製品がそのまま使用できる。電話のモジュラータイプも日本と同様。

DVD 方式

日本と同じ NTSC 方式を採用。

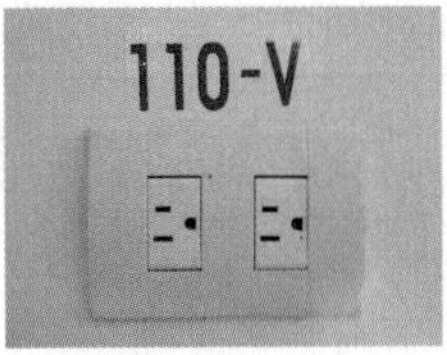

チップ

レストラン

請求書に 10%のサービスチャージが含まれていない場合のみ必要。ただし高級なレストランなどで特別なサービスを受けた場合には、心づけ程度を渡す習慣がある。

ホテル

高級ホテルではルームサービスやポーターを頼んだ場合は必要。

タクシー

基本的にはチップは不要。

ベネズエラから日本へかける場合　例 (03) 1234-5678 または (090) 1234-5678 へかける場合

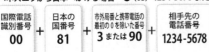

国際電話識別番号 **00** ＋ 日本の国番号 **81** ＋ 市外局番と携帯電話の最初の 0 を除いた番号 **3 または 90** ＋ 相手先の電話番号 **1234-5678**

▶ベネズエラ国内通話

高級ホテルでは部屋から国内通話はもちろん、日本へもダイレクトに電話がかけられる。公衆電話では Acceso Internacional という表示のある電話からテレホンカードを使って国内・国際電話をかけられる。テレホンカードはキオスコ（売店）で購入できる。外から確実に電話したい人は電話局 CANTV からオペレーターを通してかけることをおすすめする。

飲料水

都市の水道は整備されているが、飲料水には向かないのでミネラルウオーターを飲むこと。水洗いした野菜や氷など水道水を使ったものに注意。

気　候

▶地理と国土
→ P.353

ベネズエラは国土全体が熱帯圏に含まれているが、気温は土地の高度により大きく変化する。海岸線の低地やオリノコ川流域などは、年平均でも28度近くまで上がる熱帯の地だが、カラカスなどのように標高約1000mになると、年平均気温は21度で思ったよりもしのぎやすい。日中の日差しは強いが、朝晩は比較的涼しい。

季節は雨季と乾季に分かれる。カラカスの位置する中央平原は4～10月が雨季、11～3月が乾季となる。ギアナ高地のカナイマ国立公園は1～4月が乾季、5～11月が雨季に当たり、降水量は年間3000mmと多く、雨季は毎日のようにスコールが数時間続く。

ミネラルウオーター

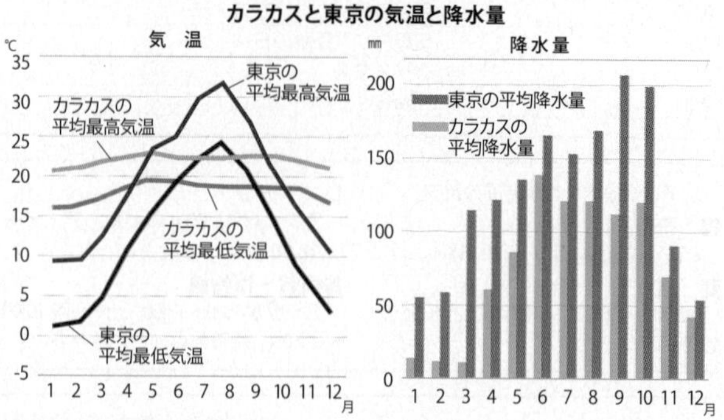

日本からのフライト時間

現在、日本とベネズエラを結ぶ直行便はない。一般的には北米の航空会社を利用して、サンフランシスコ、ロスアンゼルス、メキシコ、パナマなど1都市、あるいは2都市を経由して行く。フランスやフランクフルトなどヨーロッパを経由する便もある。所要時間は25時間30分～30時間。

周辺諸国からのアクセス

飛行機

南米諸国の航空会社が首都からカラカスへフライトしている。カリブ海の島からは南米の航空会社の便がある。

バス

ベネズエラからブラジルのアマゾンの奥地に位置するボア・ビスタ、さらにはマナウスへと道が続いており、国際バスが運行されている。

国内交通

▶長距離バス
→ P.353

飛行機

国内の移動は治安面、利便性を考えて飛行機利用が望ましい。国内に航空会社が10社ほどあり、おもな都市間を定期便で結んでいる。カナイマ国立公園内の小さな村々へもセスナで行くことができる。エンジェル・フォールの拠点となるカナイマや、グラン・サバナの拠点となるサンタ・エレナ・デ・ウアイレンへはセスナでしか行くことができない。なお、セスナの予約は日本からではできないので、現地の旅行会社などに頼むこととなる。

カラカスからの定期便があるおもな都市は、マラカイボ（所要約1時間）、プエルト・オルダス（所要約1時間）など。

長距離バス

主要な都市間は高速道路があるなど、道路網も比較的よく整備され、長距離バスは庶民の足としても活躍している。ただし、バスターミナル内や周辺はどこも治安が悪いので十分に注意すること。

また、長距離バス内の冷房の温度は非常に低く設定されるので、重ね着できるダウンジャケットなどを車内に持ち込んでおいたほうがよい。

時差とサマータイム

時差はマイナス 13 時間。グリニッジ標準時より 4 時間遅い。日本が夜の 20:00 のとき、ベネズエラは朝の 7:00。サマータイムは採用されていない。

郵便

郵便料金

ベネズエラの郵便事情はあまりよくない。紛失や遅配などの郵便事故も多い。確実に届けたい場合は、郵便局の EMS（国際エクスプレス便）か民間会社の FEDEX などを利用するといい。郵便局には「IPOSTEL」の表示がある。

URL www.ipostel.gob.ve

出入国

ビザとパスポート

観光目的で 90 日以内の滞在ならビザは不要。

パスポートの残存有効期限は 6 ヵ月と滞在日数の合計日数以上必要。

ベネズエラの入国に際しては、到着までに機内で配られる税関申告書と健康状態アンケートに必要事項を記入しておく。到着すると入国審査があり、パスポートを提出。荷物をピックアップしたのち税関審査がある。出国の際は、パスポートを見せ、出国審査を受ける。

イエローカード

ベネズエラのみの旅行では黄熱病の予防接種証明書（イエローカード）の必要はない。ただし、黄熱リスク国とブラジルからの入国の際にはイエローカードの呈示が求められる。また、ベネズエラからブラジルへ入国する際にもイエローカードの呈示を要求されることがある。

▶税関申告書の記入例 → P.352

税金

ベネズエラではほとんどの物品に IVA と呼ばれる 12%の付加価値税がかかっている。旅行者への払い戻し制度はない。

安全とトラブル

長引く不況による失業者の増加、先行きの見えない経済情勢、警察官の不足など数多くの問題が山積するベネズエラでは、治安は決してよいとはいえない。2017 年 12 月現在、カラカス首都区、マイケティア国際空港周辺地域、並びにコロンビアとの国境地帯に「不要不急の渡航は中止」の危険情報が発出されている。また上記以外の地域は「十分注意」が発出されている。

ベネズエラでは一般犯罪が増加の一途をたどり、2016 年の総犯罪件数は 32 万 4519 件と過去最多となった。殺人被害者数は 2 万 8479 名と、日本の約 40 倍となっている。ほかにも強盗事件、身代金目的誘拐事件などが起きており、約 80%が拳銃などの武器を使用した犯行だという。また、それらの約 20%が首都のカラカスで起こっている。

コロンビアとの国境地帯は、コロンビアの反政府武装ゲリラ組織や過激派組織など、一般凶悪犯罪者が潜伏し、麻薬の密売、身代金目的の誘拐などが起こっている。絶対に近づかないようにしたい。

どこの都市であっても、夜は人どおりが少なくなる。日が暮れたら絶対に外出しない、貧民街には絶対に近づかない、流しのタクシーの利用は避ける、なるべくひとりで出歩かない、万一強盗に遭遇した場合は抵抗しないなどを念頭におき、くれぐれも慎重に行動したい。

緊急 171

▶旅のトラブルと安全対策 → P.403

年齢制限

飲酒は 18 歳から。たばこの年齢制限は特にない。

度量衡

日本と同じく距離は、メートル、重さはグラム、液体はリットル。

ベネズエラの基礎知識 Venezuela

税関申告書の記入方法

税関申告書表面

REPUBLICA BOLIVARIANA DE VENEZUELA
SENIAT
SERVICIO NACIONAL INTEGRADO DE ADMINISTRACION ADUANERA Y TRIBUTARIA
Ministerio del Poder Popular de Planificación y Finanzas
RIF: G-20000303-0

REGISTRO Y DECLARACIÓN DE ADUANAS PARA EQUIPAJE
CUSTOMS DECLARATION

"FORMA 82" N° F - 2012 - 07 02602726

Todo pasajero (nacional o residente), turista o tripulante que ingrese al territorio de la República Bolivariana de Venezuela, deberá completar la "Forma 82". Si se encuentra viajando con su cónyuge, ascendentes o descendentes directos, podrá llenar la misma por grupo familiar.

Each passenger, tourist or crew member arriving into the Bolivarian Republic of Venezuela *must complete the "Forma 82". If you are traveling with other inmediate family members, complete one form per family unit.*

❶ Nacional o Residente / *Resident* ☐ Turista / *Tourist* ☒ Tripulante / *Crew Member* ☐

A. Datos del Viajero / *Resident, Tourist or Crew Member Information*

Apellidos / *Last Name*: CHIKYU ❷
Nombres / *First Name*: HANAKO ❸
C.I.N° (*Venezuelan Citizens*)
N°de Pasaporte / *Passport N°*: ❹ TG1234567
Nacionalidad / *Citizenship*: JAPONÉS ❺
Fecha de Nacimiento / *Date of Birth*: ❻ 01051980 (dd/mm/aaaa)
Dirección en Venezuela / Nombre del Hotel (*Adress in Venezuela / Hotel Name*): HOTEL OLÉ CARIBE ❼
Familiares / *Family members*
N°. de Familiares que viajan con usted / *Number of family members traveling with you* ❽

B. Transporte / *Transportation*

Linea Aerea / N° de vuelo / *Airline / Flight Number*: AA1234 ❾
Barco-Linea de Transporte / *Vessel-Transportation line*
¿Visitó o hizo tránsito en algún país antes de su arribo a Venezuela? (Especifique al dorso)
Are you visited any country on this trip prior to Venezuela arrival? (Specified on the back)
Si / Yes ☒ No ☐ ❿
Fecha de Arribo / *Arrival Date (dd/mm/aaaa)*: 01092016 ⓫

C. Divisas a declarar / *Foreing currency declaration*

¿Trae usted divisas en efectivo o instrumentos negociables al portador, tales como: cheques de viajero, pagarés u ordenes monetarias que permitan la transferencia de titularidad con la entrega, o cualquiera de éstos incompletos o sin firmar, con omisión del beneficiario que sumados resulten por un monto superior a US$ 10.000,00 o su equivalente en otras monedas? (Especifique al dorso).
Are you bringing cash or any kind of negotiable instruments, such as: traveler's checks, notes or monetary orders, etc., for more than $ 10.000,00 or his equivalent in other foreign currency? (Specify on the back)
Si Yes ☐ ⓬ No ☒ Divisa / *Foreing currency* Indique Monto / *Indicated Amount*

D. Bienes de Declaración Específica / *Specifies Goods Declaration*

¿Trae con usted algunos de los siguientes bienes?
Are you bringing into the Country any of the merchandise described below?
¿Productos de origen vegetal o animal y sus derivados? *Animal or vegetable & derivates products?*
Si Yes ☐ ⓭ No ☒
¿Armas, Municiones o Explosivos? *Weapons, Munitions, Explosives?*
Si Yes ☐ No ☒
Especificar al dorso / *Detail on the back side*

E. Equipaje / *Luggage*

¿Cuantas piezas de equipaje trae consigo, incluyendo maletas, cajas, equipaje de mano, bolsos, maletines y similares? / *How many suitcase, boxes, carry-on, handbag, briefcase or similar, bringing with you as luggage?*
⓮ 2

F. Valor de los efectos nuevos / *New goods and gifts value*

Indique el valor de todos los efectos nuevos de uso personal u obsequios que trae Ud., o su grupo familiar de ser el caso, formando parte de su equipaje (especificar al dorso) / *How much US$ in new goods or gifts do you - or your family group bring as part of your luggage? (detail on the back side)*
⓯ 0

02602726

税関申告書裏面

TOTAL EN EFECTIVO (*TOTAL CASH*)	TOTAL EN CHEQUE VIAJERO (*TOTAL TRAVELER CHECK*)	TOTAL ORDEN MONETARIA (*TOTAL MONEY ORDER*)	OTROS (1) (*OTHERS (1)*)	TOTAL (EN US$) (*TOTAL AMOUNT(IN US$)*)
❶US$1000	❷	❸	❹	❺US$1000

(1) ESPECIFIQUE / *IDENTIFY*:
❻

Descripción / Description		Cantidad *Quantity*	Valor Total (US $) *Total Price (US $)*
Prendas de Vestir / *Clothing*	❼	5	300
Calzado en General / *Shoes in General*	❽	1	100
Prendas de Joyería Fina o Fantasía incluyendo Relojes / *Fine or Fashion Jewellery, including watches*	❾	3	1000
Articulos de Tocador, Baño, Higiene Personal y Perfumería / *Cosmetics, Body Care and Fragances*	❿	2	100
Medicamentos de Uso Personal / *Personal Medicine*	⓫		
Equipos y Productos de Salud de Uso Personal / *Health & Personal Care*	⓬	1	500
Equipos Electrónicos, Computadoras y Similares / *Electronics, Computers & Similar*	⓭	1	300
Celulares y Accesorios / *Cell Phone & Accesories*	⓮		
Equipos de Economia Doméstica / *Appliances*	⓯		
Utiles para Jardinería y Mascotas / *Garden & Pets Appliances*	⓰		
Juguetes, Video Juegos y Similares / *Toys, Video Games & Similar*	⓱		
Instrumentos Musicales de Uso Personal / *Personal Musical instruments*	⓲		
Equipos y Accesorios personales para la Práctica de Deporte / *Personal Equipments & Accesories for Sports Practice*	⓳		
Comestibles y Alimentos Empacados al Vacio / *Grocery & Gourmet Food Preserved*	⓴		
Objetos u Obras de Arte, Colección o Antiguedades / *Artwork, Collection or Antiquities*	㉑		
Cigarrillos, Tabacos y Licores / *Cigars, Tobacco & licours*	㉒		
Productos del reino animal, vegetal o sus derivados / *Animal products, plants or Their derivates*	㉓		
Armas, Municiones, Explosivos o similares / *Weapons, Munitions, Explosives or similar*	㉔		
Otros (Especifique) / *Others (Identify)*	㉕		
Total	㉖	13	2300

Paises visitados o en tránsito antes de su arribo a Venezuela / *Countries visited on this trip prior to Venezuela arrival*:
USA ㉗

Juro que el contenido de la presente declaración es cierto y asumo las responsabilidades y obligaciones legales que de ella se deriven.
I swear that the information provided here is true, and I assume the legal responsibilities arising from it

Lugar / *Place*: CARACAS ㉘ Fecha / *Date*: ㉙ 01092016

㉚ 地球花子
Firma del Declarante / *Signature*

税関申告書表面記入例

❶旅行者はTURISTAにチェック❷名字❸名前❹パスポートの番号❺国籍❻生年月日（日、月、年の順）❼ベネズエラでの住所／ホテル名❽同行している家族の人数❾入国した飛行機の便名❿今回の旅でベネズエラに到着する前に訪問した国がある場合はSÍを、ない場合はNOをチェック⓫到着日⓬US$10000以上の現金やトラベラーズチェックを持ち込んでいる場合はSÍをチェックし、貨幣と金額を記入。持ち込んでいない場合はNOをチェック⓭以下の製品を持ち込んでいる場合はSÍ、持ち込んでいない場合はNOをチェック。左は動植物とその派生製品、右は武器、弾薬、爆発物⓮バッグの総数⓯荷物内にある新製品と贈り物の価値（US$で記入）

税関申告書裏面記入例

❶現金総額❷トラベラーズチェック総額❸有価証券総額❹その他❺合計（US$）❻その他の内容❼衣服。右欄に数と価値(US$)を記入❽靴類❾時計を含む宝飾類❿化粧品⓫医薬品⓬健康用品⓭パソコンなどの電器製品⓮携帯電話とその備品⓯家庭用電化製品⓰園芸、ペット用品⓱おもちゃ、ゲーム類⓲楽器⓳スポーツ用品⓴食料品㉑美術品㉒たばこ、酒類㉓動物製品、植物とその派生物㉔武器、弾薬、爆発物㉕そのほか㉖総計㉗今回の旅でベネズエラ到着前にトランジット、訪問した国㉘記入した場所㉙日付㉚署名

両替事情

ベネズエラでの両替は銀行や両替所Casa de Cambio（カサ・デ・カンビオ）で行うことができる。公定レートはUS$1=BsF10だが、闇レートはその2.1万〜2.3万倍ものUS$1=BsF21万〜23万と非常にかけ離れている。これへの対応のため、政府も公定レートに加え、DICOMというレートを新たに設けるようになった。空港の両替所や銀行で適応されるレートはこのDICOM。公定レートよりははるかによいが、それでも闇レートとかけ離れているため空港の両替以外ではほとんど利用されず、多くの旅行者は違法である闇両替を利用する現状になっている。

闇両替は違法であり、ニセ札をつかまされることもあるので、すべて自己責任であることを自覚して、注意して行うこと。トラブルを避けるための方法としては、道で声をかけてくる人などは避け、ホテルの受付や旅行会社に両替をしたいことを伝え、ある程度信頼でき、連絡が再び取れる人を紹介してもらうのがいいだろう。また、闇レートの変動は非常に激しいため、事前に確認しておくこと。闇レートについては以下のウェブサイトが参考になる。

URL dolartoday.com

産業

世界有数の原油産出国のひとつで、石油関連の産業が7割以上を占める。また、鉱物資源も豊富で、鉄、ボーキサイト、金、銀、銅、ダイヤモンドなどが産出されている。日本へはアルミ、鉄鋼石、石油製品などが、日本からは自動車、機械類や電気製品が輸出入されている。

地理と国土

南米大陸の北端、北はカリブ海、東は大西洋に面するベネズエラは、北緯0度45分から12度12分、西経59度45分から73度11分に位置している。面積は、日本の約2.4倍。北西部のマカイボ低地、首都のカラカスを含むベネズエラ・アンデス、中央部のリャノス（平原）地帯、南東部に広がるギアナ高地と大きく4つの特色ある地域に分けることができる。

長距離バス

長距離バスは発達している。バスターミナルはスリ、置き引きなどが非常に多いので、荷物から目を離さないようにしたい。途中、麻薬所持や密入国者を取り締まる警察や軍の検問があるので、パスポートは常に携帯し、すぐ出せるようにしておこう。

料理

家庭料理でもスペイン料理の影響を強く残しており、レストラン、居酒屋などにもスペイン風をうたった店が多い。また、イタリア料理も好まれ、都市ではピザ屋などをよく見かける。

ベネズエラの郷土料理としては、アレサンコチョ Aresancocho と呼ばれるシチューや、アロス・コン・ポジョ Arroz con Pollo という干しブドウやトマトなどを入れたチキンライスなどがある。また、ほかの中南米諸国同様にトウモロコシを使った料理も多く、カチャパ Cachapa やカッサベ Kassabe はメキシコのトルティージャのようなもの、エンパナーダ Empanada はひき肉や野菜のみじん切りを味付けし、それをトウモロコシの粉を練ったもので包み、油で揚げた料理だ。最もよく見かけるのが、トウモロコシの粉を練って焼いたパンのようなアレパ Arepa。マーガリンのようなナティージャ Natija をつけて食べるほか、半分に切れ目を入れて、具を挟んでサンドイッチのように食べる。

酒に関しては、ポラール Polar やソレラ Solera という銘柄のビールがよく飲まれている。また、蒸留酒ではラム酒ロン Ron が一般的で、カシケ Cacique、パンペーロ Pampero、セレクト Selecto など数多くの銘柄が揃っている。

大使館

●在ベネズエラ・ボリーバル日本国大使館
Embajada del Japón

住 Torre Digitel, Piso 9, Av. Don Eugenio Mendoza con Esquina Calle Miranda, Urb. La Castellana, Municipio Chacao, Estado Miranda, Caracas

☎ (0212) 262-3435

FAX (0212) 262-3484

URL www.ve.emb-japan.go.jp

開 8:30 〜 12:00、13:00 〜 16:00

休 土・日、ベネズエラの祝日

●在日ベネズエラ・ボリーバル共和国大使館

住 〒106-0031 東京都港区西麻布 4-12-24 第 38 興和ビル 703

☎ (03) 3409-1501 URL venezuela.or.jp

歴史

1498 年 8 月、コロンブスは 3 回目の航海の際、ベネズエフに上陸した。1499 年にはこの地をスペイン領とすることが宣言され、その後長い植民地時代を通じ、スペインによる支配を受けることとなった。

18世紀後半になるとスペインに対する独立運動が盛んになる。1811年にはファン・アントニオ・ロドリゲスにより、初のベネズエラ共和国が誕生するが1年ほどでスペイン軍に敗北。1813年には、シモン・ボリーバルが立ち上がり、ベネズエラ共和国の復活を宣言し、大統領になるものの、1815年には再びスペイン軍により打倒されてしまう。敗走したボリーバルだったが1819年に、現在のコロンビア、エクアドルとベネズエラを合わせてグラン・コロンビア共和国として独立を宣言し、1821年、カラボボの戦いでスペイン軍を破り、スペイン支配の歴史に終止符を打つ。

独立を手にした後、今度は連合した国々の政治家が対立し、ベネズエラは1830年1月13日グラン・コロンビアから分離独立することを決める。独立後のベネズエラは軍事支配とクーデターの繰り返しで内政は混乱した。

軍事独裁は1945年まで続く。しかし、ベネズエラの経済は石油産業によって大きく発展し、労働者階級の勢力も著しく伸びていった。そして1945年、軍部内の混乱を機に、民主行動党（AD党）と青年将校グループが立ち上がり軍事政権を打倒、初の政党による政治が始まる。1948年には再びクーデターで軍事政権が復活するが、1958年には政党政治が再開された。

民主化の背景には豊かな石油資源が生んだ経済的発展があった。そのため1980年代に入り原油の価格が低迷するとともに経済は不安定となり、1989年には激しいインフレに陥る。国民の不安は爆発し、各地で暴動が発生した。この暴動を受け1992年にクーデターを起こして失敗し投獄された人物こそ後のウーゴ・チャベス大統領である。

チャベスは貧困層の支持を集め、1998年12月の大統領選挙に当選すると、新憲法を制定、「21世紀の社会主義」を提唱し、石油、セメント、鉄鋼関係の会社を国有化、外交的にもそれまでの親米政権とは変わって独自の外交を押し進めた。

2013年のチャベス大統領逝去後は、ニコラス・マドゥーロが大統領となり、チャベス路線を継承した。2015年の総選挙では野党が勝利するも、2017年に制憲議会が発足。今後、大統領と議会の対立が予想される。

ギアナ高地(マシーソ・グアヤネス)

ラトン島から見上げるエンジェル・フォール。8～9月は最も水量が多い

ギアナ高地とは

ギアナ高地Macizo Guayanésとは、ベネズエラ南東部からガイアナ、ブラジルの北部を中心に広がる、日本の本州に匹敵する面積約21万5000Km²の広大な地域。ギアナ高地には100以上のテプイと呼ばれるテーブル状の山（テーブルマウンテン）や大草原が広がり、その特異な景観は、1912年にシャーロック・ホームズの生みの親コナン・ドイルの小説『ザ・ロスト・ワールド（失われた世界）』に紹介されたことがきっかけで、世界的に知られるようになった。

しかし、ギアナ高地には大きく分けて3つの地勢がある。テーブル状の山がそびえるカナイマ国立公園、オリノコ川流域のオリノコ・デルタ、大平原が広がるグラン・サバナだ。

◉カナイマ国立公園 Parque Nacional Canaima

ギアナ高地中心部に広がる約3万Km²（四国の約1.6倍）のエリア。1994年にユネスコの世界自然遺産に登録された。100を超える大小のテーブルマウンテンがそびえる、ギアナ高地を象徴するエリアだ。有名なエンジェル・フォールSalto Angel（サルト・アンヘル）はこの公園内にある。ギアナ高地最大規模のテーブルマウンテン、アウヤン・テプイAuyán Tepuiは標高2560mで、周囲約650kmの東京23区がすっぽり入ってしまうほどの大きさ。切り立った断崖から流れ落ちるエンジェル・フォールは、世界最大の落差979mを誇る。

<拠点となる町>カナイマ→P.360

◉グラン・サバナ Gran Sabana

ギアナ高地の東部にはグラン・サバナと呼ばれる大サバンナ地帯が広がっている。標高800～1200mの緑に覆われた緩やかな丘陵地帯で、西側にはカナイマ国立公園のテーブルマウンテン、東側には標高2723mのロライマ山Monte Roraimaが眺められる。広大なサバンナには先住民族ペモン族の集落が点在する。見どころはグラン・サバナを南北に貫く国道10号沿いに、いくつも点在する大小の滝とロライマ山をはじめとする雄大な展望。また、ロライマ山トレッキングのベースキャンプにもなっている。

<拠点となる町>
サンタ・エレナ・デ・ウアイレン→P.363

◉オリノコ・デルタ Orinoco Delta

カナイマ国立公園のさらに北、ギアナ高地の北の境界線がオリノコ川Río Orinocoだ。本流はベネズエラを縦断して大西洋へと注ぎ込む、全長約2100kmの南米屈指の大河である。海に流れ込む河口付近で世界最大級のデルタ地帯を形成している。また、支流の一部はブラジルへと流れ、アマゾン河にも合流している。流域にはマングローブや熱帯雨林の森が広がり、オリノコ川イルカが生息している。

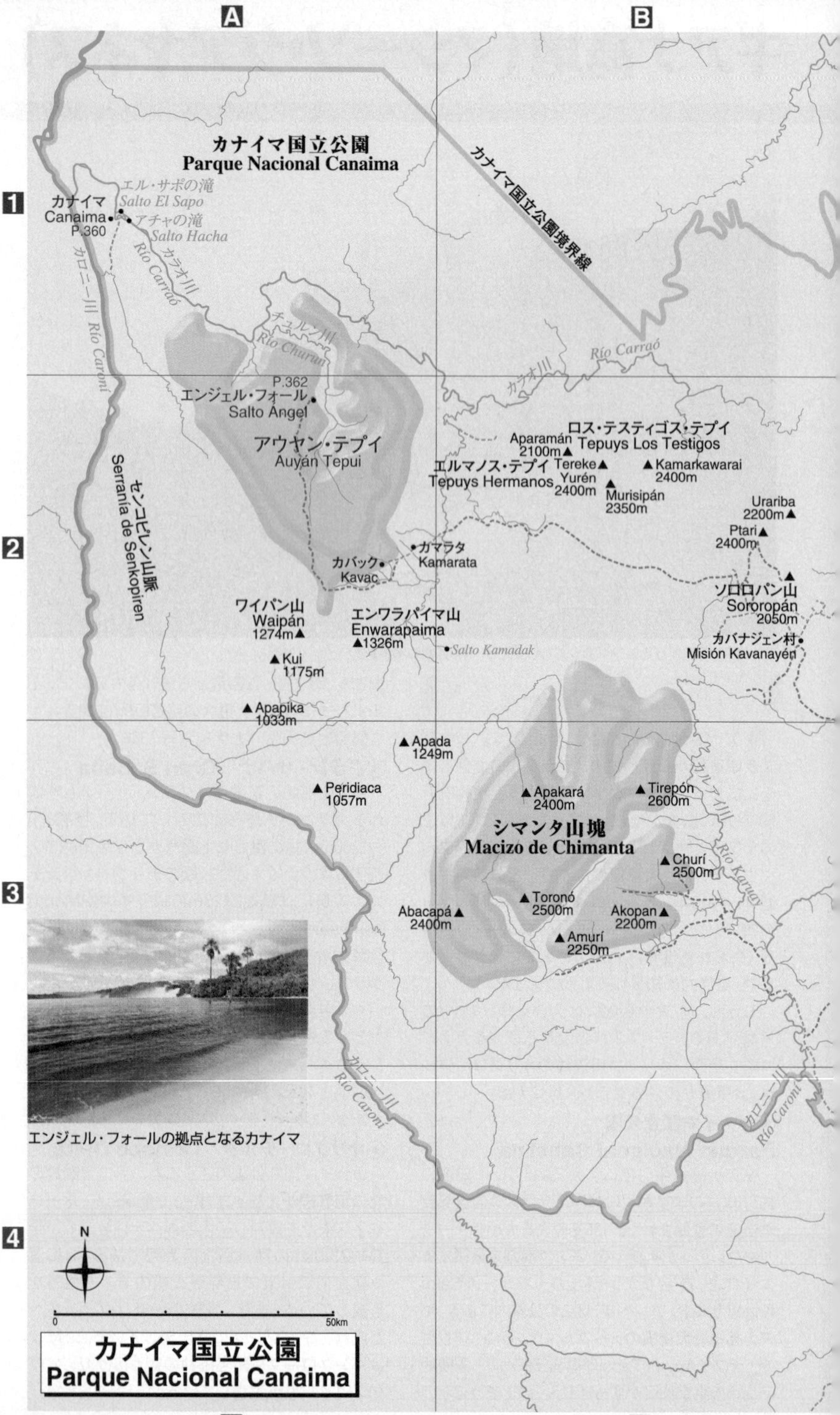

A
B
カナイマ国立公園
Parque Nacional Canaima
カナイマ国立公園境界線
エル・サポの滝
Salto El Sapo
カナイマ
Canaima
P.360
アチャの滝
Salto Hacha
カラオ川
Río Carraó
カロニー川
Río Caroní
チュルン川
Río Churún
P.362
エンジェル・フォール
Salto Ángel
アウヤン・テプイ
Auyán Tepui
センコピレン山脈
Serranía de Senkopiren
Río Carraó
カラオ川
ロス・テスティゴス・テプイ
Tepuys Los Testigos
Aparamán
2100m
エルマノス・テプイ
Tepuys Hermanos
Tereke
Yurén
2400m
Kamarkawarai
2400m
Murisipán
2350m
Urariba
2200m
Ptari
2400m
カマラタ
Kamarata
カバック
Kavac
ソロロパン山
Sororopán
2050m
ワイパン山
Waipán
1274m
エンワラパイマ山
Enwarapaima
1326m
Salto Kamadak
カバナジェン村
Misión Kavanayén
Kui
1175m
Apapika
1033m
Apada
1249m
Peridiaca
1057m
Apakará
2400m
Tirepón
2600m
カルアイ川
Río Karuay
シマンタ山塊
Macizo de Chimanta
Churí
2500m
Toronó
2500m
Abacapá
2400m
Akopan
2200m
Amurí
2250m
カロニー川
Río Caroní
N
0
50km
カナイマ国立公園
Parque Nacional Canaima
1
2
3
4

エンジェル・フォールの拠点となるカナイマ

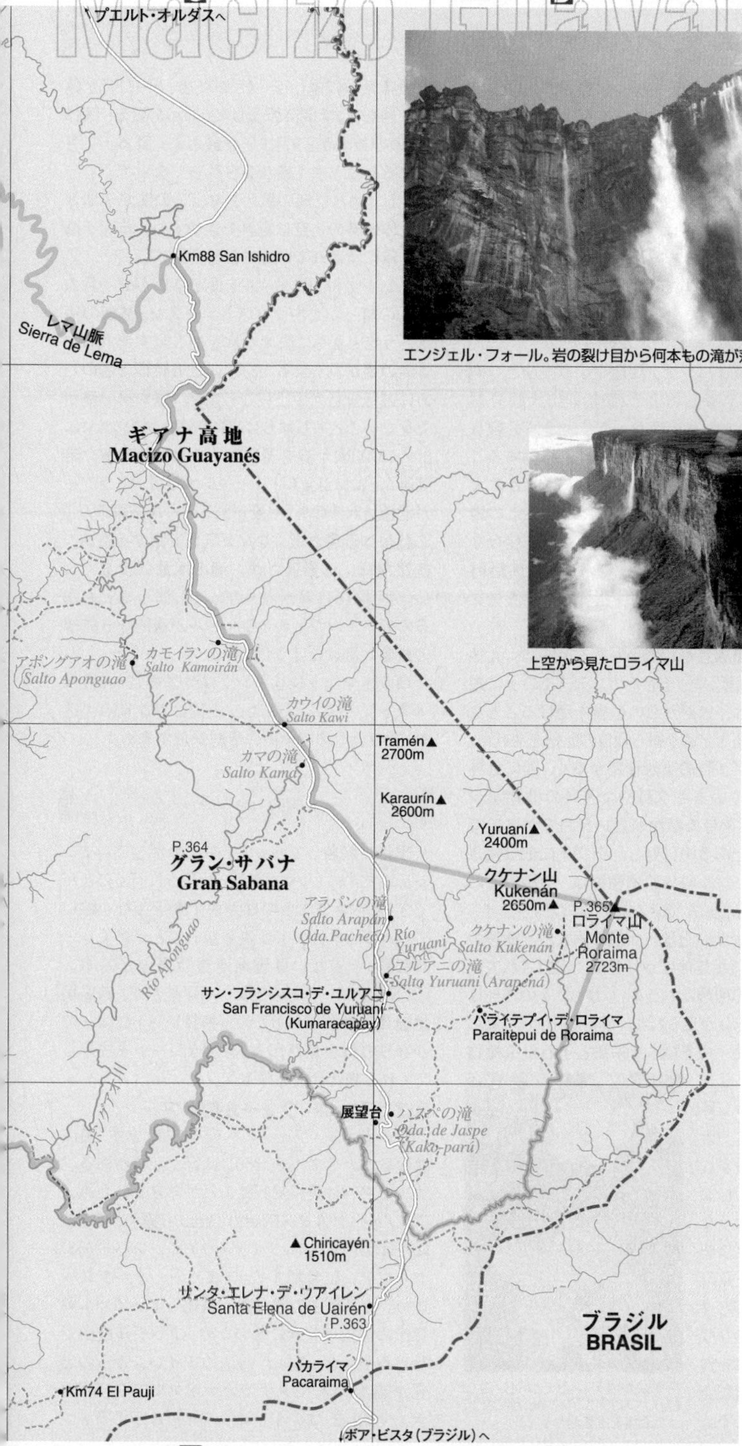

エンジェル・フォール。岩の裂け目から何本もの滝が落ちる

上空から見たロライマ山
C
D
プエルト・オルダスへ
Km88 San Ishidro
レマ山脈
Sierra de Lema
ギアナ高地
Macizo Guayanés
アポングアオの滝
Salto Aponguao
カモイランの滝
Salto Kamoirán
カウイの滝
Salto Kawi
カマの滝
Salto Kama
Tramén
2700m
Karaurín
2600m
Yuruaní
2400m
P.364
グラン・サバナ
Gran Sabana
クケナン山
Kukenán
2650m
P.365
ロライマ山
Monte
Roraima
2723m
アラパンの滝
Salto Arapán
(Qda.Pacheco)
Río
Yuruani
クケナンの滝
Salto Kukenán
Río Aponguao
ユルアニの滝
Salto Yuruani (Arapená)
サン・フランシスコ・デ・ユルアニ
San Francisco de Yuruaní
(Kumaracapay)
パライテプイ・デ・ロライマ
Paraitepui de Roraima
アポングアオ川
展望台
ハスペの滝
Qda. de Jaspe
(Kako-parú)
Chiricayén
1510m
サンタ・エレナ・デ・ウアイレン
Santa Elena de Uairén
P.363
ブラジル
BRASIL
パカライマ
Pacaraima
Km74 El Pauji
ボア・ビスタ(ブラジル)へ
C
D

ギアナ高地の地勢

テプイと呼ばれるテーブルマウンテンは、緑のジャングルから1000m以上にも達する断崖が垂直に立ち上がり、まるで陸に浮かぶ巨大なタンカーのようだ。この不思議な地形はいったいどうやってできたのだろうか。

ギアナ高地の地質は、およそ20億年前の先カンブリア時代のものといわれ、地球上で最古の部類に属する岩石でできている。それが長い年月を経て、風や雨によって岩石の軟らかい土が取り去られ、硬い岩盤のみが残った。

かつて地球はパンゲア大陸という、ひとつの大陸だった。しかしおよそ2億年前に大陸分裂が始まる。ギアナ高地はちょうど大陸が分裂していく回転軸のような地に当たり、移動することなくとどまった。そのため、分裂したほかの大陸は何度も気候変化の影響を受けたが、この地はずっと熱帯気候に属し、大きな変化を受けなかったのである。ギアナ高地はパンゲア大陸時代の姿を今もとどめている、世界でも類を見ない希少な地勢をもつ大地だ。

地上との標高差が1000mもある絶壁は、大地に浮かぶ“孤島”だ。そのため、テプイの上に残された植物は、ほかからの影響を受けることなく、原始の姿をとどめながら独自の進化を遂げた。

パイナップル科の原始植物が多く、逆に世界中に分布しているキク科やマメ科の植物が少ない。これは後者の植物が長い年月をかけて進化した新種であるのに対し、テプイに取り残されたパイナップル科の原始植物は、他種と交わることなく時を刻んできた証しなのだ。

栄養分の少ない土地、大量の雨など、植物の成長には不利な条件ばかりだが、確認されている植物は4000種類にも上る。しかも、その75%はギアナ高地でしか見られない固有種である。厳しい条件のため、虫を捕らえ栄養とする食虫植物も多い。モウセンゴケをはじめ、耳かきに似たミミカキグサ、成長すれば1m以上にもなるラッパのような筒型をしたブロチニアなど、一見可憐に見える花々は、実は巧妙なワナを張って虫を食べ、過酷な自然を生き抜いている。

花を咲かせているモウセンゴケ(上)、ブロチニアは中心部にたまった液体で虫を溶かす(下)

気候とベストシーズン

熱帯気候に属し12～4月が乾季、5～11月が雨季に当たる。年間降水量は4000㎜を超え、雨は6月の初め頃から9月までが最もよく降る。11月になるとようやく晴れる日が多くなってくる。しかし、カリブ海の風とアマゾンの風がぶつかるこの地帯の上空は雲ができやすく、年間を通して霧に覆われていることが多い。

エンジェル・フォールを眺めるなら8～9月の雨季の真っただ中がベストシーズン。豪雨の後はごう音とともに膨大な水を押し流す迫力のある滝の姿が見られる。ただし、この時期は雲のために遊覧飛行が中止になったり、霧や雲で滝が見えないこともしばしば。雲の発生が少ない10:00～13:00頃が滝を見られるチャンスの多い時間帯だ。エンジェル・フォールへのボートツアーが開催されるのも、水量がたっぷりある雨季だ。

乾季は湿度が低くなり天気も安定するため、遊覧飛行には最適だが、滝の水量は少なくなる。4月頃には滝がなくなってしまうこともあるので、エンジェル・フォールが目的なら乾季の終盤は避けたほうがいい。

ロライマ山トレッキングは乾季の12～2月がベストシーズン。ただし、山頂はかなり冷え込む。混み合うので早めの予約がおすすめ。

現地発のツアー

現地に到着してからツアーに参加して、エンジェル・フォールやグラン・サバナに行くことができる。ベネズエラでは大きな旅行会社を除いてクレジットカードは使えないことが多くレートも悪い。支払いは現地通貨の現金が基本。USドルやユーロでの支払いも可能だが、結局現地通貨に換算されるため、換算レートによってかなりの料金差が出る。有利なレートを提示してくれる旅行会社を探そう。

◉エンジェル・フォールのツアー

エンジェル・フォールへ行くには、まず、拠点となるカナイマ(→P.360)に行く必要がある。カナイマへは陸路で行くことができないため、プエルト・オルダスPuerto Ordaz (MAP P.346-C2)またはサンタ・エレナ・デ・ウアイレン(→P.363)からツアーに参加する。プエルト・オルダスへはカラカス経由の飛行機が運航しているが、両都市の治安は非常に悪いため、ブラジル経由で行けるサンタ・エレナ・デ・ウアイレンからの出発が望ましい。セスナでカナイマまで飛び、カナイマに1泊、エンジェル・フォール下のラトン島のキャンプに1泊して帰る2泊3日のツアーが一般的(→「エンジェル・フォール2泊3日ツアー」参照)。遊覧飛行はオプションとなる。

各空港からカナイマまでセスナのチケットだけを買い、カナイマのホテルでエンジェル・フォールや周辺の滝を巡るツアーを申し込むこともできる。ただし、その方法が必ずしも安いとはいえない。カナイマに長く滞在する人向けだ。

現地で時間にあまり余裕がない場合は、日本から予約を入れておいたほうがいい。

◉グラン・サバナのツアー

サンタ・エレナ・デ・ウアイレンから、四輪駆動のジープでグラン・サバナを走るツアーが出ている。点在する滝やペモン族の集落を訪れるツアーで1日～2泊3日。ホテルや空港にあるツアー会社で申し込める。

◉ロライマ山トレッキングツアー

サンタ・エレナ・デ・ウアイレンのツアー会社で申し込める。ツアーは通常4人以上集まらないと催行されないが、人数が足りない場合は、他社と共同で開催するなどして調整してくれる。12月のハイシーズンは、前日では予約を入れることができないこともある。

エンジェル・フォール2泊3日ツアー

◉1日目

サンタ・エレナ・デ・ウアイレンから出発するツアーに参加する、もしくは随時出発しているセスナでカナイマへ向かう。

セスナでカナイマまで約1時間20分。天気がよければ上空からテーブルマウンテンが眺められる。

カナイマの空港に到着したら、宿泊するホテルの送迎車でホテルに向かう。遠いホテルでも6～7分だ。昼食後、カナイマ湖に落ちる滝を小船で巡り、アナトリー島Isla Anatolyの散策、エル・サポの滝Salto El Sapoの裏を歩くなどして楽しむ。

広大なギアナ高地とテーブルマウンテンを眺めながらカナイマへ

◉2日目

ホテルを早朝に出発。カラオ川Río Caraóとチュルン川Río Churunを遡り、エンジェル・フォールの入口となるラトン島を目指す。ラトン島は滝の正面にある小島で、各旅行会社のキャンプはこの島付近に点在している。片道約4時間30分の行程。ラトン島周辺に到着したら、そこから滝が見られるライメ展望台までジャングルを1時間ほど歩く。さらに滝の下の川まで約15分行けば、滝を仰ぎ見ながら泳ぐことができる。キャンプに戻ってろうそくの明かりのなかクルーたちが作ってくれた料理を食べ、ハンモックで寝る。ツアーによってはラトン島のキャンプには泊まらず、カナイマに再び3～4時間かけて戻るものもある。ホテルでゆっくり寝たい人にはこちらのツアーのほうがおすすめだ。

◉3日目

早朝、船に乗りカナイマに戻る。水量によるが行きよりは早く3～4時間。カナイマで昼食をとった後、セスナでサンタ・エレナ・デ・ウアイレンに戻る。

※オプションで遊覧飛行を申し込んだ場合、天気にもよるが、カナイマに到着した日、もしくは出発する日に開催される。

服装と持ち物

エンジェル・フォールへ行く日は、水着をつけて雨具を着込んで出発しよう。朝は気温が低く、雨に降られたり、瀬で水をかぶると寒いことがある。ボートにカメラを持ち込むなら、ビニール袋などで防水対策をしておきたい。帽子と日焼け止めも忘れずに持っていこう。ボート内はサンダルで問題ないが、水量の少ない時期は客とガイドは歩いて島を横断することがあるのと、ラトン島からエンジェル・フォールまではトレッキングとなる。底のしっかりとした靴も必要だ。なお、船では左右に渡した板の上に座る。乗っている時間が長いので、クッションになるもの(衣類でもいい)があるといい。

ラトン島からエンジェル・フォールのライメ展望台までのトレッキングでは、蚊やブヨなど人間を刺す虫が多いので、長袖、長ズボンがおすすめ。ラトン島の小屋は電気が通っていないので、カメラの充電などは事前にしておこう。

エル・サポの滝へ行く日は、水着などぬれてもいい格好で。頭から滝の水をかぶることになるので、貴重品などは置いていこう。カメラの防水対策も忘れずに。

Canaima
カナイマ

MAP P.346-C2
市外局番▶0286
(電話のかけ方は→P.348)
US$1=BsF10
=108円

遊覧飛行で眺めたエンジェル・フォール。下のほうは霧となる

カラオ川Río Carrao沿いにあるカナイマは人口2000人ほどの小さな村。しかし、ギアナ高地のハイライトであるエンジェル・フォールへの玄関口として知られ、世界中から訪れる観光客でにぎわっている。一帯は1962年にはカナイマ国立公園Parque Nacional Canaimaに指定され、1994年にはユネスコの自然遺産に登録された。広大な園内はそのほとんどがうっそうと茂るジャングルに覆われている。

カラオ川を挟んで東側は、昔ながらの狩猟生活を営む先住民族ペモンの居住区。一方、川の西側では観光に携わるペモン人の姿が見られる。観光による経済発展は、彼らの生活をも変えている。

穏やかに流れるカラオ川を指して、ペモン人は“コカ・コーラ”と表現する。川の色が茶色っぽく見えるのは、ジャングルに生い茂る植物から出るタンニンが、雨水によって川に流れ込むためだ。

緩やかな流れのカラオ川も、スコールが降るとその表情を一変させる。ごうごうとすさまじい音を立てる水流は、豪快な滝となってカナイマ湖へと押し寄せる。そんな迫力たっぷりの光景からもベネズエラの豊かな自然を実感することだろう。

現地旅行会社
Hot Destinations Venezuela Tours
住 Av. Ppl Los Salias, Pque Res. Ops. Torre 6Apt. 17-5, Piso17, Codigo Postal 1204
☎(0212)373-1049
URL www.hotdestinations.org
URL www.hotdestinationstours.com
営8:00〜12:00、14:00〜18:00
休土・日、祝
英語が通じる現地旅行会社。e-mailは日本語で対応可能。

カナイマへの行き方

飛行機

カナイマへ行く方法は空路しかない。拠点となるサンタ・エレナ・デ・ウアイレン(→P.363)でツアーに参加するのが一般的。ツアーは現地でも手配できるが、日本で事前に予約して向かうのが望ましい。また、一定の人数が集まると随時出発するセスナが運航している。

サンタ・エレナ・デ・ウアイレンからの1日ツアー
ラウール・ヘリコプターズRaúl Helicópter's(→P.363)では、セスナによるサンタ・エレナからの日帰りツアーを催行している。料金は5人まででUS$1390なので、5人で参加する場合にはひとり当たりUS$278。予約は1週間前までに。

歩き方

すべてのホテルは空港から歩けるほどの距離の、カナイマ湖の周辺に立っている。ツアーなら、ホテルの送迎車（トラック）が出迎えてくれる場合もある。

ペモン族の人が暮らす集落もあるが、町歩きをするような場所はない。ここでは美しいカナイマ湖の景観を堪能したり、ツアーに参加して楽しむのがおすすめだ。ペモン族の手工芸品（木の実のネックレスなど）が空港で買えるほか、空港近くにみやげ物屋がある。なお、レストランはなく、ほとんどの宿が3食付き。

おもな見どころ

カナイマ湖

Laguna de Canaima MAP P.361

空港から歩いて5分ほどでカナイマ湖の湖畔に出る。茶色い湖にピンク色の砂浜、左にはシンボルの3本のヤシの木。湖に落ちる滝は右からウカイマの滝Salto Ucaima、ゴロンドリナの滝Salto Golondrina、ワダイマの滝Salto Wadaimaで、木が茂る岩場を挟んでその先にアチャの滝Salto Hachaがある。滝しぶきの向こうにはクサリとクラバイナのテーブルマウンテンがそびえている。湖畔のピンク色の砂はさらさらで、パウダーサンドのビーチにいるようだ。夕方になると地元の人が洗濯をするかたわら、子供たちが湖で泳いで遊んでいる。景色を眺めながらのんびりと過ごすのもいい。

カナイマ湖畔からの眺め

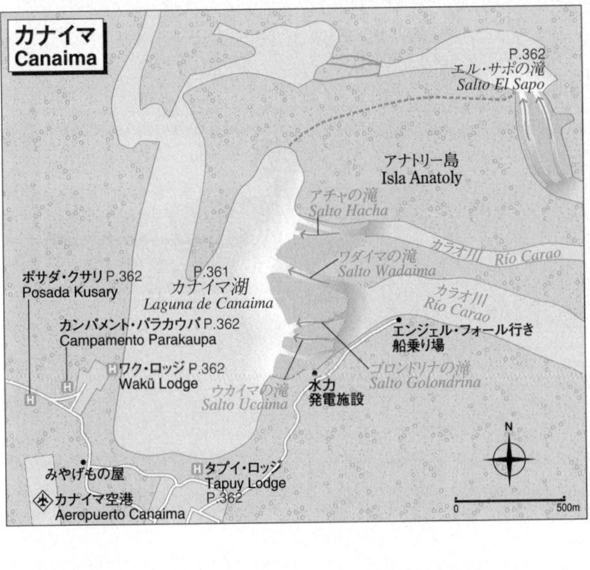

テーブルマウンテンの高さで飛ぶ

エンジェル・フォールの遊覧飛行

テーブルマウンテンから流れ落ちるエンジェル・フォールを上空から眺めることのできる遊覧飛行。せっかくカナイマまで来たなら、ぜひ乗ってみよう。遊覧飛行はオプションなので、ツアーの際に申し込むか、カナイマの空港でも申し込める。フライトは天気や飛行機の混み具合によるが、到着してすぐのこともあれば、出発する日の早朝だったりするので確認してみよう。

飛び立つとアウヤン・テプイAuyán Tepuiの縁に沿って進み、エンジェル・フォールの上を旋回する。所要時間30～45分。雨季は霧で見えないことも多い。

カナイマ湖に立つ3本のヤシ

滝くぐりができるエル・サポの滝

マメ知識

旅の必需品

雨具（ポンチョ型のものが便利）、水着、薄手の防寒具は必需品。帽子やサングラス、日焼け止めクリーム、虫よけもお忘れなく。ボートツアーでは荷物は水にぬれないようにビニールシートをかぶせてくれるが、カメラはぬれないようにビニール袋に入れておくこと。防水機能付きのカメラがベストだ。

カナイマ湖クルーズとエル・サポの滝
カナイマ湖に到着した日の午後にカナイマ湖のクルーズが楽しめる。カヌーに乗り、滝を見ながらカナイマ湖の反対側まで行って上陸。このアナトリー島を30分ほどトレッキングするとエル・サポの滝に出る。帰りは滝の上を回って、カヌーに乗って戻る。

エル・サポの滝

Salto El Sapo MAP P.361

アナトリー島Isla Anatoryから落ちる規模の大きな滝。ごうごうと流れ落ちる滝の裏に岩を削った道があり、そこを通って滝の反対側に行くことができる。水しぶきで全身ずぶぬれになるので、最初から水着で行くか、雨具を着て行くかのどちらかにしよう。

エンジェル・フォール(サルト・アンヘル)

Salto Ángel

MAP P.356-A2

展望台から見上げるエンジェル・フォール

1937年10月9日、米国人パイロット、ジェームズ・エンジェルにより発見されたことで、エンジェル・フォールと名づけられ、スペイン語ではサルト・アンヘルSalto Ángel(アンヘルの滝)と呼ばれる。金鉱を探して飛行していた彼は、偶然この滝を発見。滝の上のアウヤン・テプイ山頂に着陸したが、湿地帯のため離陸することができなくなってしまった。彼を含めた4人はアウヤン・テプイを彷徨い、ペモン族に助けられて無事に帰還したのは11日後だった。

落差979mという世界最長の落差がある滝で、ここには滝つぼがない。979mを流れ落ち、地表に届く前に霧状になってしまうからだ。そのため滝の真下には絶え間なく霧が降り注ぐ。

カナイマから滝の下までボートで行くことができるのは、水量が増える6月頃から11月頃にかけて。それ以外は遊覧飛行でのみの見学のみとなる。エンジン付きのボートは8人ほど乗れる大きさ。朝5:00にカナイマのカラオ川を出発して、途中、島に上陸して朝食、その後さらに川を遡り、ラトン島のキャンプ地には4時間〜4時間30分後に到着する。そこからエンジェル・フォール下の展望台まではさらに1時間〜1時間30分のトレッキングとなる。

ツアーの宿
ツアーは日帰りと、ラトン島のキャンプで1泊するタイプがある。日帰りは船に往復8時間も乗っていなくてはならず、かなりハードなスケジュールとなる。ラトン島のキャンプはハンモックのみだが、思っているより寝心地はいい。ホテルでゆっくり寝たい人は日帰りのツアーを選ぶのがいい。

COLUMN カナイマのホテル

ホテルはカナイマ湖の周辺に点在している。施設の整ったホテルから、ハンモックのみの宿まである。ツアーならホテル料金も含まれているので、現地で各自探す必要はない。なお、宿泊は基本的に3食付きで、アルコールのみ追加料金。おやつや嗜好品はカナイマのスーパーで購入できる。

もし、現地でツアーを申し込むなら、各宿に頼めば手配してくれる。

Wakü Lodge
H ワク・ロッジ MAP P.361
☎ (0286)962-0559 URL wakulodge.com
カナイマでは比較的設備の整ったホテル。きれいなガーデンにコテージが点在し、その先にカナイマ湖が広がる。エアコンあり、Wi-Fiも使える。19室。

Posada Kusary
H ポサダ・クサリ MAP P.361
☎ (0286)962-0443
オーナーは小動物園とおみやげ屋も経営。13室。

Tapuy Lodge
H タプイ・ロッジ MAP P.361
☎ (0212)977-1234 URL tapuy-lodge-canaima.com.ve

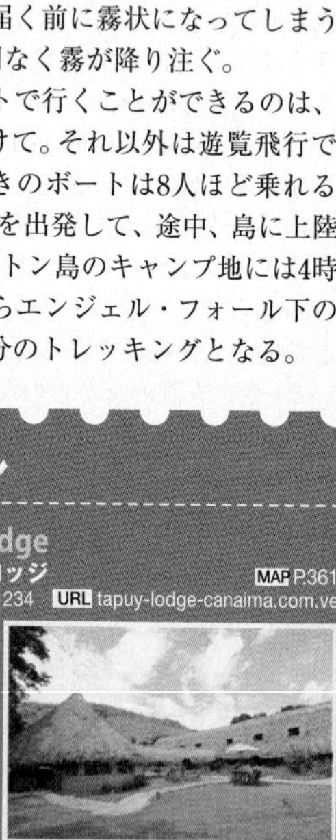

ガーデンの先にカナイマ湖の3本のヤシが立つ、好ロケーションにあるロッジ。ワク・ロッジに次ぐ充実した施設。茅葺き屋根の雰囲気のある外観で室内にはエアコンあり。16室。

Canpamento Parakaupa
H カンパメント・パラカウパ MAP P.361
☎ (0286)741-1497
URL www.parakaupa.com
カナイマ湖の西側の森の外れに立つ。1階の部屋の前はハンモックコーナー。扇風機付き。庭がきれい。スタンダードのほかスイートルームもある。

Santa Elena de Uairén

サンタ・エレナ・デ・ウアイレン

サンタ・エレナ・デ・ウアイレンの西側から眺めたグラン・サバナ

MAP ▶ P.346-C2

市外局番▶0289
(電話のかけ方は→P.348)

US$1=BsF10
=108円

ギアナ高地の東部に位置する、ブラジルとの国境の町。人口約3万の商業都市で、ブラジルからやってくる業者や買い物客でにぎわう。ポルトガル語の看板も多く、カーニバルではサルサとサンバのリズムが混ざり合うなど、他の町とは違う明るさがある。町の発展のひとつはダイヤモンドや金鉱山。1930年代に見つかり、大規模な鉱山開発が行われてきた。現在は規模こそ縮小されたものの、町の発展のカギを握っている。

町の北側にグラン・サバナと呼ばれる大平原が広がっており、雄大な風景といくつもの個性的な滝、点在するペモン族の集落などが見どころ。また、ロライマ山観光の拠点にもなっている。

INFORMATION

ブラジル領事館
Vice Consulate
MAP P.364
☎(0289)995-1256
開8:00~11:00
休土・日、祝
90日の観光ビザを発行。必要なものは有効期限が6ヵ月以上あるパスポート、写真、クレジットカード、往復の航空券、黄熱病予防接種証明書、必要事項を記入し印刷したビザフォーム、宿泊予約と手数料。詳細は下記URLを参照。
[URL]cgcaracas.itamaraty.gov.br/pt-br/visa_de_turista_o_transito.xml

サンタ・エレナ・デ・ウアイレンへの行き方

飛行機

サンタ・エレナ・デ・ウアイレン(以後サンタ・エレナ)を含むグラン・サバナの町や村を結ぶのは小型のセスナのみでチャーターが基本。サンタ・エレナ空港Airopuerto Santa Elena de Uairén (SNV) は市内から約5kmの所。市内へはタクシーを利用する。

長距離バス

ブラジルのボア・ビスタから国境のパカライマPacaraimaまで、Asatur社が毎日1便運行。所要約3時間40分、R$30。乗合タクシーもあり、1台R$140~。パカライマからはタクシーまたは乗合タクシーを利用する(所要約30分)。長距離バスターミナルから市内へは、タクシーを利用しょう。

旅行会社
Raúl Helicópter's
☎(0289)995-1912
URL www.raulhelicopteros.com
H グラン・サバナ(→P.366)内にあるヘリコプターのチャーター会社。ロライマ山とクケナン山フライトUS$1990(~5人)。カナイマへの飛行機での日帰りツアーはUS$1390(~5人)。
Backpacker Tours
☎(0289)995-1430
URL www.backpacker-tours.com

両替事情
サンタ・エレナでの両替は、通りの角にいるトロカドールと呼ばれる両替人がしてくれる。2018年2月現在US$1=BsF21万~23万。ただし、違法な闇両替なのでニセ札をつかまされないよう注意。

サンタ・エレナの町なかにあるサン・フランシスコ教会は1931年に建てられた

グラン・サバナへのツアー
サンタ・エレナの旅行会社で申し込める。サンタ・エレナから滝や展望を楽しみながらペモン族の村サン・フランシスコ・デ・ユルアニSan Francisco de Yuruaniまで行く1日ツアーが車1台US$100～。四輪駆動のジープで7～9人まで乗ることができるので人数が集まれば安くなる。

モリチェというヤシの木はペモン族の家の材料になる

ペモン族の家

歩き方

サンタ・エレナは標高約800mの盆地に広がる町。周囲には低い丘陵が続く。町の中心部はそれほど広くはなく、ボリーバル通りCalle Bolívarとウルダネタ通りCalle Urdanetaがメインストリート。1時間もあれば隅々まで歩ける大きさだ。これといって見るべきものは何もないが、スーパーが何軒かあり、ロライマ山へ向かう旅行客が食料品を買っている姿も目にする。

おもな見どころ

グラン・サバナ

Gran Sabana MAP P.357-C1～D4

プエルト・オルダスPuerto Ordazとサンタ・エレナを結ぶ国道10号線の、キロメトロ・オチェンタイオーチョ Km88地点からサンタ・エレナにかけてがグラン・サバナと呼ばれるエリア。道路全長約350km、面積は約3000km²のサバンナ地帯だ。100年前まではジャングルだったが、大規模な火災により今のような姿になったという。カナイマ国立公園に属するこのエリアは

四輪駆動のジープで大平原を巡る

標高800〜1400mの緩やかな丘陵地帯をなし、どこまでも緑の草原が広がっている。高い場所からは草原の向こうにそびえるテーブルマウンテンが眺められ、このうえない雄大な景色だ。このテーブルマウンテンから流れ出す川がいくつもの滝を生み、さまざまな表情をした滝巡りがグラン・サバナの楽しみのひとつになる。

国立公園内のグラン・サバナに住むことを許されているのは、今もほぼ自給自足の生活をしているペモン族のみ。国道沿いにはペモン族の集落が点在していて、レストランや宿泊施設もある。

国道10号線以外は未舗装のため、グラン・サバナのツアーは四輪駆動の車に乗って行く。道路に大きな穴があったり、とても揺れるので覚悟が必要だ。

ユムリ川にかかるユムリの滝

迫力のあるカマの滝Salto Kama

テプイの花といわれるブロチニアは食虫植物

宝石の一種の赤い碧玉でできたハスペの滝Qda. de Jaspe

アポングアオの滝Salto Aponguaoは落差155m。船に乗って行く

ロライマ山

Monte Roraima MAP P.357-D3

コナン・ドイルの小説『失われた世界』のモデルとなった標高2723mロライマ山は、ペモン族の言葉で“偉大”を意味する。グラン・サバナからロライマ山を見ると、巨大な戦艦が台地を突き進んでいるようで、まさに偉大な勇姿と呼ぶにふさわしい。

山頂の天候は季節に関係なく、非常に変わりやすい。焼けつく日差しが続くと思えば、たたきつけるような雨に変わる。この高温湿地帯にあって、垂直に伸びた山が自然の城壁となり、植物は外界からの影響を受けることなく独自の進化を遂げた。山頂周辺の植物は、ロライマにのみ生育する固有種が多い。

ロライマ山へはツアーが出ていて、5泊6日のトレッキングツアーが一般的。ベースキャンプのパライテプイ・デ・ロライマParaitepui de Roraimaからスタート。1日目はふたつの川を渡り標高1050m地点のキャンプへ、2日目は岸壁の下の標高1870mまで登り、周辺の洞窟などを見学、3日目に標高2723mの山頂まで一気に登頂し、4日目は山頂からの壮大な眺めと特異な地形を散策、5日目に標高1500m地点のキャンプまで下山、翌日サンタ・エレナに戻る。比較的登りやすく世界中から登山客が訪れる。シーズンは乾季の12〜2月頃。

ロライマ山へ

登頂はツアーに参加するのがベスト。5泊6日のガイド付きで料金は4人以上でひとりUS$330ほど。

パライテプイ・デ・ロライマにあるロッジ

いざロライマ山トレッキングへ

サンタ・エレナ・デ・ウアイレンのホテル

Gran Sabana
グラン・サバナ MAP P.364外

高級ホテル

市街から離れているが、プールのあるモーテルタイプの宿で、グループ旅行に利用されている。部屋も広くてゆったり。レストランも併設されている。Wi-Fiはプールとロビー周辺でのみ利用できる。

住Carretera Nacional vía Brasil
☎(0289) 995-1810　FAX(0289) 995-1813
料ⓈⓌBsF15000～
カードADMV　室数58室

Posada Los Pinos
ポサダ・ロス・ピノス MAP P.364外

中級ホテル

Backpacker Toursが運営するホテル。全室にファン、ドライヤー、温水シャワー、冷蔵庫を完備。無料のWi-Fiがレストランとプールで利用できる。プールはウオータースライダーとジャグージ付き。

住Urbanisacion Akurima Sector Los Pinos
☎(0289) 995-1430　URL www.posada-los-pinos.com　料ⓈUS$18～ ⓌUS$25～ ⓉUS$37～　カードMV　室数10室

Hotel Anaconda
アナコンダ MAP P.364外

高級ホテル

グラン・サバナと並び、サンタ・エレナで最も高級なホテルのひとつ。町の中心からは少し離れているが、徒歩でも行けるほどの距離。大きな屋外プールも備えている。

住Calle Ikabarú　☎(0289) 995-1011
FAX(0289) 995-1835
料ⓈⓌBsF13000～ ⓉBsF15600～
カードADMV　室数63室

Galibaldi
ガリバルディ MAP P.364

エコノミー

ブラジルのパカライマとを結ぶ乗合タクシー乗り場の近くにある。敷地は中庭が駐車場になっており、それを囲むように客室が並ぶ。料金のわりに整った設備が魅力で、各室エアコンや冷蔵庫を完備。

住Calle Ikubarú c/ vía hacia Brasil
☎(0289) 995-1960
料ⓈⓌBsF6000～
カードMV　室数29室

Posada L'auberge
ポサダ・オーベルジュ MAP P.364

中級ホテル

メインストリートにあるかわいらしい雰囲気の便利な宿。2階建てのれんが造りの建物が印象的。客室は広くはないが、清潔で、エアコンやケーブルテレビ、冷蔵庫を完備している。

住Calle Urdaneta　☎(0289) 995-1567
URL www.l-auberge.net
料ⓈⓌUS$25～ ⓉUS$33～
カード不可　室数8室

Posada Michelle
ポサダ・ミッシェル MAP P.364

エコノミー

メインストリートにあるバックパッカーに人気の宿。旅行会社と隣接しており、各種ツアーの申し込みやバス、フライトチケットの購入ができる。寝るだけの部屋だが、共同キッチンあり。

住Calle Urdaneta
☎(0289) 416-1257
料ⓈⓌBsF3000～
カード不可　室数21室

　ホテル客室設備：バスタブあり　テレビあり　電話あり　インターネット可　朝食付き

COLUMN ベネズエラの首都、カラカス

アルタミラ地区のフランシア広場

南米有数の大都市カラカスCaracasは、標高約960mに開けた近代都市。1567年から開拓が始まった歴史ある都市だが、コロニアル様式の古い町並みは旧市街の一部でしか見ることができず、広い道路の両側に高層ビル群が建ち並ぶ。石油資源により南米でもいち早く経済的な発展を遂げたが、旧チャベス政権の政策の歪みなどから生活物資の不足や貧富の差が生まれ、近代的な町の周囲にはスラム（貧民）街が広がっている。

2018年1月現在、カラカスには「レベル2：不要不急の渡航は止めてください」の危険情報が外務省より出されている。そのため旅行者の多くは経由地としてカラカスに1泊するのみで、ギアナ高地などへと向かう。

カラカス経由でギアナ高地へ

カラカスの空港はシモン・ボリーバル国際空港Aeropuerto Internacional de Maiquetía Simón Bolívar（CCS）。日本からカラカスへの行き方は→P.350参照。カラカスからギアナ高地の拠点であるカナイマまでの直行便はなく、途中プエルト・オルダスPuerto Ordazを経由する。プエルト・オルダスからカナイマまでは定期便の就航はなく、小型のセスナのみ。フライトは旅行会社で手配できる。

カラカス　Caracas　MAP P.346-B1

旧市街の中心、ボリーバル広場

山の斜面に広がるスラム街

おもな旅行会社

Hot Destinations Venezuela Tours

☎（0212）373-1049

URL www.hotdestinations.org

URL www.hotdestinationstours.com

ギアナ高地をはじめとするベネズエラ旅行を手配できる。メールは日本語OK。

カラカスの歩き方

カラカスは山に囲まれた盆地に広がる町。見どころは国会議事堂やカテドラルがあるセントロ（旧市街）。日中はたくさんの人が歩いているが、20:00を過ぎるとぱたりと人通りがなくなり、治安が非常に悪くなる。日中であっても、ひとりや少人数での観光は避け、必ずグループで行動すること。できれば地元に詳しいガイドと一緒に行くことを強くおすすめする。

おもな見どころとしては、ベネズエラの歴史の舞台となったボリーバル広場や「南米解放の父」ことシモン・ボリーバルSimon Bolivarの生家と博物館など。

市内交通は地下鉄や市バスがあるが、できる限りタクシーを利用すること。タクシーも流しのものは利用せず、ホテル付けのホテルタクシーを利用すること。流しよりも料金が高いが、安全はお金で買うということを頭に入れて行動しよう。

広場に面して真っ白な外壁がまぶしいカテドラル

カラカスのINFORMATION

観光局　MINTUR

URL www.mintur.gov.ve

在ベネズエラ日本国大使館

Embajada del Japón en Venezuela

住 Torre Digitel, Piso 9, Av. Don Eugenio Mendoza con Esquina Calle Miranda, Urb. La Castellana, Municipio Chacao, Estado Miranda

☎(0212)262-3435　FAX (0212)262-3484

URL www.ve.emb-japan.go.jp

開 8:30～12:00、13:00～16:00

休 土・日、ベネズエラの祝日

カラカスのホテル

シモン・ボリーバル国際空港はセントロから遠く、道が空いていても車で40分くらいかかる。渋滞の場合は2時間を超えることも。そのため、1泊するとしても空港そばのホテルを手配するのがおすすめ。近年は空港そばのカリブ海沿いにリゾートホテルが増えており、日本の旅行会社も多く利用している。なお、空港に直結したホテルはないので、近くでもタクシーで移動することになる。タクシーは流しのものは使わず、必ず空港のオフィシャルタクシーを利用すること。

世界的なホテルブランドもある

COLUMN ベネズエラの英雄、シモン・ボリーバル

ベネズエラの独立の英雄であるシモン・ボリーバルは、1783年にカラカスに生まれた。幼い頃から勉学に励み、ヨーロッパの啓蒙思想家らの著作に影響を受け、16歳にしてスペインへと渡った。さらにフランス、イタリアと旅を続け、そこで当時スペインなどの統治下に置かれていた南米の独立に対する思いを強くする。

1807年にカラカスへと戻ったボリーバルは以降、独立運動に身を捧げ、指導的役割を果たす。1811年にベネズエラが独立を宣言すると、彼は独立軍の将校となりスペイン軍との戦いに明け暮れた。

1819年にはボヤカの戦闘で勝利しコロンビアを解放。さらにはベネズエラ、エクアドルを加えたグラン・コロンビア共和国の独立に尽力し、自ら初代大統領に就任した。

1821年にはカラボボの戦いでカラカスを奪還する。また1824年にはアヤクーチョの戦いでスペイン軍を破りペルーの解放を成し遂げ、1825年にはボリビア解放にも力を注いだ。ボリビアの国名はボリーバルの名にちなんで付けられ、この国の憲法も彼が起草している。

こうして南米各国の独立を実現させ英雄となったボリーバルだが、グラン・コロンビアの内部対立が激しくなると部下の裏切りや暗殺未遂にも襲われ、彼はコロンビアのサンタ・マルタへと逃れた。そして1830年、結核のため失意のうちにこの世を去ることとなった。

終焉の地となったコロンビアにあるシモン・ボリーバルの像

ギアナ3国

Guiana

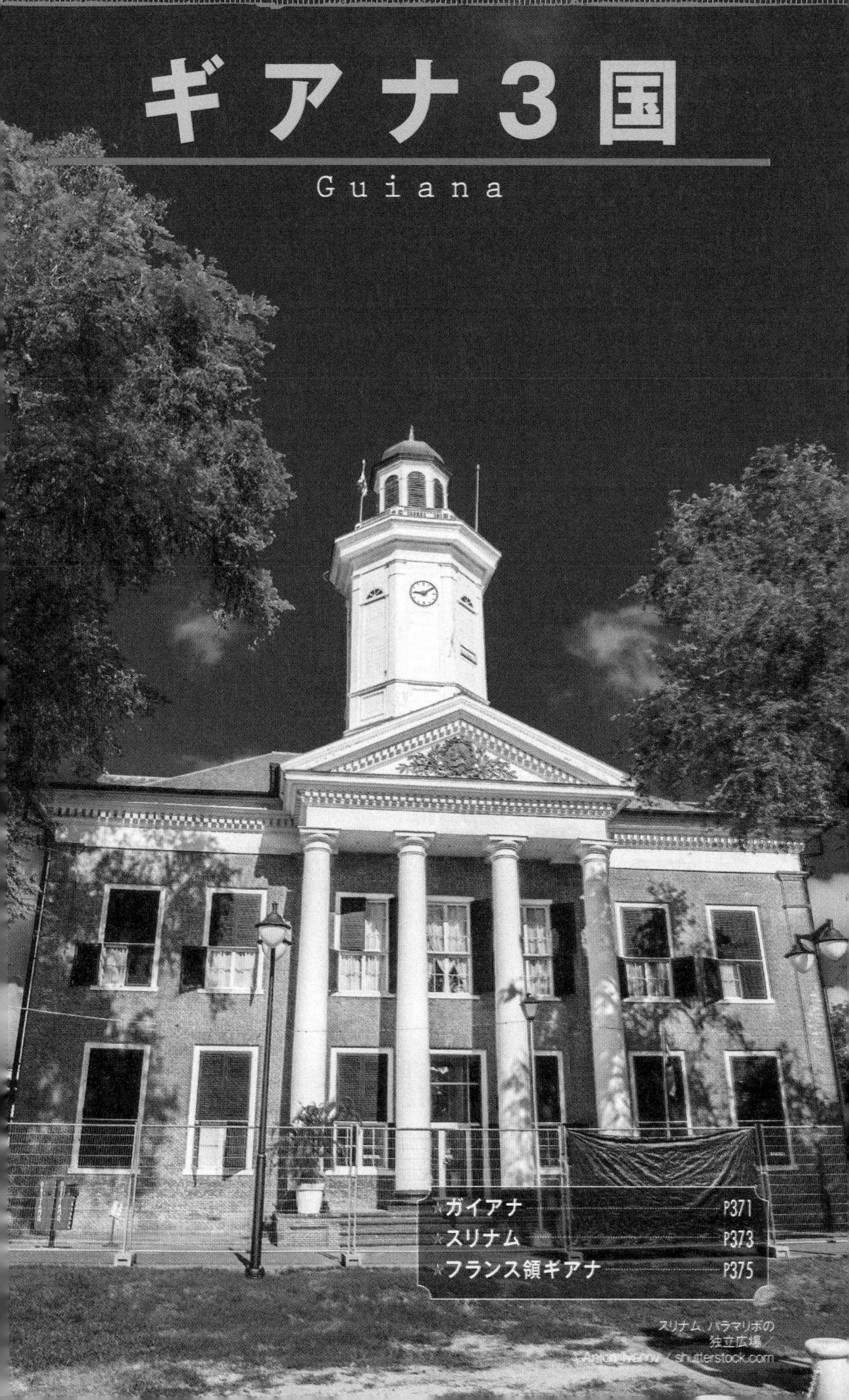

スリナム、パラマリボの独立広場

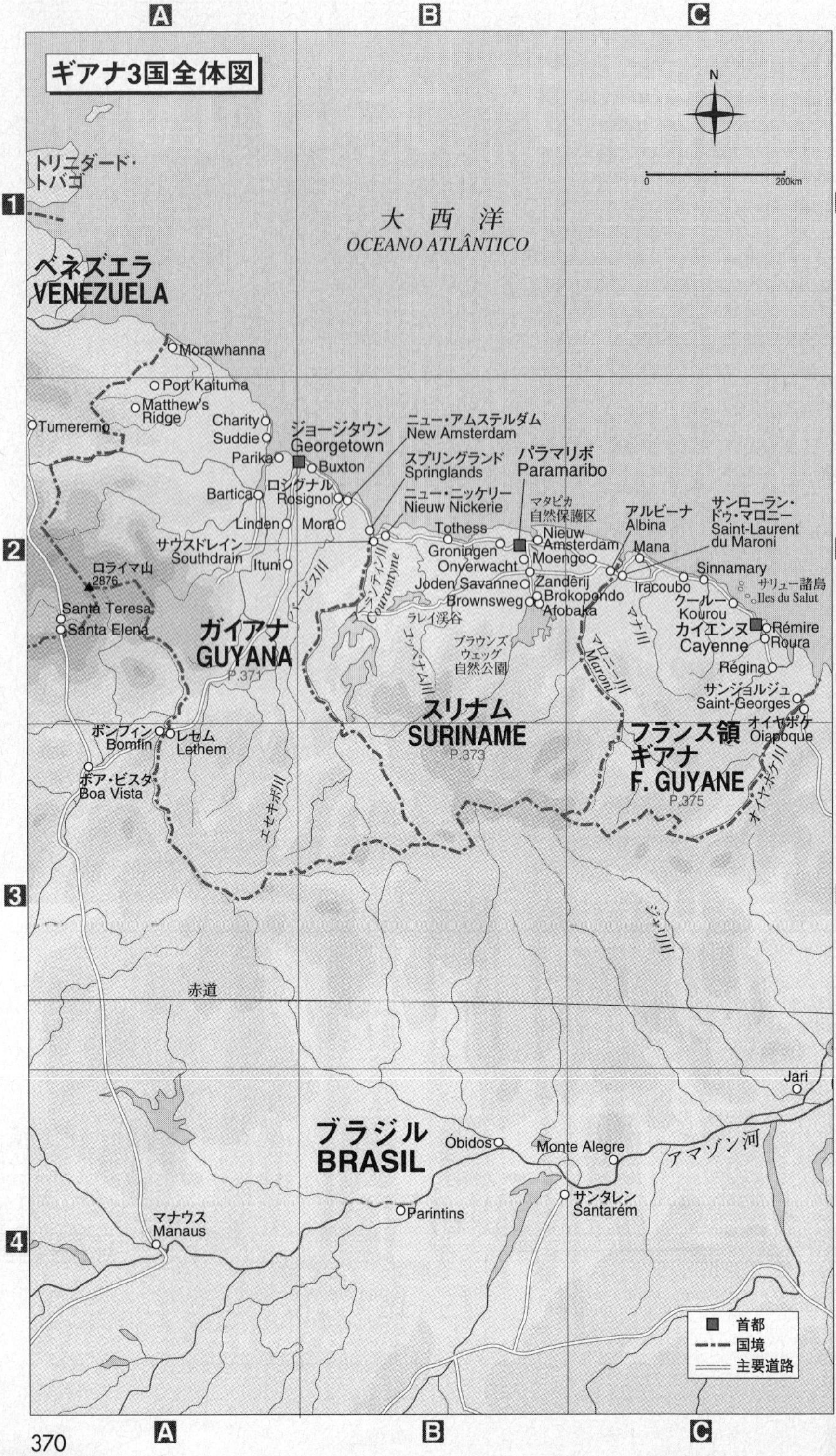
ギアナ3国全体図
A
B
C
1
2
3
4
N
0
200km
トリニダード・トバゴ
大西洋
OCEANO ATLÂNTICO
ベネズエラ
VENEZUELA
Morawhanna
Port Kaituma
Matthew's Ridge
Tumeremo
Charity
Suddie
Parika
ジョージタウン
Georgetown
Buxton
ロシグナル
Rosignol
Bartica
Linden
Mora
Ituni
サウスドレイン
Southdrain
ニュー・アムステルダム
New Amsterdam
スプリングランド
Springlands
ニュー・ニッケリー
Nieuw Nickerie
パラマリボ
Paramaribo
マタピカ
自然保護区
Tothess
Groningen
Onverwacht
Joden Savanne
Brownsweg
Nieuw Amsterdam
Moengo
Zanderij
Brokopondo
Afobaka
アルビーナ
Albina
Mana
サンローラン・ドゥ・マロニー
Saint-Laurent du Maroni
Sinnamary
Iracoubo
サリュー諸島
Iles du Salut
クールー
Kourou
カイエンヌ
Cayenne
Rémire
Roura
Régina
サンジョルジュ
Saint-Georges
オイヤポケ
Oiapoque
ロライマ山
2876
Santa Teresa
Santa Elena
ガイアナ
GUYANA
P.371
バービス川
コランティン川
Courantyne
ラレイ渓谷
コッペナム川
ブラウンズウェッグ自然公園
スリナム
SURINAME
P.373
マロニー川
Maroni
マナ川
フランス領ギアナ
F. GUYANE
P.375
オイヤポケ川
ボンフィン
Bomfin
レセム
Lethem
ボア・ビスタ
Boa Vista
エセキボ川
ジャリ川
赤道
Jari
ブラジル
BRASIL
Óbidos
Monte Alegre
アマゾン河
サンタレン
Santarém
Parintins
マナウス
Manaus
首都
国境
主要道路

ガイアナ
イントロダクション

ガイアナとは、先住民の言葉で「水の多い土地」を指すという。その名のとおりガイアナは、南部の密林地帯から大西洋沿岸の低地にかけて、無数の水路が縦横に走り、全土に天然の運河を形作っている。

ガイアナの総面積は、イギリスよりやや小さいくらいだが、そのうち開墾されている土地はわずか0.5%しかない。原始のままの大自然がふんだんに残され、人跡未踏の地が多いだけに、冒険心とロマンをかきたてられる秘境でもある。近年は、この熱帯雨林地域に生息する多様な生物を保護すべく、政府やNGOが中心となって環境教育やエコツアーを推進している。

ガイアナは旧イギリス領であり、南米大陸では唯一、英語を公用語とする国だ。

イギリス風の建物が建ち並ぶ首都ジョージタウン

ジェネラルインフォメーション

国　名

ガイアナ共和国
Republic of Guyana

首　都

ジョージタウン　Georgetown

面　積

21万5000㎢（本州よりやや小さい）

人　口

約76万7000人（2015年）

政　体

立憲共和制

元　首

デービット・A・グレンジャー大統領
David A Granger（2015年就任。任期5年）

人種・民族

インド系44%、アフリカ系黒人30%、そのほか中国系、ヨーロッパ系、インディヘナなど。

言　語

公用語は英語。ほかにガイアナ・クレオール語、ヒンドゥー語、ウルドゥー語など。

宗　教

英国国教会とカトリック、ほかにヒンドゥー教、イスラム教など。

通　貨

単位はガイアナ・ドル（G$）。US$1＝G$201.843＝108円（2018年2月現在）。ジョージタウン市内の銀行で両替できる。

電源とプラグ

110／220V、50／60Hz。プラグタイプはA、BF、Cのいずれか。

気候

ガイアナの南西部は森林に覆われ、ブラジル、ベネズエラとの国境地帯に最高峰ロライマ山を頂くギアナ高地を形成している。北海岸の平野部は20～32℃、平均27℃。年間を通して高温多湿で、年間降水量はジョージタウン2350㎜、西部高地では3250㎜に達する。

日本からのフライト時間

日本からの直行便はなく、北米のニューヨークやマイアミ、トロントなどを経由して行くことになる。イギリス領の島からのフライトが多い。所要時間は乗り継ぎ時間を除いて18時間30分～23時間。

陸路での入国

ベネズエラとスリナムの間に国境紛争があり、国境地帯は治安が悪いので陸路での入国は極力避けたい。スリナムのニュー・ニッケリーNieuw Nickerieから、ボートでガイアナ側のスプリングランドSpringlandsへ渡り、ミニバスなどに乗ってジョージタウンへ行く。

ブラジルのボア・ビスタからは、バスで約2時間の所にある国境の町ボンフィンBomfinへ行き、橋を渡ってガイアナ側の町レセムLethemへ入国できる。レセムからジョージタウンへはトランス・ガイアナ航空が毎日3便運航している。陸路で定期の交通機関はなく、ジョージタウンまで不定期的に往復しているトラックをつかまえても、ジョージタウンまで運がよくて20時間、道路の状態などによっては3日以上かかる。食料、水、寝袋は必携だ。

トランス・ガイアナ航空
Trans Guyana Airways
URL transguyana.net

時差

日本より13時間遅れ。

電話

国際電話は、ホテルの部屋にある電話や、持参した携帯電話からかけられる。

■日本からガイアナへの電話のかけ方

［国際電話会社の番号※］＋［国際電話識別番号010※］＋［国番号592］＋［市外局番］＋［相手先の電話番号］

※国際電話会社の番号と国際電話識別番号については、P.401にある「電話について」を参照。

ジョージタウンの市外局番は218、219、223、225～227、231、263。ニュー・アムステルダムは333、334。

ビザ

入国に際して3ヵ月以内の滞在ならビザは不要。パスポートの残存有効期間は6ヵ月と滞在日数の合計日数以上。帰りの航空券も必要。

日本大使館

在トリニダード・トバゴ日本国大使館が兼任
住5 Hayes Street, St. Clair, Port of Spain, Trinidad and Tobago
☎(1-868) 628-5991　FAX(1-868) 622-0858

カリブ海のトリニダード・トバゴ共和国の首都、ポート・オブ・スペインにある。

歴史

1500年前後、スペイン人の航海者ピンソンがガイアナの海岸に上陸し、一帯を調査した。16世紀後半に、オランダ人が本国に似通ったジョージタウン付近の沼沢地にスタブロックの町を建設、これがジョージタウンの基礎となった。オランダは西インド会社の協力のもとでサトウキビなどの農地を開発した。

18世紀末には、イギリス人がスタブロックを占領。1814年にはイギリス、オランダ、フランスの3国でギアナ分割統治が行われることになり、ガイアナはイギリス領となる。1834年、奴隷制の廃止にともなって、不足した労働力を確保するため、イギリス植民地のアジア系住民がガイアナに移住してきた。以来、中国人とインド人の反目が始まる。

1966年5月、英連邦内で独立。1970年2月、共和制を施行。

美しい教会も多い

スリナム
イントロダクション

旧オランダ領ギアナであるスリナムは、1975年11月に独立した若い国だ。

住民構成は多様性が見られる。最も多数を占めるのはクレオール系黒人とインド系で、次いでジャワ(インドネシア)系、中国系が多い。ほかに、ヨーロッパ系や少数の先住民族がいる。彼らはそれぞれに、出身民族の文化的伝統とライフスタイルを受け継いでいるものの、お互いに共存しており、表立った民族間の対立は見られない。

まだまだ観光システムが整っているとはいえないスリナムだが、多様な文化が混交して醸し出される独特の雰囲気そのものが、旅人の好奇心を満たしてくれる最大の観光ポイントといえるだろう。

人口はインド系と黒人が多くを占める

木陰に集まる人々

ジェネラルインフォメーション

国名

スリナム共和国
Republiek Suriname

首都

パラマリボ
Paramaribo

面積

16万3820㎢(日本の約半分)

人口

約54万3000人(2015年)

政体

立憲共和制

元首

デシレ・デラーノ・ボータッセ大統領
Deriré Delano Bouterse(2010年〜)

人種・民族

ヒンドゥー系37%、クレオール系(黒人と白人の混血)31%、ジャワ系15%、マルーン系10%、その他先住民族系、中国系、白人など。

言語

公用語はオランダ語。ほかに英語、スリナム語、カリブ系ヒンドゥー語、ジャワ語も使われている。

宗教

キリスト教(プロテスタント、カトリックなど)、ヒンドゥー教、イスラム教など。

通貨

単位はスリナム・ドル(Srd)。US$1=Srd7.409=108円(2018年2月現在)。

電源とプラグ

127V、60Hz。プラグタイプはCまたはSE。

気候

亜熱帯気候に属し、月別の平均気温は26～28℃と、1年を通じてほとんど差がない。海岸部では貿易風のため、さほど蒸し暑く感じない。年間雨量は2340㎜（パラマリボでは1930㎜）で、4～7月と11～2月が雨季に当たる。

日本からのフライト時間

日本からの直行便はなく、北米のニューヨークやマイアミを経由し、さらにカリブの島で乗り継いで行くことになる。所要時間は乗り継ぎ時間を除いて23時間30分～29時間。

旧オランダ領だったため、KLM オランダ航空（KL）がオランダのアムステルダム経由でフライト。週4便、所要時間は乗り継ぎ時間を除いて約20時間40分。ブラジルのベレンからはゴウ航空（G3）が週3便運航、所要約1時間45分。

ゴウ航空　Gol Airlines

URL www.voegol.com.br

陸路での入国

隣国との国境紛争があるので陸路での移動は極力避けること。フランス領ギアナのサンローラン・ドゥ・マロニー Saint-Laurent du Maroniからマロニー川Maroniをボートで渡り、スリナムのアルビーナAlbina経由で入国できる。アルビーナからパラマリボまでミニバスで2～3時間。ガイアナのスプリングランドからは、フェリーでコーランティン川Courantyneを渡り、サウス・ドレインSouthdrainで入国できる。サウス・ドレインからパラマリボまでは、タクシーで移動する。

スリナムには大きなバス会社などはなく、国内交通の主体となるのは個人経営のミニバスと乗合タクシーだ。ミニバスは15～25人乗りで、思いきり客を詰め込んで走る。乗合タクシーの料金はミニバスの約1.5～2倍。

時差

日本より12時間遅れ。

亜熱帯気候に属し、植物が生い茂る

電話

国際電話はパラマリボの電話局Telesurやホテルの部屋にある電話からかけられる。ホテルからの電話は通常10分以内。

■日本からスリナムへの電話のかけ方

[国際電話会社の番号※] + [国際電話識別番号010※] + [国番号597] + [市外局番] + [相手先の電話番号]

※国際電話会社の番号と国際電話識別番号については、P.401にある「電話について」を参照。

ビザ

3ヵ月以内の滞在なら不要。パスポートの残存有効期間は6ヵ月と滞在日数の合計日数以上。

日本大使館

在トリニダード・トバゴ日本国大使館が兼任

住 5 Hayes Street, St. Clair, Port of Spain, Trinidad and Tobago

☎ (1-868) 628-5991　FAX (1-868) 622-0858

カリブ海のトリニダード・トバゴ共和国の首都、ポート・オブ・スペインにある。

歴史

1650年、イギリス人でバルバドス島の総督だったウィロビー卿により、スリナムに最初の植民地が建設された。1667年、第2次英蘭戦争後にオランダ領となり、海岸部の低地にオランダ式干拓が行われ、サトウキビ栽培が盛んになった。1863年の黒人奴隷廃止によって不足になった労働力を確保するため、インドやジャワから契約移民が渡来し、ポルトガル人、中国人なども加わって、人種と文化の多様化が進んだ。

20世紀半ばにはアメリカ資本も導入されて、ボーキサイトの生産がスリナムの主産業となった。1975年、オランダより独立。その後、軍部がクーデターにより政権を握り、反対派を弾圧したため、旧宗主国のオランダはこれに抗議し、経済援助を一時打ち切り、スリナム経済は悪化。

1986年半ばから、軍の総合司令官ボーターセのもと護衛官だったロニー・ブルンスウェルの指導する黒人系反政府ゲリラの活動が活発化し、500人近い犠牲者が出た。フランスの仲介により、その後一応、平定されたものの、南部のジャングル地帯を拠点とするゲリラは、まだ完全に武装解除してはいないといわれている。

1988年、民政復活にともなって、オランダからの援助も再開された。

フランス領ギアナ
イントロダクション

フランス領ギアナはフランスの海外県で、南米に残された唯一の植民地である。総面積は南米のなかでは最も小さい。

17～18世紀にギアナへやってきた入植者たちは、マラリアなどの風土病に苦しめられながら、ヨーロッパから遠く隔たったこの地に「赤道直下のフランス」を建設した。

フランス革命直後から、ギアナの名は苛酷な流刑地として知られるようになる。ギアナへ送られた囚人はほとんどが終身刑で、植民地建設のための強制労働に駆り立てられ、8万人の囚人のうちフランスへ帰ることができたのは2万人足らずだったという。

フランス領ギアナの見どころは、カイエンヌ観光と、流刑地の中心だったロワイヤル島、サンローラン・ドゥ・マロニーなどの遺跡巡りが中心になる。

首都カイエンヌの町並み

流刑地だった島も、今では観光地になっている

ジェネラルインフォメーション

国名

フランス領ギアナ
(フランスの海外県)
Guyane Française

首都

カイエンヌ　Cayenne

面積

8万3534㎢（日本の約4分の1）

人口

約26万人（2016年）

政体

フランス領ギアナはフランスの海外県として任命制の知事がおかれている。議会は代表議会議員で構成され、パリの上院と下院に1～2名の代表を送っている。

人種・民族

黒人と白人の混血であるクレオール系が40%。ほかにスリナム人、ハイチ人、ブラジル人、レバノン人、中国人など。また、逃亡奴隷の子孫でマロンと呼ばれる人々が約4000人いる。

言語

公用語はフランス語。ほかにクレオール語、ヒンドゥー語、中国語など。

宗教

カトリック、ヒンドゥー教、イスラム教など。

通貨

通貨は本国と同じくユーロ。US$1=€0.8、€1=132円（2018年2月現在）。カイエンヌには、フランス商業銀行などの銀行のほか両替商もあり、土曜も営業している。特に陸路で入国する場合は、あらかじめユーロを用意しておいたほうがよい。

電源とプラグ

220V、50Hz。プラグタイプはBFまたはC。

気　候

海岸部から内陸へかけて、穏やかな起伏をもつサバンナが広がり、内陸部へ進むにつれてジャングルとなる。国土の83%は森林に覆われる、緑豊かな国だ。高温多雨の熱帯気候に属し、スリナム川をはじめ河川が多い。平均気温は27℃だが、ブラジルとの国境地帯の高地では、昼夜の寒暖の差が激しい。

4～7月と11～1月が雨季で、5月は最も降雨量が多い。そのほかの時期が乾季に当たる。

日本からのフライト時間

日本からの直行便はなく、北米のニューヨークやマイアミを経由し、さらにカリブの島で乗り継いで行くことになる。所要時間は乗り継ぎ時間を除いて25時間30分～31時間。

フランス領の海外県に当たるため、エールフランス航空（AF）がフランスのパリ経由でフライト。週10便程度、所要時間は乗り継ぎ時間を除いて約21時間30分。ほかに、カリブのフランス領の島マルチニークからエールフランス航空が毎日1～2便、所要約2時間10分。近隣国では、ブラジルのベレンからスリナム航空（PY）がフライトしている。

スリナム航空　Surinam Airways

URL www.flyslm.com

陸路での入国

ブラジルのオイヤポケOiapoqueからはオイヤポケ橋を渡って、スリナムのアルビーナからは国境の川を渡ってフランス領ギアナへ入国できる。

時　差

日本より12時間遅れ。

自然あふれる美しい景色が広がる

ロケットセンターがある

電　話

国際電話は市内にある電話からダイヤル00＋国番号＋0を除いた市外局番＋相手方の電話番号でかけられる。テレホンカードが普及していて、本屋やスーパーで買える。

■日本からギアナへの電話のかけ方

［国際電話会社の番号※］＋［国際電話識別番号010※］＋［国番号594］＋［市外局番］＋［相手先の電話番号］

※国際電話会社の番号と国際電話識別番号については、P.401にある「電話について」を参照。

ビ　ザ

3ヵ月以内の観光目的なら不要。パスポートの残存有効期間は帰国日まで。

歴　史

1604年、フランスのアンリ4世の命を受けたラ・ラヴァルディエールがギアナに港を建設し、アマゾンの調査を行った。その後フランスから少しずつ入植者が入り、1638年にカイエンヌの町を設立。1664年から本格的な定住が始まる。

1667年のブレダ条約により、ギアナをオランダ、イギリスと分割。その後も入植が続いたが、風土病により多くの死者を出した。

18世紀末、革命直後のフランス立法府はギアナの流刑地建設に着手。19世紀から20世紀半ばまで、政治犯を中心に多数の囚人が送られ、ギアナは「呪われた土地」「緑の地獄」などと呼ばれた。

19世紀初め、一時ポルトガルに占領されるが、後に返還されている。1858～1900年にはゴールドラッシュが起こり、2万人以上の人々が黄金を求めてやってきたため、人口が急増した。1946年、フランスの海外県となり、現在にいたる。

旅の準備と技術

Travel Tips

旅の準備

旅の技術

旅の準備 旅の情報収集

在日公館
ブラジル連邦共和国大使館
住 〒107-8633
東京都港区北青山2-11-12
☎(03)3404-5211
URL toquio.itamaraty.gov.br/ja/
ブラジル総領事館
住 〒141-0022
東京都品川区東五反田1-13-12 いちご五反田ビル2階
☎(03)5488-5451
URL cgtoquio.itamaraty.gov.br/ja/
ベネズエラ・ボリバル共和国大使館
住 〒106-0031
東京都港区西麻布4-12-24 第38興和ビル7階703
☎(03)3409-1501（大使館・領事部）
URL venezuela.or.jp
フランス領ギアナ（フランス共和国大使館）
住 〒106-8514
東京都港区南麻布4-11-44
☎(03)5798-6000（大使館）
URL jp.ambafrance.org
アルゼンチン共和国大使館
住 〒106-0046
東京都港区元麻布2-14-14
☎(03)5420-7101（大使館）
☎(03)5420-7107（領事部）
URL www.ejapo.mrecic.gov.ar/ja
ウルグアイ東方共和国大使館
住 〒106-0031
東京都港区西麻布4-12-24 第38興和ビル908
☎(03)3486-1888（大使館・領事部）
URL sites.google.com/site/ jpemburujap/
エクアドル共和国大使館
住 〒106-0031
東京都港区西麻布4-12-24 第38興和ビル806
☎(03)3499-2800（大使館）
☎(03)3499-2866（領事館）
URL www.ecuador-embassy.or.jp
コロンビア共和国大使館
住 〒141-0021
東京都品川区上大崎3-10-53
☎(03)3440-6451（大使館・領事館）
URL japon.embajada.gov.co
ペルー共和国大使館
住 〒150-0012
東京都渋谷区広尾2-3-1
☎(03)3406-4243（大使館）
☎(03)5793-4444（領事館）
URL embajadadelperuenjapon.org/ja/

日本での情報収集

南米の国々の情報は、日本ではなかなか集まりにくい。各国の大使館や政府観光局、南米専門の旅行会社などを上手に利用して、出発前にできる限り情報を集めたい。また、南米の一部の国は政治情勢が流動的である。ゲリラによるテロ、戒厳令、クーデターなどが、いつ発生するかわからない地域や国が少なからずある。本誌掲載のブラジル、ベネズエラ、ギアナ3国においても、外務省より危険情報が発出されている地域がある。一部には「不要不急の渡航中止」が促されている地域もあるので、出発前には必ず現地の安全情報を確認しよう。安全情報については→P.403も参照。

現地での情報収集

リオ・デ・ジャネイロやサン・パウロなどの大都市はもちろん、ほとんどの観光地に観光案内所がある。町に着いたら、まずは観光案内所に行き、パンフレットや最新の情報を手に入れたい。場所によっては観光パンフレットのほか町の地図、地下鉄の路線図などが置いてある場合も。ただし、看板に「Turist info」とあっても、民間の旅行会社であることもしばしば。観光案内所と勘違いして入って観光情報を聞いたりすると、しつこくツアーに勧誘されることがあるので注意しよう。

町に着いたら、まず観光案内所を探そう（クリチバの観光案内所）

インターネットでの情報収集

近年、旅行者にとって有力な情報源となっているのがインターネットだ。南米でも例外ではなく、国の観光局はもちろん、各町の観光案内所に博物館などの見どころもインターネットで情報を発信している。ただし、日本語サイトを開設しているところはまずなく、施設によっては英語サイトすらなくポルトガル語やスペイン語のみという場合も。宿泊施設のインターネット事情は比較的よく、安宿でもWi-Fiフリーのところが多い。しかし、部屋によってつながらない場合や、高級ホテルでは有料の場合もある。Wi-Fiフリーのデパートやレストラン、カフェも増えている。

旅の準備 旅の予算とお金

国別物価水準

■ ブラジルの物価

　ブラジルは南米諸国のなかで特に物価の高い国といわれており、さらにあらゆる料金は年々値上がり傾向にある。とはいえ、庶民的な生活基準においては物価はさほど高くはない。しかし、これに観光がからんでくると、安く上げようとしても思うようにはいかなくなる。ホテルの宿泊料金、レストランでの食事代などは、都市部ではなかなか削ることができず、一方でパンタナールやアマゾンなど、個人では観光できない場所では、ツアーの参加料金が意外に高くつく。地方都市ではエコノミーな宿やリーズナブルな食堂を見つけることができ、お金の節約ができる。

本格的な味噌ラーメンは約1400円

■ ベネズエラの物価

　ベネズエラのインフレ率は650パーセント以上。現地通貨の価値の下落が激しく、闇レートで換算するなら、南米で最も物価の安い国になる。一方正規のレートで両替するなら、食費や宿泊代などは、日本と同等か、高くつくことも多い。

　産油国のベネズエラではガソリン1リットルが、なんと約2円。そのため飛行機や長距離バス、タクシーなどの交通費は安くつく。

ボリビア多民族国大使館
住 〒106-0031
東京都港区西麻布4-12-24
第38興和ビル8階804
☎(03)3499-5442(大使館)
☎(03)3499-5441(領事部)
チリ共和国大使館
住 〒105-0014
東京都港区芝3-1-14
日本生命赤羽橋ビル8階
☎(03)3452-7561(大使館)
☎(03)3452-1425(領事館)
URL chile.gob.cl/japon
パラグアイ共和国大使館
住 〒102-0082
東京都千代田区一番町2-2
一番町第二TGビル7階
☎(03)3265-5271(大使館)
☎(03)3265-5272(領事部)
URL www.embapar.jp

※大使館訪問の際は必ず電話で予約すること

旅の予算

お金は気にしないで優雅に旅するなら

項目	場所や手段	ブラジル平均予算
朝食	高級ホテルでビュッフェの朝食	ホテル代に込み
昼食	サービスのいいレストランで食事	R$150
カフェ	デザートとティータイム	R$40
夕食	高級レストランでワインと肉料理	R$300
宿泊費	5つ星のホテル	R$1000
合計		R$1490

安く済ませたい倹約派の旅なら

項目	場所や手段	ブラジル平均予算
朝食	大衆的なカフェでパンとコーヒー	R$10
交通費	地下鉄やバスを使って観光	R$20
昼食	ファストフードでランチ	R$20
カフェ	売店でコーヒー	R$3
夕食	食堂で地元の人に交じって食事	R$30
宿泊費	1つ星ホテル orYH	R$60
合計		R$143

※ブラジルのレアル（US$1=R$3.15=108円）。2018年2月現在

料金の目安

場所	項目	ブラジル平均予算
ホテル	5～4つ星	R$800
	3～2つ星	R$200
	1つ星	R$80
	ユースホステル	R$50
買い物	ミネラルウオーター	R$2
	コーラ	R$3
	ワイン	R$20
	ビール	R$3
	パン	R$1
	たばこ	R$10
食事	高級レストランでフルコース	R$300
	中級レストランでメインとサラダ	R$60
	ファストフード（ハンバーガーセット）	R$15
	レストランでワイン1本	R$70
	カフェでコーヒー&サンドイッチ	R$12
移動	タクシー初乗り	R$4.5
	市バス1回券	R$3.8
	地下鉄1回券	R$3.8

ベネズエラの両替レート
ベネズエラは2018年2月現在固定レートで、US$1＝BsF10。両替は通常銀行ですることができ、その場合はDICOMというレートが適用される（→P.353）。それ以外の場所での両替は違法となるが、闇レートはUS$1=BsF21万～23万と、公式レートに比べて2.1万～2.3万倍もの開きがあるため、物価は公式レートで両替した場合は非常に高く感じられ、反対に闇レートで両替すると、かなり安く感じることだろう。

ICチップ付きのクレジットカード
ICチップ付きのクレジットカードを利用する際、店がICクレジットカード対応端末設置加盟店の場合は、サインの替わりに暗証番号（PIN Code）を入力することになる。番号がわからない場合は、出発前にカード会社へ確認を。また使用時にパスポートの提示を求められる場合もある。

クレジットカードの盗難に遭ったら
万一盗難に遭った場合は、カード会社に連絡して不正使用されないように差し止めをしよう（→P.405）。

■ フランス領ギアナの物価

ほとんどの物資をフランスから空輸しているうえ、観光地でもあるので物価は本国より40％以上も高い。首都カイエンヌでは、ホテルのシングルの部屋が1泊€100前後。ツインなら€150前後。

■ ガイアナの物価

ジョージタウンでは、安宿は1泊US＄35くらいから。食事は大衆食堂もあるが、少しいいレストランになると1食US＄20くらい～する。

■ スリナムの物価

世界遺産にも登録されている首都のパラマリボの物価は高めで、ゲストハウスでもシングル€15～。ホテルは€50～は見積っておきたい。

持っていくお金について

南米では日本円がそのまま使用できることはまずない。日本円から現地通貨への両替も、大都市ならできるが小さな町では不可能だ。南米諸国の通貨は日本では入手しにくいので、USドルを持っていき、現地で両替するのが最も便利。国や場所によっては、USドルでそのまま支払いができる場合もある。USドルのトラベラーズチェック（T/C）は日本国内では2013年で販売が終了した。持っているT/Cは引き続き使用できるが、ブラジルのサン・パウロなどの大都市でないとなかなか換金できないケースが多く、法外な手数料を取られることもある。やはり現金やクレジットカードのほうが便利だ。

たいていどの都市にもATMがあり、国際キャッシュカードがあれば現地通貨の現金を入手できる。ただし1回利用するごとに手数料がかかるので、頻度が高いと手数料も高くなる。

空港には数社の銀行のATMがある

クレジットカード

クレジットカードの普及率は年々高くはなっているが、国により、都市により違いがある。都市部の中級クラス以上のホテルやレストラン、みやげ物などを扱っているショップでは、たいていクレジットカードが利用できる。ブラジルに比べ、ベネズエラはカードの普及率が低い。また、ベネズエラのカードの換算レートは公定レートであるため、両替して現金で支払った方が断然安くなる。レンタカーを借りる場合やホテルに宿泊する場合は、クレジットカードを身分証やデポジット代わりにすることが多いので、少なくとも1枚は必ず持っていくようにしよう。なお、通用度の高いカードはVISAとMasterCardだ。

旅の準備 出発までの手続き

パスポート（旅券）の取得

パスポートは海外で持ち主の身元を公的に証明する唯一の書類。これがないと日本を出国することもできないので、海外に出かける際はまずパスポートを取得しよう。ビザを申請する場合にもパスポートは必要なので、取得する際は期間を考慮すること。パスポートは5年間有効と10年間有効の2種類がある。ただし、20歳未満は5年用のみ申請可。代理人でも申請書類を提出することはできるが、受け取りは必ず本人が行かなければならない。

パスポートの申請は、原則として住民登録している都道府県にあるパスポートセンターで行う（学生などの理由で現住所と住民登録した住所が一致しない場合は居所申請も可能）。申請から受領までの期間はパスポートセンターの休業日を除いて1～2週間程度。申請時に渡される旅券引換書に記載された交付予定日に従って6ヵ月以内に受け取りに行くこと。受領時には旅券引換書と手数料が必要となる。発給手数料は5年間用が1万1000円（12歳未満は6000円）、10年間用は1万6000円。

申請書の「所持人自署」欄に署名したサインが、パスポートのサインになる。漢字でもローマ字でも構わないが、クレジットカードと同じにしたほうが無難。なお、パスポートは0歳児から必要だ。パスポートを現地で紛失した場合は、所定の手続きをとって新規発給を行う（→P.405）。

パスポートに関する問い合わせ先

外務省ホームページ
URL www.mofa.go.jp/mofaj/toko/passport

東京都パスポート案内センター
☎(03)5908-0400（自動音声）
URL www.seikatubunka.metro.tokyo.jp/passport

大阪府パスポートセンター
☎(06)6944-6626
URL www.pref.osaka.lg.jp/passport

愛知県旅券センター
☎(052)563-0236
URL www.pref.aichi.jp/0000000757.html

パスポートの残存有効期間

すでにパスポートを持っている人は、残りの有効期間がどのくらいあるかを確認しよう。入国の条件としてパスポートの残存有効期間があるからだ。期限が切れる1年前から更新手続きを受け付けている。残存有効期間は国により違うので、各国のジェネラルインフォメーションを参照のこと。

パスポート（旅券）の申請に必要な書類

①一般旅券発給申請書（1通）
各都道府県申請窓口等で手に入る。

②戸籍抄本、または謄本（1通）
6ヵ月以内に発行されたもの。ただし、旅券有効期間内に切り替え申請する場合で、本籍、姓名に変更がなければ省略可。

③写真（1枚）
6ヵ月以内に撮影されたもの。タテ45mm×ヨコ35mmかつ顔の大きさがタテ32～36mm、上の余白が2～6mmのもの、背景無地、無帽正面向き、上半身。白黒でもカラーでもよい。スナップ写真不可。

④申請者の身元を確認するための書類
旅券を以前に取得した人はその旅券（失効後6ヵ月以内のものを含む）、もしくは運転免許証、個人番号カード（マイナンバーカード）など官公庁発行の写真付き身分証明書なら1点でOK。健康保険証や国民年金手帳、厚生年金手帳、恩給証書などは2点必要（うち1点は写真付きの学生証、会社の身分証明書でも可）。コピーは不可。

⑤旅券
以前に取得した人は、その旅券も提出する。

※住民票は、住民基本台帳ネットワークにより確認できるので不要。ただし、居所申請など特別な場合は必要。

※2014年3月20日より前に、名前や本籍地等の訂正を行ったパスポート（訂正旅券）は、訂正事項が機械読取部分及びICチップに反映されておらず、国際標準外とみなされるため、今後は出入国時や渡航先で支障が生じる場合もある。外務省では新規パスポートの申請をすすめているので下記URLで確認を。
URL www.mofa.go.jp/mofaj/ca/pss/page3_001066.html

ビザ（査証）

南米には12の独立国とひとつのフランス植民地があり、観光での入国にはブラジルのみビザが必要。それ以外の国は、観光目的で決められた期間以内なら必要ない。ビザは入国許可証（査証）のことで、相手国の在外公館が旅行者に対して発行し、通常パスポートのビザ欄にスタンプが押される。ビザは必要書類を提出すれば取得できる。ブラジルのビザの取得方法は下記を参照。そのほかの国のビザについての申請は各国大使館へ（→P.378）。

ビザは、日本であらかじめ取得していくか、現地の在外公館で必要国のものを取得する。旅行期間が短期間で日程が決まっているときや、日本から入国する最初の国でビザが必要な場合は、日本でビザを取得する。

ブラジルのビザは、日本で取得した場合は3年間有効で、年間滞在日数が90日以内というマルチビザ。取得には3業務日ほどかかる。2018年1月よりe-Visa（電子ビザ）の申請も開始された。電子ビザの有効期間は最長2年間（パスポートの残存有効期間が2年未満の場合は、パスポートの有効期限が最長有効期間となる）。電子ビザ利用の場合は、承認画面を印刷し、ブラジル出国まで携帯する必要がある。

南米諸国のブラジル領事館（あるいは領事部）で取得する場合、ペルー、アルゼンチン、ウルグアイ、パラグアイでは、即日～3日程度で取得できるが、そのほかの国では、往復の航空券やバスチケットの提示の必要があるほか、取得日数も国により違いがある。手数料は国によって異なる。

ブラジル観光ビザの申請に必要なもの（東京での申請）

①パスポート

見開きで2ページ以上の余白のあるもの。

②申請書1枚

ブラジル外務省のウェブサイト上で、申請用フォーマットに必要事項を記入し、申請書控えを印刷（プリントアウト）する。詳細は右ページへ。

③顔写真1枚

6ヵ月以内に撮影されたもの。正面、肩から上、背景は白、サイズはタテ45㎜×ヨコ35㎜。顔の大きさは天地32～36㎜。スナップ写真、白黒写真は不可。

④往復の日時が記入された往復航空券または航空便／船便の予約確認書

往復航空券はeチケットで可能。予約確認書はオリジナルを用意する。

⑤残高証明書

銀行発行による個人の貯金残高証明書［日本円で最低25万円以上の残高と発行日（1ヵ月以内）の証明印が要］も必要。日本語のもので可能。

⑥査証料金

日本国籍所有者で本人来館による申請は10400円。領事館に登録された旅行業者による申請代行は別途手数料がかかる。

※入出国のどちらかが陸路のときは「陸路移動証明書」の提出が必要。詳しくは総領事館まで。

※代理申請を行う場合、家族関係を証明する書類として戸籍謄本、または申請者全員名記載の住民票が必要。

※18歳未満の単独旅行は両親の同意書、片親同行の旅行は、同行しない親の同意書が追加で必要（同意書はウェブサイトでダウンロード可）。また同行しない親のパスポートのコピー（有効なもの）か印鑑証明を提出する。

※名古屋、浜松でも申請はできるが領事館ごとに必要書類等が異なる。申請前に各ウェブサイトで確認を。

南米各国のビザについて（2017年12月現在）

ブラジル：目的にかかわらずビザが必要
ベネズエラ：観光目的で90日以内の滞在なら不要
アルゼンチン：観光目的で90日以内なら不要
ウルグアイ：90日以内なら不要
エクアドル：観光目的で90日以内の滞在なら不要
コロンビア：観光目的で90日以内の滞在なら不要
チリ：観光目的で3ヵ月以内の滞在なら不要
パラグアイ：観光目的で90日以内の滞在なら不要
ペルー：観光目的で183日以内の滞在なら不要
ボリビア：観光目的で90日以内の滞在なら不要（30日ごとに滞在期間の延長手続きが必要）

在日領事館

在東京ブラジル総領事館
北海道、東北、関東、中部地方の一部管轄
住 〒141-0022
東京都品川区東五反田1-13-12
いちご五反田ビル2階
URL cgtoquio.itamaraty.gov.br/ja/
☎(03)5488-5451
FAX (03)5488-5458

在名古屋ブラジル総領事館
中部地方の一部、近畿、中国、四国、九州地方、沖縄管轄
住 〒460-0002
愛知県名古屋市中区丸ノ内1-10-29 白川第8ビル2階
URL nagoia.itamaraty.gov.br/ja/
FAX (052)222-1079
E-mail visa.nagoia@itamaraty.gov.br

在浜松ブラジル総領事館
静岡県管轄
住 〒430-0946
静岡県浜松市中区元城町115-10 元城町共同ビル5階
URL hamamatsu.itamaraty.gov.br/ja/
☎(053)450-8191
FAX (053)450-8112

ビザの申請時間

開 東京
9:00～13:00（月～金）
名古屋
9:00～12:30（月～金）
浜松
9:00～13:00（月～水）
休 土・日・両国祝日

■ インターネットで申請書を作成

観光ビザの申請書は、ブラジル外務省のウェブサイトからオンライン入力によって作成する。申請フォームに必要事項を英語で入力し、写真と署名をアップロードしてデータを送信すると申請用紙控え（Recibo de Entrega de Requerimento-RER）の画面が表示される。これを印刷し、ほかの申請書類と一緒に領事館の窓口に提出する。2017年12月現在、郵送による申請は受け付けていない。

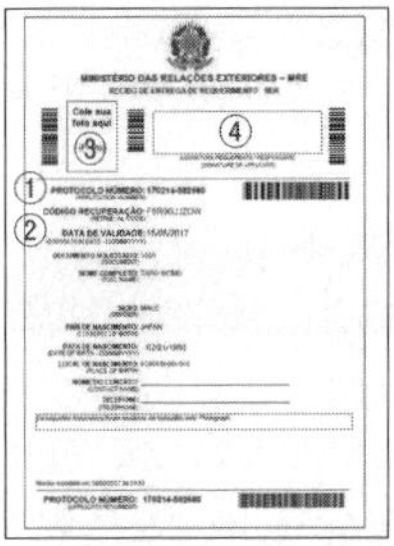

〈申請用紙控え〉

①受付番号

②有効期限

発行日より90日間有効。これを過ぎると再入力が必要となる。

③写真をアップロードする

写真サイズは左ページ参照。アップロードしたうえ、印刷された写真を貼る。

④渡航者本人のサイン

スキャンしてアップロードするか、パスポートのサインを同じように記入する。

イエローカード

イエローカードとは黄熱病予防接種証明書のこと。日本からブラジルに入る場合は不要だが、フランス領ギアナに入国する際はイエローカードが必要となる。また、黄熱リスク国（南米ではブラジル、アルゼンチン、ベネズエラ、ペルーなど）から他国へ入国する場合、国によってはイエローカードが要求される。状況は常に変化するので、事前に旅行会社や各国大使館に相談すること。

黄熱病のワクチンは日本国内においては検疫所などで接種できる。ワクチンは1回接種で接種後10日目から有効となるため、入国の10日以上前に接種する必要がある。1度受ければ生涯有効。詳細は厚生労働省検疫所のウェブサイトで確認しよう。

ブラジル
観光ビザ申請フォーム
URL formulario-mre.serpro.gov.br
オンライン申請フォームの記入方法について
URL https://sistemas.mre.gov.br/kitweb/datafiles/CgToquio/ja/file/SCI%20-%20Visto%2019-05-2016-hp(1).pdf
e-Visa（電子ビザ）
URL formulario-mre.serpro.gov.br
ユーザーIDを登録し、申請書の記入、書類と写真のアップロード、査証料US$44.24の支払いを行う。

イエローカード情報
厚生労働省検疫所FORTH
URL www.forth.go.jp

黄熱病感染のリスクが存在する国（黄熱リスク国）
アルゼンチン（一部区域）
エクアドル
ガイアナ
トリニダード・トバゴ（トリニダード島のみ）
パナマ
パラグアイ
フランス領ギアナ
ブラジル
ボリビア
スリナム
ペルー
コロンビア
ベネズエラ
※2017年12月現在

イエローカードの要求状況（2017年12月現在）

国名	黄熱病予防接種証明書の要求	黄熱病予防接種の推奨
ブラジル	アンゴラとコンゴ民主共和国からの渡航者に要求	一部地域の渡航者に推奨
アルゼンチン	要求なし	一部地域の渡航者に推奨
ウルグアイ	要求なし	推奨なし
エクアドル	要求なし	一部地域の渡航者に推奨
ガイアナ	黄熱リスク国からの渡航者に要求	推奨
コロンビア	黄熱リスク国からの渡航者に要求	一部地域の渡航者に推奨
スリナム	要求	推奨
チリ	要求なし	推奨なし
パラグアイ	黄熱リスク国からの渡航者に要求	アスンシオン以外の地域の渡航者に推奨
フランス領ギアナ	要求	推奨
ベネズエラ	黄熱リスク国及びブラジルからの渡航者に要求	一部地域の渡航者に推奨
ペルー	要求なし	一部地域の渡航者に推奨
ボリビア	黄熱リスク国からの渡航者に要求	一部地域の渡航者に推奨

ESTA(エスタ)

米国ビザ免除プログラムを利用し、空路や船でアメリカへ入国するすべての渡航者は、ESTAを取得しなければならない。アメリカ経由で南米に入る場合も例外ではない。ESTAとはアメリカの電子渡航認証システム(Electronic System for Travel Authorization)のことで、事前に専用のウェブサイトで手続きをして取得する。もし取得していない場合は航空機への搭乗やアメリカ入国を拒否されるので忘れないようにしよう。

ISICカード(国際学生証)

学生の人は、ユネスコ承認のISICカード(国際学生証)を持っていると、国際的に共通の学生身分証明書として有効なほか、国内および海外の文化施設や宿泊施設、飲食店などで、約15万点ものの割引や特典が受けられる。日本ではISIC Japanのウェブサイト、大学生協や各大学の書店などで発行している。必要書類と代金1750円(オンラインおよび郵送の場合は2300円)が必要。

ユースホステル会員証

南米のなかでも、アルゼンチン、チリ、ウルグアイ、パラグアイ、ブラジル、ペルー、ボリビア、コロンビアには、国際ユースホステル協会Hostelling International(HI)のユースホステルがある。会員証を持っていれば、通常よりも10%以上安く宿泊できる。なかには会員証を提示すれば割引になる観光施設もある。

海外旅行保険

海外旅行保険は掛け捨てだが、慣れない海外では何が起こるかわからない。安心料だと思って必ず入っておこう。損保ジャパン日本興亜、東京海上日動、AIUなどが扱っている。

例えば突然病気になったとき、保険会社によっては、日本語の無料電話で病院の予約・紹介をしてくれるし、治療費は保険会社から直接支払われる。外国の治療費は非常に高いことが多いので保険に入っていれば安心だ。海外旅行傷害保険の種類は、傷害保険(死亡、後遺障害、治療費用)を基本に、疾病保険(治療費用、死亡)、賠償責任保険(誤って物を破損したり、他人を傷つけたりした場合など)、救援者費用保険(死亡あるいは障害または、疾病により7日以上入院した場合など、日本から救援者が駆けつけるための費用)、携行品保険(旅行中に荷物を紛失、破損、または盗難)の特約があるので、いろいろ比べてみるといい。

なお生命保険やクレジットカードの契約に旅行保険が付いているということで保険に加入しない人もいるが、カバーする範囲が限られていたり条件が多いので、追加で入ったほうがいい。必ず事前にカバー内容をチェックして、保険の要不要を考えよう。

ESTA申請
URL esta.cbp.dhs.gov/esta
申請にはUS$14が必要で、出発の72時間前までに行うのが望ましい。日本語ホームページあり。

地球の歩き方ホームページ内の電子渡航認証システムESTA情報
URL www.arukikata.co.jp/esta

国際学生証の問い合わせ先
ISIC Japan(アイジック・ジャパン)
URL www.isicjapan.jp
E-mail info@isicjapan.jp

国際学生証の必要書類
申請書(上記URLより印刷可能)、学生証のコピーまたは在学証明書、顔写真1枚(タテ3.3cm×ヨコ2.8cm、カラー写真)。

日本ユースホステル協会
住 〒151-0052
東京都渋谷区代々木神園町3-1　国立オリンピック記念青少年総合センター　センター棟3階
☎(03)5738-0546
FAX (03)5738-0547
URL www.jyh.or.jp
ユースホステル会員証
成人パス2500円(満19歳以上、有効期間は取得日から翌年同月末日までの1年間)。日本国内で発行した会員証が全世界で有効。

海外旅行保険への加入
海外旅行保険への加入は、航空券など手配した旅行会社のほか、保険会社のインターネットで。成田や関西などの空港にも代理店窓口があるので、出発当日でも加入できる。

ネットで申し込む海外旅行保険
損保ジャパン日本興亜の新・海外旅行保険「off!(オフ)」は旅行先別に料金が設定されており、同社の従来商品に比べ安くなることがあるのが特徴。また、1日刻みで旅行期間を設定でき、出発当日の申し込みが可能なのも便利。「地球の歩き方」ホームページからも申し込める。
URL www.arukikata.co.jp/hoken

旅の準備 南米旅行の基礎知識

南米の歩き方

■ 南米の町のつくり

この広い南米大陸に存在する無数の町々はそれぞれ固有の歴史と地理的条件のもとに発展してきた。現在、町と呼ばれるものの始まりは、植民地時代にスペイン人やポルトガル人などに築かれたケースがほとんど。したがって、町のつくりにはある程度似た傾向がある。ここで南米の町のつくりを大ざっぱに紹介しよう。

■ セントロとプラサが中心

まず町にはセントロCentro（ポルトガル語、スペイン語共通）と呼ばれる中心地区があり、そのまた真ん中には広場（ブラジルでプラサPraça、スペイン語ではプラサPlaza）がある。

国によって、町によって中央広場の呼び名は違うが、ブラジルではセー広場Praça da Séなど、スペイン語圏ではプラサ・デ・アルマス Plaza de Armas、プラサ・マヨールPlaza Mayor、プラサ・インデペンデンシアPlaza Independencia、プラサ・プリンシパルPlaza Principalと呼ばれている。もちろん、それぞれの広場に固有名詞が付いていることも多い。

その周りには大聖堂（ポルトガル語、スペイン語ともにカテドラルCatedral）や市庁舎（ポルトガル語でパラシオ・ムニシパウPalácio Municipal、スペイン語でパラシオ・ムニシパルPalacio MunicipalまたはムニシパリダMunicipalidad）、政庁（ポルトガル語でパラシオ・ジ・ゴヴェルノPalácio de Governo、スペイン語でパラシオ・デ・ゴビエルノPalacio de Gobierno、またはカサ・デ・ゴビエルノCasa de Gobierno）などが立っている。ある程度大きな町なら、この近くに観光案内所（ポルトガル語でセントロ・ジ・インフォルマソネス・トゥリスチカスCentro de Informações Turísticas、スペイン語でオフィシーナ・デ・トゥリスモOficina de Turismo）も見かける。

サルバドールのジェズス広場

バスターミナルや列車の駅は、町の中心街（セントロCentro）にある場合と、セントロからやや離れた所に大きなバスターミナルがある場合がある。ターミナルがセントロ内ならばその周辺には安い宿が集まっていることが多い。見当がつかなければ、とりあえず中央広場を目指してセントロへ出てしまおう。観光案内所へ直行してもいい。

■ 通りの名称と住所のつきとめ方

通りには普通すべてに名前がついている。多いのは国名、地名、

サルバドールのペロウリーニョ広場

オーロ・プレットのチラデンチス広場

道の説明でよく使う言葉
ポルトガル語
右：Direita ジレイタ
左：Esquerda エスケルダ
真っすぐ：Direito ジレイト
角：Esquina エスキーナ
ブロック：Quadras クアドラス
スペイン語
右：Derecha デレーチャ
左：Izquierda イスキエルダ
真っすぐ：Derecho デレーチョ／Recto レクト
角：Esquina エスキーナ
ブロック：Cuadoras クアドラス

特にコロニアルな町々は道が碁盤の目状に走り、区画が整っているので、このクアドラスがとても役に立つ。道を尋ねると「ここから5クアドラス（5ブロック）先」というように説明されるだろう。

人名である。大きな道路をアベニーダAvenida（略してAv.＝大通り）、それ以外はフアRua（略してR.。スペイン語ではカジェ Calle）という。Av. Presidente VargasとかRua São Cristóvão（コロンブスのこと）など、歴史上の偉人の名前やRua 15 de Novembroなど記念日が道路名になっていることが特に多い。

ペルーのヒロンJirón（Jr.と略される）やコロンビアのカレラCarreraなど特有の道の呼び方をする国もある。Av.は一般的にどの国でも使われる。

住所は一般に"～通り○○番地"（例：Av. América, 123やR. Simón Bolívar, 200など）と表記される。そして通りに面した建物の角ごとに通りの名が出ているので、住所さえわかれば、目的の建物を探すのは比較的簡単。ときおり、"～通り○○番地"の後ろに"e Av. XX"などともうひとつ通りを書く習慣があるが、これは建物は"～通り"とAv. XXの交差した所ですよ、という意味。スペイン語ではyとなる。

旅の言葉

南米は、日本列島が47個すっぽりと入るとても大きな大陸だが、ありがたいことにほとんどの国でスペイン語が通じる。ブラジルはポルトガル語が公用語だが、スペイン語とポルトガル語は兄弟のような言葉――どちらかを知っていれば、かなりわかり合える。例外として、ガイアナでは英語、スリナムではオランダ語、フランス領ギアナではフランス語が公用語となっている。

このほかに、ケチュア語（ペルー、ボリビア、エクアドル）、アイマラ語（ペルー、ボリビア）、グアラニー語（パラグアイ）、ペモン語（ベネズエラ）などの先住民族の言語が存在する。先住民族人口の多い国々、特にボリビアとペルーでは、スペイン語の間にケチュア語やアイマラ語の単語を混ぜ、日常語にしてしまっているところもある。同じスペイン語といっても、スペインとは遠く離れ、南米には南米のスペイン語が育まれているのだ。ブラジルのポルトガル語も、ポルトガルのそれとは一部発音やイントネーションが違い、ブラジルポルトガル語（ブラポル語）と呼ばれる。

イントネーションや話すスピードも国によって微妙に違う。初めのうちはとまどいもするが、慣れてくれば、それが楽しい旅の変化になってくるだろう。

■ カタコトで十分

南米では一般的にはまず英語は通じないものだと思ってもらいたい。大きなホテルやレストラン、一部の人たちの間では、英語も通用するが、それはごく特殊な世界である。ほかには大きな都市や観光地の観光局、旅行会社などなら、英語でのインフォメーションも期待できる。

しかし安いホテルを探し、大衆食堂で食事をし、ひとりで町を歩こうと考えている人には、スペイン語、ポルトガル語の知識は欠かせない。とはいっても、カタコト、いや単語を並べるだけでも十分だ。ホテルに行けば泊まりたいのであり、レストランに行けば食べるのが目的。少しの"キーワード"を並べれば必ずや目的は達せられる。

ネイティブの発音でスペイン語を勉強！

「地球の歩き方」とECC Web Lessonと共同企画で、旅に役立つ《スペイン語会話》の文例が"ネイティブの発音"で聞けるサイトもある。

URL www.arukikata.co.jp/tabikaiwa

電子辞書や会話帳でアミーゴ、アミーガに

重たい辞書や会話集をかばんに入れるかどうかは、荷造りのときに迷うかもしれない。しかし、ひとり旅をする人なら、ぜひコンパクトなものを持っていくことをおすすめしたい。近年ではスペイン語やポルトガル語の電子辞書もある。相手が何を言っているのかさっぱりわからないとき、ニッコリ笑って辞書を渡せば、彼が最も言いたい、知らせたい単語を引いてくれる。こんな意思疎通の方法もあるわけだ。また、近年はスマートフォンやタブレット端末の翻訳アプリもさまざまなものが出ている。しかし、スマートフォン自体を人前にさらすことになるため、地域や場所によっては注意したほうがいい。

旅の準備 旅のモデルルート

1 2大都市巡りとイグアスの滝

最低 **9**日間

ビーチと山の景観が美しいリオ・デ・ジャネイロと、近代的な都市サン・パウロ、壮大なイグアスの滝を巡るベーシックなコース。

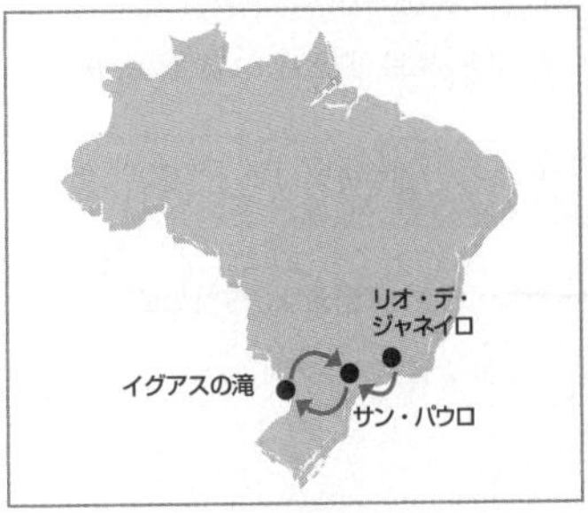

1日目	東京 ➡リオ・デ・ジャネイロ（到着は２日目の朝）
2日目	リオ・デ・ジャネイロ観光
3日目	リオ・デ・ジャネイロ➡サン・パウロ
4日目	サン・パウロ➡イグアスの滝
5日目	イグアスの滝
6日目	イグアスの滝➡サン・パウロ
7日目	サン・パウロ➡東京（到着は９日目の午後）

2 ブラジルハイライト アマゾンとイグアスの滝

最低 **10**日間

イグアスの滝観光後、マナウスのジャングルロッジに滞在し、ジャングルトレッキングなどを楽しむ自然に触れるコース。

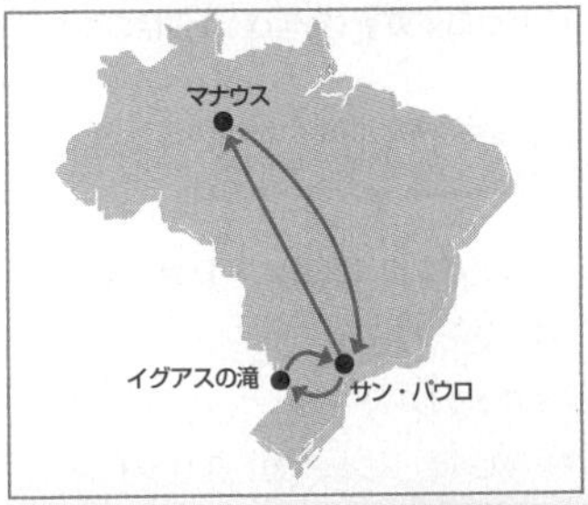

1日目	東京➡ サン・パウロ（到着は２日目の朝）
2日目	サン・パウロ➡イグアスの滝
3日目	イグアスの滝
4日目	イグアスの滝➡サン・パウロ➡マナウス
5日目	マナウス
6日目	マナウス（ジャングルツアー）
7日目	マナウス➡サン・パウロ
8日目	サン・パウロ➡東京（到着は 10日目の午後）

➡の移動は飛行機

3 イグアスの滝とパンタナール

最低 11 日間

ブラジルの自然を満喫するコース。イグアスの滝観光後、クイアバからパンタナールの宿へ。雄大な自然のなかで３泊４日を過ごす。

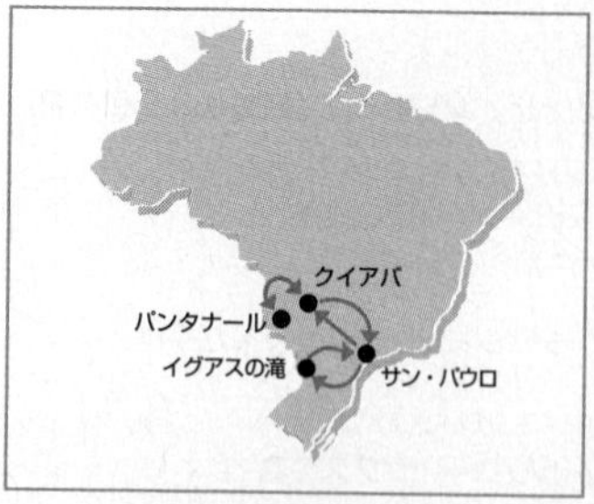

1日目	東京➡サン・パウロ（到着は2日目の朝）
2日目	サン・パウロ➡イグアスの滝
3日目	イグアスの滝
4日目	イグアスの滝➡サン・パウロ
5日目	サン・パウロ➡クイアバ（車）パンタナール
6日目	パンタナール
7日目	パンタナール
8日目	パンタナール（車）クイアバ➡サン・パウロ
9日目	サン・パウロ➡東京（到着は11日目の午後）

4 ブラジルの世界文化遺産を巡る

最低 11 日間

世界文化遺産の首都ブラジリアから、美しい古都へ。サン・ルイスからレンソイス・マラニャンセス国立公園へ行くならもう１泊。

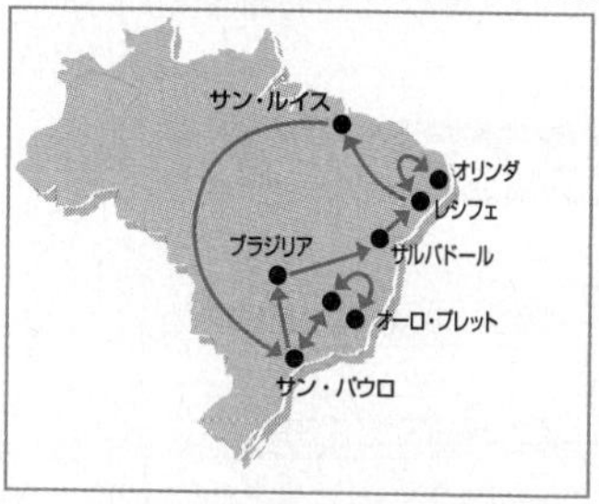

1日目	東京➡サン・パウロ（到着は2日目の朝）
2日目	サン・パウロ➡ブラジリア
3日目	ブラジリア
4日目	ブラジリア➡サルバドール
5日目	サルバドール➡レシフェ（車）オリンダ
6日目	オリンダ（車）レシフェ➡サン・ルイス
7日目	サン・ルイス➡サン・パウロ
8日目	サン・パウロ➡（ベロ・オリゾンチ）（車）オーロ・プレット
9日目	オーロ・プレット（車）（ベロ・オリゾンチ）➡サン・パウロ➡東京（到着は11日目の午後）

5 東部ブラジルの魅力とアマゾンの大自然

最低 12 日間

首都ブラジリアからブラジルの伝統と文化が息づいた東部ブラジルを回り、アマゾン河の都市ベレン、そして最後はアマゾン河へ。

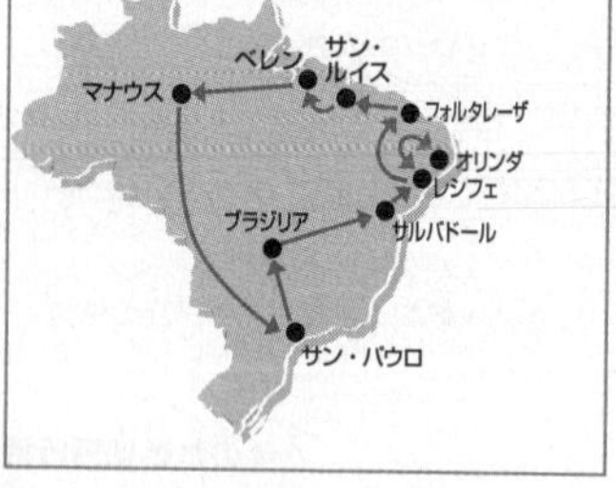

1日目	東京➡サン・パウロ（到着は２日目の朝）
2日目	サン・パウロ➡ブラジリア
3日目	ブラジリア➡サルバドール
4日目	サルバドール➡レシフェ（車）オリンダ
5日目	オリンダ（車）レシフェ➡フォルタレーザ
6日目	フォルタレーザ➡サン・ルイス
7日目	サン・ルイス➡ベレン
8日目	ベレン➡マナウス
9日目	マナウス
10日目	マナウス➡サン・パウロ➡東京（到着は 12 日目の午後）

➡の移動は飛行機

旅の準備 航空券の手配

空路

■ 日本から南米への行き方

日本から南米へは、ノンストップで行くことはできない。どの航空会社を利用するにしても、途中、アメリカの都市（航空会社によってはカナダやメキシコ、ヨーロッパ、中東なども）を経由することになる。一般的に、日本から各航空会社が拠点としている北・中米などの都市までフライトし、そこで乗り継ぐこととなる。一般的なのは、アメリカン航空、ユナイテッド航空などアメリカの航空会社（またはANAやJALの共同運航便）を利用し、北米の各都市で同じ航空会社か、同じアライアンスグループの航空会社に乗り換える。

■ アメリカ経由の南米入国

アメリカを経由して南米諸国へ入る場合、アメリカへの入国手続きが必要（2017年12月現在。日本出国前にESTA取得も必要→P.384）。ESTAの導入により、アメリカの入出国カード（I-94W）は廃止された（陸路入国除く）。入国審査では、両手全指の指紋をスキャンし、顔写真の撮影を行う。2008年以降にESTAを取得してアメリカに入国したことがあれば、自動入国審査端末（APC）（→P.397）が利用できる。審査後、税関申告書（→P.397）を提出し、アメリカへ入国する。APCを利用する場合は税関申告書への記入は必要ない。その後は空港ターミナル内を移動して、乗り継ぎ便の出発する搭乗ゲートへと向かう。機内預けの荷物は通常、最終地点まで運ばれるのでそのまま預けたままだが、まれに積み直しとなる場合がある（リチェックイン）。日本で搭乗手続きをする際に、各航空会社にて事前に必ず確認すること。

■ その他の国を経由する

ヨーロッパからは各国の航空会社が、南米のほとんどの国の首都に飛んでいる。日本から直行便が飛んでいるロンドンやパリ、フランクフルト、ローマなどを経由するのが便利。ほか、カンタス航空で成田発シドニー経由などもある。

時間はかかるが、カタール航空Qatar Airways（QR）のドーハ経由、エミレーツ航空Emirates（EK）のドバイ経由、エティハド航空Etihad Airways（EY）のアブダビ経由など中近東の各都市を経由する方法もある。

■ たいていは翌朝到着

南米への一般的なフライトは、日本を夕方に出発し、翌日の早朝に南米の都市に到着する。所要時間は航空会社や経由地での乗り継ぎ時間により26時間〜。しかし、ベネズエラ、ボリビア、エクアドル、パラグアイなどの都市へは、行きか帰り、もしくは両方ともアメリカの都市で1泊せざるを得ないケースがある。

日本とブラジルを結ぶおもな航空会社とルート

サン・パウロへは1回の乗り継ぎでアクセスできる。

アメリカン航空
American Airlines（AA）
☎(03)4333-7675（予約）
URL www.americanairlines.jp
・成田→ロスアンゼルスまたはダラスなど→サン・パウロ

ユナイテッド航空
United Airlines（UA）
☎(03)6732-5011
URL www.united.com
・成田→ヒューストンまたはニューヨーク、またはシカゴなど→サン・パウロ

デルタ航空
Delta Air Lines（DL）
☎0570-077-733
URL ja.delta.com
・成田→アトランタまたはデトロイト→サン・パウロ

アエロメヒコ航空
Aeromexico（AM）
☎0570-783-057（予約）
URL aeromexico.jp
・成田→メキシコ・シティ→サン・パウロ

エア・カナダ
Air Canada（AC）
☎0570-014-787
URL www.aircanada.com
・成田→トロント→サン・パウロ

ANA
All Nippon Airways（NH）
☎0570-029-333
URL www.ana.co.jp
・成田→ニューヨークまたはシカゴまたはワシントン→サン・パウロ

日本航空（JAL）
Japan Airlines
☎0570-025-031
☎(03)5460-0511
URL www.jal.co.jp/inter/
・成田→ロスアンゼルスまたはニューヨークまたはダラスなど→サン・パウロ

日本のおもな専門旅行会社
ウニツール
☎(052)571-7177(名古屋)
URL www.unitour.co.jp
グランツールジャパン
☎(03)3561-7511
URL www.grantour.co.jp
ラティーノ
Free 0120-029-777(東京)
Free 0120-292-177(大阪)
URL www.t-latino.com
ユーラシア旅行社
☎(03)3265-1691
Free 0120-287-593
URL www.eurasia.co.jp

航空券を購入する

■ 日本で航空券を探す

近年は各航空会社や旅行会社で扱う航空券を一括して検索できる、航空券比較サイトの利用が便利。南米の諸国間路線や国内路線となると便数が限られるため、南米を専門とする旅行会社に依頼するのが確実だ。

■ 航空券の種類

航空券には正規料金のほかに、ペックス運賃PEXや格安航空券などの種類がある。ペックス運賃とは各航空会社が出している正規の割引料金のこと。ペックス運賃や格安航空券は、正規運賃よりもだいぶ安いが、期間やルートの変更ができないなどの制限がある。一般的にペックス運賃のほうが有効期間が長く、キャンセル料も低めの場合が多いが、発券期限など条件が厳しい。

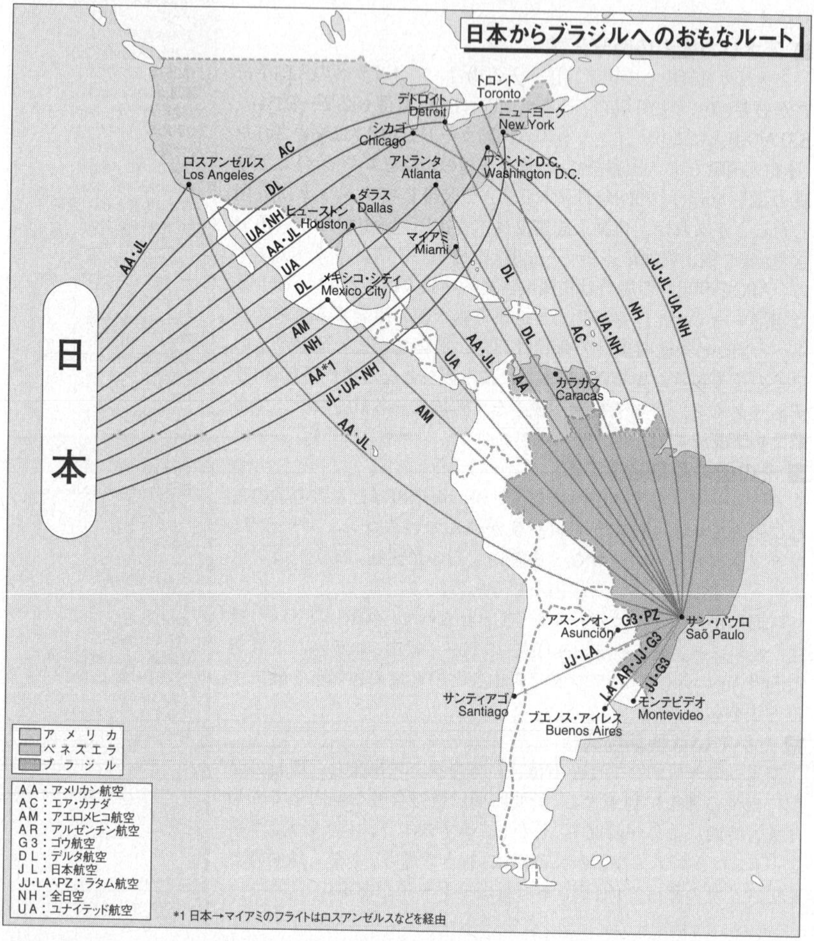

■ 南米内移動の航空券について

南米国々の間を、アメリカン航空やユナイテッド航空のほかに、ラタム航空やアビアンカ航空などがフライトしている。航空券は各航空会社のウェブサイトで直接購入することも可能だが、日本で南米行きの航空券を手配した会社にまとめて頼んでしまうのが便利。しかし、南米の各国内のローカル路線は、どこの旅行会社でも手配できるわけではない。国内をあちこち移動するなら、南米ツアーなどを手がける会社に頼んだほうが安心だ。

日本では南米国内のディスカウントチケットはまず購入することができないので、ノーマルチケットを買うことになる。時間に余裕があれば現地の旅行会社などでチケットを購入することも可能で、その場合は往復割引や夜間割引、早割などの割引が適用されることもある。

飛行機利用のアドバイス

■ オーバーブッキングについて

オーバーブッキングOverbookingとは予約超過、つまり当日のキャンセル客を見込んで航空会社が定員より多めに予約を受け付けること。だから、もし当日キャンセルが少なければ、予約を入れたはずのフライトに乗れない乗客が出る。南米ではこのトラブルがたまにある。これを防ぐためには当日時間に余裕をもって空港へ行くこと。国内線なら出発の2時間前、国際線なら3時間前には搭乗手続きが開始される。

■ 経由便の飛行機がある

日本ではあまり考えられないことだが、広い南米の国々では出発地から最終地点までの間に、あちこちの都市に寄港するフライトがよくある。列車やバスのように寄港するたびに何人かを降ろし、また何人かが乗ってくるという具合だ。事前に、自分の乗るフライトが直行便なのか、経由便なのか、その場合何ヵ所に経由していくのかを把握しておこう。機内のアナウンスがスペイン語やポルトガル語だけのこともあり、間違って飛行機を降りてしまったら最後、次のフライトは翌日まで待たなければならないなんてこともある。

フォス・ド・イグアスの空港

■ 欠航するルートもある

気候条件によっては、欠航になることが多いルートがある。また、乗客が少ないとキャンセルになることもあるので、国内のフライトはキャンセルになったこともふまえて、余裕をもった計画を。南米は長距離バスが発達している。距離や時間にもよるが、陸路をうまく選択していこう。

ブラジル国内をフライトするアズウ航空などの格安航空会社もある

入国には帰りのチケットが必要

南米諸国に入国する際、たいていの国で出国時の航空券の提示を求められる。南米を長期間周遊する人で、有効期間の長いチケットが見つからずに片道で入国する場合は、簡単なスケジュール表でも用意しておいて、旅の日程などを答えられるようにしておこう。

eチケットについて

eチケットとは座席や予約、個人名など航空券に記載されていた情報をデータ化した電子航空券のこと。チケット購入後にフライトスケジュールが記載された旅程表（eチケットお客様控え）が発行され、その用紙を空港のチェックインカウンターに渡すだけで搭乗券が受け取れる。控えを紛失してもすぐに再発行が可能と、安全面でもメリットが高い（→P.405）。

おもな南米の航空会社

ラタム航空
LATAM(LA)
URL www.latam.com
ゴウ航空
Gol(G3)
URL www.voegol.com.br
アズウ航空
Azul(AD)
URL www.voeazul.com.br
アビアンカ航空
Avianca(AV)
URL www.avianca.com

航空券比較＆予約サイト

航空券のオンライン予約サイト。スカイスキャナーやフリーバード、エクスペディアなどが有名。各航空会社の料金を比較でき、出発時間なども選べる。
スカイスキャナー
URL www.skyscanner.jp
フリーバード
URL www.free-bird.co.jp
エクスペディア
URL www.expedia.co.jp

陸路

■ 南米諸国を国境を越えて旅する

国境のことは、ポルトガル語でフロンテイラFronteira、スペイン語でフロンテーラFronteraという。ボーダーと言っても誰もわかってくれない。国境管理事務所（出入国管理事務所）はポルトガル語でイミグラサォンImigração、スペイン語でイミグラシオンImigración、あるいはミグラシオンMigraciónという。どこの国境でも通過できるわけではなく、場所により、治安状況などから国境越えができない地点がある。代表的な国境越えルート以外は、事前に現地で状況を把握して、トラブルに巻き込まれないよう注意しよう。

国境越え交通のおもなパターン

■ 国際バス、国際列車

主要都市から隣国の都市へ直通バス、列車がある。バスの場合は国境管理事務所でいったん降りて手続きをし、再び同じバスで次の町へ向かう。列車の場合は車内に係員が乗り込んできて手続きが行われることもある。

■ 国境で乗り換え

直通の交通機関がない場合は、国境近くの町からバスやコレティーヴォ Coletivo（スペイン語ではコレクティーボColectivo）と呼ばれる乗合タクシーなどで国境へ向かい、国境の出入国管理事務所で手続きをする。そして次の国の国境からまた同じような交通機関に乗り換える。

■ 直通コレクティーボ

国境近くの町から隣国の国境の町まで直通で走るコレクティーボ。国境での手続きは運転手が面倒を見てくれるので便利。

LATAM航空グループの周遊バス

2012年、ラン航空とTAMが合併し、LATAM航空グループを設立。区間運賃が割安となるエアパス（サウスアメリカパス）を発売している。北米・ヨーロッパなどから南米（ブラジル含む）間の路線利用者が対象となる。

LATAM航空グループ
住 〒103-0024
東京都中央区日本橋小舟町13-3 日本橋IPビル5階
☎(03)5695-1642
FAX (03)5695-2703

読者投稿

プエルト・イグアス～フォス・ド・イグアスの移動

アルゼンチンのプエルト・イグアスからブラジルのフォス・ド・イグアスへはバスで国境越えできますが、バスはブラジル側の出入国管理事務所で待ってくれないので、いったん降りて、スタンプを押してもらった後、別のバスに乗り換えます。乗り継ぐバスは、来たバスと同じ会社なら無料ですが、私の場合は15分ほど待った末、別会社のバスが先に来たので、新たにお金を払い直して乗りました。厳密にはブラジル側ですが、アルゼンチン・ペソで払えました。
（東京都　南米太郎　'13）['17]

国境越えの注意点

①観光でもビザが必要な国（南米ではブラジルのみ）に入国する際は、必ず事前にビザを取得すること。国境でのビザ取得は不可能。イグアスの滝では、プエルト・イグアスやシウダー・デル・エステのブラジル領事館でビザが取得できる。
②国が変われば、通貨が変わる。国境には銀行はないが、両替所があるか、両替屋がいるので困ることはない。ただし、レートが悪いことがある。
③入国審査や税関オフィス（国境管理事務所）は、すべて国境にあるわけではない。国境から離れた最寄りの町なかにある場合も多いため、手続きする場所を事前に確認しておこう。
④南米の国境管理事務所で起こるトラブルで一番多いのは、入国手数料というお金を要求されることがあること。たいてい払わざるを得なくなる。同じ国への入国でも、国境や係官によって金額が違っていることも。このへんが入国手数料のフシギといわれているところだ。
⑤所持金をどのくらい持っているか聞かれる場合、これは、その国に滞在するだけのお金を持っているかということなのだが、この際、大量のキャッシュは見せないほうがいい。あとで入国手数料（税）などと称して手品を見るようにお金が減る場合がある。小額現金のみ見せるようにしよう。
⑥スタンプは、必ずもらうこと。出入国スタンプをパスポートに押してもらわないと相手先国で入国を拒否されることがある。
⑦国境を通過する時間があまり遅くなると、閉門され、国境の町で一夜を過ごすことになる。小さな町だとあまりいい宿もないので、国境到着の時間は余裕をもって。
⑧麻薬類はもちろんのこと、コカの葉は絶対持ち込まないように。

代表的な国境越えルート

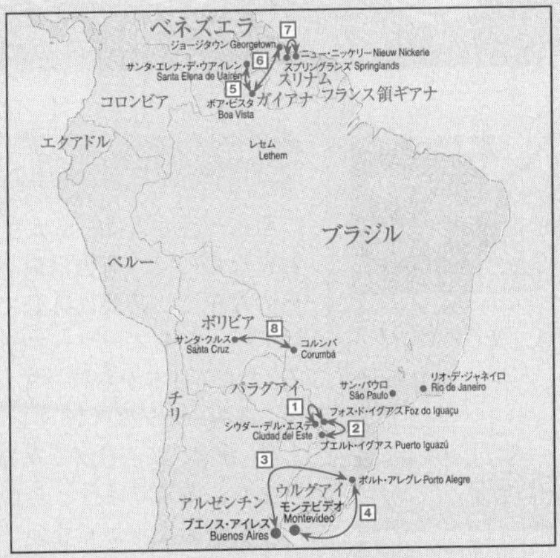

<パラグアイ~ブラジル>

①シウダー・デル・エステ~フォス・ド・イグアス

長距離バスターミナルからフォス・ド・イグアスへ向かうバスが20 ~ 30分間隔で運航されている。バスはセントロのサン・ブラス通りを通り、パラナ川に架かる友情の橋Puente de la Amistadを渡り終えた所にブラジルの出入国管理事務所がある。友情の橋を歩いて渡ることもできるが、安全面で問題があるためバスの利用が望ましい。→P.167

<アルゼンチン~ブラジル>

②プエルト・イグアス~フォス・ド・イグアス

セントロにあるバスターミナルからRio Uruguay社のバスに乗る。バスは6:30~18:30の間、1時間間隔で運行されている。→P.167

③ブエノス・アイレス~ポルト・アレグレ

路線網は充実している。ポルト・アレグレ行き以外にも、サン・パウロやフロリアノポリス行きのバスもある。

※アルゼンチンとブラジルを結ぶルートは、いくつもある。国際バスは、上記のアルゼンチンのブエノス・アイレスと、ブラジルのポルト・アレグレのほか、サン・パウロ、フロリアノポリス、クリチバなどを結んでいる。イグアスの滝に近いプエルト・イグアスとフォス・ド・イグアス間はバスで簡単に行き来できる。ただし、ブラジル入国にはビザが必要。

<ウルグアイ~ブラジル>

④モンテビデオ~ポルト・アレグレ

一般的なのは、ブラジルのポルト・アレグレとウルグアイの首都モンテビデオを結ぶ大西洋岸に沿って走る国際バスを利用する。所要約12時間30分~13時間。出入国手続きは、チュイ(ウルグアイ側)、サンタ・ビトリア・ドゥ・パルマール(ブラジル側)。

<ベネズエラ~ブラジル>

⑤サンタ・エレナ・デ・ウアイレン~ボア・ビスタ

ベネズエラとブラジルの国境となっているのがパカライマ山脈で、バスや乗合タクシーを利用して国境越えができる。ブラジル側のパカライマに入出国管理事務所がある。

パカライマにはブラジルとベネズエラの国境を標す碑がある。ブラジル側からベネズエラ側へガソリンを入れに来る車の長蛇の列ができている

<ガイアナ~ブラジル>

⑥ジョージタウン~レセム~ボンフィン~ボア・ビスタ

ジョージタウンからレセムまでは空路で移動するのが一般的。陸路もあるが、不定期に往復しているトラックを使って移動しなければならないうえに、レセムまでは1 ~ 3日かかるハードな行程。レセムからボンフィンへはタクトゥ川にかけられた橋を渡る。ボンフィンからボア・ビスタまで定期バスがある。所要約2時間。

<スリナム~ガイアナ>

⑦ニュー・ニッケリー~スプリングランド

このふたつの町はコーランティン川を挟んで向かい合っており、ボートで国境を越える。所要1 ~ 2時間。

<ボリビア~ブラジル>

⑧サンタ・クルス~キハロ~プエルト・スレアス~コルンバ

サンタ・クルス~キハロ間は鉄道(週6便運行、所要特急なら約13時間、しばしば遅れる)。キハロからコルンバまではバスに乗り換えて行く。ブラジルに入国した場所では出入国の手続きを行わないこと。コルンバの長距離バスターミナルの警察局ですることになっているので、そこで入国スタンプをもらってブラジル国内を旅しよう。

※国境超えの状況はよく変更されるので、現地で必ず最新の情報を確認すること。

旅の準備 旅の持ち物

クリチバの市場。あらゆる食料品や日用品が売られている

アマゾン河流域のマナウスは、年間を通して暑い

受託手荷物へのサービス
南米では、まれに受託手荷物としたスーツケースやバックパックを壊されたり切られたりして中身を抜かれることがある。そのため、南米の空港には、スーツケースにビニールテープをぐるぐると巻いてくれるサービスがある（有料）。心配な人はお願いするとよい。ただし、米国経由などで帰国の場合は、テロ対策でビニールが開けられてしまう。

受託手荷物の重量と数
航空会社や経由地、座席のクラスによっても条件が異なる。例えばアメリカン航空のメインキャビン（エコノミークラス）に乗り、アメリカからブラジルへ移動する場合には、受託手荷物は23kg以内のものが2つまで無料（3つ目以降は有料）と決まっている。詳細は、事前に各航空会社に確認しよう。

旅の持ち物

南米へ行く人は、広大な大陸の中でかなりの距離を移動することになるので、荷物は最小限に抑えておきたい。足りないものは旅の途中で、必要に応じて買い求めることもできる。大きな町にはデパートやスーパーマーケット、地方にはメルカド（市場）がある。ただ、日本から持っていったほうが安心できて安いもの（カメラ、電池、デジカメのメモリーなど）と、日本でしか手に入らないもの（辞書、ガイドブックなど）は忘れずに！

また、南米ではたとえ高級ホテルであってもトイレットペーパーの質があまりよくないこともしばしば。日本製のトイレットペーパーを持っていけば安心だ。

旅の服装

南米には、あらゆる気候が揃う。温帯地域もかなりあるが、ほかに熱帯、砂漠、ジャングル、山岳地方、そして寒帯まである。特に山岳地方など、昼夜の温度差の激しいところでは（20℃近く違うことも）、1日のうちにいろいろな気候を体験することになるのだ。

そうなると服装もひととおりのものが必要となる（詳しくは、各国別の注意事項を参考に）。少ない着替えで暑さ、寒さを乗り切るには、重ね着のできるものを用意するのがいい。特に風を防ぐウインドブレーカーやマウンテンパーカー、首や体に巻いて寒さをしのげるストールやマフラーなどは、ぜひとも持っていきたい。

セーターや革製品は現地調達もできる。アルパカのセーターやマフラーは品質もよく、かわいいものが手頃な値段で手に入る。ボリビア、ペルー、エクアドルが有名だが、ブラジルでも入手できる。

荷物について

■ 飛行機の受託手荷物（チェックイン・バゲージ）

スーツケースやバックパック、背負うこともできるソフトキャリーバックかは、旅先および、現地での過ごし方による。ツアー参加や移動が少ない場合は、スーツケースでも問題ないが、長距離バスに乗ったり、自分で荷物を運ぶことが多い場合は、背負える機能の付いたバックパックやスリーウェイバッグがおすすめ。なお、バックパックの収納は重い物を下（底）にするのがポイント。

機内に預けられる荷物（受託手荷物）は2個までで、重量は航空会社や地域により異なるが20～32kgの間で定められている。これを超えると頂かってもらえなかったり、追加料金を請求される場合がある。金額は航空会社により異なるので確認を。

■ 機内持ち込み手荷物（キャビン・バゲージ）

機内へ持ち込める荷物（キャビン・バゲージ）はひとりひとつまで（身の回り品を入れたハンドバッグを除く）。またサイズは3辺の合計が115cm以内で、重さは12kgまで（航空会社により異なるので、事前に確認）となっている。機内持ち込み手荷物の中についての注意事項は欄外参照。

機内持ち込み手荷物はチェックインの際やセキュリティチェックの際に規格内サイズかどうか計り、オーバーしていると預けなければならないことになっているが、実際の可否は現場判断となっている場合が多い。

入国＆税関でのトラブル予防法

麻薬の取り締まりの厳しい国では、けっこう綿密に荷物を調べられる。もしコカインなどを持っていれば、刑務所行きであることはいうまでもない。また風邪薬、胃薬などの薬類は購入時の状態の、箱や瓶に入ったままで持ち運んだ方がいい。粉末状のものは、ポルトガル語やスペイン語などで説明できるようにしておこう。場合によっては、別室などで荷物を開け、すべてをチェックされることもある。

そのほか、必要以上にたくさんの電気製品やカメラを持っていると課税対象となる。課税額は一般的に物価の100％前後だが、高い国になると例えばブラジルでは300％もする。カメラのほか、携帯電話やタブレット端末、音楽プレーヤーなど、個人が使う範囲の数であれば特に問題はない。新品を持っていく場合は買ったままの箱に入れていくと贈答品として課税されることがあるので注意すること。

機内に持ち込めないもの

刃物類、ナイフ類、カッター類、マッチ、オイル充填式カイロなど。スプレー缶については、500ml以下で、キャップなどで噴射弁を押さないような措置がされていれば持ち込み可。防水スプレーは不可。

受託手荷物に入れられないもの

カメラなどの製品内のリチウムイオン電池については160whを超えるものは機内持ち込み、預けともにできない。160wh以下のものは手荷物として持ち込む。ただし、1人2個まで。リチウムイオン電池が取り外せないヘアカーラー、ヘアーアイロン、アルコール度数が70度を超える酒類、接着剤、漂白剤、LPガスボンベも機内持ち込み、預けともできない。ライターは受託手荷物には入れられない。

国土交通省

航空機への危険物の持ち込みについて

URL www.mlit.go.jp/koku/15_bf_000004.html

液体物の持ち込みについて

機内へ液体物を持ち込む際は以下のルールがある。
①あらゆる液体物は100ml以下の容器に入れる。
②容器を1リットル以下の透明なプラスチック袋に入れる。この際、袋はジッパー付きの再封できるものを。
③持ち込める袋は乗客ひとりにつき1袋のみ。

持ち物チェックリスト

	品名	チェック		品名	チェック		品名	チェック
貴重品	パスポート		日用品	歯みがきセット		その他	ガイドブック	
	航空券またはeチケットの控え			洗顔料			会話集、辞書	
	現金（日本円、USドル）			ひげ剃り			変換プラグ	
	ESTAのコピー（米国経由）			化粧品			カメラとメモリー	
	クレジットカード			石鹸、シャンプー			充電器、充電コード	
	海外旅行保険証			タオル			電卓	
	ホテルのバウチャーもしくは予約確認書			ティッシュペーパー			パスポートのコピー	
	顔写真			洗剤			国外免許証（必要であれば）	
	国際学生証			旅行用ハンガー			メモ帳、筆記用具	
衣類	下着類			日焼け止めクリーム			目覚まし付き時計	
	Tシャツ			室内用スリッパ			ドライヤー	
	ショートパンツ		薬品類	常備薬			爪切り、耳かき	
	長袖シャツ			下熱鎮痛剤			ソーイングセット	
	防寒具			胃腸薬			万能ナイフ	
	くつした			風邪薬			電池	
	帽子			ばんそうこう			サングラス	
	寝巻			生理用品			折りたたみ傘	
	貴重品入れ			かゆみ止め、虫よけ			ビニール袋	

※米国経由の場合は、ESTAの認証控え（コピー）を持参するほうがよい。航空会社によっては提示を求めてくる場合も。

旅の技術

出入国の手続き

空港へのアクセス
(→P.399)

成田国際空港
☎(0476)34-8000
URL www.narita-airport.jp

東京国際空港(羽田空港)
☎(03)6428-0888
URL www.haneda-airport.jp

関西国際空港
☎(072)455-2500
URL www.kansai-airport.or.jp

セキュリティチェック
機内持ち込み手荷物のX線検査とボディチェックがある。ナイフやはさみなどは機内に持ち込めないので、受託手荷物に入れておこう(→P.395)。

チェックイン時のセキュリティチェックは不要
成田国際空港、羽田空港、関西国際空港、中部国際空港では、受託手荷物のセキュリティチェックに、インラインスクリーニングシステムを導入している。これは、爆発物検知装置を手荷物の輸送システムに組み込んで、セキュリティチェックを自動的に行うもの。チェックイン前のセキュリティチェックは行われない。

「支払手段等の携帯輸出・輸入申告書」の提出について
合計額が100万円相当額を超える現金(本邦通貨、外国通貨)、小切手などを携帯して持ち出す場合、または携帯する金の地金(純度90%以上)の重量が1kgを超える場合、申告書に必要事項を記入し、税関に提出する。
URL www.customs.go.jp/kaigairyoko/shiharaishudan.htm

空港利用のアドバイス

成田国際空港には、第1~3まで3つのターミナルがある。自分の利用する航空会社がどのターミナルから出発するか、事前に確認しよう。東京方面からの列車やバスは、第2ターミナル→第1ターミナルの順に到着する。ターミナル間は無料のターミナル連絡バスにて移動可能。

南米行きのフライトは成田空港発着が一般的だが、個人でチケットを手配した場合など、東京国際空港(羽田空港)から乗り継ぎ地となる都市へフライトする場合もある。

日本出国

①出発する空港に到着

出発する2時間以上前には空港に到着していよう。

②搭乗手続き(チェックイン)

国際線の場合、通常2時間前から利用する航空会社もしくは旅行会社のカウンターにてチェックインを開始する。eチケットとパスポートを窓口で係員に提示するか、自動チェックイン機でチェックインをする。手続き後、搭乗券などとパスポートを受け取り、搭乗時間とゲートについて案内を受ける。同時に機内持ち込みの荷物以外を預けてクレームタグを受け取る。到着した現地で荷物が出てこないときはこれが証明となるので、大切に保管すること。受託手荷物が最終目的地まで行くかどうかの確認も忘れずに。

③手荷物検査

ハイジャック防止のため、金属探知機をくぐり、持ち込み手荷物のX線検査を受ける。

④税関

日本から外国製品(時計、カメラ、貴金属など)を持ち出す場合は、「外国製品の持出し届」に必要事項を記入して出国前に現品を添えて税関の確認を受けること。この確認がないと海外で購入したと見なされ、帰国の際に課税される可能性がある。また、100万円相当額を超える現金などを携帯する場合には「支払手段等の携帯輸出・輸入申告書」の提出が必要となる。

⑤出国審査

パスポート、搭乗券を用意して、係官に提出。パスポートに出国のスタンプを押してもらう。

⑥飛行機に搭乗

搭乗は通常出発の40分くらい前から。搭乗までは免税店でショッピングしたりできるが、案内された時間に遅れないよう、早めにゲートの近くに移動しよう。なお、搭乗時間やゲートは変更になることがあるので、こまめにモニター画面などでチェックしよう。

南米入国

①入出国カードの記入

南米へ入国する前に、まずは経由地（アメリカなど）での入出国手続きが必要になる（→P.389）。その後南米へ空路で入国する場合は、機内で南米訪問国の入出国カードが配られるので、着陸する前に記入を済ませておく。このとき税関申告書も配られるので一緒に記入する。詳しくは各国のジェネラルインフォメーションを参照のこと。陸路の場合は管理事務所に備え付けの出入国カードを記入する。

②入国審査

空港なら順路に従って入国係官のいるカウンターへ。陸路なら国境の出入国管理事務所へ。係官の前に立ったら、パスポートと入国カードなどを提出する。ビザの必要な国はパスポートのビザ欄をチェックされる。

指紋や顔写真を撮られる経由地のアメリカでの入国審査に比べれば、南米の入国審査は、渡航目的や滞在日数を聞かれることがあるものの、それほど厳しくはない。また空路入国の際、多くの国で出国用航空券の提示を求められる。これを終えるとパスポートに入国のスタンプが押されて返却される。

③税関審査

入国審査が終了したら、バゲージクレームへ。搭乗前に預けた荷物をターンテーブルからピックアップし、税関審査のカウンターへ。税関申告書のある国は、機内で記入した税関申告書を提出し、指示があれば荷物を開けて見せる。カウンターでボタンを押し、点滅した信号の色で荷物チェックをするかしないかを決める国もある。これでようやく空港ロビーへ出られ、旅の第一歩が始まる。

入出国カードと税関申告書

アメリカの税関申告書は、通常、日本からの飛行機では日本語様式がある。乗り継ぎの場合、4の「米国における滞在・居住先の住所」の欄には「Transit to 目的地（ブラジルならBrazil）」と記入。アメリカで1泊する場合はホテル名を記入。8の「渡米に先立って訪れた国」に関しては、なければ記入しなくてもよい。10番以降はよく読んで質問に答えよう。

税関申告書

申告する物があれば裏面に記入する

自動入国審査端末（APC）について

ロスアンゼルス、ダラス、アトランタ、ヒューストンなどアメリカ国内の主要空港には、自動入国審査Automated Passport Control（APC）の端末が導入され、スピーディに入国審査の手続きを行うことができる。自身でパスポートを読み取り、指紋採取、顔写真の撮影などを行う。言語選択で日本語表示を選ぶこともでき、操作も簡単だ。

■下記条件を満たす人が利用可能

①2008年以降に指紋採取と顔写真撮影をしてアメリカに入国したことがある。
②有効なESTAを所持している。

※自動入国審査端末を利用できるのは、ESTAを取得してから1度以上入国したことのある人。初めて入国する場合は、通常の対面式の入国審査を受けなくてはならない。また、新しいパスポートに切り換えた場合も、最初の1回は通常の入国審査となる。なお、通常の入国審査を受ける場合は、機内で配られる税関申告書への記入が必要。

■端末操作の流れ

①画面をタッチし、言語（日本語）を選択
②税関申告の質問事項に回答
③ESTAの所持確認
④パスポートをスキャン
⑤旅行の主な目的を選択、回答
⑥指紋採取
⑦顔写真の撮影
⑧家族同伴かどうかの質問に回答
⑨提供した情報に嘘はないか回答
⑩便名が表示されるので正しいか確認
⑪発行されたレシートを受け取り、係官のブースへ進み、パスポートとレシートを提出。入国スタンプが押される
⑫バゲージクレームを通って税関へ移動、レシートを税関係員に渡す

※入力内容や指紋採取などで不備があった場合、×（バツ）が表示されたレシートが発行される。その場合、近くにいる職員に問い合わせるか審査官のいるブースに進み指示を仰ぐこと。

おもな
日本への輸入禁止品目
・覚醒剤、大麻、向精神薬、麻薬、あへん、MDMA、指定薬物などの不正薬物
・けん銃などの銃砲、これらの銃砲弾、けん銃部品
・爆発物、火薬類、化学兵器原材料、病原体など
・貨幣、紙幣、クレジットカード、有価証券などの偽造品など
・わいせつな雑誌、わいせつなDVD、児童ポルノなど
・偽ブランド商品、海賊版などの知的財産侵害物品
・家畜伝染病予防法や植物防疫法などで定める特定の動物や植物など
税関ホームページ
URL www.customs.go.jp

おもな輸入制限品目
ワシントン条約に基づき、規制の対象になっている動植物およびその加工品(象牙、ワニやヘビ、トカゲ、アルマジロなどの皮革製品、動物の毛皮や敷物など)は輸出許可書などがなければ日本国内には持ち込めない。
また、ハム、ソーセージ、果物などは、税関検査の前に検疫手続きが必要。
そして、個人で使用する場合の医薬品2ヵ月分以内(処方せん医薬品は1ヵ月分以内)、化粧品1品目24個以内など、一定数量を超える医薬品類は、厚生労働省の輸入手続きが必要。
動物検疫
URL www.maff.go.jp/aqs/
植物検疫
URL www.maff.go.jp/pps/
厚生労働省(医薬品等の個人輸入)
URL www.mhlw.go.jp/topics/0104/tp0401-1.html

南米出国と日本帰国

各航空会社のカウンターでパスポートとeチケットを見せて搭乗券を受け取る。受託手荷物はここで預ける。麻薬の取り締まりの厳しい国(ベネズエラ、コロンビア、ボリビアなど)では、何時何分にどこで荷物をパッキングしたか、など質問される場合も。したがって時間に余裕をもって行くこと。出発の2時間前には空港に着くようにしよう。その後、出発ゲートで出国審査を受ける。入国時に出国用の半券を渡された場合は、出国審査の際に提出。それ以外は係官にパスポートのみを提出し、出国スタンプを押してもらう。

アメリカ経由で日本へ帰る場合、再度アメリカで入国審査がある。日本からアメリカに入国する場合と同じだが、帰りは自動入国審査端末(APC)が利用でき、時間が短縮される(設置されていない空港では、通常の対面式で入国手続きをする)。ESTAは一度取得すれば有効期間内なら何度でも入国できるため、改めて取得手続きをする必要はない。

日本に到着したら、まず検疫を通過する。体調の悪い人は検疫のオフィスへ出頭して相談すること。次に入国審査を受け、受託手荷物をピックアップして、税関で審査を受ける。

帰国時の免税範囲と輸入規制

日本に持ち込む携帯品や別送品(個人的使用が認められるもののみ)のうち、表の免税範囲を超える物品には関税や消費税などが課税されるので、申告書をよく読んで申告しよう。該当するものがない場合も申告書「携帯品・別送品申告書」の提出が(1家族ごとに)義務づけられているので、機内で配られた用紙に記入を。用紙は日本の空港の手荷物検査場でも入手できる。また、コカの葉など輸入禁止物にも気をつけよう。なお、検査証明書のない肉や肉製品の持ち込みはできない。未成年の場合、酒、たばこは免税にならないので注意。

税関に「携帯品・別送品申告書」を提出し検査を受けたら、出口から到着フロアへと出る。

持ち込み免税範囲

品名	数量または価格	備考	免税範囲を超えた場合の税金
酒類	3本	1本760mℓのもの	ウイスキー、ブランデー600円、ラム、ジン、ウオッカ400円、リキュール、焼酎などの蒸留酒300円、その他(ワイン、ビールなど)200円(いずれも1ℓにつき)
たばこ	紙巻きたばこのみの場合(外国製・日本製それぞれ)200本、葉巻のみの場合50本、その他250g		紙巻きたばこ1本につき11.5円
香水	2オンス(1オンスは約28mℓ)	約56mℓ(オーデコロン、オードトワレは含まれない)	15%
その他の品目	20万円(海外市価の合計額)	同一品目の海外市価の合計額が1万円以下のものはは原則として免税	15%(関税が無税のものを除く)

※上記は、携帯品と別送品(帰国後6ヵ月以内に輸入するもの)を合わせた範囲。

成田国際空港へのおもなアクセス

京成上野➡日暮里	京成スカイライナー 京成上野約43分、日暮里約38分／2470円 京成アクセス特急 京成上野約75分、日暮里約70分／1240円 京成電鉄特急 京成上野約80分、日暮里約75分／1030円 京成電鉄上野案内所 ☎(03)3831-0131 URL www.keisei.co.jp
久里浜➡大船➡横浜➡東京	JR快速エアポート成田 久里浜約180分／2590円、大船約155分／2270円、横浜約125分／1940円、東京約90分／1320円 JR東日本お問い合わせセンター ☎050-2016-1600 URL www.jreast.co.jp
上 野	JR成田線 我孫子駅、成田駅で乗り換え約120分／1320円 JR東日本お問い合わせセンター ☎050-2016-1600 URL www.jreast.co.jp
大宮➡池袋➡新宿➡渋谷➡東京 大船➡戸塚➡横浜➡品川➡東京	JR特急成田エクスプレス 大宮約110分／3840円、池袋約80分・新宿約75分・渋谷約70分・品川約65分／3190円、大船約105分・戸塚約100分／4620円、東京約50分／3020円 JR東日本お問い合わせセンター ☎050-2016-1600 URL www.jreast.co.jp
羽田空港➡品川	京浜エアポート快特(直通) 羽田空港国際線ターミナル約90分／1760円、品川約80分／1520円 京急ご案内センター ☎(03)5789-8686 URL www.keikyu.co.jp
①東京駅八重州口北口 ②新宿駅西口 ③羽田空港 ④東京ディズニーリゾート ⑤東京シティエアターミナル(T-CAT) ⑥横浜シティエアターミナル(YCAT) ⑦八王子	リムジンバス ①約85分／2800円 ②95～125分／3100円 ③85～90分／3100円 ④60～85分／2450円 ⑤約60分／2800円 ⑥100～110分／3600円 ⑦120～150分／3800円 リムジンバス予約・案内センター ☎(03)3665-7220 URL www.limousinebus.co.jp

関西国際空港へのおもなアクセス

米原・草津➡京都➡新大阪➡天王寺	JR特急はるか 米原約150分／5920円、草津約120分／4840円、京都約80分／3370円、新大阪約50分／2850円、天王寺約35分／2230円 ※指定席の料金 JR西日本お客様センター ☎0570-00-2486 URL www.jr-odekake.net
京橋➡大阪➡天王寺	JR関空快速 京橋約80分／1190円、大阪約70分／1190円、天王寺約55分／1060円 JR西日本お客様センター ☎0570-00-2486 URL www.jr-odekake.net
なんば	空港急行 なんば約50分／920円 南海特急ラピートα、β なんば約40分／1270円 南海テレホンセンター ☎(06)6643-1005 URL www.nankai.co.jp
①京都 ②大阪駅前(梅田) ③神戸三宮	リムジンバス ①約100分／2550円 ②約65分／1550円 ③約65分／1950円 関西空港交通リムジンバスセンター ☎(072)461-1374 URL www.kate.co.jp
神戸空港	神戸ー関空ベイ・シャトル約30分／1850円 ベイ・シャトル予約センター ☎(078)304-0033 URL www.kobe-access.jp

※乗車時間と料金は2018年2月現在。JRの特急券は繁忙期と閑散期で料金が変動する。上記は通常期。

旅の技術 ホテルについて

南米のホテル事情

都市部や観光地なら、5つ星の高級ホテルからユースホステルまで幅広く揃う。地方の町に行くと、町一番のホテルでも2つ星という場合も。安宿と高級ホテルの格差は激しく、快適に過ごしたいなら3つ星以上のホテルにしたほうがいい。部屋の料金は日本よりも割安だが、ブラジルのサン・パウロ、リオ・デ・ジャネイロやアルゼンチンのブエノス・アイレス、チリのサンティアゴ、ペルーのリマやクスコなどは高く、さらに都市部や観光地には、1泊US＄1000以上する超高級ホテルも増えている。

宿泊施設のいろいろ

■ 高級ホテル　★★★★★～★★★★

欧米系資本のホテル、国営ホテル、各国のチェーンホテルなど。1泊US＄150～。全室エアコン、テレビ、バス、トイレ付き。レストランやバー、みやげ物店などもある。

■ 中級ホテル　★★★

どの国にもある一般的なホテル。3～5階建てで、1階にレセプションがある。1泊US＄25～100。エアコン、バス、トイレ付き。

■ 安ホテル　★★～★、★なしのホテル

"Hotel"と名がついていても、安い宿はたくさんある。部屋の設備はベッドと簡単なライティングデスクくらいで、トイレ、シャワー共同というところがほとんど。1泊US＄10～25。

■ ペンションタイプ

いわゆる小さい安宿。家族経営の民宿タイプもある。オスタルHostal、オスペダヘHospedaje、アロハミエントAlojamient、レシデンシアルResidencial、ペンシオンPención、ブラジルではポウザーダPousada、ファゼンダFazendaなどと呼ばれている。南米にはこのタイプの宿が最も多く、1泊US＄10～25前後。トイレ、シャワーは共同のことが多い。

■ ドミトリータイプ

節約旅行者向きの部屋。ひと部屋にいくつかのベッドがある、相部屋形式。泊まるときは、相部屋になる人たちの雰囲気を見て宿泊するかを判断しよう。また、荷物の管理には十分注意すること。1泊US＄10～。

■ ユースホステル

国際ユースホステル協会の経営する宿。一般的な呼称はアルベルゲ・フベニルAlbergue Juvenil。カサ・デ・エストゥディアンテスCasa de Estudiantes（学生の家）と呼ぶことも。ユースホステル会員（→P.384）の場合は割引。ドミトリーなら1泊US＄7前後くらいで済む。

予約は必要か？

おもな都市には中～高級ホテルはいくつもあるし、それにも増して安い宿はたくさんある。ただし、不安な場合や深夜着（飛行機が遅れることもしばしば）の1泊目の場合は予約しておいたほうがいい。また、人気の高い高級ホテルなども事前の予約が必須だ。

日本からホテルに直接予約を入れられるのは、ホームページやメールがある中級以上のホテルに限られる。現地の旅行会社を通したほうが、手数料が含まれていても安いことが多い。また、ホテルの予約サイトを利用して予約するのもいい。

ホテルの予約サイト

エクスペディア
URL www.expedia.co.jp
ホテルズドットコム
URL www.hotels.com
ブッキングドットコム
URL www.booking.com

混雑が予想されるシーズン

リオのカーニバルやクスコのインティ・ライミなど大きなイベントや有名なお祭りが行われる場合は、かなり前から予約をしたほうがいい。料金も、この時期だけは倍近くまで跳ね上がることも。

ほか、クリスマスから年末年始にかけてと2月末から4月初めのセマナ・サンタSemana Santa（聖週間）、7月中旬～8月頃が、南米のバケーションシーズン。この時期に旅する人は、事前にホテルを予約するようにしたい。

旅の技術 電話について

南米の電話事情

携帯電話の普及により、公衆電話の数は減ってきている。また、簡単にテレホンカードで国際電話をかけることができる電話事情のいいエリアもあれば、コイン式の公衆電話が一般的で国際電話は電話局でしかかけられないというような地域もある。電話をかける際は、日本と南米は12～14時間程度時差があることを考慮しよう。

■ 電話会社のサービスを利用して電話する

KDDIの「ジャパンダイレクト」を利用すれば、日本語のオペレーターを通して海外から日本に電話をかけられる。支払いはクレジットカードのみ。ただし、通話料はかなり割高。また、KDDIの「スーパージャパンダイレクト」では、日本語のガイダンスに従って日本へ電話できる。料金の支払いはクレジットカード。

各国で利用できるサービスが違うので、事前に確認しておこう。

■ 海外で携帯電話を利用する

海外で携帯電話を利用するには、日本で使用している携帯電話を海外でそのまま使用する方法やレンタル携帯電話を利用する方法、現地でSIMカードを購入して利用する方法もある。おもにau、NTTドコモ、ソフトバンクの3社がサービスを提供しているので、詳しくは問い合わせてみよう。

日本での電話会社の問い合わせ先

KDDI
Free 0057/0120-977-097
URL www.kddi.com
NTTコミュニケーションズ
Free 0120-506506
URL www.ntt.com
ソフトバンク（国際電話）
Free 0088-24-0018
URL www.softbank.jp
au
Free 157（auの携帯から無料）/0077-7-111
URL www.au.com
NTTドコモ
Free 0120-800000
URL www.nttdocomo.co.jp/service/world
ソフトバンク（携帯）
Free 157（ソフトバンクの携帯から無料）/0800-919-0157
URL www.softbank.jp/mobile/service/global

日本からの電話のかけ方

日本から（0＊＊）1234-5678に電話をかける場合

国際電話会社の番号		国際電話識別番号		国番号		市外局番の0を取った市外局番		相手先の番号
KDDI（001）※1、NTTコミュニケーションズ（0033）※1、ソフトバンク（0061）※1、au［携帯］（005345）※2、NTTドコモ［携帯］（009130）※3、ソフトバンク［携帯］（0046）※4	＋	010	＋	55（ブラジル） 58（ベネズエラ） 592（ガイアナ） 597（スリナム） 594（フランス領ギアナ）	＋	＊＊※5	＋	1234-5678

※1「マイライン」「マイラインプラス」の国際区分に登録している場合は不要。詳細は URL www.myline.orgへ。
※2 auは005345は不要。
※3 NTTドコモは事前にWORLD WINGに登録が必要。009130をダイヤルしなくてもかけられる。
※4 ソフトバンクは0046をダイヤルしなくてもかけられる。
※5 ボリビアの市外局番には最初の「0」はない。

そのほかの南米各国の国番号

アルゼンチン54　チリ56　ペルー51　ボリビア591　エクアドル593　コロンビア57　パラグアイ595　ウルグアイ598

南米諸国から日本への電話のかけ方

日本の（03）2345-6789に電話をかける場合（ダイヤル直通）

国際電話識別番号など		日本の国番号		市外局番（と携帯番号）の最初の0を除いた番号		相手先の番号
	＋	81	＋	3	＋	2345-6789

詳しくは各国のジェネラルインフォメーションへ（ブラジル→P.52、ベネズエラ→P.348、ガイアナ→P.371、スリナム→P.373、フランス領ギアナ→P.375）。

旅の技術 インターネット

携帯電話を紛失時の連絡先(利用停止の手続き、24時間対応)
au
国際電話識別番号
+81+3+6670-6944
NTTドコモ
国際電話識別番号
+81+3+6832-6600
ソフトバンク
国際電話識別番号
+81+92-687-0025
※各社それぞれの携帯から無料、一般電話からは有料

スマートフォンのインターネット利用注意点
　海外ローミング(他社の回線)で利用することになるとパケット通信が高額になるので、日本出国前にデータローミングをオフにしよう。操作方法は各携帯電話会社で確認を。最新のスマートフォンの場合は、自動的にローミングオフになるものも多いが、要事前確認。

ネット接続の環境

ブラジルに関しては、ほとんどのホテル、一部のレストランやカフェ、公共の場でもインターネットを利用できるところが多い。Wi-Fi機能搭載のパソコンやスマートフォンを持っていけば、多くの場所でインターネットをすることができる。ペルーの長距離バスでは、車内でWi-Fiが使える場合もある。町なかにはインターネットカフェもあるが日本語に対応している端末はあまりない。地方の都市でもネット環境は比較的いい。

ホテルでWi-Fiに接続するためには、ログイン用のユーザー名とアクセスコード、またはパスワードが必要なので、チェックイン時にフロントで確認を。一部の高級ホテルでは有料のことがある。

利用している携帯電話がSIMフリー端末であれば、現地でSIMカードを購入して利用することが可能。SIMカードは、通信会社(ブラジルではクラーロClaro、オイOiなどが有名)のオフィスで購入できるが、行列ができていることが多く、時間がかかるのを覚悟しよう。チャージはスーパーやドラッグストアなどでできる。海外用モバイルWi-Fiルーターを日本からレンタルしていく方法もあり、一度に何台も接続できて便利だ。

INFORMATION

ブラジル・ベネズエラでスマホ、ネットを使うには

まずは、ホテルなどのネットサービス(有料または無料)、Wi-Fiスポット(インターネットアクセスポイント。無料)を活用する方法がある。ブラジル・ベネズエラでは、主要ホテルや町なかにWi-Fiスポットがあるので、宿泊ホテルでの利用可否やどこにWi-Fiスポットがあるかなどの情報を事前にネットなどで調べておくとよいだろう。ただしWi-Fiスポットでは、通信速度が不安定だったり、繋がらない場合があったり、利用できる場所が限定されたりするというデメリットもある。ストレスなくスマホやネットを使おうとするなら、以下のような方法も検討したい。

☆各携帯電話会社の「パケット定額」

1日当たりの料金が定額となるもので、NTTドコモなど各社がサービスを提供している。

いつも利用しているスマホを利用できる。また、海外旅行期間を通しではなく、任意の1日だけ決められたデータ通信量を利用することのできるサービスもあるので、ほかの通信手段がない場合の緊急用としても利用できる。なお、「パケット定額」の対象外となる国や地域があり、そうした場所でのデータ通信は、費用が高額となる場合があるので、注意が必要だ。

☆海外用モバイルWi-Fiルーターをレンタル

ブラジル・ベネズエラで利用できる「Wi-Fiルーター」をレンタルする方法がある。定額料金で利用できるもので、「グローバルWiFi(【URL】https://townwifi.com/)」など各社が提供している。Wi Fiルーターとは、現地でもスマホやタブレット、PCなどでネットを利用するための機器のことをいい、事前に予約しておいて、空港などで受け取る。利用料金が安く、ルーター1台で複数の機器と接続できる(同行者とシェアできる)ほか、いつでもどこでも、移動しながらでも快適にネットを利用できるとして、利用者が増えている。

ルーターは空港などで受け取る

ほかにも、いろいろな方法があるので、詳しい情報は「地球の歩き方」ホームページで確認してほしい。
【URL】http://www.arukikata.co.jp/net/

旅の技術 旅のトラブルと安全対策

南米の治安

南米というと、一概に「ものすごく危険！」というイメージがあるが、国やエリア、町により大きく異なる。リオ・デ・ジャネイロやサン・パウロ、クスコ、マチュピチュ、ナスカ、ウユニ塩湖など、代表的な観光地には世界中から観光客が集まり、治安も比較的いい。しかし、気の緩んだ観光客を狙ったスリやひったくりがいることも確か。時間帯によっては非常に危険になるので、人どおりのない場所や夜間に歩くのは絶対にやめるように。

外務省の海外安全ホームページでは、最新の海外安全情報を発信している。南米は特に情勢が変わりやすいので、常にチェックして最新の情報を手に入れるようにしよう。2017年12月時点の現地の治安情報については、各国のジェネラルインフォメーションを参照のこと。

盗難の傾向と対策

旅行を計画し始めると、特に現地の治安はとても気になる問題だ。南米というと、ドロボウ、スリ、置き引き……。なんてことがまず頭に浮かぶ人もいるだろうし、実際に被害に遭った人のウワサも聞くことになるだろう。要は予想されるケースをよく知って、いかに対処すべきかを考えることが大事。そこで、南米を旅してきた数人のベテランたちから証言を取り、置き引き、ひったくり、スリの基本的な傾向と対処法をまとめてみた。

■ 犯行は普通、複数で行われる

ひとりが物を取って逃げ、ほかの仲間が一般通行人を装って立ちはだかりじゃまをする場合が多い。あるいは全員で取り囲み、かばんなどを一気にひったくる。

■ 犯人は目標をずーっと狙っている

彼らはチャンスをうかがい、一瞬のスキを見計らって犯行に及ぶ。特にひとり歩きの旅行者や、いかにも観光客然とした態度、服装の人は狙われやすい。一眼レフのカメラを肩から下げて移動するのは、「盗んでください」と言っているようなもの。

■ とにかく相手はプロである

一瞬のスキを狙うことでもわかるように、彼らは日夜そのワザを磨くプロである。一度狙われてしまうと、防ぐのは容易ではない。万一、襲われた場合は抵抗せず、小分けにしたある程度の小額紙幣などを渡してしまおう。なるべくひとりで行動しないことも大切だ。

■ 目撃者（一般市民）は傍観者

周りに人がいたとしても、まず誰も助けてくれない。「あ、またか、かわいそうに」と思われる程度である。

知っておきたい政情・治安用語

いつ、どこで、どんなことが起きるかもわからないのが南米の常。「戒厳令」や「夜間外出禁止令」が突然発布され、知らずに出歩いたりしたら……。こんなことを防ぐためにも、以下に示すような政治・治安用語は最低限知っておこう。（ ）内はスペイン語。

①ゴウピ・ジ・エスタード Golpe de Estado
（ゴルペ・デ・エスタード Golpe de Estado）
クーデターのこと。

②トキ・ジ・ヘコリェール Toque de Recolher
（トケ・デ・ケダ Toque de Queda）
夜間外出禁止令。単にトキToqueともいわれる。禁止時間が近づくと、皆いっせいに帰宅するため交通機関は混み合い、タクシーもつかまりにくくなる。

③エスタード・ジ・シティオ Estado de Sitio
（エスタード・デ・シティオ Estado de Sitio）
戒厳令レイ・マルシアル Ley Marcial（Lei Marcial）ともいわれる。憲法上の人権保障がなくなり、殺傷害、拘束、略奪に対する補償はされない。入国を制限されることもある。
※夜間外出禁止令や戒厳令は国全体に敷かれることもあるし、1都市だけのこともある。取り締まりの厳しさもケースによるが、忘れてならないのは身分証明書（パスポート）の所持。

④グレーヴェ Greve
（パーロ Paro）
組合などのストライキ。航空会社やバス会社が行うこともあり、そうするとスケジュールが大幅に狂ってしまうことも。

⑤ブリガ Briga
（ブージャ Bulla）
けんか、さわぎのこと。
※④⑤のような場所からは離れること。巻き込まれて拘束され、もし身分証明書（パスポート）がなければ大使館との連絡さえも認めてくれない。身分証明書不携帯罪が適用されるからだ。

海外の安全情報についての問い合わせ先
外務省
領事サービスセンター
海外安全相談班
住〒100-8919
　東京都千代田区霞が関2-2-1
☎(03)3580-3311
(内線2902、2903)
URL www.mofa.go.jp/mofaj/
(外務省)
URL www.anzen.mofa.go.jp(海外安全ホームページ)
開9:00～12:30、13:30～17:00
休土・日、祝
　外務省発行のリーフレットの入手や渡航先の安全について相談ができる。
「たびレジ」に登録しよう
　外務省の提供する海外安全情報メール配信サービス「たびレジ」に登録すれば、渡航先の安全情報メールや緊急連絡を無料で受け取ることができる。出発前にぜひ登録しよう。
URL www.ezairyu.mofa.go.jp/tabireg/

■ 警察がグルの場合もある

警察の特権を悪用した犯罪も増えている。警察手帳（ニセモノ）を見せ、パスポートと所持金の提示を求め、渡したとたん、それを持ったまま逃げ去ってしまうというケース。車に乗せられて、荷物をハギ取られて外に放り出されるケースもある。したがって、検問などで引っかかった場合以外は、パスポートやお金は見せないこと。ただし、警察の取り締まりが厳しいアルゼンチンやチリでは尋問を受けることもある。その場合、パスポートの顔写真の入ったページのコピーや学生証など、身分を証明するものを提示しよう。くれぐれも本物の警官に反抗しないように。

■ これだけは絶対守ってほしい

まず知ってほしいのは、自分の身は自分で守るしかないということ。警察がいるといっても、何かあっても彼らが問題を解決してくれるわけではない。警察はせいぜい「盗難証明書」を出してくれるだけのところ、と心得よう。

■ 特に狙われやすい場所は……

いつでも、どこでも犯行は起こりうる。そして特に狙われやすいのは目的地に着いたばかりの空港、鉄道駅、バスターミナルなど。さらに人混みの市場、遺跡の中などどこにいても常に周囲に気を配り、あやしい視線を察知するようにしたい。

身の安全のために心がけること

被害に遭わないためには、前と横だけでなく後ろにも気を配ること。同じ人物がずっとつけて来るようなら危険信号だ。いったん人の多い場所に入る、レストランに入るなどして様子をうかがおう。また、彼（彼女）の姿が消えたとしても、安心しないこと。帰りが遅くなったり、どうもアブナイと感じたら、ケチらずタクシーを利用しよう。これは、必要な保険料と考えたい。最低限守らなくてはならないことは以下のとおり。

深夜、人どおりの少ない所は歩かない

行き先が安全な場所でも夜になったら歩かないのが基本。タクシーを利用しよう。また、帰りの足のことも頭に入れておくこと！

人どおりの少ない路地には入らない

繁華街でもスリ、ひったくりは起こるが、命にかかわるような犯行は少ない。しかし、あえて人どおりの少ない道を歩くのは「私を襲ってください」と言っているに等しい行為だ。

また、町によっては特に治安の悪い地域やスラム街など避けるべき所があるので、各都市編の安全情報を参考にしてほしい。

金目の物をぶらぶらさせない

派手なアクセサリーは一切身に付けないこと。金色、銀色のものは特に禁物だ。たとえそれが安いメッキであるにしても、狙う側の目印となる。服装もなるべく質素で目立たないもののほうがよい。腕時計はできるだけしないこと。持っていても雑踏や市バスの中ではかばんにしまう。これはカメラやビデオも同じ。

荷物の持ち方

絶対に体から離さないのがまず鉄則。ショルダーバッグなら斜めにかけ、前で抱えるようにする。後ろに回してしまっては、刃物で切られ中身を抜かれてしまうだろう。また、気をつけたいのはレストランでの食事どき。隣の椅子に置いたり、椅子の肩にかけたりすれば、いつの間にかバッグはなくなっているかも。カメラは使ったらすぐバッグにしまう。できれば、バッグの一部としっかりひもでバッグに結び付けておく。

貴重品について

首から下げるタイプのいわゆる“貴重品袋”は、すでにドロボウらの知るところで、首にひもでも見えれば、ターゲットの目印にすらなる。せめて肌着の上から斜めにかけるように。また、お金はいくつかに分散して持つこと。胴巻きに入れる、クツの底に隠す、ズボンに秘密ポケットを作る、一部は（少しだけ）バッグやバックパックにも入れておく。このほか、肩かけタイプや足に巻きつけるタイプの貴重品入れも売り出されている。デパートの旅行用品売り場などに行って研究してみよう。いくつかに分けて持っていれば、万一どれかを盗まれたとしても何とかなる。

セーフティボックスを利用する

セーフティボックスのあるホテルなら、持ち歩かずに預けてしまうのがいい。だが、この場合でも念のため全部は預けないように。また返してもらうのを忘れないこと。安ホテルにはほとんどセーフティボックスはないが、言えばフロントで預かってくれる。この場合は、ホテルの従業員（なるべくマネジャー）立ち会いのもとに、預ける貴重品の内容を確認しリストを作る。これはなるべく詳しく、現金100ドル札何枚、50ドル札何枚、T/C100ドル何枚、合計○○ドルなどのように書き、預けるお金と一緒に封筒に入れ、ガムテープなどでしっかり封をし、その上の2、3ヵ所に封印代わりのサインをする。リストはコピーを取っておいて、1枚は自分で持ち歩き、預けたものを返してもらうときに照合すること。

被害に遭ったら

もし強盗に遭ったら、むやみに抵抗しないほうがいい。たとえ相手が子供でも、刃物や拳銃を隠し持っているかもしれないし、仲間がいる場合もある。たとえ高価なカメラでも、モノの損害は海外旅行保険でカバーできるので、まず身の安全を第一に考えることが大事だ。現金については保険がきかないので、余分な現金はできるだけ持ち歩かない、また、分散して持つなどの注意をすること。もし、現金とクレジットカードを盗られてしまった場合は、日本から現地の銀行止めで送金してもらうしかない。現金とキャッシュカードをいっしょの場所に入れておかないなど、いざという時のことを考えて持ち歩こう。

■ パスポート

パスポートを紛失や焼失、盗難に遭ったら速やかに警察に届けた後、各国の在外公館（日本大使館、領事館）で必要な手続きを行う。まずは紛（焼）失届が必要。紛（焼）失届と同時に新規パスポートまたは帰国のための渡航書の発給申請を行うことができる。新規パスポート発行には、写真1枚に加え一般旅券発給申請書1通、戸籍謄本または抄本1通、手数料が必要。発行までは通常1週間。

帰国が迫っており新規発行が待てない場合は、「帰国のための渡航書」を発行してもらう。写真1枚、手数料に加え、渡航書発給申請書1通、戸籍謄本または抄本1通または日本国籍があることを確認できる書類、日程などが確認できる書類（eチケットお客様控えや旅行会社作成の日程表）、警察への届出書が必要。所要2～3日。帰国のための渡航書を使い米国を経由して日本に帰国する場合には、アメリカビザの取得が必要となる。アメリカ大使館または総領事館で手続きしなければならない。

■ クレジットカード

すぐにカード発行会社に連絡して、カードの無効手続きを取る。紛失や盗難の届けが出ていれば、もしカードが不正使用されてもカード会社が補償してくれるので、カード番号や緊急連絡先は控えておこう。

海外で再発行を希望する場合はその手続きも取る。手続きや再発行にかかる日数はカード会社によって異なるが、カード番号と有効期限、パスポートなどの身分証明書を用意しておくと手続きがスムーズに進むことが多い。

■ 航空券（eチケット）

航空券を再発行するには、まずその航空会社の現地事務所に紛失届を出す（航空会社によっては警察で紛失届を作成してもらう必要がある）。届け出には、航空券の番号と発行日、発行場所などのデータが必要なので、コピーを取っておくといい。

eチケットの場合は、旅程表（eチケットお客様控え）をなくしても、PCがあればプリントアウトできるため、飛行機に乗れないということはない。また、航空会社カウンターに行けばすぐに再発行してもらえる。

万一に備え用意しておくもの
パスポートの控え（番号、発行日、交付地）、クレジットカードの番号と有効期限、緊急連絡先の電話番号、旅行会社の現地連絡先、海外旅行保険の現地および日本の緊急連絡先など。

パスポートの携帯義務について
ブラジルでは、国民も含めて政府発行の公的な身分証明書の携帯が義務づけられている。したがって、外国人はパスポートを携帯しなければならない。普段でも掲示を求められることがある。長距離バス乗車時はパスポートのチェックがあるので、提出しやすい場所に持っていること。また、紛失や盗難に遭ったときに代用できるように、パスポートのコピーを取っておこう。

手数料について
パスポート発給
10年間有効はR$516、5年間有効はR$355。12歳未満は5年間有効でR$194。（2018年3月31日までの手数料）
紛（焼）失届に必要な書類
紛失一般旅券等届出書1通、警察署の発行した紛失または盗難証明書（Boletim de Ocorrência）、写真1枚（タテ4.5×ヨコ3.5cm、6ヵ月以内に撮影したもの、顎から頭までの長さが3.2×3.6cm、無帽、無背景）、身元確認書類（運転免許証など。印鑑または拇印が必要な場合もある）。

カード紛失時の連絡先
AMEX
Free 1-804-673-1670
Diners
☎81-3-6770-2796
JCB
Free 0800-891-7188
（ブラジル）
☎81-422-40-8122
（ベネズエラ、ギアナ3国）
MasterCard
Free 0800-891-3294
（ブラジル）
Free 0800-1-002902
（ベネズエラ）
Free 1-1-800-307-7309
（ギアナ3国）
VISA
Free 0800-891-3680
（ブラジル）
☎0800-1-002167
（ベネズエラ）

旅の技術 病気とけが

生水は飲んではだめ！

暑い地方や季節によっては大量の汗をかくので、水分、塩分を多めに取ることが必要だ。しかし、生水は絶対に飲んではいけない。不衛生な生水は疲れた体にテキメンに効き、下痢、肝炎の原因になる。どんなにのどが渇いても、水道水ではなく、ミネラルウオーターを飲むようにしよう。また、ミネラルウオーターやビールは、必ず自分で、または目の前で開封開栓したものだけを飲むように。できるだけ、沸騰させたお湯を使ったコーヒー、紅茶、マテ茶などを飲むようにしたい。

生水だけでなく、生野菜のサラダや生の魚介類、冷たい飲み物に入っている氷も避けたほうがいい。果物は切り売りのものはやめて、必ず自分で皮をむいて食べるようにしよう。

各国の首都の病院

各国のおもな都市の病院

ブラジル（サン・パウロ）
リベルダーデ医療センター
Centro Médico Liberdade
住Rua Fagundes, 121, Liberdade
☎(11)3274-6500/6555
URL jp.enkyo.org.br

ベネズエラ（カラカス）
クリニカ・アビラ
Clinica El Avila
住Av. San Juan Bosco, con 6ta. Transversal, Edificio Clinica El Ávila, P.B., Urb. Altamira
☎0212-276-1111
URL www.clinicaelavila.com

スリナム（パラマリボ）
アカデミック・シッケンハウス
Academisch Ziekenhuis
☎113（緊急）、44-2222（一般外来）
URL www.azp.sr

フランス領ギアナ（カイエンヌ）
アンドレー・ホズマン中央病院
Centre Hospitalier Andrée ROSEMON
住Rue des Flamboyants
☎0594-395050
URL www.ch-cayenne.net

病気になったら

■ 下痢

ポルトガル語　ディアヘイアDiarréia／スペイン語　ディアエラDiarrea

下痢になってしまったら、胃腸の中をカラッポにすること。何も食べず、旅行を中断し休息を取ることが一番だが、脱水状態になるので水分は取ろう。どうしても何か食べたいときは、少量のスープ、ヨーグルト、パン、ゆでた野菜を取るくらいにしておく。

旅行を中断して休むことができないのなら、薬を飲もう。現地の薬局ファルマシアFarmáciaで買うならロモティルLomotil、ペスリンPesulin、ペスリン・オー Pesulin-Oはよく効くという。

それで治らないときは、病院へ行こう。下痢が治まったあと、脱水症状が起き急激な腹痛をともなうことがある。そのときは、塩を少し入れたフルーツジュースか紅茶を飲むといい。

■ 肝炎

ポルトガル語　エパチチHepatite／スペイン語　エパティティスHepatitis

伝染性のもので、生水、食べ物、食器などからうつることがある。予防手段としては、健康体を保つことが第一。体力が落ちたと感じたら、無理せず休養を取り、生水やサラダは避けること。

肝炎は、感染してから15日から50日ぐらいで兆候が表れる。発熱、食欲不振、吐き気、倦怠感、黄疸症状。白眼が黄色やオレンジ色になる、といった症状が出てきたら、迷わず医師の診察を受けること。旅行は諦め、なるべく早く帰国しよう。

■ 高山病　ソロチェ Soloche

アルゼンチン北部のアンデス山脈周辺、ペルー南部、ボリビアとチリとの国境に近い地域には標高3000mを超す町もある。標高2000 ～ 4000m以上の高地では、誰でも少なからず高山病の症状に見舞われる。病状を悪化させないためにも、高地に行ったら十分に休息を取ること。血行をよくし過ぎるといけないので食べ過ぎ飲み過ぎに注意し、熱過ぎる風呂やシャワーは避けることが大切。また、利尿作用を高めるため、水分を多く取るよう心がけたい。典型的な症状は、頭痛、めまい、吐き気など。

高山病の本来の対処法は、低地へ下りることしかないが、「かかったな」と思ったら出歩かず、部屋で安静にすること。横になるとかえって呼吸数が少なくなるので、椅子に座って本でも読むぐらいがいい。深呼吸を繰り返すのもいい。

緊急の場合

病気になり、ひとりでは無理だ！と思ったら、ホテルのスタッフを呼ぼう。日本大使館や領事館が近くにあれば電話して、よい医師を紹介してもらおう。遠慮せずに助けを求めよう。

旅のポルトガル語

ポルトガル語の発音

　ブラジルのポルトガル語は基本的に、母音と子音の組み合わせでできている。いくつかの例外を除いてローマ字読みでOK。しかし、インディヘナの言葉と組み合わせた言葉や地方によって文法や発音が変わってくる。また、話し言葉の場合は、しばしば主語が省略される。

　地域にもよるが、大まかな決まりには、以下のようなものがある。

❶ 単語の最初のH音は発音しない。
❷ 子音のみのL音は、ウに近い発音となる。
　例:Hotel ＝オテウ
❸ 単語の最初のR音はH音になる。（おもにブラジル東南部、そのほかでは巻き舌になる。）
　例:Rio de Janeiro ＝ヒオ ジ（ヂ） ジャネイロ
❹ 単語の途中に来るRRは、H音になる。
　例:Churrasco ＝シュハスコ
❺ 母音に挟まれたS音はZ音になる。
　例:Gostoso ＝ゴストーゾ
❻ アクセントは単語の後ろからふたつ目の音節に来る。それ以外にアクセントが来る場合はアクセント記号を付ける。
❼ 基本的にカ行はQUで表記する。
　例:Quinta Feira ＝キンタフェイラ
❽ ガ行はGUで表記する。
　例:Guia ＝ギア
❾ 語尾のZはS音になる。
　例:Feliz ＝フェリース
❿ X音はSY音になる。
　例:Caixa ＝カイシャ
⓫ 単語の最後のE音は、イ音になる。（南部ではE＝エ音のまま）
　例:Liberdade ＝リベルダージ（ヂ）
⓬ çはça(サ)、ço(ソ)、çu(ス)と読む。
　例:coração ＝コラサゥン
⓭ 「～」が付く単語は基本的にはã(アン)、ẽ(エン)、õ(オン)と発音する。
　例:Avião ＝アヴィアゥン

あいさつ

ボン ジア
Bom dia.
　おはよう。

ボア タルジ
Boa tarde.
　こんにちは。

ボア ノイチ
Boa noite.
　こんばんは。おやすみなさい。

オイ
Oi.
　やあ。

オブリガード オブリガーダ
Obrigado(Obrigada).
　ありがとう。

ジ ナーダ
De nada.
　どういたしまして。

コモ エスタ
Como está？
　ごきげんいかが？

マイス オウ メノス オブリガード
Mais ou menos, Obrigado.
　まあまあです。ありがとう。

テーニャ ウン ボン ジア
Tenha um bom dia！
　では、よい1日を！

ボア ヴィアージェン
Boa Viagem.
　よいご旅行を！

ボア ソルチ
Boa sorte！
　幸運を！

トード ベン コン ヴォセ
Tudo bem com você？
　お元気ですか？

エウ エストウ ベン オブリガード
Eu estou bem. Obrigado.
　元気です。ありがとう。

ムイト プラゼール
Muito prazer.
　はじめまして。

チャウ（チャオ）
Tchau！
　さようなら。

アテ アマニャン
Até amanhã.
　また明日。

アテ ローゴ
Até logo.
　またあとで。

ペルドン
Perdão.
　ごめんなさい。（謝るとき）

ダ リセンサ
Dá licença！
　すみません。（人の前を通るときや、途中で席を立つときなど）

サウージ
Saúde！
　「乾杯！」（健康を祝して！）

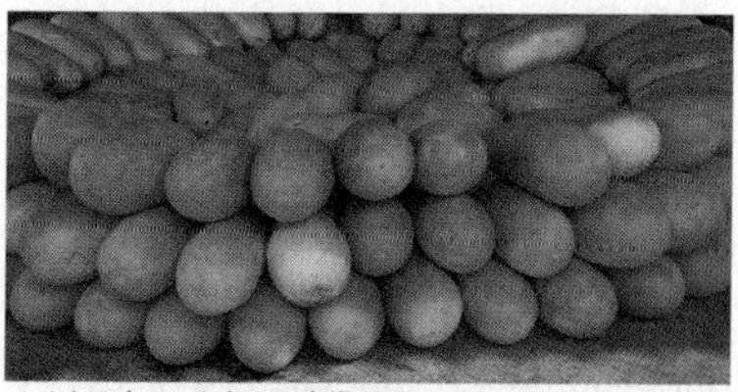
スイカの山。マナウスの市場にて

※『地球の歩き方』掲載の英会話（ほか6言語）の文例が“ネイティブの発音”で聞ける！ 「ゆっくり」「ふつう」の再生スピードがあるので初心者でも安心。 URL www.arukikata.co.jp/tabikaiwa

きまり文句

シン
Sim.
はい。

ナウン
Não.
いいえ。

ポル ファヴォール
Por favor !
どうぞ。（お願いします）

コモ
Como ?
何ですか？（聞き返すとき）

ウン ポウコ
Um pouco.
少しだけ。

エウ ソウ ジャポネース
Eu sou Japonês.
私は日本人です。（男性の場合）

エウ ソウ ジャポネーザ
Eu sou Japonêsa.
〃 （女性の場合）

エウ ナウン エンテンド ポルトゥゲース ベン
Eu não entendo português bem.
私はポルトガル語があまり話せません。

マイス デヴァガール ポル ファヴォール
Mais devagar, por favor.
もっとゆっくりお願いします。

マイス ウマ ヴェス ポル ファヴォール
Mais uma vez, por favor.
もう一度お願いします。

キ オーラス サン
Que horas são ?
何時ですか？

エウ ゴスト デスチ
Eu gosto deste.
私はこれが好きです。

オ キ エー イスト
O que é isto ?
これは何ですか？

オブリガード ペーラ ジェンチレーザ
Obrigado pela gentileza.
ご親切、感謝します。

オブリガード ペラ アテンサゥン
Obrigado pela atenção.
いろいろとお世話になりました。

入国審査

クアウ エーア フィナリダージ ダ ヴィアージェン
Qual é a finalidade da viagem ?
旅行の目的は何ですか？

トゥリズモ ネゴーシオ
Turismo(Negócio).
観光（商用）です。

クアントス ジアス ヴォセ ヴァイ フィカール ノ ブラジウ
Quantos dias você vai ficar no Brasil ?
何日間ブラジルに滞在しますか？

ドゥアス セマーナス
Duas semanas.
２週間です。

テン アウグマ コイザ キ デクララール
Tem alguma coisa que declarar ?
何か申告するものをお持ちですか？

セウ パッサポルチ ポル ファヴォール
Seu passaporte, por favor.
パスポートをお願いします。

シン エスタ アキ
Sim, está aqui.
はい、ここにあります。

オブリガード オブリガーダ
Obrigado.(男性) ／ Obrigada.(女性)
ありがとう。

市内観光

ダ リセンサ
Dá licença.
すみません。

オンジ フィーカ オ(ア)
Onde fica o(a)～?
～はどこですか？

コモ エウ ポッソ エンコントラール オ(ア)
Como eu posso encontrar o(a)～?
～へ行くには？

ヴァイ ヘットトレイス クアドラス デポイス ヴィリ エスケルダ
Vai reto 3 quadras. Depois vire esquerda.
３ブロック行って、左に曲がりなさい。

コモ シャーマ エスチ バイホ
Como chama este bairro ?
ここは何という区ですか？

オンジ ポッソ ペガール オ オニブス パラ
Onde posso pegar o ônibus para～?
～行きのバスには、どこで乗れますか？

エスタ ロンジ
Está longe ?
遠いですか？

エスタ ペルト
Está perto ?
近いですか？

ダ パラ イールア ペ
Dá para ir a pé ?
徒歩で行けますか？

クアントス ミヌートス レーヴァン
Quantos minutos levam ?
時間はどのくらいかかりますか？

エスチ オニブス ファス パラーダ ノ
Este ônibus faz parada no～?
このバスは～に止まりますか？

オンジ ポッソ コンプラール オ ビリェッチ
Onde posso comprar o bilhete ?
チケットはどこで買うのですか？

オ ムゼウ アブリ アテ キ オーラス
O museu abri até que horas ?
博物館の閉館は何時ですか？

アテ ～ ポル ファヴォール
Até ～, por favor.
～までお願いします。（タクシーで）

ミ アヴィーザ クアンド シェガール
Me avisa quando chegar～.
～に着いたら、知らせてください。

クアント クスタ アテ オ アエロポルト
Quanto custa até o aeroporto ?
空港までの料金はいくらですか？

プライア ジ コパカバーナ ポル ファヴォール
Praia de Copacabana, por favor.
コパカバーナ海岸まで行ってください。

ポル ファヴォール パリ アキ
Por favor, pare aqui.
ここで停めてください。

バランガンダンという
黒人のお守りを持つサルバドールの女性

案内所で

オンジ フィーカ オ ギッシェ ジ インフォルマソネス
Onde fica o guichê de informações ?
案内所はどこにありますか？

オンジ ポッソ ガニャール オ パンフレート ジ インフォルマソン
Onde posso ganhar o panfleto de informação ?
パンフレットはどこにありますか？

ポッソ ペガール エスタ マッパ
Posso pegar esta mapa ?
この町の地図を１枚もらっていいですか？

コモ ポッソ イール アテ ラ
Como posso ir até lá ?
そこへ行くにはどうしたらいいですか？

コン リセンサ オンジ エーア プラッサ ダ セー
Com licença, onde é a Praça da Sé ?
すみません、セー広場はどこですか？

ポル ファヴォール マルキ ネスチ マッパ
Por favor, marque neste mapa.
この地図に印を付けてください。

コモ シ シャーマ エスタ フア
Como se chama esta rua ?
この通りは何という名前ですか？

クアント エー ウマ エントラーダ
Quanto é uma entrada ?
入場料はひとりいくらですか？

ウン ビリェッチ ポル ファヴォール
Um bilhete, Por favor.
切符を１枚ください。

ポッソ ファゼール ア ヘゼルヴァ ド オテウ アキ
Posso fazer a reserva do hotel aqui ?
ここでホテルの予約ができますか？

ポル ファヴォール ミ アプレゼンチ ウン オテウ バラット ィ リンポ
Por favor, me apresente um hotel barato e limpo.
安くて清潔なホテルを紹介してください。

オンジ テン オ ポント ジ オニブス キ ファスオ パッセイオペラ シダージ
Onde tem o ponto de ônibus que faz o passeiopela cidade ?
町の名所を訪れるバスの乗り場はどこにありますか？

サニタリオ バニェイロ
sanitário／banheiro
トイレ

マスクリーノ オーメン セニョール カヴァリェイロ エリ
M／MASCULINO／HOMEM／SENHOR／CAVALHEIRO／ELE
男性用

フェミニーノ ムリェール セニョーラ ダーマ エラ
F／FEMININO／MULHER／SENHORA／DAMA／ELA
女性用

ホテル

シェッキイン ポル ファヴォール
Check-in, por favor.
チェックインをお願いします。

メウ ノーミ エー
Meu nome é~.
私の名前は～です。

エスチ エー オ コンプロヴァンチ ダ ヘゼルヴァ
Este é o comprovante da reserva.
これが確認書です。

シン エスタ ヘゼルヴァード
Sim, está reservado.
はい、うけたまわっております。

テン アウグン クアルト ジスポニーヴェウ
Tem algum quarto disponível ?
（予約なしで直接ホテルに行く場合）空き部屋はありますか？

クアンタス ノイチス フィカラ オスペダード
Quantas noites ficará hospedado ?
何泊しますか？

トゥレース ノイチス
Três noites.
３泊します。

ヴォセ コニェッシ アウグン ボン オテウ ドゥアス エストレーラス
Você conhece algum bom hotel duas estrelas ?
2つ星でも、しっかりしたホテルはありませんか？

役に立つポルトガル語

■便利な表現／よく見かける言葉

危ない！	Cuidado !（クイダード）
私は～が痛い。	Eu estou com dor de~（エウ エストウ コン ドール ジ）
病院	hospital（オスピタウ）
薬	remédio（ヘメジオ）
処方箋	receita（ヘセイタ）
薬局	farmácia（ファルマシア）
立ち入り禁止	Proibido entrada.（プロイビード エントラーダ）
禁煙	Proibido fumar.（プロイビード フマール）
撮影禁止	Proibido fotografar.（プロイビード フォトグラファール）
危険	Perigo（ペリーゴ）

■空　港

空港	aeroporto（アエロポルト）
航空券	passagem（パッサージェン）
運賃	tarifa de passagem（タリッファ ジ パッサージェン）
入国管理	imigração（イミグラソン）
手荷物	bagagem de mão（バガージェン ジ モン）
便（飛行機）	número do vôo（ヌーメロ ド ヴォウ）
出発時刻	horário da partida（オラーリオ ダ パルチーダ）
到着時刻	horário da chegada（オラーリオ ダ シェガーダ）
国際線	linha internacional（リーニャ インテルナシオナーウ）
国内線	linha doméstica（リーニャ ドメスチカ）
料金	tarifa（タリッファ）
行き	ida（イーダ）
帰り	volta（ヴォウタ）
乗り換え	baldeação（バウデアソン）
税関審査	inspeção alfandegária（インスペソン アウファンデガーリア）
パスポート	passaporte（パサポルチ）
荷物	bagagem（バガージェン）
飛行機	avião（アヴィオン）
再確認（予約の）	reconfirmação（ヘコンフィルマソン）
無料	grátis（グラッチス）

■機内

座席番号	número do assento（ヌーメロ ド アセント）
窓際席	assento do lado da janela（アセント ド ラード ダ ジャネーラ）
禁煙	proibido fumar（プロイビード フマール）
非常口	saída de emergência（サイーダ ジ エメルジェンシア）
救命胴衣	colete salva-vidas（コレッチ サウヴァ ヴィーダス）
枕	travesseiro（トゥラヴェセイロ）
毛布	cobertor（コベルトール）
空き/使用中	desocupado／ocupado（デゾクパード オクパード）
席に戻ってください	volte ao assento（ヴォウチ アオ アセント）

■市内観光

道	rua（フア）
大通り	avenida（アヴェニーダ）
左	esquerda（エスケルダ）
右	direita（ジレイタ）
角	esquina（エスキーナ）
広場	praça（プラッサ）

テン　ウン　クアルト　ジ　ソウテイロ　カザウ
Tem um quarto de solteiro(casal) ?
シングル（ダブル）の部屋はありますか？

ポッソ　ヴェールオ　クアルト
Posso ver o quarto ?
部屋を見せてもらえますか？

コン　バーニョ　セン　バーニョ
com banho(sem banho)
バス付き（なし）

コン　シュヴェイロ
com chuveiro
シャワー付き

ミ　アコルジ　ポル ファヴォール
Me acorde～por favor.
～時に起こしてください。

ポル ファヴォール ミ エスクレーヴァ オ エンデレッソ　デスチ　オテウ
Por favor me escreva o endereço deste hotel.
このホテルの住所を書いてください。

テン　ウン　クアルト　ジ　ソウテイロ
Tem um quarto de solteiro ?
ひとり部屋は空いてますか？

クアント　エー ア ジアーリア
Quanto é a diária ?
１泊いくらですか？

アセイタ　シェッキ　トゥリズモ　カルタウン ジ　クレージト
Aceita cheque turismo(cartão de crédito) ?
トラベラーズチェック（クレジットカード）を使えますか？

テン　ウン　クアルト　マイス　バラット
Tem um quarto mais barato ?
もっと安い部屋はありませんか？

フェッシェイ ア　ポルタ　セン　トラゼール ア　ミーニ　シャーヴィ
Fechei a porta sem trazer a minha chave.
部屋に鍵を置いたままドアを閉めてしまいました。

エスチ　クアルト　ナウン　テン　アグア　ケンチ　ケーロ
Este quarto não tem água quente. Quero
トロカール　ジ　クアルト
trocar de quarto.
お湯が出ません。部屋を替えたいです。

オ　クアルト　アオ ラード　エー　バルリェント
O quarto ao lado é barulhento.
隣の部屋がうるさいのです。

ナウン　テン　トアーリャ
Não tem toalha.
タオルがないのですが。

ア　デスカールガ　リニターリア ナウン　エスタ　フンショナンド
A descarga sanitária não está funcionando.
トイレの水が流れないのですが。

クアウ エー オ　オラリオ　ド　カフェ　ダ　マニャン
Qual é o horário do café da manhã ?
朝食の時間は何時ですか？

スーコ　ジ　ラランジャ　ドイス オーヴォス フリットス　プレズント
Suco de laranja, dois ovos fritos, presunto
イ　バタータ フリータ　ポル ファヴォール
e batata frita, por favor.
オレンジジュース、卵は２個、目玉焼きで、それとハムにフライドポテトを付けてください。

ケーロ　キ　ミ　アコルジ　アス　セッチ　イ　メイア
Quero que me acorde às sete e meia
アマニャン　ジ　マニャン　ポル　ファヴォール
amanhã de manhã por favor.
明朝７時半に起こしてください。

セラ　キ　ポージ　グァルダール ア ミーニャ　バガージェン
Será que pode guardar a minha bagagem ?
荷物を預かってもらえますか？

ア　キ　オーラス ヴェンシィ ア ジアーリア ネスチ　オテウ
A que horas vence a diária neste hotel ?
このホテルのチェックアウトは何時ですか。

レーヴィア　マーラ アテ　オ　ロビー　アマニャン　ジ　マニャン
Leve a mala até o lobby amanhã de manhã.
明日の朝、荷物をロビーまで下ろしてほしいのですが。

シン　クアウ　オ　オラーリオ　ダ　パルチーダ
Sim, qual o horário da partida ?
はい、出発は何時ですか？

ケーロ　フィカール マイス　ウマ　ノイチ
Quero ficar mais uma noite.
もう１泊したいのですが。

ショッピング

テン
Tem ～
～はありますか？

エスチ　ポル ファヴォール
Este, por favor.
これをください。

ムイント　カーロ
Muito caro.
高過ぎます。

デスコント　ポル ファヴォール
Desconto, por favor.
もっと安くしてください。

テン　マイオーレス　メノーレス
Tem maiores(menores) ?
もっと大きい（小さい）のがありますか？

パラ　キ　セルヴィ イスト
Para que serve isto ?
これは何に使うのですか？

ポル ファヴォール　ケーロ　ヴェール エスチ
Por favor quero ver este.
すみません、これを見たいのですが。

ポッソ　エスペリメンタール
Posso experimentar ?
試着してみていいですか？

テン　ウン　マイス　バラート
Tem um mais barato ?
もう少し安いのはありませんか？

ポデリーア アジュスタール ア　メジーダ
Poderia ajustar a medida ?
寸法を直してもらえますか？

エスタ　コン　ディフェイト　ケーロ　トロカール　ポル　ファヴォール
Está com defeito, quero trocar por favor.
壊れているので、交換してください。

ナウン　テン　デスコント
Não tem desconto ?
まけてくれませんか？

クアント　クスタ
Quanto custa ?
いくらですか？

エスチ　ナウン　ミ　アグラーダ
Este não me agrada.
これは気に入りません。

どこででも売られているサッカーのユニホーム

列車・長距離バス

キ　オーラ　ヴァイサイル オ　オニブス　パラ
Que hora vai sair o ônibus para～?
～行きは何時に出ますか？

キ　オーラ　ヴァイ　シェガール　エン
Que hora vai chegar em～?
～には何時に着きますか？

クアントス　オーラス　アテ
Quantas horas até～?
～まで、どのくらい時間がかかりますか？

テン　ポルトローナ　ナ　ジャネーラ　コヘドール
Tem poltrona na janela(corredor) ?
窓側（通路側）の座席はありますか？

パンタナールのミュージシャン

ポル ファヴォール ミ ジ ウマ パッサージェン パラ サン パウロ
Por vavor, me de uma passagem para São Paulo.
サン・パウロまで切符を１枚ください。

ジ クアウ プラッタフォルマ サイ オ トレン オニブス
De qual plataforma sai o trem(ônibus)
パラ サン パウロ
para São Paulo ?
サン・パウロ行きの列車（バス）はどのホームから出ますか？

ケーロ コンプラール ウマ パッサージェン パラ オ ヒオ ジ ジャネイロ
Quero comprar uma passagem para o Rio de Janeiro.
リオ・デ・ジャネイロ行きの切符を１枚ください。

エスチ トレン オニブス ヴァイ パラ オ ヒオ ジ ジャネイロ
Este trem(ônibus)vai para o Rio de Janeiro ?
この列車（バス）はリオ・デ・ジャネイロへ行きますか？

レストラン

テン アウグン ヘストランチ キ セーヴィ プラットス
Tem algum restauraute que serve pratos
バラートス イ ゴストーゾス
baratos e gostosos ?
この辺に安くておいしいレストランはありますか？

アロー エー オ ヘスタウランチ ブラズィル
Alô, é o restaurante Brasil ?
もしもし。レストラン・ブラジルですか？

ケーロ ウマ ヘゼルヴァ パラ ドゥアス ペソアス
Quero uma reserva para duas pessoas,
アス セッチ オーラス ダ ノイチ ジ オージ
as sete horas da noite de hoje.
今晩７時に２名で予約をお願いしたいのですが。

デスクルピ エスタ ロタード
Desculpe, está lotado.
すいません。満席です。

シン ポデモス ヘゼルヴァール
Sim, podemos reservar.
はい。お取りできます。

ポル ファヴォール ミ トゥラガ オ カルダッピオ
Por favor, me traga o cardápio.
メニューを持ってきてください。

クアウ エー オ プラット ド ジア
Qual é o prato do dia ?
日替わり定食は何ですか？

クアウ オ プラット マイス ヴェンジード ダ カーザ
Qual o prato mais vendido da casa ?
どの料理が最も売れていますか？

テン プラット チピコ デスタ ヘジアウン
Tem prato típico desta região ?
土地の名物料理はありますか？

ポル ファヴォール ミ トゥラガ アケーリ メズモ プラット
Por favor, me traga aquele mesmo prato.
あれと同じ料理をください。

ナウン ペジー エスチ プラット
Não pedi este prato.
私はこの料理を注文していません。

ア コンタ ポル ファヴォール
A conta, por favor.
お勘定をお願いします。

エストウ ムイント サチスフェイト
Estou muito satisfeito.
もう十分にいただきました。

役に立つポルトガル語

公園	Parque（パルキ）
郵便局	correio（コヘイオ）
小包	pacote（パコッチ）
書留便	carta registrada（カルタ ヘジストラーダ）
切手	selo（セーロ）
住所	endereço（エンデレッソ）
日付	data（ダッタ）
警察	polícia（ポリシア）
旅行会社	agência de turismo（アジェンシア ジ トゥリズモ）
教会	igreja（イグレージャ）
橋	ponte（ポンチ）
ビル	prédio（プレージオ）
動物園	Jardim zoológico（ジャルジン ゾーロジコ）

■ホテル

荷物一時預かり所	depósito de bagagem（デポジト ジ バガージェン）
フロント	recepção（ヘセプソン）
お湯	água quente（アグア ケンチ）
冷水	água fria（アグア フリア）
バス付きの部屋	apartamento（アパルタメント）
ダブル	quarto de casal（クアルト ジ カザウ）
シングル	quarto de solteiro（クアルト ジ ソウテイロ）
ツイン	quarto com duas camas（クアルト コン ドゥアス カーマス）
浴室	banheiro（バニェイロ）
階段	escada（エスカーダ）
冷蔵庫	geladeira（ジェラデイラ）
シャワー	chuveiro（シュヴェイロ）
チェックアウト時間	horário de saída（オラリオ ジ サイーダ）
清潔な	limpo（リンポ）
汚い	sujo（スージョ）
ベッド	cama（カーマ）
鍵	chave（シャーヴィ）
予約する	reservar（ヘゼルヴァール）
エアコン	ar condicionado（アル コンディショナード）
非常口	saída de emergência（サイーダ ジ エメルジェンシア）

■レストラン

メニュー	cardápio（カルダッピオ）
食事	comida（コミーダ）
コップ	copo（コッポ）
安い	barato（バラート）
高い	caro（カーロ）
値引き	desconto（デスコント）
税金	imposto（インポスト）
おつり	troco（トロッコ）
レジ	caixa（カイシャ）

■銀行／両替所

銀行	banco（バンコ）
現金	dinheiro（ジニェイロ）
両替	câmbio（カンビオ）
公定レート	câmbio oficial（カンビオ オフィシアウ）

銀行・両替

オンジ エーオ バウカウン ジ トゥロッカ
Onde é o balcão de troca ?
両替所はどこですか？

トゥロッキ エン ミゥードス ポル ファヴォール
Troque em miúdos , por favor.
（紙幣を渡して）これを細かくしてもらえますか？

ポージ ファゼール オ カンビオ デスチ シェッキ ジ ヴィアージェン
Pode fazer o câmbio deste cheque de viagem ?
このトラベラーズチェックを両替できますか？

クアント クスタ カンビオ ジ オージ
Quanto custa câmbio de hoje ?
今日のレートはいくらですか？

ケーロ トゥロカール ドラレス アメリカーノス エン ヘアウ
Quero trocar dólares americanos em Real.
アメリカ・ドルをレ（ヘ）アルに替えたいのです。

ポル ファヴォール トロッキ エスタ ノッタ パラ ミン
Por favor, troque esta nota para min.
この紙幣を両替してください。

クアウ オ カンビオ ド ドラ オージ
Qual o câmbio do dólar hoje ?
今日のドル相場はいくらですか？

アテ キ オーラス エー オ オラリオ バンカリオ
Até que horas é o horário bancário ?
銀行の営業時間は何時までですか？

電　話

エウ ケーロ リガール パラ オ ジャポン
Eu quero ligar para o Japão.
日本へ電話をかけたいのです。

クアウ エー オ ヌメロ
Qual é o número ?
何番ですか？

ア リーニャ エスタ オクパーダ
A Linha está ocupada.
話し中です。

ニンゲン アテンジ
Ninguem atende.
誰も出ません。

アロー
Aló.
もしもし。

エスチ テレフォーニ エスター コン デフェイト
Este telefone está com defeito.
この電話は故障しています。

トラブルに対処する

ソコッホ
Socorro !
助けて！

ペーガ ラドロン
Pega ladrão !
泥棒をつかまえて！

リーガ パラ ア ポリシア
Liga para a polícia !
警察に電話して！

クイダード
Cuidado !
危ない！

ハーッピド
Rapido !
急いで！

パーリ
Pare !
やめて！

アマゾンでは高級観賞魚
アロワナも食用に

トラベラーズチェック	シェッキ ジ トゥリズモ	cheque de turismo
クレジットカード	カルタウン ジ クレージト	cartão de crédito

■駅／バスターミナルで

切符	ビリェッチ	bilhete
切符売り場	ビリェテリア	bilheteria
駅	エスタソン	estação
出口	サイーダ	saída
入口	エントラーダ	entrada
バスターミナル	テルミナル ホドヴィアーリオ	terminal rodoviário
停まる	パラール	parar
急行	エスプレッソ	expresso
出発	パルチーダ	partida
到着	シェガーダ	chegada
東	レスチ	leste
西	オエスチ	oeste
南	スウ	sul
北	ノルチ	norte
信号	セマッファロ	semáforo
港	ポルト	porto
海	マール	mar
湖	ラーゴ	lago
山	モンターニャ	montanha
河	ヒオ	rio

■電話

電話局	コンパニーア テレフォニカ	companhia telefônica
電話	テレフォーニ	telefone
電話交換手	テレフォニスタ	telefonista
国際電話	シャマーダ インテルナシオナウ	chamada internacional
電話番号	ヌーメロ ジ テレフォーニ	número de telefone
コレクトコール	リガソン ア コブラール	ligação á cobrar

■そのほかの日常語

今日	オージ	hoje
明日	アマニャン	amanhã
昨日	オンテン	ontem
午前に	ジ マニャン	de manhã
午後に	ア タルジ	à tarde
夜に	ア ノイチ	à noite
すぐに	ローゴ	logo
今	アゴーラ	agora
あとで	デポイス	depois
ここ	アキ	aqui
あそこ	アケーリ	aquelo
日、日中	タルジ	tarde
月	メス	mês
週	セマーナ	semana
年	アーノ	ano
春	プリマヴェーラ	Primavera
夏	ヴェラウン	verão
秋	オウトーノ	outono

紛失・盗難に遭ったら

ペルジーア ミーニャ バガージェン オ メウ パッサポルチ
Perdi a minha bagagem(o meu passaporte).
荷物（パスポート）をなくしました。

ナウン アショ ア ミーニャ バガージェン
Não acho a minha bagagen.
私の荷物が見つかりません。

ポル ファヴォール エザミニ ローゴ
Por favor examine logo.
至急調べてください。

ポル ファヴォール アヌーリ メウ カルタウン
Por favor anule meu cartão.
カードを無効にしてください。

メウ ヘロージオ ジニェイロ フォイ ホウバード
Meu relógio(dinheiro)foi roubado.
時計（お金）を盗られました。

オンジ エーア ヘパルチサオン ダス コイザス ペルジーダス
Onde é a repartição das coisas perdidas？
遺失物係はどこですか？

オンジ ポッソ エンコントラール アルゲン キ ファーラ エン ジャポネース
Onde posso encontrar alguem que fala em Japonês？
日本語を話せる人はどこにいますか？

病気になったら

エウ エストウ コン ヘスフリアード
Eu estou com resfriado.
風邪をひきました。

エストウ ミ センチンド マウ
Estou me sentindo mal.
気分が悪いんです。

レーヴィ ミ アオ オスピタウ ポル ファヴォール
Leve-me ao hospital, por favor.
病院へ連れていってください。

エストウ コン ファーブリ
Estou com febre.
熱があります。

エーアキ キ エスタ ドエント ウン ポウコ バスタンチ
É aqui que está doendo um pouco(bastante).
ここが少し（ひどく）痛いです。

ヴォミテイ ヴァリアス ヴェーゼス
Vomitei várias vezes.
何回か吐きました。

エストウ コン ジアヘイア
Estou com diarréia.
下痢をしています。

役に立つポルトガル語

冬	インヴェルノ	inverno
1(2)時間	ウマ（ドゥアス）オーラ	uma (duas) hora
曜日	フェイラ	feira
日曜	ドミンゴ	domingo
月曜	セグンダ フェイラ	segunda-feira
火曜	テルサ フェイラ	terça-feira
水曜	クアルタ フェイラ	quarta-feira
木曜	キンタ フェイラ	quinta-feira
金曜	セスタ フェイラ	sexta-feira
土曜	サバド	sábado
1月	ジャネイロ	janeiro
2月	フェヴェレイロ	fevereiro
3月	マルソ	março
4月	アブリウ	abril
5月	マイオ	maio
6月	ジュニョ	junho
7月	ジュリョ	julho
8月	アゴスト	agosto
9月	セテンブロ	setembro
10月	オウトゥブロ	outubro
11月	ノヴェンブロ	novembro
12月	デゼンブロ	dezembro

■体のパーツ

目	オーリョ	olho
耳	オレーリャ	orelha
おなか	バヒーガ	barriga
ひざ	ジョエーリョ	joelho
脚	ペルナ	perna
のど	ガルガンタ	garganta
胸	ペイト	peito
背中	コスタス	costas
頭	カベーサ	cabeça
骨	オッソ	osso

COLUMN ブラジルの野外のお茶

ブラジル内陸部の野外で、例えば牛を追うペオンPeãoの人たちが必ず持っているものといえば、牛の角で作ったお茶を飲む容器グワンパと、水を入れているポリ容器だ。グワンパの中にはマテ茶の粉がいっぱい詰まっていて、ひと息つくたびにポリ容器から水を入れ、ボンバと呼ばれる金属製のこし器付きストローで飲む。このお茶のことをテレレといい、ブラジル以外にもパラグアイやアルゼンチンで飲まれている（マテ茶と呼ばれている）。茶葉がぎっしりと詰まっていて、何度でも水を入れて飲む。水を入れたテレレを手渡されたら、ストローを使って一気に飲み干すのが流儀。口の中に日本の緑茶とはちょっと違う、草のさわやかな香りが広がる。アルゼンチンでは砂糖を入れ、甘くして飲む人も。テレレを温かくしたのがシマホンで、こちらはひょうたんのような植物で作った容器で飲む。ガラナなど甘い清涼飲料水が主流のブラジルで、とても健康的な飲み物といえる。

各自テレレを飲むオリジナルの容器を持参している

料理&素材表

Aperitivo（アペリチーヴォ） 食前酒

ショッピ	Chope	生ビール
ピンガ カシャーサ	Pinga, Cachaça	ピンガ、カシャーサ
コケテウ	Coquetel	カクテル
ダイキリ	Daiquiri	ダイキリ
シャンパーニャ	Champanha	シャンパン
ヴィーニョ チント	Vinho Tinto	赤ワイン
ヴィーニョ ブランコ	Vinho Branco	白ワイン
ヴィーニョ ホゼ	Vinho Rosé	ロゼワイン
セルヴェージャ	Cerveja	ビール
ウイスキ	Uísque	ウイスキー
ウイスキ コン アグア	Uísque com água	水割り
コニャッキ	Conhaque	ブランデー

Bebida（ベビーダ） 飲み物

スッコ ジ ラランジャ	Suco de Laranja	オレンジジュース
アグア ミネラウ	Água Mineral	ミネラルウオーター
カフェ	Café	コーヒー
レイチ	Leite	牛乳
シャ コン リモン	Chá com Limão	レモンティー
シャ コン レイチ	Chá com Leite	ミルクティー
ショコラッチ	Chocolate	ココア
シマホン	Chimarrão	マテ茶

Sopa（ソーパ） スープ

コンソメ	Consomé	コンソメスープ
クレーミ	Creme	ポタージュ
ソーパ ジ ガリーニャ	Sopa de Galinha	チキンスープ
ソーパ ジ レグーメス	Sopa de Legumes	野菜スープ
ソーパ ジ カルニ	Sopa de Carne	肉のスープ
ソーパ ジ ペイシ	Sopa de Peixe	魚のスープ

Ovo（オヴォ） 卵

オヴォ フリット	Ovo Frito	目玉焼き
オヴォ コジード	Ovo Cozido	ゆで卵
オメレッチ	Omelete	オムレツ

Frutos do Mar e Peixes（フルートス ド マール イ ペイシス） 魚介類

パルゴ	Pargo	タイ	ポウヴォ	Polvo	タコ
アトゥン	Atum	マグロ	ルーラ	Lula	イカ
サウモン	Salmão	サケ	シリ	Siri	カニ
サルジーニャ	Sardinha	イワシ	ラゴスタ	Lagosta	伊勢エビ
トゥルータ	Truta	マス	カマラウン	Camarão	エビ
バカリャウ	Bacalhau	タラ	オストラ	Ostra	カキ
リングァード	Linguado	ヒラメ	タンバキ	Tambaqui	タンバキ(川魚)
ペイシ セーハ	Peixe Serra	カツオ	ツクナレー	Tucunaré	ツクナレー(川魚)

Carnes（カルネス） 肉

カルニ ジ ヴァッカ	Carne (de vaca)	牛肉
ヴィテーラ	Vitela	仔牛肉
カルニ ジ ポルコ	Carne de Porco	豚肉
フランゴ	Frango	鶏肉
カルニ ジ カルネイロ	Carne de Carneiro	羊肉
パト	Pato	鴨
フィガド	Fígado	レバー
カルニ ジ コエーリョ	Carne de Coelho	ウサギ肉
シュハスコ	Churrasco	バーベキュー(焼肉料理)
リングイッサ	Linguiça	腸詰め
ピカーニャ	Picanha	もも肉(ランプ肉)
コステーラ	Costela	あばら(リブ)肉
クッピン	Cupim	セブ牛のコブ
コントゥラ フィレ	Contra filé	フィレ肉
コラサウン	Coração	鶏の心臓
サウシッシャ	Salsicha	ソーセージ
プレズント	Presunto	ハム
グレリャード	Grelhado	網焼きにした
コジード エン フォーゴ レント	Cozido em Fogo Lento	煮込んだ
フリット	Frito	揚げた
コジード	Cozido	蒸した
デフマード	Defumado	燻製にした

Verduras（ヴェルドゥーラス） 野菜

セボーラ	Cebola	タマネギ
セノウラ	Cenoura	ニンジン
トマチ	Tomate	トマト

アルファッシ	Alface	レタス
ペピーノ	Pepino	キュウリ
ヘポリョ	Repolho	キャベツ
ピメントン	Pimentão	ピーマン
エスピナフレ	Espinafre	ホウレン草
アボーボラ	Abóbora	カボチャ
バタタ	Batata	ジャガイモ
バタタ ドッセ	Batata Doce	サツマイモ
ピメンタ	Pimenta	赤トウガラシ
ナーボ	Nabo	大根
ミーリョ	Milho	トウモロコシ
アスパルゴ	Aspargo	アスパラガス
ソージャ	Soja	大豆
フェイジョン	Feijão	インゲン豆
ベリンジェーラ	Berinjela	ナス
コウヴィ フロール	Couve- Flor	カリフラワー
パウミット	Palmito	ヤシの新芽
アーリョ	Alho	ニンニク
ジェンジブリ	Gengibre	ショウガ
サウシニャ	Salsinha	パセリ

Fruta（フルッタ） フルーツ

ラランジャ	Laranja	オレンジ	メロン	Melão	メロン
リモン	Limão	レモン	モランゴ	Morango	イチゴ
トロンジャ	Toronja	グレープフルーツ	ウーヴァ	Uva	ブドウ
マサン	Maçã	リンゴ	ペッセゴ	Pêssego	モモ
バナナ	Banana	バナナ	マンガ	Manga	マンゴー
アバカシ	Abacaxi	パイナップル	ペーラ	Pera	ナシ
マモン パパイア	Mamão Papaia	パパイヤ	フィーゴ	Figo	イチジク
メランシーア	Melancia	スイカ	ゴイアバ	Goiaba	グァバ
セレージャ	Cereja	サクランボ			

Sobremesa（ソブレメーザ） デザート

ボーロ	Bolo	ケーキ
トルタ	Torta	パイ
プジン	Pudim	プリン
ソルヴェッチ	Sorvete	アイスクリーム
ソルヴェッチ ジ パリト	Sorvete de Palito	シャーベット
ビスコイト	Biscoito	クッキー

Condimento（コンジメント） 調味料

アスーカル	Açúcar	砂糖
サウ	Sal	塩
ピメンタ	Pimenta	胡椒
オーレオ	Óleo	油
ヴィナーグリ	Vinagre	酢
モーリョ イングレス	Molho Inglês	ソース
モスタルダ	Mostarda	マスタード
マイオネージ	Maionese	マヨネーズ
カチュッピ	Catchup	ケチャップ

その他

アグア	Água	水
アグア ケンチ	Água Quente	お湯
アホス コジード	Arroz Cozido	ライス
パウン	Pão	パン
エスパゲッチ	Espaguete	スパゲティ
パウン トハード	Pão Torrado	トースト
ジェレイラ	Geléia	ジャム
カフェ ダ マニャン	Café da Manhã	朝食
アウモッソ	Almoço	昼食
ジャンタ	Janta	夕食

■数　字

		11	onze（オンジ）	40	quarenta（クアレンタ）
1	um（ウン）	12	doze（ドージ）	50	cinquenta（シンクエンタ）
2	dois（ドイス）	13	treze（トレジ）	60	sessenta（セセンタ）
3	três（トレス）	14	catorze（カトルジ）	70	setenta（セテンタ）
4	quatro（クァトロ）	15	quinze（キンジ）	80	oitenta（オイテンタ）
5	cinco（シンコ）	16	dezeseis（デゼセイス）	90	noventa（ノヴェンタ）
6	seis（セイス）	17	dezesete（デゼセッチ）	100	cem（セン）
7	sete（セッチ）	18	dezoito（デゾイト）	1,000	mil（ミウ）
8	oito（オイト）	19	dezenove（デゼノーヴィ）	10,000	dez mil（デス ミウ）
9	nove（ノーヴィ）	20	vinte（ヴィンチ）	100,000	cem mil（セン ミウ）
10	dez（デス）	30	trinta（トリンタ）	1,000,000	un milhão（ウン ミリァオン）

旅のスペイン語

スペイン語の読み方は簡単！

基本的にスペイン語は子音と母音の組み合わせでできている。つまりローマ字と同じように読んでいけばほぼよいわけで、日本人にとってはとてもなじみやすい。ただし、いくつかの例外はある。それさえ覚えてしまえば、あとは実践あるのみ！

❶「h」は発音しない。例：hotelオテル（ホテル）、habitaciónアビタシオン（部屋）
❷「ñ」はニャ行、「ll」はジャかリャ行で読む。
❸ハ行（日本語よりもっと強くのどの奥から出す）ja、ji、ju、je、jo、gi、ge
❹カ行　ca、qui、cu、que、co
　ガ行　ga、gui、gu、gue、go
❺「z」は「s」と同じ発音。
❻単語の初めに来る「r」とn、l、sのあとに来る「r」、および語中の「rr」は、巻き舌のｒの音。
❼アクセントは、母音またはn、sで終わる単語では最後から２番目の音節にあり、他の単語は最後の音節にある。例外は、「ˊ」で示されているところにアクセント。

あいさつ

ブエノス　ディアス
Buenos días.
　おはよう。

ブエナス　タルデス
Buenas tardes.
　こんにちは。

ブエナス　ノーチェス
Buenas noches.
　こんばんは。おやすみなさい。

オラ
¡ Hola !
　やあ。

グラシアス
Gracias.
　ありがとう。

デ　ナーダ
De nada.
　どういたしまして。

コモ　エスタ
¿ Cómo está ?
　お元気ですか。

エストイ　ビエン
Estoy bien.
　元気です。

ムチョ　グスト
Mucho gusto.
　はじめまして。

フェリシダーデス
¡ Felicidades !
　おめでとう。

アディオス
Adiós.
　さようなら。

アスタ　マニャーナ
Hasta mañana.
　また明日。

アスタ　ルエゴ
Hasta luego.
　またあとで。

ペルドン
Perdón.
　ごめんなさい。（謝るとき）

コン　ペルミッソ
Con permiso.
　すみません。（人の前を通るときや、途中で席を立つときなど）

サルー
¡ Salud !
　「乾杯！」（健康を祝して！）

きまり文句

スィ　ノ
Sí.／No.
　はい。／いいえ。

ポル　ファボール
Por favor.
　どうぞ。（お願いします）

コモ
¿ Cómo ?
　何ですか？（聞き返すとき）

エスタ　ビエン
Está bien.
　OK。

ウン　ポコ
Un poco.
　少しだけ。

ソイ　ハポネス
Soy Japonés.
　私は日本人です。（男性の場合）

ソイ　ハポネサ
Soy Japonesa.
　〃　（女性の場合）

ノ　エンティエンド　ビエン　エスパニョール
No entiendo bien Español.
　スペイン語はよくわかりません。

マス　デスパシオ　ポル　ファボール
Más despacio, por favor.
　もっとゆっくりお願いします。

オトラ　ベス　ポル　ファボール
Otra vez, por favor.
　もう一度お願いします。

ケ　オラ　エス
¿ Qué hora es ?
　何時ですか？

ソン　ラス　シエテ　イ　メディア
Son las siete y media.
　７時半です。

メ　グスタ　エスト
Me gusta esto.
　私はこれが好きです。

ムイ　ビエン
Muy bien.
　たいへんけっこうです。

ケ　エス　エスト
¿ Qué es esto ?
　これは何ですか？

クイダード
¡ Cuidado !
　危ない！

ノ　セ　プレオクーペ
No se preocupe.
ご心配なく。

ロ　シエント
Lo siento.
残念です。／すみません。

入国審査

クアントス　ディアス バ ア エスタール エン　ベネスエラ
¿ Cuántos dias va a estar en Venezuela ?
何日間ベネズエラに滞在しますか？

ドス　セマーナス
Dos semanas.
２週間です。

ティエネ アルゴ　ケ　デクララール
¿ Tiene algo que declarar ?
何か申告するものをお持ちですか？

ノ　トドス　ソン　ミス　コサス　ペルソナーレス
No, todos son mis cosas personales.
いいえ、すべて私の身の回り品です。

ス　パサポルテ　ポル　ファボール
Su pasaporte, por favor.
パスポートをお願いします。

スィ　アキー　エスタ
Sí, aquí está.
はい、ここにあります。

エスタ　ビエン　パセ
Está bien. Pase.
けっこうです。お通りください。

グラシアス
Gracias.
ありがとう。

市内観光

ペルドン
Perdón.
すみません。

ドンデ　エスタ
¿ Dónde está～?
～はどこですか？

パラ　イール ア
¿ Para ir a～?
～へ行くには？

バ トレス クアドラス デレーチョ イ ダ ラ ブエルタ ア ラ イスキエルダ
Va 3 cuadras derecho y da la vuelta a la izquierda.
３ブロック真っすぐ行って、左に曲がりなさい。

ドンデ　エストイ
¿ Dónde estoy ?
私はどこにいるのでしょうか？

ドンデ　プエド　トマール　エル　アウトブス　パラ
¿ Dónde puedo tomar el autobús para～?
～行きのバスには、どこで乗れますか？

エスタ　レホス
¿ Está lejos ?
遠いですか？

エスタ　セルカ
¿ Está cerca ?
近いですか？

プエド　イール　カミナンド
¿ Puedo ir caminando ?
徒歩で行けますか？

クアント　セ　タルダ　エン ジェガール ア
¿ Cuánto se tarda en llegar a ～?
～へ着くにはどれくらいかかりますか？

ア　ケ　オラ　シエラ　エル　ムセオ
¿ A qué hora cierra el museo ?
博物館は何時に閉まりますか？

ア　ポル ファボール
A～, por favor.
～までお願いします。（タクシーで）

■便利な表現／よく見かける言葉

無料	グラティス Gratis
撮影禁止	ノ フォトグラフィアール No fotografiar
禁煙	プロイビード フマール Prohibido fumar
立ち入り禁止	プロイビード エントラール Prohibido entrar
危険	ペリグロ Peligro

■空　港

飛行機	アビオン avión
空港	アエロプエルト aeropuerto
入国管理	ミグラシオン migración
ツーリストカード	タルヘータ デ トゥリスタ tarjeta de turista
手荷物	エキパッヘ デ マーノ equipaje de mano
（飛行機の）便	ブエロ vuelo
行き	イダ ida
帰り	ブエルタ vuelta
税関	アドゥアーナ aduana
パスポート	パサポルテ pasaporte
荷物	エキパッヘ equipaje
（予約の）再確認	レコンフィルマシオン reconfirmación

■市内観光

観光	トゥリスモ turismo
散歩	パセオ paseo
大通り	アベニーダ avenida
通り	カジェ calle
ブロック	クアドラ cuadra
左へ	ア ラ イスキエルダ a la izquierda
右へ	ア ラ デレーチャ a la derecha
真っすぐ	デレーチョ　レクト derecho ／ recto
郵便局	コレオ correo
警察	ポリシーア policía
旅行会社	アゲンシア デ ビアッヘ agencia de viaje
角	エスキーナ esquina
広場	プラサ plaza
教会	イグレシア iglesia
薬局	ファルマシア farmacia

■ホテル

料金	タリファ tarifa
荷物一時預かり	コンシグナ consigna
フロント	レセプシオン recepción
湯	アグア カリエンテ agua caliente
チェックアウトタイム	オラ デ サリーダ hora de salida
石鹸	ハボン jabón
清潔な	リンピオ limpio
汚い	スシオ sucio
ベッド	カマ cama
鍵	ジャーベ llave
予約する	レセルバール reservar
タオル	トアージャ toalla

アビセメ　クアンド　ジェゲモス　ア
Avíseme cuando lleguemos a～.
～に着いたら知らせてください。

ラバトリオ　セルビシオス　バーニョ
lavatorio ／ servicios ／ baño
トイレ

セニョーレス　カバジェーロス　オンブレス
señores ／ caballeros ／ hombres
男性用

セニョーラス　ダマス　ムヘーレス
señoras ／ damas ／ mujeres
女性用

ホテル

アイ　アルグン　オテル　エコノミコ　イ　リンピオ
¿ Hay algún hotel económico y limpio?
エコノミーで清潔なホテルはありませんか？

ティエネ　ウナ　アビタシオン　シンプレ　ドブレ
¿ Tiene una habitación simple (doble)?
シングル（ダブル）ルームはありますか？

プエド　ベール　ラ　アビタシオン
¿ Puedo ver la habitación?
部屋を見せてもらえますか？

ノ　ティエネ　オートラ　アビタシオン　マス　バラータ
¿ No tiene otra habitación más barata ?
もっと安い部屋はほかにありませんか？

コン　シン　バーニョ　プリバード
con (sin) baño privado
バス付き（なし）

コン　ドゥーチャ
con ducha
シャワー付き

エスタ　インクルイード　エル　デサジューノ
¿ Está incluido el desayuno ?
朝食は付いてますか？

プエデ　デスペルタールメ　ア ラス
¿ Puede despertarme a las～?
～時に起こしてもらえますか？

エル アイレ　アコンディシオナード　ノ　フンシオナ　ビエン
El aire acondicionado no funciona bien.
エアコンの調子がよくありません。

ノ　サレ　アグア　カリエンテ
No sale agua caliente.
お湯が出ません。

トアージャ　ポル　ファボール
Toalla, por favor.
タオルをください。

デメ　ラ　ディレクシオン　デ　エステ　オテル
Deme la dirección de este hotel.
このホテルの住所を教えてください。

ショッピング

ティエネ
¿ Tiene～?
～はありますか？

プエド　ベール　エスト
¿ Puedo ver esto ?
これを見せてもらえますか？

クアント　クエスタ
¿ Cuánto cuesta ?
いくらですか？

エスト　ポル　ファボール
Esto, por favor.
これをください。

エス　ムイ　カーロ
¡ Es muy caro !
高過ぎる。

マス　バラート　ポル　ファボール
Más barato, por favor.
もっと安くしてください。

マス　グランデ
Más grande.
もっと大きいのを。

マス　ペケーニョ
Más pequeño.
もっと小さいのを。

パラ　ケ　シルベ　エスト
¿ Para qué sirve esto?
これは何に使うのですか？

レストラン

ラ　カルタ　ポル　ファボール
La carta, por favor.
メニューをお願いします。

ウン　カフェ　ポル　ファボール
Un café, por favor.
コーヒーをひとつお願いします。

ラ　クエンタ　ポル　ファボール
La cuenta, por favor.
お勘定をお願いします。

銀行・両替

セ　カンビア　エステ　チェケ
¿ Se cambia este cheque ?
このチェックは両替できますか？

ア　コモ　エスタ　エル　カンビオ　デ　オイ
¿ A cómo está el cambio de hoy ?
今日のレートはいくらですか？

列車・長距離バスで

ドンデ　エスタ　ラ　テルミナル　デ　アウトブセス
¿ Dónde está la terminal de autobuses?
バス停はどこですか？

ア　ケ　オラ　サーレ　ア
¿ A qué hora sale a～ ?
～行きは何時に出発しますか？

ア　ケ　オラ　ジェーガ　ア
¿ A qué hora llega a～?
～へは何時に着きますか？

クアント　ティエンポ　セ　タルダ　アスタ
¿ Cuánto tiempo se tarda hasta～?
～までどのくらい時間がかかりますか？

エスタ　ヌメラード
¿ Está numerado ?
座席指定ですか？

ア　ウノ　ドス　ポル　ファボール
A ～, uno (dos) , por favor.
～まで、1枚（2枚）ください。

電　話

ア　ドンデ　キエレ　アブラール
¿ A dónde quiere hablar ?
どちらへ電話なさいますか？

ア　トキオ　ハポン　ポル　コブラール　ポル　ファボール
A Tokio, Japón, por cobrar, por favor.
日本の東京へコレクトコールでお願いします。

ア　ケ　ヌメロ
¿ A qué número ?
何番ですか？

ウン　モメント　ポル　ファボール
Un momento, por favor.
少々お待ちください。

エスタ　オクパーダ
Esta ocupada.
話し中です。

ノ　コンテスタン
No contestan.
どなたも出ません。

アロ
Aló.
もしもし。
デ　パルテ　デ　キエン
¿ De parte de quién?
どちら様ですか？

紛失・盗難に遭ったら

メ　ペルディオー　ミ　エキパッヘ　パサポルテ
Me perdió mi equipaj (pasaporte) .
荷物（パスポート）をなくしました。
メ　ロバーロン　ミ　レロッホ　ディネロ
Me robaron mi reloj(dinero) .
時計（お金）を盗られました。
ドンデ　エスタ エル　デパルタメント　デ　コサス　ペルディーダス
¿ Dónde está el departamento de cosas perdidas ?
遺失物係はどこですか？
アイ　ペルソーナ　ケ　アブレ　イングレス
¿ Hay persona que hable inglés ?
英語の話せる人はいますか？

病気になったら

メ　シエント　エンフェルモ
Me siento enfermo.
気分が悪いんです。（男性）
エンフェルマ
〃　enferma.
〃　（女性）
テンゴ　フィエブレ
Tengo fiebre.
私は熱があります。
メ　ドゥエレ　ラ　カベッサ　エル　エストマゴ
Me duele la cabeza (el estomago) .
頭（胃）が痛い。
エストイ　レスフリアード
Estoy resfriado.
風邪をひきました。（男性）
レスフリアーダ
〃　resfriada.
〃　（女性）
ジャメ　アル　ドクトール　ポル　ファボール
Llame al doctór, por favor.
医者を呼んでください。
キシエラ　アセール　ラ　レセルバ　パラ　ウナ　コンスルタ
Quisiera hacer la reserva para una consulta.
診察の予約をしたいのですが。
ノ　テンゴ　レセルバ　ペロ　エス　ウルヘンテ
No tengo reserva, pero es urgente.
予約はしていませんが、緊急です。
ケ　レ　パサ
¿ Qué le pasa?
どうしましたか？
メ　ドゥエレ　ムチョ　エスタ　パルテ
Me duele mucho esta parte.
この部分がとても痛いんです。
シエント　ナウセアス
Siento nauseas.
吐き気がします。

エアコン	aire-acondicionado	アイレ アコンディシオナード
暖房	calefacción	カレファクシオン
クレジットカード	tarjeta de crédito	タルヘータ デ クレディト

■銀行／両替所

銀行	banco	バンコ
現金	efectivo	エフェクティーボ
お金	dinero ／ plata	ディネロ ／ プラタ
紙幣	billete	ビジェーテ
貨幣	moneda	モネーダ
両替	cambio	カンビオ
ディスカウント	descuento ／ rebaja	デスクエント ／ レバッハ
トラベラーズチェック	cheque de viajeros	チェケ デ ビアヘロス

■レストラン

レストラン	restaurante	レスタウランテ
フォーク	tenedor	テネドール
ナプキン	servilleta	セルビジェータ
コップ	vaso	バソ
スプーン	cuchara	クチャーラ
ナイフ	cuchillo	クチージョ
皿／料理	plato	プラト
おいしい	rico ／ bueno ／ sabroso	リコ ／ ブエノ ／ サブロッソ
税金	impuesto	インプエスト
サービス	servicio	セルビシオ
おつり	vuelta	ブエルタ
レジ	caja	カハ

■駅／バスターミナルで

駅	eastación	エスタシオン
直通	directo	ディレクト
1等	primera clase	プリメーラ クラセ
2等	segunda clase	セグンダ クラセ
デラックス	lujo	ルホ
出発（口）、出口	salida	サリーダ
入口	entrada	エントラーダ
時刻表	horario	オラリオ
バスターミナル	terminal de autobuses	テルミナル デ アウトブセス
停まる	parar	パラール
急行	expreso	エクスプレソ
プラットホーム	andén	アンデン
到着（口）	llegada	ジェガーダ
待合室	sala de espera	サラ デ エスペーラ
切符	boleto ／ pasaje	ボレート ／ パサッヘ

■電　話

電話	teléfono	テレフォノ
公衆電話	teléfono público	テレフォノ プブリコ
電話交換手	telefonista	テレフォニスタ
国際電話	llamada internacional	ジャマーダ インテルナシオナル
コレクトコール	por cobrar	ポル コブラール

非常時の言葉

¡Socorro!（ソコーロ）	助けて！
¡Ladron!（ラドロン）	泥棒だ！
¡Fuego!（フエゴ）	火事だ！

天気／季節

sol（ソル）	太陽
despejado（デスペハード）	晴れ
nublado（ヌブラード）	曇り
lluvia（ジュビア）	雨
nieve（ニエベ）	雪
¡Hace mucho calor(frío)!（アーセ ムチョ カロール フリオ）	とても暑い（寒い）！
primavera（プリマベーラ）	春
verano（ベラノ）	夏
otoño（オトーニョ）	秋
invierno（インビエルノ）	冬

身　体

cabeza（カベサ）	頭
ojo（オホ）	目
nariz（ナリース）	鼻
boca（ボカ）	口
oreja（オレーハ）	耳
dientes（ディエンテス）	歯
lengua（レングア）	舌
cuello（クエージョ）	首
brazo（ブラソ）	腕
pie（ピエ）	足
cintura（シントゥーラ）	腰
mano（マノ）	手
dedo（デド）	指
rodilla（ロディージャ）	ひざ

そのほかの日常語

hoy（オイ）	今日
mañana（マニャーナ）	明日
ayer（アジェール）	昨日
por la mañana（ポル ラ マニャーナ）	午前中に
por la tarde（ポル ラ タルデ）	午後に
por la noche（ポル ラ ノーチェ）	夜に
pronto（プロント）	すぐに
ahora（アオラ）	今
después（デスプエス）	あとで
aquí（アキ）	ここ
allí（アジィ）	あそこ
día（ディア）	日、日中
mes（メス）	月
semana（セマナ）	週
año（アーニョ）	年
agua（アグア）	水
café（カフェ）	コーヒー
pan（パン）	パン
arroz（アロス）	米

数　字

1	uno（ウノ）
2	dos（ドス）
3	tres（トレス）
4	cuatro（クアトロ）
5	cinco（シンコ）
6	seis（セイス）
7	siete（シエテ）
8	ocho（オチョ）
9	nueve（ヌエベ）
10	diez（ディエス）
11	once（オンセ）
12	doce（ドセ）
13	treco（トレセ）
14	catorce（カトルセ）
15	quince（キンセ）
16	dieciséis（ディエスィセイス）
17	diecisiete（ディエスィシエテ）
18	dieciocho（ディエスィオチョ）
19	diecinueve（ディエスィヌエベ）
20	veinte（ベインテ）
21	veintiuno（ベインティウノ）
30	treinta（トレインタ）
40	cuarenta（クアレンタ）
50	cincuenta（シンクエンタ）
60	sesenta（セセンタ）
70	setenta（セテンタ）
80	ochenta（オチェンタ）
90	noventa（ノベンタ）
100	cien（シエン）
200	doscientos（ドスシエントス）
300	trescientos（トレスシエントス）
400	cuatrocientos（クアトロシエントス）
500	quinientos（キニエントス）
600	seiscientos（セイスシエントス）
700	setecientos（セテシエントス）
800	ochocientos（オチョシエントス）
900	novecientos（ノベシエントス）
1,000	mil（ミル）
10,000	diez mil（ディエス ミル）
100,000	cien mil（シエン ミル）
1,000,000	un millión（ウン ミジョン）

ブラジル　無印
ベネズエラ　(＊)
ギアナ3国　(＊＊)

地球の歩き方 シリーズ一覧

2024年8月現在

＊地球の歩き方ガイドブックは、改訂時に価格が変わることがあります。＊表示価格は定価（税込）です。＊最新情報は、ホームページをご覧ください。www.arukikata.co.jp/guidebook/

地球の歩き方 ガイドブック

A ヨーロッパ

A01	ヨーロッパ	¥1870
A02	イギリス	¥2530
A03	ロンドン	¥1980
A04	湖水地方&スコットランド	¥1870
A05	アイルランド	¥2310
A06	フランス	¥2420
A07	パリ&近郊の町	¥2200
A08	南仏プロヴァンス コート・ダジュール&モナコ	¥1760
A09	イタリア	¥2530
A10	ローマ	¥1760
A11	ミラノ ヴェネツィアと湖水地方	¥1870
A12	フィレンツェとトスカーナ	¥1870
A13	南イタリアとシチリア	¥1870
A14	ドイツ	¥2420
A15	南ドイツ フランクフルト ミュンヘン ロマンチック街道 古城街道	¥2090
A16	ベルリンと北ドイツ ハンブルク ドレスデン ライプツィヒ	¥1870
A17	ウィーンとオーストリア	¥2090
A18	スイス	¥2200
A19	オランダ ベルギー ルクセンブルク	¥2420
A20	スペイン	¥2420
A21	マドリードとアンダルシア	¥1760
A22	バルセロナ&近郊の町 イビサ島／マヨルカ島	¥1980
A23	ポルトガル	¥2200
A24	ギリシアとエーゲ海の島々&キプロス	¥1870
A25	中欧	¥1980
A26	チェコ ポーランド スロヴァキア	¥2420
A27	ハンガリー	¥1870
A28	ブルガリア ルーマニア	¥1980
A29	北欧 デンマーク ノルウェー スウェーデン フィンランド	¥2640
A30	バルトの国々 エストニア ラトヴィア リトアニア	¥1870
A31	ロシア ベラルーシ ウクライナ モルドヴァ コーカサスの国々	¥2090
A32	極東ロシア シベリア サハリン	¥1980
A34	クロアチア スロヴェニア	¥2200

B 南北アメリカ

B01	アメリカ	¥2090
B02	アメリカ西海岸	¥2200
B03	ロスアンゼルス	¥2090
B04	サンフランシスコとシリコンバレー	¥1870
B05	シアトル ポートランド	¥2420
B06	ニューヨーク マンハッタン&ブルックリン	¥2200
B07	ボストン	¥1980
B08	ワシントンDC	¥2420
B09	ラスベガス セドナ&グランドキャニオンと大西部	¥2090
B10	フロリダ	¥2310
B11	シカゴ	¥1870
B12	アメリカ南部	¥1980
B13	アメリカの国立公園	¥2640
B14	ダラス ヒューストン デンバー グランドサークル フェニックス サンタフェ	¥1980
B15	アラスカ	¥1980
B16	カナダ	¥2420
B17	カナダ西部 カナディアン・ロッキーとバンクーバー	¥2090
B18	カナダ東部 ナイアガラ・フォールズ メープル街道 プリンス・エドワード島 トロント オタワ モントリオール ケベック・シティ	¥2090
B19	メキシコ	¥1980
B20	中米	¥2090
B21	ブラジル ベネズエラ	¥2200
B22	アルゼンチン チリ パラグアイ ウルグアイ	¥2200
B23	ペルー ボリビア エクアドル コロンビア	¥2200
B24	キューバ バハマ ジャマイカ カリブの島々	¥2035
B25	アメリカ・ドライブ	¥1980

C 太平洋／インド洋島々

C01	ハワイ オアフ島&ホノルル	¥2200
C02	ハワイ島	¥2200
C03	サイパン ロタ&テニアン	¥1540
C04	グアム	¥1980
C05	タヒチ イースター島	¥1870
C06	フィジー	¥1650
C07	ニューカレドニア	¥1650
C08	モルディブ	¥1870
C10	ニュージーランド	¥2200
C11	オーストラリア	¥2750
C12	ゴールドコースト&ケアンズ	¥2420
C13	シドニー&メルボルン	¥1760

D アジア

D01	中国	¥2090
D02	上海 杭州 蘇州	¥1870
D03	北京	¥1760
D04	大連 瀋陽 ハルビン 中国東北部の自然と文化	¥1980
D05	広州 アモイ 桂林 珠江デルタと華南地方	¥1980
D06	成都 重慶 九寨溝 麗江 四川 雲南	¥1980
D07	西安 敦煌 ウルムチ シルクロードと中国北西部	¥1980
D08	チベット	¥2090
D09	香港 マカオ 深圳	¥2420
D10	台湾	¥2090
D11	台北	¥1980
D13	台南 高雄 屏東&南台湾の町	¥1980
D14	モンゴル	¥2420
D15	中央アジア サマルカンドとシルクロードの国々	¥2090
D16	東南アジア	¥1870
D17	タイ	¥2200
D18	バンコク	¥1980
D19	マレーシア ブルネイ	¥2090
D20	シンガポール	¥2200
D21	ベトナム	¥2090
D22	アンコール・ワットとカンボジア	¥2200
D23	ラオス	¥2
D24	ミャンマー（ビルマ）	¥2
D25	インドネシア	¥2
D26	バリ島	¥2
D27	フィリピン マニラ セブ ボラカイ ボホール エルニド	¥2
D28	インド	¥2
D29	ネパールとヒマラヤトレッキング	¥2
D30	スリランカ	¥1
D31	ブータン	¥1
D33	マカオ	¥1
D34	釜山 慶州	¥1
D35	バングラデシュ	¥2
D37	韓国	¥2
D38	ソウル	¥1

E 中近東 アフリカ

E01	ドバイとアラビア半島の国々	¥2
E02	エジプト	¥2
E03	イスタンブールとトルコの大地	¥2
E04	ペトラ遺跡とヨルダン レバノン	¥2
E05	イスラエル	¥2
E06	イラン ペルシアの旅	¥2
E07	モロッコ	¥1
E08	チュニジア	¥2
E09	東アフリカ ウガンダ エチオピア ケニア タンザニア ルワンダ	¥2
E10	南アフリカ	¥2
E11	リビア	¥2
E12	マダガスカル	¥1

J 国内版

J00	日本	¥3
J01	東京 23区	¥2
J02	東京 多摩地域	¥2
J03	京都	¥2
J04	沖縄	¥2
J05	北海道	¥2
J06	神奈川	¥2
J07	埼玉	¥2
J08	千葉	¥2
J09	札幌・小樽	¥2
J10	愛知	¥2
J11	世田谷区	¥2
J12	四国	¥2
J13	北九州市	¥2
J14	東京の島々	¥2
J15	広島	¥2
J16	横浜市	¥2

地球の歩き方 aruco

●海外

1	パリ	¥1650
2	ソウル	¥1650
3	台北	¥1650
4	トルコ	¥1430
5	インド	¥1540
6	ロンドン	¥1650
7	香港	¥1650
9	ニューヨーク	¥1650
10	ホーチミン ダナン ホイアン	¥1650
11	ホノルル	¥1650
12	バリ島	¥1650
13	上海	¥1320
14	モロッコ	¥1540
15	チェコ	¥1320
16	ベルギー	¥1430
17	ウィーン ブダペスト	¥1320
18	イタリア	¥1760
19	スリランカ	¥1540
20	クロアチア スロヴェニア	¥1430
21	スペイン	¥1320
22	シンガポール	¥1650
23	バンコク	¥1650
24	グアム	¥1320
25	オーストラリア	¥1760
26	フィンランド エストニア	¥1430
27	アンコール・ワット	¥1430
28	ドイツ	¥1760
29	ハノイ	¥1650
30	台湾	¥1650
31	カナダ	¥1320
33	サイパン テニアン ロタ	¥1320
34	セブ ボホール エルニド	¥1320
35	ロスアンゼルス	¥1320
36	フランス	¥1430
37	ポルトガル	¥1650
38	ダナン ホイアン フエ	¥1430

●国内

北海道	¥1760
京都	¥1760
沖縄	¥1760
東京	¥1540
東京で楽しむフランス	¥1430
東京で楽しむ韓国	¥1430
東京で楽しむ台湾	¥1430
東京の手みやげ	¥1430
東京おやつさんぽ	¥1430
東京のパン屋さん	¥1430
東京で楽しむ北欧	¥1430
東京のカフェめぐり	¥1480
東京で楽しむハワイ	¥1480
nyaruco 東京ねこさんぽ	¥1480
東京で楽しむイタリア&スペイン	¥1480
東京で楽しむアジアの国々	¥1480
東京ひとりさんぽ	¥1480
東京パワースポットさんぽ	¥1599
東京で楽しむ英国	¥1599

地球の歩き方 Plat

1	パリ	¥1320
2	ニューヨーク	¥1650
3	台北	¥1100
4	ロンドン	¥1650
6	ドイツ	¥1320
7	ホーチミン/ハノイ/ダナン/ホイアン	¥1540
8	スペイン	¥1320
9	バンコク	¥1540
10	シンガポール	¥1540
11	アイスランド	¥1540
13	マニラ セブ	¥1650
14	マルタ	¥1540
15	フィンランド	¥1320
16	クアラルンプール マラッカ	¥1650
17	ウラジオストク／ハバロフスク	¥1430
18	サンクトペテルブルク／モスクワ	¥1540
19	エジプト	¥1320
20	香港	¥1100
22	ブルネイ	¥1430
23	ウズベキスタン サマルカンド ブハラ ヒヴァ タシケント	¥16
24	ドバイ	¥13
25	サンフランシスコ	¥13
26	パース／西オーストラリア	¥13
27	ジョージア	¥15
28	台南	¥14

地球の歩き方 リゾートスタイ

R02	ハワイ島	¥16
R03	マウイ島	¥16
R04	カウアイ島	¥18
R05	こどもと行くハワイ	¥15
R06	ハワイ ドライブ・マップ	¥19
R07	ハワイ バスの旅	¥13
R08	グアム	¥14
R09	こどもと行くグアム	¥16
R10	パラオ	¥16
R12	プーケット サムイ島 ピピ島	¥16
R13	ペナン ランカウイ クアラルンプール	¥16
R14	バリ島	¥14
R15	セブ&ボラカイ ボホール シキホール	¥16
R16	テーマパークin オーランド	¥18
R17	カンクン コスメル イスラ・ムヘーレス	¥16
R20	ダナン ホイアン ホーチミン ハノイ	¥16

地球の歩き方　御朱印

御朱印でめぐる鎌倉のお寺　三十三観音完全掲載　三訂版	¥1650
御朱印でめぐる京都のお寺　改訂版	¥1650
御朱印でめぐる奈良のお寺	¥1760
御朱印でめぐる東京のお寺	¥1650
日本全国この御朱印が凄い！　第壱集　増補改訂版	¥1650
日本全国この御朱印が凄い！　第弐集　都道府県網羅版	¥1650
御朱印でめぐる全国の神社　開運さんぽ	¥1430
御朱印でめぐる高野山　三訂版	¥1760
御朱印でめぐる関東の神社　週末開運さんぽ	¥1430
御朱印でめぐる秩父の寺社　三十四観音完全掲載　改訂版	¥1650
御朱印でめぐる関東の百寺　坂東三十三観音と古寺	¥1650
御朱印でめぐる関西の神社　週末開運さんぽ	¥1430
御朱印でめぐる関西の百寺　西国三十三所と古寺	¥1650
御朱印でめぐる東京の神社　週末開運さんぽ　改訂版	¥1540
御朱印でめぐる神奈川の神社　週末開運さんぽ　改訂版	¥1540
御朱印でめぐる埼玉の神社　週末開運さんぽ　改訂版	¥1540
御朱印でめぐる北海道の神社　週末開運さんぽ　改訂版	¥1540
御朱印でめぐる九州の神社　週末開運さんぽ　改訂版	¥1540
御朱印でめぐる千葉の神社　週末開運さんぽ　改訂版	¥1540
御朱印でめぐる東海の神社　週末開運さんぽ	¥1430
御朱印でめぐる京都の神社　週末開運さんぽ　改訂版	¥1540
御朱印でめぐる神奈川のお寺	¥1650
御朱印でめぐる大阪　兵庫の神社　週末開運さんぽ　改訂版	¥1540
御朱印でめぐる愛知の神社　週末開運さんぽ　改訂版	¥1540
御朱印でめぐる栃木　日光の神社　週末開運さんぽ	¥1430
御朱印でめぐる福岡の神社　週末開運さんぽ　改訂版	¥1540
御朱印でめぐる広島　岡山の神社　週末開運さんぽ	¥1430
御朱印でめぐる山陰　山陽の神社　週末開運さんぽ	¥1430
御朱印でめぐる埼玉のお寺	¥1650
御朱印でめぐる千葉のお寺	¥1650
御朱印でめぐる東京の七福神	¥1540
御朱印でめぐる東北の神社　週末開運さんぽ　改訂版	¥1540
御朱印でめぐる全国の稲荷神社　週末開運さんぽ	¥1430
御朱印でめぐる新潟 佐渡の神社　週末開運さんぽ	¥1430
御朱印でめぐる静岡 富士 伊豆の神社　週末開運さんぽ　改訂版	¥1540
御朱印でめぐる四国の神社　週末開運さんぽ	¥1430
御朱印でめぐる中央線沿線の寺社　週末開運さんぽ	¥1540
御朱印でめぐる東急線沿線の寺社　週末開運さんぽ	¥1540
御朱印でめぐる茨城の神社　週末開運さんぽ	¥1430
御朱印でめぐる関東の聖地　週末開運さんぽ	¥1430
御朱印でめぐる東海のお寺	¥1650
日本全国ねこの御朱印＆お守りめぐり　週末開運にゃんさんぽ	¥1760
御朱印でめぐる信州 甲州の神社　週末開運さんぽ	¥1430
御朱印でめぐる全国の聖地　週末開運さんぽ	¥1430
御朱印でめぐる茨城のお寺	¥1650
御朱印でめぐる全国のお寺　週末開運さんぽ	¥1540
日本全国 日本酒でめぐる　酒蔵＆ちょこっと御朱印〈東日本編〉	¥1760
日本全国 日本酒でめぐる　酒蔵＆ちょこっと御朱印〈西日本編〉	¥1760
関東版ねこの御朱印＆お守りめぐり　週末開運にゃんさんぽ	¥1760
52	一生に一度は参りたい！　御朱印でめぐる全国の絶景寺社図鑑	¥2479
53	御朱印でめぐる東北のお寺　週末開運さんぽ	¥1650
54	御朱印でめぐる関西のお寺　週末開運さんぽ	¥1760
D51	鉄印帳でめぐる全国の魅力的な鉄道40	¥1650
	御朱印はじめました　関東の神社　週末開運さんぽ	¥1210

地球の歩き方　島旅

1	五島列島　4訂版	¥1870
2	奄美大島　喜界島　加計呂麻島（奄美群島①）4訂版	¥1650
3	与論島　沖永良部島　徳之島（奄美群島②）改訂版	¥1650
4	利尻　礼文　4訂版	¥1650
5	天草　改訂版	¥1760
6	壱岐　4訂版	¥1650
7	種子島　3訂版	¥1650
8	小笠原　父島　母島　3訂版	¥1650
9	隠岐　3訂版	¥1870
10	佐渡　3訂版	¥1650
11	宮古島　伊良部島　下地島　来間島　池間島　多良間島　大神島　改訂版	¥1650
12	久米島　渡名喜島　改訂版	¥1650
13	小豆島～瀬戸内の島々1～　改訂版	¥1650
14	直島　豊島　女木島　男木島　犬島～瀬戸内の島々2～	¥1650
15	伊豆大島　利島～伊豆諸島1～　改訂版	¥1650
16	新島　式根島　神津島～伊豆諸島2～改訂版	¥1650
17	沖縄本島周辺15離島	¥1650
18	たけとみの島々　竹富島　西表島　波照間島　小浜島　黒島　鳩間島　新城島　由布島　加屋	¥1650
19	淡路島～瀬戸内の島々3～　改訂版	¥1760
20	石垣島　竹富島 西表島 小浜島 由布島 新城島 波照間島	¥1650
21	対馬	¥1650
22	島旅ねこ　にゃんこの島の歩き方	¥1344
23	屋久島	¥1760

地球の歩き方　旅の図鑑

W01	世界244の国と地域　改訂版	¥2200
W02	世界の指導者図鑑	¥1650
W03	世界の魅力的な奇岩と巨石139選	¥1760
W04	世界246の首都と主要都市	¥1760
W05	世界のすごい島300	¥1760
W06	地球の歩き方的！　世界なんでもランキング	¥1760
W07	世界のグルメ図鑑　116の国と地域の名物料理を食の雑学とともに解説	¥1760
W08	世界のすごい巨像	¥1760
W09	世界のすごい城と宮殿333	¥1760
W10	世界197ヵ国のふしぎな聖地＆パワースポット	¥1870
W11	世界の祝祭	¥1760
W12	世界のカレー図鑑	¥1980
W13	世界遺産　絶景でめぐる自然遺産　完全版	¥1980
W15	地球の果ての歩き方	¥1980
W16	世界の中華料理図鑑	¥1980
W17	世界の地元メシ図鑑	¥1980
W18	世界遺産の歩き方　学んで旅する！　すごい世界遺産190選	¥1980
W19	世界の魅力的なビーチと湖	¥1980
W20	世界のすごい駅	¥1980
W21	世界のおみやげ図鑑	¥1980
W22	いつか旅してみたい世界の美しい古都	¥1980
W23	世界のすごいホテル	¥1980
W24	日本の凄い神木	¥2200
W25	世界のお菓子図鑑	¥1980
W26	世界の麺図鑑	¥1980
W27	世界のお酒図鑑	¥1980
W28	世界の魅力的な道	¥1980
W29	世界の映画の舞台＆ロケ地	¥2090
W30	すごい地球！	¥2200
W31	世界のすごい墓	¥1980
W32	日本のグルメ図鑑	¥1980
W34	日本の虫旅	¥2200

地球の歩き方　旅の名言＆絶景

ALOHAを感じるハワイのことばと絶景100	¥1650
自分らしく生きるフランスのことばと絶景100	¥1650
人生観が変わるインドのことばと絶景100	¥1650
生きる知恵を授かるアラブのことばと絶景100	¥1650
心に寄り添う台湾のことばと絶景100	¥1650
道しるべとなるドイツのことばと絶景100	¥1650
共感と勇気がわく韓国のことばと絶景100	¥1650
人生を楽しみ尽くすイタリアのことばと絶景100	¥1650
今すぐ旅に出たくなる！　地球の歩き方のことばと絶景100	¥1650
悠久の教えをひもとく　中国のことばと絶景100	¥1650

地球の歩き方　旅と健康

地球のなぞり方 旅地図 アメリカ大陸編	¥1430
地球のなぞり方 旅地図 ヨーロッパ編	¥1430
地球のなぞり方 旅地図 アジア編	¥1430
地球のなぞり方 旅地図 日本編	¥1430
脳がどんどん強くなる！　すごい地球の歩き方	¥1650

地球の歩き方　旅の読み物

今こそ学びたい日本のこと	¥1760
週末だけで70ヵ国159都市を旅したリーマントラベラーが教える自分の時間の作り方	¥1540
史跡と神話の舞台をホロホロ！　ハワイ・カルチャーさんぽ	¥1760

地球の歩き方　BOOKS

ハワイ ランキング＆マル得テクニック！	¥1430
台湾 ランキング＆マル得テクニック！	¥1430
御船印でめぐる船旅	¥1870
BRAND NEW HAWAII　とびきりリアルな最新ハワイガイド	¥1650
FAMILY TAIWAN TRIP　#子連れ台湾	¥1518
GIRL'S GETAWAY TO LOS ANGELES	¥1760
HAWAII RISA'S FAVORITES　大人女子はハワイで美味しく美しく	¥1650
LOVELY GREEN NEW ZEALAND　未来の国を旅するガイドブック	¥1760
MAKI'S DEAREST HAWAII	¥1540
MY TRAVEL, MY LIFE Maki's Family Travel Book	¥1760
いろはに北欧	¥1760
ヴィクトリア朝が教えてくれる英国の魅力	¥1320
ダナン＆ホイアン　PHOTO TRAVEL GUIDE	¥1650
とっておきのフィンランド	¥1760
フィンランドでかなえる100の夢	¥1760
マレーシア　地元で愛される名物食堂	¥1430
香港　地元で愛される名物食堂	¥1540
最高のハワイの過ごし方	¥1540
子連れで沖縄　旅のアドレス＆テクニック117	¥1100
食事作りに手間暇かけないドイツ人、手料理神話にこだわり続ける日本人	¥1100
台北　メトロさんぽ　MRTを使って、おいしいとかわいいを巡る旅	¥1518
北欧が好き！　フィンランド・スウェーデン・デンマーク・ノルウェーの素敵な町めぐり	¥1210
北欧が好き！2　建築＆デザインでめぐるフィンランド・スウェーデン・デンマーク・ノルウェー	¥1210
日本全国　開運神社　このお守りがすごい！	¥1522
地球の歩き方　ディズニーの世界　名作アニメーション映画の舞台	¥2420

地球の歩き方　スペシャルコラボ BOOK

地球の歩き方　ムー	¥2420
地球の歩き方　JOJO　ジョジョの奇妙な冒険	¥2420
地球の歩き方　宇宙兄弟　We are Space Travelers!	¥2420
地球の歩き方　ムーJAPAN　～神秘の国の歩き方～	¥2420

「地球の歩き方」の書籍

地球の歩き方 GEM STONE

「GEM STONE（ジェムストーン）」の意味は「原石」。地球を旅して見つけた宝石のような輝きをもつ「自然」や「文化」、「史跡」などといった「原石」を珠玉の旅として提案するビジュアルガイドブック。美しい写真と詳しい解説で新しいテーマ&スタイルの旅へと誘います。

地球の歩き方 gem STONE

- 006 世界遺産 マチュピチュ完全ガイド
- 022 グランドサークル&セドナ アメリカ驚異の大自然を五感で味わう体験ガイド
- 027 ベルリン・ガイドブック「素顔のベルリン」増補改訂版
- 030 世界遺産 イースター島完全ガイド
- 038 イスタンブール路地裏さんぽ
- 040 南アフリカ自然紀行 野生動物とサファリの魅力
- 041 世界遺産 ナスカの地上絵完全ガイド
- 042 世界遺産 ガラパゴス諸島完全ガイド
- 044 プラハ迷宮の散歩道
- 045 デザインとおとぎの国 デンマーク
- 050 美しきアルジェリア 7つの世界遺産を巡る旅
- 051 アマルフィ&カプリ島 とっておきの散歩道
- 052 とっておきのポーランド 世界遺産と小さな村、古城ホテルを訪ねて
- 053 台北近郊 魅力的な町めぐり
- 054 グリム童話で旅するドイツ・メルヘン街道
- 056 ラダック ザンスカール トラベルガイド インドの中の小さなチベット
- 057 ザルツブルクとチロル・インスブルック アルプスの山と街を歩く
- 058 スイス 歩いて楽しむ絶景ルート
- 060 カリフォルニア・オーガニックトリップ サンフランシスコ&ワインカントリーのスローライフへ
- 066 南極大陸 完全旅行ガイド

地球の歩き方 BOOKS

「BOOKS」シリーズでは、国内、海外を問わず、自分らしい旅を求めている旅好きの方々に、旅に誘う情報から旅先で役に立つ実用情報まで、「旅エッセイ」や「写真集」、「旅行術指南」など、さまざまな形で旅の情報を発信します。

- ニューヨークおしゃべりノート
- ニューヨークおしゃべりノート2
- 地球の歩き方フォトブック 世界の絶景アルバム101 南米・カリブの旅
- 『幸せになる、ハワイのパンケーキ&朝ごはん』 〜オアフ島で食べたい人気の100皿〜
- 地球の歩き方フォトブック 旅するフォトグラファーが選ぶスペインの町33
- ブルックリン・スタイル ニューヨーク新世代アーティストのこだわりライフ&とっておきアドレス
- MAKI'S DEAREST HAWAII 〜インスタジェニックなハワイ探し〜

MAKI'S DEAREST HAWAII
〜インスタジェニックなハワイ探し〜
インスタ映えする風景、雑貨、グルメがいっぱい！

地球の歩き方 旅の図鑑シリーズ

見て読んで海外のことを学ぶことができ、旅気分を楽しめる新シリーズ。
1979年の創刊以来、長年蓄積してきた世界各国の情報と取材経験を生かし、
従来の「地球の歩き方」には載せきれなかった、
旅にぐっと深みが増すような雑学や豆知識が盛り込まれています。

W01
世界244の国と地域
¥1760

W07
世界のグルメ図鑑
¥1760

W02
世界の指導者図鑑
¥1650

W03
世界の魅力的な
奇岩と巨石139選
¥1760

W04
世界246の首都と
主要都市
¥1760

W05
世界のすごい島300
¥1760

W06
世界なんでも
ランキング
¥1760

W08
世界のすごい巨像
¥1760

W09
世界のすごい城と
宮殿333
¥1760

W11
世界の祝祭
¥1760

W10 世界197ヵ国のふしぎな聖地&パワースポット ¥1870
W13 世界遺産　絶景でめぐる自然遺産　完全版 ¥1980
W16 世界の中華料理図鑑 ¥1980
W18 世界遺産の歩き方 ¥1980
W20 世界のすごい駅 ¥1980
W22 いつか旅してみたい世界の美しい古都 ¥1980
W24 日本の凄い神木 ¥2200
W26 世界の麺図鑑 ¥1980
W28 世界の魅力的な道 178 選 ¥1980
W30 すごい地球! ¥2200
W32 日本のグルメ図鑑 ¥1980
W34 日本の虫旅 ¥2200

W12 世界のカレー図鑑 ¥1980
W15 地球の果ての歩き方 ¥1980
W17 世界の地元メシ図鑑 ¥1980
W19 世界の魅力的なビーチと湖 ¥1980
W21 世界のおみやげ図鑑 ¥1980
W23 世界のすごいホテル ¥1980
W25 世界のお菓子図鑑 ¥1980
W27 世界のお酒図鑑 ¥1980
W29 世界の映画の舞台&ロケ地 ¥2090
W31 世界のすごい墓 ¥1980

※表示価格は定価（税込）です。改訂時に価格が変更になる場合があります。